D1754012

Steinert
DRECHSELN
in Holz

Rolf Steinert

•

Mit 621 Bildern,
19 Tabellen
und
einem Anhang

Fachbuchverlag
Leipzig

DRECHSELN IN HOLZ
DRECHSELN IN HOLZ
DRECHSELN IN HOLZ
DRECHSELN IN HOLZ
DRECHSELN IN HOLZ

DRECHSELN IN HOLZ

DRECHSELN IN HOLZ

DRECHSELN IN HOLZ

DRECHSELN IN HOLZ

DRECHSELN IN HOLZ

DRECHSELN IN HOLZ

DRECHSELN IN HOLZ

DRECHSELN IN HOLZ

DRECHSELN IN HOLZ

DRECHSELN IN HOLZ

DRECHSELN IN HOLZ

Inhaltsverzeichnis

Vorwort 7

1. Geschichte und Entwicklung des Drechselns 9

2. Werkstoff Holz 25

Das Wachstum des Baumes und seine makroskopische Struktur 27
Physikalische Eigenschaften des Holzes 31
Holztrocknung und Holzlagerung 32
Holzarten, Holzeigenschaften, Holzerkennung 38
Holzfehler, Holzkrankheiten, Holzschutz 56

3. Maschinen und Werkstatteinrichtungen 59

Spanungstheorie 60
Holzbearbeitungsmaschinen 65
Sägen 67
Fräsen 75
Bohren 83
Schleifen 88
Drechselbank 92
Einrichtung einer Drechslerwerkstatt 100
Drehmaschinen und Rundfräsmaschinen 103

4. Vorrichtungen und Werkzeuge 116

Vorrichtungen zum Befestigen der Werkstücke 117
Drechslerwerkzeuge 122
Instandhaltung und Pflege der Drechslerwerkzeuge 128
Meß- und Prüfwerkzeuge 132
Sonstige Werkzeuge für die Drechslerwerkstatt 134

5. Holzvorbereitung zum Drechseln 135

6. Handdrechseln 146

Langholzdrechseln 147
Querholzdrechseln 164
Sonderverfahren des Drechselns 172

Reifendrechseln 172
Ovaldrechseln 174
Passigdrechseln 178
Herstellen gewundener Säulen 179
Schneiden von Gewinde 183
Guillochieren und Randerieren 184
Kantigdrechseln 186
Andrechseln von Spanlocken 186
Durchbruchverzierung 187
Linksdrechseln 187
Besonderheiten für das Herstellen von Drechslerarbeiten für den Freiraum 188

7. Konstruktionselemente und Verbindungsteile an Drechselformen 192

8. Oberflächenbehandlung 200

Vorbehandlung der Holzoberfläche 201
Färben und Beizen 203
Oberflächenschutz 206
Sonderverfahren der Oberflächenbehandlung und -gestaltung 213

9. Formfindung 219

10. Technisches Zeichnen 233

Bildteil

Spielzeug und figürliche Gestaltungen 249
Gefäßformen, Tafelgerät und Leuchter 275
Arbeitsgerät und technische Formen 303
Möbel, Stühle und Leuchten 321
Architekturteile, baugebundene Arbeiten und freie Plastiken 345

Anhang

Tafeln und Tabellen 365
Literaturverzeichnis 368
Bildquellenverzeichnis 371
Sachwortverzeichnis 373

Vorwort

Nachdem der Drechslerberuf vor wenigen Jahrzehnten noch zu den seltenen Berufen zählte und ihm eine geringe Zukunftschance vorausgesagt wurde, hat das Drechseln in den letzten zehn Jahren international eine Belebung erfahren, an die selbst die größten Optimisten nicht zu denken gewagt hätten. Die umfangreichen Bewerbungen um eine Lehrstelle belegen diese Tatsache ebenso wie die Zahl der Meisteranwärter in diesem Beruf. Aber auch die Laienbewegung hat auf diesem Gebiet einen erstaunlichen Umfang angenommen. Es gibt heute ernsthaft tätige Laiendrechsler in allen Bevölkerungsschichten. Sie nutzen diese schöne Handwerkstechnik zur schöpferischen Selbstbetätigung und als Ausgleich für anstrengende Arbeit im Beruf. Mancher Profi betrachtet diese Entwicklung mit viel Skepsis. Es hat sich aber gezeigt, daß dieser Trend nicht aufgehalten werden kann und auch nicht behindert werden sollte. Die Geschichte lehrt, daß auch in zurückliegenden Zeitepochen vielfach Impulse für die Handwerksberufe von außen, von Nichtfachleuten, gekommen sind. So waren es oft Künstler und Wissenschaftler, aber auch Laiendrechsler, die – abgesehen von manch unsinnigem Nippes – technische und formgestalterische Anregungen gegeben haben, die später von den professionellen Drechslern übernommen wurden. Der berufsmäßig tätige Handwerker war immer gefordert, seine Fähigkeiten und Leistungen zu qualifizieren. Heute steht er zwischen einer leistungsfähigen Industrie, zwischen drechselnden Künstlern und engagierten Laien. Für das Niveau des Handwerksberufes kann dieser Wettbewerb auf Dauer nur nützlich sein.

Dieses Buch soll dazu beitragen, weitere Impulse für das Drechslerhandwerk zu geben, aber auch der Industrie nützlich zu sein. Ganz sicher werden ebenfalls interessierte Laien viele Anregungen entnehmen und dadurch ihr Hobby weiter ausbauen können. Ausgehend von den Erfahrungen mit der Broschüre »Der Drechsler«, die ausschließlich für die Berufsausbildung konzipiert war, wird nun mit dieser Veröffentlichung angestrebt, die Berufsspezifik und das gesamte Umfeld des Berufes noch umfassender und deutlicher darzustellen.

Hauptanliegen dieses Buches ist es, die Zusammenhänge von Material, Technik und Form auf dem Gebiet der Holzdrechslerei darzulegen.

Um einem weiten Leserkreis Zugang zu den verschiedenen Stoffgebieten zu schaffen, wurde die erzählende und beschreibende Form gewählt. Das umfangreiche Bildmaterial unterstützt dieses Anliegen und verdeutlicht die beschriebenen technischen Vorgänge. Darüber hinaus soll durch die Bildbeispiele die Vielfalt der Anwendungsmöglichkeiten der Drechseltechnik und eine möglichst große Formenfülle sichtbar gemacht werden. In einem kleinen Abschnitt wird auf die Problematik der Gestaltung von Drechslererzeugnissen eingegangen. Dadurch wird versucht, das eigenschöpferische Arbeiten beim Umgang mit der Drechselform anzuregen.

Die technischen und handwerklich-technologischen Empfehlungen erfolgten nach bestem Wissen und Gewissen. Da kein Einfluß auf die praktische Anwendung besteht, lassen sich aus diesen Empfehlungen keine Ansprüche ableiten.

Für sämtliche in diesem Buch beschriebenen und gezeigten Arbeitsvorrichtungen sind die Arbeits-, Gesundheits- und Brandschutzvorschriften zu beachten. Einige Hinweise hierzu sind im Text enthalten.

Das Zusammenstellen eines tiefgründigen Manuskriptes für ein Fachbuch ist im Alleingang kaum möglich. Auch bei der Arbeit an diesem Buch sind Ideen, Leistungen und Materialien von vielen Fachleuten eingeflossen. Der Autor möchte an dieser Stelle allen Beteiligten seinen *Dank* aussprechen:

Der Lichtbildner Herr CHRISTOPH GEORGI aus Schneeberg war unmittelbar als Partner beteiligt. Von ihm stammen die meisten Fotos für dieses Buch. Eine weitaus größere Zahl Fotos von ihm mußte im Archiv verbleiben.

Besonderer Dank gilt den Drechslermeistern EHRENFRIED und KLAUS WEBER aus Seiffen, die viel Zeit für die technologischen Aufnahmen einsetzten. Gedankt werden muß vor allem den Fachberatern und Meistern: Dipl.-Formgestalter Dr. HELMUT FLADE, Olbernhau; Architekt PETER EHRLICH, Dresden; Prof. HANS BROCKHAGE,

Schwarzenberg; Holzgestalter G. KADEN, Neuhausen; Holzgestalter LÜDER BAIER, Dresden; Drechslermeister M. AHLBORN, Leipzig; Drechslermeister C. H. ZETTLER, Schwerin; Holzgestalter K. HERRMANN, Crimmitschau; Prof. Dr.-Ing. J. VOLMER, Chemnitz; Dipl.-Ing. M. ULBRICH, Berlin; Drechslermeister M. BECKER, Belgern; Drechslermeister H. RICHTER, Leipzig; Drechslermeister P. USSNER (†), Dresden; Zinngießermeister W. GRAHL, Liebethal/b. Pirna; Maler und Grafiker K. WEIDENSDORFER, Radebeul; Maler und Grafiker W. WITTIG, Radebeul; Maler und Grafiker K. MAGNUS, Berlin; Drechslermeister und Designer H. A. SCHILLING, Grünstadt; Dipl.-Designer J. WINDE, Münster; Dipl.-Gewerbelehrer E. BORN, Schliersee-Neuhaus; Drechslermeister L. NÄTSCHER, Lohr-Wombach; Drechslermeister R. STRECKER, Tegernsee; Drechslermeister P. SEILER, München; Dipl.-Phil. H. APPUHN, Lüneburg.

Dank gilt auch den holzverarbeitenden und Maschinenbaubetrieben: PGH Drechslerwerkstätten Olbernhau; Möbelkombinat Dresden-Hellerau; VERO Holzspielwaren Olbernhau; Olbernhauer Maschinenfabrik; Kombinat Mechanisierung, Chemnitz-Röhrsdorf; Firma W. HEMPEL GmbH, Nürnberg; Firma A. GEIGER GmbH, Ludwigshafen; Firma K. W. KÖNIG GmbH, Warendorf; Firma KILLINGER GmbH, Germering; Firma RUDOLF DERECKS, Drechselzentrum Essen; Craft Supplies Ltd. Buxton, Derbyshire, Großbritannien.

Gedankt werden soll auch den Museen und Bibliotheken: Staatliche Museen Berlin; Museum für Volkskunde Berlin; Goethe-Nationalmuseum, NFG Weimar; Staatliche Museen Heidecksburg, Rudolstadt; Staatliches Museum Schloß Burgk; Staatliche Schlösser und Gärten Potsdam Sanssouci; Staatliches Museum für Volkskunst Dresden; Museum für Kunsthandwerk Schloß Pillnitz, Dresden; Museum für Kunsthandwerk Schloß Köpenick, Berlin; Museum des Kunsthandwerks Leipzig; Museen der Stadt Erfurt; Angermuseum, Erfurt; Museum für Thüringer Volkskunde Erfurt; Kulturhistorisches Museum Magdeburg; Kulturhistorisches Museum Rostock; Stuhlbauermuseum Rabenau; Erzgebirgisches Spielzeugmuseum Seiffen; Gründerzeitmuseum Berfelde, Berlin-Mahlsdorf; Schiffahrtsmuseum Rostock; Richard-Wagner-Museum Graupa/b. Dresden; Museum für Deutsche Geschichte Berlin; Akademie der Wissenschaften der DDR, Zentralinstitut für alte Geschichte und Archäologie, Berlin; Steirisches Volkskundemuseum, Landesmuseum Graz/Österreich; Tiroler Volkskunstmuseum Innsbruck/Österreich; Österreichisches Heimatwerk Linz und Wien/Österreich; Trachten-Tostmann, Wien/Österreich; Salzburger Heimatwerk, Österreich; Schweizer Heimatwerk, Zürich/Schweiz; Sächsische Landesbibliothek Dresden; Deutsche Bücherei Leipzig; Berliner Stadtbibliothek; Staatsbibliothek Berlin; Bibliothek des Amtes für industrielle Formgestaltung, Berlin; Stadtbücherei Olbernhau. Neben Fotos, die von CHRISTOPH GEORGI angefertigt wurden, fanden Einzelfotos von folgenden Fotografen Verwendung: HERMANN HAHN, Olbernhau; SABINE HEROLD-KRÄMER, Birkenwerder; GERHARD DÖRING, Dresden; Foto-THATE, Weimar; Fotoatelier der NFG Weimar; Foto-DIECK, Magdeburg; RENATE FETZER, Berlin; Foto-CLAUSS, Leipzig; Foto-FRIEDRICH, Markranstädt; Deutsche Fotothek Dresden; RUDOLF WERNER, Oberkochen.

Dank gilt Herrn Dr. rer. nat. RUDI WAGENFÜHR, Dresden, Herrn Dr. sc. phil. WERNER KLAUS, Dresden, Herrn Dip.-Ing. WOLFGANG MÜLLER, Dresden, für die Hinweise zum Manuskript; der Zeichnerin von VERO Olbernhau, Frau RAMONA RAMM, und dem Grafiker RUDOLF BENEDIX, Leipzig, Grafiker HANS REICHELT, Seiffen.

Nicht zuletzt möchte sich der Autor bei Frau ANDREA CRAMER für die gute und verständnisvolle Zusammenarbeit bedanken. Dank gilt auch dem Direktor des Fachbuchverlages, Herrn Dr. ERHARD WALTER, der das ganze Projekt erst ermöglichte.

Ganz besonderer Dank gilt meiner Familie, die über einen langen Zeitraum die große Belastung, die mit einer solchen Arbeit verbunden ist, geduldig getragen hat. Meine Frau hat mir beim Durcharbeiten und Schreiben des Manuskriptes geholfen, und mein Sohn ROLAND stellte viele Fotoreproduktionen her.

Allen gilt mein herzlicher Dank!
Bleibt nun nur noch, den Lesern viel Freude mit diesem Buch zu wünschen sowie Erfolg und Erbauung bei der praktischen Anwendung.

ROLF STEINERT

Geschichte und Entwicklung des Drechselns

1

Geschichte und Entwicklung des Drechselns

DER GEISTIGE WERDEGANG DES MENschen und die Evolution der menschlichen Gesellschaft sind eng verbunden mit der Entwicklung der Produktionsmittel. Von den primitiven Anfängen einfachster Hilfsmittel zur Erhaltung des Lebens bis hin zur hochentwickelten Technik und Technologie der Gegenwart sind mit ihnen die Fähigkeiten und Fertigkeiten der Menschen gewachsen. Es mag vielleicht vermessen klingen, wenn die Entwicklung der Drechseltechnik mit dieser grundsätzlichen Entwicklung des menschlichen Geistes und der Gesellschaft in Verbindung gebracht wird. Aber es liegt auf der Hand, daß die gleichförmige Drehbewegung in diesem Prozeß der experimentellen Anwendung und geistigen Durchdringung der Naturgesetze eine hervorragende, wenn nicht gar die bedeutendste Rolle überhaupt gespielt hat. Es kann sogar behauptet werden, daß es diese gleichförmige Drehbewegung gewesen ist, die dem Menschen die Macht über die Natur gegeben hat. Sie war es nämlich, die ihm zunächst dazu verhalf, eines der lebensnotwendigen »vier Elemente des Altertums«, das Feuer, an jeder beliebigen Stelle »künstlich« zu entfachen. Mit Hilfe eines trockenen runden Hartholzstabes, der zwischen den Händen in Drehbewegung versetzt wurde und so, mit einem Ende in der Vertiefung einer hölzernen Unterlage stehend, Reibungswärme erzeugte – um dort leicht entflammbare Pflanzenfasern (Holz, Zunder, Feuerschwamm) zum Brennen zu bringen –, wurde mühevoll Feuer zum Kochen und zum Erwärmen geschaffen (Feuerquirl). Man nimmt an, daß dieser Vorgang der erste Schritt des Menschen gewesen ist, sich die Dinge der Natur nutzbar zu machen. Mit diesem Vorgang waren gleichzeitig zwei Naturgesetze zur Wirkung gekommen: Reibung erzeugt Wärme, und Energie ist wandelbar.

Zur Erleichterung der Drehbewegung beim »Feuerquirl« wird der Mensch wahrscheinlich bereits sehr früh ein schnurartiges Faserbündel oder eine Tiersehne um den Holzstab gelegt und hiermit durch wechselndes Hin- und Herziehen die Drehbewegung erzeugt haben. Diese einfache Vorrichtung stellte bereits die Anwendung eines weiteren Naturgesetzes dar, nämlich die Umwandlung von geradliniger Bewegung in eine Drehbewegung. Nun war es nur noch ein kleiner Schritt, die Sehne des Jagdbogens um den Holzstab des »Feuerquirles« zu schlingen und mit dem gesamten Bogen die Hin- und Herbewegung auszuführen. Damit war die Möglichkeit gegeben, mit einer Hand die Drehbewegung zu erzeugen und mit der anderen Hand den Stab zu führen und dabei gleichzeitig einen Druck in Arbeitsrichtung auszuüben (Bild 1/1). Hiermit war ein erstes kleines Arbeitsgerät entstanden, das noch bis in unser Jahrhundert hinein Anwendung fand, der sogenannte Fiedelbohrer. Im Gegensatz zur Arbeit mit der einfachen Schnur konnte diese Vorrichtung von einem Menschen allein gehandhabt werden. Mit diesem einfachen Gerät war nicht nur das Entfachen des Feuers wesentlich erleichtert, es war gleichzeitig ein mechanisches Werkzeug entstanden, mit dem die vorhandenen Materialien (Holz, Stein und später Metall) bearbeitet, vornehmlich gebohrt werden konnten. Welche große Rolle die zylindrische Bohrung mit ihrem Gegenstück, dem Zapfen, in der Entwicklung der Menschen gespielt hat, kann man erst heute richtig begreifen, denn in der auf hohe Effektivität ausgerichteten modernen Produktion spielt diese Form der festen Verbindung oder beweglichen Lagerung zweier Teile mittels Bohrung und Zapfen eine hervorragende Rolle (Bilder 1/2, 1/3). Für

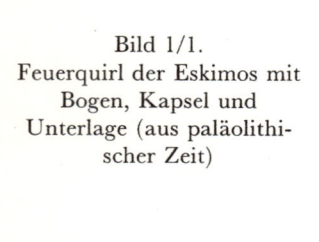

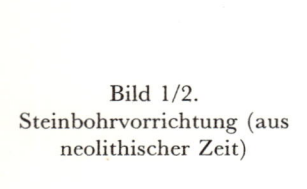

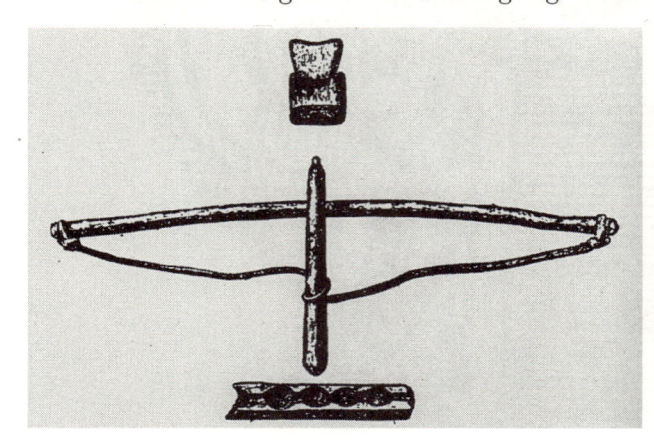

Bild 1/1.
Feuerquirl der Eskimos mit Bogen, Kapsel und Unterlage (aus paläolithischer Zeit)

Bild 1/2.
Steinbohrvorrichtung (aus neolithischer Zeit)

das geistige Wachsen des Menschen in der Vorgeschichte und gleichermaßen für das spielende Lernen der Kinder unserer Zeit sind Bohrung und Zapfen als Möglichkeit der raschen Verwirklichung konstruktiver Ideen von unschätzbarer Bedeutung. Wie im einzelnen die Entwicklung des Denkvermögens des Menschen und damit der verschiedenen Geräte und Hilfsmittel verlaufen ist, wird sicher niemals vollständig geklärt werden können. Nur zufällige Funde erhalten gebliebener Zeugen geben einen kleinen Einblick in diesen Entwicklungsprozeß. So fand man Steine aus dem Neolithikum mit kreisrunder Bohrung. Ob damit schon das Rad entdeckt worden war, weiß man nicht genau. Ein weiter Weg dahin war es sicher nicht mehr. (Erstmals nachgewiesen wurde das Rad im südlichen Mesopotamien in der zweiten Hälfte des vierten Jahrhunderts v. u. Z.) Daß mit Hilfe des »Fiedelbohrers« sich erste Formen des drechselartigen Bearbeitens von Holz ergaben, liegt sehr nahe. Wenn nämlich an den sich drehenden Holzstab härtere Materialien (z. B. Stein) angehalten wurden, schliffen oder schabten sich Profile ein.

FRANZ MARIA FELDHAUS hält für die Bronzezeit (4000 bis 1300 v. u. Z.) »ein universelles Gerät mit sehnengezogener Spindel für möglich, mit dem man in primitiver Art drehen, bohren, schleifen, gravieren, polieren, fräsen und drücken konnte« [31] (Bild 1/4).

In älterer Drechslerliteratur [78] betrachtet man die alten Ägypter als die »Erfinder« der eigentlichen Drechslerkunst, weil auf ihren Grabreliefs erstmals die Technik des Drechselns mittels eines »Drehstuhles« dargestellt wurde (300 v. u. Z.) (Bild 1/5). Von den Griechen weiß man, daß bei ihnen die Drechseltechnik zu hoher Blüte entwickelt war. Aber auch in Mesopotamien und im Fernen Osten (Indien, China, Japan) wurde vor der Zeitrechnung gedrechselt, wie es an den vielfach geformten Stuhl- und Möbelbeinen dieser Zeit erkennbar ist. Originale Holzarbeiten sind aus der Antike leider kaum erhalten geblieben. Deshalb sind die technischen Möglichkeiten des Drechselns und der Formenreichtum antiker Holzgeräte wenig bekannt. Lediglich überlieferte Abbildungen auf keramischen Vasen und Bronzemünzen geben einen kleinen Einblick. Das Bild, das man sich von diesen Kulturen machen kann, ist deshalb nur sehr lückenhaft. Der einzige bedeutungsvolle Zeuge der hochentwickelten Drechslerkunst entstammt einem Hügelgrab der späteren Hallstattzeit (etwa 800 bis 450 v. u. Z.), welches bei Uffingen in der Nähe des Staffelsees in Oberbayern entdeckt wurde. Einem besonders glücklichen Umstand ist es zu verdanken, daß sich hier in einer Tiefe von 0,95 m in festem Lehm und unter einem umgestürzten Bronzeeimer eine gedrechselte Fußschale als Totenbeigabe befand, die

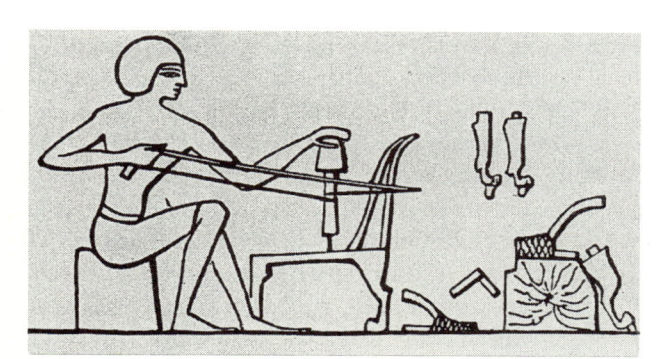

Von den Anfängen bis zur Gegenwart

Bild 1/3.
Ein mit dem Fiedelbohrer an einem Stuhlgestell arbeitender ägyptischer Tischler – nach einer Grabmalszeichnung (etwa 1400 bis 1300 v. u. Z.)

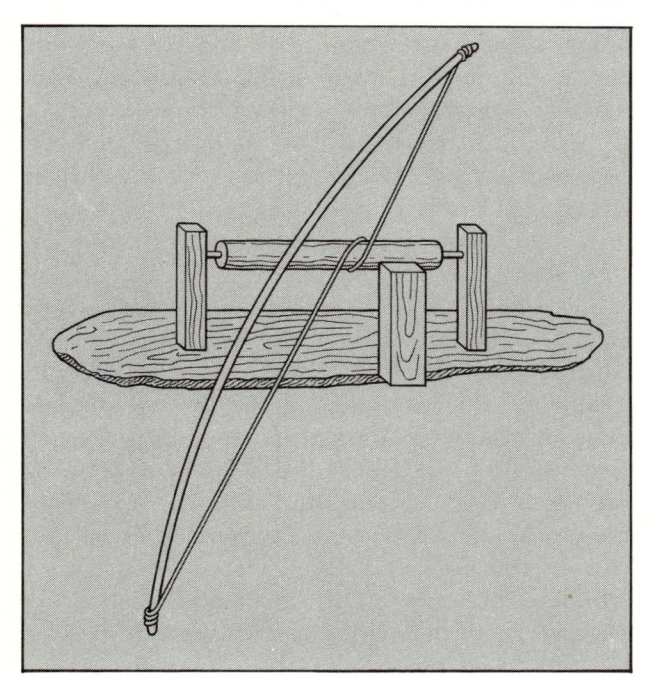

Bild 1/4.
Einfache Form einer Universalmaschine, angetrieben mit dem Fiedelbogen, wie sie um 1500 v. u. Z. in Benutzung kam

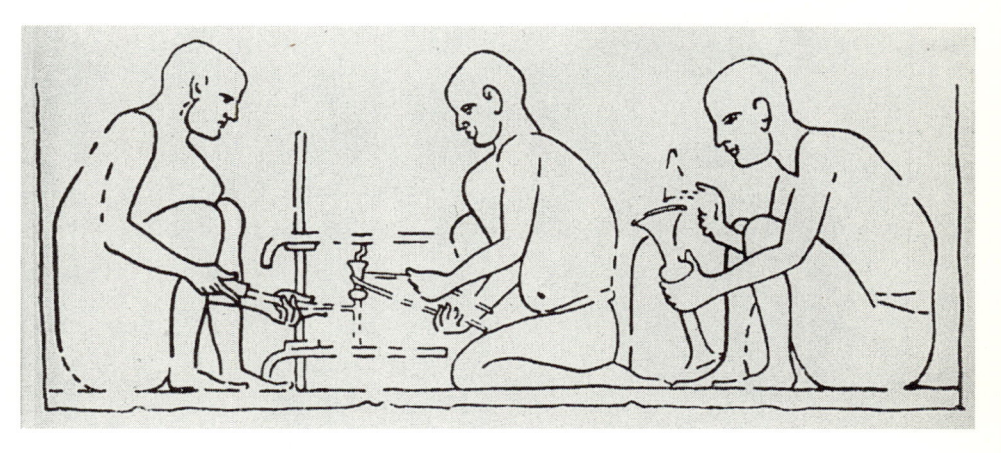

Bild 1/5.
Darstellung eines Drehstuhles auf dem Steinrelief im Grab des ägyptischen Priesters PETOSIRIS (um 300 v. u. Z.)

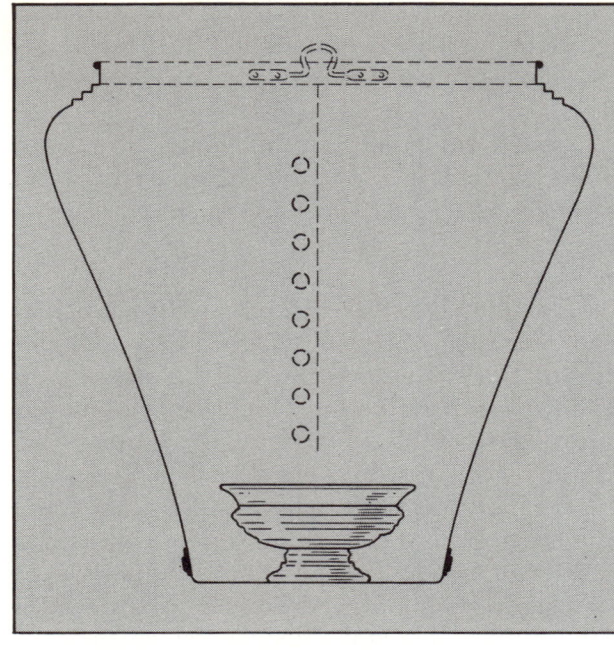

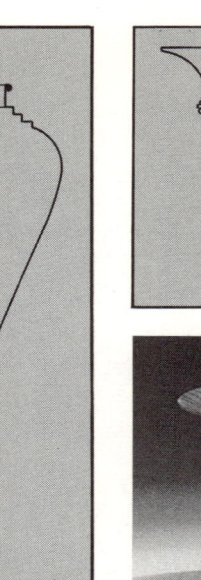

Geschichte und Entwicklung des Drechselns

Bild 1/6.
Kylix in der Bronzesitula aus Uffingen am Staffelsee/ Oberbayern

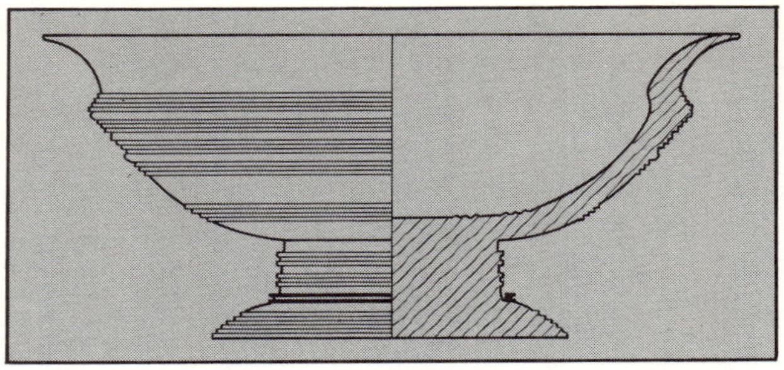

Bild 1/7.
Kylix (Holzschale aus Uffingen am Staffelsee/Oberbayern *a)* Zeichnung, *b)* Nachbildung

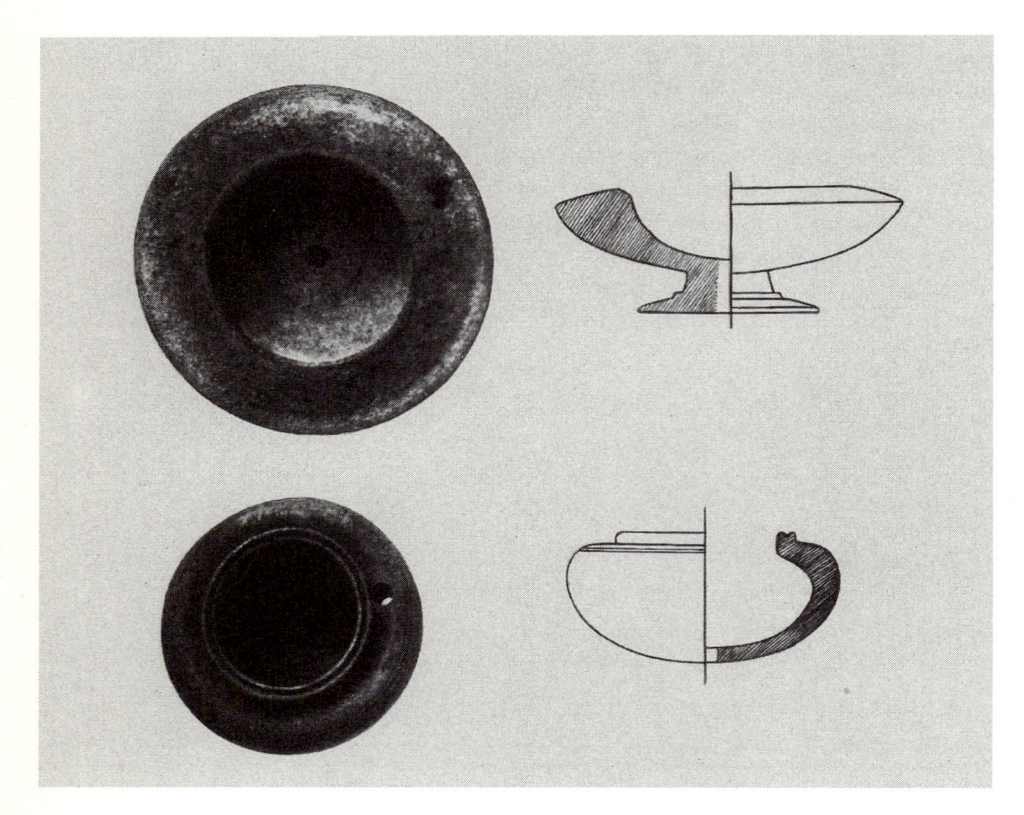

Bild 1/8.
Ägyptische Holzgefäße (aus hellenistischer Zeit)

von dem Archäologen JULIUS NAUE in den achtziger Jahren des vergangenen Jahrhunderts gefunden wurde [35] (Bild 1/6). Durch einen schützenden Bronzeeimer und den dichten Lehmboden, in dem sich diese Grabstätte befand, ist dieses bedeutungsvolle Holzgefäß bis in die Ausgrabungszeit so hervorragend erhalten geblieben. Die Schönheit dieser Schale und die technische Perfektion, die erforderlich ist, ein derartiges Stück herzustellen, wurde bereits mehrfach beschrieben [101] (Bild 1/7). Die Differenziertheit in der Anwendung der Werkzeuge und die Präzision der Ausführung beweisen den hohen Entwicklungsstand dieses Handwerks in der Antike. Daß dieses Fundstück tatsächlich dem antiken Griechenland zuzuordnen ist, wurde an dem Bronzeeimer und der Formenverwandtschaft mit keramischen und Bronzegefäßen der griechischen Kultur festgestellt. NAUE erkannte zwar bereits das antike Gepräge dieses Gefäßes, vertrat aber die Meinung, daß es von einem einheimischen Handwerker geschaffen worden sei. »*Dagegen erheben sich allerlei Bedenken, zumal man nördlich der Alpen in der Hallstattzeit gerade erst mit Drechseln begonnen hatte*«, schreibt RIETH [101]. »*Die Uffinger Schale aber ist ein Meisterstück, dessen tönerne Vorbilder in Italien und Griechenland beheimatet sind.*«

Sie gelangte offensichtlich auf Handelswegen nach Oberbayern. Wegen der klimatischen Verhältnisse und der Bodenstruktur Griechenlands, welche ideale Bedingungen für holzzerstörende Pilze und Bakterien darstellen, sind alle hölzernen Gegenstände im Ursprungsland aus dieser Zeit verfallen. Der Regenarmut und der extremen Lufttrockenheit Ägyptens dagegen ist es zu verdanken, daß einige hölzerne Zeugen dieser Kultur erhalten geblieben sind. Auch wenn sich unter diesen zumeist in ägyptischen Gräbern entdeckten Funden nur wenige befinden, die offensichtlich durch Drechseln ihre Form erhielten, geben überlieferte Abbildungen ein beredtes Zeugnis von der Verbreitung der Drechseltechnik (Bilder 1/8, 1/9, 1/10).

Das Vordringen der Drechseltechnik in andere Länder erfolgte im Zuge kriegerischer Feldzüge von Landeroberungen und Sklavenhandel. So verschleppte der Perserkönig KAMBYSES ägyptische Gefangene nach Persien. Zu anderen Zeiten drangen Ägypter in Feldzügen nach Asien (Syrien, Kleinasien) vor. Dadurch fand neben anderen Kunstfertigkeiten auch das Drechseln im ganzen »Morgenlande« Verbreitung, wo es in späteren Jahrhunderten zu großer Blüte gelangte. Von da aus hielt die Drechseltechnik auch in Europa ihren Einzug (Bilder 1/11 bis 1/15).

MARTIN und SPITZBARTH schreiben: »*Daß die Drechseltechnik sogar zu einer Lieblingsbeschäftigung bei Fürsten wurde, deutet z. B. eine anekdotische Mitteilung über* ALEXANDER DEN GROSSEN *von Macedonien an, nach welcher dieser Welteroberer einige Abgesandte aus Asien an der Drehbank sitzend empfangen haben soll . . . Die Erfindung des Drechselns massiver Himmelskugeln«* – heißt es weiter in der gleichen Quelle – *»wird dem berühmten* THALES *von Milet zuerkannt. Noch mehr hat* ARCHIMEDES VON SYRAKUS, *der größte Mathematiker und Mechaniker des Altertums, diese edle Kunst für seine wissenschaftlichen Zwecke verwertet . . . Im alten Rom wurde die Drechselkunst, wie aus Äußerungen ver-*

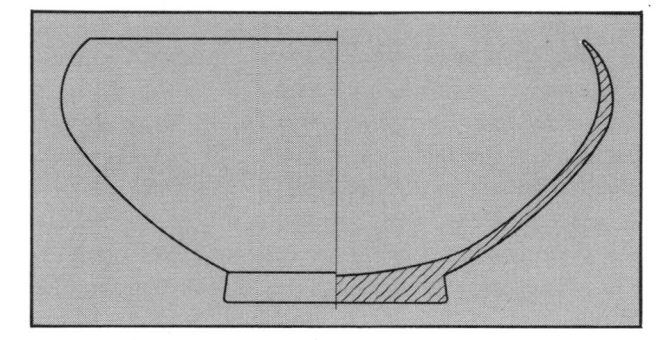

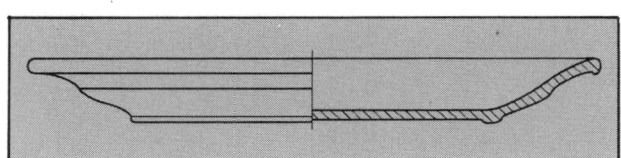

Von den Anfängen bis zur Gegenwart

Bild 1/9.
Gedrechselte Holzschale
(4. Jahrhundert)

Bild 1/10.
Römischer Holzteller
(Herculaneum)

Bild 1/11.
Tasse und Schüssel aus Holz geschnitzt, mit Zinnägeln verziert (Jütland; Bronzezeit) – Nachbildung

Bild 1/12.
Wagen von Dejbjerg/Jütland
(300 v. u. Z.)

Geschichte und Entwicklung des Drechselns

schiedener Schriftsteller mit viel Wahrscheinlichkeit hervorgeht, schon professionell betrieben, und die Genossenschaft der Dreher und Drechsler mag bereits gleich vielen anderen hoch im Ansehen gestanden haben; sie spielte wohl bei Wahlen oder sonstigen politischen Vorgängen oft eine nicht unbedeutende Rolle« [78]. Die Technik des Drechselns entwickelte sich nur in kleinen Schritten. Der Drehstuhl, bei dem die wechselnde Vor- und Rückwärtsbewegung des Fiedelbogens das Werkstück in eine wechselnd gegenläufige Drehbewegung versetzte und dabei das Werkzeug jeweils nur bei der Vorwärtsbewegung schneidend wirksam werden konnte, hat wohl die längste Zeit dieses Handwerk bestimmt. Lediglich Modifikationen dieser technischen Vorrichtung sind bekannt geworden. So war es z. B. zum Herstellen größerer Gefäße erforderlich, die Umdrehungskraft zu verstärken. Das war mit der Einhandbedienung nicht möglich. Deshalb wurde an größeren Drehstühlen ein zweiter Arbeiter allein zum Erzeugen der Drehbewegung angestellt, wie das bereits früher praktiziert wurde. Bild 1/16 zeigt, daß für das Drechseln von Gefäßen eine Art Kopfdrehbank erforderlich war, damit jeweils eine Seite des Werkstückes ohne Gegenlagerung »frei« gedrechselt werden konnte. (Auf dieser Abbildung fehlt allerdings die Werkzeugauflage, ohne die das Drechseln undenkbar ist.)

Der einfache Drehstuhl blieb bis in unser Jahrhundert unverändert erhalten. Am Rande des Basars von Samarkand konnte man noch im Jahre 1969 einen Drechsler bei der Arbeit beobachten, der profilierte Säulen für eine Kinderwiege auf einem Drehstuhl mit Fiedelbogen herstellte.

Ein ägyptischer Drechsler (Bild 1/17) zeigte seine Kunst auf der Pariser Ausstellung von 1876. In Bild 1/21 ist ein technisch verfeinerter Drehstuhl zu sehen, wie ihn z. B. Uhrmacher für feine

Bild 1/13.
Gedrechselte Holzschüssel.
Fundort: Neuenburger See/
Schweiz (2. Jh. v. u. Z.)

Bild 1/14.
Holzfeldflasche. Fundort:
Guibisco, Tessin
(1. Jh. v. u. Z.)

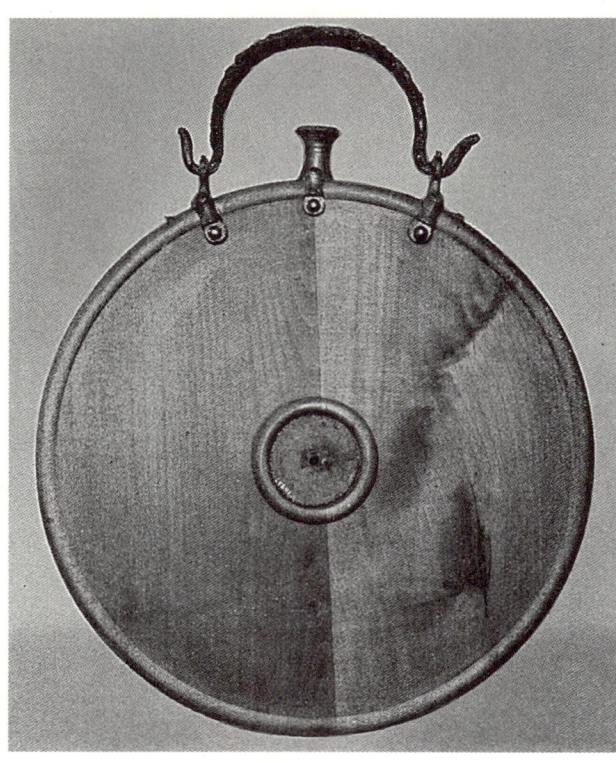

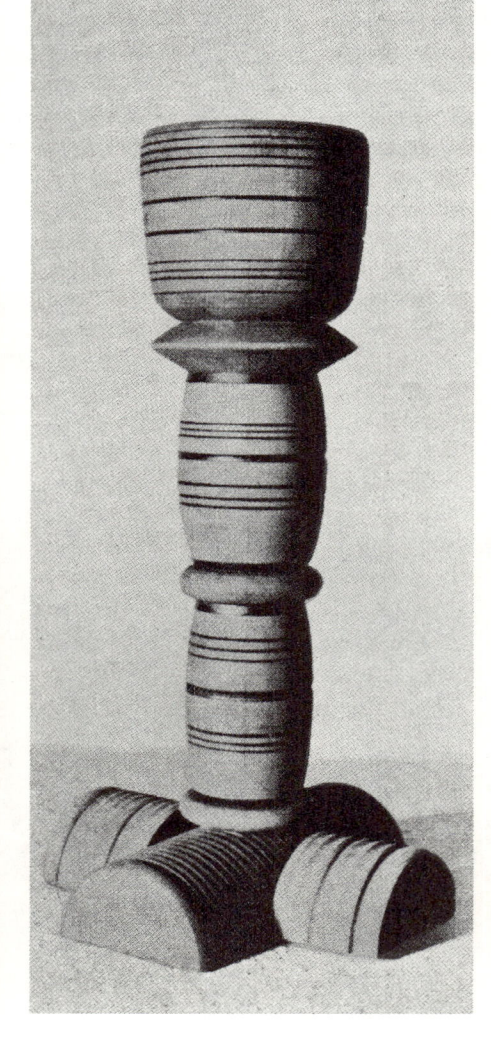

Bild 1/15.
Gedrechselter Leuchter aus dem alemannischen Gräberfeld bei Oberflacht
(6./7. Jahrhundert)

Von den Anfängen bis zur Gegenwart

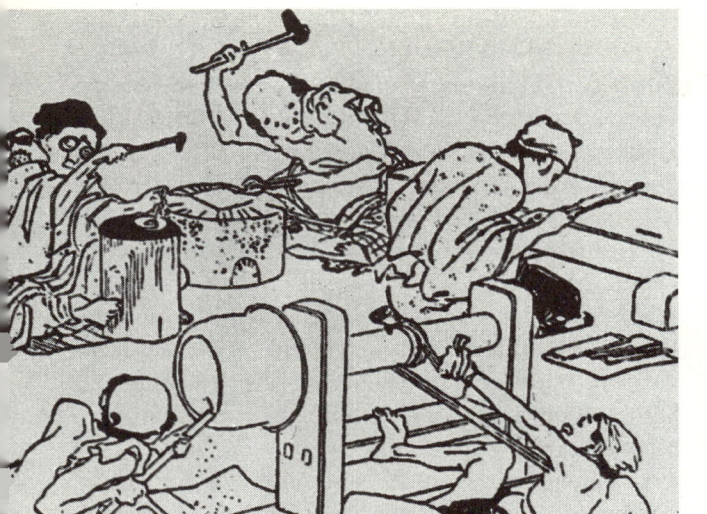

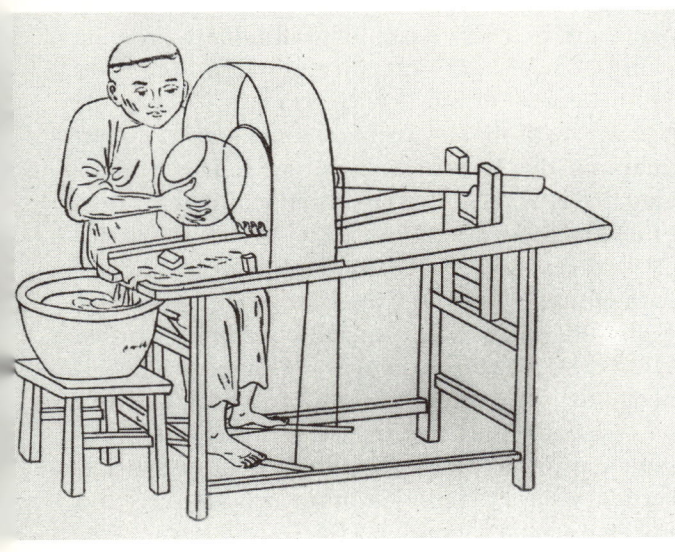

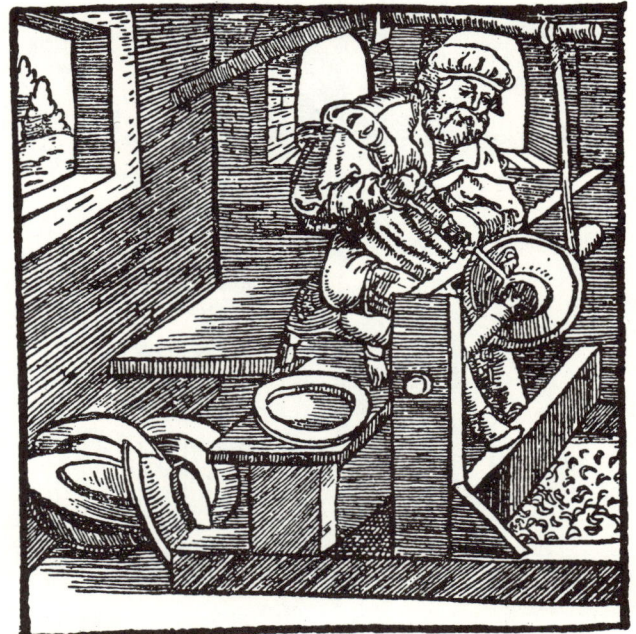

Metallarbeiten noch bis in unser Jahrhundert hinein benutzten.

Eine weitere Modifikation des Drehstuhles ist seit etwa Mitte des 13. Jahrhunderts bekannt. Hierbei wurde die Federkraft des Holzes genutzt, um den Rückzug der um die Drehstuhlwelle ge-

Bild 1/16. Japanische Drechselbank

Bild 1/17. Ägyptischer Drechsler (Vorführung in Paris zur Weltausstellung, 1876)

Bild 1/18. Chinesische Schleifmaschine mit Treterei

Bild 1/19. Drechsler beim Langholzdrechseln an der Wippdrehbank

Bild 1/20. Drechsler beim Querholzdrechseln an der Wippdrehbank

Geschichte und Entwicklung des Drechselns

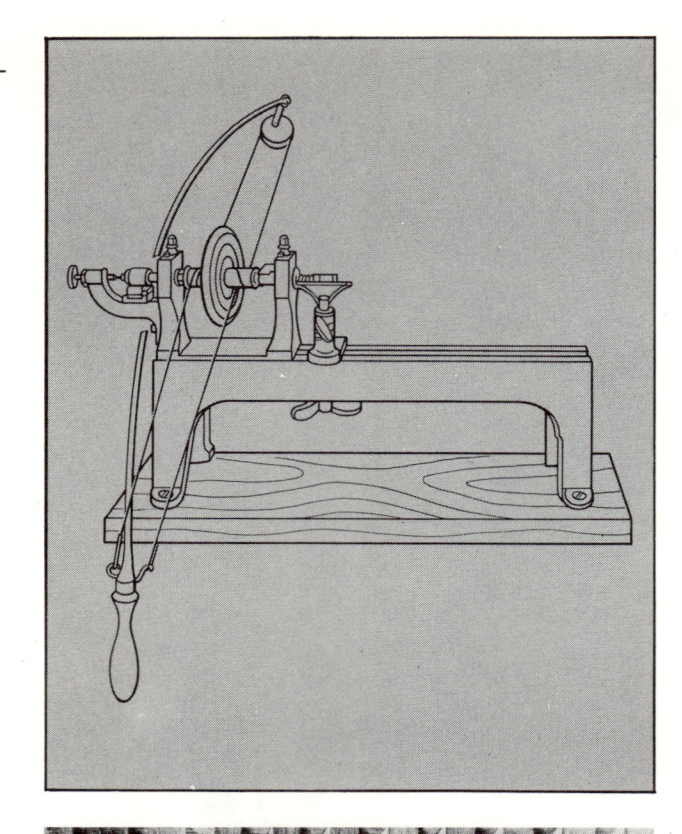

Bild 1/21.
Mechanikerdrehbank mit Fiedelbogen-Antrieb

Bild 1/22.
Wippdrehbank mit starkem Armbrustbogen

Bild 1/23.
Die früheste bekannte Darstellung einer Drehbank mit Kurbel nach LEONARDO DA VINCI (um 1500)

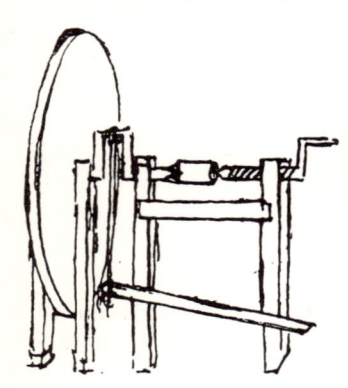

schlagenen Schnur zu erwirken. Die Vorwärtsbewegung (Arbeitsbewegung) wurde mit Hilfe eines Fußtrittes, an dem das eine Ende der Schnur befestigt war, bewerkstelligt (Bilder 1/19, 1/20). Der Rückzug erfolgte durch Zurückschnellen der mit dem anderen Ende der Schnur verbundenen Holzfeder an der Decke der Drechslerwerkstatt. Der Fortschritt gegenüber dem Drehstuhl mit Fiedelbogen ist bei dieser »Wippdrehbank« darin zu sehen, daß der Drechsler mit beiden Händen das Werkzeug führen konnte. Das bei jeder Drehbewegung zum rhythmischen Unterbrechen des Schneidvorganges zwingende Vor und Zurück blieb erhalten.

In Asien gibt es noch heute eine Antriebsform, bei der mit zwei Fußpedalen, an denen die beiden Schnurenden befestigt sind, die Drehbewegung erzeugt wird (Bild 1/18).

An Stelle der Holzfeder bei der Wippdrehbank wurde auch ein an der Werkstattdecke befestigter starker Armbrustbogen eingesetzt. Diese stärkere Kraft des Armbrustbogens nutzte man teilweise sogar zum Bewerkstelligen der Drehbewegung für den Schneidvorgang und betätigte mit dem Fußpedal nur den Schnurrückzug. Mit diesen schwereren und stabileren Drechselvorrichtungen war das Bearbeiten härterer Materialien (Alabaster, Bein, Metall) möglich (Bild 1/22).

Welche hervorragenden Leistungen mit dieser einfachen Drechseltechnik möglich waren, beweisen u. a. Funde aus einer Grube des ehemaligen »Heilig-Geist-Hospitals« in Magdeburg; erstmals erwähnt um 1200 (vgl. Bilder 1/27 bis 1/32).

Einen entscheidenden Fortschritt für das Drechseln brachte der Einsatz der Kurbel zum Erzeugen der ununterbrochenen Drehbewegung. Wann die Kurbel tatsächlich erfunden wurde, ist nicht nachweisbar. Von einer Beschreibung eines Ziehbrunnens durch ARISTOTELES (384 bis 322 v. u. Z.) weiß man, daß bereits vor unserer Zeitrechnung die Kurbel bekannt war. Die Einführung der Kurbel in der Drechseltechnik wird dem Universalgenie LEONARDO DA VINCI (1452 bis 1519) zugeschrieben. Er war es, von dem die erste Darstellung einer Drechselbank mit gekröpfter Welle und einem Schwungrad bekannt geworden ist (Bild 1/23). Durch die Anwendung des Kurbelmechanismus war ein wesentlicher Fortschritt in der Arbeitstechnik des Drechselns erreicht. Nunmehr konnte das Werkstück fortlaufend bearbeitet werden. Der Drechsler konnte produktiver und präziser arbeiten (Bild 1/24).

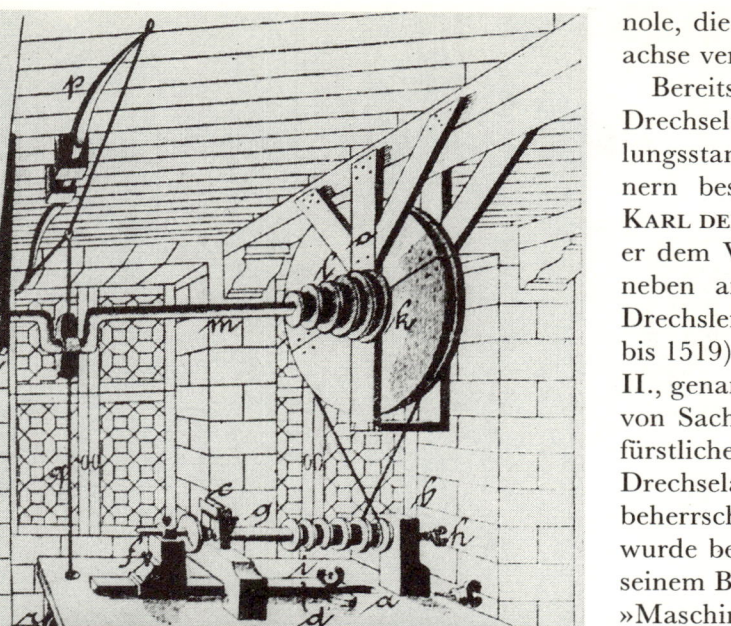

nole, die mit Hilfe eines Gewindes in der Drehachse vertikal verstellbar war.

Bereits vom Mittelalter ist bekannt, daß die Drechseltechnik in Europa einen hohen Entwicklungsstand erreicht hatte und bei fürstlichen Gönnern besondere Beachtung fand. Von Kaiser KARL DEM GROSSEN (742 bis 814) weiß man, daß er dem Vorsteher seiner Wirtschaftshöfe befahl, neben anderen Handwerkern auch geschickte Drechsler anzustellen. Auch MAXIMILIAN I. (1459 bis 1519), Zar PETER I. (1642 bis 1725), AUGUST II., genannt der Starke (1670 bis 1733), Kurfürst von Sachsen und König von Polen, und andere fürstliche Herrscher waren Liebhaber feiner Drechselarbeiten oder drechselten gar selbst bzw. beherrschten diese Technik. AUGUST DER STARKE wurde bereits als junger Prinz – gemeinsam mit seinem Bruder – an Drechselbänken wie anderen »Maschinen« unterwiesen. Diese Geräte standen in der sogenannten Kunstkammer, die Kurfürst AUGUST I. (1526 bis 1586) eingerichtet hatte und die auch eine Sammlung von Produktionsinstrumenten enthielt, die zu den verschiedensten Zeiten bis dahin entwickelt worden waren.

Auch Gräfinnen und sogenannte Edelfrauen hatten ihren Ehrgeiz, »feine Nipptischarbeiten« herzustellen.

Selbst in Klöstern galt das Drechseln als eine ehrenvolle Beschäftigung, die auch von Nonnen betrieben wurde. Von dem französischen Pater CHARLES PLUMIER erschien bereits im Jahre 1701 eine Art Fachbuch mit dem Titel »L' art de tour-

17

Von den Anfängen bis zur Gegenwart

Bemerkenswert ist es allerdings, daß sich trotz dieser revolutionierenden technischen Entwicklung sowohl der Drehstuhl mit Fiedelbogen als auch die Wippdrehbank noch bis in das 20. Jahrhundert erhalten haben (Bild 1/25).

Man muß aber auch erkennen, daß es sich bei der Entwicklung der Drechseltechnik immer nur um eine Weiterentwicklung der Antriebstechnik und um die Ausnutzung verschiedener Antriebskräfte handelte. Das Drechseln als solches blieb nahezu unverändert. (Ausgenommen hiervon ist die Metalldrehtechnik, die heute nichts mehr mit dem Drechseln zu tun hat, in früheren Jahrhunderten allerdings von den gleichen Handwerkern ausgeübt wurde.)

Vergleicht man das technische Prinzip der von LEONARDO DA VINCI skizzierten Drechselbank mit unseren heutigen Drechselbänken, so erkennt man kaum eine Veränderung, lediglich die Antriebsform ist von Muskelkraft auf elektromechanische Kraft übergegangen. Die Unkompliziertheit der Drechselvorrichtung ist geblieben. Wie man auf Bild 1/23 sieht, empfahl schon LEONARDO DA VINCI für das Einspannen eines Werkstückes einen gezackten Mitnehmer und eine Reitstockpi-

Bild 1/24.
Drehbank mit starkem Armbrustbogen und Kurbel nach CHERUBIN

Bild 1/25.
Drehbank mit Kurbel, Tretpedal und Schwungrad, wie sie noch bis zur Mitte des 20. Jahrhunderts Verwendung fand

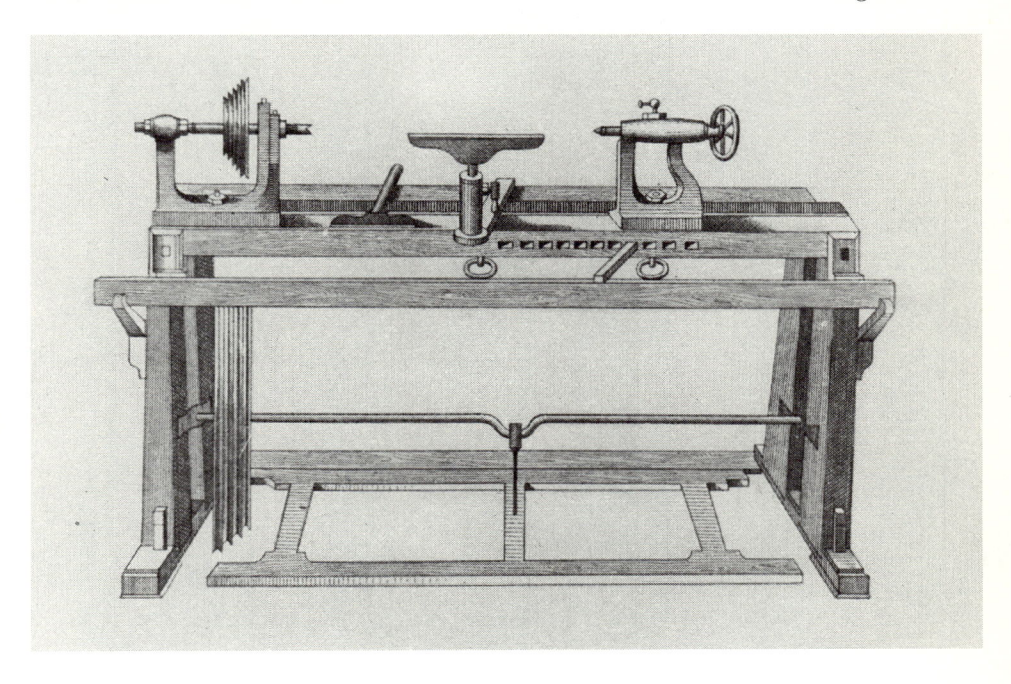

Geschichte und Entwicklung des Drechselns

Der Holtzdrechßler.

Ich dreh von Buchßbaum buchßlein
Zu kleinot vnd Edlem gestein/ (klein
Auch Futteral/ zu Gülden Scheuwrn/
Predigstůl/ dran man sich kan steuwrn/
Köstlich Stolln/ zu Tisch vnd Betten/
Hämmerstiel/ so die Goldschmid hettn/
Auch für die Bauwrn Kugel vnd Kegl/
Wellen/ vnd auch Steynmetz Schlegel.

Bild 1/26.
Holzdrechsler beim Herstellen einer großen Kugel in einer Werkstatt mit Verkaufslade (16. Jahrhundert)

neur« (Die Kunst zu drechseln) [5]. 1775 schrieb Pater HULOT ebenfalls ein Buch über das Drechseln.

Aber auch Namen von Handwerksmeistern sind in die Geschichte der Drechseltechnik eingegangen. So hat sich besonders die Nürnberger Drechslerfamilie ZICK (1600 bis 1715) durch perfekte Drechslerarbeiten hervorgetan. Der Drechslermeister JOH. CHR. TÄUBER aus Regensburg konstruierte sogar selbst Drechselvorrichtungen, mit denen er technische Spielereien fertigte, die Bewunderung fanden und zur Modelliebhaberei wurden (Anfang 18. Jh.).

Im Mittelalter waren die Handwerker in Zünften vereinigt, aus denen sich später in der Regel die Innungen herausbildeten. Die Drechsler haben sich in Deutschland seit der Mitte des 13. Jahrhunderts in Zünften zusammengeschlossen. MARX und ENGELS kennzeichnen die Gründe, die zur Bildung derartiger Verbände führten, mit folgenden Worten: *»Die Notwendigkeit der Assoziationen gegen den assoziierten Raubadel, das Bedürfnis gemeinsamer Markthallen in einer Zeit, wo der Industrielle zugleich Kaufmann war, die wachsende Konkurrenz der den aufblühenden Städten zuströmenden entlaufenen Leibeigenen, die feudale Gliederung des ganzen Landes führte die Zünfte herbei«* [79].

Die von den Zünften beschlossenen Ordnungen enthielten Regelungen über die tägliche Arbeitszeit der Gesellen, die Stellung und die Verhaltensregeln der Lehrlinge, Gesellen und Meister zueinander, aber auch Festlegungen zur Qualität der Waren und zu Erzeugnispreisen. Diese Zunftordnungen waren in den einzelnen Gewerken unterschiedlich, verhalfen aber insgesamt dem Handwerk zu hoher Blüte und zu hohen handwerklichen und gestalterischen Leistungen (Bilder 1/26 bis 1/32).

Besonders bekannt geworden sind die Nürnberger und Tilsiter[1] Zunftordnungen. Interessant sind einige Berichte über das Leben und Treiben in der Drechsler-Innung am Ende des 18. und Anfang des 19. Jahrhunderts:

Fast immer zog der Drechsler, nachdem er zum Gesellen gesprochen war, volle drei Jahre hinaus in die Fremde und mußte nach ganz bestimmten Zunftregeln die Meister und Gesellen begrüßen und erstere um Arbeit ansprechen. Bekam ein solcher Wandergeselle Arbeit, so mußte er 14 Tage auf Probe aushalten, und Meister und Geselle verständigten sich dann entweder mit dem Wochenlohn oder sie trennten sich. Während dieser Probezeit durfte der Geselle bei keinem anderen Meister in derselben Stadt arbeiten, auch nicht während 12 Wochen nach dem Austritte. Erhielt der Geselle bei dem begrüßten Meister überhaupt keine Arbeit, so konnte er durch den Altgesellen anderswo nach Arbeit anfragen lassen.

»Die Erklärung zum Meister hatte ganz besondere Schwierigkeiten, Vorbedingungen und Förmlichkeiten. Der Geselle hatte sich beim Alt- oder Obermeister anzumelden, und von diesem wurde ihm dann die Wahl und Ausführung eines Meisterstückes aufgetragen, welches je nach Spezialgebiet des Gesellen und den Korporationsvorschriften verschiedener Art und Schwierigkeit war. Es gab Korporationen der Holz-, Bein-, Horn-, Marmor- und Metalldreher, welche in größeren Städten ihre gesonderte Stellung einnahmen. Als Meisterstücke gehörten zu den bekanntesten Aufgaben folgende:

– ein Holz-Globus nebst dem dazu passenden Gestelle (gewöhnlich wurde die Kugel hohl verlangt, im Durchmesser von einem Fuße);
– eine Feuerhandspritze mit drei Röhren;
– eine Gewürzbüchse;
– ein Schachspiel und zwar größtenteils mit 16 Figuren von Ebenholz, die übrigen aus Elfenbein. Die Figuren mußten aufs Sauberste gedreht und ziemlich fein sein, so daß, wenn der Obermeister auf den Tisch schlug, dieselben zitterten oder tanzten;
– ein Spinnrad, woran die Speichen am Rande beweglich sein mußten
usw.« [78].

Auch die äußeren Zeichen der Rangordnung zwischen Lehrling, Geselle und Meister, wie die Kleidung und das Begrüßen, waren streng geregelt. Bis hin zu Vorschriften über das Würfel- und Kartenspiel enthielten die Zunftordnungen strenge, mitunter harte, die persönliche Freiheit stark einengende Regeln. Es gab aber auch Zunftordnungen, die sich zu nützlichen Bräuchen entwickelten und deren Erforschung und Pflege dem heutigen Handwerk angelegen sein sollte.

Daß die übermäßig strengen Zunftordnungen zu sozialen Spannungen führten, läßt sich leicht denken. Es kam deshalb zum Verfall der Zünfte, und staatliche Gewerbeordnungen entschieden in der darauffolgenden Zeit (1873) über die organisatorischen Belange des Handwerks.

Aber nicht nur die sozialen Spannungen innerhalb der Werkstätten und Zünfte führten zu Konflikten, auch die in den Zunftordnungen enthaltenen Beschränkungen gegenüber technischen Neuerungen sowie über die Anzahl der Arbeitskräfte

Von den Anfängen bis zur Gegenwart

[1] heute: Sovetzk, Polen

20

Geschichte und Entwicklung des Drechselns

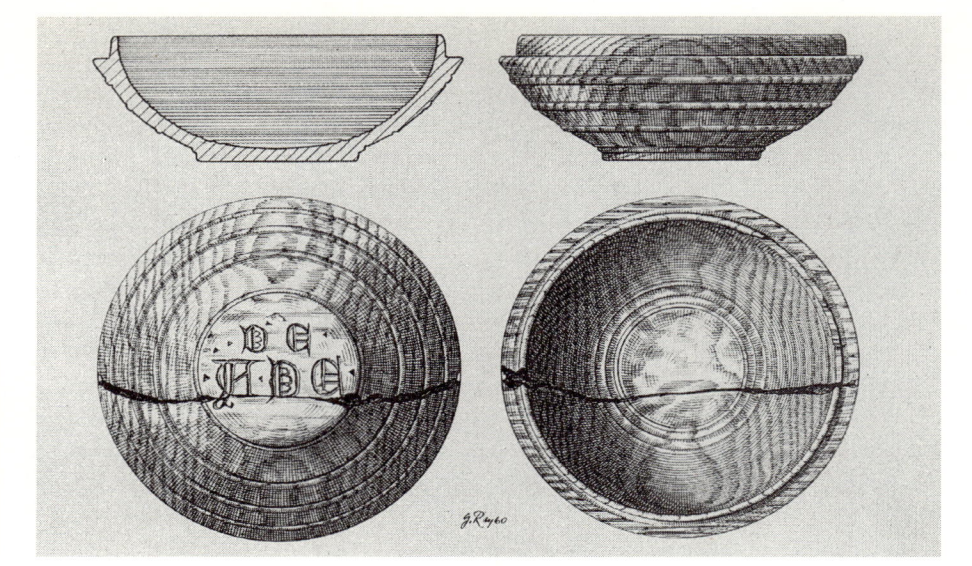

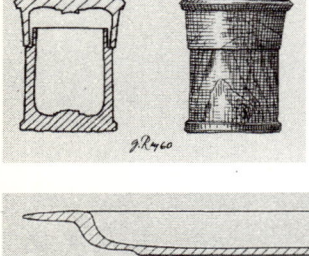

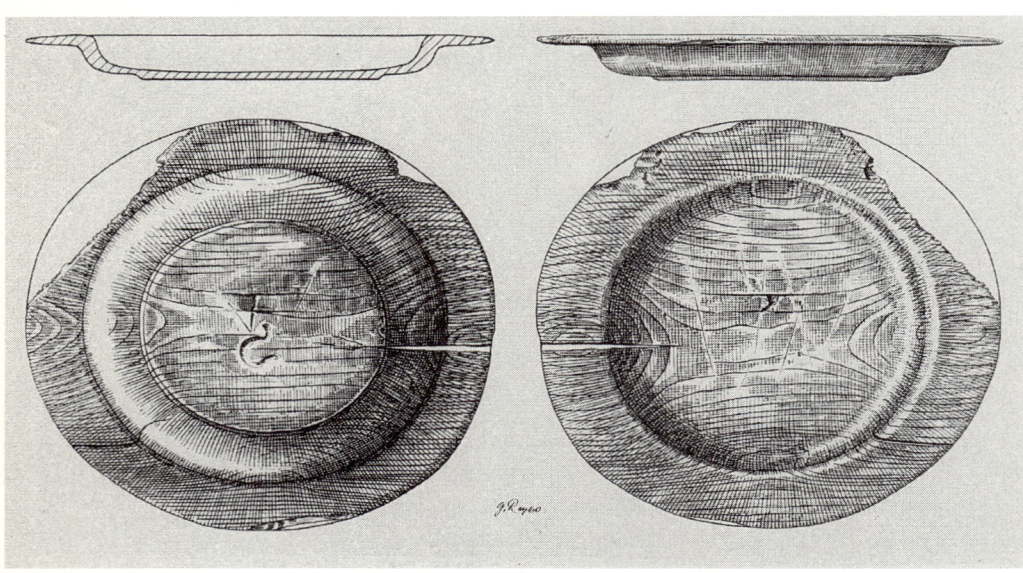

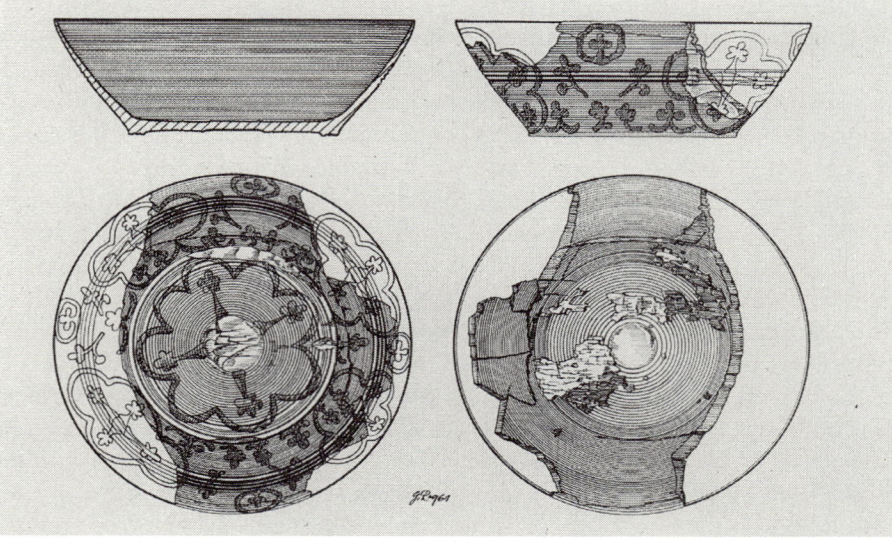

Bild 1/27. bis 1/32. Funde aus einer Fäkaliengrube des ehemaligen Heilig-Geist-Hospitals in Magdeburg (erstmals erwähnt um 1200). Besonders interessant ist die Kanne, bei der die Schnepfe nicht angesetzt, sondern aus dem vollen Holzkörper der Kanne herausgedrechselt ist. Gleiches trifft zu für den danebenstehenden Becher, bei dem der Henkel ebenfalls aus dem vollen Holz herausgearbeitet wurde

und Werkzeuge wurden zu echten Hemmnissen für den technischen Fortschritt.

»Am 16.8.1731 wurde ein Reichszunftgesetz erlassen, das Gesellenvereinigungen verbot, Verabredungen gegen Meister sowie Streiks und Aufstände unter schwere Strafe stellte, die Begrenzung der Meister- und Gesellenzahl in den Zünften sowie das Verbot der Beschäftigung von Gesellen außerhalb der Zunft aufhob. Das Gesetz diente in erster Linie zur Unterdrückung der Gesellenbewegung, richtete sich aber auch gegen die Monopolstellung der Zünfte. Erst im Verlauf des 19. Jh. sind die Zünfte in den einzelnen Territorialstaaten aufgehoben worden (Durchsetzung der Gewerbefreiheit)« [7a].

Bereits unter den Zünften, viel intensiver aber nach Durchsetzung der Gewerbefreiheit, führte die rasche Entwicklung des Berufes zur Spezialisierung der einzelnen Werkstätten. Zu dieser Entwicklung trug auch die Einbeziehung von immer mehr Materialien in die Drechslerei bei (zu Holz, Elfenbein, Horn, Meerschaum, Bernstein kamen verschiedene Steine und Metalle).

Das Beherrschen aller Arten wurde für den Drechsler unmöglich. Jeder mußte sich seine Spezialität suchen und darin Hervorragendes zu leisten bemüht sein.

Selbst bei der Konzentration auf die Bearbeitung von Holz, dem meistverwendeten Material des Drechslers, war es nur schwer möglich, alle Arbeiten in einer Werkstatt auszuführen. Die Konkurrenz der Werkstätten untereinander, vor allem aber die beginnende Industrialisierung zwang den einzelnen Drechsler zu höchster Leistung bei niedrigen Preisen. Selbst territorial kam es zu einer gewissen Spezialisierung bei der Serienfertigung. Dem Verfasser erschien es interessant genug, aus dem bereits mehrfach zitierten Buch von MARTIN und SPITZBARTH einige diesbezügliche »gewerbliche Notizen« zu übernehmen, wie sie vor 100 Jahren aufgeschrieben wurden:

»Wir teilen hier einige gewerbliche Notizen aus den letzten Jahren mit. Berlin liefert vorzüglich feine Holzgalanterie- und Spielwaren, sowie schöne Möbelarbeiten, auch viele Elfenbein- und Hornarbeiten. Breslau[6], Dresden, Leipzig, Chemnitz, Mainz, Stuttgart und München sind Bezugsquellen für Oval- und feine Möbelarbeiten. Leipzig liefert besonders Türgriffe von Horn und Bronze. Alabaster- und Marmorarbeiten werden in Nordhausen, Magdeburg und Nürnberg gefertigt. Für Blasinstrumente, als Flöten, Clarinetten, Vogelpfeifen usw. sind Markneukirchen, Klingenthal, Adorf und Dresden, vorzüglich aber Nürnberg zu nennen. Pfeifen, Pfeifenspitzen, überhaupt Meerschaumwaren und alles, was zum Rauchen gehört, wird in großer Menge in Rumburg[1] in Böhmen, Ruhla in Thüringen, Wien, Lemgo gefertigt. Für Spielwaren ist wieder Nürnberg mit seinen ordinären und feinen Sachen der erste Ort, während die sächsischen Orte Grünhainichen, Seiffen, Waldkirchen usw. nur geringe und mittelfeine Waren liefern, dafür aber in erstaunlichen Mengen und zu fabelhaft billigen Preisen, welche nur dadurch ermöglicht werden, daß selbst Frauen und kleine Kinder sich damit beschäftigen. Sonneberg und Coburg liefern wieder feinere Spielwaren, und hat sich die Industrie dort so erhoben, daß die Stadt und Umgebung, deren Meister mit zur Stadt gerechnet werden, 70 und mehr Drechsler, Kegel-, Docken- und Klöppleinmacher ohne die übrigen, welche wir hier übergehen müssen, beträgt. Auch in den Schwarzwald ist die Spielwarenindustrie verpflanzt, und durch billige Arbeitskräfte begünstigt, ist dieselbe zu großer Blüte gelangt. Berchtesgaden in Bayern, Salzburg und teilweise auch Tyrol liefern feine und ordinäre Holzwaren, auch sehr geschätzte Bein- und Knochenarbeiten, z. B. anatomische Augen, Fruchtschalen, künstliche Becher bis 100 Stück ineinander und so zart wie das feinste Laub. Der größte davon ist so groß wie ein halbes Ei. Die Arbeiten von Bein und Knochen, welche in Geislingen gefertigt werden, genießen einen Weltruf. Serpentin wird in Goldkronach in Bayern und Zöblitz in Sachsen zu einer großen Zahl von Luxus- und gewöhnlichen Gegenständen verarbeitet. – Der Hauptsitz der Bernsteinindustrie ist hauptsächlich in den Städten, welche in der Nähe der Fundorte derselben liegen, als Königsberg[2], Stolp[3], Danzig[4] und Memel[5]. Doch wird der Bernstein auch vielfach in Wien, Ruhla und anderen Städten, welche Pfeifen fertigen, verarbeitet.

Im Ausland ist hauptsächlich England, welches die Drehkunst am meisten kultiviert, und es gehört in den höheren Kreisen der Gesellschaft zu dem guten Ton, in der Drehkunst Bescheid zu wissen. Dieser Liebhaberei, welche mit dem größten Geldopfern betrieben wird, verdanken wir die Kenntnis der teuren ausländischen Hölzer; ferner die Mitteilung vieler Holzdrehbänke und noch manches andere. Auch in Spielwaren, sog. Tonbridgewaren, leistet England Gutes. Die Elfenbeindrechsler von Birmingham und Belfast sind von Alters her berühmt. In Spanien sind Segorra und Toledo, auch Codix durch Erzeugung schöner Holzwaren, die einen ganz eigenen Stil haben, bekannt.

Als vorzügliche Drechsler zeichnen sich die Chinesen und Japanesen aus. Ihre Arbeiten sind für viele Drechsler ein wahres Phänomen, indem sie die Herstellung derselben geradezu unbegreiflich finden.

... Zuletzt haben wir noch Frankreich und speziell Paris zu nennen. Die dort gefertigten Drechslerarbeiten genießen einen vorzüglichen Ruf, besonders wegen ihrer

---

Von den Anfängen bis zur Gegenwart

[1] heute: Rumburk, ČSFR

[2] heute: Kaliningrad, UdSSR
[3] heute: Słupsk, Polen
[4] heute: Gdańsk, Polen
[5] heute: Klaipeda, UdSSR

[6] heute: Wrocław, Polen

Schönheit in der Form und der Ausführung derselben. Auch ist diese Stadt die beste Bezugsquelle für Werkzeuge, welche dort in einer bis jetzt unbekannten Vollkommenheit gefertigt werden. Paris und London sind das Ideal eines jeden intelligenten Drechslers und werden gewissermaßen als die Universitäten der Drehkunst betrachtet« [78].

Bemerkenswert ist, daß die Drechslerei sich im vergangenen Jahrhundert – ähnlich wie auch gleichgelagerte Gewerke – besonders dort zu einer Spezifik entwickelte, wo die Bodenkultur nur das Notdürftigste für den Lebensunterhalt lieferte. Das traf besonders auf jene Gegenden zu, wo der Erzbergbau allmählich zum Erliegen kam. Für das Erzgebirge handelte es sich hierbei um die Mitte des 18. Jahrhunderts (Silberbergbau) und um das 19. Jahrhundert.

In diesen Gegenden mußten sich die Menschen auf die Herstellung von Waren konzentrieren, mit denen sie in Warenaustausch treten konnten, für die ihnen aber auch genug Rohstoffe zur Verfügung standen. Diese Konzentration auf bestimmte Handelsware führte dazu, daß auch das Händler- und Verlegertum aufkam. Vor allem die Verleger waren es, die die Handwerker in ein Abhängigkeitsverhältnis brachten. Verleger im damaligen Sinne waren Großhändler mit erweitertem Wirkungsbereich. Sie übernahmen die gesamte Produktion eines Handwerkers. Dadurch verloren die Werkstätten die direkte Verbindung zum Kunden. Die Finanzkraft des Verlegers machte ihn in vielen Fällen auch zum Kreditgeber für den Handwerker. Dadurch wurde das Abhängigkeitsverhältnis noch verstärkt, was der Verleger skrupellos ausnutzte. Wenn auch in einzelnen Fällen von dem Verleger Förderungsmaßnahmen eingeleitet wurden, weil er durch seine Marktkenntnisse Anregung zur Sortimentsentwicklung geben konnte und teilweise oder vollständig die Materialbeschaffung übernahm, so führte das Ganze doch durch Methoden der Preisdrückerei zur Verarmung der Produzenten. Ihre gewerbliche Selbständigkeit war nur noch formal gegeben. In Wirklichkeit sanken sie bereits zum Lohnarbeiter herab. (MARX beschreibt diese Form der kapitalistischen Ausbeutung als »dezentralisierte Manufaktur« [79].) Vereinzelt bildeten sich in dieser Zeit auch im Drechslerhandwerk Manufakturen, die meist mit der Möbelherstellung im Zusammenhang standen.

Einen Weg, mit geringsten Kosten handwerklich preisgünstig produzieren zu können, fanden die Drechsler im Erzgebirge in dieser Zeit. Hier nutzten mehrere selbständige Drechsler eine vorhandene Antriebsquelle (Wasserkraft), indem sie in sog. Drehwerken jeweils auf eigene Rechnung gemeinsam arbeiteten. Die Drechselbänke und die gesamte Antriebsmechanik, die meist aus der Bergbautechnik stammte, sowie das Gebäude selbst gehörten dem Verpächter. Das war der Landesherr oder eine andere begüterte Person. Die Drechsler besaßen nur eigenes Werkzeug und Material.

Mit der durchgreifenden Elektrifizierung und der Entwicklung neuer Technik im Zeitalter der industriellen Revolution ging eine gewaltige Entwicklung der Produktivkräfte einher. Es entstanden Drehmaschinen und Drehautomaten, die in der Spielzeug- und Holzwarenproduktion, vor allem aber auch in der Möbelherstellung zu gewaltigen Veränderungen der Produktionsweise und der produzierten Waren führte. Große Produktionsbetriebe wuchsen wie Pilze aus der Erde. Damit verbunden war eine enorme Erhöhung der Arbeitsproduktivität. Löhne wurden gedrückt, teilweise Schock- und Zentnerpreise für Massenware eingeführt. Diese ökonomischen Zwänge führten auch zu einer Notsituation der selbständigen Drechsler in den Ballungsgebieten (Erzgebirge, Thüringer Wald, Vogtland u. dgl.).

In der Broschüre »Lohn- und Arbeitsverhältnisse im deutschen Drechslergewerbe«, herausgegeben von der »Statistischen Kommission der Vereinigung der Drechsler und Berufsgenossen zu Halle«, Hamburg 1892, heißt es, daß die durchschnittliche Arbeitszeit je Arbeitskraft und Woche bei 61 Stunden und höher lag. Um das lebensnotwendige Minimum zu verdienen, ergab sich automatisch die Notwendigkeit, daß alle Familienmitglieder zum Unterhalt der Familie und zur Befriedigung der primitivsten Bedürfnisse beitragen mußten.

Die industrielle Revolution brachte aber nicht nur soziale Probleme mit sich. Sie bewirkte auch eine völlig neue Situation für die Gestaltung von Erzeugnissen. Durch die Möglichkeit, massenweise gedrechselte Teile herstellen zu können, entstanden z. B. besonders viele Möbel mit Drechselelementen. Die neue Technik verführte dabei meist zu einer Überladung durch Formenvielfalt. Drechselelemente wurden bei Möbeln nicht nur für konstruktive Teile (Beine, Lehnen, Sprossen) verwendet, sondern fanden als reiner Zierat Anwendung. Beachtlich ist aber, mit welch hoher technischer Qualität und mit welcher Preiswürdigkeit die großen Mengen Drechselteile an Möbeln in dieser Zeit hergestellt werden konnten. Gedrechselte Möbel und gedrechselter Zierat waren in fast jedem Haushalt zu finden, in großem Umfang auch in den ärmlichen städtischen Proletarierwohnungen, hier allerdings aus billigen Hölzern, bei denen durch Bemalung eine andere Holzart vorgetäuscht wurde.

Durch die gewaltige Entwicklung in der mechanischen Holzdreherei wurden viele handwerkliche Drechslerwerkstätten auch in den Städten arbeitslos. Nur wenige konnten sich halten. Die größten Überlebenschancen hatten solche Drechslermeister, die ein Ladengeschäft betreiben, in dem sie ihre Erzeugnisse anbieten konnten, wo aber auch Reparaturen angenommen wurden. Dabei spielte die Schirm- und Stockreparatur eine große Rolle. Gut beraten waren auch solche Handwerksmeister, die sich auf spezielle Erzeugnisse oder Leistungen konzentrierten und dort konkurrenzfähig blieben. Ein Beispiel dafür ist die heute in der 5. Generation tätige Drechslerfamilie ZETTLER in Schwerin, die noch in der Gegenwart Schiffssteuerräder in allen Größen und nach besonderen Wünschen herstellt.

Mit dem Ersten Weltkrieg wurde die Aufwärtsentwicklung der Industriebetriebe und die damit verbundene Verschlechterung der Situation des Handwerks vorerst unterbrochen. Beide Bereiche erlebten in den Nachkriegsjahren eine relative Stabilisierung, die etwa bis in das Jahr 1929 reichte. In diesem Jahr zeichnete sich bereits die wachsende Weltwirtschaftskrise ab, die alle Zweige der Wirtschaft erfaßte. So kam es auch in der Spielwarenindustrie, zu der eine ganze Reihe Drechslerbetriebe gehörte, zu einer Arbeitslosigkeit, deren Ausmaß bisher nie gekannte Formen annahm. Selbst die als Saison bezeichnete Vorweihnachtszeit der Jahre bis 1932 brachte nur ganz geringe Aufträge. Nach der Übernahme der Macht durch Hitler und dem Einzug des Faschismus in Deutschland im Jahre 1933 gab es auch Veränderungen in den Zentren des Drechslergewerbes, wie z. B. im Erzgebirge. Zu Notstandsgebieten erklärt und mit Aufträgen für die sog. Winterhilfe, den Luftschutz und die faschistische Kriegsvorbereitung versehen, wurden diese Gebiete und somit auch Teile des Drechslergewerbes zur Durchsetzung nazistischer Blut-und-Bodenpolitik mißbraucht. Es gab wohl kaum einen Drechslerbetrieb in Deutschland, der nicht direkt oder indirekt in die Kriegsvorbereitung und -durchführung einbezogen war. Unbenommen davon muß aber auch festgehalten werden, daß die nazistischen Herrscher im Einzelfall für ihre Repräsentationsbauten und andere in dieser Zeit entstandene öffentliche Einrichtungen den Handwerksmeistern lohnende Aufgaben übertragen haben. Beachtliche kunsthandwerkliche Einzelstücke sind dadurch entstanden. Im Rückblick, mit unserem heutigen Erkenntnisstand, findet man aber auch in diesen Arbeiten deutlich die mosaiksteinartige Durchdringung der faschistischen Ideologie mit ihren nationalistischen Tendenzen. Begriffe wie »Deutsches Handwerk«, »Deutsche Wertarbeit« und »Deutsche Eiche« wurden schlagwortartig verwendet und in die Köpfe und Herzen der Menschen infiltriert. Besonders die Propaganda über die »Schönheit der Arbeit« fand leicht Zugang zur Gedankenwelt der Mittelschicht. Dadurch war es möglich, das eigentliche ideologische Ziel zu verschleiern. Der Krieg unterbrach jegliche Entwicklung und zerstörte Betriebe und Werkstätten.

Nach dem Kriege ging es zunächst um die Schaffung unmittelbar lebensnotwendiger Dinge. Den arbeitsfähigen Drechslerwerkstätten kam es in dieser Zeit zu, Spinnräder, Holzgefäße, Küchengeräte und ähnliche praktische Dinge für den täglichen Bedarf herzustellen, ebenso auch Holzspielzeug für Kinder. In den Industriebetrieben, in denen anfangs noch überwiegend handwerklich gearbeitet wurde, setzte sich die Technisierung durch. Dadurch kam es automatisch zu einer Aufgabenabgrenzung zwischen dem Handwerk und den Industriebetrieben. Dem Drechslerhandwerk, wie jedem künstlerischen Handwerk, kam mehr und mehr die Aufgabe zu, künstlerisch-schöpferisch wirksam zu werden und individuelle Wünsche zu erfüllen.

Staatliche Anerkennung und Förderung kunsthandwerklicher Leistungen, auch der rasche Anstieg des allgemeinen Lebensniveaus und der geistigen und kulturellen Ansprüche der Menschen, sowie die stärkere internationale Kommunikationsmöglichkeit führten zu einem enormen Leistungsanstieg sowohl im Drechslerhandwerk als auch bei den Industriebetrieben für Drechslererzeugnisse. Die allgemeine Mechanisierung und Automatisierung an allen Arbeitsplätzen der Industrie und die vermehrte Freizeit aller Menschen führten zu einem gesteigerten Bedürfnis, sich selbst handwerklich-gestalterisch zu betätigen. Das Laiendrechseln spielt dabei eine große Rolle und bietet jedem Interessierten die Möglich-

Von den Anfängen bis zur Gegenwart

Geschichte und Entwicklung des Drechselns

keit, handwerkliches Geschick mit ästhetischen Vorstellungen zu verbinden und damit schöpferisch wirksam zu werden. Diese breite Laienbewegung im Drechseln fordert wiederum die Fachleute heraus, ihre Qualität und ihre Leistungen zu steigern. Dieser Wettbewerb ist wichtig und dem Ganzen förderlich.

Auch aus einer anderen Sicht ist das Handwerk gefordert, die ihm eigene Position immer wieder neu zu durchdenken. Mit Sicherheit wird das mechanische Drehen durch den Einfluß der Mikroelektronik und Computertechnik in absehbarer Zeit einen weiteren Entwicklungsschub erfahren. Um seine Existenzberechtigung nicht zu verlieren, indem mit handwerklichen Methoden das produziert wird, was die Industrie mit rationellen Mitteln viel effektiver und in gleicher Qualität herstellen kann, muß sich das Handwerk viel mehr seiner vielfältigen schöpferischen Möglichkeiten bewußt werden. Im Handwerk sollten Einzelstücke und Kleinserien gefertigt werden, hinter deren Form und Ausführungsqualität der Meister mit seiner ganzen Persönlichkeit steht.

Die Industrie braucht den Designer, der eine vervielfältigungsfähige Form für den anonymen Markt, für den Massenbedarf schafft. Während im Handwerk alle Stufen der Entstehung eines Produktes in einer Hand liegen, ist in der Industrie ein arbeitsteiliger Prozeß erforderlich, in dem der Designer, der Ingenieur, der Ökonom, der Meister und der Facharbeiter, aber auch der Kaufmann, der den Markt bearbeitet, zusammenspielen müssen, damit eine effektive, bedarfsgerechte Produktion möglich ist. Gut beraten sind dabei die Leiter entsprechender Produktionseinheiten, die dem Designer eine hervorragende Rolle zuweisen und ihm Zugang zu allen Informationen verschaffen.

In den nachfolgenden Ausführungen wird versucht, bereits mit der Terminologie beide Bereiche zu trennen. Für das Drechseln an der Handdrechselbank wird deshalb der Begriff »Drechseln« verwendet, für das Drehen auf Drehmaschinen steht demgegenüber der Begriff »Drehen«. Da jedoch im allgemeinen Sprachgebrauch eine derartige konsequente Abgrenzung der Begriffe nicht üblich ist, vielmehr für bestimmte Handdrechselvorgänge und -werkzeuge sich ebenfalls der Begriff »Drehen« eingebürgert hat, wird in Ausnahmefälle der Praxis folgend vom Grundprinzip abweichen.

Letzte Meldungen über Funde:

»Neues Deutschland« vom 27. Dezember 1984:
»Holzhäuser in der Arktis entdeckt . . .
Holzhäuser, die um 1545 von russischen Gewerbetreibenden errichtet worden waren, wurden jetzt von Archäologen auf Spitzbergen entdeckt. Es sind die bisher ältesten Funde, die von sowjetischen, polnischen, norwegischen und dänischen Spezialisten bei Ausgrabungen geborgen wurden. Da es am 80. Breitengrad keine Wälder gibt, wurden seinerzeit an den Ufern der Dwina Kiefern gefällt, die auf dem Wasserwege nach Spitzbergen kamen.

Die Archäologen fanden in einem Haus etwa 1000 verschiedene Gegenstände, darunter vier einfache Drechselbänke und Schachfiguren, die auf diesen angefertigt waren.«

»Der Morgen« vom 29. Januar 1986:
»Als Freibergs Brünnlein flossen . . .
Es hatte 1983 mit dem Aushub der Baugruben für das neue Heizhaus des Freiberger Stadttheaters in der historischen Altstadt begonnen. . . . Inzwischen konnten die ehrenamtlichen Schatzgräber auf mehreren Baustellen über historischem Grund etwa 60 Brunnen freilegen, vermessen und dokumentieren, den Inhalt und teilweise auch die Schachtung bergen. . . . Hausrat, mit dem die Wasserreservoirs nach einer Lebensdauer von 50 bis 100 Jahren zugeschüttet oder der – vermutlich beim Ausbruch von Seuchen weggeworfen wurde. Zum Wertvollsten zählt ein pokalartiges Gefäß mit Henkel, von einem Meister des 13. Jahrhunderts aus einem einzigen Stück gedrechselt. Die zahlreichen Holzfunde werden gegenwärtig im Potsdamer Museum für Ur- und Frühgeschichte konserviert.«

»Neues Deutschland« vom 05. November 1987:
»Archäologische Funde in Luckenwalde geborgen . . .
Bei Tiefbauarbeiten für ein neues Wohnviertel in Luckenwalde haben Mitarbeiter des Museums für Ur- und Frühgeschichte Potsdam die Nordgrenze einer 1216 erstmalig erwähnten mittelalterlichen Burg gefunden. Sie wurde 1590 zerstört und war bis heute nur noch als grüner Hügel sichtbar. In den Schlammschichten der vier Burggräben fanden sich Gefäßreste, Palisaden, Bauhölzer, gedrechselte Holzschalen und anderes Holzgerät. Der VEB Tiefbau Brandenburg und das Museum arbeiten eng zusammen, um die kulturgeschichtlich wertvollen Funde und Spuren der ältesten Stadtentwicklung zu sichern und den Bauablauf zu gewährleisten.«

Werkstoff Holz

2

IN DIESEM BUCH SOLL ES UM DAS »Drechseln in Holz« gehen. Der Drechsler bearbeitet zwar traditionell auch noch andere Werkstoffe wie Elfenbein, Horn, Bein, Schildpatt, Perlmutter, Serpentin, Metalle sowie synthetische Stoffe der neueren Zeit, da diese aber anders als Holz aufbereitet und mit anderen Schneidenformen und Schnittbedingungen bearbeitet werden, soll auf deren Beschreibung in diesem Buch verzichtet werden. Um so mehr sollen hier die Besonderheiten des Holzes, des Hauptwerkstoffes des Drechslers, herausgearbeitet und verständlich gemacht, soll das Gefühl für diesen Werkstoff geweckt werden. Letzteres ist besonders für den Kunsthandwerker von Bedeutung. Holz läßt sich nämlich nicht allein rational erfassen, Holz muß gefühlsmäßig »begriffen« werden.

Holz ist aber zunächst Baum, und Baum ist meist auch Wald. *»Der Wald als Produktionszentrum des Holzes und wohl eindrucksvollste Erscheinung der Natur im Pflanzenreich«*[35] ist in seiner Gesamtheit ebenso bedeutungsvoll für das Leben der Menschen, für den Wasserhaushalt auf dem Festland und für den Bestand der Pflanzen und Tiere, wie es das Material Holz als Werkstoff für den Menschen ist.

Wenn auch Holz zu den wenigen Werkstoffen gehört, die ständig nachwachsen, so ist der jährliche Zuwachs in den nutzbaren Waldflächen doch weitaus geringer als der ständig steigende Bedarf. *»Beginnend mit der Zeitrechnung bestimmten in immer stärkerem Maße die Menschen das sich wandelnde Waldbild. Ausgedehnte Rodungen und starke Nutzungen verringern so z. B. bis zum 13. Jh. die Waldbodenfläche Deutschlands von etwa 85...90 % auf ungefähr 30 %«* [127].

»Heute wird etwa der dritte Teil des Festlandes der Erde von Wäldern bedeckt. Etwa vier Fünftel der bewaldeten Fläche verteilen sich auf zwei Waldgürtel riesigen Ausmaßes: den borealen Nadelwaldgürtel im Norden der nördlichen Halbkugel und den tropischen Laubwald auf der südlichen Hemisphäre. Der boreale Nadelwald des Nordens ist arm an Baumarten, sein Reichtum ist die unendliche Tiefe des Raumes. Über Skandinavien, Korelien, Sibirien, Kamtschatka bis Alaska und Labrador umspannt er ein gewaltiges, ursprünglich geschlossenes Gebiet. Zu den wenigen Baumarten, die das gleichförmige, herbe Bild des nordischen Waldes prägen, gehören Fichte, Föhre, sibirische Lärche, Tanne und Arve. Nur einige besonders widerstandsfähige und frostharte Laubbäume wie Birken, Weiden und Zitterpappeln behaupteten sich mit zäher Energie im Kräftespiel von Sturm, Schnee und Kälte in den nordischen Gebieten.

Die tropischen Wälder besitzen einen völlig anderen Aufbau: von der verschwenderischen Artenfülle und der verwirrenden Pracht tropischer Laubbäume künden allein aus den Wäldern des Amazonasgebietes mehr als 3000 verschiedene Baumarten. In der flirrenden Üppigkeit des Tiefland-Regenwaldes mit seinem Treibhausklima entfaltet sich eine einmalige Flora; weit mehr als 10 000 Baumarten sind bisher beschrieben worden« [35].

In Europa gedeihen annähernd 50 Baumarten. Im klimatisch ähnlichen Bereich von Nordamerika sind etwa 850 Baumarten heimisch. Diese so

Tabelle 2/1. Waldverteilung auf der Erde (nach [23])

Region	Gesamtwaldfläche Mill. ha	Bewaldungsgrad %	Nadelwald %	Laubwald %	Mischwald %	produktive Waldfläche Mill. ha	ungefähr jährlicher Holzeinschlag Mill. ha	nach Wirtschaftsplänen behandelte Fläche Mill. ha
Europa (ohne UdSSR)	169	30	53	37	10	129	132	93
Sowjetunion	910	41	76	24	–	711	358	300
Nordamerika	750	39	55	32	13	426	393	503
Lateinamerika	871	43	1	94	5	324	231	11
Afrika	763	25	1	98	1	377	208	11
Naher und Mittlerer Osten	9	2	10	86	4	2	13	1
Ferner Osten (ohne China)	433	45	7	72	21	181	437	49
China	96	10					134	
Pazifik	218	27	36	14	50	41	23	7
gesamt	4229	32	35	60	5	2191	1929	975

viel größere Vielfalt liegt darin begründet, daß bei der Klimaerwärmung nach der Eiszeit der Rückzug der nach Süden verdrängten Baumarten nicht wie in Europa durch Gebirgszüge behindert wurde. Bekanntlich verlaufen in Amerika größere Gebirgszüge nur in Nord-Süd-Richtung, während in Europa die Pyrenäen und Alpen in West-Ost-Richtung ausgedehnt sind.

Einen interessanten Überblick über die Waldverteilung auf der Erde und die Nutzung der Waldflächen gibt Tabelle 2/1.

Was ist das nun aber eigentlich – H o l z – dieser so sehr geliebte, oft aber auch schwierig zu handhabende Werkstoff, der mitunter selbst noch dem erfahrenen Fachmann Rätsel aufgibt? Vielfach wird vom »lebendigen Werkstoff Holz« gesprochen, und man meint damit die Eigenschaft des Holzes, sich dem umgebenden Klima anzupassen und dadurch in Form und Abmessung veränderlich zu sein. Im übertragenen Sinne meint man aber auch mit der »Lebendigkeit« dieses Materials seine Textur, sein nie gleiches Erscheinungsbild, seine unnachahmliche Natürlichkeit.

Letzteres kann man gelten lassen, ersteres ist – zumindest biologisch gesehen – nicht richtig. Der Baum lebt nur, solange der Stoffwechsel in ihm funktioniert. Holz als Werkstoff ist biologisch tot. Die Eigenschaften, die Holz als Werkstoff aufweist, beruhen auf chemischen und physikalischen Gesetzen und sind in der Struktur dieses Materials begründet. Ungeachtet dessen ist es aber für den Holzformer, für den Gestalter, der das Material Holz zu nützlichen, ästhetischen, schönen Dingen verarbeiten will, nicht von Nachteil, wenn er sein Gefühl für das Holz so wach hält, als sei es »lebendig«. Zumindest muß er dazu fähig sein, dem natürlichen Wuchs des Holzes nachzuspüren und das gewaltsame Eindringen in das Material den von Stück zu Stück sich verändernden, immer wieder neuen Arbeitsbedingungen anzupassen. In der direkten Verwendung als Mittel zum Zweck wird es in umfassender Weise dem Menschen nützlich – als Gerät oder Gefäß, als tragendes Bauteil und wärmedämmende Verkleidung und gleichzeitig als natürliches Kunstwerk, das die Sinne anspricht. Wer in dieser Weise »Holz« versteht, begreift das Geheimnis hölzerner Werke berühmter Künstler. ALVAR AALTO, der große finnische Architekt, Maler und Bildhauer sagte einmal: *»Es ist mir unmöglich aus Holz Figuren zu schneiden, als ob es Käse wäre«*[19]. Der Formgestalter CLAUSS DIETEL schrieb in einem Katalog über Arbeiten des Holzgestalters Prof. BROCKHAGE: *». . . Stühle aus Edelstahl und Chromrohr, transparentes Glas einer Tischplatte, bisher uns kaum bekannte Gebilde aus vielfältigen Plaststoffen: sie alle finden einen ihrer dialektischen Gegenpole im lebendigen Holz«*[19].

Holz ist aber auch nicht gleich Holz. Holz gibt es in Tausenden Varianten und ebenso vielen Eigenschaften. Ihnen ein wenig nachzuspüren, soll dieses Kapitel gewidmet sein. Um Holz »begreifen« zu können, muß einiges über den Baum und seinen Lebensraum bekannt sein.

Das Wachstum des Baumes und seine makroskopische Struktur

Bäume sind Pflanzen höherer Ordnung. Ihr Leben ist gekennzeichnet durch Entwicklung, Stoffwechsel, Wachstum, Reizbarkeit, Anpassung, Fortpflanzung und eine begrenzte Dauer dieser Vorgänge. Der Baum besteht aus drei ineinander übergehenden Hauptteilen. Das sind die Wurzel, die Sproßachse und die Blätter. Das Wurzelgeflecht hat die Aufgaben, Feuchtigkeit und gelöste Nährsalze aus dem Boden aufzunehmen und die Standfestigkeit des Baumes zu gewährleisten. Die Sproßachse bzw. der Stamm übernimmt den Transport des Wassers und der gelösten Nährstoffe von den Wurzeln zu den Blättern und den Transport der in den Blättern gebildeten Stoffe (Assimilate) in die Stammteile und Wurzeln. Die Blätter stellen ein chemisches Produktionszentrum dar, in dem mit den aus dem Boden kommenden Nährsalzen und Wasser, aus dem Kohlendioxid der Luft und mit Hilfe der Sonnenenergie organische Stoffe gebildet werden, die der Baum für sein Wachstum benötigt. Ein Teil der aufgenommenen Feuchtigkeit wird von den Blättern verdunstet. Dieser von Licht und Luft abhängige Lebensprozeß des Baumes ist ausschlaggebend für die Form des Wachstums. Das Emporstreben zum Licht und das Schaffen einer möglichst großen Fläche zum »Einatmen« der Luft formt den Baum, seine Äste und Blätter. Die Blätter müssen möglichst frei in den Luftraum ragen, damit sie von Luft umgeben sind und viel Licht erhalten. Diese Freistellung wird durch das Achsensystem von Stamm, Ast, Zweig und Blattstiel erreicht. Das sind auch die Gründe dafür, daß ein einzeln stehender Baum eine ganz andere Form hat, als ein Baum in der Mitte eines dichten Waldes. Das ist an der Art der Ausbildung der Krone und des

Werkstoff Holz

Bild 2/1.
Die verschiedenen Zonen des Holzes in den drei Hauptschnittrichtungen eines Baumes (Hirn-*H*, Radial-*R* und Tangentialschnitt *Tg*)
(1) Holzstrahlen, *(2)* Borke, *(3)* Bast, *(4)* Jahrringe, *(5)* Baumwalze, *(6)* Tangentialschnitt von Jahrringen, *(7)* Querschnitte von Holzstrahlen, *(8)* Frühholz, *(9)* Spätholz

Stammes zu erkennen und hat seine Auswirkungen auf den Werkstoff Holz. Im Verband des Waldes gereiftes Holz hat in seiner nutzbaren Stammlänge weniger auffallende Äste als einzeln stehende oder Randbäume. Der Baum hat darüber hinaus die Eigenschaft, sein Wachstum an den Bereichen seines Gefüges zu verstärken, an denen zeitweise oder andauernd eine besondere Belastung auftritt oder eine extreme Kraft wirkt. Auch an den Stellen, an denen äußere Einwirkungen schädigende Einflüsse ausgeübt haben, werden Wachstumsveränderungen wirksam. Das Erscheinungsbild des Holzes wird durch diese und weitere Einflüsse geformt. Die Bäume bestehen auch aus Zellen, und durch ständige Zellteilung ergibt sich das Wachstum. Es sind allerdings nicht gleichermaßen alle Zellen des Baumes am Wachstumsprozeß beteiligt. Der Stamm des Baumes, der am Ende das nutzbare Material Holz liefert und der deshalb am meisten interessiert, weist verschiedene Zellformen auf. Die biologisch aktivste Zone befindet sich am äußeren Stammumfang, unmittelbar unter der schützenden Rinde (Borke) (Bild 2/1). Dieses mit Kambium bezeichnete Bildungsgewebe ist sehr dünn und empfindlich. Es besteht in seiner Dicke aus einem einreihigen Zellenring. Es wird deshalb auch als Verdickungsring oder Verdickungsgewebe bezeichnet. Dieses Gewebe unterliegt einer mehr oder weniger starken Zellteilung. Aus einer Kambiumzelle entstehen zwei neue Zellen, von denen eine wiederum eine kambiale Ursprungszelle, die andere eine »Holzzelle« (gegen das Stamminnere) oder eine Rindenzelle (gegen die Rinde) entstehen läßt. Sie sind also in der Hauptsache für das Dickenwachstum zuständig. In den ersten Jahrzehnten des Baumalters verlängern sich die Kambialzellen auch in Faserrichtung. Das Längenwachstum beginnt im sog. Vegetationskegel der Sproß- und Wurzelspitzen. Hier befindet sich ein Bildungsgewebe (Urmeristem), das ein Strecken- und Differenzierungswachstum bewirkt. In ihm sind hormonartige Stoffe enthalten, die den Wachstumsprozeß steuern. Um das Urmeristem, das bereits im ersten oberirdischen Samensproß vorhanden ist, bildet sich sehr bald ein geschlossener Ring teilungsfähigen Gewebes, das mit der Bildung der »Holzzellen« und der »Rindenzellen« beginnt. Im mitteleuropäischen Raum liegt die Zeitspanne des primären Holzwachstums zwischen den Monaten April und September. Bei den meisten Holzarten beginnt sie bereits vor dem Austreiben der Blätter. In dieser Zeit nimmt sich der Baum die Nährstoffe aus seinen Reserven, die er sich in den Zeiten der Vegetationsruhe geschaffen hat. Der in der Vegetationszeit entstehende Zuwachs unterscheidet sich bei vielen Holzarten sehr deutlich in Farbe und Härte von den Zuwachszonen der Zeit der Vegetationsruhe. Das Holz der Vegetationszeit ist heller und weicher, es wird als Frühholz bezeichnet, das der Zeit der Vegetationsruhe ist dunkler und härter und hat einen wesentlich geringeren Masseanteil (Spätholz). Besonders deutlich sind diese Unterschiede der beiden Holzzonen bereits mit bloßem Auge bei den Nadelhölzern zu erkennen.

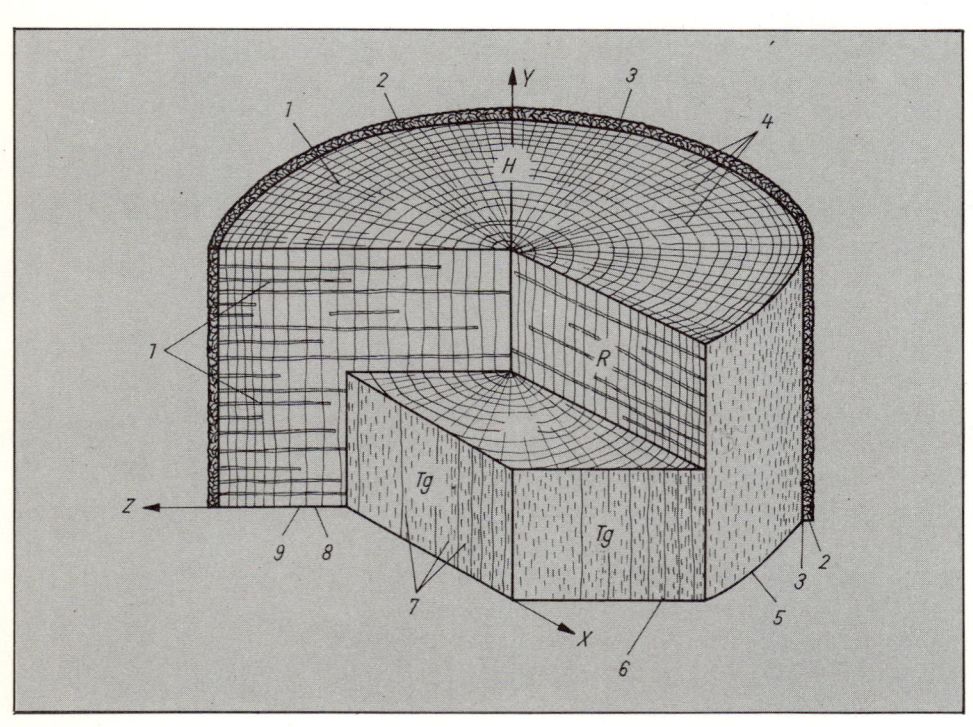

Durch den jährlich periodischen, im Stammumfang gleichmäßigen Zellenzuwachs in der Kambiumschicht bilden sich kreisförmige Holzzonen im Stammquerschnitt, an denen man das Alter eines Baumes deutlich erkennen kann. Man nennt diese Zonen deshalb Jahrringe. Nur in Ausnahmefällen kann z. B. durch Unterernährung die Bildung eines Jahrringteiles oder eines ganzen Jahrringes ausbleiben. Durch Spätfröste, Dürre, Insektenbefall u. a. kann aber auch ein doppelter, ein sog. Scheinjahrring entstehen. Oft ist in diesen Fällen die Verbindung zwischen diesen und den übrigen Holzzonen nicht so intensiv, so daß nach der Zerteilung des Stammes in gebrauchsfertige Zuschnitte und nach Holztrocknung an diesen Stellen ein Riß entsteht (Ringrissigkeit).

Die eindeutige Ausprägung der Jahrringe erfolgt allerdings nur im Holz von Bäumen der gemäßigten Klimazone. Nur ganz verschwommen und kaum erkennbar sind die jährlichen Zuwachszonen tropischer Holzarten, da diese das ganze Jahr über wachsen. Nur durch die etwas unterschiedliche Vegetation in der Regen- und Trockenzeit bilden sich bei diesen Bäumen jahrringähnliche Zuwachszonen (Ebenholz, Bubinga, Iroko, Greenhart, Padouk, Palisander, Rosenholz, Zingana usw.).

Die periodischen Zuwachszonen sind bei den verschiedenen Holzarten auch noch durch andere Merkmale gekennzeichnet, so durch die Anordnung und Größe der Poren (Gefäße bzw. Tracheen) bei Laubhölzern. Poren sind kapillare, also röhrenförmig in Faserrichtung verbundene Zellhohlräume, die man im Stammquerschnitt mehr oder weniger deutlich als kreisförmige oder ovale Öffnungen erkennt. So unterscheidet man bei Laubhölzern ringporige und zerstreutporige Holzarten. Bei ringporigen Laubhölzern sind die Poren vorwiegend im Frühholzanteil eines Jahrringes konzentriert (Eiche, Esche, Rüster, Edelkastanienbaum u.a.). Bei zerstreutporigen Laubhölzern dagegen sind die Poren unregelmäßig auf dem Stammquerschnitt verstreut (Ahorn, Birke, Birnbaum, Erle, Pappel, Buche u.a.).

Nadelhölzer besitzen keine sichtbaren Poren. Sie verfügen über verschiedenartige Tracheiden, die dem Transport der gelösten Nährstoffe dienen oder Stützfunktion ausüben.

Als weiteres Unterscheidungsmerkmal für Holzarten dient die bei verschiedenen Baumsorten auftretende Unterschiedlichkeit zwischen inneren und äußeren Zonen im Querschnitt eines Baumes. So ist bei den sog. *Kernholzbäumen* das dunklere, schwerere, wasserärmere und festere Kernholz im Inneren von dem hellen, weicheren, wasserreicheren, weniger festen und weniger dauerhaften äußeren Ring des Splintholzes deutlich zu unterscheiden. Im Splintholz mit seinen noch lebenden Zellen werden die gelösten Nährstoffe von den Wurzeln in die Krone geleitet, werden Reservestoffe gespeichert und Schutzstoffe gebildet. Die ältesten Jahrringe des Splintholzes scheiden laufend aus der Lebenstätigkeit des Baumes aus. Sie setzen sich dann aus den »toten« Zellen zusammen, in denen sich nach Schließung der Nährstoffleitbahnen (bei Nadelhölzern durch Verklebung der Tüpfel, bei Laubhölzern durch Verthyllung) sog. Kernstoffe (Gerb- und Farbstoffe, Harze, Holzgummi u.a.) in den Zellwänden ablagern und teilweise anatomische Veränderungen ergeben. Durch diesen Vorgang entsteht das Kernholz. Bei Eiche, Kirschbaum, Edelkastanienbaum, Lärche, Eibe und Zirbelkiefer ist der Splintholzanteil verhältnismäßig gering. Platane, Weißulme, Weiß- und Schwarzkiefer besitzen einen breiten Splint. Aber selbst innerhalb der gleichen Holzart schwankt der Anteil des Splintholzes und der Farbe stark.

Vom Kernholz zu unterscheiden ist der »Falsche Kern« bei der Rotbuche oder der »Naßkern« bei der Tanne. Hier handelt es sich jeweils um eine Schutzreaktion des Holzes bei krankhaften Einflüssen.

Im Unterschied zu den Kernholzbäumen hat das Holz der *Splintholzbäume* im gesamten Stammquerschnitt sowohl gleiche Farbe als auch nahezu gleiche physikalische Eigenschaften.

Weiterhin gibt es die *Reifholzbäume*, deren Stammquerschnitt keinen Farbunterschied aufweist. Bei ihnen ist jedoch der innere Teil im frisch geschlagenen Zustand wesentlich wasserärmer als die Außenzone.

Einzelne Baumarten werden als *Kernreifholzbäume* bezeichnet. Zu ihnen gehört die Rüster, deren Stamm Kernholz, Reifholz und Splintholz aufweist.

Die Betrachtung des Baumquerschnittes läßt darüber hinaus weitere Merkmale mit dem bloßen Auge erkennen, die bei den verschiedenen Holzarten unterschiedlich sind. Zu diesen Merkmalen zählen die *Holzstrahlen*.[1] Hierbei handelt es sich um von Zellen gebildete Leitbahnen, die den Wasser- bzw. Nährstofftransport innerhalb des Baumes in radialer Richtung übernommen haben. Primäre Holzstrahlen beginnen am Mark und reichen bis zur Rinde. Sekundäre Holzstrahlen beginnen an einer beliebigen Stelle im Holz und reichen ebenfalls bis zur Rinde. In Nadelhölzern bestehen die Holzstrahlen aus meist nur einer bis max. 10 übereinanderliegenden Zellenreihen. Bei Laubhölzern setzen sie sich aus 10 bis 100 Reihen übereinander und bis zu 50 Reihen nebeneinander zusammen. Sie sind deshalb bei Laubhölzern wesentlich deutlicher zu erkennen als bei Nadelhölzern. Ihr Querschnitt ist linsenförmig bis spitz-elliptisch. Zwischen den Holzstrahlzellen befinden sich im Querschnitt teilweise dreieckige Zwischenzellräume (Interzellularkanäle), die bei Nadel-, selten bei Laubhölzern in der Mitte stark erweitert und mit Inhalt versehen sind (z.B. Harz bei Nadelhöl-

Das Wachstum des Baumes und seine makroskopische Struktur

[1] früher als »Markstrahlen« bezeichnet

zern und Kittsubstanzen bei Laubhölzern; Harzgänge verlaufen vorwiegend axial im Spätholz und horizontal innerhalb der Holzstrahlen). Größe und Menge der Holzstrahlen einer Holzart haben Einfluß auf die Spaltbarkeit. In Richtung der Holzstrahlen ist Holz leichter spaltbar als quer dazu.

Diese hier beschriebenen Merkmale des Holzes, die zur Erkennung der verschiedenen Holzarten beitragen und einige ihrer Haupteigenschaften kennzeichnen, zählen zum sog. makroskopischen, also ohne Hilfsmittel sichtbaren Bau des Holzes. In den drei möglichen Hauptrichtungen des Holzkörpers ergeben diese Merkmale unterschiedliche Bilder der Holzstruktur (Textur oder Zeichnung des Holzes), auf die nachfolgend nochmals eingegangen werden soll.

Im *Querschnitt* (Hirnschnitt) ist am äußeren Rand deutlich die Rinde oder Borke zu erkennen, die einen Schutz des Baumes vor Austrocknen und gegen mechanische Beschädigungen darstellt. Rinde ist bei der Holzbearbeitung meist Abfallprodukt. Von bestimmten Baumarten wird sie jedoch für technische Zwecke verwendet (Gerbsäure aus Eichenrinde). Die Leit- und Kambialzellenschicht unter der Rinde ist nicht sichtbar.

Im Zentrum des Baumquerschnittes befindet sich die Markröhre, die einst das Urgewebe darstellte, welches im verholzten Baum abgestorben ist, keine Festigkeit hat und deshalb wertlos ist. Mehr oder weniger deutlich sind außerdem die Jahrringe mit ihrem Früh- und Spätholzteil und teilweise die bereits beschriebenen Porenanordnungen zu sehen, ebenso z. T. das Kernholz und das Splintholz.

Deutlich sichtbar sind im Hirnschnitt die Holzstrahlen in Form von längeren und kürzeren, oft glänzenden Linien. Sie verlaufen radial von der Rinde bis zur Markröhre oder von der Rinde bis in verschieden tiefe Zonen des Baumes. Besonders gut sichtbare Holzstrahlen haben Eiche, Hainbuche und Rotbuche. Weniger deutlich sind sie bei Ahorn, Erle, Esche, Linde, Robinie und Rüster zu erkennen, und nur mit der Lupe bei Birke, Roßkastanie, Nußbaum, Pappel, Weide und Obsthölzern.

Bei einigen Nadelhölzern erkennt man beim genauen Betrachten im Spätholz, teilweise auch im Frühholz kleine helle Öffnungen. Hierbei handelt es sich um Harzgänge, die den Holzkörper durchziehen. Sie sind bei den Holzarten Kiefer, Fichte, Douglasie, Lärche und Zeder zu finden. Bei Eibe, Tanne und Wacholder fehlen sie.

Im *Radialschnitt* (längs durch die Mitte des Baumstammes) sind die Jahrringe als fast parallel zueinander laufende Längsstreifen zu erkennen. Die Markröhre wird als heller oder dunkler Streifen in der Mitte sichtbar. Die Holzstrahlen sind längs aufgeschnitten und werden bei einigen Holzarten als glänzende, quer zur Faser verlaufende schmale oder breite, kurze oder längere Bänder oder Flecken sichtbar, die seidig glänzen oder spiegeln. Man nennt deshalb den Radialschnitt auch »Spiegelschnitt«. Besonders deutlich sind diese »Spiegelflächen« bei der Eiche zu sehen. Aber auch bei Esche, Rotbuche, Ahorn und Rüster sind sie gut zu erkennen. Längs aufgeschnittene große Gefäße bzw. Poren (Tracheen) von ringporigen Laubhölzern nennt man »Nadelrisse«. Harzgänge der Nadelhölzer sind im Radialschnitt meist als lang-spitz verlaufende, mit Harz ausgefüllte Vertiefungen sichtbar.

Im *Tangentialschnitt* oder *Sehnenschnitt* erscheinen die Jahrringe als bogen- oder wellenförmige Linien. Je weiter sich die Schnittfläche von der Stammitte entfernt, um so mehr bilden sich flader-förmige oder pyramidale Strukturbilder der Zuwachszonen des Holzes. Der Tangentialschnitt stellt von dieser Seite betrachtet die interessanteste Schnittfläche dar. Die Erkennbarkeit von Kern- und Splintholz, der Früh- und Spätholzzonen, der Jahrringe und der Jahrringgrenzen sowie auch der Holzstrahlen ist hier nicht so eindeutig wie beim Hirnschnitt. Die Holzstrahlen sind rechtwinklig durchschnitten und zeigen sich als dünne kurze Striche. Ihre Länge liegt zwischen Bruchteilen eines Millimeters bei Nadelhölzern, 1 mm bei Ahorn, etwa 2...6 mm bei Rotbuche und bis zu 20 mm bei Eiche.

Neben den beschriebenen Strukturteilen und Eigenschaften des Holzes dienen auch *Farbe* und *Geruch* zur Bestimmung der Holzarten. Die Farbe des Holzes ergibt sich aus den in den Zellwänden eingelagerten verschiedenfarbigen Stoffen. Die Zellwände selbst bestehen aus Cellulose, die weiß bis gelblich und geruchlos ist. Das Lignin als Zellwandstützstoff ist braun. Reifeprozesse und Einlagerung von Kernstoffen ergeben Farbveränderungen. Die Einwirkung von Licht und Luft am geschnittenen Holz führt ebenfalls zu Farbveränderungen (Vergilben, Vergrauen, Bräunen). Tropenhölzer sind oft sehr stark farbig. Sie werden deshalb auch z. T. als Bunthölzer bezeichnet. Aus dem Extrakt einiger dieser Hölzer können sogar Beizenfarbstoffe gewonnen werden (Blau aus

Campêcheholz, Rot aus Fernambukholz, Gelb aus Sandelholz usw.).

Der Geruch der Hölzer ist ebenfalls artenbedingt. Er ergibt sich aus den im Holz enthaltenen Harzen, Wachsen und ätherischen Ölen. Diese Stoffe verlieren aber beim Trocknen ihre flüchtigen Bestandteile, wodurch der typische Holzgeruch meist sehr bald verlorengeht. Im Sägewerk ist er immer sehr deutlich vorhanden, und Kenner brauchen dort meist gar nicht das Holz zu sehen, sondern erkennen bereits am Geruch, welche Holzart gerade eingeschnitten wird.

Holzarten mit besonders typischem Geruch finden für bestimmte Zwecke Verwendung, so z. B. das Veilchenholz für Schatullen, das Zedernholz für Zigarrenkisten und das Kampferholz für Rauchwarentransportkisten.

Physikalische Eigenschaften des Holzes

Physikalisch gesehen lassen sich die Eigenschaften des Holzes in drei Begriffe zusammenfassen: Anisotropie, Inhomogenität und Hygroskopizität.

Unter *Anisotropie* versteht man die Ungleichheit des Holzkörpers in den verschiedenen Richtungen zur Faser (senkrecht zur Faser, parallel zur Faser, in Richtung der Jahrringe). Die Anisotropie ist die wesentlichste Eigenschaft des Werkstoffes Holz, und die Kenntnis darüber ist unabdingbare Voraussetzung für eine fachgerechte Bearbeitung und Konstruktion zu Gegenständen von hoher Qualität und langer mechanischer Haltbarkeit. Besonders bei der Herstellung von Holzverbindungen, aber auch schon bei der fachgerechten Holztrocknung und -pflege ist die Kenntnis über diese Eigenschaft des Holzes und ihre Unterschiedlichkeit bei den Holzarten grundlegende Voraussetzung für hochwertige Arbeiten.

Besonders hervorstechend ist das Schwind- und Quellverhalten des Holzes in den drei Hauptrichtungen bei Abgabe oder Aufnahme von Feuchtigkeit. Die geringsten Maßveränderungen treten diesbezüglich in Längs- bzw. Faserrichtung auf. Sie liegen zwischen 0,05 und 0,7 % bei gesundem Holz und sind abhängig von der Holzart, der Rohdichte, den Inhaltsstoffen und dem Feinbau der Holzfaser (Bilder 2/2, 2/3).

In Radialrichtung, also in Richtung der Holz-

strahlen, schwindet oder quillt das Holz 1,2 bis 8,5 % bei Laubhölzern und 2,2...5,2 % bei Nadelhölzern. Der Prozentsatz wird auch hier von der Holzart bestimmt, steigt mit der Holzrohdichte und dem Spätholzanteil und fällt mit zunehmender Jahrringbreite. Das größte Schwind- und Quellverhalten liegt in Richtung der Jahrringe (tangential), also kreisförmig in Umfangsrichtung des Baumes. Es liegt bei Nadelhölzern zwischen 4,0 und 9,0 %, bei Laubhölzern zwischen 3,0 und 16 %, teilweise sogar noch höher. Es ist ebenfalls abhängig von der Holzart, von deren Rohdichte, von der Jahrringbreite, vom Spätholzanteil und von den Inhaltsstoffen.

Splintholz schwindet und quillt wesentlich mehr als Kernholz. Je größer die Dichte des Holzes ist, um so gleichartiger (isotroper) ist es.

In der umseitigen Tabelle 2/2 sind die Schwindmaße einiger wichtiger Hölzer für den Drechsler aufgeführt. Für bestimmte Drechslerarbeiten ist es wichtig, die Schwindmaße der einzelnen Holzarten genau zu kennen, da stark schwindende Hölzer dem Reißen und Verziehen besonders ausgesetzt sind.

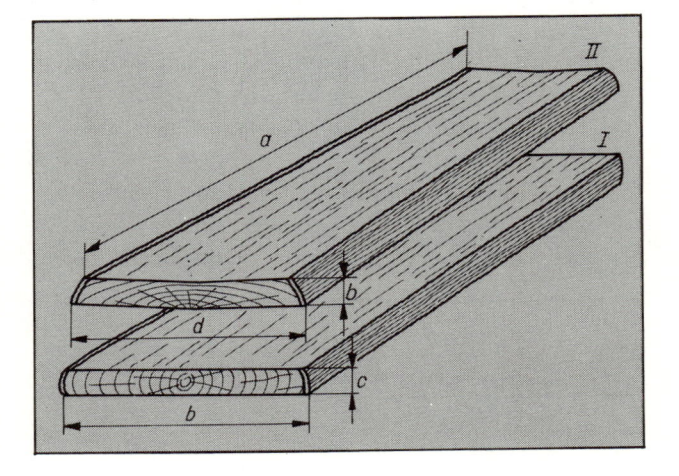

Bild 2/2. Die drei Hauptschwindrichtungen des Holzes am Beispiel eines Kernbrettes (*I*) und eines Seitenbrettes (*II*) (*a*) Faserrichtung, (*b*) Richtung der Holzstrahlen, (*c*) Richtung der Jahrringe: die Schwindmaße betragen bei *a*) 0,1...0,3 %, bei *b*) 5...8 %, bei *c*) 10...12 %

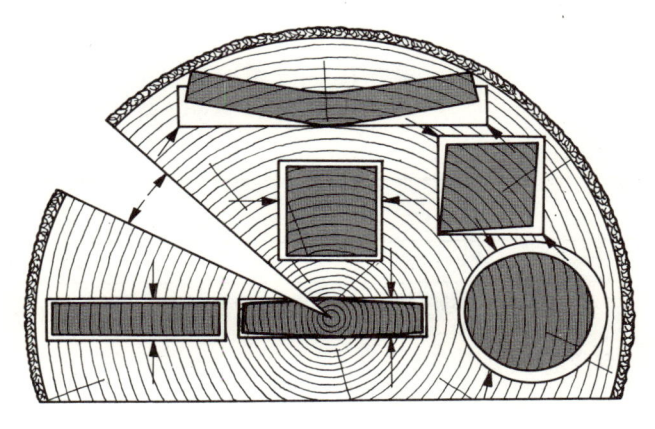

Bild 2/3. Querschnittsverformungen durch verschiedene Schwindungen im Stammquerschnitt

Werkstoff Holz

Unter *Inhomogenität* versteht man die Ungleichmäßigkeit des Holzgefüges in Richtung des Holzkörpers. Ihr Einfluß entspricht dem der Anisotropie. Sie verringert sich durch steigende Dichte, sehr gleichmäßigen Wuchs, gleichbreite Jahrringe und gleiche Spätholzanteile.

Mit *Hygroskopizität* wird die Eigenschaft des Holzes bezeichnet, Feuchtigkeit an die umgebende Luft abgeben oder von ihr aufnehmen zu können.

Dieser Effekt wirkt bei der natürlichen Trocknung des gefällten Baumes und des Schnittholzes und wird genutzt für die technische Holztrocknung. Die Kenntnis der physikalischen und chemischen Vorgänge im Holz bei den Trocknungs- und Quellvorgängen ist wesentliche Voraussetzung für eine fehlerfreie und dem Verwendungszweck entsprechende Holztrocknung. Ohne Trocknung des Holzes ist eine Verarbeitung zu Gebrauchs- oder Schmuckgegenständen in der Regel nicht möglich. Es soll deshalb im Nachfolgenden auf die Methoden und Wirkungsweisen der Holztrocknung eingegangen werden.

Damit die Auswirkungen des Trocknungsvorganges richtig erfaßt werden können, müssen die wesentlichen Mechanismen und stofflichen Veränderungen im Holzgefüge bekannt sein. Hierzu gehört vor allem die Tatsache, daß das Wasser in zwei Formen im Holz vorhanden ist, nämlich als sog. freies Wasser und als Wasser in gebundener Form.

Im Zellinneren ist ein großer Anteil Wasser in natürlicher Form enthalten. Die Zellwand enthält ebenfalls Wasser, allerdings in gebundener Form.

Diese zwei Formen des Wassergehaltes in der Zelle sind ausschlaggebend für das Verhalten des Holzes bei der Trocknung. Die größte Wassermenge ist im Zellinneren enthalten. Sie entweicht nach Fällung des Baumes und Einschnitt des Holzes verhältnismäßig rasch, ohne daß sich dabei Form und Eigenschaften des Holzes wesentlich verändern. Holz kann insgesamt in frischem Zustand bis zu 170 % bei Nadelhölzern und bis zu 130 % bei Laubhölzern Feuchtigkeit (bezogen auf das Darrgewicht) enthalten. Der Kern enthält meist nur 30 %.

»Freies« Wasser in den Zellhohlräumen ist herab bis zu etwa 28 % Holzfeuchte enthalten. Darunter spricht man vom »gebundenen« Wasser. Es ist durch Chemosorption (0...6 %), Adsorption (6...15 %) und Kapillarkondensation (15 %, bis zum Fasersättigungspunkt bei 28 %) an die Holzsubstanz gebunden.

Die Form- und Maßveränderung des Holzes (Schwinden und Quellen) erfolgt ausschließlich im Bereich des gebundenen Wassers, also zwischen 0 und 28 % Holzfeuchte. Darüber hinaus erfolgt keine Volumenzu- oder -abnahme.

Die Chemosorption als Anfangsstufe der Quellung ist die Anlagerung von Wasser zwischen den kristallinen Strukturen der Zellwand aufgrund chemischer Reaktionen. Bei der Absorption erfolgt die Anlagerung dampfförmiger Feuchtigkeit an die sehr große innere Oberfläche der Zwischenräume des Zellwandgerüstes, und durch Kapillarkondensation erfolgt eine Wasseranreicherung in den vielen submikroskopischen kleinen Kapillaren der Zellwände durch Kapillarkräfte. Da beim Kernholz diese Kapillaren teilweise durch Ligmineinlagerung verkleinert sind, ist das Schwind- und Quellvermögen des Kernholzes geringer als das des Splintholzes.

Holztrocknung und Holzlagerung

Zum Verdeutlichen der Notwendigkeit der Trocknung des Holzes auf bestimmte Werte muß vorangestellt werden, daß durch die Hygroskopizität ein ständiges Anpassen der Holzfeuchte an die umgebende Luftfeuchte erfolgt, auch wenn dies durch Oberflächenbehandlung zu verringern versucht wird. Zwischen Holzfeuchte und umgebender Luftfeuchte stellt sich in jedem Falle ein Gleichgewichtszustand ein. Je nach Verwendungszweck muß deshalb für das entsprechende

Tabelle 2/2. Schwindmaße wichtiger Hölzer (nach [42])

Holzarten	Schwindmaße längs	% radial	tangential	Volumen
Fichte	0,3	3,6	7,8	11,9
Kiefer	0,4	4,0	7,7	12,1
Douglasie	0,3	4,2	7,4	11,9
Lärche	0,3	3,3	7,8	11,4
Rotbuche	0,3	5,8	11,8	17,9
Pappel	0,3	5,2	8,3	13,8
Eiche	0,4	4,0	7,8	12,2
Esche	0,2	5,0	8,0	13,2
Robinie	0,1	4,7	6,9	11,7

Tabelle 2/3. Holzfeuchteanteile in bezug auf den Verwendungszweck

Verwendungszweck	Holzfeuchte %
Im Freien stehende Gegenstände	12...15
Baugebundene Arbeiten im Haus	10...12
Gegenstände für ofenbeheizte Räume	8...10
Gegenstände für zentralbeheizte Räume	6...8

Endprodukt das Material Holz eine Endfeuchte besitzen, die dem Klima entspricht, in dem dieses Produkt seinen ständigen Platz erhalten soll. Erfahrungsgemäß sind das Werte, wie sie in Tabelle 2/3 zusammengefaßt sind.

Diese Werte sind natürlich nicht so schnell zu erzielen. Wie bereits erwähnt, verdunstet zwar das freie Wasser im frischen Holz sehr rasch bei günstigen Luftverhältnissen, das weitere Absinken der Holzfeuchte unter 25 % geht bei der Freilufttrocknung jedoch sehr langsam vonstatten. Eine alte Faustregel besagt, daß 10 mm Holzdicke durchschnittlich ein Jahr entsprechender Lagerung im Freien erfordert, bis eine Holzfeuchte von etwa 15 % erreicht ist. Das bedeutet bei 50 mm dicken Pfosten etwa 5 Jahre, abhängig natürlich vom Durchschnittsklima und der Holzart. Im mitteleuropäischen Klima trocknet Holz im Freien bis etwa 15 % herab. Die weitere Reduzierung der Holzfeuchte bis zur Gebrauchsfeuchte (siehe Tabelle 2/3) muß in geschlossenen Räumen mit entsprechendem Klima erfolgen.

Eine Beschleunigung der Holztrocknung ist nur mit hohem technischen Aufwand möglich, bei dem eine genaue Steuerung des Klimagefälles erforderlich ist. Auf Grund des Feuchtegefälles vom Holzinneren zu den Außenschichten beim Trocknungsprozeß und der eintretenden Schwindung des Holzvolumens würde es bei einer unkontrollierten Trocknungsbeschleunigung unweigerlich zu Rissen und Verwerfungen im Holz kommen, die bis zur Unbrauchbarkeit des Materials als Werkstoff führen können. Es ist deshalb nicht möglich, frisches Holz oder auch solches, das noch eine Feuchte über 15 % enthält, in geheizten Räumen zu lagern, wenn dabei nicht gleichzeitig eine hohe Luftfeuchte geschaffen werden kann, die ganz allmählich gesenkt wird, wie das in technischen Trockenanlagen möglich ist. Durch die Luftfeuchte im Freien, durch Wind, Sonne und Regen erfolgt auf natürliche Weise eine Trocknung, die unter normalen Bedingungen eine spannungsfreie Senkung der Feuchte im Holz bis zum untersten Grenzwert gewährleistet.

Aber auch nachdem das Holz lufttrocken ist, muß es in geschlossenen Räumen luftig gestapelt und langsam weiter herabgetrocknet werden. Ein Lagern in Ofennähe würde auch hier zu Verlusten durch Reißen und Verwerfen führen. Natürlich ist die Trocknungsgeschwindigkeit bei den verschiedenen Holzarten und die damit verbundene Gefahr der Rißbildung und des Verwerfens unterschiedlich. So trocknen Harthölzer wegen ihrer Dichte des Zellgewebes wesentlich langsamer und müssen deshalb auch vorsichtiger als Weichhölzer behandelt werden.

Könnte man die Auswirkungen des Trocknungsvorganges in der Holzzelle und in der Zellwand unmittelbar verfolgen, so würde man erkennen, daß sich bei dem Verlust des gebundenen Wassers bei Nadelhölzern die sog. Tüpfel der Zellwände irreversibel verschließen und sich bei den Zellen der Laubhölzer die sog. Thyllen in den Gefäßen bilden und dadurch die Leitbahnen verstopfen. Diese Tatsache ist bedeutungsvoll dafür, daß getrocknetes Holz nicht so rasch wieder Feuchtigkeit annimmt, wie sie bei der Trocknung abgegeben wurde. Für die Praxis ist das insofern von Interesse, als einmal getrocknetes Holz für kurze Zeit in Räumen gelagert werden kann, die nicht ein solches Gebrauchsklima aufweisen, wie es für das Endprodukt erforderlich ist.

Wie nun aber stellt man fest, welchen Feuchtewert man bei einem Stück Holz vorfindet? Es gibt hierzu für die Praxis zwei gebräuchliche Methoden. Das ist einmal das wägetechnische Verfahren, bei dem eine Holzprobe in einem Spezialgerät gewogen und anschließend durch Hitzeeinwirkung gedarrt und wieder gewogen wird. Die Gewichtsdifferenz bezogen auf die Darrmasse ergibt rechnerisch bzw. auf einer Skala ablesbar den Feuchtegehalt der Holzprobe in Prozent.

$$\text{Feuchtegehalt in \%} = \frac{\text{Naßgewicht} - \text{Darrgewicht}}{\text{Darrgewicht}} \cdot 100$$

Eine schnellere, aber weniger genaue, jedoch für die allgemeine Praxis ausreichende Methode für die Feuchtebestimmung im Holz ist die der elektrischen Widerstandsmessung. Hier werden an die jeweilige Holzprobe zwei Elektroden angesetzt und an ein spezielles elektrisches Meßgerät angeschlossen. Dort kann an einer Skala ein Wert abgelesen werden, der mit Hilfe von Tabellen für die einzelnen Holzarten den Wert der Holzfeuchte ergibt.

Für den Einzelhandwerker oder gar für den Laiendrechsler ist die Anschaffung derartiger Geräte natürlich unrentabel. Man wird sich deshalb hier auf althergebrachte Methoden und Erfahrungen stützen müssen. Der erfahrene Fachmann hört am Klang des Holzes beim Beklopfen, sieht an Farbe, Alter und Gewicht, in welchen Bereichen sich die Feuchte des Holzes bewegt. Für den Drechsler ist das im allgemeinen auch ausreichend, zumal er

Holztrocknung und Holzlagerung

schlüsse über den Trockengrad. Helle Hölzer dunkeln durch Luft- und Lichteinfluß nach, dunkle Hölzer verlieren ihre Farbintensität, werden heller.

Ebenso verhält es sich mit den typischen Geruchseigenschaften der Hölzer, die sich durch Austrocknung der Harze, der etherischen Öle und gelöster Minerale stark verlieren. Am Grad der Farbveränderung und Geruchsneutralisierung kann man auf die Länge der Lagerzeit des eingeschnittenen Holzes und damit wieder auf dessen Trockengrad schließen.

Zur Gewährleistung einer fachgerechten und damit verlustlosen Trocknung sind eine ganze Reihe Regeln zu beachten, die sowohl für den Handwerker als auch für den größeren Betrieb anwendbar sind.

Die richtige Holznutzung beginnt bereits bei der Entscheidung über das Fällen des Baumes. Die Fällreife ist bei den einzelnen Baumarten unterschiedlich und wird auch innerhalb einer Art durch die Wachstumsbedingungen am Standort beeinflußt. Durchschnittlich erreicht z. B. die Fichte bei etwa 80 Jahren, die Kiefer bei 100 bis 120 Jahren, die Buche bei 120 bis 140 Jahren und die Eiche bei 160 bis 200 Jahren ihre Fällreife.

Auf die richtige Fällzeit wurde früher größerer Wert gelegt als heute, weil die physikalischen und chemischen Vorgänge des Trocknungsprozesses im Holz noch nicht vollkommen bekannt waren. Heute weiß man, daß bei richtiger Behandlung des Holzes nach dem Fällen zu jeder Jahreszeit der Holzeinschlag erfolgen kann. Sicherer ist es natürlich, das Fällen eines Baumes in der Zeit der »Saftruhe« vorzunehmen, also im Zeitraum von Oktober bis Februar. Im Frühjahr ist die Saftbewegung im Baum am lebhaftesten. In dieser Zeit sollte das Fällen unterbleiben. Sommergefälltes Holz wird auf Grund seines Saftreichtums bei entsprechenden Temperaturen leichter von Pilzen sowie Holzschädlingen befallen und unterliegt einer höheren Gefahr der Rißbildung durch zu rasches Austrocknen an der Holzoberfläche. Wintergefälltes Holz kann ohne Nachteil bis zum Frühjahr in der Rinde verbleiben. Sommergefälltes Holz muß sofort entrindet und möglichst schnell eingeschnit-

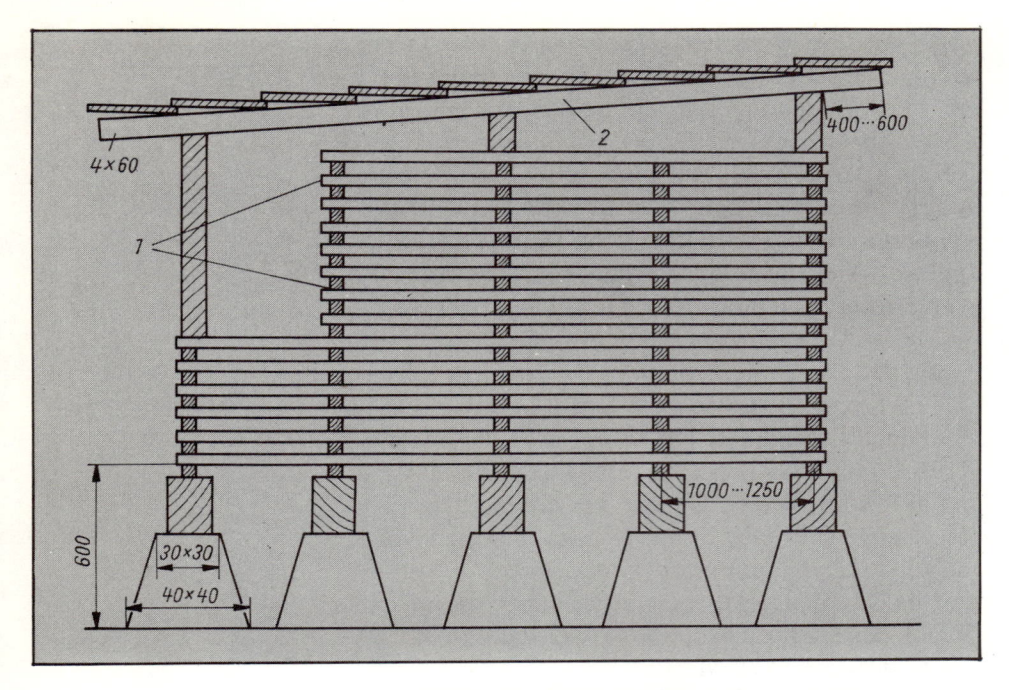

Bild 2/4.
Anlage eines Holzstapels *(1)* Brettenden sind zu unterstützen, *(2)* Neigung 1:20

Bild 2/5.
Lage der Brettseiten im Holzstapel. Richtig: linke Brettseite nach unten, (links) falsch: linke Brettseite nach oben, (rechts)

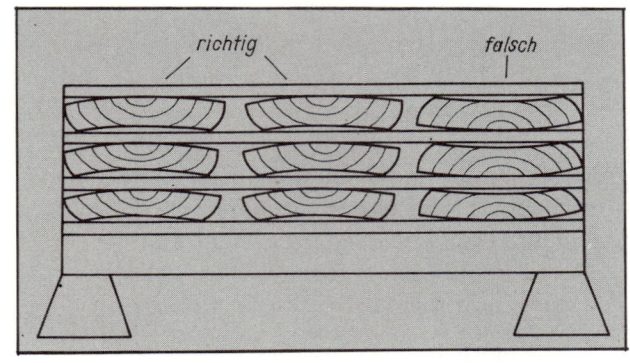

Methoden kennt, die ihm eine einwandfreie Arbeit auch dann gewährleisten, wenn die Holzfeuchte bei der Bearbeitung noch nicht der Gebrauchsfeuchte entspricht. Darauf soll aber später eingegangen werden. Bei der subjektiven Prüfung des Trockengrades von Holz erkennt man am hellen Klang das gut getrocknete Material. Dumpfer Klang weist auf hohe Feuchte hin. Selbstverständlich ist feuchtes Holz schwerer als trockenes. Hierbei sind aber sehr große Unterschiede bei den einzelnen Holzarten und selbst innerhalb einer Holzart zu berücksichtigen. Am bekannten oder durch den Grad der Oberflächenverschmutzung einzuschätzenden Alter des lagernden Holzes und dem Ort der Lagerung kann ebenfalls eine Holzfeuchteschätzung vorgenommen werden, wenn man über das Feuchteverhalten der Holzsubstanz Bescheid weiß, wie das in groben Zügen schon beschrieben wurde.

Schließlich geben auch Farbe und Geruch Auf-

Tabelle 2/4.
Empfohlene Stapelabmessungen

Schnittholzdicke mm	Stapelleiste mm × mm
10...15	15×15
10...25	20×20
25...40	25×25
40...50	30×30
50...70	35×35

ten und langsam getrocknet werden. Es ist vor direkter Sonneneinstrahlung zu schützen und von fäulnisbegünstigenden Bedingungen fernzuhalten. Selbst wenn nicht sofort Holzzerstörungen durch Pilze und Insekten auftreten, kann es jedoch sehr schnell zu unschönen Verfärbungen kommen (Kieferbläue, Rotstreifigkeit bei Fichte und Tanne, Weißfleckigkeit bei Buche und Erle usw.).

Das Holz wird in der Regel in Sägewerken zu genormten Schnittholzmaßen eingeschnitten. Der Drechsler schneidet sich dann aus Bohlen oder Brettern die erforderlichen Vierkanthölzer für das Langholzdrechseln oder Scheiben für das Querholzdrechseln. Hat der Drechsler das vorbereitete Schnittholz erhalten, muß er für eine gute Lagerung und Trocknung sorgen, die Verluste durch Fäulnis, Reißen und Verziehen verhindern helfen.

Frische Hölzer lagert man im Freien unter offenen Schuppen oder in Form von Stapeln, die nach oben dachförmig abgedeckt sind. Diese Stapel und deren Untergründe müssen bestimmte Bedingungen erfüllen: Der Stapelplatz soll möglichst frei liegen, damit die Luft ungehemmt das Stapelgut umspülen kann. Der Boden soll trocken sein. Mutterboden sollte durch Schotter oder Kies ersetzt werden. Die Stapel sind quer zur Hauptwindrichtung aufzubauen. Die erste Stapellage soll mindestens 40 cm über dem Erdboden liegen. Der Unterboden muß stabil und planparallel ausgerichtet sein. Auf festem, gewachsenem Boden genügt es, transportable Stapelklötze aus Beton mit einer Grundfläche von 30 cm × 30 cm und einer Höhe von 25...30 cm zu verwenden, auf die dann möglichst imprägnierte Kanthölzer 10 cm × 12 cm oder 12 cm × 14 cm parallel gelegt werden. Es ist zu empfehlen, diesen Stapelunterbau so auszurichten, daß nach einer Querseite ein Gefälle von 1:50 bis 1:60 entsteht, damit das Regenwasser schnell abfließen kann.

Der Abstand der Lager (Stapelklötze mit Kanthölzern) richtet sich nach dem Lagergut und ist von dessen Dicke abhängig. Bei Schnittholz unter 18 mm Dicke sollte der Abstand nicht größer als 700 mm sein, bei Dicken zwischen 18 und 30 mm sollte er 1000 mm und bei Dicken über 30 mm 1500 bis maximal 2000 mm betragen (Bilder 2/4, 2/5).

Auf die Unterlage wird zuerst eine Stapelleiste gelegt und darauf die erste Lage des Stapelgutes. Die Anzahl und Lage der Stapelhölzer richtet sich nach dem Bau der Unterlage. Die Stapelhölzer müssen immer genau übereinandergelegt werden und genau gleiche Dicke haben, andernfalls kann sich das Stapelgut verwerfen. Die Dicke der Stapelhölzer muß auf Dicke und Holzart des Stapelgutes abgestimmt sein. Je größer der Abstand zwischen den einzelnen Lagen ist, um so schneller erfolgt die Trocknung. Bei dünnen Hölzern und bei Hartholz besteht dabei allerdings die Gefahr der zu schnellen Austrocknung der äußeren Holzschichten und der damit verbundenen Verschalung (äußere Verdichtung) mit nachfolgendem Verwerfen und Reißen.

Bei jeder Trocknungsform des Holzes muß gesichert sein, daß der gleichmäßige Feuchtefluß vom Holzinnern nach außen nicht unterbrochen wird. Gewährleistet wird dies durch die individuelle Anpassung der Trocknungsbedingungen an die jeweilige Holzart, Holzdicke und Holzfeuchte.

Stapelleistenabmessungen enthält Tabelle 2/4. Die Stapelleisten sollten aus Hartholz, jedoch nicht aus Eiche (wegen der Verfärbung durch Gerbsäure) bestehen. Bei Stapelung von Schnittholz legt man stets die dem Kern zugewandte Seite des Stapelgutes (rechte Seite) nach oben. Das ist deshalb erforderlich, weil sich das Stapelgut beim Trocknungsvorgang stets nach der linken Seite hohl zieht. Die rechte Seite nimmt eine konvexe Form an. Würde die linke Seite oben liegen, könnten sich in der entstehenden Vertiefung Feuchtigkeit und Schmutz festsetzen. Fäulniserscheinungen und Verfärbungen könnten die Folge sein.

Die blockweise Stapelung von Schnittholz (Bild 2/6), d. h. die Stapelung nach dem zusammengehörigen Stamm, dürfte für den Drechsler nur dann von Bedeutung sein, wenn bei größeren Aufträgen (z. B. baugebundenen Arbeiten) die Einheitlichkeit der Holzfärbung, der Strukturdichte u. dgl. bedeutsam ist, wie das bei Tischlerarbeiten öfter der Fall sein kann.

Holztrocknung und Holzlagerung

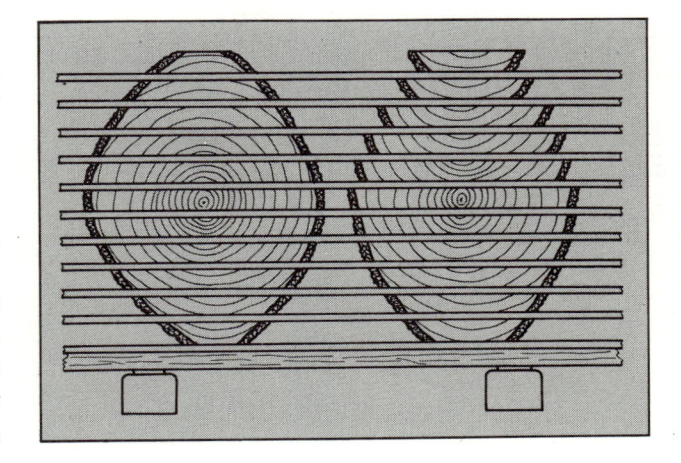

Bild 2/6. Zwei Varianten der blockweisen Stapelung zusammengehöriger Schnittholzware

Werkstoff Holz

Bild 2/7.
Holzstapelung
a) bündige Stapelleisten,
b) überstehende
Stapelleisten
(Südseite)

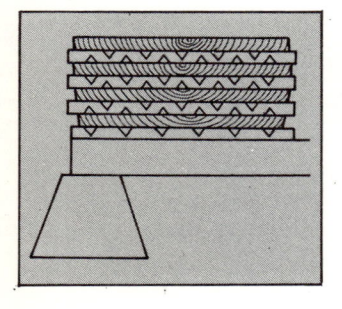

Bild 2/8.
Eingekerbte Stapelhölzer

Bild 2/9.
Kastenstapel-Anlage mit
Abdeckung *(1)* Abdeckung
und Sturmbefestigung,
(2) Hauptwindrichtung

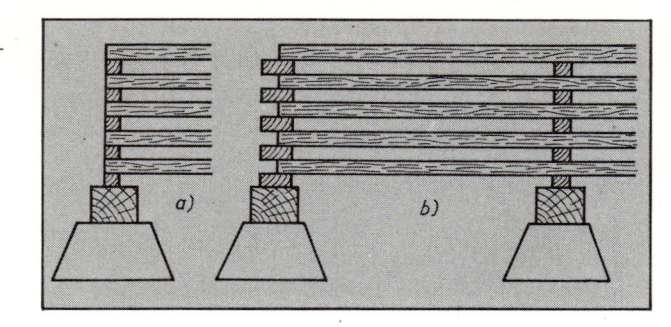

Die Stapelleisten müssen an den Enden des Stapelgutes mit diesem bündig abschließen oder überstehen, damit ein Verziehen des Stapelgutes oder Rißbildung vermieden wird. Das zwingt dazu, die Schnittholzlängen zu sortieren und immer gleichlanges Holz übereinander zu stapeln. Wenn dies nicht möglich ist, müssen die längsten Hölzer unten, die kürzesten obenauf gestapelt werden.

Die Stirnseiten der Hölzer sind gesondert vor zu schnellem Austrocknen zu schützen. Das trifft in besonderem Maße auf die Südseite (Sonnenseite) des Stapels zu. Dazu kann man entweder besonders breite Stapelleisten verwenden, die an der Stirnseite des Stapelgutes so viel überstehen, daß die Sonnenbestrahlung diese nicht direkt treffen kann. Es ist aber auch möglich, die Stirnseite durch Anstreichen mit weißer, feuchtigkeitsdurchlässiger Farbe, auch mit Kalk, evtl. mit Latex, oder durch Abdecken mit Schwarten oder Brettertafeln zu schützen. Der freie Luftdurchzug darf dabei jedoch nicht behindert werden. Dieser Schutz ist besonders bei empfindlichen Harthölzern erforderlich, sollte aber auch bei Weichhölzern nicht ganz unberücksichtigt bleiben (Bild 2/7).

Rotbuche, Erle und Birke verstocken besonders leicht, und Ahorn vergraut. Sie werden deshalb besser in luftigen Trockenschuppen gestapelt, in die kein Regenwasser eindringen kann. Ahorn wird sofort nach dem Schneiden im Sägewerk in entsprechenden Lattengerüsten senkrecht stehend einige Wochen vorgetrocknet, bevor es gestapelt wird. Zum Vermeiden von Stockflecken kann man die Stapelleisten wechselseitig einkerben, damit auch in Längsrichtung des Stapels eine gewisse Luftbewegung möglich ist und die Auflageflächen geringer werden (Bilder 2/8, 2/9). Zum Auslaugen der Gerbsäure bei Eichenholz kann dieses vom frisch geschnittenen Zustand zunächst bis zu einem Jahr ohne Abdeckung im Freien dem Regen ausgesetzt werden. Nußbaum läßt man vor dem Einschneiden so lange auswittern, bis sich die Borke löst. Aber auch hier ist immer an den Schutz der Stirnseiten zu denken.

Stamm-, Rollen- und Scheitholz bedürfen wegen der Gefahr des Reißens besonderer Pflege. Sofern noch Rinde anhaftet, ist diese zu flecken, indem sie mit dem Beil oder mit dem Schnitzelmesser teilweise beseitigt wird. An den Enden läßt man hierbei 15 cm vollkommen stehen, um Endrisse beim Trocknen zu vermeiden. Die Stapelung erfolgt im Viereck kreuzweise so, daß überall Luft herangeführt wird. Das Aufstellen derartiger Stapel sollte an schattigen Stellen erfolgen, damit Zugluft und Sonneneinwirkung keine Stirnrisse hervorrufen können. Harte tropische Hölzer sind durch ihren feinzelligen Bau und die oft starken Harz- und Mineraleinlagerungen weitaus stärker der Rißbildungsgefahr beim Trocknen ausgesetzt als Holzarten der gemäßigten Klimazone. Die Trocknung dauert viele Jahre. Aber selbst sehr lange Zeit gut gelagertes Tropenholz bekommt beim Anschnitt noch feine Luftrisse. Während des Trockenvorganges ist besonders Zugluft zu vermeiden.

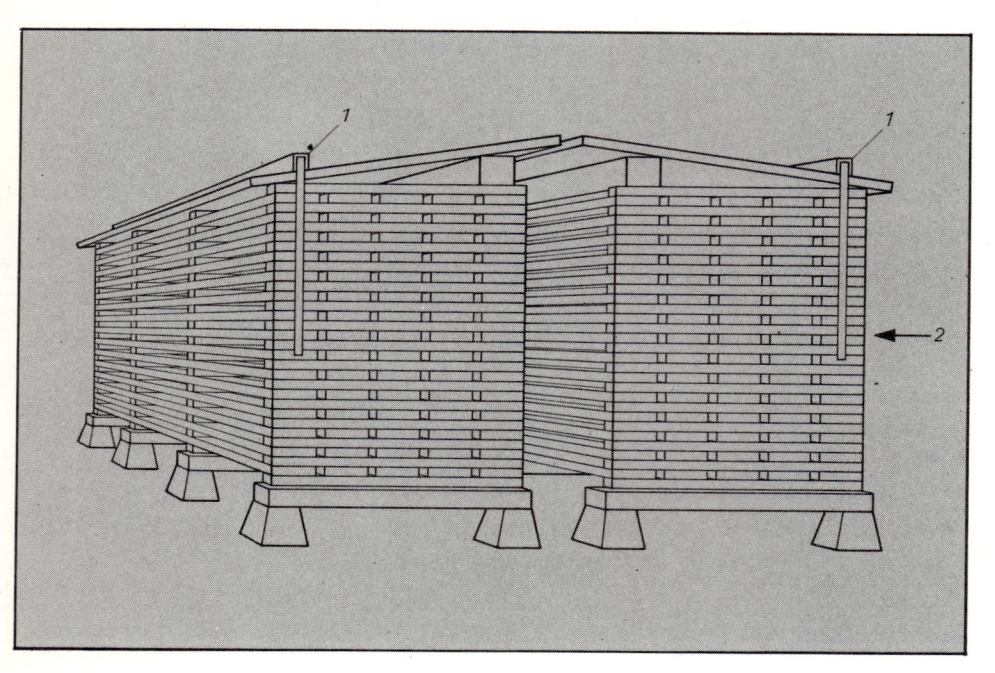

Ein trockener, luftiger, aber zugfreier Keller ist ein günstiger Lagerort für derartige Hölzer. Als besonders vorteilhaft hat es sich erwiesen, zugeschnittenes Tropenholz in Späne einzulagern und in der Werkstatt nachtrocknen zu lassen: Am besten ist es, Werkstücke aus diesen Hölzern grob an der Drechselbank vorzuschruppen und sofort in einer Kiste in trockene Drechselspäne einzupacken und im warmen Raum nachtrocknen zu lassen. Die Trockentemperatur sollte hoch liegen (40...60 °C), damit die Feuchtigkeit schnell ausgetrieben und von den trockenen Spänen aufgesaugt werden kann. Anderenfalls kann es zu Stockungen und Verfärbungen des Holzes kommen. Die Späne verhindern das Herantreten von Zugluft und nehmen die austretende Feuchtigkeit langsam auf, um sie von sich wieder nach außen abzugeben. Der Feuchtegehalt des Holzes erreicht so gleichmäßig und allmählich die Gebrauchsfeuchte, und selbst die empfindlichsten Hölzer trocknen dadurch rißfrei aus.

Der Drechsler hat den Vorteil gegenüber dem Tischler, es meist mit relativ kleinen Werkstücken zu tun zu haben. Deshalb kann er die soeben beschriebene Trockenmethode auch bei noch fast frischen einheimischen Hölzern mit Erfolg anwenden. Er wird also noch verhältnismäßig frisches oder auch nur freilufttrockenes Holz durch Sägen, Spalten, Vorschruppen oder durch Ausbohren – wo dies möglich oder erforderlich ist – vorarbeiten, in Späne gepackt nachtrocknen lassen und dann erst fertig bearbeiten. In jedem Falle ist dies bei der Herstellung von Schalen und Dosen ratsam. Das Ovalwerden derartiger Gefäße nach der Fertigstellung ist die geringste negative Auswirkung einer ungenügenden Holztrocknung.

In den meisten handwerklichen Werkstätten findet man hierfür die sog. Hängen (Bammelagen), die über Öfen oder Heizungen an der Decke befestigt sind. Bei Schaukelhängen wird durch die Bewegung eine zusätzliche Luftumspülung erzielt.

Größere Werkstätten und Industriebetriebe verfügen natürlich über technische Trockenanlagen. Sie könnten den höheren Materialdurchfluß mit der oben beschriebenen handwerklichen Holztrockenmethode nicht bewältigen und müßten sich ein Materiallager schaffen, das unvertretbar hohe finanzielle Mittel bindet.

Auf diese technischen Trockenanlagen soll hier jedoch nicht weiter eingegangen werden. Darüber gibt es Spezialliteratur. Nur so viel sei gesagt, daß mit Hilfe dieser Trockner nur dann in hoher Qualität und leistungsfähig getrocknet werden kann, wenn sie mit modernen Meß- und Regelanlagen ausgestattet sind und diese auf die holzartengerechten Trockenprogramme eingestellt werden. Wärmekammern ohne Meß-, Steuer- und Regeltechnik und erforderliche Heiz-, Befeuchtungs- und Entlüftungstechnik sind nutzlos.

Mit modernen Trockenanlagen können frische Nadelhölzer und weiche Laubhölzer in wenigen Tagen bis zur Gebrauchsfeuchte fehlerfrei herabgetrocknet werden. Harte einheimische Laubhölzer sollten in jedem Falle im Freien natürlich vorgetrocknet werden – zumindest so weit, daß der Fasersättigungswert bereits unterschritten ist, bevor die Nachtrocknung auf technischem Wege fortgesetzt wird.

Tropenhölzer nur technisch trocknen zu wollen, ist äußerst schwierig, bei bestimmten Arten nahezu unmöglich.

Eine weitere Methode, das Arbeiten des Holzes zu vermindern, ist durch Auslaugen möglich. Beim normalen Trocknen bleiben in den Zellen und Zellhohlräumen noch Stoffe erhalten (z. B. Minerale und Eiweiße), die Feuchtigkeit binden können, wodurch es noch immer zur Rißbildung und zum Verziehen bei Schwankungen der Luftfeuchte kommen kann. Werden diese Stoffe jedoch ausgelaugt, wird die »Standfestigkeit« des Holzes nach erfolgter Trocknung erhöht. Hierzu gibt es drei Möglichkeiten:

1. Der Baumstamm wird in einem Fluß verankert, so daß der einseitige Druck des fließenden Wassers allmählich durch die Poren des Stammes treibt und die akzessorischen Bestandteile auswässert (beim Flößen von Holz entsteht eine ähnliche Wirkung).

2. Bereits zugeschnittene Hölzer werden in kochendem Wasser ausgelaugt. Hierbei sollte das Wasser mehrmals gewechselt werden, damit die im Wasser gelösten Stoffe nicht wieder erneut in das Holz eindringen. Besser ist es, das Holz in einem geschlossenen Kasten über einem geschlossenen Gefäß mit kochendem Wasser den aufsteigenden Dämpfen auszusetzen. Diese Dämpfe durchziehen das Holz und lösen die Säfte, die dann mit dem Kondensat in das Wassergefäß abrinnen, während die aufsteigenden Dämpfe rein sind.

3. Die wirksamste Methode beim Auslaugen des Holzes ist jedoch das Dämpfen. Hier wird in speziellen Dämpfanlagen mit Abdampf aus Heizkesseln, erforderlichenfalls auch mit Frischdampf und einem geringen Überdruck von etwa 0,01 Pa gearbeitet. Damit können ganze Stämme in 24 bis 48 Stunden ausgelaugt werden. Ein zu langes Dämpfen sollte jedoch vermieden werden, weil dadurch dem Holz auch solche Stoffe entzogen werden, die ihm Festigkeit und Elastizität geben. Holz wird durch zu langes Dämpfen mürbe und strohig und läßt sich nicht mehr gut bearbeiten. Der Dämpfprozeß kann als beendet angesehen

werden, wenn das Kondenswasser, das zuerst rotbraun abfließt, klar bleibt.

Die Hölzer werden durch das Dämpfen auch dunkler und schöner in der Farbe. Besonders Rotbuche und Birnbaum erhalten eine angenehme rotbraune Färbung.

Gedämpftes Holz trocknet schneller aus und »arbeitet« weniger als ungedämpftes.

Holzarten, Holzeigenschaften, Holzerkennung

Um den Werkstoff Holz effektiv und zu einem hochwertigen Produkt verarbeiten und seine besonderen Schönheiten und nahezu unbegrenzten Erscheinungsbilder voll zur Wirkung bringen zu können, sind die allgemeinen Kenntnisse über den Werkstoff nicht ausreichend. Es ist vielmehr erforderlich, die spezifischen Holzarten zu kennen und ihre besonderen Eigenschaften und Erscheinungsformen in die Bearbeitungsweise und in die Produktidee einfließen zu lassen, um gültige und dauerhafte Werke schaffen zu können, wie es diesem wertvollen Rohstoff zukommt.

Im Nachfolgenden soll deshalb der Versuch unternommen werden, einige wichtige Holzarten so zu beschreiben, daß ihre Wesensart ein wenig sichtbar wird. Gleichzeitig sollen einige Hinweise zu ihrer besonderen Pflege und Oberflächenbehandlung gegeben werden, wobei allerdings immer Bezug auf die speziellen Kapitel genommen werden muß. Einschränkend soll vorangestellt werden, daß man Holz durch die Beschreibung allein, ohne es gesehen oder noch besser, selbst schon einmal bearbeitet zu haben, nicht kennenlernen kann. Zur lebendigen Veranschaulichung sind diesem Kapitel einige Abbildungen gedrechselter Gegenstände aus verschiedenen Holzarten beigefügt.

Zunächst muß noch einmal auf die unterschiedlichen Hauptgruppen der Hölzer hingewiesen werden. Oft spricht man von leichten und schweren Hölzern oder von Weichholz und Hartholz oder von in- und ausländischen Holzarten. Die Einteilung der verschiedenen Hauptarten sollte jedoch vielmehr in Laub- und Nadelhölzer sowie in Tropenhölzer und Hölzer der gemäßigten Klimazone vorgenommen werden. Die Hölzer der kalten Klimazonen sind denen der gemäßigten Zone in ihren Eigenschaften ähnlich und sollen deshalb hier unberücksichtigt bleiben.

Ferner werden die Holzarten eingeteilt nach ihrem makroskopischen und mikroskopisch erkennbaren inneren Aufbau, wie das bereits beschrieben wurde (ringporig, zerstreutporig, Kernholzbaum, Splintholzbaum, Reifholzbaum u. dgl.).

Zur Holzartenbewertung dienen darüber hinaus wissenschaftliche Methoden, bei denen durch chemische Analysen oder durch spektroskopische und röntgenologische Prüfungen die spezifischen Bausubstanzen und Inhaltsstoffe untersucht und bestimmt werden.

Wir wollen uns hier jedoch damit begnügen, die Holzarten mit den natürlichen Sinnesorganen des Menschen ohne große Hilfsmittel zu bestimmen, und zwar nach Farbe, Zeichnung, Jahringbau, Kern, Splint, Poren, Harzgängen, Glanz, Geruch, spezifischem Gewicht, Inhaltsstoffen u. a.

Zunächst zu den Hölzern der gemäßigten Klimazone und hier wiederum zu den Nadelhölzern:

Nadelhölzer sind in ihrem Aufbau einfacher beschreibbar als Laubhölzer. Die Jahrringe sowie das Früh- und Spätholz sind deutlich sichtbar. Der Längsschnitt ist daher mehr oder weniger parallel gestreift. Im allgemeinen sind Nadelhölzer leichter und weicher als Laubhölzer. Allerdings ist der Unterschied von Härte und Dichte innerhalb derselben Holzart oft sehr groß. So wird engringiges Nadelholz mit großem Spätholzanteil und geringem Frühholz wesentlich fester und schwerer sein als weitringiges mit großem Frühholzanteil.

Durch die markanten Unterschiede von Früh- und Spätholz läßt sich Nadelholz leicht spalten und neigt mitunter zur Splitterbildung. Bei der Bearbeitung machen sich die großen Unterschiede von Früh- und Spätholz nachteilig bemerkbar, weil die weicheren Frühholzzonen sich schneller abarbeiten als die harten Spätholzzonen. Das ist vor allem beim Schleifen zu beachten. Aber auch bei der spanabhebenden Bearbeitung, besonders beim Querholzdrechseln, ist nur mit besonders scharfen Werkzeugen eine glatte und saubere Fläche zu erzielen. Die schönen Zeichnungen, die beim spanenden Verformen von Nadelhölzern sichtbar werden, lohnen die Mühe und Sorgfalt, die hierfür aufzuwenden sind.

Weißtanne (Gemeine Tanne, Edeltanne, Weiß- oder Silbertanne)

Der Name ist auf die weißlichgraue Rinde und auf die Farbe der Benadelung zurückzuführen. Sie ist in Mitteleuropa, in Amerika und Asien in 40 Arten verbreitet. Tanne ist ein Reifholzbaum mit ausgeprägtem Früh- und Spätholzanteil im Jahrringbau. Die Farbe des Holzes ist gelblich- bis rötlichweiß, oft grau schimmernd, der Längsschnitt etwas matt glänzend. Die Holzstrahlen sind stets einreihig. Tannenholz ist grobfasrig und meist stark ästig, aber ohne Harzkanäle und daher fast harzfrei. Bei den Drechslern ist Tannenholz meist unbeliebt, weil es sich wegen seiner Fasrigkeit und Ästigkeit schlecht bearbeiten läßt. Über Hirn läßt es sich kaum sauber drechseln. Aststellen im Holz schädigen durch ihre Sprödigkeit die Werkzeuge sehr stark. Es sollte deshalb nur astfreies Material verwendet werden. Tannenholz »arbeitet« aber sehr wenig und gibt durch die große Unterschiedlichkeit von Früh- und Spätholz eine schöne Zeichnung und einen angenehmen seidenmatten Glanz. Die aus Tanne hergestellten Gegenstände sollten allerdings nicht mit Feuchtigkeit in Berührung kommen. Tanne läßt sich gut beizen. Teller und Tabletts, auch einfacheres Spielzeug, das einen Farbüberzug erhält, können daraus hergestellt werden. Rohdichte: 350 bis 650 kg/m³.

Douglasie (Douglastanne, auch Douglasfichte genannt)

Sie findet man hauptsächlich im westlichen Nordamerika; wird aber auch in Europa forstwirtschaftlich angebaut. Der Splint ist gelblichweiß bis rötlichweiß und dunkelt stark nach. Der Kern hat eine gelbliche bis rotbraune Farbe. Douglasie ähnelt sehr dem Lärchenholz. Die Jahrringe sind sehr scharf voneinander abgegrenzt, meist aber breit und mit starkem Spätholzanteil. Douglastanne neigt dadurch zur Sprödigkeit. Der Verwendungszweck ist ähnlich dem europäischen Fichten- oder Lärchenholz, wobei die ästhetische Wirkung dem Lärchenholz näher kommt. Aus Douglastanne hergestellte Gegenstände erhalten im Laufe der Zeit eine besonders angenehme rötlich-braune Tönung. Es ist ratsam, Douglasie nur mit einer dünnen Mattine- oder Mattlackschicht zu schützen. Rohdichte: 350...700 kg/m³.

Fichte (Gemeine Fichte, Rottanne oder auch Pechtanne genannt)

Rottanne wird sie wahrscheinlich wegen der rötlichbraunen Rinde aber auch wegen der leicht rötlichen bis rötlichgelben Holzfärbung genannt. Sie ist – wie die Tanne – ein Reifholzbaum. Der Längsschnitt weist einen Atlasglanz auf. Die Holzstrahlen bestehen aus ein- bis mehrreihigen Zellen. Im trockenen Zustand gleicht die Fichte stark der Tanne und ist selbst vom erfahrenen Fachmann von dieser nur schwer zu unterscheiden, vor allem bei kleinen Stücken. Die Jahrringe sind aber weniger hart. Der wesentliche Unterschied zur Tanne ist ihr Harzgehalt. Bereits mit bloßem Auge kann man auf der glatten Fläche die feinen Harzkanäle sehen. Durch Verstopfung dieser Harzkanäle entstehen die sog. Harzgallen, die vor der Oberflächenbehandlung ausgekratzt oder -gebrannt und ausgekittet oder mit Holz ausgesetzt werden müssen, weil dieses Harz bei Erwärmung sogar durch einen Oberflächenschutz wieder durchdringt. Der Härteunterschied in den Jahrringen ist nicht so groß wie bei der Tanne. Fichte läßt sich deshalb auch leichter bearbeiten. Allerdings führt der Harzgehalt sehr schnell zur Verkrustung der Werkzeuge.

Fest eingewachsene Aststücke können mit verarbeitet werden. Sie stellen sogar einen natürlichen Schmuck auf der Holzfläche dar. Fichte läßt sich wegen des Harzgehaltes nicht gut beizen. Aus Fichtenholz hergestellte Erzeugnisse sollte man zum Schutz und zur Kräftigung des Farbtones ölen, wenn sie naturfarben bleiben sollen. Ein besserer Schutz vor Verschmutzung wird jedoch durch einen Mattine- oder Mattlacküberzug erreicht.

Die Fichte gibt es ebenfalls in etwa 40 Arten, und ihre Vorkommen liegen außer in Europa in Asien, in China, Japan und Nordamerika. Rohdichte: 350...680 kg/m³.

Fichtenholz wird meist zu billigen Langholzdrechselarbeiten verwendet (Faßspunde u. a.), aber auch für Kerzenhalter, Geländersprossen, Spielzeug u. dgl.

Kiefer (Föhre, Forle, Forche, Kiene)

In Europa ist die Kiefer der meist vorkommende Nadelbaum. Sie gehört neben der Lärche, die es weit weniger gibt, zu den besten einheimischen Nadelgehölzen. Die Kiefer ist ein Kernholzbaum. Sie besitzt einen dunklen, gelbroten bis rotbraunen Kern, der sich deutlich von dem relativ breiten, hellgelben Splint abhebt. Die Jahrringgrenzen sind sehr deutlich zu sehen. Sie sind oft etwas wellig. Die Holzstrahlen sind ein- bis mehrschich-

Holzarten, Holzeigenschaften, Holzerkennung

tig, letztere mit zentralem Harzgang. Das Holz der Kiefer ist schwerer und härter als das der Fichte. Es schwindet wenig. Der Harzreichtum führt zu dem typischen Terpentingeruch der Kiefer. Im frisch geschnittenen Zustand muß die Kiefer sofort luftig gestapelt oder besser vor dem Stapeln senkrecht frei aufgestellt werden, weil sonst im Splintholz sehr schnell die gefürchtete Bläue-Verfärbung entsteht, die von einem Pilz hervorgerufen wird. Der Befall durch diesen Pilz bewirkt eine solche Dunkelfärbung, daß derartiges Holz für Sichtflächen untauglich ist.

Gesundes Kiefernholz hat eine wunderbare, im Tangentialschnitt vielfach sehr lebhafte Maserung und schöne Färbung und ist deshalb auch für Drechslerarbeiten beliebt. Kiefer läßt sich besser drechseln als Tanne und Fichte und ist sowohl für Langholz- als auch für Querholzarbeiten geeignet. Rohdichte: 400...650 kg/m^3.

Kiefernholz sollte im verarbeiteten Zustand für den Freiraum nur geölt oder mit ölartigen Holzschutzstoffen behandelt werden, damit es atmungsaktiv bleiben kann. Lackschichten werden nach relativ kurzer Zeit abgestoßen. Im Innenraum kann gut getrocknetes Holz eine Lackkonservierung erhalten.

Es gibt etwa 90 Arten von Kiefern. Neben der allgemein bekannten europäischen Kiefer sollen davon lediglich erwähnt werden die Bergkiefer (oder Latschen-, Knieholz- oder Krummholzkiefer, auch Legeföhre genannt), die auch in den höheren Gebirgen unserer Breitengrade vorkommt und feinjähriger, deshalb härter, aber auch harzreicher ist; die Pinie, die durch ihre schirmförmige Krone die Landschaft des Mittelmeerraumes prägt und harzärmer als unsere heimische Kiefer ist; die Schwarzkiefer, die vor allem in Japan vorkommt, einen besonders breiten hell- bis rötlichgelben Splint aufweist, sehr harzreich ist und eine dicke, dunkle Borke besitzt; die Zirbelkiefer (Zirbe, Zürbel, Zirme oder Arve) finden wir in den höheren Gebirgslagen der Alpenländer, aber auch im Nordosten der Sowjetunion. Sie hat einen sehr schmalen, hellgelben Splint und einen hellrötlichbraunen Kern, der mitunter kaum vom Splintholz zu unterscheiden ist. Die Jahrringe sind eng, Früh- und Spätholz verlaufen ineinander über. Die Besonderheit der Zirbelkiefer ist in der Vielzahl kleiner verwachsener Äste im Holz zu sehen, die relativ weich sind und deshalb beim Bearbeiten keine großen Schwierigkeiten bereiten. Gerade dieser Äste wegen hat die Zirbelkiefer ihre Liebhaber gefunden, denn die daraus hergestellten Gegenstände haben dadurch einen besonderen ästhetischen Reiz. Auch der Farbton dieser Holzart, der sich am fertigen Stück zu einem schönen Rotbraun entwickelt, macht es für schmückende Gegenstände und für die Innenarchitektur so besonders beliebt. Da es sich auch gut bearbeiten läßt, ist es für den Drechsler ein begehrtes Material. Es sollte keinesfalls gebeizt oder farbig deckend behandelt werden. Nur ein matter schützender Überzug ist zu empfehlen.

Schließlich soll noch die Weymouthskiefer Erwähnung finden. Sie wächst vor allem in Nordamerika und wird bei uns nur als Zierbaum kultiviert. Ihr Holz ist der Zirbelkiefer ähnlich, jedoch etwas leichter und weicher. Der Kern ist hellbraun, oft nur wenig dunkler als der breite, hellgelbe Splint. Es läßt sich sehr glatt bearbeiten und ist besonders als Böttcherholz geeignet. Rohdichte: 350...500 kg/m^3.

Lärche

Die Lärche ist ein Kernholzbaum. Der Kern ist im unteren Stammteil tiefrotbraun, im oberen heller bis hellbraun. Der Splint ist in alten Bäumen sehr breit, sonst breit und hellgelb. Die Jahrringe sind scharf voneinander zu unterscheiden, sie sind eng und teilweise feinwellig. Auf dem Schnittholz sind die Äste regellos verstreut. Lärche hat einen mäßigen Harzanteil. Früh- und Spätholz schwinden besonders ungleich. Lärchenholz wirft sich jedoch wenig beim Trocknen. Im Freien ist es sehr beständig.

Lärche zählt zu den wertvollsten Nadelhölzern, kommt jedoch leider nur in geringen Beständen vor. Seinen Wert hat es aber nicht nur wegen der Beständigkeit oder der Seltenheit allein, sondern vor allem wegen seiner ästhetischen Wirkung, die sich aus der lebhaften Struktur (Fladerung) und der Färbung ergibt. Da von dieser Holzart Kern- und Splintholz gleichermaßen verwendet werden, ergeben sich oft interessante Hell-Dunkel-Kontraste. Der Splint dunkelt jedoch stärker nach als das Kernholz, so daß eine allmähliche Angleichung erfolgt. Lärchenholz bekommt durch Lichteinwirkung eine schöne Rotbraun-Färbung. Es läßt sich nicht gut beizen, was auch wegen der natürlichen Schönheit nicht zu empfehlen ist.

Lärchenholz ist mit Harzadern durchzogen, die sich meist in der Nähe des Markes befinden. Es trocknet wesentlich langsamer als z. B. Tannen-

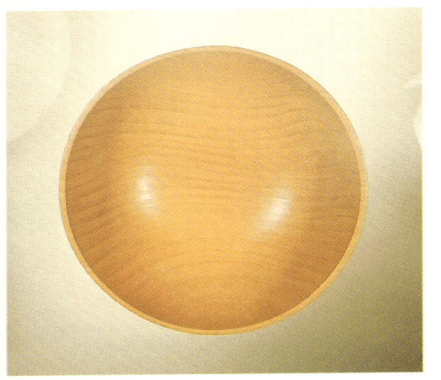

Fichte	 Fichte-Druckholz	 Jacaranda
 Eibe	 Ahorn	 Robinie
 Iroko	 Makoré	 Partridge
 Zingana (Zebrano)	 Esche	 Kirschbaum

Bild 2/10. bis 2/29.
Gedrechselte Dosen und
Schalen in verschiedenen
Holzarten

Rüster

Wengé

Flieder

Eiche

Pflaumenbaum

Amaranthe

Nußbaum

Palisander

und Fichtenholz. Für das Drechseln ist es weniger gut geeignet als Tanne, Fichte und Kiefer. Wegen seiner Schönheit findet es aber trotz alledem für Drechslerarbeiten Verwendung. Es gibt etwa 10 Lärchenarten. Sie wachsen in Europa und in Nord- und Südamerika bis zu Höhenlagen von fast 2000 m. Rohdichte: 450...800 kg/m^3.

Nachfolgend sollen noch einige Nadelholzarten genannt werden, die in Mitteleuropa fast ausschließlich als Ziergehölze in Parks und Gärten zu finden sind, hier aber teilweise zu beachtlicher Größe heranwachsen und deshalb für den Drechsler von Interesse sein können:

Lebensbaum (Thuja)

Es ist hier der orientalische und der abendländische Lebensbaum zu unterscheiden. Ersterer erreicht eine Baumhöhe von 3...7 m, letzterer 6...15 m. Die orientalische Art hat gegenüber der abendländischen eine schlankere und spitzere Form. Die Nadeln sind mehr blattartig. Sie geben beim Zerreiben einen angenehmen Geruch ab. Das Holz der Lebensbäume hat einen weißlichgelben Splint und ist im Kern hellbraun. Es ist leicht, weich und läßt sich gut bearbeiten und polieren. Es ist für Drechslerarbeiten und für Schnitzereien gut geeignet. Rohdichte: 310...400 kg/m^3.

Thujamaser hat mit dem Lebensbaum, dessen Gattungsname Thuja ist, nichts zu tun. Thujamaser ist vielmehr der Handelsname für die Wurzelknollen des Sandarakbaumes (Sandarakzypresse). Dieses mittelschwere, rötlichbraune, gefleckte Holz mit kampferartigem Geruch läßt sich nicht sonderlich gut bearbeiten, ist aber wegen seines interessanten Aussehens wie jedes verwertbare Knollen- oder Maserholz für Schmuck- und Ziergegenstände und für Einlegearbeiten sehr beliebt.

Eibe (Taxus)

Dieser immergrüne Baum (bei uns meist als Strauch oder Hecke kultiviert) mit seinen langen Nadeln kann eine Höhe von 15 m erreichen. Es ist ein Kernholzbaum mit sehr schmalem, gelblichweißem Splint und schönem dunkelbraunrotem Kern. Das Holz ist feinjährig, schwer und hart, läßt sich aber gut bearbeiten, gut beizen und polieren. Es ist deshalb für den Drechsler sehr gut verwendbar.

Eibenholz kann als das härteste Nadelholz bezeichnet werden, bei dem Früh- und Spätholzzonen kaum zu unterscheiden sind. Durch eingelagerte Giftstoffe (Toxin) kann es bei der Verarbeitung zu Hautreizungen oder gar zu Unwohlsein kommen. Diese Giftstoffe sind jedoch hauptsächlich in den Nadeln konzentriert. Rohdichte: 600...800 kg/m^3.

Zeder

Diese Bezeichnung ist ein zu Irrtümern Anlaß gebender Name für verschiedene Nadel- und Laubholzarten, die einen eigenartigen Geruch aufweisen. Hauptsächlich ist hiermit jedoch die aus Nordafrika stammende Atlaszeder gemeint, die sehr feinjährig ist, einen gleichmäßigen Wuchs aufweist und deren Holz von kleinen runden Ästen durchsetzt ist. Häufig sind helle weiche Stellen enthalten. Die Farbe ist rotbraun nachdunkelnd, der Splint ist hell. Zederholz hat einen starken, angenehm aromatischen Geruch. Bei Virginia-Zeder und Westindischer Zeder ist der Geruch pfefferartig. (Auch Juniperus-, Thuja- und Sandarakarten werden mit Zeder bezeichnet. Selbst die sibirische Zirbelkiefer wird mitunter irreführend sibirische Zeder genannt. Sogar bestimmte Laubhölzer, wie die der Familie Meliaceae, werden zu den Zedern gerechnet.) Als besondere Art der Zedern soll hier noch die Florida-Zeder Erwähnung finden. Es handelt sich um ein weiches, fast schwammiges Holz mit einem eigentümlichen, scharfen Geruch, das viel für Bleistiftfassungen Verwendung fand und deshalb auch »Bleistiftholz« genannt wurde. Es ist aber auch für Drechsler- und Tischlerarbeiten einsetzbar. Es wird in viereckigen, von Splintholz befreiten Blöcken gehandelt. Rohdichte: 400...600 kg/m^3.

Laubhölzer sind in ihrem inneren Aufbau komplizierter als Nadelhölzer, und es gibt auch wesentlich mehr Arten in den gemäßigten als in den tropischen Klimazonen. Die Zellen der Laubhölzer sind in der Regel dickwandiger, die Zellhohlräume kleiner. Man unterscheidet bei Laubhölzern mehr Zellarten als bei Nadelhölzern. Laubhölzer sind in der Regel schwerer als Nadelhölzer.

Die Vielgestaltigkeit des Baues der Laubhölzer ist von großem Einfluß auf die Vielfältigkeit der Struktur und der Wirkung dieser Holzarten. Die Texturen ihrer Schnittflächen erscheinen geflammt, gewimmert, geriegelt, gestreift, gesprenkelt, wellenartig oder auch ohne Zeichnung. Ihre Farbwirkung ist ebenso unterschiedlich.

Zunächst ein Überblick über die Gehölze der gemäßigten Klimazone.

Eiche

Man unterscheidet die Stein-, Trauben-, Hasel- oder Wintereiche, die in bergigen Gegenden wächst, von der Stiel- oder Sommereiche, die mehr in den Tiefebenen heimisch ist. Beide Arten sind Kernholzbäume mit schmalem, weißlichgelbem Splint und gelblich-hellbraunem bis gelbrötlichem, z. T. schwärzlichbraunem Kern. Das Splintholz ist für jegliche Verwendung unbrauchbar, da es schnell von Holzschädlingen befallen wird und bei der Oberflächenbehandlung völlig anders als das Kernholz reagiert (es enthält keine Gerbsäure).

Die besonderen Merkmale der Eiche sind die großen, ringförmig angeordneten Poren und die deutlich sichtbaren Holzstrahlen. Die Jahrringe treten gut erkennbar hervor. Im Sehnen- oder Tangentialschnitt erscheinen sie kurvenförmig, die längs durchschnittenen Poren deutlich als dunkle Ritzen. Im Radialschnitt treten die Holzstrahlen als verschieden breite, helle Flächen, die sogenannten Spiegel, hervor. Im Sehnenschnitt erscheinen sie als senkrecht laufende dickere und dünnere Linien. Eichenholz ist langfasrig, spaltet leicht und wirft sich stark. Der charakteristische Gerbstoffgehalt der Eiche macht sich bereits am Geruch bemerkbar. Die Eigenschaften des Eichenholzes und das äußere Erscheinungsbild sind jedoch auch abhängig vom Standort des Baumes. Man spricht deshalb z. B. von der sog. Spessart-Eiche (Steineiche aus dem Spessart), deren Holz besonders mild, feinjährig und feinporig ist, oder von der Norddeutschen Eiche, die ziemlich rauh und grob ist. Spessarteiche ist auch im Farbton heller (goldbraun) als Nord- oder Süddeutsche Eiche. Eiche zählt zu den wertvollsten inländischen Holzarten. Es gibt insgesamt über 300 Arten von Eichen, 17 davon in Europa. Moor- oder Wassereiche ist keine besondere Eichenart, sondern ein in Moorböden oder Wasser über einen Zeitraum von 1000 und mehr Jahren gelagertes Eichenholz, das durch diese besondere Lagerung schwarzgrau gefärbt und oft sehr mürbe oder durch Mineralablagerung spröde geworden ist.

Bei der Zerreiche ist der Splint breiter als bei den vorher genannten Eichenarten. Der Kern ist rötlich. Die Holzstrahlen sind zahlreich und breit.

Bei der Flaumeiche ist der Splint ebenfalls breit, der Kern dunkelbraun. Die Holzstrahlen treten sehr breit und dicht stehend hervor. Die Jahrringe sind sehr eng angeordnet. Das Holz ist schwer, hart und spröde. Bei der Roteiche fällt der Splint als hell und schmal auf, der Kern als hellrot bis braun. Die Frühholzgefäße sind in 3 bis 5 Reihen radial angeordnet, eng, rund bis elliptisch und gegen das Spätholz allmählich dichter werdend. Die Holzstrahlen sind groß und engstehend; der Jahrringverlauf ist deutlich erkennbar. Eichenholz ist im Freien dauerhaft haltbar, besonders Steineiche. Dieses Holz kann deshalb auch für Baudrechslerarbeiten gut eingesetzt werden. Doch wegen seiner groben Struktur sollte es für feine, kleine Gegenstände weniger Verwendung finden als für ausgeprägt rustikale Dinge (größere Schalen, Treppengeländer usw.). Man sollte Eichenholz in seinem Naturfarbton belassen oder leicht räuchern (mit Ammoniak; vgl. Abschnitt Oberflächenbehandlung). Bei Aufbringen von Schutzschichten sollte die Porigkeit nicht verschlossen werden, denn gerade durch die Licht- und Schattenwirkung in den Poren kommt die Eigenartigkeit der Eiche besonders zu Geltung. Rohdichte: 600...800 kg/m^3.

Ulme (Rüster)

Drei Ulmenarten, die für den Drechsler von Bedeutung sind, können unterschieden werden:

- die Feld- oder Rot-Ulme (Rüster, Rusche)
- die Flatter- oder Weiß-Ulme (Fächer-Ulme, Iffe, Basträster)
- die Wald- oder Berg-Ulme (Haselrüster)

Es handelt sich um einen Kernreifholzbaum mit gelblich-weißem Splint, der bei der Feld- und bei der Berg-Ulme schmal, bei der Flatter-Ulme jedoch breiter ist. Das Kernholz ist von schöner hell- bis dunkelbrauner Färbung. Im Radialschnitt sind glänzende Holzstrahlen mit bloßem Auge nur schwach zu erkennen. Die Maserung der Ulme unterscheidet sich vom Eichenholz durch eine Art Zwischenfladerung. Sie wird durch kleine Gefäße hervorgerufen, die sich außerhalb des Frühholzkreises befinden und zu wellenförmigen quer schwingenden Linien verlaufen. Diese Zwischenfladerung ergibt die reizvolle Struktur der Ulme.

Ulmen sind ringporige Hölzer, mittelschwer und mittelhart. Das Ulmenholz ist für das Drechseln hervorragend geeignet. Die Ulme sollte wegen ihrer besonders schönen natürlichen Färbung und Maserung nur einen farblosen Oberflächenschutz erhalten.

Ulmenholz muß mit großer Vorsicht getrocknet werden. Es kann einige Zeit in der Rinde liegen, muß aber nach dem Schneiden in Bretter in gedeckten Schuppen gut luftig gestapelt werden. Sehr geschätzt wegen seiner schönen Struktur ist das Ulmenmaserholz, das hauptsächlich aus Frankreich kommt. Es läßt sich jedoch sehr schwer verarbeiten, weil es spröde ist und zu feiner Rißbildung neigt. Rohdichte: 600...700 kg/m^3.

Esche

Die Esche gibt es in etwa 60 Arten in Europa, in Nordamerika und in Sibirien. Man unterscheidet vor allem die Gemeine Esche von der Weißesche. Beide haben einen weißen bis hellgelben breiten Splint und einen braunen Kern. Die Esche ist ein Kernholzbaum. Ihr Geruch ist runkelrübenartig. Das Eschenholz ist schwer, hart, jedoch elastisch und glänzend. Die ringförmige Porenanordnung ist sehr breit. Die Holzstrahlen sind mit bloßem Auge kaum erkennbar, die Jahrringe hingegen deutlicher sichtbar. Beide Eschenarten unterscheiden sich nur durch die Größe der Gefäße, die außerhalb des Porenkreises angeordnet sind. Bei der Weißesche, die aus Amerika stammt, sind sie größer und sparsam außerhalb des Porenkreises angeordnet, bei der Gemeinen Esche des europäischen Raumes sind sie kleiner und gegen die Jahrringgrenze zu gestrichelten peripheren Linien vereinigt. Es werden weiterhin auf die Herkunft oder auf Strukturbilder bezogene Handelsnamen der Esche geführt, wie Bergesche, Slawonische Esche, Ungarische Esche oder Blumenesche, Olivenesche, Ringelesche, Wellenesche, die nach Farbe und Zeichnung zu unterscheiden sind.

Eberesche und Bitteresche tragen jedoch irreführende Bezeichnungen. Sie sind mit der Esche nicht verwandt. Das erkennt man bereits daran, daß es sich um zerstreutporige Hölzer handelt.

Die Esche ist ebenfalls für den Drechsler ein wertvolles Holz. Die schöne kräftige Fladerung kommt besonders bei größeren Flächen zur Wirkung (Teller, Schalen). Für kleine und differenziert profilierte Gegenstände ist sie weniger geeignet. Eschenholz ist das typische Stellmacherholz. Wegen seiner Festigkeit und Elastizität wird es vor allem auch im Sportgerätebau und für Werkzeugstiele verwendet. Es ist ein gutes Biegeholz. Eschenholz läßt sich schlecht beizen. Seine lebhafte Struktur, sein natürlicher Glanz und seine schöne Naturfärbung sollten unverfälscht erhalten bleiben.

Das Trocknen des Eschenholzes stellt keine besonderen Anforderungen an den Verarbeiter. Es ist nur darauf zu achten, daß das Splintholz frei von Holzschädlingen bleibt. Es wird schnell von Larven befallen, die sich zunächst in der Rinde befinden, bald aber auch das Splintholz angehen.

Esche liefert auch besonders schöne Maserhölzer. Am bekanntesten ist die Oliveneschen-Maser. Rohdichte: 680...750 kg/m^3.

Robinie (Falsche Akazie)

Fälschlicherweise wird die heimische Robinie auch als Akazie bezeichnet. Die Robinie gehört jedoch nicht zur Gattung der *Acacia*. Oft werden aber auch verschiedene andere Parkbäume mit Robinie oder Akazie bezeichnet. (Die echte Akazie kommt nur in den warmen Klimazonen vor.) Wir konzentrieren uns hier auf den aus Nordamerika stammenden und in Europa angebauten Kernholzbaum mit seinem hellgelben schmalen Splint und seinem gelbgrünen bis goldbraunen Kernholz.

Die Gefäße sind geschlossen, einzeln bis zwei- und dreifach vereinigt und mit dünnwandiger Zellwandsubstanz vollständig ausgefüllt, am Längsschnitt als helle Linien und Punkte erkennbar, im Spätholz in tangentialen Linien angeordnet. Die Holzstrahlen sind am glatten Hirnschnitt deutlich sichtbar. Das Holz der Robinie ist schwer, hart und elastisch, besonders torsionsstabil und arbeitet wenig. Es ist dauerhaft auch gegen Feuchtigkeit und wird nicht von Holzschädlingen befallen. Robinienholz besitzt einen unangenehmen Geruch. Es läßt sich im allgemeinen nicht leicht bearbeiten, jedoch gut drechseln. Es läßt sich gut polieren, jedoch weniger gut beizen, worauf man auch wegen der angenehmen natürlichen Färbung gern verzichten kann.

Da die Poren nicht sehr groß sind und die Maserung zwar schön, jedoch zurückhaltend ist, kann Robinie auch für kleine und feingliedrige Drechslerarbeiten eingesetzt werden. Rohdichte: 700 bis 900 kg/m^3.

Holzarten, Holzeigenschaften, Holzerkennung

Edelkastanienbaum

Die Edelkastanie ist ein Kernholzbaum. Das Holz hat einen sehr schmalen schmutzig- bis gelblichweißen Splint und einen hellbraunen, stark nachdunkelnden Kern. Es ist ringporig, mittelhart und schwer. Im naheliegenden Vergleich zum Eichenholz ist es jedoch zarter geflammt und unterscheidet sich von diesem durch das Fehlen der für das Eichenholz charakteristischen breiten Holzstrahlen. Es ist aber ebenfalls gerbsäurehaltig, elastisch, fest und sehr dauerhaft. Es ist deshalb ein wertvoller Rohstoff, der sich gut zum Drechseln eignet und vortreffliches Werk- und Bauholz darstellt. Die Edelkastanie ist in Südeuropa, Nordafrika und im Orient zu Hause. Rohdichte: 550...600 kg/m^3.

Wilde Kastanie (Roßkastanie bzw. Roßkastanienbaum)

Im Gegensatz zur Edelkastanie ist die Roßkastanie ein zerstreutporiger Splintholzbaum. Das Holz ist weich, leicht und von sehr gleichmäßigem Gefüge, jedoch von filziger und haariger Struktur und deshalb bei Drechslern nicht beliebt. Es ist auch wenig dauerhaft, jedoch für grobe Schnitzarbeiten als Schuhsohlen und Kistenholz gut geeignet. Seine Farbe ist weißlich bis gelblichrötlich, und es hat einen kartoffelartigen Geruch. Gefäße und Holzstrahlen sind am Hirnschnitt mit bloßem Auge nicht zu erkennen. Im Längsschnitt wird eine feine Nadelrissigkeit sichtbar. Die Roßkastanie kommt in Europa als Zierbaum häufig vor. Ihre Heimat ist aber Asien. Rohdichte: 500 bis 600 kg/m^3.

Erle (Schwarzerle, Roterle, Weiß- und Grauerle)

Erle – auch Alder, Else oder Eller genannt – ist ein zerstreutporiger Splintholzbaum. Die Farbe des Erlenholzes ist weißlichgelblich, hellbraun bis rötlich. Weißerle ist etwas glänzend. Die Erlenarten unterscheiden sich nicht voneinander. Charakteristisch für Erle sind die vielen unscharfen, zusammengesetzten Holzstrahlen, teilweise mit mehrschichtigen »Scheinholzstrahlen«.

Erlenholz ist leicht, weich und gut spaltbar, gut färbbar, jedoch wenig elastisch und beständig (außer unter Wasser). Es ist sehr anfällig für Wurmfraß. Weißerle reißt und schwindet stark. Grauerle hat einen möhrenartigen Geruch. Erlenholz läßt sich gut drechseln und wird wegen seiner guten Farbaufnahmefähigkeit und Polierfähigkeit gern zur Nachahmung von Mahagoni, Palisander oder Ebenholz verwendet. Da es im ungefärbten Zustand wenig Struktur und nur einen faden Farbton aufweisen kann, wird es gern zu Artikeln verarbeitet, die farbig deckende Lackierung erhalten.

Nicht zu unterschätzen ist jedoch die Erlenmaser, deren Schönheit der Birken- und Rüstermaser nicht nachsteht.

Der Drechsler sollte sich jedoch davor hüten, Erlenholz wegen seiner leichten Verarbeitungsfähigkeit für baugebundene Arbeiten (z. B. Treppengeländer) oder für Möbelfüße zu verwenden, weil es schnell von Holzschädlingen befallen wird. Es wird oft für den Modellbau eingesetzt.

Erle wächst in ganz Europa, Nordafrika, im Orient, in Sibirien und Japan. Rohdichte: 500 bis 600 kg/m^3.

Ahorn (Bergahorn: weißer oder stumpfblättriger Ahorn, Spitzahorn: spitzblättriger Ahorn oder Lenne, Feldahorn oder Maßholder)

Ahorn ist ein zerstreutporiger Splintholzbaum von hohem Wert. Jahrringe und Poren sind mit bloßem Auge kaum zu erkennen. Das Holz ist sehr dicht und hart. Am wertvollsten ist der Bergahorn, dessen Holz besonders hell, fast reinweiß und gleichmäßig ist. Spitzahorn ist mehr gelblichweiß und Feldahorn rötlichweiß bis hellbraun. Spitzahorn ist auch grobfasriger und Feldahorn härter als Bergahorn. Das feine, dichte und polierfähige Ahornholz arbeitet wenig und »steht« gut, läßt sich aber nicht sonderlich gut beizen. Es läßt sich gut drechseln, ist jedoch nur wenig und mit feinstem Schmirgelpapier zu behandeln, da Schleifrillen deutlich sichtbar bleiben.

Ahorn ist hervorragend für feine Profilierungen und für Einlegearbeiten geeignet, aber ebenso für Küchengeräte und Tischplatten, die ohne Oberflächenbeschichtung bleiben und dafür abgewaschen und gescheuert werden können. Vom Ölen des Ahornholzes sollte man absehen, weil es dadurch seine schöne weiße Farbe verliert.

Damit man möglichst weißes Ahornmaterial erhält, bedarf es einer sorgsamen Pflege des Holzes. Diese beginnt bereits mit dem Fällen des Baumes und dem Einschnitt des Stammes. Der Ahornbaum muß »im Saft« geschnitten werden. Die Bretter sind sofort von Sägemehl zu befreien, weil sonst Verfärbungen durch Bakterien oder Pilze entstehen können. Besonders vorteilhaft ist es, das eingeschnittene Holz sofort abzuwaschen. Danach muß es unter einem Dach so gut zum Trocknen gestapelt werden, daß die Luft es überall reichlich umspülen kann. Besser ist es, das geschnittene Holz jeweils mit dem Zopfende (verjüngter Teil des Stammes) nach unten senkrecht zu stellen. Dadurch werden Auflegestellen bei Stapelhölzern und eventuelle Fleckenbildung vermieden.

Zum Verhindern von Hirnholzrissen ist Ahornholz auch nach dem Zuschnitt vor dem Drechseln noch etwa 3 Wochen außerhalb der Werkstatt trocken und geschützt zu lagern. Für den Drechsler ist auch das Wurzelholz des Ahorn von Bedeutung. Dieses ist ebenso, wie durch Verwachsungen (Überwallungen, Gabelungen) gebildetes »Ahornmaserholz«, von schöner Struktur.

Der Ahornbaum wächst in ganz Europa, in Asien und in Nordamerika, sowie in einigen tropischen Gebieten. Rohdichte: 540...730 kg/m^3.

Rotbuche

Die Rotbuche ist ein zerstreutporiger Reifholzbaum mit rötlichbraunem, rötlichweißem bis gelblichweißem Holz. Besonders charakteristisch beim Holz der Rotbuche sind die gut sichtbaren Holzstrahlen, die im Tangentialschnitt in einer Vielzahl gleichmäßig kurzer, dunkler Striche und im Radialschnitt in »Spiegelflächen« erscheinen. Die Jahrringe treten nicht deutlich in Erscheinung, sind jedoch mit bloßem Auge als wellige und scharf abgegrenzte Linien erkennbar. Die Gefäße sind zahlreich und im gesamten Jahrring gleichmäßig verteilt. Das Buchenholz ist schwer und hart, »arbeitet« stark und wird leicht von Holzschädlingen befallen. In gedämpfter Form läßt es sich gut biegen und verliert weitestgehend seine Anfälligkeit für das Reißen und Verziehen. Außerdem erhält es durch das Dämpfen eine schöne rötlichbraune Färbung. Es läßt sich aber auch ungedämpft gut beizen und polieren. Unbehandelt ist das ästhetische Erscheinungsbild von Buchenholz nicht sehr hoch einzuschätzen. Es wurde deshalb in der Vergangenheit meist nur für technische Geräte, für einfache Haus- und Küchengeräte oder für Massenartikel mit nachträglicher Farbbehandlung eingesetzt. Da die Rotbuche jedoch in Mitteleuropa der am meisten vorkommende Hartholzbaum ist und das Holz sich gut verarbeiten läßt – auch auf mechanischen Drehbänken –, sollte man ihm, unter Einbeziehung verschiedener Veredlungsverfahren, mehr Aufmerksamkeit schenken. Rohdichte: 600...900 kg/m^3.

Weißbuche (Hainbuche, Steinbuche, Hagebuche, oder Hornbaum)

Die Weißbuche ist mit der Rotbuche nicht verwandt. Sie gehört zur Familie der Birkengewächse.

Sie ist ein zerstreutporiger Splintholzbaum. Das Holz hat eine gelblichweiße bis grauweiße Färbung, ist sehr dicht, zäh und elastisch. Weißbuche ist eines der härtesten Hölzer der gemäßigten Klimazone und hat ein großes Schwindmaß. Auffallend sind die ein- bis zweischichtigen Holzstrahlen, die oft keilförmig aufeinanderstoßen. Hinzu kommen drei- bis vierschichtige »Scheinholzstrahlen«. Die Jahrringgrenzen sind wellig und mit bloßem Auge zu erkennen. Das Holz der Weißbuche wird meist im Werkzeugbau eingesetzt und auch dort, wo es auf Abriebfestigkeit, Elastizität und Härte ankommt. Es ist aber auch für Ziergegenstände gut verwendbar. Der Drechsler wird es jedoch meist für Kegel, Kugeln und andere Sportgeräte oder für die Herstellung von Spannvorrichtungen (Futter) verwenden. Auf Grund seiner Zähigkeit kann man in ihm gut Gewinde schneiden (Spindeln).

Die Weißbuche kommt kaum als geschlossener Waldbestand vor. Sie wird jedoch gern zur Heckenpflanzung genutzt, weil sie dicht wächst und stark verjüngungsfähig ist. Rohdichte: 540 bis 860 kg/m^3.

Die Buche kommt in etwa sieben Arten auf der nördlichen Halbkugel und in den gemäßigten Zonen vor. Bekannt sind neben den beiden beschriebenen Arten die Blutbuche und die Hopfenbuche, die jedoch nur vereinzelt vorkommen und gleichwertiges Nutzholz ergeben.

Birke (Gemeine Birke, Weißbirke, Rauhbirke, Sandbirke, Harzbirke, Hängebirke)

Die Birke ist ein zerstreutporiger Splintholzbaum. Das geschnittene Holz hat eine feine, typisch flammige Maserung. Es ist wenig hart, fein und zäh, arbeitet jedoch sehr stark. Beim Bearbeiten zeigt sich ein leicht wollig-fettiger Staub, der stark haftet.

Bei der Weißbirke ist der Kern nicht sichtbar. Das Holz hat gleichmäßig gelblich- bis rötlichweiße Farbe. Die Längsschnittfläche ist nadelrissig und glänzend. Bei der Hainbirke ist der Kern tief

Holzarten, Holzeigenschaften, Holzerkennung

rötlichbraun, im übrigen gleicht das Holz der Weißbirke.

Die Haarbirke ähnelt der Weißbirke sehr stark. Sie ist nur an der Rinde zu erkennen, die weiß, glatt und ohne Borke ist und der Länge nach aufreißt. Die Rinde der Weißbirke dagegen ist im jungen Stamm weiß, geschichtet, mit in Querbändern abrollender Korkhaut; im Alter wird unregelmäßig tiefrissige, schwärzliche Borke daraus.

Birkenholz läßt sich schlecht beizen. Sein ästhetisch zarter Reiz kommt bei kleinen Gegenständen wenig zur Wirkung, vielmehr im Möbelbau bei großen Furnierflächen. Dabei zeigt sich jedoch der Nachteil der geringen Dimensionen der mitteleuropäischen Birken. Die skandinavischen (schwedische und finnische) Birken sind besonders geschätzt, weil sie sehr hell sind und besonders schöne Maserung (wäßrige Flammung) aufweisen. Für Drechslererzeugnisse (Dosen, Schalen) ist das Wurzelmaserholz der Birke wegen seiner kontrastreichen Äderung sehr reizvoll. Kanadische Birke unterscheidet sich besonders in der Farbe von den europäischen Birken. Das Holz ist bräunlich, breit geflammt und gröber. Es kommt in stärkeren Dimensionen vor. Aus Birke hergestellte Drechslererzeugnisse verschmutzen im rohen Zustand wegen der leichten Fettigkeit sehr schnell. Sie müssen deshalb einen Schutzüberzug erhalten. Rohdichte: 640...700 kg/m³.

Linde (großblättrige Sommerlinde, kleinblättrige Winter- oder Steinlinde)

Die Linde ist ein zerstreutporiger Reifholzbaum mit breitem, gleichförmigem Splint. Das Holz ist mittelschwer weich und rötlichgelb, der Splint oft etwas heller. Die Holzstrahlen sind fein, aber deutlich erkennbar, jedoch nicht so auffallend wie bei der Buche.

Sommerlinde ist feinfasrig, dicht, elastisch und zäh. Winterlinde ist härter und fester als Sommerlinde. Lindenholz läßt sich gut drechseln. Es ist in seinen Eigenschaften mit Erle vergleichbar. Es schwindet sehr wenig, ist aber nur im Trocknen dauerhaft. Es hat keine ausdrucksvolle Maserung, läßt sich aber gut farbig deckend behandeln. Besonders beliebt ist es für Schnitzarbeiten, zur Spielzeugherstellung sowie im Modellbau. Beim Drechseln sollte es nur schneidend verformt werden. Durch Schaben und Schleifen wird es rauhfasrig, beim Schneiden dagegen glatt-glänzend. Rohdichte: 360...500 kg/m³.

Pappel (Zitterpappel, Aspe oder Espe, Silber- oder Weißpappel, Schwarzpappel oder Felber, Pyramiden- oder Italienische Pappel, Kanadische Pappel)

Die Zitterpappel ist ein Splintholzbaum, die anderen Pappelarten sind Kernholzbäume. Sie gehören alle zu den zerstreutporigen Hölzern. Holzstrahlen sind mit bloßem Auge nicht erkennbar. Die Jahrringe sind nur bei der Zitterpappel deutlich sichtbar, sonst wenig hervortretend. Zitterpappel hat eine helle, fast weiße, gleichmäßige Farbe. Weißpappel hat einen hellgelblichen Splint und einen gelb- bis rotbraunen Kern. Schwarzpappel hat einen weißen Splint und einen graugelben bis hellbraunen Kern. Bei der Kanadischen Pappel ist der Splint rötlichweiß und der Kern hellgelb bis weiß. Weißpappel besitzt einen dumpfig-säuerlichen Geruch. Pappelholz ist von sehr weicher, leichter, schwammiger Struktur. Es läßt sich zwar leicht bearbeiten, man erhält aber keine wirklich glatte Fläche. Lediglich die Zitterpappel ist etwas fester im Holz und kommt deshalb, aber auch wegen ihrer schönen gleichmäßigen Farbe, ihrem gerade gewachsenen Stamm und der schönen, gut sichtbaren Struktur, für die Bearbeitung durch den Drechsler in Betracht.

Pappelholz »arbeitet« sehr wenig. Es wird deshalb für den Modellbau eingesetzt, aber auch für Artikel, die eine deckende Farbbehandlung bekommen, verwendet. Im allgemeinen spielt es aber für den Drechsler eine untergeordnete Rolle. Rohdichte: 400...500 kg/m³.

Weide (Silberweide, Weißweide, Goldweide, Dotterweide, Bruchweide; Salweide, Palmweide; Korbweide, Bandweide)

Weiden sind zerstreutporige Kernholzbäume. Weidenholz hat große Ähnlichkeit mit dem der Pappel. Es ist für den Drechsler noch weniger geeignet als Pappel. Das Holz der Weiden ist sehr weich, wenig fest und wenig dauerhaft. Es arbeitet stark, ist aber ziemlich zäh. Salweide ist meist kernfaul. Silberweide hat einen sehr schmalen gelblichen Splint und einen schwärzlichbraunen Kern mit grauen Streifen. Die anderen Weidenarten haben nur wenig abweichende Farbnuancen. Für eine Verarbeitung kommen die beiden verbreitetsten Weidenarten, die Silberweide und die Bruchweide, in Betracht, in geringerem Maße die schwächere Salweide. Weidenholz kann in der

Spielwarenindustrie Verwendung finden. Rohdichte: 300...420 kg/m³.

Platane (Amerikanische Platane, Orientalische Platane)

Die Platane kommt in Europa fast nur als Zierbaum vor. Beide genannten Arten sind im Holz gleich. Die Platane ist ein Kernholzbaum mit zerstreuter Porenanordnung. Der Splint ist gelblichweiß, glänzend und breit, der Kern rötlichbraun bis braun mit vielen kleinen dunklen Spiegeln (starke Holzstrahlen). Die Spiegel und die schöne Färbung verleihen diesem Holz eine unverwechselbare Zeichnung und einen besonderen ästhetischen Reiz. Es ist seidig glänzend, fein, hart und fest, aber auch zäh und schwer spaltbar. Es arbeitet stark. Für das Drechseln ist es gut geeignet, sollte jedoch vor allem großflächig verarbeitet werden, damit seine schöne Struktur besonders gut zur Wirkung kommt (z. B. große Schalen). Platanenholz ist in seinem Gefüge der Rotbuche sehr ähnlich. Rohdichte: 450...650 kg/m³.

Eberesche (Vogelbeerbaum, Quitschbeere, Elsbeere)

Der Vogelbeerbaum ist ein zerstreutporiger Kernholzbaum. Er hat einen rötlichweißen Splint und einen gelbbraunen Kern, die Elsbeere einen gelblichen bis rötlichweißen Splint und einen rötlichweiß bis bräunlich geflammten Kern. Beide Arten sind sich sehr ähnlich, die Elsbeere wird jedoch zu den Reifholzbäumen gerechnet. Bei der Elsbeere sind die Holzstrahlen nicht sichtbar, bei der Vogelbeere leicht sichtbar. Beide Hölzer sind hart und schwer, jedoch biegsam und elastisch. Eberesche ist schlecht spaltbar und dauerhaft. Sie läßt sich schwer bearbeiten, ergibt jedoch saubere, glänzende Flächen. Für den Drechsler ist sie sehr gut geeignet. Elsbeere wird ihrer Festigkeit und Härte wegen auch im Maschinenbau eingesetzt. Besondere Vorsicht ist beim Trocknen dieser Holzarten anzuraten. Damit Rißbildung vermieden wird, sollte es nach dem Fällen schnell entrindet und im Schatten getrocknet werden. Rohdichte: 690...810 kg/m³.

Obstgehölze

Unter diesem Sammelbegriff sollen hier die bekannten heimischen Hölzer zusammengefaßt werden, die für den Drechsler von großer Bedeutung sind: Kirschbaum und Birnbaum, Pflaumenbaum und Apfelbaum. Besonders erstgenannte Bäume liefern ein hervorragendes Drechslerholz.

Als *Kirschbaumarten* kennt man in Mitteleuropa die Süß- oder Gartenkirsche, die Wild- oder Vogelkirsche und die Sauer- oder Weichselkirsche. Im Holz unterscheiden sich diese drei Sorten kaum. Es handelt sich um halbringporige Kernholzbäume mit feinporigem, mäßig hartem Holz und sichtbaren Jahrringen, die eine zarte, schöne Maserung ergeben. Kirschbaum hat einen schmalen weißlichen bis gelblichen Splint und einen rötlichgelb bis braunrot gestreiften Kern, der mitunter auch grünliche Streifen aufweist. Kirschbaumholz ist stark schwindend und deshalb leicht zu Rissen neigend. Es ist zäh, dicht und elastisch und gut polierbar. Bei fachgemäßer Trocknung und Verarbeitung zählt es zu den schönsten Drechslerhölzern und hat vor allem in der Biedermeierzeit eine besondere Bedeutung im Möbelbau erlangt.

Kirschbaum soll nach dem Fällen mit Rinde an einem schattigen Ort im Freien zwei bis drei Jahre lagern. Dadurch gleicht sich die Farbe des Splintholzes der des Kernes an. Nach dem Schneiden des Stammes wird die Rinde entfernt und das Schnittholz unter Dach gestapelt. Dabei muß eine gute Luftumwälzung gewährleistet sein. Zur Vermeidung von Rissen an den Stirnseiten ist es hier mit aufgenagelten Brettchen oder mit einem Anstrich zu schützen. Darüber hinaus muß es vor der Verarbeitung im zugeschnittenen Zustand der Werkstatt- bzw. Raumtemperatur angepaßt werden. Beim Drechseln ist darauf zu achten, daß keine Werkzeug- oder Schleifspuren auf der Oberfläche entstehen, weil diese stark sichtbar bleiben und störend wirken. Kirschbaumerzeugnisse dunkeln leicht nach und erhalten dadurch im Laufe der Zeit den bekannten warmen Farbton. Dieser Farbton kann aber auch nach der Fertigstellung eines Gegenstandes durch leichtes Beizen erzielt werden. Man kann damit gleichzeitig ungewünschte Farbunterschiede auf einer Fläche ausgleichen. Rohdichte: 600...690 kg/m³.

Birnbaum ist ein ebenso hochwertiges Drechslerholz. Dabei ist das von nicht veredelten Bäumen am wertvollsten. Birne ist ein zerstreutporiger Reifholzbaum, der ein gleichmäßiges hellrötliches bis rötlichbraunes Holz liefert. Es ist dicht, zäh, feinjährig, mäßig hart, schwer und biegsam. Es

»arbeitet« wenig. Durch Dämpfen erhält es eine besonders gleichmäßige, dunkle, rötlichbraune Färbung und arbeitet noch weniger. Günstig ist es, das frisch geschlagene Holz zu schneiden und im frischen Zustand zu dämpfen und anschließend unter Dach gut gelüftet zu stapeln. Es neigt ebenso wie Kirsche leicht zu Hirnholzrissen und ist deshalb vorsichtig zu trocknen und dabei an den Stirnseiten vor zu rascher Austrocknung zu schützen. Rohdichte: 700...800 kg/m³.

Der Pflaumen- oder Zwetschgenbaum ist ein ringporiger Kernholzbaum, der ähnliches Holz wie der Kirschbaum liefert. Pflaumenholz »arbeitet« jedoch besonders stark. Der Splint, der nicht mit verarbeitet werden sollte, ist rötlichweiß, der Kern rotbraun bis blauviolett. Markant sind bei Pflaumenholz kleine rötliche Holzstrahlen, die sich vom dunklen Untergrund deutlich abheben. Das Holz ist schwer, hart und spröde und läßt sich deshalb nicht so gut drechseln wie Birne und Kirschbaum. Es ist aber ein edler Werkstoff, der für kleine, feine Drechslerarbeiten gut geeignet ist. Rohdichte: 800 kg/m³.

Apfelbaum ist ein zerstreutporiger Kernholzbaum mit breitem, blaßrotem Splint und rötlichbraunem, streifigem Kern mit zonenartigen Begrenzungen. Apfelholz ist härter und fester als Kirsch- und Birnbaum, »wirft« sich stark und reißt gern. Es ist deshalb als Werkholz weniger geeignet. Lediglich für Schmuckgegenstände kleinerer Dimensionen oder für Werkzeughefte u. dgl. ist es verwendbar. Rohdichte: 750 kg/m³.

Nußbaum (Walnuß)

Nußbaum zählt zu den wertvollsten heimischen Drechslerhölzern, weil er eine besonders schöne Färbung und eine fast exotisch anmutende Zeichnung aufweist und sich gut verarbeiten läßt. Es handelt sich hierbei um einen halbringporigen Kernholzbaum, dessen Holz zäh, hart, elastisch, dauerhaft und feinfasrig ist. Sein Schwindmaß ist besonders groß. Der Splint ist grauweiß glänzend, sehr zäh und zum Biegen gut geeignet, jedoch schnell dem Larvenfraß ausgesetzt. Das Kernholz hat eine hellgraubraune bis schwarzbraune Färbung und ist mit schwarzen Zeichnungen (Aderungen) durchzogen. Die verschiedenen Farbnuancen dieses Holzes sind vom Standort des Baumes abhängig. Deutscher Nußbaum ist meist heller als der aus anderen Regionen. Aber auch im süddeutschen Raum gibt es schönes, kräftig farbiges Nußholz. Besonders bekannt und eine Zeitlang sehr in Mode war der Kaukasische Nußbaum, der einen lichtbraunen Kern mit besonders starker Zeichnung aufweist. Amerikanischer Nußbaum ist rotbraunviolett und französischer und italienischer Nußbaum rötlichbraun.

Nußbaumholz weist große Gefäße auf. Die Gefäßweite nimmt gegen das Spätholz ab. Holzstrahlen sind ein- und mehrschichtig und aus zahlreichen Zellen unregelmäßig gebildet. Bei Schwarznuß sind die Gefäße noch weiter als bei Walnuß.

Da der Nußbaum eine besonders schöne Wurzelmaserung aufweist, werden Nußbäume nicht oberhalb des Erdreiches abgesägt, sondern mitsamt dem Wurzelstock ausgegraben. Nußbaum kann etwa zwei Jahre in der Rinde liegen. Wird Nußbaumholz gedämpft, was zur Intensivierung des Farbtones und zum Herabsetzen des »Verziehens« und »Schwindens« ratsam ist, muß dies gleich nach dem Fällen geschehen. Danach ist das geschnittene Holz unter Dach luftig zu stapeln. Hier ist es – je nach Holzdicke – zwei bis drei Jahre langsam zu trocknen. Dabei sind wie bei Obst- und anderen dichten Hölzern die Hirnholzseiten vor zu raschem Austrocknen besonders zu schützen.

Das Ölen des Nußbaumholzes ist nicht zu empfehlen. Es sollte vielmehr eine schützende Glanz- oder Mattlackoberfläche erhalten, die die Maserung gut zur Wirkung bringt. Nußbaum ist auch gut polierfähig.

Bei der Gestaltung von Erzeugnissen aus Nußbaumholz muß die verschieden starke Maserung (Zeichnung) besondere Beachtung finden. Stark gezeichnete, wilde Strukturen sollten für große Flächen (Schalen) verwendet werden. Rohdichte: 530...800 kg/m³. Zur Vollständigkeit soll in diesem Kapitel auf einige Holzarten hingewiesen werden, die z. T. mit dem Begriff »Nußbaum« oder »Nußholz« in Verbindung gebracht werden, jedoch mit dem Walnußbaum oder mit der Schwarznuß nicht verwandt sind:

Sweetgum (Satin-Nußbaum oder Amberholz)

Sweetgum ist das aus Nordamerika stammende Holz des Amberbaumes. Es ähnelt in der Farbe dem echten Nußholz. Sein schöner seidenartiger Glanz führte zum Begriff »Satin«. Es ist von hellmattbrauner bis gelb-oranger Farbe, zart gestreift, weich und leicht. In seiner Struktur ist es eher mit Erle vergleichbar. Es läßt sich gut verarbeiten. In der Wirkung ist es wesentlich bescheidener als das echte Nußbaumholz, jedoch von seiner Bedeutung als Werkholz nicht zu unterschätzen. Rohdichte: 550 kg/m³.

Limba (Paranußholz)

Limba ist in Afrika beheimatet. Es besitzt einen breiten gelblichgrünen Splint und einen teilweise olivbraunen bis schwarzbraun gestreiften Kern. In Maserung und Struktur ähnelt es mehr dem Mahagoni, hat jedoch feinere Poren als dieses und eine andere Farbe. Es ist gut zu bearbeiten, leicht spaltbar und neigt zur Rißbildung. Limbaholz wird mehr als Blindholz beim Tischler verwendet als für Drechslerarbeiten. Rohdichte: 480 bis 780 kg/m³.

Hickory (Hichorynuß)

Hier handelt es sich um den Caya-Baum, von dem die weiße Hickory-Nuß stammt. Der Splint dieses Holzes ist hellgelb und breit, der Kern hellbraun bis rotbraun. Es ist ein schweres, hartes, zähes elastisches Holz mit glänzender Oberfläche. Es ist dauerhaft, schwer spaltbar und mit dem Eschenholz vergleichbar, diesem jedoch überlegen. Sein Einsatzgebiet liegt im Sportgeräte-, Werkzeug- und Maschinenbau. Rohdichte: 800 kg/m³.

Sträucher und kleine Zierbäume

Neben den bisher genannten Werkhölzern kann der Drechsler sehr gut das Holz einer Vielzahl von Ziergehölzen für kleine Schmuckgegenstände verwenden. Diese Hölzer weisen oft interessante Strukturen auf und lassen sich meist gut drechseln. Der Drechsler sollte deshalb auch immer nach diesen Hölzern Ausschau halten, z. B. beim Fällen und Auslichten von Parks und Gärten. Es soll nun nicht Aufgabe des Buches sein, jede dieser Arten zu beschreiben, vielmehr sollte die Holzverwendung dem Experimentieren offen bleiben. Der interessierte Drechsler sollte sich hierbei auch einmal überraschen lassen. Es soll nur namentlich auf einige wichtige Arten aufmerksam gemacht werden: Flieder, Götterbaum, Haselstrauch, Holunder, Wacholder, Stechpalme (Hülsendorn), Maulbeerbaum, Mehlbeerbaum, Goldregen, Kreuz- oder Wegedorn, Sauerdorn (Berberitze), Rainweide (Liguster), Heckenkirsche (Beinweide oder Beinholz), Hirschkolben, Spindelbaum oder Spillbaum (Pfaffenhütchen oder Pfaffenkäppchen) und andere.

Auf die zweite große Gruppe der Nutzhölzer für den Drechsler soll nachfolgend nur kurz eingegangen werden, weil ihre Vielfalt so groß ist, daß sie den Umfang dieses Buches sprengen würde. Andererseits sollte sich der Drechsler vorrangig auf die heimischen Holzarten konzentrieren und nicht auf die teuren Importhölzer. Dabei wird sicher jeder gute Drechsler den Wunsch haben, einmal ein exotisches Holz durch höchste handwerkliche Meisterschaft in ein dauerhaftes kleines Kunstwerk zu verwandeln.

Gemeint sind hiermit die **tropischen Gehölze**, wobei dieser wissenschaftlich nicht exakte Begriff die Gruppe all der Baumarten umfassen soll, die der tropischen und subtropischen Klimazone zugeordnet werden.[1] Man spricht bei diesen Hölzern oft auch von Schwerhölzern, Gewichthölzern – weil die meisten von ihnen nach Gewicht gehandelt werden –, von Farb- oder Bunthölzern oder einfach auch von Fremdhölzern. Diese meist besonders harten, dichten und schweren Tropenhölzer haben nicht nur ein völlig anderes Aussehen als unsere heimischen Holzarten, sondern erfordern auch eine andere Pflege als diese. Auf Grund ihrer besonderen Dichte und der hohen Luftfeuchtigkeit ihrer Heimat sind sie sehr rißempfindlich und trocknen besonders langsam. Selbst bereits viele Jahre gelagertes Holz dieser Art reißt wieder an den Stirnseiten, wenn ein neuer Anschnitt gemacht wird. Die Lagerung sollte deshalb am günstigsten in einem trockenen, gelüfteten, aber zugfreien Keller erfolgen. Besonders bei hellen Hölzern (Zitronenholz, Buchsbaum) muß auf die wertmindernde Anfälligkeit gegen Stockflecken und verfärbende Erscheinungen bei Lagerung in Räumen geachtet werden, in denen ungenügende Luftumwälzung vorhanden ist.

Die Stammenden und alle neuen Anschnitte sollten in jedem Falle mit einem Schutz versehen werden. Hierzu eignet sich Latexanstrich, Wachs, Leinöl, tierischer Klebstoff oder Papier, das aufgeklebt wird. Bei Verwendung von Farben und chemischen Klebstoffen ist der holzverfärbende Einfluß zu beachten sowie die abstumpfende Wirkung auf die Schneidwerkzeuge.

Selbst bei der Bearbeitung dieser Hölzer zu gro-

Holzarten, Holzeigenschaften, Holzerkennung

[1] Mit dem vielfach verwendeten Begriff »Außereuropäische Hölzer« kann sich der Autor nicht anfreunden, weil es außerhalb Europas Gebiete gibt, die ebenfalls in der gemäßigten Klimazone liegen und in denen demzufolge Gehölze wachsen, die den europäischen ähnlich oder gleich sind.

ßen Gegenständen (Schalen, Dosen) sollte man Vorsicht vor weiterer zu rascher Trocknung walten lassen, indem man halbfertige oder fertige rohe Werkstücke mit Spänen bedeckt, bis sie sich der veränderten Temperatur und vor allem der veränderten umgebenden Luftfeuchtigkeit angeglichen haben, d. h. bis das Feuchtegleichgewicht zwischen Holzfeuchte und Luftfeuchte hergestellt ist. Eine Besonderheit der Tropenhölzer ist auch darin zu sehen, daß sie oft Stoffe enthalten, die im geringsten Falle einen angenehmen oder unangenehmen Geruch verbreiten, in schlimmeren Fällen jedoch zu Übelkeit oder zu Hautreizungen, ja sogar zu Ekzemen und inneren Erkrankungen führen können (Gelbes Sandelholz – Nierenerkrankungen, Nuß-Satin – Schleimhautreizungen, Iroko – Schleimhautreizungen und Hautekzeme usw.). Es ist deshalb durchaus ratsam, beim Bearbeiten dieser Hölzer nicht nur allgemeine Schutzkleidung, sondern auch Atemschutzmittel zu tragen, vor allem dann, wenn sich Staub entwickelt.

Hölzer mit besonderen Geruchsnoten werden für bestimmte Zwecke eingesetzt (Veilchenholz und Jacaranda für Schmuckdosen, Thuja für Rauchwarenverpackungen, Gabun für Tabakwaren usw.). Angenehmen rosenartigen Geruch verbreiten z. B. Ostindischer Palisander, Rotes Sandelholz und Afrikanisches Blackwood. Lavendelgeruch ist bei Manschinellenbaum vorhanden.

Amaranth, Lorbeer, Zebrano und Stinkwood besitzen dagegen einen äußerst üblen, widerlichen Geruch. Diese Inhaltsstoffe, die z. T. öligen Charakter haben, verfliegen jedoch mehr oder weniger schnell. Feste Einlagerungen (Minerale und Salze) bleiben erhalten. Sie sind meist die Ursache für die unangenehme Eigenschaft mancher dieser Holzarten, die Werkzeugschneiden ungewöhnlich rasch abzustumpfen (Iroko, Quebracho, einige Mahagoniarten u. dgl.).

Die nachfolgend genannten Namen der Tropenhölzer sind die in Mitteleuropa geläufigen Handelsnamen. Manche dieser Hölzer tragen vielfältige Namen, so daß es selbst dem erfahrenen Praktiker oft schwerfällt, die richtige Zuordnung zu finden. Hinzu kommt, daß ähnliche Hölzer mitunter botanisch nicht miteinander verwandt sind. Auch durch Importe aus weniger bekannten Holzlieferländern tauchen neue Holzarten im Handel auf, deren Zuordnung meist nach äußeren, mit bekannten Arten vergleichbaren Merkmalen erfolgt und dadurch die Verwirrung vielfach noch vergrößert wird. Außerdem werden diese Hölzer in den verschiedenen Heimat- und Handelsländern unterschiedlich benannt. Eine exakte Unterscheidung ist durch die botanischen Bezeichnungen möglich. Damit weiß aber der Praktiker nur selten etwas anzufangen. Nachfolgend sind deshalb einige wichtige dieser Hölzer mit ihren bekanntesten Handelsnamen in alphabetisch geordneter Reihenfolge aufgeführt.[1]

Amaranth (Violettholz)

Kern lachsfarben bis violettbraun, Splint grauweiß, auch purpurgestreift, leicht nadelrissig, sehr dicht und hart, gut polierbar. Die Poren sind mittelgroß, zerstreut, einzeln, paarweise und in Gruppen angeordnet. Beim Bearbeiten führt der unangenehme Geruch oft zu Übelkeit. Rohdichte: 850 kg/m^3.

Obeche (Abachi)

Splintholz elfenbeinfarben bis strohgelb, bis 10 cm breit, Kernholz nur wenig unterschieden, bisweilen mit olivfarbenem Einschlag. Deutliche breite Zuwachszonen mit unterschiedlicher Porendichte, besonders große Poren im Frühholz. Es handelt sich um ein weiches Holz. Durch die Wechseldrehwüchsigkeit der Fasern wird das Bearbeiten dieser Holzart erschwert. Frisches Holz riecht unangenehm. Empfindliche Personen können durch den Staub dieses Holzes asthmatische Beschwerden bekommen. Rohdichte: 350 kg/m^3.

Kokrodua (Asamela, Afrormosia)

Splintholz weißlich, bis 5 cm breit, Kernholz grünlich-gelb bis gelbbraun, nachdunkelnd. Poren mittelgroß, zerstreut, überwiegend einzeln, aber auch in kleinen Gruppen, sehr zahlreich. Kokrodua hat ebenfalls einen wechseldrehwüchsigen Faserlauf. Es ist mittelhart, glänzend, in frischem Zustand unangenehm aromatisch riechend. Rohdichte: 650 kg/m^3.

Bruyère (Baumartige Heide)

Die rübenförmige, maserwüchsige Wurzel ist fleischrot und stark nachdunkelnd, dicht, mittelhart, mit viel Erdeinschlüssen. Sie hat eine feine Maserzeichnung, schwindet stark und brennt schwer, weshalb sie vorrangig für Tabakpfeifen verwendet wird. Rohdichte: 1000 kg/m^3.

[1] vgl. hierzu auch entsprechende Fachliteratur

Bubinga (Kevazingo)

Splint grauweiß bis rötlichgrau, bis 5 cm breit, Kernholz deutlich unterschieden rot bis violett, im Querschnitt dunkel, ringartig gezont, tangential schöne Fladern, radial Streifen bildend. Zuwachszonen erkennbar. Poren mittelgroß bis groß, zerstreut, einzeln, gelegentlich in kleinen Gruppen, wenig zahlreich. Es handelt sich um ein hartes glänzendes Holz, das sich schwer bearbeiten läßt. Werkzeuge stumpfen rasch ab. Besonders vorsichtige Trocknung notwendig. Es hat einen säuerlichen Geruch. Rohdichte: 750 kg/m^3.

Buchsbaum

Buchsbaum stammt aus dem Orient und Westindien, wird aber auch bei uns als Zierbaum und Heckenpflanze gehalten. Als Baum kann er eine Höhe bis zu 10 m erreichen. Es ist ein zerstreutporiger Splintholzbaum von sehr dichtem und gleichmäßigem Gefüge. Jahrringe sind als feine Linien deutlich zu erkennen, die zahlreichen Poren sind jedoch so klein, daß man sie nur mit der Lupe erkennt. Buchsbaumholz ist sehr schwer, sehr hart, sehr fest, dauerhaft und elastisch. Seine Farbe ist hellgelb bis orange. Es handelt sich bei dieser Holzart um ein sehr wertvolles Holz, das besonders für feingliedrige Arbeiten für filigrane Schnitzereien, feinprofilierte Drechslerarbeiten und für Drechslerformen mit ornamentalen Verzierungen (Bunsen, Durchbrucharbeiten, Schnitzarbeiten) verwendet wird. Bei Schachfiguren ersetzt Buchsbaum das Elfenbein. Westindischer Buchsbaum ist weicher als Persischer und Türkischer. Buchsbäume sind oft drehwüchsig. Das Holz muß sehr vorsichtig getrocknet werden. Besonders das Hirnholz ist sehr rißempfindlich. Es ist deshalb vor zu raschem Austrocknen zu schützen. Rohdichte: 950 kg/m^3.

Cocobolo

Splint hellgelb-rötlich, Kern lebhaftes Rot (fleischrot), an der Luft stark nachdunkelnd, rotbraun bis violettbraun mit feinen schwärzlichen Adern, tiefe Poren, sehr dicht, spröde und schwer. Es läßt sich leicht bearbeiten, jedoch nicht verleimen. Der Splint wird nicht verwendet. Es handelt sich um ein gesundheitsschädigendes Holz. Bei seiner Bearbeitung kann es zu Hautausschlag, Reizung der Nasenschleimhäute und Kopfschmerzen kommen.

Der Geruch ist aromatisch. Rohdichte beträgt: 1000 kg/m^3.

Campèche (Blauholz)

Splint gelblich, sehr schmal, Kern braunviolett bis schwärzlich-rot mit quergestreckten Flecken. Es ist ein dichtes, feinzelliges Holz, sehr hart und schwer. Beim Bearbeiten entwickelt sich ein angenehmer Geruch (veilchenartig). Seines intensiven Farbstoffgehaltes wegen wird es viel zur Farbgewinnung verwendet. Rohdichte: 1100 kg/m^3.

Ebenhölzer

Splint hellgelb, schmal, Kern tiefschwarz, dunkelbraun oder grauschwarz, z. T. auch gefleckt oder gestreift. Ebenhölzer haben ein äußerst feines, dichtes Gefüge mit feinen zerstreuten Poren, die auf dem Längsschnitt dünne Furchen ergeben. Die feinen Holzstrahlen enthalten glitzernde Kristalle. Ebenhölzer sind harte und schwere Hölzer, spröde und stark schwindend, leicht reißend, gut polierbar. Rohdichte: 1000...1330 kg/m^3. Es werden verschiedene Ebenholzarten unterschieden, deren Namen meist von ihren Hauptstandorten stammen:

Madagaskar-Ebenholz, tiefblau bis schwarz; das wertvollste der Ebenhölzer

Kamerun-Ebenholz, braunschwarz, etwas rotstreifig; weniger dicht im Gefüge, geringwertiger

Ceylon-Ebenholz, grauschwarz meliert; besonders zäh, durch Nachfärbung gut verwertbar

Makassar-Ebenholz, braunschwarz, hell gestreift; grobporig

Gabun-Ebenholz, braunschwarz, von ungleicher Färbung

Senegal-Ebenholz, rötlichschwarz.

Fernambuk oder Pernambuk (Brasilienholz)

Splintholz weißlich, bis 5 cm breit, Kernholz klar differenziert, in frischem Zustand braungelb bis orange, dunkelrot, auch violett nachdunkelnd, Zuwachszonen gut erkennbar, Poren klein bis mittelgroß, zerstreut, paarig und in Gruppen, äußerst zahlreich. Es handelt sich um ein sehr hartes, jedoch elastisches, glänzendes Holz, das sich schwer bearbeiten läßt, splittrig ist, aber wenig Neigung zum Reißen und Werfen aufweist. Der Geruch ist beißend scharf. Rohdichte: 980 kg/m^3.

Holzarten, Holzeigenschaften, Holzerkennung

Grenadille (Kokusholz, Braunes Ebenholz)

Splint gelblich, bis 5 cm breit, Kernholz rötlichbraun bis braunschwarz mit rötlichen Adern, sehr feinzellig und dicht, Poren mit metallisch glänzender, harziger Füllmasse. Der Geruch ist rosenähnlich. Dünne Jahrringe sind erkennbar und geben dem Holz eine schöne wäßrige Zeichnung. Das schwere und spröde Holz hat einen metallischen Klang (für Xylophonplatten verwendet). Es ist hochpolierfähig. Rohdichte: $1000\ldots1250$ kg/m^3.

Greenheart (Grünholz, Grünherz)

Greenheart wird zu den Pockhölzern gerechnet. Gelb- bis grünbraun, später graubraun, am Querschnitt dicht gedrängte, kleine gelbe Pünktchen, derbwandige Zellen und stark harzhaltige Gefäße. Es handelt sich um ein sehr hartes, aber gut zu bearbeitendes (geschmeidig) Holz. Rohdichte: 1100 kg/m^3.

Iroko (Kambala)

Splintholz gelblichweiß bis grau, $5\ldots10$ cm breit, Kernholz anfangs graugelb bis hellbraun, später oliv bis dunkelbraun, nachdunkelnd, Zuwachszonen, Gefäße und Längsparenchym mit bloßem Auge sichtbar, Holzstrahlen nur unter der Lupe zu erkennen. Poren groß, zerstreut, überwiegend einzeln, auch paarig, seltener in radialen Gruppen. Es handelt sich um ein mittelhartes, leicht bearbeitbares Laubholz, das sich fettig anfühlt und ziemlich beständig gegen Wasser und Termiten ist. Durch Kalk- und Kieselsäureeinlagerungen führt es bei der spanenden Bearbeitung zu rascher Werkzeugabstumpfung. Bei der Verarbeitung können Hauterkrankungen auftreten.

Iroko wird fälschlicherweise auch als Afrikanische Eiche und Kambala-Teak bezeichnet. Es wird aber als Ersatz für Teak und als Austauschholzart für Eiche und Douglasie verwendet. Als Oberflächenbehandlung hat sich das Ölen bewährt. Rohdichte: $550\ldots850$ kg/m^3.

Korallenholz (Coralwood)

Bernsteingelb bis rötlich, feinzellig mit gewebeartiger zarter Zeichnung. Die Gefäße enthalten gelbrotes Harz. Es handelt sich um ein hartes und sprödes, gut polierbares Holz. Rohdichte: 1000 kg/m^3.

Mahagoni

Bei dieser Bezeichnung handelt es sich um einen Sammelbegriff für viele ähnliche Holzarten. Mahagoni zählt zu den bekanntesten und wichtigsten Tropenhölzern. Es ist ein mittelhartes gut zu bearbeitendes Holz mit geringer Schwindneigung. Das Splintholz ist meist heller und bis zu 10 cm breit. Die Poren sind mittelgroß bis groß, zerstreut, einzeln, paarig und in Gruppen angeordnet. Sie sind sehr zahlreich und teilweise mit dunkler oder heller Porenfüllung versehen. Tangential und radial sind die Poren als Nadelrisse deutlich sichtbar, radial als niedrige Spiegel. Der Faserverlauf kann wechseldrehwüchsig sein. Rohdichte: 450 bis 650 kg/m^3.

Ähnlich wie beim Ebenholz werden die Mahagonisorten meist nach ihren Hauptstandorten unterschieden. Aber selbst innerhalb dieser Hauptstandorte gibt es verschiedene Mahagoniarten und ähnliche andere Holzarten. Sie können nur durch ihre wissenschaftliche, lateinische Bezeichnung unterschieden werden:

Afrikanisches Mahagoni (*Khaya anthotheca* C. DC.)
Splintholz hellrosa, $3\ldots6$ cm breit, Kernholz lachsrot bis hellbraun

Afrikanisches Mahagoni (*Khaya ivorensis* A. Cher.)
Splintholz hellrötlichgrau, $3\ldots6$ cm breit, Kernholz hellrot, schnell rötlichbraun nachdunkelnd

Afrikanisches Mahagoni (*Khaya grandifoliola* C. DC.)
Splint rosa, Kern tiefrotbraun

Afrikanisches Mahagoni (*Khaya senegalensis* A. Jass.)
rosa bis rötlichbraun und rotbraun
(Für die afrikanischen Mahagoniarten gibt es Handelsnamen wie Benin-Mahagoni, Guayana-Mahagoni, Kamerun-Mahagoni, Khaya-Mahagoni u. a.)

Amerikanisches Mahagoni (*Swietenia macrophylla* King)
Splintholz weißlich bis grau, $2,5\ldots5$ cm breit, Kernholz gelblich bis rötlichbraun, nachdunkelnd

Amerikanisches Mahagoni in weiteren fünf Swientenia-Arten, die jedoch geringeres Aufkommen haben oder sich sehr ähnlich sind.

Holzqualitäten, Holzfarbe und Holzeigenschaften sind in Abhängigkeit vom Standort variabel. *Swientenia macrophylla* King z. B. ist leichter und heller als *Swientenia mahagoni* Jacq.

(Für die amerikanischen Mahagoniarten gibt es Handelsnamen wie Brasil-Mahagoni, Tabasco-Mahagoni, Echtes Mahagoni, Zopilate, Chile-Mahagoni, Kuba-Mahagoni, Venezuela-Mahagoni, Kostarika-Mahagoni u. a.)

Nur die Swientenia-Arten gelten als »Echtes Mahagoni«. Neben diesen Hölzern gibt es weitere Arten, die als »Falsches Mahagoni« bezeichnet werden. Sie sind dem echten Mahagoni sehr ähnlich, etwas dunkler und härter und nicht so gleichförmig im Faserbau. Hierzu gehören *Gambia-Mahagoni*, *Kolonial-Mahagoni* (Akajonholz), *Prima-Vera-Holz* und das besonders weiche und leichte *Cendrala-Holz*. Aber auch Sapelli, Chikrassy, Kosipo, Bossé, Tiama u. a. werden oft fälschlicherweise zu den Mahagoni-Arten gezählt. Sie gehören zwar der gleichen botanischen Familie an, sind aber kein Mahagoni.

Makoré (Baku)

Splint cremefarben bis gelbrosa und grau nachdunkelnd, bis 12 cm breit, Kern rosa bis rotbraun, auch purpurbraun, nachdunkelnd. Zuwachszonen sind nicht sichtbar. Die Poren sind mittelgroß, zerstreut, in radialen Gruppen angeordnet und sehr zahlreich. Es handelt sich um ein mittelhartes, leicht zu bearbeitendes, jedoch werkzeugabstumpfendes Holz. Es ist teilweise wechseldrehwüchsig. Späne können Augen- und Schleimhautreizungen hervorrufen. Rohdichte: 600 kg/m^3.

Olivenbaum (Olivier)

Splint gelblich-hell und breit, Kern braungelber Grund mit dunkelbrauner wäßriger Zeichnung (Adern), äußerst feinjährig und dichtes Gefüge, Zuwachszonen stark hervortretend, knorriger Wuchs. Es ist ein schweres, hartes, ölhaltiges, schwer trocknendes und stark schwindendes Holz. Rohdichte: 800 kg/m^3.

Orangenbaum (im Gegensatz zu Orangeholz, das als Sammelname anderer Arten (Kedelong) verwendet wird)

Es handelt sich bei dem Holz des Orangenbaumes um ein ziemlich leichtes, feines, hartes, zähes, gut polierbares, gelblichweißes Holz.

Padouk (African Padouk)

Splint weiß bis cremefarben, bis 10 cm breit, Kern rot, rasch rotbraun nachdunkelnd, Zuwachszonen im Querschnitt schwach sichtbar, Poren groß, zerstreut, einzeln, paarig und in Gruppen, wenig zahlreich, rote Porenanfüllung vorhanden. Es handelt sich um ein mittelhartes, gering schwindendes, gut zu bearbeitendes Holz. Es ist teilweise wechseldrehwüchsig. Glatte Flächen sind glänzend. Rohdichte: 700 kg/m^3.

Neben dem afrikanischen Padouk ist das Burma-Padouk bekannt. Es ist rötlichbraun und hat am Querschnitt helle Punkte. Sonst sind seine Eigenschaften ähnlich dem afrikanischen Padouk.

Palisander

Es wird der sog. Echte Palisander (Caviuno) vom Ostindischen Palisander (Jacaranda) unterschieden. Palisander zählt zu den bedeutendsten Exoten-Nutzhölzern.

Caviuno (auch Rio Palisander oder Rio Jacaranda oder Brasilianisches Rosenholz genannt): Splint weißlich, bis 10 cm breit, Kernholz gelbbraun bis rotbraun, auch rotviolett bis braunviolett mit unregelmäßigen fast schwarzen Zonen, die tangential als markante Fladerung und radial als Streifen sichtbar werden. Zuwachszonen sind erkennbar, Poren groß, zerstreut, überwiegend einzeln, wenig zahlreich, dunkle und helle Porenfüllung vorhanden. Es handelt sich um ein sehr hartes Holz mit geringer Schwindneigung. Frisches Holz weist einen aromatischen Geruch auf. Feine Späne und Staub können Hautreizungen hervorrufen. Rohdichte: 800 kg/m^3.

Ostindischer Palisander (auch Java Palisander, *Jacaranda*, Burma-Palisander oder Ostindisches Rosenholz genannt)

Splint weiß bis gelblich, bis 5 cm breit, Kernholz dunkelrosabraun, schokoladenbraun bis blauviolett, mit ziemlich regelmäßigen, im Querschnitt ringartigen dunklen Zonen, die tangential als Fladerung, radial als Streifen sichtbar werden, Zuwachszonen leicht angedeutet, Poren groß, zerstreut, einzeln, paarig und in Gruppen, zahlreich, teilweise dunkle, harzhaltige Porenfüllung. Es handelt sich um ein sehr hartes Holz mit geringer Schwindneigung. Wie der sog. Echte Palisander besitzt auch der Ostindische Palisander einen aromatischen Geruch und kann zu Hautreizungen führen. Rohdichte: 800 kg/m^3. Darüber hinaus sind Honduras- (rosabraun bis rötlich) und Santos-Palisander (rötlich-violett) bekannt.

Holzarten Holzeigenschaften, Holzerkennung

Pockholz

Pockholz ist ein extrem hartes Holz, das hauptsächlich zu Kegelkugeln, Maschinenlagern und anderen technischen Teilen verarbeitet wird. Es wird unterschieden zwischen Echtem Pockholz (Guayak), dessen Splint rahm- bis ockergelb, der Kern tief braungrün bis schwarzgrün ist, Palo Santo (Paraguay-Pockholz), dessen Splint hellbraun und schmal, der Kern tiefbraun mit grünlichen Bändern, Grünherzholz (Greenheart), dessen gesamtes Holz gelb- bis grünbraun, später graubraun ist. Pockholz ist durch seine gekrümmten und ineinander verstrickten Holzfasern kaum spaltbar. Die Poren sind klein und regellos verstreut. Es ist ein Ringbau zu erkennen. Die Poren sind stark mit Harz gefüllt, das ein Viertel der Masse ausmacht, aus dem lebenden Baumstamm ausfließt und durch Erwärmung ausgeschmolzen werden kann. Es wird in der Pharmazie verwendet. Rohdichte: 1300 kg/m^3.

Meist wird zu den Pockhölzern auch das Veraholz (Guayacan) hinzugerechnet. Es handelt sich hierbei um ein etwas leichteres Holz, das mehr hellbraun und ansonsten dem Greenheart ähnlich ist. Rohdichte: 1100 kg/m^3.

Quebracho (Quebracho Colorado)

Splint weiß, Kern tiefblutrot, Poren groß, aber wenig, sehr dichtes Gefüge. Holzfasern ähnlich wie bei Pockholz gekrümmt und verflochten und daher schwer spaltbar. Es handelt sich um ein sehr hartes Holz mit hohem Anteil an Gerbsäure. Es wird zu Kegelkugeln, Holzhämmern und Stemmknüppeln verarbeitet. Es ist nicht ganz so widerstandsfähig gegen Abnutzung wie Pockholz. Rohdichte: 1150 kg/m^3.

Rosenholz

Auch hier unterscheidet man das sog. Echte Rosenholz von ähnlichen Hölzern. Als echtes wird das aus Brasilien und Peru stammende Holz mit hell rosen- bis fleischroter Farbe und karminroten Zonen bzw. Streifen bezeichnet. Die schöne Zeichnung verblaßt mit der Zeit etwas. Es handelt sich um ein schweres, hartes und sprödes Holz. Poren einzeln stehend, groß. Es ist geruchlos, führt aber bei der Verarbeitung zu Schleimhautreizungen. Rohdichte: 900 kg/m^3.

Daneben gibt es das Ostindische Rosenholz (Blackwood), das dunkelpurpurfarbig ist, das Afrikanische Rosenholz, mit hellroter bis rötlichbrauner Farbe und dunklen Querstreifen (es wird auch als Afrikanisches Teakholz bezeichnet), das Bubingaholz, das einen blaßrot-gelben Grundton hat und teilweise gestreift oder gemasert, gefleckt oder einfarbig ist (teilweise auch Rosenwood bezeichnet), das Westindische Rosenholz (Jamaika-Rosenholz), das hellrosa ist und angenehm riecht (wird zur Gewinnung ätherischer Öle verwendet).

Sandarak

Es handelt sich hierbei um ein afrikanisches Nadelholz, dessen Wurzelknolle das begehrte Thujamaser liefert. Der Sandarakbaum darf aber nicht mit den zur Gattung Thuja gehörenden Bäumen verwechselt werden. Sandarak gehört zu den Zypressen. Das Holz ist rötlichbraun und hat einen kampferartigen Geruch. Für den Drechsler sind die Wurzelknollen als Massivholz ebenso von Bedeutung wie für den Tischler das daraus gewonnene Maserfurnier. Das Holz der bis zu 1 m langen Knollen ist rotbraun und mit kleinen schwarzbraunen Augen durchsetzt. Es ist ziemlich leicht und hat einen verworrenen Faserverlauf mit eingeschlossenen weichen Stellen. Es läßt sich dadurch schwer bearbeiten. Rohdichte: 670 kg/m^3.

Sandelholz

Das echte Sandelholz ist gelblich und rötlich, ringzonenartig hell und dunkel wechselnd. Es besitzt einen stark aromatischen Geruch und liefert das Sandelholzöl. Sandelhölzer sind hart und spröde und schwer spaltbar. Bei häufiger Verarbeitung können Nierenerkrankungen auftreten. Rohdichte: 920 kg/m^3.

Das *Rote Sandelholz* ist braunrot bis schwarzrot und hat am Querschnitt einen grünen Glanz. Es dunkelt stark nach. Rohdichte: 730 kg/m^3.

Als Unechtes Sandelholz wird das Sappaholz bezeichnet. Es ist lebhaft rot und dem Pernambouk sehr ähnlich.

Schlangenholz (Tiger- oder Letternholz, auch Muskatholz)

Schlangenholz wird ohne Splint gehandelt. Es hat eine tief rötlichbraune Farbe mit dunklen welligen Querbinden (Flecken). Es ist feinporig und hat große Spiegel, die die an Schlangenhaut erinnernden Flecken ergeben. Es handelt sich um ein mittelhartes, sprödes, schweres Holz, das sich leicht spalten läßt (Holzstrahlenspiegel) und leicht zur Rißbildung neigt. Schlangenholz zählt zu den seltenen und besonders teuren Hölzern. Bei der Verarbeitung wirkt es durch seinen Strychningehalt gesundheitsschädlich. Rohdichte: 1350 kg/m^3.

Teak (Djati, indische Eiche)

Splint weißlich bis hellgelbbraun, bis 5 cm breit, Kern gold- bis dunkelbraun nachdunkelnd, vielfach durch im Querschnitt sichtbare, dunkel-olivbraune bis fast schwarze Zonen tangential gefladert und radial gestreift, Zuwachszonen deutlich erkennbar, Poren im Frühholz groß, im Spätholz mittelgroß, zerstreut (ringporig), einzeln, gelegentlich paarig, teilweise mit hellen und dunklen Porenanfüllungen versehen, tangential und radial wirken sich die Poren als grob-nadelrissige Struktur aus. Es handelt sich um ein mittelhartes, kautschukhaltiges Holz, das durch seine Zellinhaltsstoffe die Werkzeuge rasch abstumpfen läßt. Es trocknet nur langsam, schwindet gering und zeigt keine Neigung zum Werfen und Reißen. Die Holzoberfläche wirkt stumpf. Für die Oberflächenbehandlung werden meist Spezialöle verwendet. Sägespäne und Holzstaub von Teak können Dermatitis hervorrufen. Es hat einen scharf lederartigen Geruch. Rohdichte: 670 kg/m^3.

Nach den Standorten benannt, werden verschiedene Sorten unterschieden: Burma-Teak ist die wegen seiner schönen warmen Färbung geschätzteste Sorte. Bangkok- und Java-Teak sind von geringem Wert. Daneben gibt es das Moa- oder Native-Teak (Australisches Teak), das hellgelb bis gelbbraun und sehr harzreich, fest und schwer ist, und das Vacapouholz (Brasilianisches Teakholz), das eine dunkelbraune Färbung und eigentümlich zackige Zeichnung aufweist. Dieses ist dicht und hart und zählt zu den sog. Eisenhölzern.

Urunday (Kingwood)

Splint gelblichgrau bis gelblichbraun, bis 10 cm breit, jedoch sehr unterschiedlich, Kern rotbraun bis purpurrot, dunkelrotbraun geädert oder gesprenkelt, Zuwachszonen sichtbar, Poren klein, zerstreut, paarig und in radialen Gruppen, mit bloßem Auge nur als helle Punkte wahrnehmbar. Wechseldrehwuchs der Fasern oft sehr unregelmäßig und ausgeprägt. Sehr ausdrucksvolle Maserung. Es handelt sich um ein hartes Holz, dessen Bearbeitung erschwert ist. Es neigt schnell zum Reißen und Werfen. Rohdichte: 900 kg/m^3.

Wengé (Awong, Zebrawood)

Splint weißlich bis grauweiß, bis 5 cm breit, Kernholz im frischen Zustand hellbraun, kaffeebraun nachdunkelnd, im Querschnitt mit hellen, ringartigen Zonen, die sich auf Tangentialflächen als Fladern und auf Radialflächen als Streifen zeigen. Zuwachszonen sind nicht feststellbar. Poren groß, zerstreut, überwiegend einzeln, gelegentlich paarig und in Gruppen, wenig zahlreich, helle und dunkle Porenfüllungen vorhanden. Tangential und radial sind die Porenrillen wenig auffällig. Im Querschnitt breite, durchgehende, teils wellige, die Poren einschließende Bänder, teilweise wechseldrehwüchsiger Faserverlauf. Es handelt sich um ein hartes Holz, das sich gut bearbeiten läßt. Es zeigt wenig Neigung zum Reißen und Werfen. Wengé wird auch als »Falsches Zebraholz« bezeichnet. Es hat einen aromatischen Geruch. Rohdichte: 750 kg/m^3.

Yang (Gurjun, Dau)

Splint graurötlich, bis 10 cm breit, Kernholz graurosa bis rotbraun, teils violett, nachdunkelnd, Zuwachszonen sind nicht deutlich, Poren groß, rund bis oval, zerstreut, überwiegend einzeln, gelegentlich paarweise, aber auch in Gruppen zahlreich, teils verthyllt, Porenrillen tangential und radial ziemlich grobe Nadelrisse bildend, Holzstrahlen im Querschnitt schmal, gelegentlich auch breit, tangential unregelmäßig geordnet, radial als dunkle Spiegel erkennbar. Wechseldrehwuchs vorhanden, aber wenig ausgeprägt, schlichte bis ausdrucksvolle Textur, Schwindung groß, hart mattglänzend, harz- und wachshaltig, gut bearbeitbar, jedoch durch seinen Silikatgehalt stark abstumpfend für die Werkzeuge, gut spaltbar, Trocknung ziemlich schwierig bei Neigung zum Werfen und Reißen. Rohdichte: 750 kg/m^3.

Zebraholz (Zirikata)

Zebraholz wird ohne Splint gehandelt. Zebraholz gilt in der Regel als Name für verschiedene Palmenarten. Es ist ockergelb mit dunkelbraunen bis schwarzen, schmalen Längsstreifen. Poren sind

Holzarten, Holzeigenschaften, Holzerkennung

mittelgroß, zerstreut, paarig und in Gruppen. Es handelt sich um ein hartes, schweres Holz, das durch seine schöne gleichmäßige Streifenzeichnung für den Drechsler sehr wertvoll ist. Rohdichte: 700 kg/m^3.

Zingana (Zebrano)

Splint weiß bis grau, bis 10 cm breit, Kern hellbraun bis rötlichgelb mit dunkelroten bis graubraunen engen, teils welligen Bändern im Querschnitt, die sich tangential und radial als unregelmäßige markante Streifen darstellen. Die Zuwachszonen sind nicht immer deutlich zu erkennen. Eine Art Jahrringe ist jedoch durch unterschiedlich harte und weiche Zonen gekennzeichnet. Poren sind mittelgroß bis groß, zerstreut, einzeln und paarig. Der Faserverlauf ist in der Regel gerade. Es handelt sich um ein hartes, erschwert zu bearbeitendes Holz, das gering schwindet und schwer trocknet. Es ist schlecht spaltbar. Im frischen Zustand besitzt es einen unangenehmen Geruch. Zebrano wird auch als »Falsches Zebraholz« bezeichnet. Rohdichte: 750 kg/m^3.

Zitronenholz

Es handelt sich hierbei um das Holz des Zitronenbaumes, das hellgelb, seidenartig geflammt, dicht, mittelschwer und hart ist und sich gut bearbeiten läßt. Poren sind mittelgroß, zerstreut und in Gruppen angeordnet. Rohdichte: 800 kg/m^3.

Der Name Zitronenholz wird auch für das bekannte *Movingui* angewendet, das ihm sehr ähnlich ist. Splint hellgelblichgrau, bis 5 cm breit, Kern zitronengelb bis grünlichgelb, dunkle Streifen in der Nähe der Markröhre gelegentlich vorkommend, gelbbraun nachdunkelnd, glänzend. Zuwachszonen sind im Querschnitt deutlich sichtbar. Poren mittelgroß bis groß, zerstreut, einzeln und paarig, grünliche bis goldgelbe Inhaltsstoffe sichtbar. Es handelt sich um ein mittelhartes Holz, das sich durch leichten wechseldrehwüchsigen Faserverlauf und durch werkzeugabstumpfende Kristalleinlagerungen erschwert bearbeiten läßt. Die Trocknung muß besonders langsam erfolgen. Es neigt zum Reißen und Werfen. Rohdichte: 700 kg/m^3.

Holzfehler, Holzkrankheiten, Holzschutz

In einem kurzen Abschnitt soll nun auf einige Holzfehler aufmerksam gemacht werden, die zusätzliche Schwierigkeiten bei der Bearbeitung ergeben oder das betreffende Materialstück für bestimmte Einsatzgebiete ganz oder teilweise unbrauchbar machen, die andererseits jedoch gerade dem Drechsler ganz besondere ästhetische Reize bieten können. Da der Drechsler meist nur relativ kleine Dimensionen verarbeitet, kann er auch durch geschickte Holzausformung bestimmte Holzfehler umgehen.

In jedem Falle sollte der Drechsler darauf bedacht sein, Holzschäden und damit Verluste an diesem wertvollen Rohstoff zu vermeiden. Deshalb werden in diesem Abschnitt auch einige Hinweise zum Holzschutz gegeben.

Holzfehler sind alle Abweichungen von der normalen Beschaffenheit. Sie können als Formfehler am stehenden Baum auftreten und durch klimatische, vegetative und biologische Einflüsse bedingt sein. Als Verfärbungen oder Strukturveränderungen durch Pilze und tierische Schädlinge am lebenden Baum oder am eingeschnittenen und auch bereits verarbeiteten Holz können sie ebenso in Erscheinung treten.

Formfehler am stehenden Baum sind sog. »Abholzigkeit«, bei der die Stammform mehr der eines stumpfen Kegels als einer Walze gleicht; die »Ästigkeit«, die bei jedem Baum vorkommt, jedoch bei gehäuftem Astvorkommen im unteren Stammteil störend wirken kann, vor allem wenn die Äste locker sitzen oder gar Fäulniserscheinungen zeigen; die »Krummschäftigkeit«, bei der in der Stammlängsachse ein- oder beidseitige Einschnürungen vorhanden sind oder ein Abweichen der Stammachse von der Geraden zu verzeichnen ist (Säbelwuchs); der »Drehwuchs«, bei dem die Holzfasern nicht parallel zur Stammachse, sondern korkenzieherartig (spiralig) um die Markröhre verlaufen; der »Exzenterwuchs«, bei dem der Baumstamm nicht kreisrund, sondern elliptisch ist und die Markröhre außermittig liegt. Weiterhin können »Frostrisse« oder »Frostleisten« vorhanden sein, die durch mechanische oder Blitz- und Frosteinwirkungen entstehen. »Maserknollen« entstehen durch starke Knospenanhäufung, die nicht zum Aufbruch kommen und mehrfach überwallen. Von »Wimmerwuchs« spricht man, wenn die Holzfasern einen stark welligen

Verlauf aufweisen. Er kommt mitunter am Wurzelansatz des Stammes oder bei Astüberwallungen oder sonstigen Umgehungen von Hindernissen im Wuchs des Baumes vor. All diese bis hierher genannten Formfehler sind für den Drechsler meist weniger nachteilig, sondern eher als ästhetisch interessante Besonderheiten zu betrachten (für den Tischler ist derartiges Holz meist unbrauchbar). Zu beachten ist jedoch, daß bei allem abnormen Wuchs eine erhöhte Rißbildungsgefahr, teilweise auch Fäulnisanfälligkeit oder Forminstabilität besteht.

Die weiter aufgeführten Fehler erfordern auch vom Drechsler erhöhte Beachtung. Sie sind wertmindernd oder führen zur Wertlosigkeit des Holzes als Werkstoff: »Harzgallen« sind größere Harzansammlungen in den Harzkanälen von Kiefer, Fichte, Douglasie und Lärche. Sie müssen aus dem Nutzholz herausgeschnitten werden. Durch sie wird die Festigkeit des Holzes beeinträchtigt. Nur bei einem untergeordneten Einsatz ist ein Ausschaben und Verkitten möglich. »Ringschäle, Kernschäle und Schälrissigkeit« entstehen durch stark unterschiedliche Wachstumsbedingungen, die wechselnde fein- und grobjährige Jahrringe zur Folge haben. Durch das unterschiedliche Schwindmaß von fein- und grobjährigem Holz entstehen Risse in Jahrringrichtung. »Risse« in Richtung der Holzstrahlen (stern- oder strahlenförmig) und »Lufttrisse« an den Kanten eingeschnittenen Holzes entstehen meist durch unsachgemäße Trocknung. Sie lassen sich bis zu einem gewissen Umfang vermeiden (siehe hierzu die Hinweise zur Holztrocknung). Es gibt aber auch Risse im Holz, die durch klimatische (Frost, Hitze) oder mechanische Einflüsse am stehenden Baum entstanden sein können.

Zu den Wachstumsfehlern des Holzes zählt auch das sog. Buchs- und Rotholz. Es entsteht als »Reaktion« auf einseitige Belastung des Baumes (Winddruck, Schneelast). Man bezeichnet es deshalb auch als Reaktions- oder Druckholz. Es ist durch seinen größeren Spätholzanteil rötlich gestreift und härter als normales Holz. Es schwindet stärker in Längsrichtung, hat eine geringere Biegefestigkeit und verwirft sich leicht beim Trocknungsvorgang. »Falschkerne« entstehen manchmal bei Buche, Birke, Pappel und anderen Laubhölzern. Sie haben rotbraune kreis- oder sternförmige, aber auch unregelmäßige Ausbildung im Stammquerschnitt. Ihr Entstehen wird auf unnatürliche Alterserscheinungen zurückgeführt. Derartiges Holz ist besonders schwer, druckfest und dauerhaft. Es läßt sich nicht mehr tränken. Zu beachten ist, daß sich um diesen sog. Falschkern meist zerstörende Pilze ansammeln, die zu Fäulniserscheinungen führen (Graukern). Einer weitaus größeren Beachtung bedürfen die Holzschädigungen durch den Einfluß von Pilzen und Insekten. Sowohl der lebende Baum als auch das geschnittene und verarbeitete Holz unterliegen ihrem Einfluß.

Zunächst zu den pflanzlichen Schädlingen, den Pilzen: Es werden unterschieden die »Parasiten«, die auf lebenden Wirtspflanzen leben und diese durch Nährstoffentzug in der Entwicklung stören oder zum Absterben bringen; die »Saprophyten«, die von organischen Stoffen toter Bäume (Holz) leben, und die »Halbparasiten«, die gleichermaßen auf lebenden und toten pflanzlichen Organismen gedeihen. Darunter gibt es wiederum Pilze, die den äußeren Holzkörper überziehen und mit ihren Zellfäden (Hyphen) in das Holzinnere eindringen, und solche, die sich im Inneren des Holzes entwickeln und nur die Fruchtkörper (Sporenkörper) an der Holzoberfläche bilden.

Ohne auf die biologischen Besonderheiten der verschiedenen Pilze einzugehen, soll lediglich erwähnt werden, daß die meisten Pilze, die das Holz befallen, eine stark holzzerstörende Wirkung haben (Holzfäulen). Es gibt Pilzarten, die vorwiegend die Cellulose der Zellwände abbauen. Hier bleibt das rotbraune Lignin erhalten, und man spricht deshalb von »Rotfäule«. Andere Pilzarten zersetzen das Lignin, das Cellulosegerüst bleibt erhalten. Deshalb nennt man diese Fäulniserscheinung »Weißfäule« (oder auch Korrosionsfäule). Es gibt aber auch Pilzarten, die die gesamte Zellwand abbauen. Man spricht hier von der »Simultanfäule«.

Die harmlosesten Pilze dagegen sind die, die von den Zellinhaltsstoffen leben. Sie rufen lediglich Holzverfärbungen hervor. Die Holzfestigkeit wird hier kaum beeinträchtigt. Die bekannteste durch Pilzbefall hervorgerufene Holzverfärbung ist die »Bläue« (nicht Blaufäule) der Nadelhölzer (vorrangig bei Kiefer).

Die günstigsten Wachstumsbedingungen für Pilze liegen bei Temperaturen zwischen 20 und 30 °C und einer Holzfeuchte von 20...60 %. Die meisten Pilze behalten jedoch ihre Lebensfähigkeit bei Temperaturen zwischen 3 und 40 °C aufrecht und sterben erst ab, wenn diese Grenzwerte über einen längeren Zeitraum überschritten

Holzfehler, Holzkrankheiten, Holzschutz

werden. Im allgemeinen kann jedoch festgehalten werden, daß große Wärme und große Kälte, Trockenheit und übergroße Holzfeuchte die Lebensfunktionen der Pilze unterbinden. Trockenes Holz in geschlossenen Räumen wird ebenso wie solches, das sich ständig unter Wasser befindet, von Pilzen nicht befallen. Daraus schlußfolgernd sind bereits einfach Maßnahmen zum Schutz des Holzes vor Pilzbefall abzuleiten.

Große Beachtung muß den tierischen Schädlingen, den Insekten und Larven, gewidmet werden. Sie treten auf als »Forstschädlinge« und als »Werkholzschädlinge«. Am lebenden Baum führen sie zu Wuchsstörungen oder zum Absterben der Bäume, indem sie das Blatt- bzw. Nadelwerk kahl fressen oder Fraßgänge in die saftleitenden Baumteile bohren. Mit den Holzverletzungen durch die Fraßgänge geht oft ein Pilzbefall einher.

Am gefällten oder bereits verarbeiteten Holz werden zumindest die Festigkeitseigenschaften vermindert. Meist wird es jedoch durch die Fraßgänge der Larven völlig wertlos.

Für den Drechsler ist es von Bedeutung, sein Schnittholz auf eventuellen Larvenbefall zu untersuchen. Damit der Schaden nicht größer wird, muß er befallenes Holz von gesundem Holz trennen und die kranken Holzteile ausschneiden und verbrennen. Besonders zu beachten ist Schnittholz, an dem die Borke erhalten ist. Unter der Borke werden die Fraßgänge sichtbar. Bereits verarbeitete Holzteile können bei Larvenbefall mit Heißluft oder Gas behandelt werden. Auch chemische Holzschutzmittel sind anwendbar.

Die Holzschutzverfahren und die chemischen Mittel sind sehr vielfältig. Auf die technischen Verfahren soll hier nicht weiter eingegangen werden. Ebenso sollen die vielfältigen chemischen Mittel in diesem Rahmen keine Ausbreitung erfahren. Der interessierte Drechsler muß sich hier auf Spezialliteratur stützen oder den Fachhandel befragen (siehe Tafel 3 im Anhang). Wichtig ist zu wissen, daß das Anstreichen oder Anspritzen des Holzes mit Holzschutzmitteln nur eine geringe Wirkung hat, weil die Eindringtiefe oft nur Bruchteile eines Millimeters erreicht. Besser und ohne großen technischen Aufwand zu realisieren ist das Tränkverfahren, bei dem das zu behandelnde Holz längere Zeit in einem Imprägniermittel gelagert wird und sich so mit diesem Schutzmittel vollsaugen kann. Alle anderen Verfahren sind für den Drechsler uninteressant. Bei Verwendung von Holzschutzmitteln müssen auch deren Nachteile Beachtung finden (Verfärbung, Geruch, gesundheitsschädigende Wirkung, Werkzeugabstumpfung, Umweltbelastung). Zum Schluß soll auch der Holzschutz gegen Feuer Erwähnung finden. Hierfür können ebenfalls chemische Mittel eingesetzt werden, die die Entflammbarkeit des Holzes herabsetzen (Wasserglas, Pottasche und Sodagemische, Vogelfluat), oder die bei Erwärmung feuererstickende Gase oder Schaum erzeugen.

Ganz besonders soll in diesem Zusammenhang hervorgehoben werden, daß die meisten chemischen Holzschutzmittel eine erhebliche Belastung der Umwelt mit sich bringen. Deshalb sollte auf alternative Verfahren und Mittel zurückgegriffen werden. Hierzu zählen in erster Linie die fachgerechten Verfahren zur Holzpflege, die fachlich richtigen Konstruktionen und solche Holzschutzmittel, die wenig oder nicht giftig sind. Dazu gehören Borax, Borax-Naturharz-Kombinationen, Holzessig und Rindenimprägnierfarben, aber auch Soda- und Pottaschelaugen. Weitere Hinweise zur Konstruktion und Schutzbehandlung von Drechslerarbeiten für den Freiraum sind im Abschnitt »Handdrechseln« gegeben.

Maschinen und Werkstatteinrichtung

3

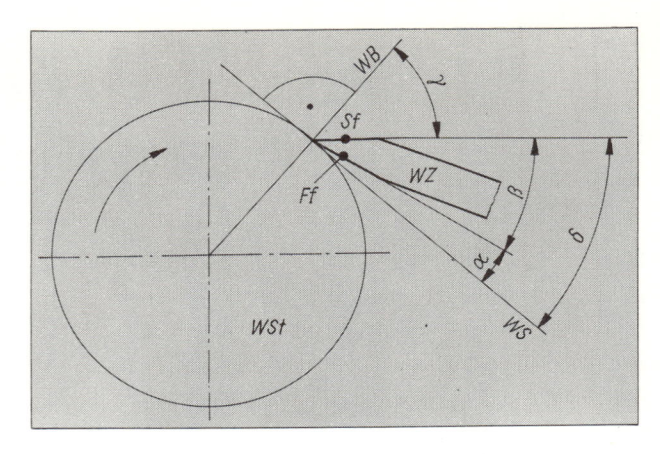

Bild 3/1.
Winkel und Flächen an Drechwerkzeugen
α Freiwinkel, β Keilwinkel, γ Spanwinkel, δ Schnittwinkel ($\alpha+\beta=\delta$, $\alpha+\beta+\gamma=90°$),
(Ff) Freifläche,
(Sf) Spanfläche,
(WSt) Werkstück,
(WZ) Werkzeug,
(WB) Werkzeugbezugsebene,
(WS) Werkzeugschnittebene

DRECHSELN UND DREHEN STELLEN

Technologien der Holzbearbeitung dar, die eine große Spanne von der individuellen Handwerksarbeit bis zur automatisierten Industrieproduktion bilden. Der Handwerker kann bereits allein mit Hilfe der Drechselbank eine Vielzahl hochwertiger Einzelstücke herstellen. Eine Sägemaschine hilft beim Formatieren der Holzrohlinge, und weitere einfache Universalmaschinen sind für die Erleichterung der Arbeit des Handwerkers von großem Nutzen. Der moderne Industriebetrieb benötigt eine Vielzahl spezialisierter Maschinensysteme zur Herstellung von Massendrehteilen.

In diesem Kapitel soll ein grober Überblick über die Maschinentechnik gegeben werden, in der beide Produktionsformen Berücksichtigung finden. Eingebunden sind einige Anregungen zum Einrichten einer handwerklichen Drechslerwerkstatt. Zusatzliteratur wird im Anhang empfohlen.

Spanungstheoretische Vorbemerkungen

Jedes spanabhebende Werkzeug hat eine keilförmige Schneide, mit der es in das Werkstück eindringt und dadurch eine Spanabtrennung bewirkt. Diese Wirkung ist bei Handwerkzeugen die gleiche wie bei Maschinenwerkzeugen, unabhängig von den Fertigungsverfahren, wie Bohren, Fräsen, Sägen und Drechseln, ebenso auch bei den Kanten eines Schleifkornes.

Die Größe dieser keilförmigen Schneide und deren Lage zum Werkstück sowie die Größenanordnung der Bewegung von Schneide und Werkstück zueinander sind ausschlaggebend für die Art und Qualität des Spanungsvorganges. Die Abmessungen des Schneidenkeiles und seine Stellung zum Werkstück werden durch Winkel angegeben, die Bezugsebenen dieser Winkel und die Flächen am Werkzeug werden ebenfalls in bestimmter Weise gekennzeichnet. Besonders günstig sind all diese Festlegungen der Werkzeug- und Spanungsgeometrie an Drechselwerkzeugen zu demonstrieren (Bilder 3/1 bis 3/3).

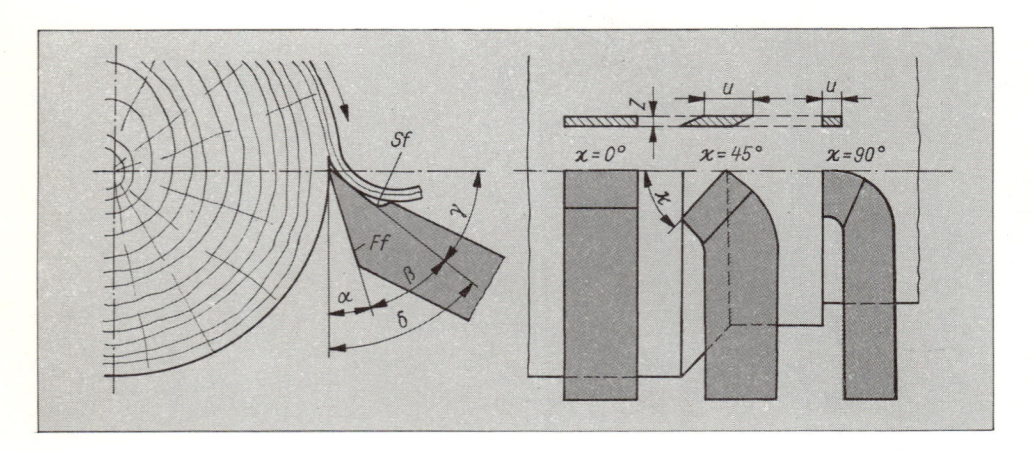

Beim Drechseln und Drehen führt das sich mit der Drehzahl n (min^{-1}) drehende Werkstück die Schnittbewegung gegen das mit der Vorschubgeschwindigkeit u (m/min) bewegte Werkzeug (Meißel, Röhre, Schaber) aus. Der Vorschub erfolgt beim Längsdrehen in der Regel parallel zur Spindel- bzw. Werkstückachse (beim Abstechen quer), beim Querholzdrechseln hauptsächlich quer zu dieser. Die Drehrichtung des Werkstückes erfolgt stets gegen die Werkzeugschneide, und das Bewegungsverhältnis zwischen Werkstück und Werkzeug liefert eine schrauben- bzw. spiralförmige Schnittfläche, deren Ganghöhe dem Vorschub s (mm) des Werkzeuges je Werkstückumdrehung gleicht. Die Größe des Einstellwinkels $\varkappa$ der Schneide ist ausschlaggebend für die Lage und Form der Schnittfläche (SCHf). Beispielsweise durchläuft beim Formen einer Kugel der Einstellwinkel von $\varkappa = 90°$ an der einen Spindel- oder Einspannseite alle Werte bis $\varkappa = 0°$ im größten Kugeldurchmesser und nimmt dann stetig gegen die andere Spindelseite bis $\varkappa = 90°$ wieder zu. Ebenso werden hierbei die Holzfasern von quer über diagonal bis längs-parallel an- oder durchgeschnitten. Die Bilder 3/1 bis 3/3 zeigen die *Lage der Schneidenwinkel* beim Drechseln. Der Freiwinkel α wird begrenzt durch die Freifläche (Ff) und die Tangentialebene am Formkörper, die sich durch den Berührungspunkt der Schneide zieht. Der Freiwinkel hat eine Größe von $\alpha = 10°...20°$. Ein extrem kleiner Freiwinkel verursacht beim Bearbeiten durch verstärkte Reibung der Freifläche am Werkstück erhöhte Schnittkräfte. Ein kleiner Frei-

Bild 3/2.
Werkzeugangriff bei der Zerspanung von Holz durch Drehen in der Versuchsanordnung nach J. WARLIMONT
$\varkappa$ Einstellwinkel, u Vorschubgeschwindigkeit des Drehwerkzeuges in m/min,
(Z) Schnittiefe in mm,
(Ff) Freifläche

winkel ist aber typisch für das Handdrechseln, weil hierbei vielfach die Freifläche (Ff) als Anlage- und Stabilisierungsfläche zum Führen des Handwerkzeuges am Werkstück genutzt wird. Beim Ansetzen des Handwerkzeuges an das Werkstück bilden Freiflächen am Werkzeug und Arbeitsfläche (Af) am Werkstück zunächst eine Ebene. Der Freiwinkel ist dabei α = 0°. Zum Einleiten des Spanungsvorganges wird das Werkzeug leicht angekippt, so daß ein Freiwinkel entsteht. Beim maschinellen Drehen sind die Werkzeuge von Anbeginn des Spanungsvorganges fest eingestellt.

Die Größe des Keilwinkels β sollte für Weichholz und beim Schlichten β = 20°...30°, für Hartholz und beim Schruppen β = 50°...60° betragen. Beim Handdrechseln ist – im Gegensatz zum maschinellen Drehen – ein kleiner Keilwinkel ratsam, um die erforderliche Vorschubkraft niedrig zu halten. Der Schnittwinkel δ = α + β, der in der Praxis 35°...85° gewählt wird, nimmt zum Nachteil des komplementären Spanwinkels γ = 90° − δ zu. Ist der letztere zu klein, so rückt der Spanbruch näher zur Schneide, und es steigt die Schnittkraft (Angaben z. T. nach VORREITER [124]).

Ergebnisse wissenschaftlich-experimenteller Untersuchungen [124] beweisen, daß die günstigste Größe des Keilwinkels beim Holzdrehen durch vielfache, teils sich entgegenstehende Forderungen bestimmt wird. Als allgemeine Regel kann jedoch aufgestellt werden, daß für die Bemessung der Größe des Keilwinkels beim Drehen nie der Kraftbedarf vorangestellt werden sollte. Vielmehr müssen die Standzeit des Werkzeugstahles und die Oberflächenbeschaffenheit des Werkstückes (Arbeitsfläche) die leitenden Gesichtspunkte sein.

Die Wirkung der Schneidengeometrie bildet aber nur einen Teil der Einflußgrößen des Spanungsvorganges. Von ebenso großer Bedeutung für Kraftaufwand und Sauberkeit der zu erzielenden Werkstückoberfläche sowie für die Zeitdauer der Schärfe einer Schneide (Standzeit) sind die Zusammenhänge von Schnittgeschwindigkeit v (m/s) und Vorschubgeschwindigkeit u (m/min). Dabei ist es unbedeutend, ob sich das Werkstück bewegt und das Werkzeug still steht oder sich das Werkzeug bewegt und das Werkstück still steht.

Unerheblich ist auch, ob Werkzeug oder Werkstück die Vorschubbewegung ausführen. Ausschlaggebend für das Bewirken einer Spanabnahme ist, daß folgende beiden Voraussetzungen erfüllt werden:

1. Es muß zwischen Werkzeug und Werkstück eine Relativbewegung stattfinden, die als Vorschubbewegung bezeichnet wird.
2. Das Werkzeug muß eine Schnittbewegung ausführen, das heißt, die Schneide muß in den Werkstoff eindringen.

Beide Bewegungen sind durch ihre Geschwindigkeit und Richtung gekennzeichnet.

Das Zusammenwirken von Schnitt- und Vorschubgeschwindigkeit ist ausschlaggebend für die entstehende Spandicke.

Im allgemeinen gilt, daß eine geringe Spandicke auch eine geringe Spaltwirkung im Holz erzeugt und damit eine glatte Arbeitsfläche entstehen läßt. Deshalb führen geringer Vorschub und hohe Schnittgeschwindigkeit in der Regel zu Arbeitsflächen hoher Güte. Bei einem Grenzwert kommt es jedoch nicht mehr zu einer Spanausbildung, sondern nur noch zu Staubentwicklung, mitunter sogar zum Brennen (Reibungswärme) und damit zu einem erheblichen Abfall der Oberflächenqualität. An der Werkzeugschneide entsteht eine solche Erwärmung, daß ein Ausglühen (Blauanlaufen) und damit ein Weichwerden und Ausbrechen des Schneidenstahles eintritt. Die Ursache für diese Erscheinung ist darin zu sehen, daß beim Eindringen des Werkzeugkeiles in das Werkstück bei normalen Spanungsvorgängen in jedem Falle eine gewisse Spaltwirkung entsteht und der entstehende Spalt im Holz der Werkzeugschneide in einer geringen Größe vorauseilt. Ist diese Spaltwirkung nicht vorhanden, muß die Schneidekante ständig im Eingriff sein. Das führt zu einem überdurchschnittlichen Kraftbedarf, zu erhöhter Wärmeent-

Spanungstheorie

Bild 3/3. Stellung des Werkzeuges zum Werkstück beim Drechseln
ϰ Einstellwinkel (≈ 45°),
λ Neigungswinkel,
(Af) Arbeitsfläche,
(SCHf) Schnittfläche,
(Z) Zustellung (Schnittiefe),
(1) Drehrichtung, (2) Bewegungsrichtung des Werkzeuges, (3) Werkzeugauflageebene, (4) Auflageschiene, (5) Werkzeugebene

Maschinen und Werkstatteinrichtungen

wicklung an der Werkzeugschneide und dadurch zu einem steigenden Werkzeugverschleiß.

Der Einfluß der Schnittgeschwindigkeit

Die Schnittgeschwindigkeit (auch Umlaufgeschwindigkeit genannt) ist das Zusammenwirken von Durchmesser d und Drehzahl n. Sie wird mit dem Buchstaben v bezeichnet und errechnet sich mit

$$v = d \cdot \pi \cdot n$$

Die Maßeinheit für Schnittgeschwindigkeit ist m/s (Meter je Sekunde). Da die Drehzahl stets in Umdrehung je Minute ($\min^{-1}$) angegeben wird, muß eine Umrechnung in Sekunden erfolgen:

$$v = \frac{d(\mathrm{m}) \cdot \pi \cdot n}{\min} = \frac{d(\mathrm{m}) \cdot 3{,}14 \cdot n}{60(\mathrm{s})} = \frac{(\mathrm{m})}{(\mathrm{s})}$$

Die Grenze für die wirtschaftliche Schnittgeschwindigkeit beim Drehen, bei der die höchste Leistung und die beste Qualität der Schnittfläche (SCHf) und der Arbeitsfläche (Af) zu erzielen sind, kann nur experimentell ermittelt werden. So nimmt z. B. der Schnittdruck (die spezifische, auf den Spanquerschnitt bezogene Schnittkraft) mit wachsender Schnittgeschwindigkeit ab, jedoch nicht in einem Maße, um nur mit Rücksicht darauf hohe Schnittgeschwindigkeiten beim Holzdrehen anzuwenden. In der Literatur [10] werden für das Handdrechseln und für das maschinelle Drechseln kleiner Modellteile Schnittgeschwindigkeiten von $v = 10\ldots13$ m/s für Weichholz und $5\ldots7$ m/s für Hartholz vorgeschlagen. Für das maschinelle Abdrehen von z. B. Walzen aus Eiche (120...200 mm Durchmesser und 1,5...2,5 m Länge) wird dagegen eine Schnittgeschwindigkeit von 1,5...3,0 m/s empfohlen.

Mit steigender Dichte und Härte des Werkstückes muß die Schnittgeschwindigkeit herabgesetzt werden, damit die Schneidenkante geschont wird.

Da sich beim Drechseln und Drehen die Werkstückdurchmesser im Verlaufe des Spanungsvorganges verändern, reduziert sich auch die Schnittgeschwindigkeit in gewissem Umfang im Verlaufe des Formungsprozesses. Bei großen Profiltiefen im Langholzdrechseln und großen Durchmessern beim Querholzdrechseln gibt es große Schnittgeschwindigkeitsunterschiede am gleichen Werkstück.

Optimalwerte zeigt die Tabelle 3/1.

Der Einfluß des Vorschubes

Das Arbeiten mit kleinen Vorschüben wirkt sich auf den Kraftbedarf günstig aus, hat aber geringe Mengenleistung zur Folge. Große Vorschubgeschwindigkeiten führen zu einer hohen Schneidenbelastung und zu Arbeitsflächenrauhigkeit mit sichtbarer Arbeitsspurbildung.

Die Vorschubgeschwindigkeit des Drehstahles ist mit steigender Holzdichte und beim Drehen von Profilen herabzusetzen, mit höherer Güte bzw. Standzeit des Drehstahles und mit größerer Schnittgeschwindigkeit kann sie erhöht werden. Im allgemeinen beträgt sie für eine Werkstückumdrehung

$$s = 0{,}3\ldots1{,}5 \text{ mm.}$$

Kleiner Vorschub bewirkt eine höhere Güte der Arbeitsfläche, eine erheblich kleinere Schnittkraft

Tabelle 3/1. Wichtige Parameter für das Handdrechseln

Durchmesser des Werkstückes in mm	Umdrehungen je min			Schnittgeschwindigkeiten v m/s		
	Weichholz	Hartholz	andere Werkstoffe	Weichholz	Hartholz	andere Werkstoffe
bis zu 20	3000	2500	2500	3,14	2,62	2,62
bis zu 50	2500	2500	1500	6,54	5,23	3,92
bis zu 75	1800	1500	900	7,06	5,88	3,53
bis zu 100	1200	1000	600	6,28	5,23	3,14
bis zu 150	800	750	–	6,28	5,88	–
bis zu 200	600	500	–	6,28	5,23	–
bis zu 300	400	325	–	6,28	5,10	–
bis zu 400	280	250	–	5,86	5,23	–
bis zu 500	225	200	–	5,86	5,23	–
bis zu 750	175	150	–	6,87	5,98	–
bis zu 1000	120	100	–	6,28	5,23	–

und längere Standzeit der Werkzeugschneide.

Großer Vorschub erfordert höhere Schnittgeschwindigkeiten und bedingt größere Schnitt- und Vorschubkräfte, liefert aber meist auch höhere Schnittrauhigkeit. Letztere kann mit günstiger Schneidenausbildung und Werkzeuganstellung in gewissen Grenzen ausgeglichen werden.

Zum Schruppen werden die größten, zum Schlichten die kleinsten Vorschubgeschwindigkeiten angewendet.

Die Umrechnung von s (mm) in u (m/min) erfolgt mit Hilfe der Gleichung

$$u = \frac{s_n \cdot n}{1000} \quad (\text{m/min}).$$

Diese in groben Zügen dargestellten Einflußfaktoren der Holzspanung beim Drehen sind vor allem für das Einstellen der Drehmaschinen von Bedeutung, bei denen das Werkzeug nicht in dem Maße dem Werkstück und den sich laufend verändernden Spanungsbedingungen angepaßt werden kann, wie das beim Handdrechseln möglich ist.

Ableitend von der Werkzeugführung beim Handdrechseln sollte aber auch beim Vorrichten und Einstellen der Werkzeuge an Drehmaschinen stets versucht werden, eine dem Handdrechseln nahe kommende Spanung zu erzielen, damit eine günstige Spanbildung und damit eine saubere Arbeitsfläche bei hoher Schnittleistung möglich wird. Hierzu gehört auch die Anwendung des »ziehenden Schnittes«, der durch Schrägstellung der Schneide in zweifacher Weise in einem jeweils spitzen Winkel zur Drehachse erreicht wird. Es handelt sich hierbei um die richtige Kombination von Einstellwinkel $\varkappa$ und Neigungswinkel λ, die zusammen die günstige schälende Wirkung des spanabhebenden Schneidens bewirken und die dem fachgerechten Drechseln die so besonders qualitätsbestimmende Wirkung in vollem Umfang ermöglicht (s. Bild 3/3).

Bei den erwähnten wissenschaftlichen Untersuchungen [124] wurden – der besseren Vergleichbarkeit der Versuchsergebnisse wegen – die Werkzeugschneiden jeweils in Höhe der Drehachse und parallel zur Schnittfläche gestellt (s. Bild 3/2). Dadurch ergeben sich die eindeutigen Einstellwinkel $\varkappa = 0°$ bzw. 45° bzw. 90°. In der Praxis wird jedoch – unter Beachtung der Härte des zu bearbeitenden Werkstoffes – meist oberhalb der Drehachse gearbeitet und die Werkzeugschneide im Verhältnis zur Werkzeugbezugsebene in einem bestimmten Neigungswinkel schräg zur Schnittfläche gestellt.

(Dieser Spanungsvorgang ist mit dem »ziehenden Schnitt« bei einigen rotierenden Maschinenwerkzeugen vergleichbar. Es gibt hier z. B. Messerköpfe, in denen die Messer schräg zur Drehachse angeordnet sind.)

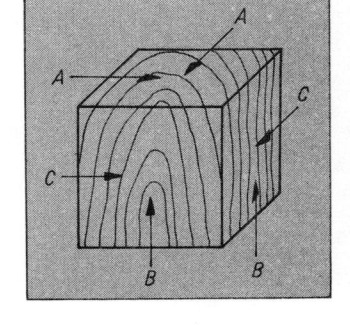

Die Besonderheiten der Holzspanung

Damit die erforderliche Schnittqualität erzielt, die entsprechende Schneidenstandzeit erreicht und eine optimale Zerspanungskraft angewendet werden können, sind neben der Kenntnis der Schneidengeometrie und der Spanungsbewegungen auch Kenntnisse über die im Werkstoff vorgehenden Wirkungen beim Eindringen der Schneide erforderlich: Bei Holz ist diese Wirkung abhängig von der Bearbeitungsrichtung, weil Holz – im Gegensatz zu den meisten anderen Werkstoffen – durch seine Wuchsform drei verschiedene Hauptschnittrichtungen aufweist. Jede dieser Bearbeitungsrichtungen setzt dem eindringenden Werkzeugkeil andere Wirkungen entgegen. In Bild 3/4 sind die drei Hauptschnittrichtungen dargestellt:

A: Der Schnitt erfolgt im Winkel von 90° zum Faserverlauf, das entspricht dem Hirnschnitt (großer Kraftbedarf, bei besonders scharfem Werkzeug glatte Schnittfläche, im allgemeinen jedoch leichte Rauhigkeit).

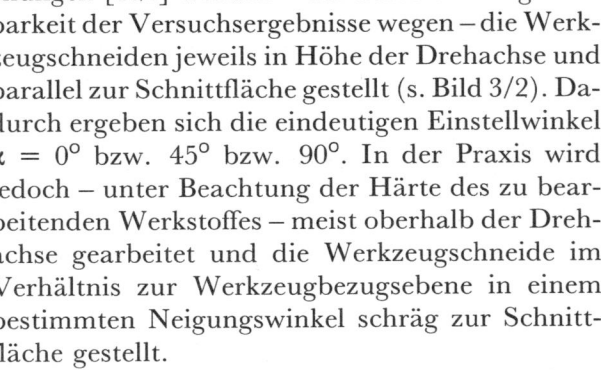

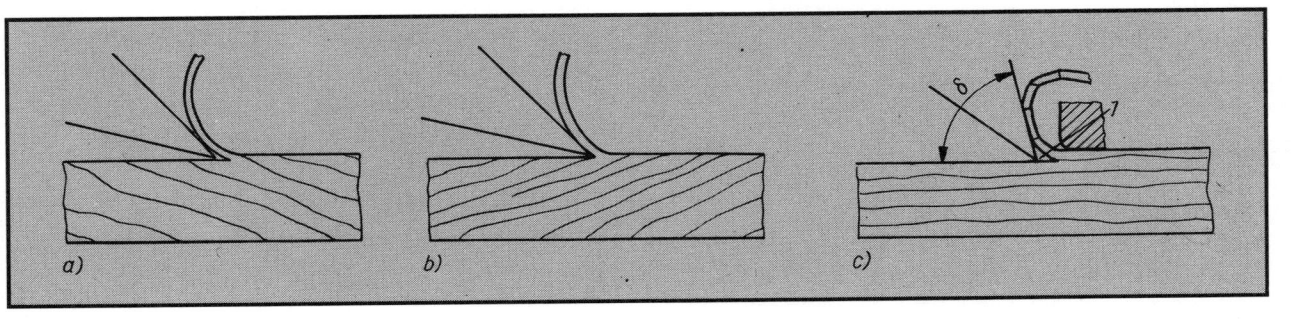

Bild 3/4.
Die drei Hauptschnittrichtungen bei der Holzzerspanung

Bild 3/5.
Eindringen des Werkzeugkeiles in das Holz bei unterschiedlicher Lage der Holzfasern
a) Schnittrichtung gegen die Faserrichtung (Spalt eilt dem Schneidenkeil voraus. Es kommt zu Ausrissen.);
b) Schnittrichtung mit der Faserrichtung (Schneide schert die Fasern ab. Es entsteht eine glatte Schnitt- und Arbeitsfläche. Die Schneide ist jedoch ständig im Eingriff.); c) Schnittrichtung parallel zur Faserrichtung (Spalt eilt dem Schneidenkeil voraus. Es entsteht eine glatte Arbeitsfläche. Die Schneide wird geschont. Der Span wird deformiert.);
(1) Vorspalt

Maschinen und Werkstatteinrichtungen

B: Der Schnitt erfolgt parallel zum Faserverlauf (geringer Kraftbedarf, glatte Fläche).

C: Der Schnitt erfolgt in der Ebene des Faserverlaufes, jedoch quer zur Richtung der Holzfaser (leicht zu bearbeiten, jedoch leicht aufgerauhte Arbeitsfläche).

In der Praxis kommen diese Hauptschnittrichtungen kaum in reiner Form vor. Meist geht das Werkzeug von einer in die andere Schnittrichtung über. Beim Drechseln wechseln sie in rascher Folge.

Wechselt die Schnittrichtung von B zu A, entsteht eine glatte Fläche. In umgekehrter Reihenfolge kann es zu groben Ausrissen oder auch zum Zurückschlagen des Werkzeuges oder des Werkstückes kommen. Diese Bearbeitungsrichtung ist deshalb möglichst zu meiden. Durch den ungleichen Faserverlauf im Holz ist es aber nicht vollkommen vermeidbar, daß der Werkzeugkeil auch entgegen der Faserrichtung eindringen muß (Bild 3/5).

Die Bedeutung des Keilwinkels für den Handdrechsler:

Je größer der Keilwinkel β gehalten wird, um so höher ist der Kraftaufwand für die Zerspanung und um so unsauberer wird im allgemeinen die Arbeitsfläche. Dabei ist aber auch der Einfluß des Spanwinkels γ zu berücksichtigen. Durch die Spaltwirkung des eindringenden Schneidenkeils wird der Kraftaufwand mit größer werdendem Spanwinkel γ geringer. Ein kleiner Keilwinkel und ein großer Spanwinkel fordern geringen Kraftaufwand und führen in der Regel zu glatten Arbeitsflächen. Hierbei kann es aber auch dann zu Einrissen in der Arbeitsfläche kommen, wenn gegen den Faserverlauf des Holzes gearbeitet wird. Außerdem stumpft eine Schneide mit geringem Keilwinkel wesentlich schneller ab als eine mit großem Keilwinkel. Es ist deshalb von entscheidender Bedeutung für den jeweiligen Arbeitsgang und für das zu bearbeitende Material, die optimale Schneidengeometrie zu wählen. Da sich jedoch beim Handdrechseln die Schnittwinkel nicht fest einstellen lassen, kommt dem Keilwinkel eine besondere Bedeutung zu. Tabelle 3/2 zeigt die günstigsten Keilwinkel beim Handdrechseln bezogen auf die Materialart und Rohdichte.

Bei der Wahl des Keilwinkels sollten darüber hinaus die Hauptschnittrichtungen eine Rolle spielen. So wird man beim Langholzdrechseln (Hauptschnittrichtung B und C) einen kleineren Keilwinkel wählen als beim Querholzdrechseln (Hauptschnittrichtung C und A, teilweise B). Der Keilwinkel bei Handdrechslerwerkzeugen ist aber auch vom Profil des Werkstückes abhängig. So muß z. B. beim Drechseln enger Kehlen an Querholzarbeiten eine Röhre mit großem Keilwinkel gewählt werden. Mit einem Werkzeug mit kleinem Keilwinkel (lange Fase) käme man nicht mit dem erforderlichen gleichmäßigen Bearbeitungszug um die enge Kehle herum. Dagegen braucht man zum Schlichten von Flächen (z. B. beim Herstellen walzenförmiger Säulen oder beim Formen gerader Wandungen oder Böden) eine lange Fase am Werkzeug (kleiner Keilwinkel). Man sieht daran, daß der Handdrechsler beim Bearbeiten der Werkstücke individuell die Form und Haltung des Werkzeuges so wählen muß, daß er den richtigen Kompromiß zwischen guter Schneidfähigkeit und sauberer Schnittfläche zur Härte des Materials und zur Bearbeitungsrichtung findet. Er wird dafür im Laufe der Zeit ein sicheres Gefühl entwickeln.

Das theoretische Wissen um die Zusammenhänge der verschiedenen Einflußfaktoren auf die Spanungsvorgänge ist aber nicht nur für das Drechseln selbst von Bedeutung, sondern auch für alle anderen spanenden Holzbearbeitungsverfahren in der Drechslerwerkstatt.

Der Drechsler hat die Möglichkeit, zu jeder Zeit das Optimum im Wechselspiel der verschiedenen Einflußgrößen des Spanungsvorganges zu wählen. In Drehmaschinen und bei allen anderen Holzbearbeitungsmaschinen müssen dafür die stets mit Kompromissen behafteten, aber für den jeweiligen Schnittvorgang günstigen Werte ermittelt und die Werkzeuge fest eingestellt werden. Die gegebenen Hinweise sind dafür als allgemeine Anhaltswerte verwendbar.

Natürlich haben auch Schnittiefe (Zustellung Z) und Werkzeugform großen Einfluß auf die Spanausbildung und auf die Qualität der Arbeitsfläche. So besteht ein enger Zusammenhang zwi-

Tabelle 3/2. Keilwinkel beim Handdrechseln bezogen auf Material und Rohdichte

Zu bearbeitendes Material	Rohdichte g/cm³	Keilwinkel β ° (Grad)
Weichholz	0,35...0,55	20...30
Hartholz	0,56...0,90	30...40
sehr hartes Holz	0,90...1,30	40...50
andere harte Stoffe	1,80...1,90	40...60

schen Schnittiefe und Vorschubgeschwindigkeit. Große Schnittiefe und großer Vorschub ergeben eine große Spaltwirkung und geringe Qualität der Arbeitsfläche, wenn nicht auch gleichzeitig die Schnittgeschwindigkeit erhöht wird. Es ist aber günstiger, die Schnittiefe geringer zu halten, weil bei einer großen Schnittiefe ein starker Faserverband mit einem Mal angegriffen wird, damit die Vorspaltung eine unvertretbare Größe erreicht und sich dadurch die Rißgefahr erhöht. Außerdem ist dabei der Kraftbedarf sehr hoch.

Zur Feststellung des optimalen Zusammenspieles von Schnittiefe, Vorschub, Schnittgeschwindigkeit und Kraftbedarf ist für Maschinenwerkzeuge die Ermittlung der »mittleren Spandicke« erforderlich. An Hand der mittleren Spandicke kann auch die Leistungsaufnahme einer Maschine (erforderliche Motorleistung) festgestellt werden.[1]

Holzbearbeitungsmaschinen

Bevor die wichtigsten Maschinen einer Drechslerwerkstatt vorgestellt werden, noch einige Bemerkungen zur *Übertragung der Antriebskräfte* (Drehbewegung) bei Holzbearbeitungsmaschinen. Die Übertragung der Kräfte vom Motor zur Maschine sollte möglichst verlustarm erfolgen. Mit der Kraftübertragung ist in den meisten Fällen eine Möglichkeit zur Regulierung der Drehzahl an der Arbeitsmaschine verbunden. Man unterscheidet den Direktantrieb, bei dem die Motorwelle starr oder über Kupplung und Getriebe fest mit der Werkzeugspindel verbunden ist, und den Antrieb mittels Schnüren und Riemen. Beim Direktantrieb wird der Motor stark belastet. Vor allem die Lagerung des Motors wird sehr beansprucht. Außerdem erfordert die Bauhöhe des Elektromotors eine entsprechende Konstruktion der jeweiligen Maschine. In der Holzbearbeitung findet man den Direktantrieb meist nur bei Kleinmaschinen (z. B. Bohrmaschinen) oder vereinzelt bei Spezialmaschinen im Kompaktbau. Die Kraftübertragung mittels Riemens ist vorherrschend. Mit Riemen ist eine elastische Kraftübertragung möglich, und die Drehzahl kann über Stufenscheiben problemlos geregelt werden. (Bei Direktantrieb ist die Drehzahlregelung durch Änderung der Frequenz – statt 50 Hz 100 Hz – oder durch polschaltbare Motoren möglich).

Außerdem ist die Konstruktion der Maschine leichter und deren Servicefreundlichkeit besser. Hier können entweder der Motor oder die Arbeitswelle leichter gewechselt werden.

Die Form der Riemen ist entweder flach, rund oder keilförmig. Sie bestehen aus Gewebe mit Kunstharzbeschichtung. Im Gegensatz zu den früheren Lederriemen sind sie pflegearm und besitzen eine schlupffreie, hohe Durchzugskraft. Pflege- und Haftmittel werden nicht benötigt. Die günstigste Haftung an den An- und Abtriebsscheiben wird durch eine richtige Spannung der Riemen erreicht. Keilriemen können durch ihre schmale Form und durch die hohe Seitenstabilität raumsparend große Kräfte bei relativ kurzen Achsabständen übertragen. Getriebene Riemenscheiben für Flachriemen sind auf der Kranzaußenseite leicht ballig (gewölbt) gearbeitet, damit die Riemen stets zur Mitte gelenkt werden. Die treibende Scheibe ist zylindrisch. Die Riemenscheiben für Flachriemenantrieb sollten 15 bis 20 % breiter als die Riemen selbst sein, damit für den Riemenlauf genügend Spielraum nach beiden Seiten bleibt. Keilriemen dürfen nicht auf dem Grund der keilförmigen Ausdrehung der Riemenscheibe aufsitzen, sondern müssen ihre Kraft an den Seitenflanken übertragen. Dadurch ist ein ruhiger und elastischer Lauf und eine lange Lebensdauer des Keilriemens gewährleistet. Die Riemengeschwindigkeiten sollten bei Keilriemen nicht höher als 30 m/s, bei Kunstharzflachriemen bei max. 40 m/s liegen. Bei besonders kurzen Antrieben muß auf einen ausreichenden Umschlingungswinkel bei der kleineren Scheibe geachtet werden. Er sollte wenigstens 140...150° betragen. Erforderlichenfalls kann hier eine Spannrolle zu einem größeren Umschlingungswinkel verhelfen.

Da eine Riemendehnung (1...5 % der Riemenlänge) nicht ausgeschlossen werden kann, ist bei jedem Riemenantrieb eine Spannvorrichtung erforderlich. Bei Flach-, teilweise auch bei Keilriemen

---

Holzbearbeitungsmaschinen

[1] Weiterführende Informationen zur Spanungslehre und den Berechnungsgrundlagen sind der Spezialliteratur zu entnehmen, z. B. [85]

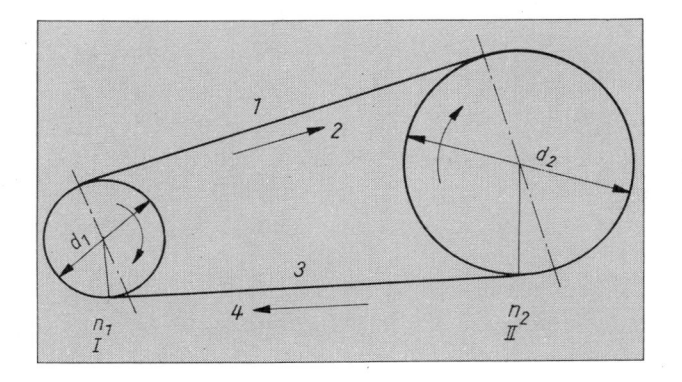

Bild 3/6.
Einfacher Riemenantrieb
I treibende Scheibe,
II getriebene Scheibe
(1) Obertrum, *(2)* Leertrum,
(3) Untertrum, *(4)* Zugtrum,
d_1 Durchmesser der treibenden Scheibe,
n_1 Drehzahl der treibenden Scheibe, d_2 Durchmesser der getriebenen Scheibe,
n_2 Drehzahl der getriebenen Scheibe

wird hierfür oft das Eigengewicht des Antriebsmotors genutzt. In diesen Fällen muß aber der Motor eine Sicherung vor Herabfallen bei Riemenriß erhalten. Bei Keilriemenantrieb wird oft eine Zwangsspannung bevorzugt. Es ist vorteilhaft, wenn der ziehende Teil des Riemens (ziehender Trum) unten liegt, da er die Scheibe mehr umspannt als umgekehrt. Bei Flachriemen ist es besser, einen dünnen, breiten Riemen als einen dicken zu verwenden. Das gilt besonders für kleine Scheibendurchmesser. Dünne Riemen legen sich gut an die Scheiben an.

Die Riemen werden fast nur noch endlos hergestellt. Bei den hochtourigen Holzbearbeitungsmaschinen würden Riemenverbinder hohe Geräusche und geringe Lebensdauer mit sich bringen. Die Riemengeschwindigkeit läßt sich mittels folgender Gleichung errechnen (siehe auch Umlaufgeschwindigkeit).

$$v = d \cdot \pi \cdot n$$

v Riemengeschwindigkeit, d Riemendurchmesser, n Drehzahl der Scheibe.

Bei der Übertragung einer Kraft mittels Riemens ergibt sich, daß die getriebene Scheibe die gleiche Umfangsgeschwindigkeit wie die treibende Scheibe besitzt. Das Übersetzungsverhältnis kann deshalb wie folgt berechnet werden:

$$v = d_1 \cdot \pi \cdot n_1 = d_2 \cdot \pi \cdot n_2$$

Durch Umformung und Kürzung erhält man:

$$d_1 n_1 = d_2 n_2 \quad \text{oder} \quad \frac{n_1}{n_2} = \frac{d_2}{d_1}$$

(Bild 3/6).

Das Verhältnis der Durchmesser der zwei Scheiben eines Riementriebes verhält sich umgekehrt proportional zum Verhältnis ihrer Drehzahlen. Das ergibt für:

$$n_2 = \frac{d_2 n_1}{d_1} \quad \text{oder für } d_2 = \frac{n_2 d_1}{n_1}$$

Für die Praxis ist hierzu noch ein gewisser Riemenschlupf zu berücksichtigen, der einen Abfall der Drehzahl der getriebenen Scheibe um etwa 2 % mit sich bringt. (Riementriebe bringen gegenüber dem Direktantrieb auch einen etwas geringeren Wirkungsgrad mit sich.)

Riementriebe sind für alle Holzbearbeitungsmaschinen verwendbar. Lediglich bei Oberfräsmaschinen mit Drehzahlen über 16 000 min^{-1} scheidet der Riemenantrieb aus. Hier muß mit Hilfe von Frequenzumwandlern und Spezialmotoren gearbeitet werden.

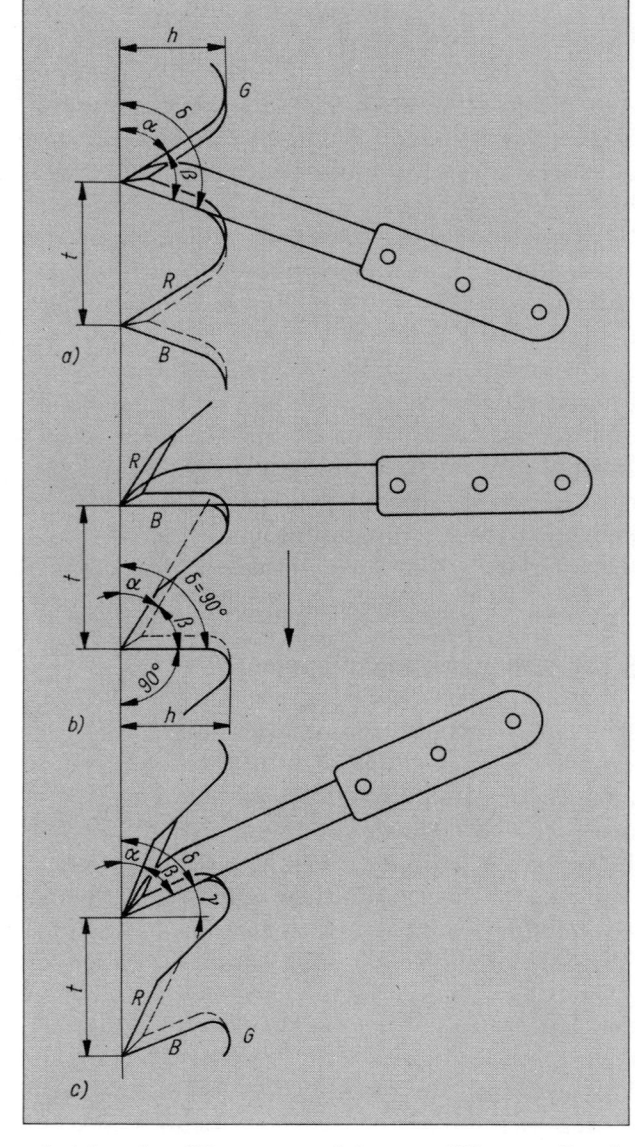

Von großer Bedeutung für den Praktiker sind auch Kenntnisse über die Lagerung von Wellen an Motoren und Arbeitsmaschinen. Für den Drechsler ist das Wissen um die Art der Lagerung seiner Drechslerbank sehr wichtig. Der begrenzte Umfang dieses Buches läßt für ausführliche Erläuterungen zu den Lagerarten leider keinen Raum. Einige Hinweise sind im Abschnitt über die Drechselbank enthalten.

Neben Drechslerwerkzeugen und Drechselbänken werden in einer Drechslerwerkstatt noch weitere Holzbearbeitungsmaschinen und -werkzeuge benötigt, die nachfolgend beschrieben werden sollen.

Bild 3/7. Schnittarten und Bezeichnung der Winkel und Teile an Sägezähnen
a) Schnitt auf Zug, Spanwinkel γ ist negativ, Schnittwinkel $\delta > 90°$,
b) gerader Schnitt, Spanwinkel $\gamma = 0$, Schnittwinkel $\delta = 90°$,
c) Schnitt auf Stoß, Spanwinkel γ ist positiv, Schnittwinkel $\delta < 90°$, (t) Zahnteilung, (h) Zahnhöhe, (R) Zahnrücken (Freifläche), (B) Zahnbrust (Spanfläche), (G) Zahngrund, (α) Freiwinkel, (β) Keilwinkel

Sägen

Sägen in ihren verschiedenen Ausführungsformen sind in den Holzbearbeitungswerkstätten die wichtigsten Werkzeuge. Mit Hilfe von Handsägen oder Sägemaschinen wird das Naturprodukt Holz so zerteilt, daß aus einem Baum die Rohform eines Werkstückes entsteht oder durch An- und Einschnitte ein Zwischenprodukt weiterbearbeitet werden kann. Die Wirkungsweise der Säge beruht auf der Multiplikation vieler feiner, messerartiger Spanungsvorgänge. Stellt man einen direkten Vergleich mit der Schnittwirkung eines Messers bei den Hauptformen von Sägezähnen an, kann man sich deren Wirkung vorstellen. Bild 3/7 verdeutlicht dies.

Der Keilwinkel β am Sägezahn wird gebildet aus der Zahnbrust B und dem Zahnrücken R. Zwischen zwei Zähnen werden Brust und Rücken durch den Zahngrund G verbunden, dessen gerundete Form zum Vermeiden von Rißbildung besonders wichtig ist. Die verschiedenartige Beschaffenheit des Holzes (hart oder weich, feucht oder trocken), die Schnittrichtung (längs oder quer zur Faser), die Schnitthöhe (Holzdicke) und die geforderte Schnittqualität (Grobzuschnitt oder maßhaltiger Feinschnitt) verlangen verschiedenartige Sägezahnformen (Bild 3/8). Spitzzahn, Wolfszahn und Dreieckzahn stellen die gebräuchlichsten Sägezahnformen dar. Während der Dreieckszahn hauptsächlich für feine Querschnittarbeiten geeignet ist, werden der Spitzzahn und der Wolfszahn für Längs- und grobe Querschnitte eingesetzt. Eine spezielle Zuordnung der einzelnen Zahnformen zum jeweiligen Verwendungszweck ist an Hand der Schneidengeometrie und der Zahnteilung möglich. Dabei muß man sich Klarheit darüber verschaffen, wie hoch die Schneidenstandzeit optimal bei dem zu bearbeitenden Material sein kann und welches Spanvolumen zu erwarten ist. Schließlich hat die Art des Vorschubes Einfluß auf Zahnform und Zahnteilung. Ein kleiner Keilwinkel eignet sich für weiches und feuchtes Holz, weil hierfür die geringe Standfestigkeit der schlanken Schneide noch ausreichend groß ist und eine günstigere Schärfe entsteht (Spitzzahn). Ein größerer Keilwinkel eignet sich für hartes und trockenes Holz, weil die hierdurch stumpfere Schneidenform die erforderliche höhere Standfestigkeit aufweist, wenn auch dabei eine

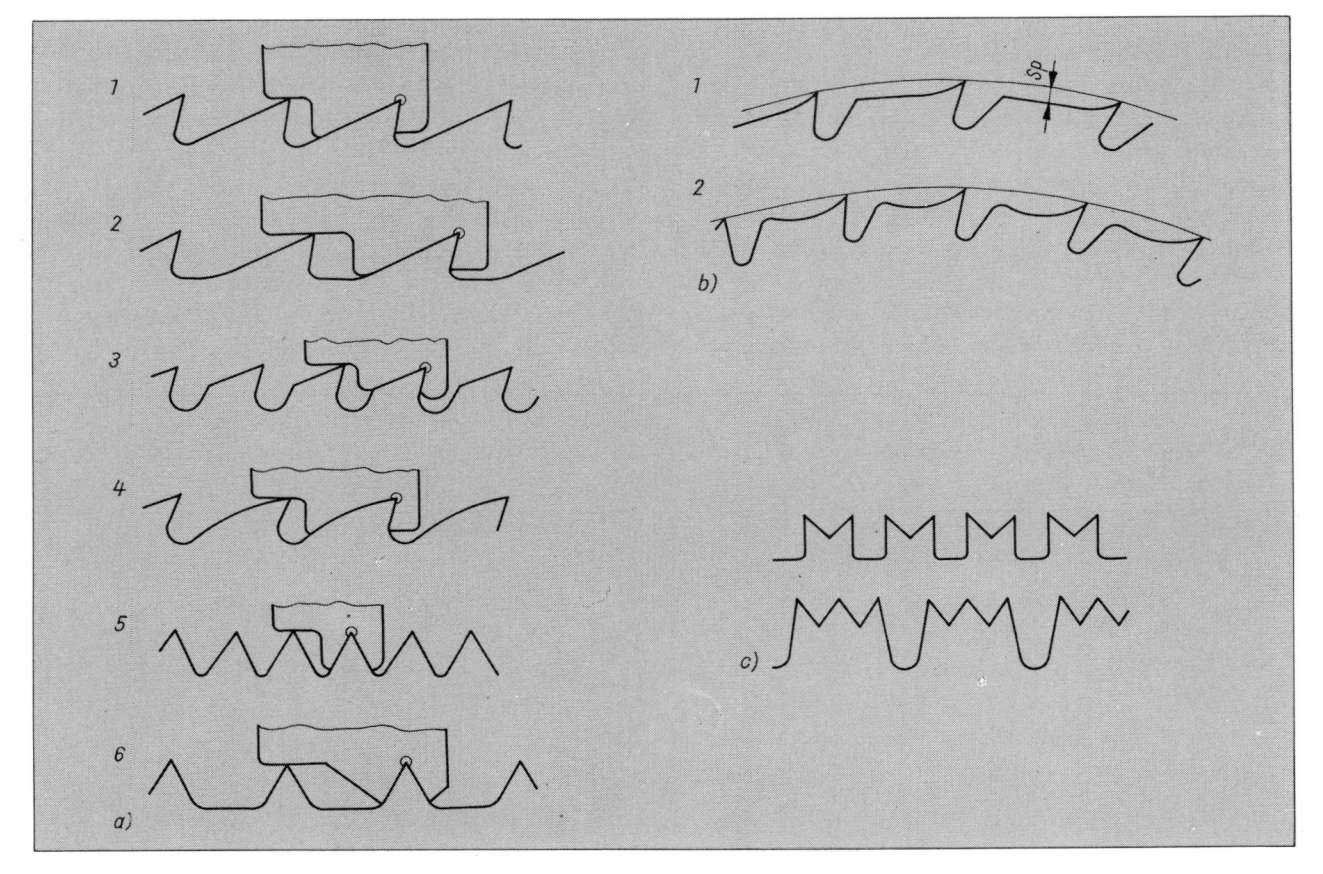

Bild 3/8.
Verschiedene Sägezahnformen
a) (1) Spitzzahn,
(2) freistehender Spitzzahn,
(3) Wolfszahn, (4) Hakenzahn, (5) Dreieckzahn,
(6) freistehender Dreieckzahn;
b) Spandickenbegrenzung an Kreissägeblättern,
(1) zahnarmes Wigo-Kreissägeblatt, (2) IHF-Verzahnung für Kreissägen mit Spandickenbegrenzung,
(Sp) Spandickenbegrenzung;
c) Beispiele von Gruppenzahnung

Schnittart	Verwendungsart	Zahnform	α ° (Grad)	β ° (Grad)	γ ° (Grad)	λ ° (Grad)	Schrank mm	Schnittgeschwindigkeit v m/s
Längsschnitt	Hartholz	Wolfs-, Haken-, Spitzwinkelzahn	22 33	46 40	22 17	87 87	0,35 0,35	
	Weichholz, trocken	Wolfs-, Haken-, Spitzwinkelzahn	22	40	28	87	0,45	30 … 90
	Weichholz, feucht	Spitzwinkelzahn Wolfs-, Hakenzahn	22	40	28	87	0,45 … 0,50	
Querschnitt	Hartholz	Spitzwinkelzahn	38 … 40	33 … 48	19 … 2	65 … 70	0,45	
	Weichholz	Dreieckzahn	60 … 70	40 … 58	−10 … −38	65 … 70	0,25	

Hobelkreissägeblätter werden allgemein mit einem Spanwinkel γ von etwa 2 … 8° und einem Keilwinkel β von 50 … 56° ausgeführt.
Zylinder- bzw. Kronensägeblätter haben einen Spanwinkel γ von 15° und einen Keilwinkel β von 35 … 45°. Die Schnittgeschwindigkeit v beträgt hier maximal 30 m/s

Tabelle 3/3. Winkel und Schnittgeschwindigkeiten an Kreissägeblättern, Richtwerte [5, 127, 134]

größere Schnittkraft erforderlich ist (Wolfszahn). Ein positiver Spanwinkel eignet sich für weiches und feuchtes Holz, er ist bei großer Zahnteilung für Längsschnitt günstig. Ein Spanwinkel von 0° erzeugt einen geschabten Span und ist für Quer- und Gehrungschnitte bei mittlerer Zahnteilung und -höhe zweckmäßig. Ein negativer Spanwinkel, meist mit Schrägschliff kombiniert, arbeitet sehr günstig für Querschnitte beim Trennen, Schlitzen und bei Feinsägen, bei Hand- sowie Pendelkreissägen. Günstig ist hier eine kleine Zahnteilung und -höhe.

Große Zahnteilungen und damit große Spanlücken eignen sich für lockere und weiche Hölzer im Längsschnitt, weil solche Hölzer ein großes Spanvolumen ergeben, das bei zu kleiner Zahnteilung keine ausreichende Aufnahme in der Säge finden kann. Die Späne würden sich zwischen Sägeblatt und Arbeitsfläche stauen, den Vorschub hemmen und zu einer übermäßigen Erwärmung des Sägeblattes führen. Einen Überblick über günstige Winkelpaarungen geben Tabellen 3/3 und 3/4.

Neben der Wahl der richtigen Zahnform für die verschiedenen Arbeitsgänge und Materialbeschaffenheiten ist auch das klemmfreie Arbeiten für den einwandfreien Lauf der Säge von großer Bedeutung. Ein Sägeblatt, bei dem die Zähne mit der Blattfläche in einer Ebene liegen, klemmt sich im Holz fest, weil die Sägespäne nicht nur in den Zahnlücken verbleiben, sondern auch seitlich zwischen Sägeblatt und Schnittflächen des Holzes gelangen. Außerdem führen die Holzfeuchte oder vorhandenes Harz zu Klemmwirkungen. Es muß deshalb ein Freiraum geschaffen werden, der einen klemmfreien Schnitt gewährleistet. Es gibt drei Verfahren, den »Freischnitt« zu erzielen: das Schränken, das Stauchen und den Hohlschliff. Das Schränken als meistgebräuchliche Form ist ein wechselseitiges seitliches Ausbiegen der einzelnen Zähne. Hierbei wird jeweils ein Sägezahn nach rechts und links zur Sägeblattfläche gebogen (Bild

Tabelle 3/4. Winkel und Schnittgeschwindigkeiten an Bandsägeblättern, Richtwerte [5, 127, 134]

Maschine	Werkstoff	α ° (Grad)	β ° (Grad)	γ ° (Grad)	Teilung t mm	Zahnhöhe h mm	Schrank mm	Schnittgeschwindigkeit v m/s
Tischbandsägemaschine	Weichholz	10 … 25	40 … 50	40 … 15	4 … 20	4 … 5	0,35 … 0,45	
	Hartholz	15 … 40	50 … 60	25 … 10	4 … 20	4 … 5	0,3 … 0,4	
	Lagenholz Verbund-, Faser- und Spanplatten	30	55	5			0,2	20 … 35
Trenn- und Blockbandsägemaschine	Nadelholz	14 … 20	48 … 52	28	35 … 45	6 … 30	0,35 … 0,45	25 … 45
	Laubholz	16 … 24	48 … 52	26 … 24	30 … 40	8 … 10	0,3 … 0,5	

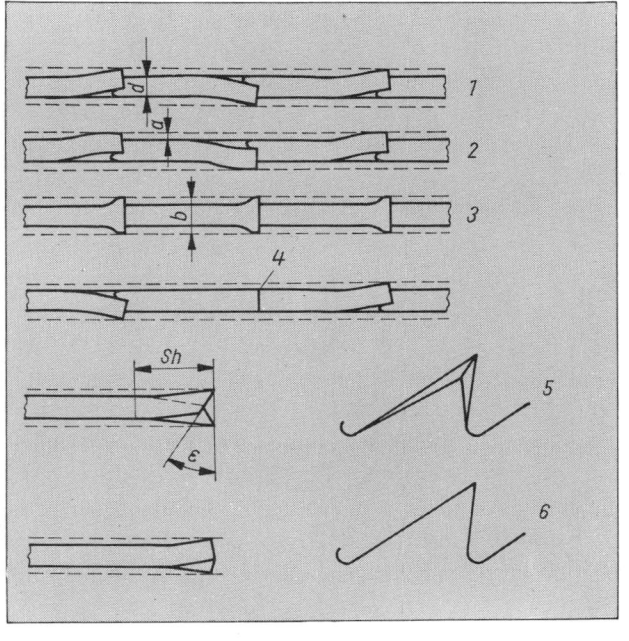

wird eine besondere Vorrichtung oder ein Stauchautomat benötigt. Hierbei wird die Zahnschneide so breit wie die Schnittfuge. Die Vorteile des Stauchens (ruhiger, sauberer Schnitt) werden aber nur dann voll wirksam, wenn das Stauchen bzw. das nachträgliche Egalisieren mit hoher Präzision durchgeführt wird. Mit dem Schränken oder Stauchen der Zähne eines Sägeblattes wird der Sägeschnitt um ein Drittel bis zum Doppelten der Sägeblattdicke verbreitert.

Beim Hohlschliff weisen die Sägeblätter im Querschnitt vom Sägezahn bis zur Befestigungsfläche eine Verjüngung auf (hinterschliffene Kreissägeblätter). Die Zahnspitzen befinden sich in einer Ebene und arbeiten deshalb sehr gleichmäßig. Sie ergeben besonders saubere, glatte Schnittflächen. Man spricht bei diesen Sägeblättern deshalb auch von Hobelsägeblättern. Der Hohlschliff findet vor allem bei Kreissägeblättern,

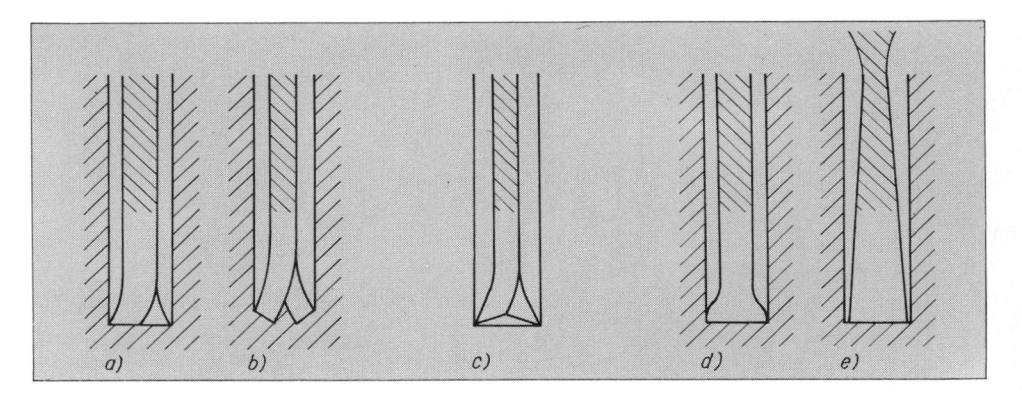

Bild 3/9.
Zahnschrankformen und Bezeichnungen von Sägenelementen
(1) Biegeschrank,
(2) Drehschrank,
(3) Stauchschrank,
(4) Räumzahn,
(5) Schrägschliff,
(6) Geradschliff,
(a) Schrankbreite,
(b) Schnittbreite,
(c) Blattdicke,
(Sh) Schrankhöhe,
(ε) Neigungswinkel

3/9). Dabei darf nur das oberste Drittel des Zahnes zur Seite gebogen werden. Zum Erreichen eines gleichmäßigen und sauberen Sägeschnittes und eines geraden Laufes der Säge ist das genaue, gleichmäßige Maß der wechselseitigen Ausbiegung (Schränkung) von großer Bedeutung. Mit Handwerkszeugen ist das nur nach Übung erreichbar. Dabei ist durch die Einstellbarkeit einer Schränkzange gegenüber dem Schränkeisen bereits eine gewisse Genauigkeit gewährleistet. In der Industrie wird das Schränken von Schränkapparaten übernommen. Der Handwerker sollte jedoch zumindest eine Meßuhr mit einer Skaleneinteilung von 0,1 mm besitzen, mit der er die Schränkung überprüfen kann. Die Größe der Schränkung darf je Zahn eine halbe Blattdicke nicht überschreiten, weil sonst in der Sägespurmitte eine hemmende Keilform auftritt (Bild 3/10). Lediglich beim Schrägschliff der Zahnschärfung darf die Keilform in der Sägespur entstehen. Hier arbeiten nicht nur die Quer-, sondern auch die Seitenschneiden faserzertrennend. Sägeblätter mit Schrägschliff werden für Querschnitte verwendet. Sie haben eine echte zertrennende, messerartige Wirkung und erzielen damit eine glatte, ausrißfreie Arbeitsfläche, was quer zur Faser von besonderer Bedeutung ist. Der Geradschliff hat eine mehr spaltende Wirkung. Es ist vor dem Schärfen zu schränken.

Beim Stauchen wird der Freischnitt eines Sägeblattes durch Verbreitern (Stauchen) des geradgeschliffenen Zahnkopfes erreicht. Zum Stauchen in speziellen Fällen auch bei den Bändern der Bandsägemaschine Anwendung. Bei letzteren ist der Blattrücken 30 % dünner als an der Verzahnung. Ganz ohne Schränken kommt man hier in den meisten Fällen aber nicht aus (0,1...0,2 mm je Blattseite). Bei hartmetallbestückten Sägeblättern stehen die aufgelöteten und entsprechend zugeschliffenen Hartmetallblättchen über den Trägerkörper (Blatt) über und bewirken somit einen Freischnitt. Beim Schärfen eines Sägeblattes muß dieses zunächst abgerichtet, d. h. die Zahnspitzen müssen in eine gleiche Höhe gebracht werden. Danach wird geschränkt und anschließend geschärft (gefeilt oder geschliffen). Schrägschliff wird in einem Winkel von 65° ausgeführt. Das Schärfen von Hand erfolgt mit Feilen entsprechender Profile (Dreikant-, Schwert- u. a. Feilen). Beim maschinellen Schärfen werden Korundscheiben in speziellen Maschinen eingesetzt.

Bild 3/10.
Schränkung, Stauchung und Hohlschliff von Sägewerkzeugen
a) Geradschliff richtig,
b) Geradschliff falsch. In der Mitte bleibt der Keil stehen (Schrank ist zu groß),
c) Schrägschliff richtig,
d) gestauchter Zahn,
e) Hohlschliff (Hobelzahn)

Maschinen und Werkstatteinrichtungen

Sägemaschinen

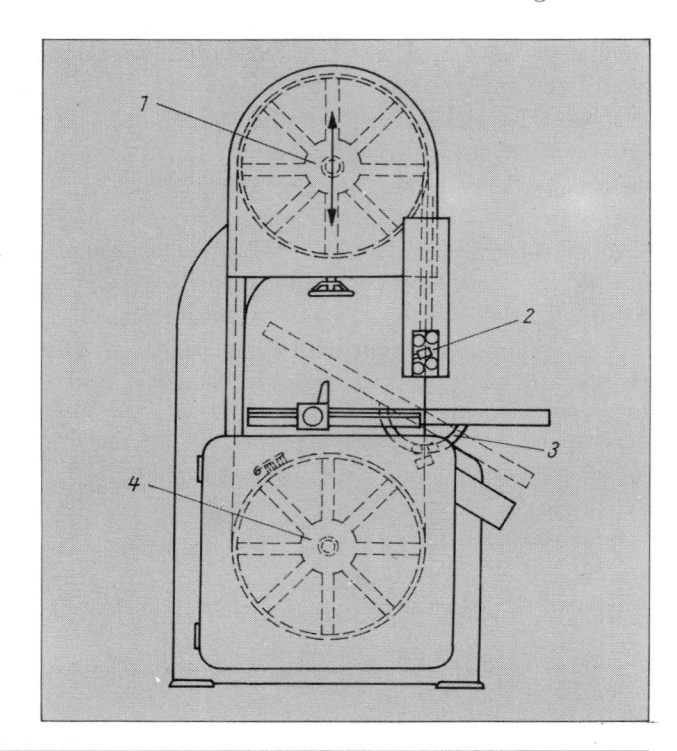

Bild 3/11.
Tischbandsägemaschine
(1) obere Bandsägerollen,
(2) Sägeblattführung,
(3) Segmentführung für
Tischneigung, *(4)* untere
Bandsägerolle mit Bürste

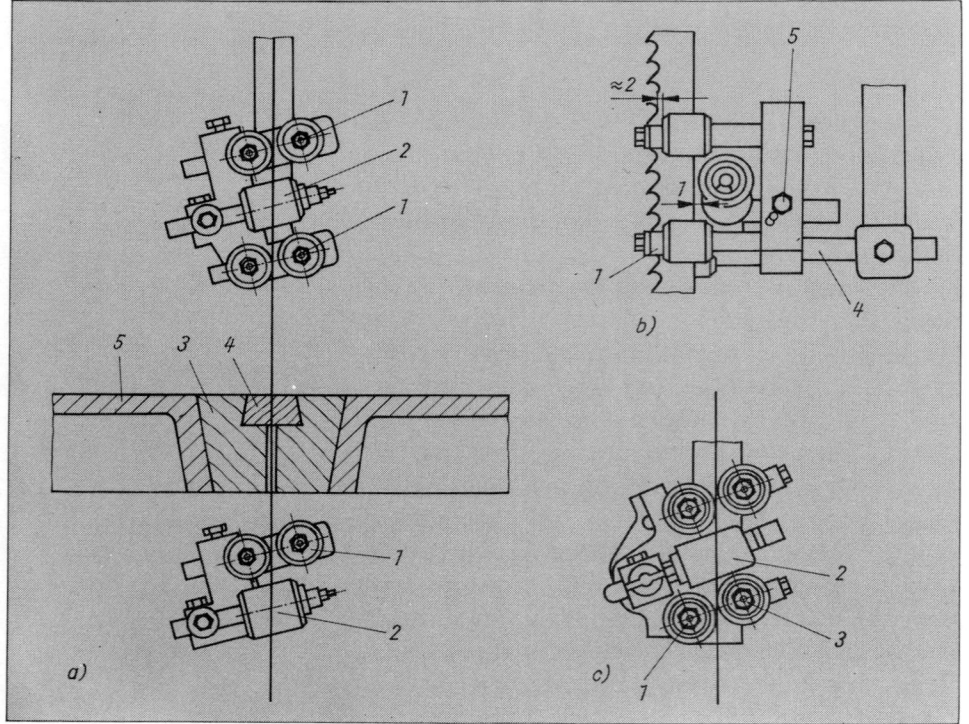

Bild 3/12.
Rollenführung am Bandsägeblatt
a) (1) Seitenführungsrollen,
(2) Rückenführungsrolle,
(3) Tischeinlage,
(4) Paßstück,
(5) Maschinentisch
b) Einstellung der hinteren
Gegendruckrolle
(1) Konus mit Mutter zum
Nachstellen der Wälzlager,
(2) Rückenführungsrolle,
(3) Seitenführungsrollen,
(4) Rundstab, *(5)* Arretierschraube für Neigung der
Rückenführungsrolle
c) Einstellung der seitlichen
Rollenführungen

Die Bandsägemaschine (Bild 3/11) in ihrer Form als Tischbandsägemaschine zählt wohl zu den wichtigsten Maschinen für den handwerklich tätigen Drechsler. Mit ihr kann er bereits die wesentlichsten Arbeiten zur Holzverarbeitung für das Drechseln ausführen. Abhängig von der Sägeblattbreite und ihrer entsprechenden Bezahnung sind sowohl gerade Trennschnitte als auch Schweifschnitte und bei entsprechend eingerichteten Maschinen ist durch Schrägstellung des Auflagetisches ein Neigungsschnitt möglich. Es gibt Links- und Rechtsbandsägemaschinen. Am häufigsten werden Linksbandsägemaschinen verwendet. Bei ihnen befindet sich die offene Schnittseite rechts, die geschlossene Gestellseite links. Die Größe der Bandsägemaschine und die davon abhängige max. Schnitthöhe und Ausladung wird vom Rollendurchmesser, d. h. vom Durchmesser der das Sägeblatt tragenden unteren Antriebs- und oberen Spannrolle bestimmt. In der Regel ist die obere Rolle für den Ausgleich von Blattlängendifferenzen und zur Blattspannung verstellbar. Bei einigen Ausführungen wird die Blattspannung von einer zusätzlichen Spannrolle übernommen. Zum Einrichten des genauen senkrechten Laufes des Sägeblattes kann die obere Rolle nach vorn und hinten geneigt werden. Wenn die beiden Rollen nicht in einer Ebene fluchten, läuft das Sägeblatt nach vorn oder hinten von der Rolle ab. Die Zahnung des Blattes darf auf der Rolle nicht aufliegen. Zur besseren Haftung und für den elastischen Lauf des Sägeblattes sind die Rollen mit einer Bandage aus Leder, Kork oder Gummi bezogen. Je geringer der Rollendurchmesser, um so höher ist die Beanspruchung des Sägeblattes.

Die alleinige Führung des Blattes durch die beiden Rollen reicht aber nicht aus. Es muß deshalb an der Schnittseite eine zusätzliche Blattführung oberhalb des Schnittes und unterhalb des Tisches vorhanden sein. Die obere Führung, die aus drei oder fünf Rollen (bei einfachen Ausführungen aus zwei seitlichen Führungsbacken und einer Rückenrolle) besteht, ist in der Höhe verstellbar und meist mit der Schutzabdeckung fest verbunden. Sie bewirkt eine beidseitige Blattführung und eine Rückenführung, die die Vorschubkraft abfängt. Die genaue Einstellung der Führung ist für die Lebensdauer des Blattes und für einen ruhigen Lauf und sauberen Schnitt von besonderer Bedeutung (Bild 3/12).

Nach unten wird das Blatt zunächst in einem im Maschinentisch eingelassenen, auswechselbaren Holzfutter (Paßstück) lose geführt. Darunter befindet sich nochmals eine Seiten- und Rückenführung. Damit die Sägespäne nicht zwischen Sägeblatt und Bandagen der Rollen gelangen, muß neben weitestgehender Abdeckung auf der Auflaufseite eine Bürste angebracht sein, die ständig mit leichtem Druck auf der Bandage aufliegt und so die Späne abbürstet.

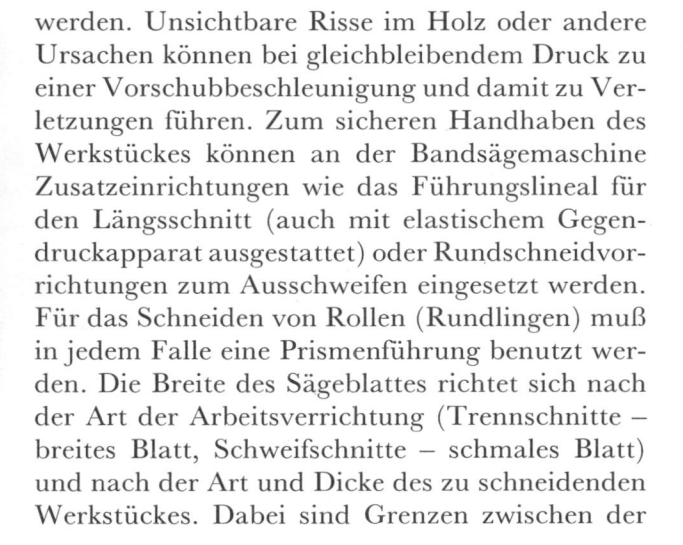

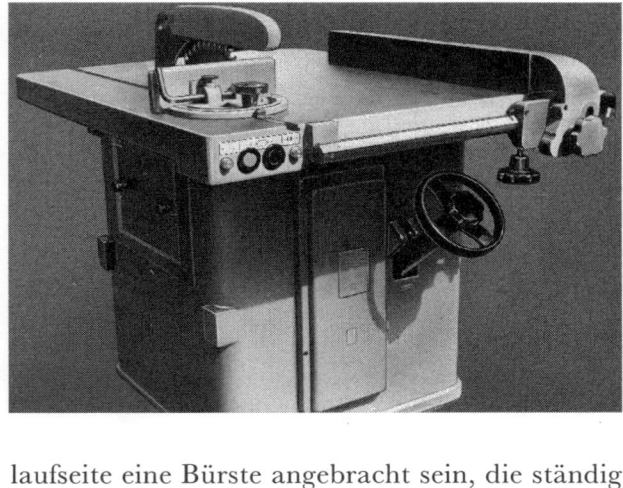

Von besonderer Bedeutung für den guten Lauf und die Lebensdauer des Sägeblattes ist deren gewissenhafte Werkzeuginstandhaltung, wobei der Verbindungsstelle besondere Aufmerksamkeit zu widmen ist. Da Bandsägeblätter bekanntlich als Meterware im Handel sind, müssen diese auf die erforderliche Länge geschnitten und die Enden durch Hartlöten oder Schweißen verbunden werden. Das erfordert aber selbst mit Hilfsgeräten einige Übung. Vor allem muß darauf geachtet werden, daß die Materialstruktur durch das erforderliche Erhitzen nicht verändert wird, damit an dieser Stelle keine Bruchgefahr entsteht und die Schneidfähigkeit der Zahnspitzen erhalten bleibt. Die Nahtstelle darf nicht durch den besonders belasteten Zahngrund, sondern muß durch den Zahnrücken verlaufen und schräg überlappt sein. Gelötete Zähne werden nicht geschränkt. Da unsachgemäßes Arbeiten an der Bandsägemaschine gefährlich werden kann, muß auf die Arbeitsschutzvorrichtungen hingewiesen werden: Hier gilt – wie übrigens bei allen Maschinen –, daß nur der zum Bearbeiten nötige bewegliche Teilbereich freiliegen darf. Alle nicht im Schnittbereich befindlichen Werkzeug- und anderen beweglichen Teile müssen voll verkleidet sein, damit ein unbeabsichtigtes Berühren unmöglich gemacht wird. Das trifft für das Sägeblatt, für beide Rollen und für den Antrieb zu. Die Bandrollen müssen nach vorn und am Umfang über den Blattlauf vollkommen verdeckt sein. Diese Schutzvorrichtungen müssen für das Wechseln des Sägeblattes leicht abnehmbar oder ausschwenkbar eingerichtet sein. Beim Bedienen dürfen die Hände niemals am Holz in der Schnittebene vor dem Sägeblatt angesetzt werden. Unsichtbare Risse im Holz oder andere Ursachen können bei gleichbleibendem Druck zu einer Vorschubbeschleunigung und damit zu Verletzungen führen. Zum sicheren Handhaben des Werkstückes können an der Bandsägemaschine Zusatzeinrichtungen wie das Führungslineal für den Längsschnitt (auch mit elastischem Gegendruckapparat ausgestattet) oder Rundschneidvorrichtungen zum Ausschweifen eingesetzt werden. Für das Schneiden von Rollen (Rundlingen) muß in jedem Falle eine Prismenführung benutzt werden. Die Breite des Sägeblattes richtet sich nach der Art der Arbeitsverrichtung (Trennschnitte – breites Blatt, Schweifschnitte – schmales Blatt) und nach der Art und Dicke des zu schneidenden Werkstückes. Dabei sind Grenzen zwischen der

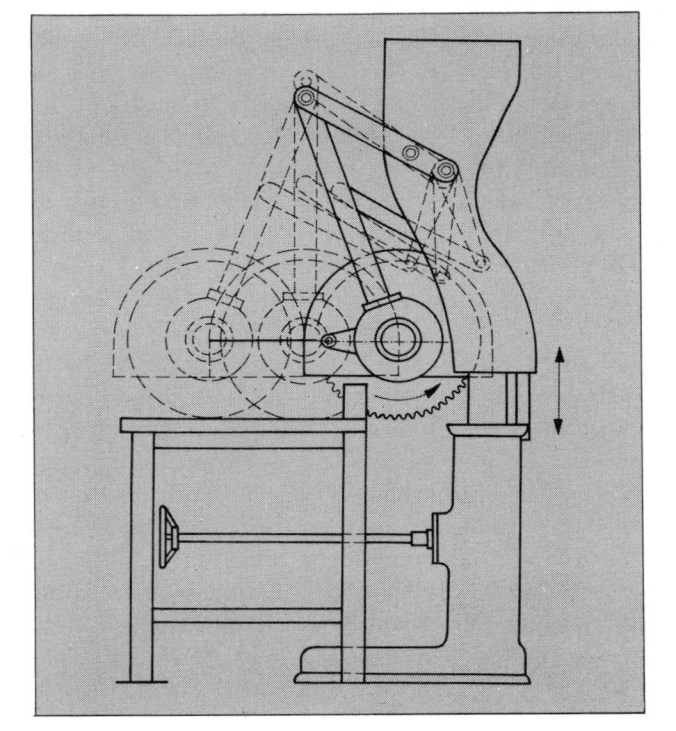

Sägen

Bild 3/13.
Tischkreissägemaschine

Bild 3/14.
Parallelschwing-Kreissägemaschine

Bild 3/15.
Handkreissägemaschine

Blattbreite, der Blattdicke und dem Rollendurchmesser gesetzt. Bei Tischbandsägemaschinen kommen Sägeblattbreiten von 6…40 mm zum Einsatz. Dabei ist für 6 mm breite Blätter ein Rollendurchmesser von 400 mm ausreichend, während bei 40 mm breiten Blättern ein Rollendurchmesser von mindestens 800 mm, besser 1000 mm oder 1250 mm erforderlich ist. Umgekehrt proportional verhält es sich mit den Drehzahlen. Bei 400 mm Rollendurchmesser sind 1400 min^{-1} möglich, bei 1000 mm Durchmesser nur 700 min^{-1}. Als Blattdicke rechnet man ein Tausendstel vom Rollendurchmesser minus 0,1 mm. Die geringste Sägeblattdicke wird mit 0,4 mm hergestellt.

Die *Kreissägemaschine* ist aus den Holzbearbeitungswerkstätten nicht mehr wegzudenken (Bilder 3/13, 3/14, 3/15). Ihre Vielseitigkeit, einfache Bedienbarkeit, große Schnittleistung und die mannigfaltigen Bauarten und Baugrößen geben die Voraussetzung für ihren umfangreichen Einsatz. Wenn auch der Drechsler zunächst mit der Bandsägemaschine auskommt, wird er bei Serienfertigung auf ein oder zwei verschiedene Kreissägemaschinen auf die Dauer nicht verzichten können. Mit Kreissägemaschinen können Hölzer zu Dickten aufgetrennt werden (allerdings mit relativ hohem Verschnitt), sämtliche Quer- und Längszuschnitte, Feinschnitte sowie Schlitz- und Nutarbeiten ausgeführt werden. Je nach diesen Verwendungszwecken unterscheidet man Handkreissägemaschinen für Quer- und Längsschnitt (zum Zuschnitt auf dem Holzplatz oder für Zimmererarbeiten), Besäumkreissägemaschinen (zum Besäumen und Längstrennen von Brettern und Bohlen – mit einem oder mehreren Sägeblättern), Parallelschwing-, Abkürz- oder Kappsägemaschinen (zum Querschnitt von Brettern oder Bohlen – teilweise gekoppelt mit einer Längs-Besäumeinrichtung) und Tischkreissägemaschinen in verschiedensten Ausführungen und für verschiedenste Verwendungszwecke (in Einblattausführung zum Längsschnitt mit Führungslineal, zum Querschnitt mit Schiebetisch, zum Feinschnitt mit Quer-, Längs- und Gehrungsführung, in Mehrblattausführung zum Quer- und Längsschnitt und mit Hand- oder maschinellem Vorschub).

Von besonderer Bedeutung ist der Arbeitsschutz bei der Kreissägemaschine, denn sie zählt zu den gefährlichsten Maschinen in der Holzbearbeitung. Folgende technische Maßnahmen sind einzuhalten: Das Sägeblatt sollte bei Handvorschub nicht mehr als 5 mm über das Werkstück herausragen. Beim Längsschnitt muß ein verstellbarer Spaltkeil so fest angebracht sein, daß er sich bei Vorschub- oder Schlageinwirkung nicht selbständig in seiner Lage verändern kann. Seine dem Sägeblatt zugewandte Kante muß mit der Form des Sägeblattes mitgehen, schräg zugeschliffen sein und einen Abstand von der Zahnspitzenlinie von höchstens 10 mm aufweisen. Die Dicke des Spaltkeiles soll der mittleren Dicke von Sägeblatt und Schrankweite entsprechen. Nach oben ist das Sägeblatt so weit abzudecken, daß das Werkstück gerade hindurch geführt werden kann (max. 10 mm vom äußeren Zahnflugkreis entfernt). Zum Zuführen des Holzes beim Längsschnitt ist ein eingekerbter Schiebestock zu verwenden. Beim Querschnitt sind die Holzstücke auf einem Schiebetisch oder an einer Schiebelehre zu führen. Ist mit dem Schiebetisch eine Abdeckung verbunden, kann auf Spaltkeil und zusätzliche Abdeckung beim Querschnitt verzichtet werden, wenn das Sägeblatt dadurch im Ruhezustand völlig verdeckt ist. Der Spalt im Sägetisch sollte so eng wie möglich gehalten werden. Die Abdeckung des Antriebes und des Sägeblattes auch unter dem Tisch ist selbstverständlich. Kreissägemaschinen mit automatischem Vorschub müssen darüber hinaus eine gut wirksame Rückschlagsicherung besitzen. Beim Arbeiten an allen Kreissägemaschinen sollte der Arbeitende nicht direkt vor dem Sägeblatt stehen, sondern seitlich davon. Er sollte eine Lederschürze tragen, damit er bei eventuellem Rückschlag eines Holzstückes keine Verletzungen erfährt.

Sichere Führung des Werkstückes und höchste Konzentration sind beim Arbeiten an der Kreissägemaschine von besonderer Bedeutung. Der Vorschub darf nicht zu groß gewählt werden, damit das Sägeblatt nicht überansprucht wird. Es kann

Bild 3/16.
Kronensägewerkzeuge
a) Zylindersägeblatt,
b) Glockensäge-Werkzeug mit Bohrer

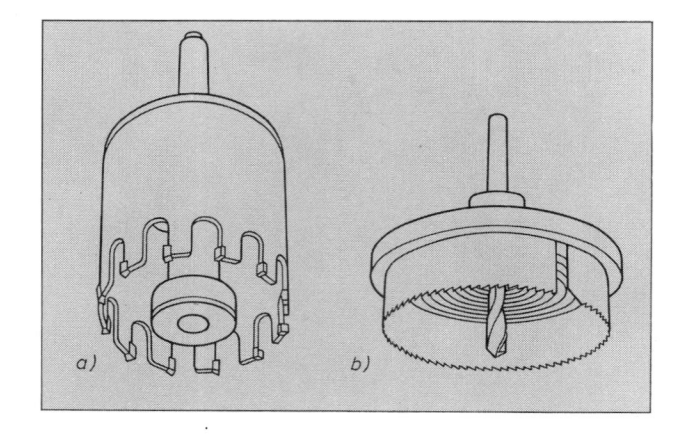

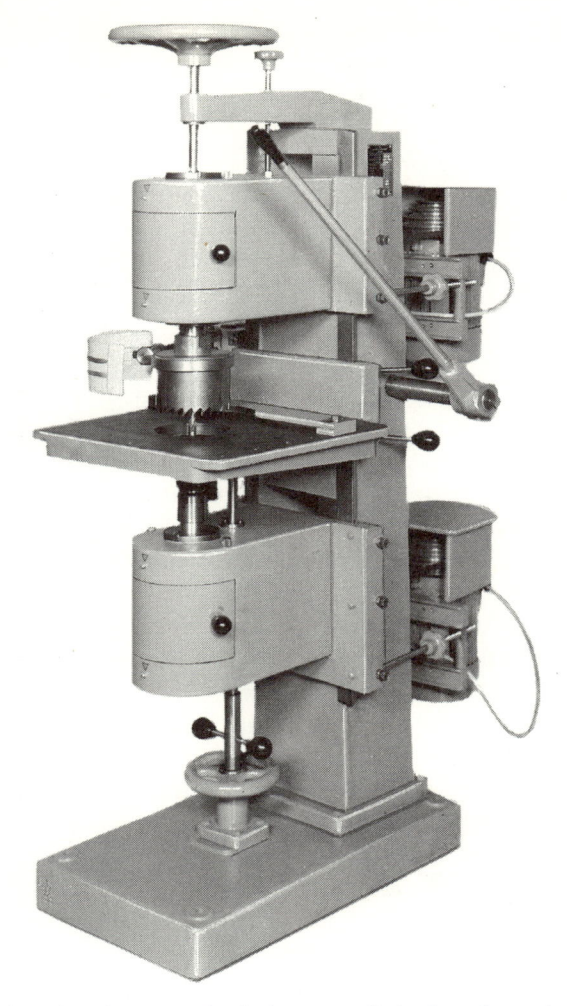

dadurch, ebenso wie bei stumpfer oder dem Arbeitsgang bzw. dem Material nicht entsprechender Zahnform und ungenügendem Schrank, zu Überhitzungen, zum Flattern oder im Extremfall zum Reißen des Sägeblattes kommen.

Rundsägen sind trommel- oder zylinderförmige, an einem Ende mit Voll- oder Sparzahnung versehene Werkzeuge, die sich um ihre Zylinderachse drehen und segment- oder kreisförmige Schnitte ausführen (Bild 3/16). In Richtung der Achse erfolgt der Vorschub des Werkzeuges oder des Werkstückes. Man unterscheidet die kurzen Trommel- oder Glockensägen und die langen Zylindersägen. Während die Zylindersägen für Spezialaufgaben bei der Faßdaubenherstellung und der Grubenstempelbearbeitung Verwendung finden, dienen die Trommel- oder Glockensägen (vielfach auch Kronensägen genannt) überwiegend dem Drechsler zur Vorbereitung oder Bearbeitung der Werkstücke. Sie können entweder an der Drechselbank selbst oder in Spezialmaschinen, den sog. Kronensägemaschinen, eingesetzt werden. Nach ihrer Form bezeichnet, bestehen die Kronensägen aus einem Einspannschaft und einem kurztrommeligen, voll ausgefrästen Sägekörper, der oben von einer Platte zur Aufnahme des Spannschaftes ganz oder teilweise geschlossen ist, während der Unterrand Voll- oder Sparzahnung und das Zentrum entweder eine Zentrierspitze, einen Spiralbohrer oder einen gefederten Auswerfer besitzt. Die Kronensäge kann aber auch aus einer kräftigen Scheibe, deren Unterseite konzentrische Nute zum Einstecken und Festspannen von kreisförmig gekrümmten Streifensägen enthält, bestehen. Der Zahnkranz besitzt Spitzwinkelzahnung, die Zahnteilung t liegt zwischen 2...10 mm (je nach Holzart und Kranzdurchmesser). Die Kronensägewerkzeuge können in Durchmessern von 18...1000 mm hergestellt werden. Bei Maschinen für Drechslerwerkstätten sind 400 mm die Höchstgrenze. Der Drechsler verwendet diese Werkzeuge hauptsächlich zum »Ausstechen« von Scheibenrohlingen für das Querholzdrechseln. Er kombiniert dabei dieses Ausstechen meist mit dem Bohren des Mittelloches für die Befestigung der Scheiben am Schraubenfutter. Dafür wird im Zentrum des Werkzeuges ein Spiralbohrer eingesetzt. Bei Verwendung der Kronensägewerkzeuge an der Drechselbank ist es aber erforderlich, solche mit eingebautem Auswerfer zu verwenden, damit sich die ausgesägten Scheiben nicht verklemmen und die Drechselbank nach einmaligem Sägen nicht angehalten werden muß. Aus größeren Drechslerwerkstätten ist eine spezielle Kronensägemaschine nicht mehr wegzudenken. Diese Maschine besteht aus zwei gegenläufigen Supporten, von denen der obere das Kronensägewerkzeug und der untere ein Bohr- oder Fräswerkzeug in einem rotierenden Futter trägt. In der Hohlspindel des oberen Supportes wird eine Gewindespindel geführt, die das Werk-

Sägen

Bild 3/17. Kronensägemaschine

Bild 3/18. Kronensägewerkzeug

Maschinen und Werkstatteinrichtungen

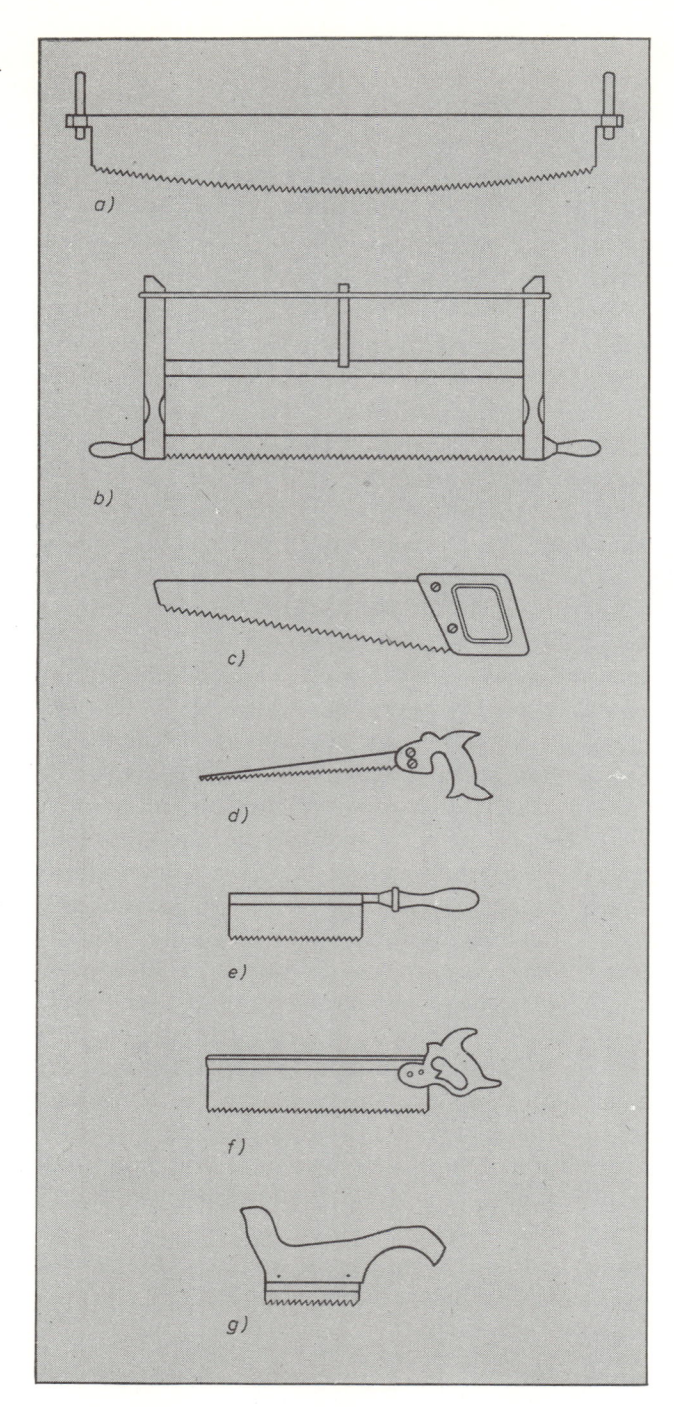

Bild 3/19
Handsägewerkzeuge
a) Schrotsäge (Baumsäge),
b) Gestellsäge, c) Fuchsschwanz, d) Stichsäge,
e) Feinsäge, f) Rückensäge,
g) Gratsäge

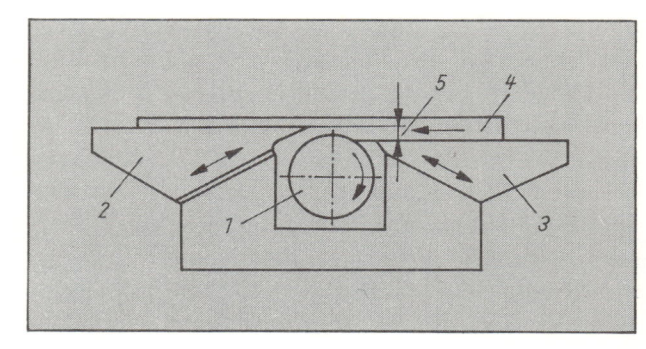

Bild 3/20.
Abrichtfräsmaschine,
schematisch

stück auf der Arbeitsplatte festspannt. Auf diese Weise ist ein sicheres Arbeiten möglich (Bilder 3/17, 3/18). Die abgebildete Kronensägemaschine besitzt an den beiden Supporten je einen Motor mit Stufenscheiben, die Drehzahlen von 720...2880 min^{-1} zulassen. Der max. Hub beträgt 100 mm (Werkstückdicke). Bei der abgebildeten Maschine sind Scheibendurchmesser zwischen 60...250 mm herstellbar.

Wegen der geschlossenen Schnittfuge beim Sägen mit Kronensägewerkzeugen geht der Späneauswurf nur langsam und mit Energieverlust vor sich. Außerdem wird die Kühlung der Säge behindert. Beim Aussägen von Scheibenrohlingen sollte deshalb der Brettzuschnitt so schmal als möglich gehalten werden (max. innerer Zahnkranzdurchmesser plus eine Schnittspurbreite), damit ein seitliches Ausspanen möglich wird. Darüber hinaus, und vor allem in den Fällen, wo ein seitliches Ausspanen nicht möglich ist (z. B. beim Lochen von Scheiben), muß auf das Freischneiden der Säge besonders geachtet werden. Deshalb wird man hier die Schrankweite um 50...100 % größer wählen als bei Kreissägewerkzeugen für den Längsschnitt. Die Schnittgeschwindigkeit von Kronensägen liegt in der Nähe der von Bandsägen (25...35 m/s). Der Leistungsbedarf richtet sich nach Holzart, Holzfeuchte und Durchmesser des Werkzeuges. Es gibt hier aus Erfahrungswerten eine Faustregel, wonach je Meter Zahnkranzlänge 7,0...9,0 kW benötigt werden. Die abgebildete Maschine arbeitet mit einer Motorleistung von 1,5 kW. Für den Arbeitsschutz ist es wichtig, die sichere, geradlinige Führung des Werkstückes oder Werkzeuges zu gewährleisten und den Flugkreis des Zahnkranzes vor unbeabsichtigtem Berühren abzudecken. Die gekrümmten Blätter müssen fest in den Spannscheiben sitzen, was häufig zu überprüfen ist.

Auf weitere Sägemaschinen soll hier nicht weiter eingegangen werden. Dafür ist im Spezialfalle andere Literatur hinzuzuziehen. Der Handwerker benötigt aber in jedem Falle einige Säge-Handwerkzeuge, die nachfolgend aufgezählt werden sollen: *Schrotsägen* als Zugsägen für Rundholz-Querschnitte; *Bügel-* und *Gestellsägen* für Querschnitte von Ast- und Brettware, und in Form der Tischler-Gestellsäge auch für genaue Maßschnitte, Schlitz- und Zapfarbeiten; *Kleinhandsägen* in Form von Feinsägen, Fuchsschwänzen, Baumsägen, Stichsägen u. dgl. (Bild 3/19).

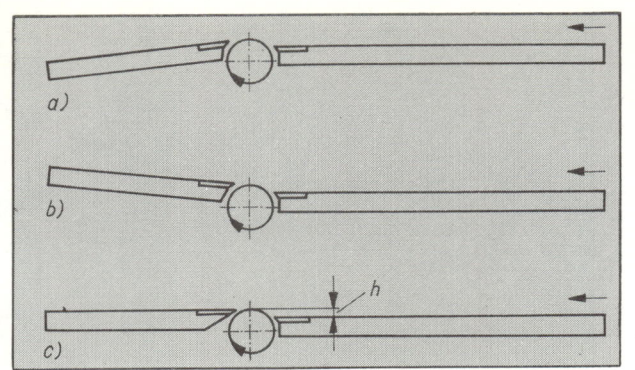

Fräsen

Die Fräsmaschinen nehmen in den Holzwerkstätten ebenfalls einen wichtigen Platz ein. Sie werden in folgende Gruppen unterteilt: Abrichtfräsmaschinen, Dickenfräsmaschinen, Profilfräsmaschinen, Unterfräsmaschinen, Oberfräsmaschinen, Rundstabfräsmaschinen, Langlochfräsmaschinen, Zinkenfräsmaschinen und Kettenfräsmaschinen. In Drechslerwerkstätten sind in der Regel Abricht- und Dickenfräsmaschinen, aber auch Unter- und Oberfräsmaschinen, Profil-, Rundstab- und Langlochfräsmaschinen im Einsatz.

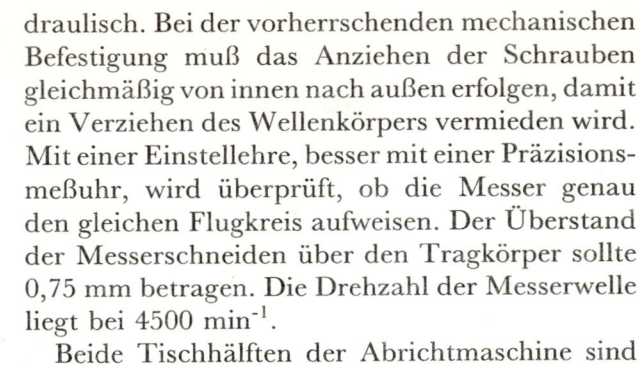

Abrichtfräsmaschinen (Bild 3/20) dienen dem Herstellen von ebenen und glatten Flächen und dem Anstoßen von Schmalflächen bzw. Flächen in einem bestimmten Winkel zu der vorher geebneten (abgerichteten) Breitfläche. Sie werden vorrangig zum Fräsen von Fugen-Schmalflächen an Bretteilen für die Breitenverklebung von größeren Flächen verwendet. Abrichtmaschinen stehen in einem technologischen Zusammenhang mit den Dickenfräsmaschinen, auf denen die vorher auf der Abrichtmaschine einseitig geebneten Holzteile auf genaue Dicke gefräst werden. Bei beiden Maschinenarten liegt spanabhebende Bearbeitung durch Umfangsfräsen vor. Sie arbeiten mit mehrteiligen Messerwellen, deren gute Lagerung und genaueste Einstellung der Messer den Ausschlag für die Qualität und Genauigkeit der Arbeit geben. Bei der Abrichtmaschine werden – wegen des vorherrschenden relativ geringen Handvorschubes – meist Messerwellen mit zwei Streifenmessern, bei Dickenfräsmaschinen solche mit vier und mehr Streifenmessern verwendet. Aus Sicherheitsgründen dürfen bei Abrichtmaschinen nur vollrunde, geschlossene Messerwellen verwendet werden. Die Befestigung der Streifenmesser in der Messerwelle erfolgt entweder mechanisch mit Hilfe von Keilleisten und Spannschrauben oder hydraulisch. Bei der vorherrschenden mechanischen Befestigung muß das Anziehen der Schrauben gleichmäßig von innen nach außen erfolgen, damit ein Verziehen des Wellenkörpers vermieden wird. Mit einer Einstellehre, besser mit einer Präzisionsmeßuhr, wird überprüft, ob die Messer genau den gleichen Flugkreis aufweisen. Der Überstand der Messerschneiden über den Tragkörper sollte 0,75 mm betragen. Die Drehzahl der Messerwelle liegt bei 4500 min^{-1}.

Beide Tischhälften der Abrichtmaschine sind verstellbar. Der vordere Tisch dient zum Einstellen der Spanungstiefe (Zustellung), der hintere zum Einstellen der Geradlinigkeit der Arbeitsfläche. Im Normalfall steht dieser parallel zum vorderen Arbeitstisch und genau in Höhe des Schneidenflugkreises der Messer. Für das Herstellen von Leimfugen kann dieser angehoben oder gesenkt werden (Bild 3/21). Für das sichere Arbeiten ist eine Abdeckung der Messerwelle nach unten und eine verstellbare Abdeckung nach oben erforderlich. Wie bei jedem Maschinenwerkzeug, darf auch hier nur so viel vom Werkzeug ohne Abdek-

Bild 3/21. Stellung der Tische an Abrichtfräsmaschinen
a) für hohle Fuge,
b) für ballige Fuge,
c) für gerade Fuge,
(h) Spanungstiefe

Bild 3/22. Einseitige Dickenfräsmaschine

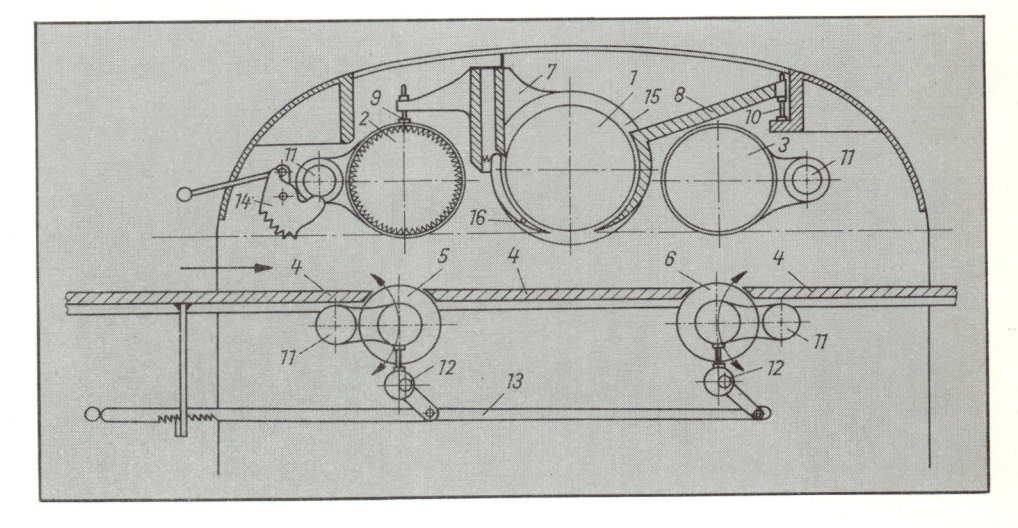

Bild 3/23. Querschnitt durch eine Dickenfräsmaschine
(1) Messerwelle, (2) Riffelwalze, (3) Vorschubwalze, (4) Maschinentisch, (5) vordere Tischwalze, (6) hintere Tischwalze, (7) vorderes Druckelement – Gliederdruckbalken, (8) hinteres Druckelement – Druckbalken, (9), (10) vordere bzw. hintere Stützschraube, (11) Pendellager, (12) exzentrische Tischwelle, (13) Hebel- und Gestängevorrichtung, (14) Rückschlagsicherung, (15) Halslager für vorderen Druckbalken, dahinter für hinteren, (16) Achse für Fingersegmente

Maschinen und Werkstatteinrichtungen

kung frei sein, wie zum spanenden Bearbeiten notwendig ist. Zum Abrichten besonders dünner und kurzer Werkstücke muß eine sicher zu führende Schiebelehre verwendet werden. Die meisten Unfälle an Abrichtmaschinen entstehen durch Abrutschen oder versehentliches Hineinfassen in die laufende Messerwelle. Letzteres geschieht häufig nach dem Abschalten der Maschine, weil die Bewegung der Welle nicht zu sehen ist und die pfeifenden Geräusche bei sinkender Drehzahl nicht mehr zu hören sind. Deshalb ist ein sofortiges und vollkommenes Abdecken der gesamten Welle nach Abschluß der Arbeiten erforderlich. Für die Serienfertigung haben sich Vorschubgeräte bewährt, die die Gefahr des Berührens durch den Arbeiter an der Maschine vollkommen ausschließen.

Bei *Dickenfräsmaschinen* (Bild 3/22) kommt zum genauen Einstellen der Messer in der Messerwelle das Einstellen der Transportwalzen und das Einstellen der Druckbalken hinzu. Die Lage dieser Hauptteile zeigt Bild 3/23. Besonders wichtig für das sichere Arbeiten an der Dickenfräsmaschine ist die Funktionstüchtigkeit der Rückschlagsicherung (14). Die Glieder der Rückschlagsicherung dürfen nicht breiter als 15 mm sein und nicht durchpendeln.

Die unteren Gleitwalzen (5 und 6) ragen im Normalfall 0,1...0,2 mm über den Maschinentisch heraus. Bei groben Arbeiten können sie auf 0,5 mm gestellt werden. Der Tisch ist höhenverstellbar und ermöglicht die genaue Dickeneinstellung, die beim Werkstück erreicht werden soll. Mit dieser Tischverstellung wird auch die Schnitttiefe eingestellt. Die obenliegenden Vorschubwalzen sind federnd gelagert und passen sich somit den Unebenheiten der unbearbeiteten Werkstückfläche und den Dickendifferenzen an. Die Einzugswalze (2) ist geriffelt, die Auszugswalze (3) glatt.

Bild 3/24. Mehrstab-Profilfräsmaschine

Bild 3/25. Gegenüberstellung von ein- und mehrteiligen Werkzeugen für Mehrstab-Profilfräsmaschinen

Der Antrieb der Vorschubwalzen erfolgt entweder über Getriebe durch die Messerwelle oder über einen gesonderten Motor. Die Vorschubgeschwindigkeit ist meist durch ein Stellgetriebe stufenlos regelbar (5...25 min^{-1}).

Von besonderer Bedeutung für ein vibrationsfreies Arbeiten zum Erzielen einer glatten Arbeitsfläche beim Arbeiten an der Dickenfräsmaschine sind die Druckbalken (7 und 8), die sich vor und hinter der Messerwelle befinden. Sie sind wie die Transportwalzen in der Höhe beweglich und drücken mit Federkraft oder Gewicht auf das Werkstück. Der Abstand der Druckbalken vom Schneidenflugkreis sollte so gering wie möglich sein, jedoch eine große Spanabnahme zulassen.

Die Drehzahl der Messerwelle liegt bei 4500 bis 9000 min^{-1}. Durch die kreisförmige Bewegung der Messerschneiden entsteht beim Umfangfräsen keine völlig ebene Oberfläche am Werkstück, sondern ein zykloidenförmiges Profil. Das trifft auf das Bearbeiten der Werkstücke an Abricht- und Dickenfräsmaschinen ebenso zu wie bei allen anderen Formen des Umfangfräsens. Anzahl der Schneiden, Durchmesser des Schneidenflugkreises, Drehzahl und Vorschub bestimmen die Länge und Tiefe der Profilwellen (Messerschläge) auf der Werkstückoberfläche. Außerdem hat die Genauigkeit der Einstellung der Messer auf gleichen Schneidenflugkreis erheblichen Einfluß auf dieses Profilbild. Als Maß für die Abstände der Messerschläge gilt der Vorschub je Schneide. Zum Erreichen einer völlig glatten Werkstückoberfläche ist deshalb nach dem Umfangfräsen (im Gegensatz zum geradlinigen Spanen mit dem Handhobel oder der Putzmaschine) in jedem Falle ein Längsschleifen oder Putzen erforderlich, damit die Messerschläge verschwinden.

Dickenfräsmaschinen sind voll verkleidet. Dadurch sind weitere Schutzvorrichtungen nicht erforderlich. An die Späneablenkhaube oberhalb der Messerwelle kann eine Absaugvorrichtung angeschlossen werden.

Die Größen der Abricht- und Dickenfräsmaschinen werden nach der jeweiligen Fräsbreite angegeben (250...630 mm bei Abricht-, 300...1600 mm bei Dickenfräsmaschinen).

Abrichtmaschinen sollten einen etwa doppelt so langen Vorder- wie Hintertisch haben, der die sichere Auflagefläche für das Herstellen vollkommen gerader Werkstückflächen begünstigt.

Profilfräsmaschinen sind für Drechslereibetriebe deshalb von Bedeutung, weil mit diesen Maschinen Rundstäbe hergestellt werden können. In der Praxis spricht man bei dieser Art der Herstellung von Rundstäben vom Rundstabhobeln, im Gegensatz zum Rundstabfräsen oder Rundstabziehen auf den sog. Ziehstöcken (s. S. 81). Die Profilfräsmaschine ist eine Spezialmaschine (Bild 3/24), die in ihrer Wirkungsweise der Dickenfräsmaschine ähnelt. In ihr sind jedoch zwei versetzt angeordnete Profilfräser an Stelle von Messerwellen eingebaut. Diese Profilfräsköpfe (Bild 3/25) greifen nacheinander von oben und unten ein und fräsen so jeweils eine Hälfte der Rundstäbe heraus. Ein gegenseitiges Berühren ist durch die versetzte Anordnung ausgeschlossen.

Das Holz muß für die Beschickung der Profilfräsmaschine auf gleichmäßige Breite (60...100 mm) und genaue Dicke geschnitten und flächengefräst sein, bevor es an der Profilfräsmaschine bearbeitet werden kann. Einige Maschinen sind mit einer Dickenfräsvorrichtung kombiniert. Äste und Schadstellen im Holz sowie extrem unregelmäßige Wuchsstellen sollten herausgeschnitten werden. Die Profilfräsmaschine besitzt, wie die Dickenfräsmaschine, Vorschubwalzen und Druckbalken. Die Holzzufuhr erfolgt von Hand oder über Magazin. Auf diese Weise können kontinuierlich Rundstäbe in hoher Qualität in Abmessungen von 5...30 mm Durchmesser hergestellt werden, die zur Beschickung von Drehautomaten, zur Herstellung von Dübeln und anderen Dingen dienen können. Zum Erzielen genau kreisrunder Stäbe ist eine präzise Einstellung der Fräsköpfe, der Transporteinrichtungen und Führungsschienen erforderlich. Für die Schnittbedingungen und Oberflächenqualität gilt das gleiche wie bei den Abricht- und Dickenfräsmaschinen. Der Vorschub kann zwischen 6...15 m/min liegen, die Leistung entsprechend bis 1000 lfd. m/h.

Unterfräsmaschinen (Bild 3/26) auch Tischfräsmaschinen genannt, sind vielseitig einsetzbare Holzbearbeitungsmaschinen, mit denen vielfältige Profilfräs- sowie Schlitz- und Absetzsägearbeiten vorgenommen werden können. Hauptteil der Unterfräsmaschinen ist die in einem Support befestigte und dadurch in der Höhe verstellbare, senkrecht stehende, jedoch auch neigbare und auswechselbare Werkzeugspindel, in der an einem auswechselbaren Fräsdorn verschiedenartige ein- und mehrteilige Fräswerkzeuge befestigt werden können. Der Durchmesser der Fräsdorne ist stan-

Schneiden-zahl	Umlaufgeschwindigkeit der Frässpindel in min^{-1}										
	3000	4000	4500	5000	6000	8000	9000	10000	12000	16000	18000
2	–	–	–	–	–	–	–	7	8	11	13
4	–	–	7	7	8	11	13	14	17	22	25
6	7	8	9	10	13	17	19	21	24	–	–

Tabelle 3/5. Vorschubgeschwindigkeiten (nach [108])

Bild 3/26. Unterfräsmaschine

Maschinen und Werkstatteinrichtungen

Bild 3/27.
Winkel und Bezeichnungen an einteiligen, *a)* hohlgeschliffenen, *b)* hinterfrästen und *c)* hinterdrehten Fräswerkzeugen für die Unterfräsmaschine
(1) Spanfläche, *(2)* Flugkreis, *(3)* Bohrung, *(4)* Schleifscheibenauslauf, *(5)* Freifläche, *(6)* Spanlücke

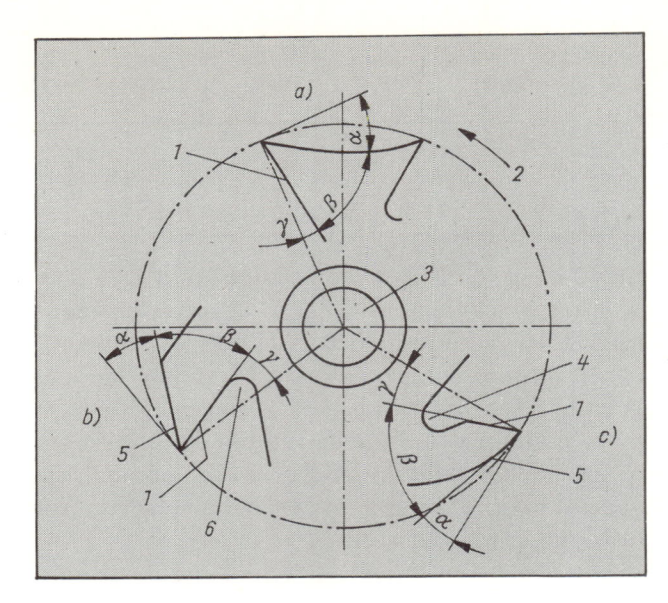

dardisiert. Es gibt Fräsdorne mit 16, 25, 30, 35 und 60 mm Durchmesser. Die oft stufenlos regelbare Drehzahl kann zwischen 2500 und 18 000 min^{-1} liegen. Sie richtet sich vorrangig nach dem Durchmesser des zum Einsatz kommenden Werkzeuges, nach der Bauweise des Werkzeuges und nach der zu erreichenden Arbeitsqualität. Für besonders große und schwere Werkzeuge kann auf dem Werkzeugtisch ein zusätzlicher Lagerarm (Oberlager) aufgesetzt werden, der die Spindel oberhalb des Werkzeuges führt. Für Höchstdrehzahlen sind die Angaben der Werkzeughersteller zu beachten. Die unterste Schnittgeschwindigkeitsgrenze liegt bei 30 m/s. Sie kann bis 100 m/s gesteigert werden. Durch polumschaltbaren Motor ist Rechts- und Linkslauf möglich. Der Vorschub erfolgt per Hand oder mit aufzusetzenden Vorschubgeräten. In Abhängigkeit von der Anzahl der Werkzeugschneiden und der Spindeldrehzahl sollten die Vorschubgeschwindigkeiten (m/min) nach Tabelle 3/5 Verwendung finden.

Den Zahlen in Tabelle 3/5 ist eine Mittelspandicke von 0,1 mm zugrunde gelegt und ein Verhältnis von Schneidenkreisdurchmesser zu Schnittiefe von 10:1. Das ergibt eine geschlichtete Oberflächenqualität. Bei höheren Qualitätsanforderungen sollte die Vorschubgeschwindigkeit darunter (Mittelspandicke 0,02...0,04 mm), bei Schruppqualität kann sie höher liegen (Mittelspandicke 0,15...0,40 mm). Bei den in der Tabelle angegebenen Werten ist auch eine gute Schneidenstandzeit zu erwarten.

Die am häufigsten verwendeten Werkzeuge an der Unterfräsmaschine sind die einteiligen (massiven), hinterfrästen, vier- oder sechsschneidigen Fräswerkzeuge aus hochlegiertem Werkzeugstahl. Die früher üblichen Kronenfräser haben an Bedeutung verloren (Bild 3/27).

Eine weitere Gruppe stellen die Verbundwerkzeuge dar, die aus mehreren Teilen (unterschiedliche Werkstoffe) stoffschlüssig unlösbar miteinander verbunden sind. Die Schneidenteile sind eingegossen, geklebt, gelötet oder geschweißt. Beide Werkzeugarten eignen sich für weiches bis mittelhartes Nadel- und Laubholz. Für besonders harte Hölzer und bestimmte Holzwerkstoffe eignen sich Schneidenteile aus Hartmetall (Sintermetalle). Beide letztgenannte Werkzeugarten sind zwei-, drei- oder vierschneidig gestaltet. Es gibt hiervon aber auch einschneidige Varianten mit Auswuchtmasse für besonders hochtourige Fräsmaschinen. Schließlich ist die große Gruppe der mehrteiligen bzw. zusammengesetzten Fräser zu nennen. Hier sind die Messer und Schneiden in Spannringen, Spannbacken, Messer- oder Fräsköpfen kraft- oder formschlüssig eingespannt. Mehrteilige und einige neue einteilige Fräswerkzeuge sind meist mit Spandickenbegrenzung, ähn-

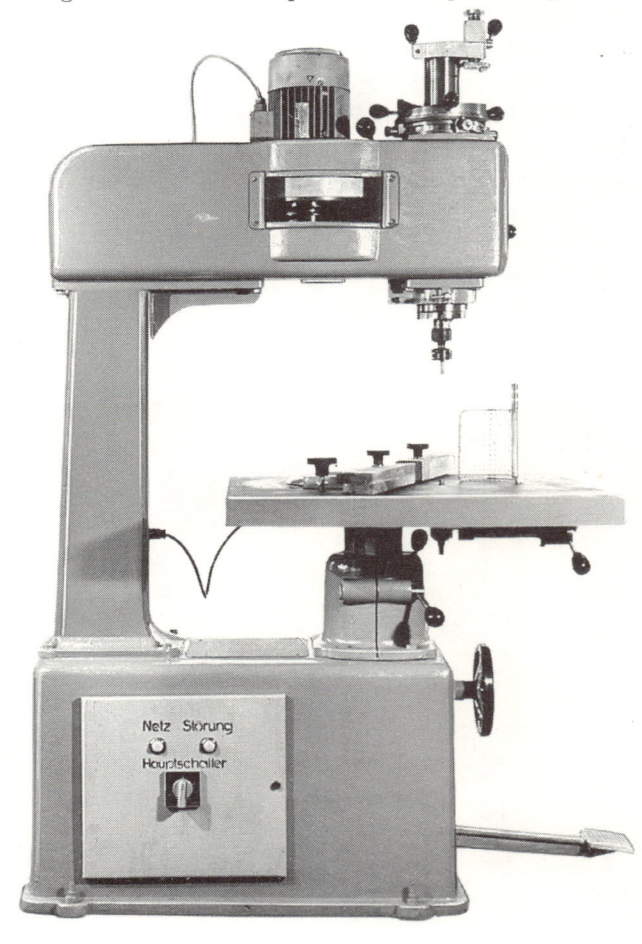

Bild 3/28.
Oberfräsmaschine mit Keilriemenantrieb – Schutzkorb und Getriebeabdeckung sind abgenommen

Bild 3/29.
Funktionsweise von Kopierstift und Fräswerkzeug bei verschiedenen Schablonenarten an der Oberfräsmaschine
a) Kopierstift mit Schablone,
b) direktes Kopieren mit Kopierstift, (1) Fräserwelle, (2) Fräser, (3) die Frästiefe wird mit dem Revolverkopf eingestellt, (4) Werkstück, (5) Schablone, (6) Vorrichtungsplatte, (7) Kopierstift, (8) Maschinentisch, (9) Feststellschraube, (10) Höhenschaltung des Kopierstiftes

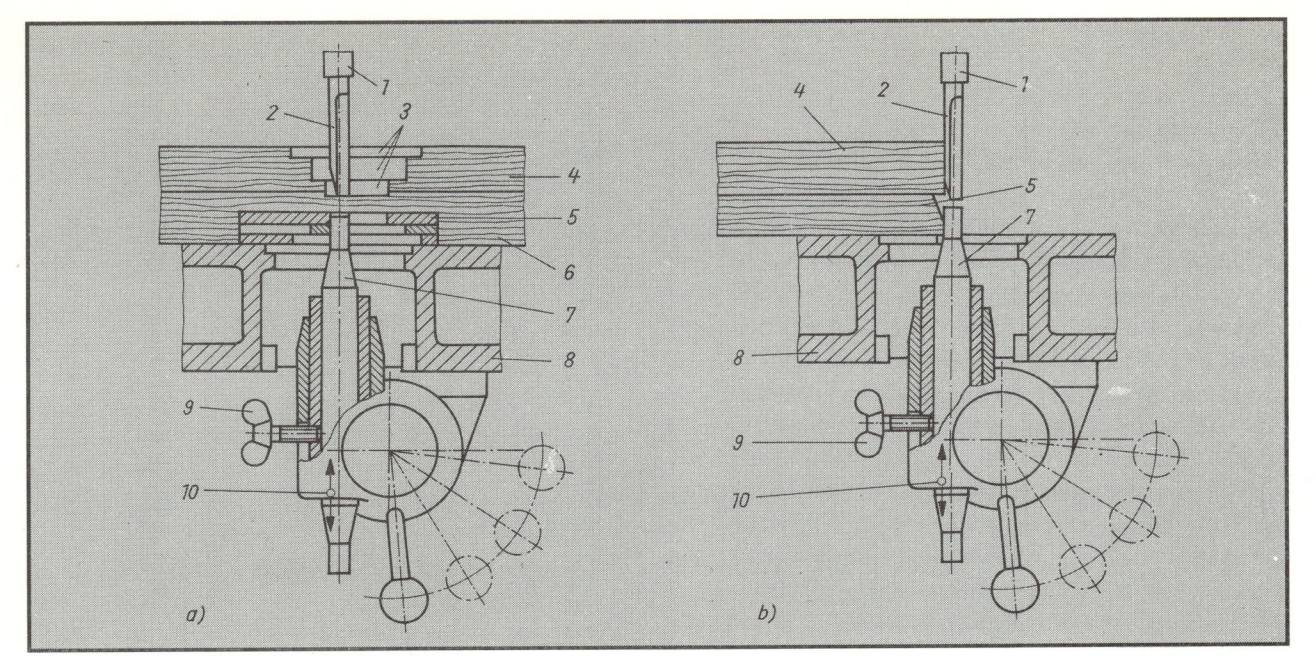

lich wie runde Messerwellen, ausgerüstet. Bei ihnen ist die Reiß- und Rückschlaggefahr stark herabgesetzt. Fräswerkzeuge mit wenig Schneiden haben den Vorteil, daß die Möglichkeit einer Differenz im Schneidenflugkreis gemindert ist. Die optimale Spandicke wird hier durch eine höhere Drehzahl bei gleichem oder geringerem Vorschub erreicht.

Unterfräsmaschinen zählen neben den Kreissägemaschinen zu den gefährlichsten Holzbearbeitungsmaschinen. Der Einsatz von Schutzvorrichtungen und das verantwortungsbewußte Arbeiten ist deshalb an diesen Maschinen von besonderer Bedeutung. Neben der selbstverständlichen Voraussetzung, daß nur einwandfreie Werkzeuge und Spindeln sowie die passenden Spindeln zu den entsprechenden Werkzeugdimensionen und die richtigen Drehzahlen verwendet werden, müssen die Zusatzeinrichtungen, wie Führungslineal, Rückschlagsicherung, Werkstückführung, Schablonen und Spannmittel, so gestaltet sein, daß ein sicheres Führen des Werkstückes möglich ist und die Hände so wenig wie möglich in die Nähe des Werkzeuges gelangen. Das gilt auch für Probefräsungen. Alle hinter dem Führungslineal befindlichen Werkzeugteile sind abzudecken.

Da für gedrechselte Arbeiten das Fräsen durch das Fehlen von ebenen Anlageflächen und Spannflächen besonders erschwert ist, gilt der Gestaltung von Vorrichtungen und sicheren Führungs- und Spanneinrichtungen besondere Aufmerksamkeit. Einige Beispiele hierzu sind im Abschnitt

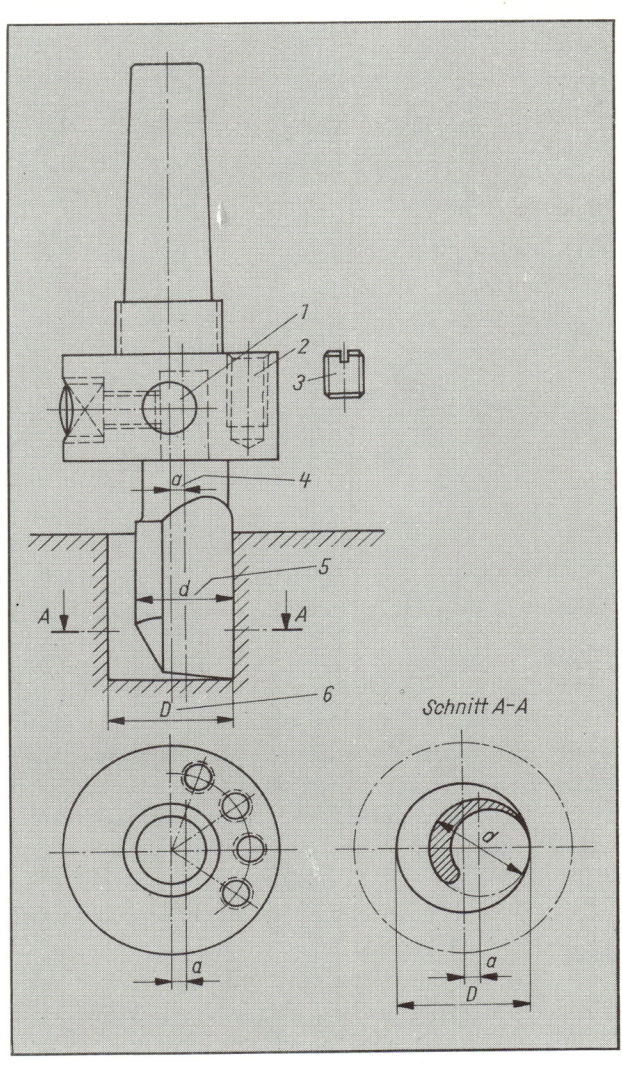

Bild 3/30.
Exzentrisches Spannfutter für Oberfräsmaschinen
(1) Futtergröße,
(2) Auswuchtlöcher,
(3) Auswuchtschrauben,
(4) Exzentrizität,
(5) Fräserdurchmesser,
(6) Fräsdurchmesser

Maschinen und Werkstatteinrichtungen

»Konstruktionselemente und Verbindungsteile« erläutert.

Oberfräsmaschinen (Bild 3/28) sind für Drechslerwerkstätten ebenso von Bedeutung wie Unterfräsmaschinen. Wie ihr Name bereits sagt, wird bei dieser Maschinenart die Spindel mit dem Werkzeug von oben auf das Werkstück herabgesenkt. Es handelt sich meist um stationäre, mit hoher Drehzahl (bis 24 000 min^{-1}) arbeitende Maschinen, die größtenteils für Kopierfräsarbeiten eingesetzt werden. Hierbei wird an einem in verlängerter Frässpindelachse aus dem Auflagetisch herausragenden Führungsstift eine für den betreffenden Arbeitsgang hergestellte Schablone mit dem aufgespannten Werkstück (Fräsvorrichtung) entlanggeführt. Dieser Führungsstift ist in der Höhe stufenweise verstellbar. Zum genauen Kopieren muß er dem Fräserdurchmesser entsprechen. Der gesamte Fräskopf wird durch Fußhebel von oben auf das Werkstück gesenkt. Verschiedene Höhen bzw. Frästiefeneinstellungen sind durch umschaltbare Arretierung an einem Revolverkopf (oder ähnlicher Vorrichtung) möglich. Durch die sinnvolle Kombination von verschiedenen Führungsebenen unterhalb der Fräskopiervorrichtung und verschiedene Frästiefeneinstellungen von oben ist eine Vielfalt von Fräsformen möglich. Bild 3/29 zeigt die Funktionsweise von Fräs-Kopierstift und Fräswerkzeug an Fräs-Kopiervorrichtung und Werkstück.

An Oberfräsmaschinen kann aber ebenso ohne Fräs-Kopiervorrichtung, dafür mit Hilfe eines Führungslineals gearbeitet werden. Dadurch ist

Bild 3/31.
Winkel und Wirkungsweise bei einschneidigen exzentrisch gespannten Oberfräswerkzeugen
d Fräserdurchmesser,
D Fräsdurchmesser

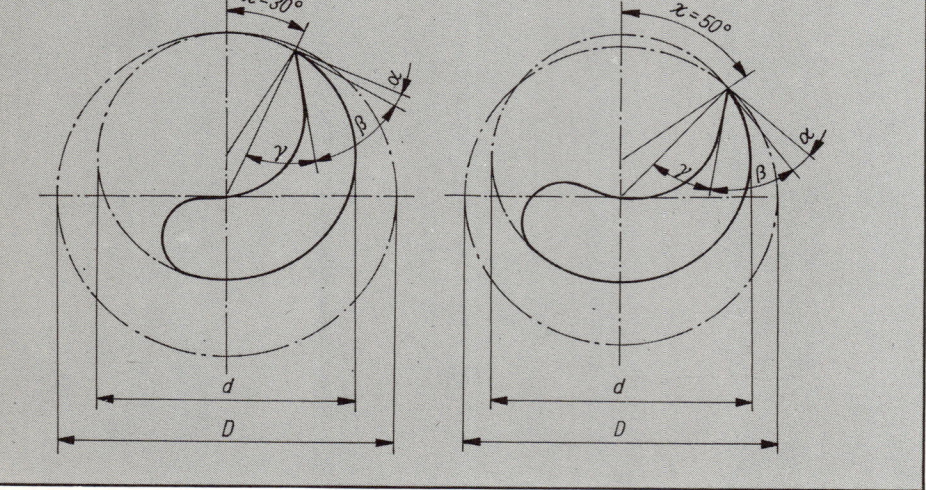

Tabelle 3/6.
Zusammenhang zwischen Fräsdurchmesser, Fräserdurchmesser und Einstellwinkel [108]

Fräsdurchmesser	Fräserdurchmesser	Spannfutter Größe	Einstellwinkel ε °(Grad)
3,5	3	1/2	45
4	3	1 1/2	45
4,5	3,5	1 1/2	45
5	4,5	1 1/2	45
5,5		1 1/2	45
6	5	1 1/2	45
6,5	5	2	48
7	5,5	2	48
7,5	6	2	47
8	6,5	2	47
8,5	7	2	46
9	7	2 1/2	42
9,5	8	2	46
10	8	2 1/2	42
10,5	8	3	39
11	8,5	3	40
11,5	9	3	38
12	9,5	3	40
12,5	10	3	37
13	10,5	3	40
13,5	11	3	38
14	11	4	48
14,5	11	4	33
15	12	4	47
15,5	12	4	34
16	13	4	47
16,5	13	4	33
17	13	5	43
17,5	14	5	53
18	14	5	43
18,5	15	5	52
19	15	5	42
19,5	15	6	48
20	15	6	40
20,5	16	6	48
21	16	6	39
21,5	17	6	52
22	17	7	52
22,5	17	7	45
23	18	7	51
23,5	18	7	45
24	18	8	49
24,5	18	8	42
25	19	8	49
25,5	19	8	42
26	19	9	47
26,5	19	9	40
27	20	9	46
27,5	20	10	50
28	20	10	45
28,5	20	10	36
29	20	10	30
29,5	22	10	49
30	22	10	45

der Einsatz der Oberfräsmaschine auch für Einzelanfertigungen und Kleinserien gerechtfertigt. Es gibt aber auch Maschinen mit Supportführung. Mit Hilfe von Spezialvorrichtungen kann z. B. auch der »Wund« an gedrechselten Säulen mit der Oberfräsmaschine hergestellt oder zumindest vorgeformt werden (siehe auch »Herstellung gewundener Säulen«). Sehr nützlich für die Einzelfertigung oder für baugebundene Arbeiten sind transportable Handoberfräsmaschinen, die an einem Führungslineal oder frei geführt werden können.

Die in Oberfräsmaschinen zum Einsatz gelangenden Fräswerkzeuge sind relativ klein. Sie sind meist einschneidig und werden exzentrisch in einem dafür geeigneten Futter eingespannt. Die Fräsbreite ist durch die Exzentrizität mit dem gleichen Werkzeug in gewissen Grenzen verstellbar (Bilder 3/30, 3/31). Der besondere Vorteil dieser exzentrischen Wirkungsweise des Fräswerkzeuges liegt in dem günstigen und reibungsarmen Ausspanungsvermögen. Für Profilfräsarbeiten werden aber auch zweischneidige Werkzeuge verwendet, die zentrisch laufen. Die Tabelle 3/6 gibt die Abhängigkeit von Fräsloch- und Fräserdurchmesser und Futtermaß sowie den Einstellwinkel bei Verwendung einschneidiger, exzentrisch gespannter Oberfräswerkzeuge an. Der Einstellwinkel ε verändert das Verhältnis zwischen Fräsloch- und Fräserdurchmesser. Im allgemeinen soll der Einstellwinkel $\varepsilon = 30...50°$ betragen. Verschieden große Exzentrizität wird durch das Futtermaß (a) bestimmt. Der Keilwinkel β soll bei Weichholz 20°, bei Hartholz 30° und bei Sperrholz 50° betragen. Wenn der Einstellwinkel $\varepsilon < 30°$ oder $> 50°$ werden muß, können die Winkel α und γ verändert werden.

Bei richtiger Wahl des Einstellwinkels ε lassen sich 70 Fräslochdurchmesser mit nur 24 Größen von Einschneidenfräsern erzielen. Neben der günstigen Werkzeugökonomie, die damit erreicht wird, ist der Kraftbedarf einschneidiger Werkzeuge geringer, und der Schnitt (Arbeitsfläche) wird glatter als bei anderen Fräserarten.

Die Schnittgeschwindigkeit an Oberfräswerkzeugen liegt zwischen 28...75 m/s.

Für den Arbeitsschutz gilt die Anwendung einer Werkzeugabdeckung (Berührungsschutz) und die Anbringung eines Splitterschutzes an den Griffteilen der Fräsvorrichtung. Die Führung der Vorrichtung muß mit beiden Händen erfolgen, damit ein Hineinfassen in das laufende Fräswerkzeug vermieden wird. Die fachgerechte Werkzeugeinstellung und das gewissenhafte Auswuchten der Exzenterfutter sind selbstverständliche Voraussetzung für ein sicheres Arbeiten und für das Erzielen einer glatten Arbeitsfläche.

Rundstabfräsmaschinen stellen für den Drechsler ein wichtiges Arbeitsmittel dar. Mit ihnen kann er Rundstäbe zur Weiterbearbeitung an Drehmaschinen oder als Fertigprodukte rationell herstellen. Bei diesen Maschinen rotiert ein Messerkopf um das Holz herum. Durch die zentrale Öffnung des sich rasch drehenden Rundstabmesserkopfes wird ein Kantelrohling gezogen, der durch die eingebauten Messer vollkommen rund gefräst wird. Bei einfachen Vorrichtungen dieser Art erfolgt der Vorschub per Hand. Der Kantel wird dabei nur in einer verstellbaren, starren, quadratförmigen Öffnung einer Metallhalterung geführt und dadurch am Mitdrehen gehindert. Am anderen Ende des Messerkopfes (Ausgang) wird der gefräste Rundstab von zwei Führungswalzen ge-

Fräsen

Bild 3/32.
Rundstabfräsmaschine mit Handvorschub, sog. Ziehstock

Bild 3/33.
Rundstabfräsmaschine mit automatischem Vorschub
(1) Vierkantstab, (2) Rundstab, (3) Spezialmesserkopf, (4) Gehäuse, (5) Vorschubrollen

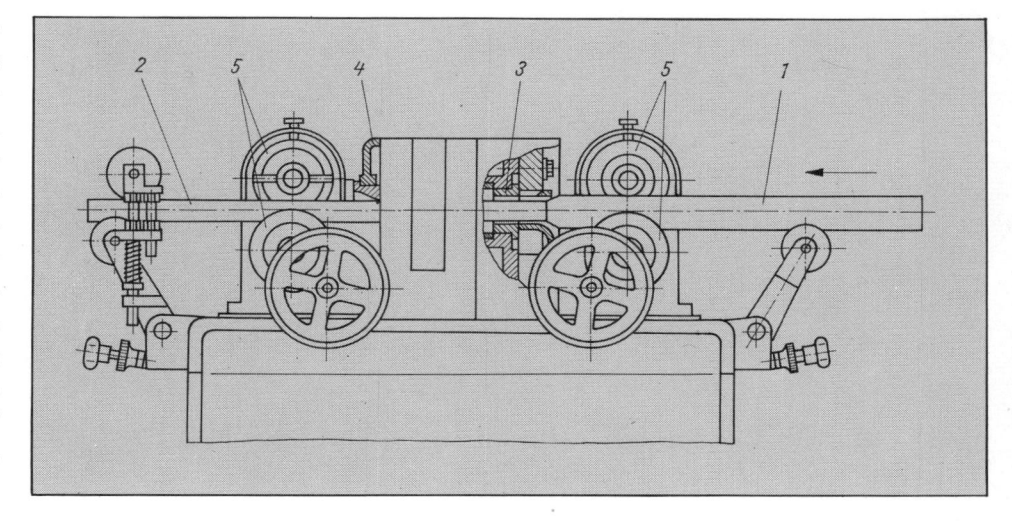

Maschinen und Werkstatteinrichtungen

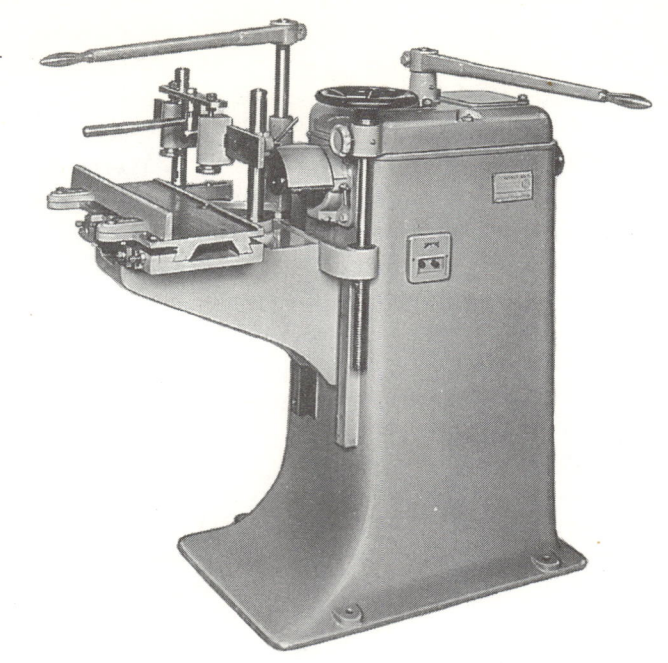

Bild 3/34. Langlochfräsmaschine

Bild 3/35. Schemata der zweckmäßigsten Langlochherstellung I, II, III, IV; V: geringer Werkzeugverschleiß, geringe Leistung. Für alle Langlöcher $l > d$

halten. Der Kantel wird in den Messerkopf hineingeschoben und der fertige Rundstab an der Gegenseite herausgezogen. (Man spricht bei dieser Art von Rundstabfräseinrichtungen deshalb auch von Ziehstöcken.) Mit Hilfe derartiger Vorrichtungen können Rundstäbe bis 40 mm Durchmesser hergestellt werden (Bild 3/32).

Bei maschinellem Vorschub befinden sich vor dem Messerkopf zwei sich gegenüberliegende, senkrecht stehende, geriffelte, kerbförmige Transportwalzen, die wie die am Messerkopfausgang befindlichen, kehlförmigen, glatten Auszugswalzen je nach Kantel- bzw. Rundstababmessung auswechselbar sind und von einem Motor angetrieben werden (Bild 3/33). Der Vorschub läßt sich zwischen 4...40 m/min, bei Hochleistungsmaschinen bis 50 m/min, einstellen. Die Vorschubgeschwindigkeit richtet sich nach der Holzart und der gewünschten Oberflächenqualität. Die Leistung kann dementsprechend bei 400...1000 lfd m/h liegen. Der Messerkopf ist mit zwei oder vier Messern bestückt. Es gibt Messerköpfe mit fester Messeranordnung für einen bestimmten Durchmesser und solche mit verstellbaren Messern für einen Durchmesserbereich von 5...30 mm, 25...60 mm und 50...80 mm. Die Drehzahl der Messerköpfe liegt zwischen 2000 und 6000 min^{-1}. Die Messer sind im Messerkopf tangential angeordnet, so daß sie im vollen Kreisumfang schälend wirksam werden. Bei zweischneidigen Varianten wirkt ein Messer als Vorschneider, das zweite als Schlichtstahl, bei vierschneidigen Messerköpfen entsprechend gestuft. Die Schlichtstähle sind tangential und zur Rundstabachse schräg geneigt (Einstellwinkel) angeordnet, so daß ein ziehender Schnitt entsteht, der eine saubere Oberfläche gewährleistet. Die kürzeste Stablänge liegt – je nach Bauart der Maschine – zwischen 400...750 mm. Die Kantel müssen 1...2 mm dicker zugeschnitten sein, als der Durchmesser der fertigen Rundstäbe sein soll. Es wird empfohlen, das Holz für das Rundstabfräsen besonders auszuwählen. Geradfasrig gewachsenes und astfreies Holz läßt sich verständlicherweise besser bearbeiten und ergibt eine höhere Rundstabqualität als solches mit schräg oder wellig verlaufender Faser und mit Ästen oder anderen Fehlern behaftetes Holz – vorausgesetzt, die Werkzeugschneiden sind scharf und gut eingestellt. Eine besondere Form der Rundstabmesserköpfe, die wie Bleistiftspitzer ausgebildet sind, dient zum Schräganspitzen von Kanteln oder Rundstäben sowie zum Anschneiden von Zapfen. Bei dieser Art wird der Stab oder das Kantel gegen den Messerkopf gedrückt, nicht hindurchgeschoben wie bei den Rundstabmesserköpfen.

Langlochfräsmaschinen (Bild 3/34) sind vorrangig zum Herstellen schlitzförmiger Vertiefungen für Zapfenverbindungen konstruiert (Langlöcher). Mit derartigen Maschinen können aber auch Rundbohrungen in vielfältiger Weise in die Werkstücke eingebracht werden. Der Lage ihrer Spindel entsprechend werden sie auch Horizontalbohrmaschinen genannt. Mit Hilfe von handbetätigten Supportführungen, Spanneinrichtungen und Anschlägen ist es möglich, genaue Abstände und Tiefen mehrerer Bohrungen auszuführen oder Langlochschlitze herzustellen. Das Langlochfräsen stellt eine Kombination von Bohren und Fräsen dar. Deshalb werden hierfür als Werkzeuge spezielle Fräsbohrer benötigt, die mit Stirn- und Längsschneiden ausgestattet sind. Diese Werkzeuge werden ein-, zwei- und dreischneidig hergestellt. Da einschneidige Werkzeuge – vor allem bei geringen Spindeldrehzahlen – leicht zum Verlaufen neigen, sind die zwei- und dreischneidigen Werkzeuge im allgemeinen vorzuziehen. Bei modernen Maschinen mit hohen Drehzahlen ergeben jedoch die einschneidigen Varianten günstigere Spanungsbedingungen (siehe Oberfräswerkzeuge). Die Spindeldrehzahlen liegen bei Langlochfräsmaschinen zwischen 3000...6000 min^{-1}. Die Längsschneiden der Werkzeuge sind entweder ganz gerade oder gewunden. Bei den gewundenen Schneidenformen entsteht ein ziehender Schnitt, der für das Herstellen besonders glatter Arbeitsflächen und für Hartholz vorteilhaft ist. Die Fräsbohrer werden in Abmessungen von 5...50 mm Durchmesser hergestellt. Da beim seitlichen Fräsen die Werkzeuge stark auf Biegung beansprucht werden, sollte jeweils nur 10...15 mm tief gefräst werden. Je nach Breite und Tiefe des Langloches sind demzufolge mehrere Arbeitsstufen erforderlich. Vor dem seitlichen Fräsen sollten die beiden Außenbegrenzungen des Langlochschlitzes eingebohrt werden (Bild 3/35). Je nach Größe einer Langlochfräsmaschine können Innenfräsungen bis 150 mm Tiefe und 250 mm Länge ohne Umspannen hergestellt werden. Die Breite des Langlochschlitzes ist vom Durchmesser des jeweiligen Fräsbohrers abhängig.

Bohren

Das Bohren ist das fundamentalste Verfahren der spanabhebenden Holzbearbeitung. Es kann sehr leicht mit einfachen Handgeräten (Bohrwinden) oder elektrisch betriebenen Handbohrmaschinen, aber auch mit Hilfe von stationären Ständerbohrmaschinen, meist mit vertikal stehender Bohrspindel, ausgeführt werden. Der Drechsler verwendet sehr häufig die Drechselbank zum Ausführen von Bohrungen, indem er den Bohrer mittels Spannfutters an der Spindelstockwelle befestigt und mit dem Werkstück die Vorschubbewegung ausführt oder das an der Spindelstockwelle befestigte Werkstück rotieren läßt und das Bohrwerkzeug, mit Handführung oder am Reitstock befestigt, dem Werkstück zuführt. Eine kleine oder mittelgroße Ständerbohrmaschine mit einer Spindel sollte jedoch in keiner Drechslerwerkstatt fehlen. Diese Maschine sollte mindestens für drei Drehzahlstufen (etwa 300/1500/3000 min^{-1}) ausgelegt sein und einen in Höhe und Neigung verstellbaren Auflagetisch besitzen. Es ist vorteilhafter, wenn die Vorschubbewegung von der Bohrspindel ausgeführt wird und der Auflagetisch fest steht, als umgekehrt (Bild 3/36).

Da der Aufbau und die Bedienung von Bohrmaschinen verhältnismäßig einfach und allgemein bekannt sind (ausgenommen mehrspindelige Spezialmaschinen, die für den Drechsler weniger von Bedeutung sind), soll nachfolgend vor allem auf die Bohrwerkzeuge eingegangen werden: Nach der Art des Antriebes werden die Hand- von den Maschinenbohrern unterschieden. Beide gibt es in unterschiedlichster Form und Abmessung und aus unterschiedlichsten Werkzeugstählen. Während Handbohrer aus legiertem Werkzeug- bzw.

Bild 3/36.
Kleine Tischbohrmaschine

Maschinen und Werkstatteinrichtungen

Bild 3/37.
Schematische Darstellung und Funktionsweise eines Löffelbohrers

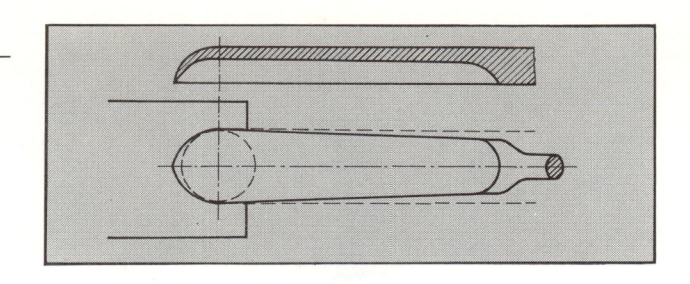

Kohlenstoffstahl hergestellt sein können, müssen Maschinenbohrer aus legierten oder hochlegierten Schnellschnittstählen hergestellt sein. Hartmetallbestückte Bohrer kommen in der Holzbearbeitung nur selten zum Einsatz. Die verwendete Bohrerform ist abhängig von der Lage der Holzfasern zur Bohrrichtung (Längsbohren, Schrägbohren, Querbohren), von der Bohrlochtiefe, vom Bohrdurchmesser, von der Holzart, die gebohrt werden soll, und von den Leistungs- und Qualitätsanforderungen an die Bohrung. Mit einer optimalen Bohrerform und Schneidengeometrie muß erreicht werden, daß die Bohrspäne möglichst rasch, reibungsarm und vollständig während des Bohrvorganges aus dem Bohrloch entfernt werden. Die Schnittflächen müssen glatt und der Bohrlochrand ausrißfrei hergestellt werden können. Außerdem sollte eine hohe Vorschubgeschwindigkeit möglich sein, damit der Span aus dem Bohrloch »herausspritzen« kann. Dadurch wird die Voraussetzung für die Ableitung der Reibungswärme geschaffen. Die Bohrerformen sind gekennzeichnet durch unterschiedliche Lage, Anzahl und Form ihrer Schneiden und Spitzen. Sie haben jeweils besondere Wirkungsweisen, Spanformen, Bohrleistungen, Bohrgüten und Leistungsaufnahmen und sind somit für spezielle Verwendungsgebiete einsetzbar. Sie werden eingeteilt in Holmbohrer, Kopfbohrer und Sonderbohrer. Bei den Holmbohrern weist der glatte Holm (oder Schaft) den gleichen Durchmesser auf wie der Flugkreis der Bohrerschneiden. Zu ihnen gehören die Löffelbohrer, die Wendel- oder Spiralbohrer und die Schlangenbohrer. Bei den Kopfbohrern wird ein kurzer Schneidenkopf von einem wesentlich schwächeren Schaft getragen. Zu ihnen gehören die Zentrumbohrer, die Forstnerbohrer und die sog. Kunstbohrer. Sonderformen gibt es darüber hinaus zur Herstellung von abgesetzten oder kegelförmigen Löchern. Sie sind meist in Form von Bohrköpfen gestaltet. Zu ihnen gehören z. B. Dübelsenker und Versenkbohrer. Die Spitze der Bohrer kann dachförmig, mit Zentrierspitze, schneckenförmig oder schraubenförmig ausgebildet sein. Es gibt Bohrer mit einer oder zwei Windungen (Gängen) und mit bis zu 2 Vorschneidern. Die Schäfte sind bei Handbohrern mit Ringgriffen oder Öhr ausgebildet und für Bohrwinden z. T. mit Vierkantschaft. Schäfte für Maschinenbohrer sind zylindrisch (durchgehend oder abgesetzt) oder weisen einen Morsekegel auf. (Seltener gibt es Gewindeschaft oder Vierkantschaft.)

Löffelbohrer stellen die einfachsten Bohrerformen dar. Sie sind pfannenförmig ausgebildet und laufen vorn spitzrund aus. Die genaue zentrische Lage der Spitze und die genau symmetrisch liegenden beiden Schneidkanten des einschneidig wir-

Bild 3/38.
Zeichnerische Darstellung von Bohrwerkzeugen
Handwerkzeuge:
a) Schlangenbohrer,
b) Winden-Schneckenbohrer,
c) Zentrumbohrer
Maschinenwerkzeuge:
d) Schlangenbohrer,
e) Spiralbohrer, *f)* Spiralbohrer mit dachförmiger Spitze,
g) Forstnerbohrer,
h) Kunstbohrer, *i)* Maschinensenker, *k)* Senker kombiniert mit Bohrer (konisch)

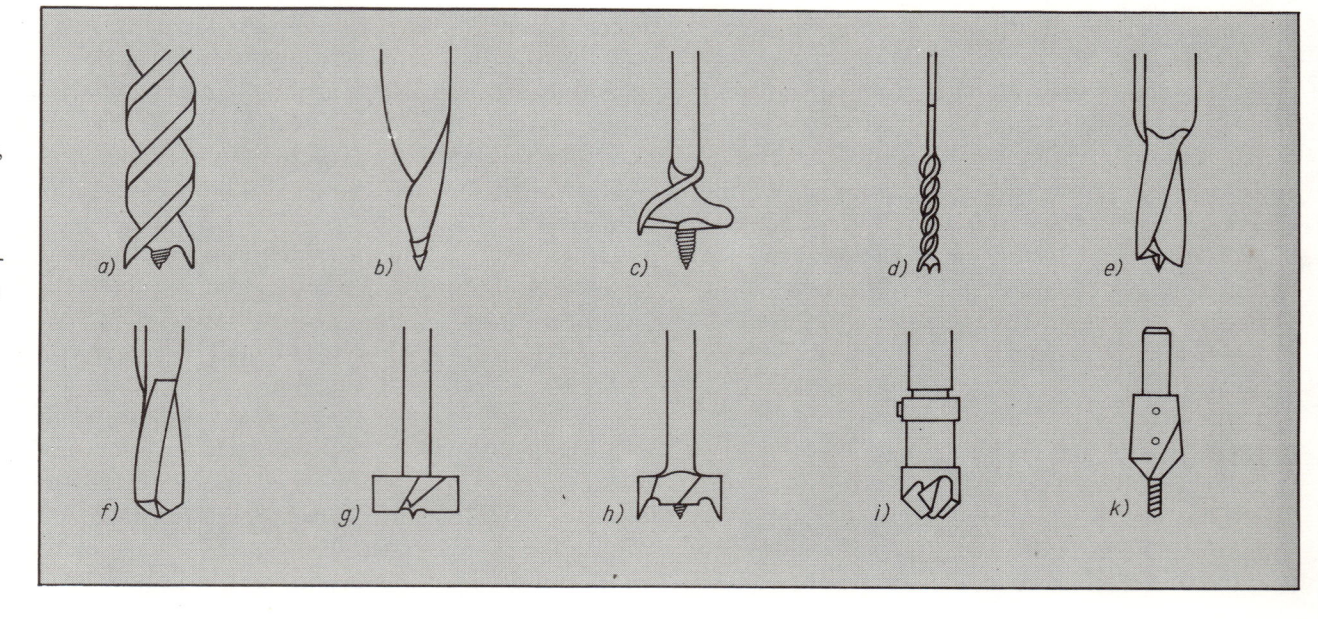

kenden Bohrwerkzeuges sind ausschlaggebend für den gleichmäßigen und in Bohrrichtung verbleibenden Schneidvorgang (Bild 3/37). Löffelbohrer sind für Bohrungen in Faser-Längsrichtung (Hirnholz) geeignet. Der Drechsler verwendet den Löffelbohrer gern für Freihandbohrungen an der Drechselbank, weil dieser, vorausgesetzt, er ist geometrisch genau vorgerichtet, sich stets zum Zentrum der Drehachse ausrichtet. Der Löffelbohrer des Drechslers für Bohrungen an der Drechselbank und der Löffelbohrer für Handbohrungen (Leiternbohrer, Röhrenbohrer) ist – im Gegensatz zum Maschinenlöffelbohrer – leicht konisch (verjüngt von der Schneide zum Schaft) ausgebildet. Bei umgekehrt konischer Gestaltung entstehen kegelförmige Löcher. Löffelbohrer werden mit Metallschabern von innen geschärft. Eine Sonderform des Löffelbohrers stellt der Schneckenlöffelbohrer dar, bei dem die Spitze mit etwa drei flachen, schneckenförmigen Windungen oder mit einem Einzugsgewinde gestaltet ist. Er ist nur für Handbohrungen geeignet.

Der eigentliche *Schneckenbohrer* weist gegenüber dem Schneckenlöffelbohrer eine steile Steigung der Schneiden auf, die zur Spitze in eine flache Schnecke oder in ein Einzugsgewinde übergeht. Es handelt sich auch hierbei um einen Handbohrer. Durch sein starkes Einzugsvermögen besteht die Gefahr der Rißbildung am Bohrlochumfang. Er wird vorrangig bei Nadel- und Weichhölzern verwendet (Bild 3/38).

Der *Spiral-* oder *Wendelbohrer* ist die gebräuchlichste Bohrerform, die auch in der Metallbearbeitung ein breites Anwendungsgebiet findet. Er ist ein ausgesprochener Maschinenbohrer, der zwei steile Spiralschneiden aufweist. Der Flugkreisdurchmesser der Schneiden ist wenig größer oder gleich dem Schaftdurchmesser. Spiralbohrer für die Holzbearbeitung haben einen steileren Spiralgang als solche für die Metallbearbeitung. Spiralbohrer für die Holzbearbeitung können mit steiler Dachspitze, mit Zentrierspitze oder mit Zentrierspitze und Vorschneider ausgestattet sein. Wichtig für genauen Lauf und sauberes Arbeiten dieses Bohrwerkzeuges ist die genaue Symmetrie von Schneiden und Spitze. Die Schneidengeometrie ist wie folgt zu gestalten: Freiwinkel $\alpha=12°$, Keilwinkel $\beta=55°$, Spanwinkel $\gamma=23°$ bei Weichholz und $\gamma=25°$ bei härteren Hölzern. Bei Dachspitzen sollte der Spitzenwinkel $\epsilon=100°$ für alle Hölzer betragen (Bild 3/39). Die Schnittgeschwindigkeit beim Bohren liegt bei 2...6 m/s. Mit zunehmendem Bohrdurchmesser bis 20 mm müssen Drehzahl und Vorschubgeschwindigkeit stark herabgesetzt werden. Beim Bohren mit Zentrierspitze und Vorschneidern sollte der Flugkreis der Vorschneider einen um 10% größeren Durchmesser aufweisen als der Schneidenflugkreis, damit die Reibung zwischen Bohrer und Lochwand vermindert wird. Diese Vorschneider sind hoher Belastung ausgesetzt und neigen deshalb zum Verglühen. Da einmal verglühte Schneiden keine Schneidenschärfe mehr halten, wird hier die Bohrgüte stark vermindert. Mit derartigen Bohrern kann nicht mehr gearbeitet werden. Gut vorgerichtete Spiralbohrer mit Vorschneidern garantieren eine saubere Bohrung. Mit ihnen muß aber so gearbeitet werden, daß keine zu starke Reibungswärme entsteht. Das bedeutet zügiges und gefühlvolles Bohren.

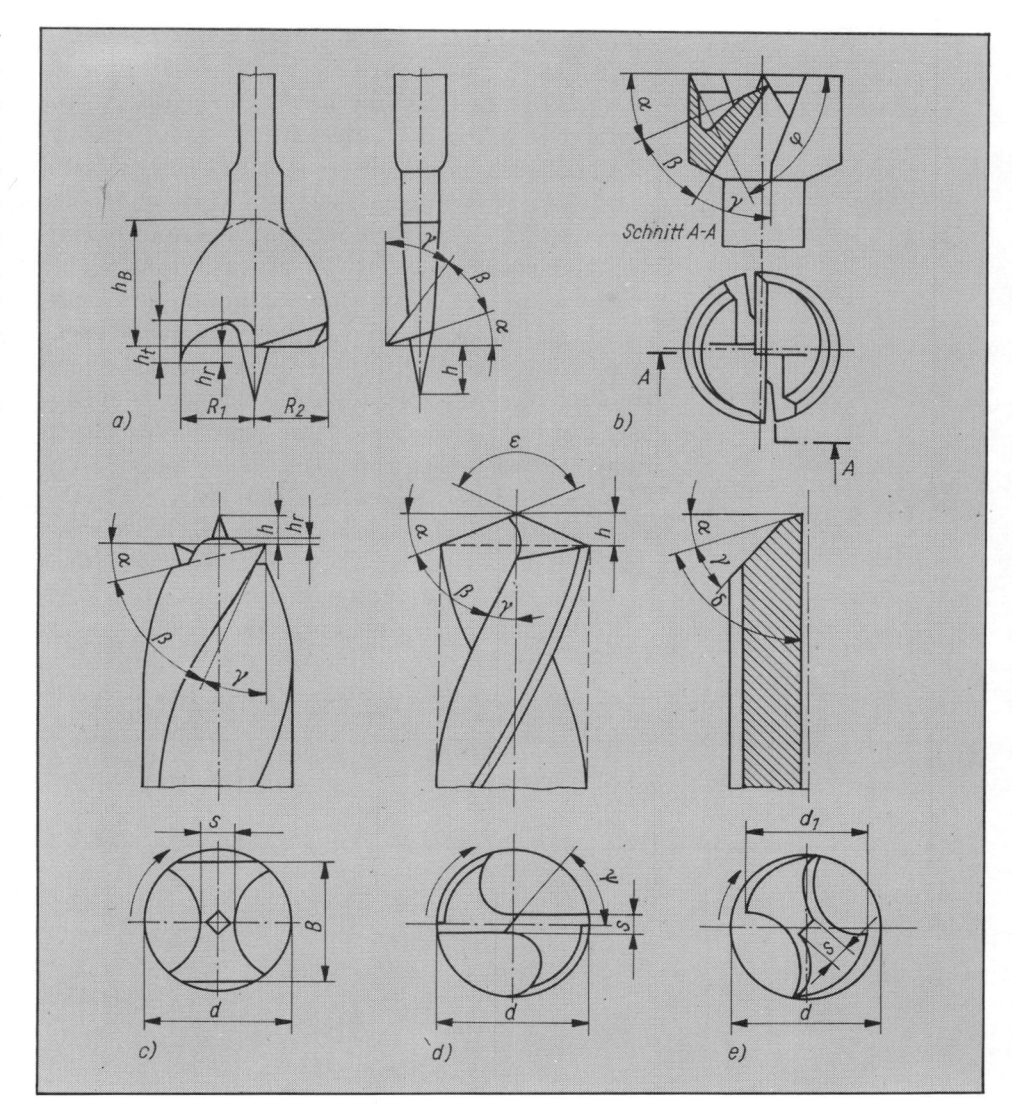

Schlangenbohrer eignen sich für besonders tiefe

Bild 3/39.
Schneidengeometrie bei verschiedenen Bohrerarten
a) Zentrumbohrer,
b) Forstnerbohrer,
c) Spiralbohrer für Metall mit Anschliff für Holz,
d) Spiralbohrer für Holz mit Dachspitze,
e) Langlochfräsbohrer

Bohrungen. Ihre schneckenförmigen Spangänge befördern die Bohrspäne aus der Tiefe des Bohrloches nach außen. Es gibt drei Formen von Schlangenbohrern: Bei der einen Form ist ein schneckenförmiger Transportgang um einen Kern (Seele) herum aufgelegt (IRWIN-Form), bei der anderen besteht der Bohrer aus zwei spiralförmigen Gängen ohne Kern (DOUGLAS-Form). Beide besitzen zwei Vorschneider und eine Zentrierspitze mit Einzugsgewinde. Sie sind nur für Handbohrungen geeignet. Ohne Einzugsgewinde können sie auch in elektrischen Bohrmaschinen zum Einsatz kommen. Der Spitzenflugkreis der Vorschneider soll etwa 10 % größer sein als der Bohrdurchmesser. Bei einer dritten, der LEWIS-Form, ist der eingängige Spiral-Spangang ohne Kern mit etwa 45° Steigungswinkel nach oben geführt. Die Stirnseite ist mit Gewindespitze und einem Vorschneider oder mit Dachspitze und ohne Einzugsgewinde gestaltet. Zur Verminderung der Wandreibung sind die Schneiden hinterschliffen. Die Spanabfuhr und Führung des Bohrers im Bohrloch ist hier besser als bei den anderen beiden Arten. Wegen des fehlenden Bohrerkernes sind diese Bohrerformen jedoch sehr biegeempfindlich.

Schlangenbohrer ohne Vorschneider, mit nach oben angewinkelten Hauptschneiden (COOKS-Form) werden zum Bohren von Hirnholz verwendet.

Zentrumbohrer stellen eine Übergangsform zwischen Holm- und Kopfbohrer dar. Bei ihnen verläuft der schmale Holm in eine flache Bohrplatte mit keilförmigem Längsschnitt. An der Schneidenseite dieser Platte befindet sich eine lange vierkantige Zentrierspitze, an die sich einerseits ein Vorschneider, andererseits ein Spanschneider anschließt (siehe Bilder 3/38, 3/39). Der Radius des Vorschneiders R_1 soll um etwa 10% größer als der des Spanschneiders R_2 sein. Die Spitze des ersteren soll über die Spanschneiderkante in Achsrichtung um so weniger herausragen, je härter das Holz ist (bei 300 kg/m³ Rohdichte $h_r \approx 2{,}5$ mm,

Tabelle 3/7. Richtdrehzahlen für Maschinen-Holzbohrer [124]

Bohrerform und Holzgattung	Bohrerdurchmesser mm									
	5	8	10	15	20	25	30	35	40	50
Löffelbohrer										
Weichholz: n in min^{-1}	1200	800	600	400	300	250	200	180	160	150
Schneckenbohrer										
Weichholz: n in min^{-1}	3000	1800	1000	600	500	400	350	300	250	200
Hartholz: n in min^{-1}	2000	1300	800	550	400	300	250	200	180	150
Spiralbohrer[1]										
Weichholz: n in min^{-1}	6000	5000	4000	2500	2000	1600	1300	1150	1000	800
Hartholz: n in min^{-1}	4000	3600	3000	2000	1500	1200	1000	850	750	600
Schlangenbohrer										
a) IRWIN: Weichholz	2500	1800	1200	800	600	500	400	350	300	250
b) DOUGLAS	–	1600	1100	700	550	450	350	300	250	200
c) LEWIN: Hartholz	1500	1000	800	600	450	400	300	250	200	180
Zentrumbohrer										
Weichholz: n in min^{-1}	4000	2500	2000	1500	1200	1000	800	650	500	400
Hartholz: n in min^{-1}	3000	1800	1500	1300	1000	800	650	500	400	300
Kopfbohrer										
a) Forstner[2]										
Weichholz: n in min^{-1}	–	2000	1700	1250	1100	1000	850	700	600	500
Hartholz: n in min^{-1}	–	1600	1300	1000	800	700	600	500	450	350
b) Kunstbohrer										
Weichholz: n in min^{-1}	–	2200	1850	1500	1250	1100	1000	850	700	600
Hartholz: n in min^{-1}	–	2000	1700	1250	1100	1000	850	700	600	500

[1] Mit Dachspitze, [2] Dübel- und Scheibenschneider wie Forstnerbohrer

geradlinig vermindert bis 900 kg/m³ Rohdichte $h_r \approx 0{,}25$ mm) [124].

Die Schneidengeometrie wird wie folgt empfohlen: $\alpha=40°$ für Weichhölzer und fallend mit steigender Rohdichte $\beta=20°$ und $\gamma=30°$. Mit Zentrumbohrern ist ein besonders sauberer Schnitt möglich. Sie erlauben auch einen hohen Vorschub. Ihr Nachteil besteht aber in der schlechten axialen Führung.

Zentrumbohrer neigen zum Verlaufen und zum Klemmen, letzteres vor allem bei weichen Holzarten und mit steigender Bohrtiefe. Um ihre Vorteile ausnutzen zu können, müssen sie geometrisch richtig ausgebildet, gut geschärft und exakt geführt werden.

Forstnerbohrer sind reine Kopfbohrer. Wegen ihrer zylindrischen Kopfform werden sie auch Zylinderkopfbohrer genannt. Bei älteren Ausführungen war der zylindrische Kopf nahezu geschlossen, nur durch zwei gegenüberliegende Schneidenspalten unterbrochen. Die Bohrköpfe werden zur Verminderung der Wandungsreibung heute so gestaltet, daß der als Vorschneider wirkende Zylinderkranz so weit ausgefräst wird, daß nur noch zwei gegenüberliegende oder bei größeren Durchmessern auch mehrere, am Umfang verteilte Schneiden übrig bleiben. Je mehr sich die Vorschneider zur Kreisform schließen, um so besser ist die Führung im Holz, um so sauberer wird der Schnitt, um so stärker wird aber auch die Wandungsreibung. Zusätzlich, und vor allem zum Anbohren, wird auch der Forstnerbohrer von einer kurzen Zentrierspitze geführt. Die Spanabtrennung erfolgt mit zwei schräg zur Achse liegenden Wandschneiden und ein oder zwei radial liegenden Bodenschneiden. Die besonderen Vorteile des Forstnerbohrers sind der glatte maßhaltige Schnitt, der ebene Bohrlochgrund und die Möglichkeit, mit seitlich offener Bohrung an Kanten zu bohren.

Ein glattes Bohrloch läßt sich jedoch nur bei kleinen Vorschubgeschwindigkeiten und verhältnismäßig geringen Drehzahlen erreichen. Beide Werte müssen mit steigender Rohdichte des Holzes herabgesetzt werden. (Weichholz: Vorschubgeschwindigkeit $u<1{,}2$ m/min, Drehzahl $n<1700$ min^{-1}; Hartholz: $u<0{,}25$ m/min, $n<1300$ min^{-1}, jeweils ermittelt mit einem Bohrerdurchmesser $d=10$ mm. Bei $d=50$ mm kann die Drehzahl höchstens 350...500 min^{-1} betragen [8]. Bei hohen Drehzahlen glühen die Vorschneider leicht aus. Das Lexikon der Holztechnik gibt eine Schnittgeschwindigkeit für Forstnerbohrer von $v=1{,}0$ bis 1,5 m/s an. Die Schneidengeometrie wird nach VORREITER [124] wie folgt empfohlen: Die Winkel α, β und γ sollen gleich 30° und der Hinterschliffwinkel $\varkappa=60°$ betragen. Forstnerbohrer werden mit 24 Durchmessergrößen von 8 bis 80 mm und Gesamtlängen von 120...150 mm hergestellt. Die Nachteile des Forstnerbohrers liegen in der schlechten Spanabfuhr und der sich daraus ergebenden Heißlauf- und Verstopfungsneigung.

Die *Kunstbohrer* sind eine besondere Form des Forstnerbohrers. Die sägezahnartig ausgebildeten Vorschneider gestatten eine größere Bohrleistung als die Zylinderschneide bei Forstnerbohrern. Es kann hier mit Schnittgeschwindigkeiten von $v \approx 3$ m/s gearbeitet werden.

Korngruppen	Bezeichnung	VSM	Bezeichnung (nach TGL)
staubfein		1200	
		1000	F 5
		999	F 7
		800	F 10
	600		F 14
	500		F 20
	400		F 28
	320		F 40
sehr fein	280	240	5
	220		6
	150		8
fein	120		10
	100		12
	90		16
	80		20
	70	60	25
mittel	60	50	32
	46	40	40
	36		50
	30		63
grob	24		80
	20		100
	16		125
	14		160
sehr grob	12		200
	10		250
	8		315

Tabelle 3/8. Körnungen biegbarer Schleifkörper

Als weitere wichtige Gruppe der Kopfbohrer gelten die *Senker*. Sie dienen zum Schräg- oder Geradversenken von Bohrlöchern. Die Schrägsenker haben vier oder mehr zur Spitze zulaufende Schneiden und werden auch Krausköpfe genannt. Geradsenker besitzen Vorschneider und Spanabheber und sind meist mit Spiralbohrern gekoppelt (Doppelspiralbohrer). Auch Schrägsenker können mit auswechselbaren Spiral- oder Löffelbohrern versehen werden, wenn sie durchbohrt und mit einer Feststellschraube versehen sind. Die Tabelle 3/7 gibt Richtdrehzahlen für Maschinenholzbohrer bei Verwendung verschiedener Bohrerformen und beim Bearbeiten von Weich- und Hartholz an. Das Reinigen verkrusteter Bohrer sollte mit Hilfe von warmem Wasser oder Petroleum und einer Handbürste, evtl. unter Zuhilfenahme eines Holzspatels, niemals jedoch mit Metallgegenständen vorgenommen werden.

Schleifen

Das Schleifen dient – im Gegensatz zu den vorher genannten Arten der Holzbearbeitung – in der Regel nicht zum Formen, sondern nur zum Glätten der Oberfläche des fertig geformten oder des bereits beschichteten Werkstückes. Es ist deshalb nur ein Verfahren zur Nachbearbeitung bzw. zum Verfeinern der Werkstückoberflächen. Mit dem Schleifen werden Restspuren der formgebenden, spanabhebenden Bearbeitung beseitigt und aufgerichtete feine Holzfasern abgetrennt. Lediglich beim Anbringen kleiner Klebeflächen in der Spielwaren- und Kunstgewerbeproduktion und beim Brechen scharfer Körperkanten ist das formgebende Schleifen mittels Schleifmaschine sinnvoll. Jeder Versuch, das Schleifen an der Drechselbank zur Formung oder Nachformung zu nutzen, verbietet sich aus Qualitätsgründen, weil durch lang-

Tabelle 3/9. Anwendungsmöglichkeiten verschiedener Schleifmittel

Schleifmittel	Kurzzeichen	Härte nach Mohs	Anwendung
Natürliche Schleifmittel			
Glas (grünlich, weiß)	GS	4...6	Handschliff
Flint (grau)	FT	5...7	Handschliff und an der Drechselbank
Granat (rötl. gelbbraun)	GT	7	Hartholz, Maschinenschliff
Naturkorund	KO	8...9	Hartholz (manuell und maschinell) Metall und Naßschliff
Schmirgel	SL	7...8	Metall – Handschliff
Synthetische Schleifmittel			
Korund (dunkelblau bis schwarz)	KS	8	für minderwertige Arbeiten
Normalkorund (braun)	NK	8,5	für Weichholz, Plastevorschliff
Halbedelkorund (hellbraun bis rot)	HK	9	für Weichholz, Lackvorschliff
Edelkorund (hellgrau bis braun)	EK	9	für Hartholz, Lacke, Plaste
Siliciumcarbid (dunkelblau bis schwarz, oder gelb bis grün)	SC	9,5	für Edelholz, Polyester

Tabelle 3/10. Streudichte biegbarer Schleifwerkzeuge

Streudichte	Kurzzeichen	Erläuterung	Anwendung
geschlossene Streudichte	cl	es liegt Korn an Korn, z. T. sogar übereinander	für sehr harte Werkstoffe und bei geringen Abtragsmengen
halboffene Streudichte	ho	geringer Abstand zwischen den Körnern, Abstand ist geringer als Korndurchmesser	für den Handschliff, beim Maschinenschliff für Hartholz, Plaste und Lacke
offene Streudichte	op	der Kornabstand ist größer als der Korndurchmesser	besonders zum Schleifen weicher und harzhaltiger Hölzer

anhaltendes Schleifen die weicheren Holzteile schneller herausgearbeitet werden als die härteren und dadurch das angestrebte Ziel des Schleifvorganges, nämlich hohe Oberflächenqualität zu erzielen, ins Gegenteil verkehrt wird. Der Drechsler wendet das Schleifen vorrangig an der Drechselbank an. Es handelt sich dabei um eine Kombination von Hand- und Maschinenschliff. Für bestimmte Arbeitsgänge kann er aber auf eine gesonderte Schleifmaschine nicht verzichten. Er wird dafür in der Regel eine Scheibenschleifmaschine nutzen. Aber auch kleinere Bauarten von Bandschleifmaschinen und oszillierende Schwingschleifer sind in Drechslerwerkstätten im Gebrauch. Darüber hinaus sind kleine Schleifeinrichtungen (Scheiben oder Walzen) als Hilfseinrichtungen an der Drechselbank üblich.

Das Schleifen stellt ebenfalls einen spanabhebenden Vorgang dar, bei dem eine Vielzahl geometrisch unbestimmbarer Schneidenkeile in den Werkstoff eindringen. Schleifmittel für die Holzbearbeitung sind biegbare Schleifwerkzeuge, die aus einem flexiblen Tragkörper, aus einem Bindemittel und dem eigentlichen Schleifmittel bestehen. Sie werden in Bogen- oder Bandform hergestellt und sind im A4-Format für den Handschliff und für kleine Handmaschinen, in Kreisbogenform in verschiedenen Durchmessern für Scheibenschleifmaschinen und in Rollen- bzw. Bandform für Band- und Walzenschleifmaschinen im Handel. Die Auswahl der biegbaren Schleifwerkzeuge erfolgt entsprechend der Arbeitsaufgabe nach Art, Körnung und Streuung des Schleifmittels sowie nach der Art des Bindemittels und des Tragkörpers. Die Tragkörper bestehen entweder aus leichten oder verdichteten Papieren, aus Papier-Gewebe-Kombinationen, aus Leinengewebe, Gewebe-Fiber-Kombinationen oder nur aus Fiber. Für den Handdrechsler sind Schleifmittel mit Papiertragkörpern ausreichend. Gewebetragkörper besitzen allerdings einen höheren Beanspruchungsgrad und dadurch höhere Lebensdauer, sind aber kostenaufwendiger. Für Scheibenschleifmaschinen sind verdichtete Papiertragkörper ausreichend. Für Bandschleifmaschinen müssen Gewebetragkörper eingesetzt werden.

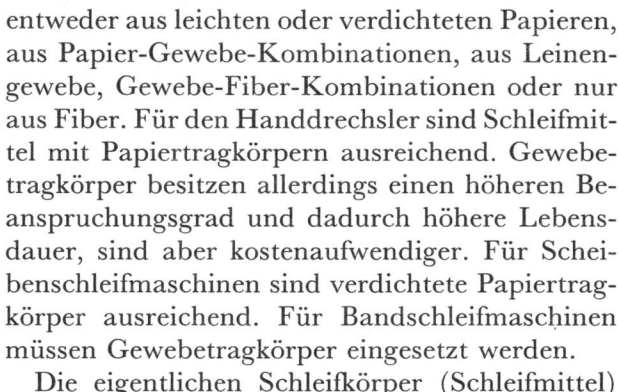

Die eigentlichen Schleifkörper (Schleifmittel) sind in Bindemittel (tierische oder Kunstharzklebstoffe) eingebettet und dadurch fest an den Tragkörper gebunden.

Die Schleifkörper selbst werden nach Härte, Korngröße und Streudichte unterschieden. Genaue Angaben hierzu sind den Tabellen 3/8 und 3/9 zu entnehmen (teilweise nach [25]). Für den Handdrechsler kommen die Körnungen 8 bis 50 in Frage. In der Regel wird er mit Körnungen 10 (alte Bezeichnung 120) bei dichten Harthölzern und 20 (alte Bezeichnung 80) bei groben Harthölzern, Weichhölzern und Nadelhölzern auskom-

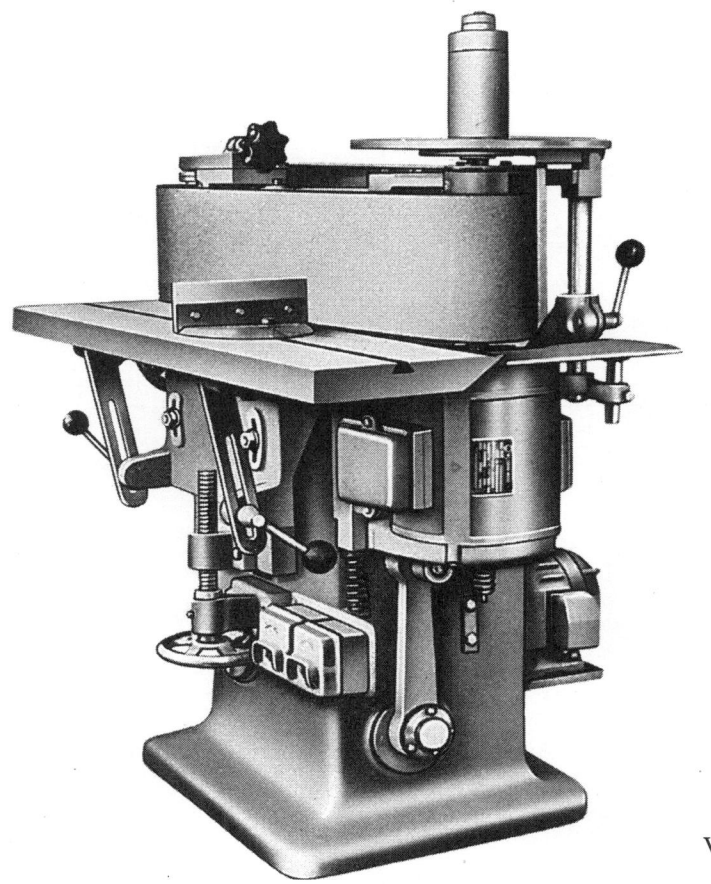

Bild 3/40. Scheibenschleifmaschine

Bild 3/41. Vertikal-Bandschleifmaschine

Maschinen und Werkstatteinrichtungen

men. Für grobe Vorschliffarbeiten ist im allgemeinen die Körnung 40 (alte Bezeichnung 46) ausreichend. Vielfach wird aber als gröbste Körnung 32 (alte Bezeichnung 60) verwendet. Die verschiedenen Streudichten können aus Tabelle 3/10 entnommen werden.

Von besonderer Bedeutung für die verlustfreie Verwendung von Schleifmitteln ist deren fachgerechte Lagerung. Sie sollte in Räumen bei Temperaturen zwischen 10...20°C und einer relativen Luftfeuchte zwischen 50...55 % vorgenommen werden. Rollen sind stehend oder an einem durchgesteckten Holzstab hängend, Bogen liegend aufzubewahren.

Die *Scheibenschleifmaschine* (Bild 3/40) ist für eine Drechslerwerkstatt sehr nützlich. Sie besteht aus einem Graugußständer, in dem eine kräftige Maschinenwelle von einem Motor angetrieben wird. An der Welle befinden sich zwei Stahlscheiben, die Durchmesser zwischen 630...1300 mm haben können. Auf diese Stahlscheiben wird ein runder Schleifbogen aufgespannt. Die Befestigung erfolgt mit Hilfe von Spannringen. Damit die Schleifbogen glatt an der Scheibe anliegen, sind sie vor dem Aufziehen auf der Rückseite anzufeuchten. Sie dehnen sich dadurch aus und legen sich nach dem Trocknen an der Scheibe glatt an. Vor den Schleifscheiben sind meist bis zu 45° neigbare Auflagetische angebracht. Der Abstand zwischen Scheibe und Tisch darf höchstens 3 mm betragen. Gearbeitet wird an dem sich nach unten bewegenden Teil der Scheibe. Die Scheiben müssen, mit Ausnahme der Arbeitsfläche, allseitig umkleidet sein. Bei der Arbeitsfläche darf die Verkleidung am Scheibenumfang 5 mm von der Scheibenfläche zurückgesetzt sein. Die Verkleidung ist in der Regel mit einer Absaugvorrichtung kombiniert. Die Motorleistung bei Scheibenschleifmaschinen liegt zwischen 3,0 kW bei kleinen Scheibendurchmessern und 7,5 kW bei großen.

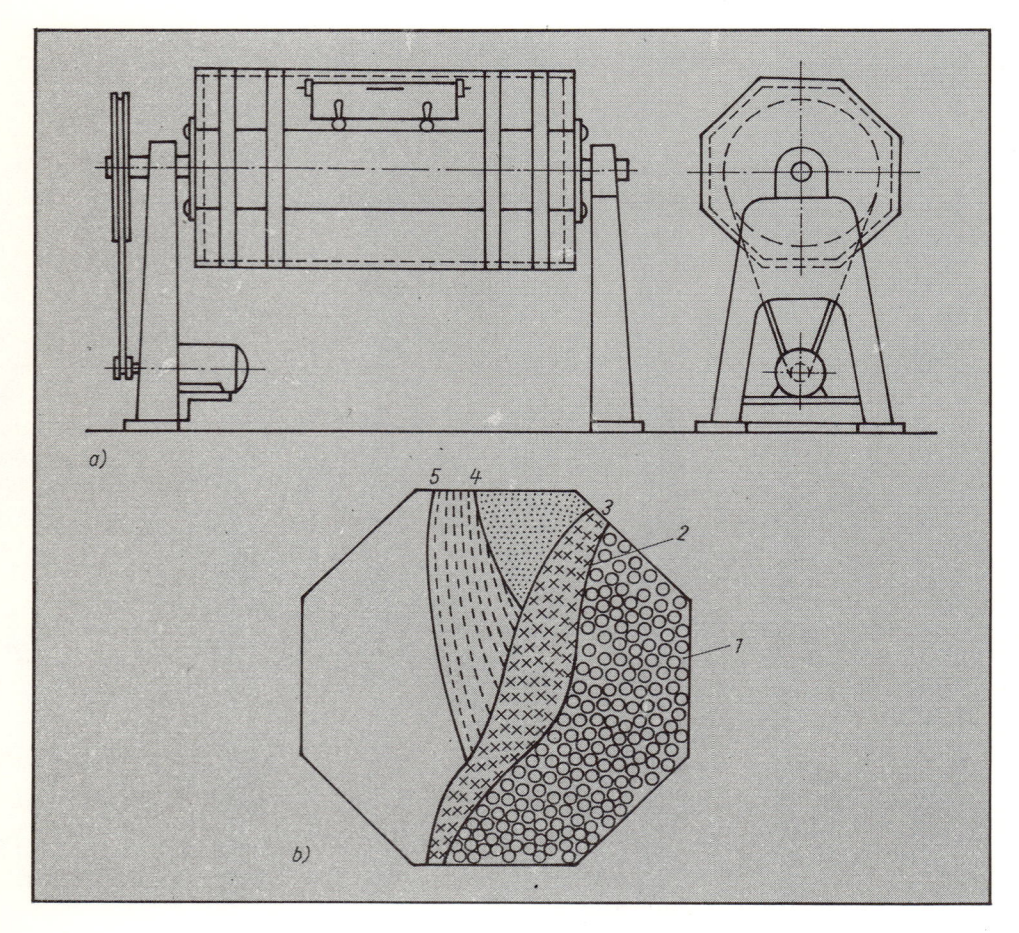

In größeren Drechslereien sind *Vertikal-Bandschleifmaschinen* (Bild 3/41) im Einsatz. Mit diesem Maschinentyp kann besser als bei Scheibenschleifmaschinen in Faser-Längsrichtung geschliffen werden. Dadurch sind Schleifspuren weniger sichtbar. Sie sind besonders für größere und rechteckige Werkstücke vorteilhaft. Die Kennwerte derartiger Maschinen liegen wie folgt: Tischgröße 940 mm × 230 mm, Schleifhöhe 200 mm, Bandrollendrehzahl 1400 min^{-1}, Antriebsleistung 2,0...3,0 kW. Darüber hinaus gibt es eine Vielzahl weiterer Schleifmaschinen für spezielle Arbeitsaufgaben, so z. B. Walzenschleifmaschinen, Rundstab-Bandschleifmaschinen, pneumatische Schleiftrommeln u. dgl.

Für den Drechsler ist aber darüber hinaus eine Schleifart von besonderer Bedeutung, die nachfolgend erläutert werden soll:

Die Bearbeitung kleiner Werkstücke in der Serienfertigung mit *Schleiftrommeln* (Bild 3/42). Für die Glättung in Trommeln sind besonders solche Holzwaren geeignet, deren Kanten nach dem Schliff nicht scharf bleiben müssen (Kugeln, Spielwürfel, Spielsteine). Dieses Schleifgut wird zusammen mit einem Schleifmittel in eine Trommel geschüttet, die sich relativ langsam um ihre Achse dreht. Eine solche Trommel ist sechs- bis zwölfkantig. Das Verhältnis ihrer Länge zu ihrem Durchmesser beträgt 1,5 : 1. Ihre Größe soll der Form und Größe des Schleifgutes derart angepaßt sein, daß größere Holzwaren nicht klemmen und ihre Anzahl für einen Schleifgang nicht zu groß oder zu klein ist. Die Drehzahl von Schleiftrommeln liegt zwischen 25...100 min^{-1}.

Die Welle darf nicht durch den Innenraum der Trommel führen. Die Lagerung erfolgt deshalb

Bild 3/42.
Schleiftrommel *a)* und Vorgang in der Trommel *b)*
(1) Trommelfüllung,
(2) Gleitschicht, *(3)* Sturzpunkt bei $n = 20$ min^{-1},
(4) bei $n = 30$ min^{-1},
(5) bei $n = 40$ min^{-1}

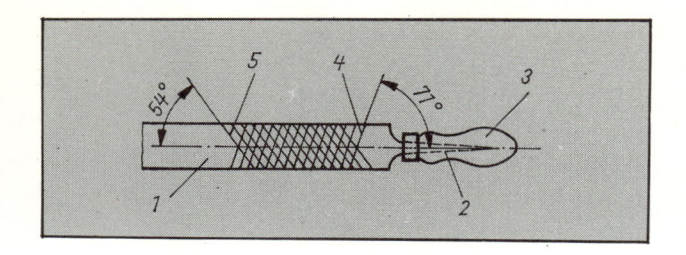

auf seitlich angebrachten Flanschen. Meist werden derartige Trommeln aus Hartholz (Buche, Esche) mit 30...40 mm Wandungsdicke hergestellt. Die innere Wandung ist gehobelt oder mit Stahlblech beschlagen. Sie kann auch mit Filz, Leder oder Folie ausgekleidet sein. Als Schleifmittel dienen je nach Holzhärte und Größe des Schleifgutes sowie entsprechend der erforderlichen Schleifglätte oder Oberflächenbeschaffenheit des Schleifgutes a) gesiebte, trockene Hartholzsägespäne (ohne Schleifstaub und ohne Splitter), b) Holzschrot, c) gleich große Leder-, Schleifpapier- oder Filzschnitzel, d) Bimsmehl gleicher Körnung und andere. Die Füllung der Trommel soll zu etwa 5...10% ihres Inhaltes aus Schleifmittel und zu 35...55% aus Schleifgut bestehen. Sie darf nicht kleiner sein, um die Gleitschicht und damit die Schleif- und Putzwirkung nicht herabzusetzen oder zu verzögern, aber auch nicht zu groß, weil dann das Gleiten verhindert wird und Stürze das Schleifgut verletzen. Für jede Art, Form und Größe des Schleifgutes sollen die richtigen Schleifbedingungen durch Probeschliff festgestellt werden, insbesondere aber auch die Schleifdauer, die 2 bis 8 Stunden und mehr betragen kann. Bei Beginn des Schleifens einer neuen Füllung muß die Drehzahl um die Hälfte bis ein Drittel kleiner sein als die nach etwa 20 % der Schleifdauer einsetzende volle Drehzahl. Sie muß auch mit zunehmender Größe des Schleifgutes herabgesetzt werden (nach VORREITER [124]).

Zum Schluß des Kapitels über das Schleifen seien noch die Raspeln und Feilen genannt, die vorwiegend als Handwerkszeuge Verwendung finden und die für den Drechsler ebenfalls von Bedeutung sind. Raspeln dienen dabei vorwiegend zum Formen geschweifter Werkstücke, Feilen zum Glätten. Die hintereinanderliegenden Schneiden von Raspeln und Feilen – auch Hiebe genannt – werden in den metallischen Grundkörper maschinell eingehauen oder eingefräst. Raspeln haben gröbere, Feilen feinere Schneiden. Bei Raspeln werden drei Hiebarten unterschieden: 1. bastard (grob), 2. halbschlicht (mittel), 3. schlicht (fein). Bei Feilen werden die Hiebarten mit Nr. 0 grob, Nr. 1 halbgrob, Nr. 2 bastard, Nr. 3 halbschlicht, Nr. 4 schlicht, Nr. 5 doppelschlicht bezeichnet. Letztere dienen als Sägefeilen.

Holzfeilen sind einhiebig, Sägefeilen ebenfalls. Metallfeilen sind meist zweihiebig (die erste Hiebreihe steht in einem Winkel von 52...56° zur Feilachse, die zweite Hiebreihe in einem Winkel von 70°) (Bild 3/43). Raspeln und Feilen werden darüber hinaus nach ihrer Querschnittsform unterschieden. Es gibt Flachstumpf-, Halbrund- und Rundraspeln und -feilen. Weiterhin Dreikantfeilen gleichseitig, Dreikantfeilen ungleichseitig, Schwertfeilen, Messerfeilen, linsenförmige Feilen, barettförmige Feilen und Rechteckfeilen sowie

Bild 3/43. Winkel und Teile von Raspeln und Feilen
(1) Feilenblatt, *(2)* Feilenangel, *(3)* Feilenheft, *(4)* Oberhieb, *(5)* Unterhieb

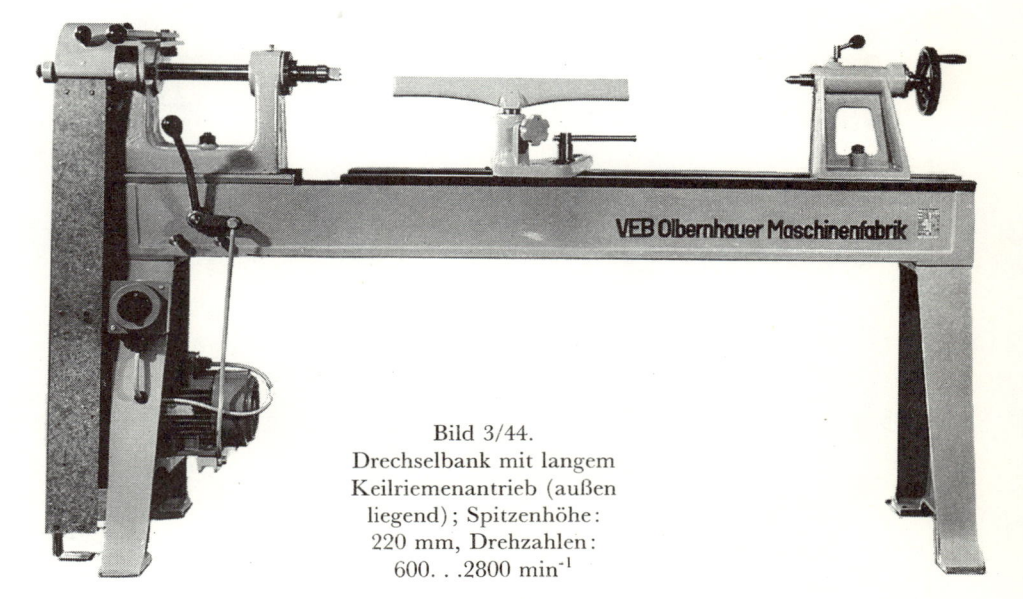

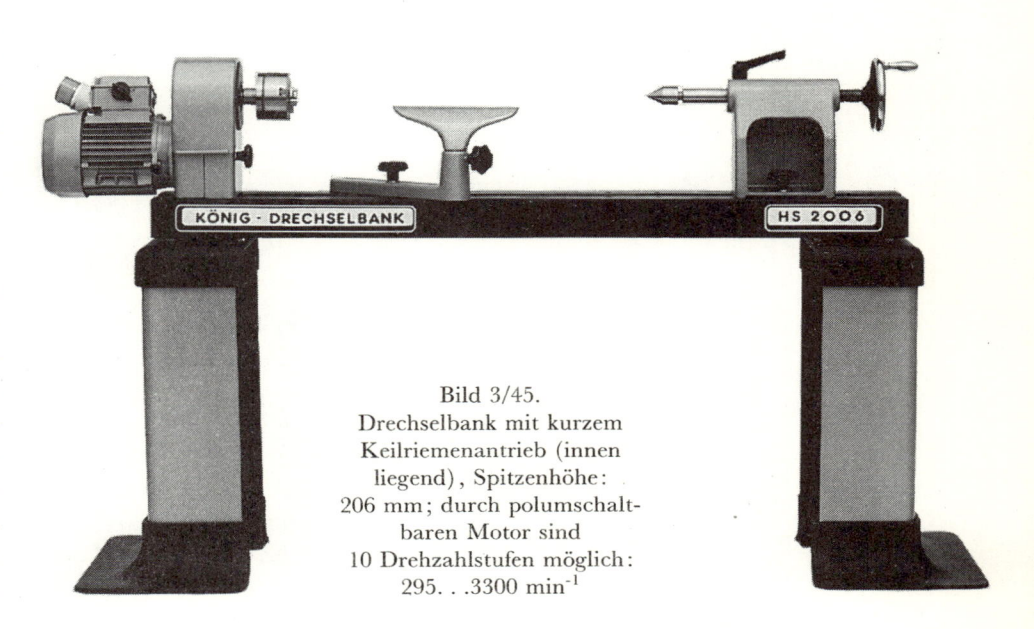

Bild 3/44. Drechselbank mit langem Keilriemenantrieb (außen liegend); Spitzenhöhe: 220 mm, Drehzahlen: 600...2800 min^{-1}

Bild 3/45. Drechselbank mit kurzem Keilriemenantrieb (innen liegend), Spitzenhöhe: 206 mm; durch polumschaltbaren Motor sind 10 Drehzahlstufen möglich: 295...3300 min^{-1}

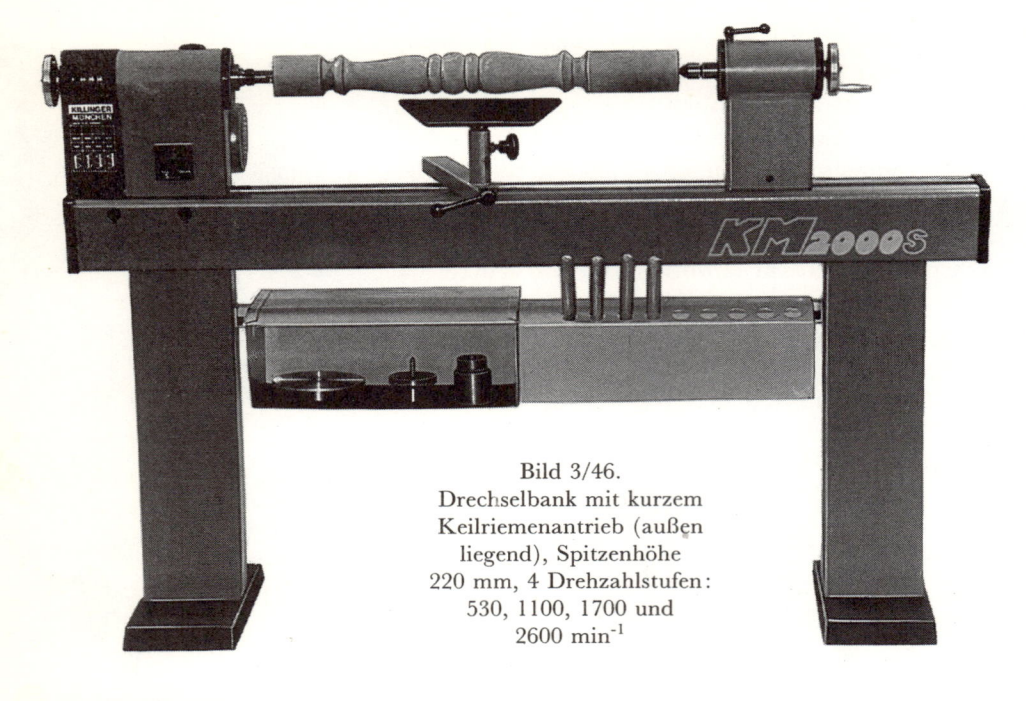

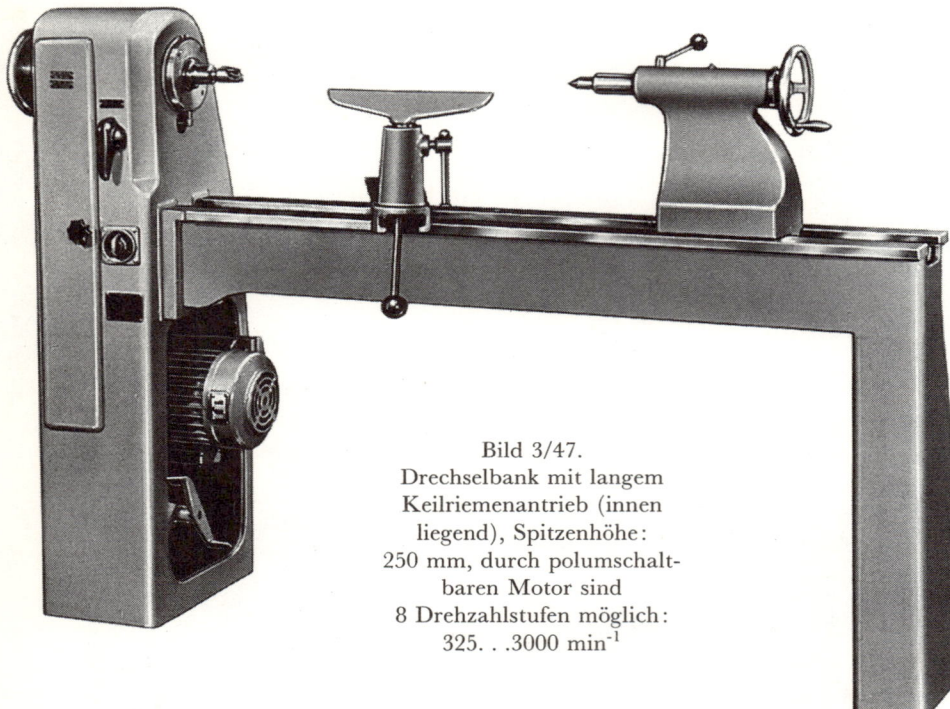

Bild 3/46.
Drechselbank mit kurzem Keilriemenantrieb (außen liegend), Spitzenhöhe 220 mm, 4 Drehzahlstufen: 530, 1100, 1700 und 2600 min^{-1}

Bild 3/47.
Drechselbank mit langem Keilriemenantrieb (innen liegend), Spitzenhöhe: 250 mm, durch polumschaltbaren Motor sind 8 Drehzahlstufen möglich: 325...3000 min^{-1}

Bild 3/48.
Drechselbank mit Vakuumspanneinrichtung und Vakuumerzeuger

Wasser und einer Handbürste. Metallfeilen werden mit Bürsten aus feinen Kupfer- und Messingdrähten gereinigt, niemals mit Metallgegenständen.

Ohne die genannten Werkzeuge und Maschinen kommt eine Drechslerwerkstatt heute nicht mehr aus. Der Drechsler benötigt sie für die Vorbereitung der Werkstücke zum Bearbeiten an der Drechselbank oder für die Weiterbearbeitung bereits gedrechselter Werkstücke.

Nun aber zur Drechseltechnik selbst.

Drechselbank

Mit *Drechseln* bezeichnet man das Handdrechseln, mit *Drehen* das Herstellen von rotationssymmetrischen Körpern auf halb- oder vollautomatischen oder mit Führungssupporten ausgerüsteten Spezialmaschinen. Ebenso werden die Maschinen, Geräte, Vorrichtungen und Werkzeuge hierzu unterschieden. Die Maschine des Handdrechslers wird mit *Handdrechselbank* oder einfach *Drechselbank* bezeichnet, die anderen als *Drehmaschinen*. Zunächst Erläuterungen zur Handdrechselbank: Während früher viele Teile der Drechselbank aus Holz her-

Messerfeilen mit rundem Rücken. In Holzwerkstätten werden vor allem die Halbrundformen eingesetzt. Der Drechsler benötigt Raspeln und Feilen z. B. bei der Herstellung gewundener Säulen. Hierzu gibt es auch speziell gebogene, meist zweiseitige Riffelraspeln. Raspel- und Feilwerkzeuge gibt es aber auch für maschinelle Verwendung in Form von Kreisraspeln und Kreisfeilen.

Das Reinigen von Feilen erfolgt mit heißem

gestellt wurden, besteht diese heute überwiegend aus Guß- oder Stahlteilen. Sie hat dadurch eine nahezu unbegrenzte Lebensdauer, und es ist mit ihr durch die Schwere und den festen Stand ein ruhiges und sicheres Arbeiten möglich (Bilder 3/44 bis 3/48). Eine Drechselbank besteht aus dem Gestell, dem Spindelstock mit dem Antrieb, dem Reitstock und der Handauflage. Dieser einfache Aufbau hat sich vom Prinzip seit der Herausbildung der Drechseltechnik kaum verändert. Er ist lediglich verfeinert worden. Nur die Antriebskraft hat sich vom anfänglichen Hand- bzw. Fußantrieb über den Wasserkraftantrieb zum elektromotorischen Antrieb entwickelt. Die Bauart der Drechselbänke der einzelnen Hersteller unterscheidet sich nur wenig voneinander. Sieht man ab von den in den letzten Jahren in umfangreicher Weise auf dem Markt erschienenen Vorrichtungen für Hobbydrechsler (Bild 3/49), erkennt man nur Größenunterschiede und Abweichungen bei der Konstruktion der Spindelstöcke. Alles andere sind meist nur formgestalterische Varianten und technische Detailveränderungen. Darüber hinaus werden Drechselbänke mit verschiedenen Zusatzgeräten für spezielle Arbeitsgänge hergestellt. Einige Maschinentypen sind nach dem Baukastenprinzip konzipiert. Dadurch ist es möglich, auf dem Grundmodell einer einfachen Handdrechselbank Zusatzaggregate wie Schablonendrehvorrichtungen u. dgl. aufzubauen und dadurch eine Erweiterung zur Drehmaschine vorzunehmen (Bild 3/50). Zu den einzelnen Teilen der Drechselbank: Das *Gestell* besteht aus dem Bankbett mit zwei Wangen, die durch Querstege verstärkt bzw. in Form von Abstandshaltern miteinander verbunden sind. Diese Wangen ruhen auf zwei stabilen Böcken, wovon der eine mit dem Spindelstock eine kastenförmige Einheit bilden kann. Beides, die Wangen und die Böcke, können gegossen oder aus Stahlprofilen montiert bzw. geschweißt sein. Wichtig ist hierbei das Ergebnis einer verwindungssteifen Konstruktion und die geometrische Genauigkeit des Bankbettes, also des oberen Teiles der Wangen, der zur Aufnahme und Führung von Spindelstock, Reitstock und Handauflage dient. Von der geometrischen Genauigkeit dieser schienenartigen Führung ist die Achsenfluchtigkeit von Spindelstock- und Reitstockwelle abhängig. Die Auflageflächen und seitlichen Führungskanten sind deshalb durch den Hersteller eben gehobelt oder geschabt und passen mit den Führungsnasen von Spindel- und Reitstock zusammen. Spezielle Aus-

Drechselbank

Bild 3/49.
Hobby-Drechseleinrichtung
für Bohrmaschinenantrieb

Bild 3/50.
Kopierdrehvorrichtung
(Zusatzeinrichtung)

führungen für Supporteinsatz verfügen über Prismenführungen am Bankbett. An Stelle von freistehenden Gestellen ist es im Selbstbau möglich, bearbeitete Stahlprofile (U- oder Doppel-T-Profile) in das Mauerwerk von Wand zu Wand oder einseitig mit Gestellunterstützung auf der anderen Seite fest einzubetonieren. Auf diese Weise können sehr lange, aber auch ganz kurze Drechselbankgestelle selbst gebaut werden. Es ist hierbei jedoch zu bedenken, daß sich die Geräusche, die die Drechselbank entwickelt, dem ganzen Gebäude mitteilen, wenn die unmittelbare Mauerverbindung hergestellt ist. Das kann vor allem bei Wohngebäuden sehr störende Auswirkungen haben. Für kleine oder nur gelegentliche Drechselarbeiten ist es denkbar, eine transportable Drechseleinrichtung ohne »eigenes« Untergestell, nur mit stabilen Wagen zu konstruieren, die bei Bedarf auf eine Hobelbank oder auf einen stabilen Tisch geschraubt werden kann. Es ist auch möglich, ein komplettes Drechselbankgestell aus Holz selbst zu

Maschinen und Werkstatteinrichtungen

Bild 3/51.
Spindelstock (ohne Verkleidung) zur Drechselbank von Bild 3/45

Bild 3/52.
Spindelstock mit Bremsvorrichtung (ohne Verkleidung) zur Drechselbank von Bild 3/44

Bild 3/53.
Drechselbank mit gekröpfter Wange

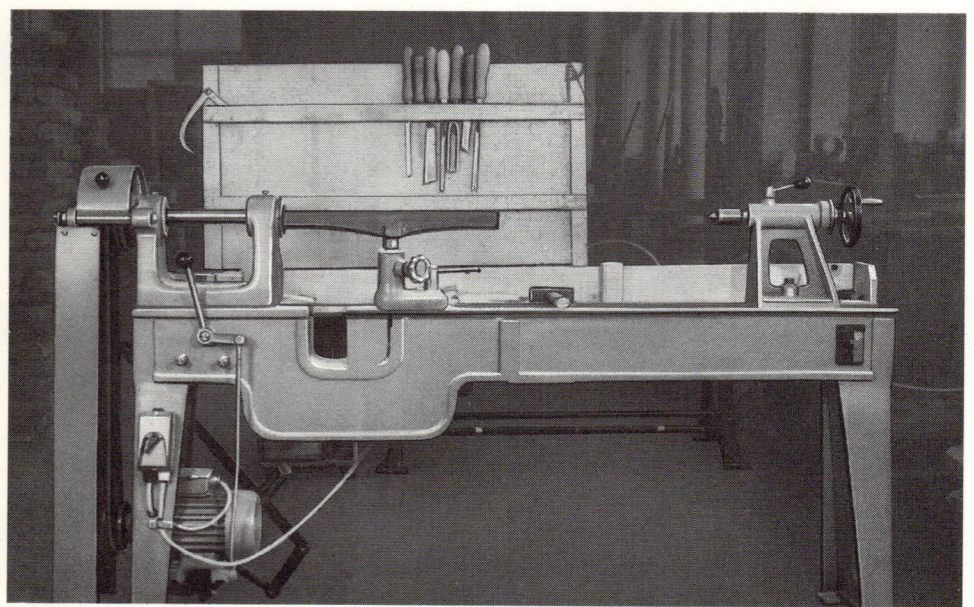

bauen. Es sollte hierfür geradjährig gewachsenes, gut getrocknetes Weißbuchen- oder ersatzweise Rotbuchenholz, Esche oder Ahorn für die Wangen und Kiefer für die Böcke Verwendung finden. Für die Wangen sollten Bohlen von etwa 50 bis 80 mm Dicke und 180...250 mm Breite angefertigt und mit Stahlspindeln zusammengeschraubt werden. Als Abstandhalter können die Zapfen der Böcke und weitere Klötze dienen, die in Abständen von etwa 60 mm eingelegt und durchgehend verschraubt werden. Die Oberkanten der Holzbohlen (Bankbett) können mit einer Flachstahlschiene belegt sein. Die Teile, die auf das Gestell montiert werden, bezeichnet man als Garnitur. Der wichtigste Teil einer Garnitur ist der *Spindelstock* bzw. *Spindelkasten*. Von seiner Qualität hängt die Leistungsfähigkeit der Drechselbank ab. Er besteht meist aus einem zweischenkligen gußeisernen Gestell, in dem die Spindel in den Lagern läuft. Es können hierfür sowohl Gleit- als auch Wälzlager eingesetzt werden. Die Art der Lagerung hängt von der zu erwartenden Belastung der Spindel ab. Meist findet man bei den neueren Drechselbänken Wälzlagerung (Kugel- oder Zylinderrollenlager, auch Kegelrollenlager) vor.

Besonderer Beanspruchung ist die Lagerung an der Arbeitsseite des Spindelstockes ausgesetzt. Hier werden deshalb Lager größerer Dimensionen oder Doppellager verwendet. Die Spindel trägt an dieser Seite ein Außen- und ein Innengewinde zur Befestigung der Spannvorrichtungen (Futter). Am anderen Ende der Spindel befindet sich ein Gegendrucklager, das die Schläge beim Befestigen des Werkstückes in axialer Richtung auffangen und damit die Radiallager schonen soll. Es besteht in einfachster Form aus einer Art Körnerspitze, die verstellbar ist und mit ein oder zwei Muttern gekontert werden kann. Die Spitze dieses Gegendrucklagers ragt in eine formgleiche axiale Vertiefung der Spindel hinein und darf dort nur so viel Spiel haben, daß sich die Spindel leicht drehen läßt. Dieses Gegendrucklager kann auch in Form einer Stahlkugel ausgebildet sein. Einige Bauarten verfügen über Gegendruck-Wälzlager (Längslager), die ebenfalls nachgestellt werden können.

Besondere Vorteile für bestimmte Arbeiten bringt eine Hohlspindel (Stock- und Schirmherstellung, Anfertigung von Kleinteilen aus Rundstäben). Hier kann das stangenförmige Material von der hinteren Seite des Spindelstockes in die Spindel eingeführt und vorn durch ein Backenfutter gespannt und nachgerückt werden. Als Gegendrucklager eignet sich in solchen Fällen nur ein Wälzlager. Im allgemeinen ist jedoch die massive Spindel vorzuziehen, weil sie stabiler ist. Auf der Spindel zwischen den Schenkeln des Spindelkastens oder am hinteren Ende, zwischen Spindelstock und Gegendrucklager, ist die mehrstufige Riemenscheibe (das »Wörtel«) angebracht (Bild 3/51). Die Anbringung der Riemenscheibe außerhalb des Spindelstockes hat mehrere Vorteile: Es können hierfür endlose Riemen verwendet werden, die einen ruhigen Lauf gewährleisten, und es ist ein sicheres Arbeiten möglich, weil der Drechsler nicht mit dem Antrieb in Berührung kommen kann. Bei beiden Varianten muß es eine Möglichkeit zum Abbremsen der Spindel geben. Auch dies ist bei Außenlage der Stufenscheibe leichter möglich als bei Mittellage. In ersterem Falle genügt es bereits, die glatte Spindel zwischen den Schenkeln des Spindelstockes mit der Hand bremsen zu können, wenn diese einen ausreichenden Durchmesser aufweist. Bei Mittellage der Stufenscheibe muß ein Wulstring eingebaut sein, der die höchste Stufe des Wörtels überragt und gleichzeitig einen Berührungsschutz gegen den Antrieb darstellt, oder es muß eine mit Hebel zu betätigende mechanische Bremse eingebaut sein, die bei einigen Ausführungen gleichzeitig als Kupplung zum Ausrücken des Antriebes konstruiert ist. Diese mechanische Bremse verhindert Unfälle durch Berühren des Antriebes, kompliziert aber den Aufbau des Spindelstockes und ist durch die hohe Staubentwicklung an der Drechselbank mitunter funktionsgefährdet. Eine einfache Lösung zeigt Bild 3/52. Bei diesem Spindelstock drückt ein durch Hebelbetätigung wirkender Bremsklotz auf den großen Kranz der Riemenscheibe.

Vielfach sind Antriebe und Bremsvorrichtungen voll verkleidet. Dadurch können Späne und Staub keinen Schaden anrichten. An der Unterseite des Spindelstockes ist eine Nase angearbeitet, die genau zwischen die Wangen des Bettes paßt und somit ein seitliches Verstellen durch Riemenzug oder Schlageinwirkung verhindert. Nach unten ist der Spindelstock meist mittels einer durchgehenden Gewindespindel mit den Wangen verschraubt. Die Form des Spindelstockes kann aber eine ganz andere sein, wenn der Antriebsmotor direkt mit der Spindel gekoppelt ist oder gar die Motorspindel gleichzeitig die Arbeitsspindel darstellt. Da derartige Bauformen eine hohe Belastung für den Motor bedeuten und bei erforderlicher Reparatur ein hoher Bauaufwand notwendig ist, wird diese Bauweise bei Holzdrechselbänken

selten angewendet. Lediglich für die Herstellung kleiner Massenartikel oder für große Spezialdrehbänke mit Getriebe und eventuell mit Leit- und Zugspindel (Modellbau-Dreherei) finden diese Konstruktionen Anwendung. Es sind jedoch auch Drechselbänke üblich, bei denen das Gestell mit dem Spindelstock eine Einheit bildet und dadurch Antrieb und Spindelstockwelle einschließlich Abbremsvorrichtung eine abgekapselte Einheit dar-

Bild 3/54. Drechselbank mit quergestelltem Spindelstock

Bild 3/55. Kopfdrehbank (Durchmesser der Werkstücke bis 1000 mm möglich)

stellen (siehe Bild 3/47). Sehr vorteilhaft ist es, wenn am Spindelstock eine Teilscheibe angearbeitet ist, mit deren Hilfe genaue Umfangseinteilungen oder entsprechende Bearbeitungen am Werkstück möglich sind, ohne dieses extra ausspannen zu müssen. Diese Teilscheiben können an einem Flansch der Spindel oder an der Riemenscheibe in Form von Bohrungen am Umfang angebracht sein, in die an einer einschwenkbaren Halterung ein Stift eingreift, der die Spindel arretiert. Günstig sind auch Spindelköpfe mit einer Arretierungsmöglichkeit für das Lösen der aufgeschraubten Futter.

Die Größe bzw. Höhe eines Spindelstockes wird mit der sog. Spitzenhöhe angegeben. Das ist der genaue Höhenabstand von der Wange (Bett) bis zur Spindelachsenmitte. Meist liegt die Spitzenhöhe von Drechselbänken zwischen 200...300 mm. Bei Drechselbänken mit gekröpfter Wange (Bild 3/53) können mit derartigen Spitzenhöhen Werkstücke bis etwa 800 mm Durchmesser bearbeitet werden. Ist keine Kröpfung in den Wangen vorhanden, kann der Spindelstock durch Unterbauen von Holzriegeln höher gesetzt werden. Es ist aber auch möglich, den Spindelstock quer zu den Wangen zu befestigen (Bild 3/54) oder eine gesonderte Bockdrehbank (Bild 3/55) zu verwenden (z. B. für das Überdrehen großer Räder). Die Drehlänge an normalen Drechselbänken beträgt 1000 bis 1200 mm. Es sind aber auch Über- und Untergrößen üblich. Für selten vorkommende, besonders lange Arbeiten können zwei gleiche Bankgestelle gekoppelt werden. Ein genaues Ausrichten und eine feste Verbindung sind hier von Bedeutung.

Der *Reitstock* dient als Stützlager für das Bearbeiten besonders langer Werkstücke, aber auch zum Bohren und für verschiedene andere Arbeiten an der Drechselbank. Er besteht zumeist aus einem Gußkörper und einer axial verstellbaren Spindel, die die gleiche Spitzenhöhe wie die Spindelstockwelle der gleichen Drechselbank aufweisen muß. Der Reitstock wird wie der Spindelstock zwischen den Wangen formschlüssig geführt und ist an jeder beliebigen Stelle des Drechselbankbettes leicht und schnell zu arretieren. Diese Arretierung kann mit Hilfe einer durchgehenden Gewindespindel, ober- oder unterhalb der Wangen mit Flügel- oder Ringmutter oder mit einer sog. Hebel- oder Schnellspannung erfolgen, die auf einer Exzenterwirkung beruht. Die Spindel des Reitstockes ist auf der zum Spindelstock zugewandten Seite in Form eines genormten Innenkonus (Mor-

Bild 3/56.
Einfacher Reitstock mit eingesetzter Kugellager-Körnerspitze

Bild 3/57.
Reitstock mit zusätzlichem Hebelvorschub (Schnellvorschub)

Bild 3/58.
Bohrfutter mit Bohrer an einem Reitstock

Bild 3/59.
Reitstock mit durchbohrter Spindel

sekonus) hohlgedreht, der zur Aufnahme der Reitstockspitze (Körnerspitze, Pinnagel) oder eines Bohrfutters dient. Auf der Außenseite befindet sich ein Handrad, das mit dem Trapezgewinde der Spindel die axiale Verstellbarkeit (Feineinstellung) ermöglicht (Bild 3/56). Bei einigen Reitstockkonstruktionen ist zusätzlich mit Hebelbetätigung ein Schnellvorschub der Reitstockspindel möglich. Hier läßt sich der Schneckenvorschub des Gewindes außer Kraft setzen. Ein derartiger Hebelvorschub ist für Bohrvorgänge besonders vorteilhaft (Bilder 3/57 bis 3/59). Zum Arretieren der Reitstockspindel für das sichere Arbeiten ist ein Spannknauf (meist mit Gewindespannung) oben aufgesetzt, dessen Druckelement meist in eine Führungsnut der Reitstockspindel eingreift.

Die *Handauflage* ist für das sichere Führen der Werkzeuge beim Drechseln unentbehrlich. Auf einen Reitstock kann ein Handdrechsler z. T. verzichten, auf die Handauflage aber nicht. Sie besteht aus der Auflageschiene und dem Untersatz. Die Schiene besitzt einen runden Schaft, der im Untersatz in Höhe und Richtung verstell- und feststellbar ist. Der Untersatz ruht auf den Wangen, weist jedoch im Gegensatz zu Reit- und Spindelstock keine formschlüssige Führung mit den Wangen auf. Er kann vielmehr nach allen Rich-

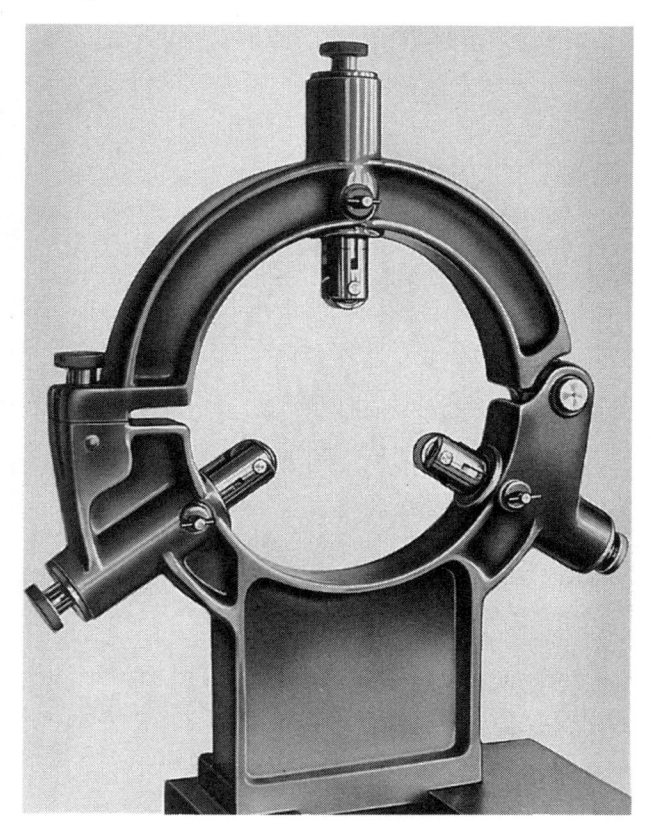

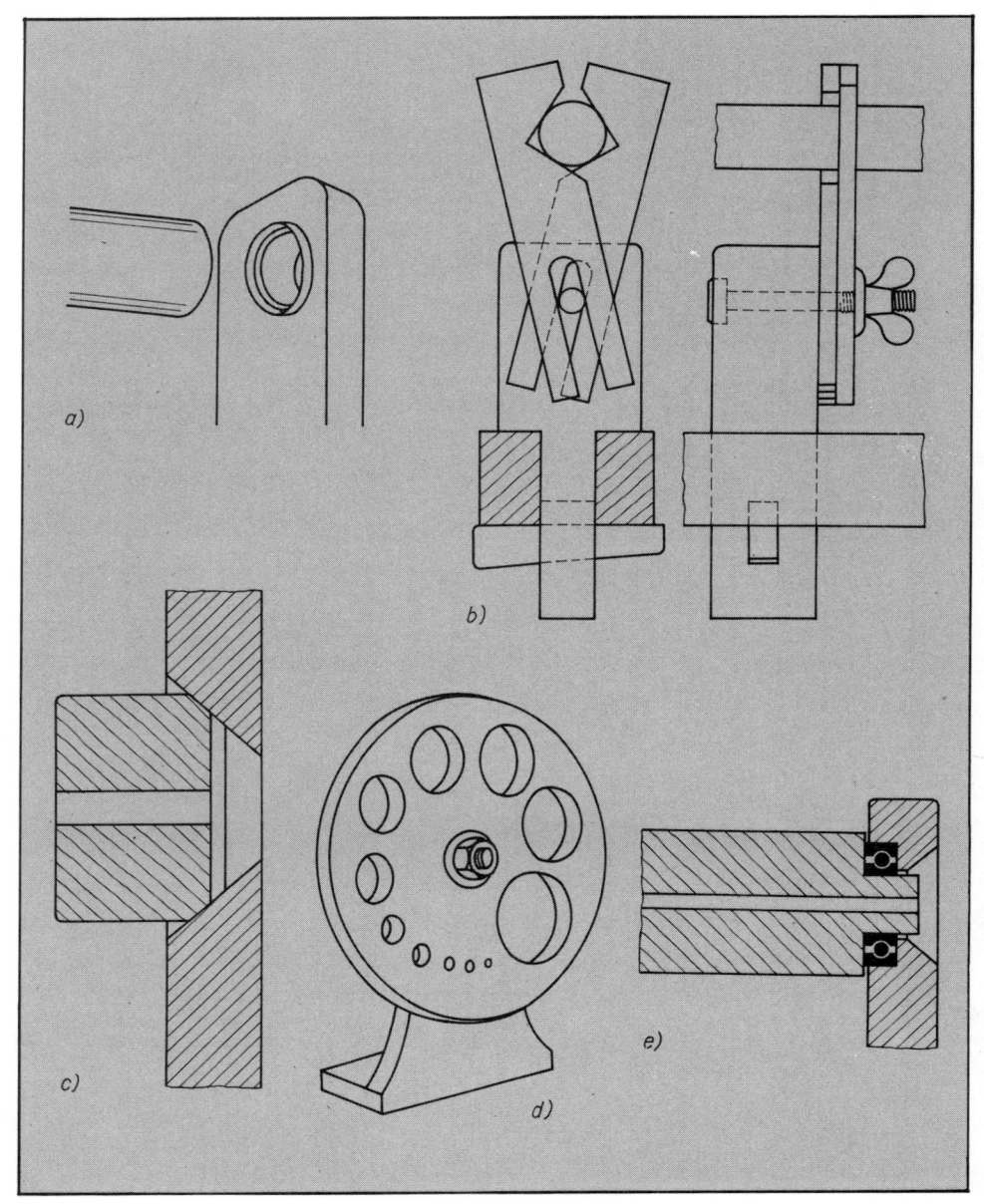

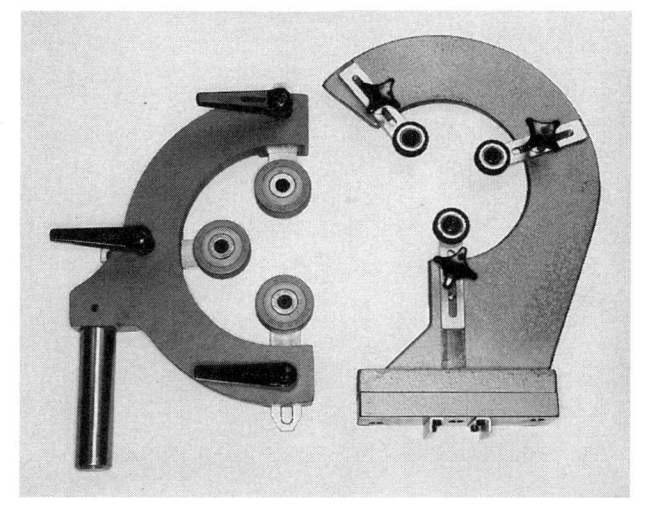

Bild 3/60. Selbstgefertigte Lünetten
a) Bohrlünette, *b)* Drehlünette aus Holz, *c)* und *d)* einfache eiserne Bohrlünetten, *e)* Bohrlünette mit eingesetztem Kugellager

Bild 3/61. Aufklappbare, schwere Lünettenform

Bild 3/62. Eiserne Lünettenform links: einsteckbar in Handauflagen-Unterteil, rechts: auf Bankbett zu befestigen

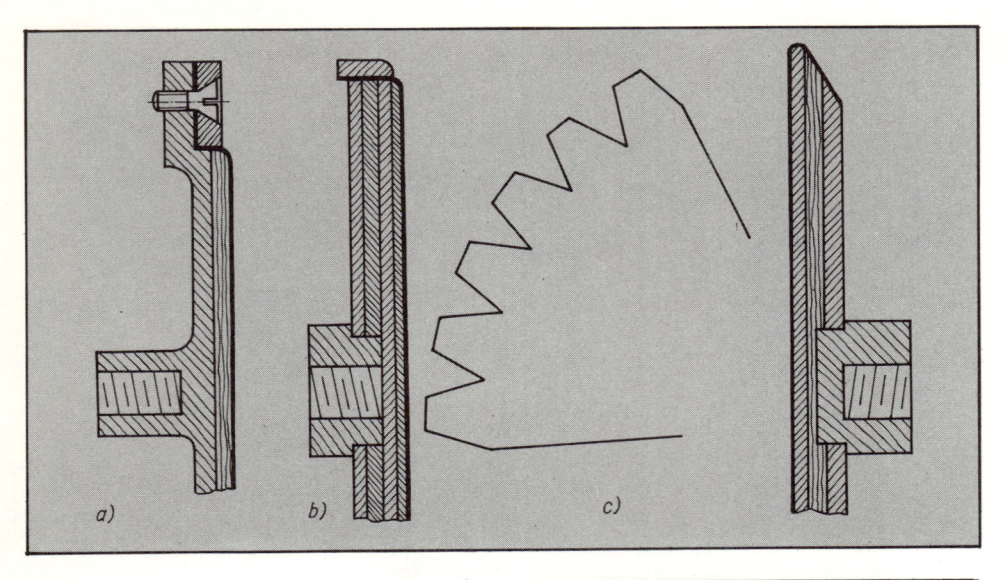

Bild 3/63. Prinzipdarstellung einer kleinen Planschleifscheibe für die Drechselbank als Hilfe für den Selbstbau *a)* frontale Befestigung des Schleifbogens (s) mit Spannring, *b)* Umfangbefestigung mit Metallreifen, *c)* Klebebefestigung

Bild 3/64. Prinzipdarstellung eines kleinen kippbaren Auflagetisches für die Drechselbank *(1)* Halterung der Handauflage

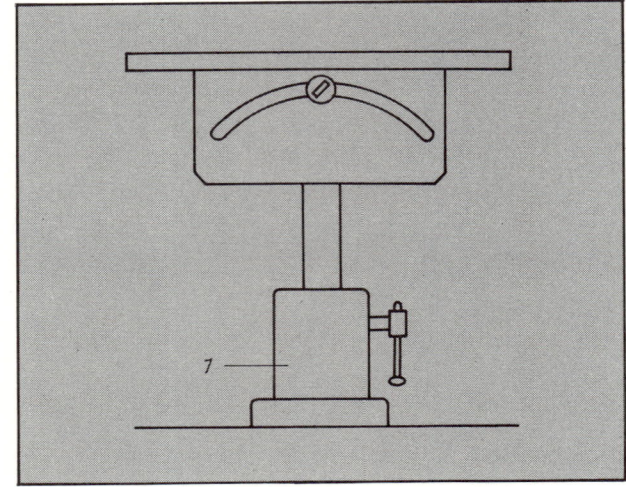

Bild 3/65. Schleifteller und Auflagetisch

tungen frei bewegt und festgestellt werden. Die Arretierung erfolgt mit Hilfe einer Gewindespindel und Flügel- oder Hutmutter oder besser mit Hilfe eines Exzenter-Schnellspannhebels, wie es ihn auch für Reitstöcke gibt. Die Führung der Spannspindel oder der Exzenterspannung erfolgt in einem offenen oder verdeckten Schlitz. Bei der Exzenterspannung ist die nach oben verdeckte Führung vorzuziehen. Bei der Spindelspannung wurden mit der offenen Schlitzführung und der Anbringung der Spannmutter oberhalb der Führungsschiene bessere Erfahrungen gemacht. Die Exzenterspannung hat jedoch den Vorteil, daß bei der seitlichen Verschiebung des Untersatzes die Klemm-Erscheinungen wegfallen, wie sie bei der Befestigung mit Schraube und Mutter unterhalb der Wangen häufig auftraten.

Für spezielle Arbeiten können Zusatzgeräte und Hilfsvorrichtungen für die Drechselbank sehr nützlich sein. Hierzu zählen die *Lünetten*. Lünetten dienen zum Unterstützen besonders langer Werkstücke beim Drechseln oder Bohren, damit ein schwingungsfreies Arbeiten möglich ist. Sie können in einfachster Weise aus Holz selbst hergestellt werden (Bild 3/60). Sie werden aber auch von einigen Drechselbank-Herstellern als Zubehör geliefert. Lünetten bestehen aus einem Metallring, der auf dem Bankbett befestigt wird, sowie Rollenlagerungen, die auf die Werkstückdicke eingestellt werden können und deren Zentrum der Spitzenhöhe der Drechselbank entspricht. Hierbei sind die einseitig geöffneten Lünetten den ringsum geschlossenen vorzuziehen, weil diese auch nach dem Einspannen des Werkstückes zusätzlich auf dem Bankbett befestigt werden können (Bilder 3/61, 3/62). Die Anschaffung dieser recht teuren Lünettenformen lohnt jedoch nur, wenn beabsichtigt ist, größere Mengen langer Säulen zu produzieren. Es gibt aber auch vielfältige Möglichkeiten, einfache Lünetten oder sog. Haken selbst zu bauen, wie das Bild 3/60 zeigt. Bei den einfachsten hölzernen Formen können die Reibflächen mit Schmierseife gleitfähig gemacht werden. Für das Herstellen größerer Stückzahlen sollten auch die selbstgebauten hölzernen Lünetten Kugellagerführung erhalten (Bilder 3/61, 3/62).

Der Drechsler kann sich auch andere Vorrichtungen zum verschiedenartigen Bearbeiten der Werkstücke an der Drechslerbank selbst herstellen. So ist es möglich, eine *Planschleifscheibe* zu bauen, indem auf einem auf der Spindel zu befestigenden Flansch eine formstabile Scheibe ($d = 250$ bis

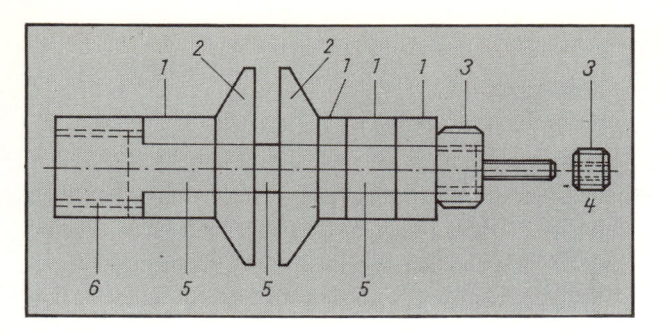

300 mm) aus Holz (Lagenholz, Tischlerplatte oder auch geradjähriges, gut getrocknetes Massivholz) oder Metall (Leichtmetall) befestigt wird, auf die Schleifpapier gespannt werden kann. Das Aufspannen des Schleifbogens kann mit Hilfe eines Metallringes frontal oder mittels eines Metallreifens über die Schmalfläche erfolgen. Bei der Frontalbefestigung geht Schleiffläche verloren. Vor dem Befestigen des Schleifbogens muß dieser auf der Rückseite befeuchtet werden, damit er sich strecken kann und nach dem Anbringen des Metallringes oder -reifens glatt anliegt (Bild 3/63). Zu dieser Schleifscheibe gehört ein Auflagetisch, der an der Drechselbank mit Hilfe der Handauflagenhalterung ebenfalls selbst gebaut werden kann (Bilder 3/64, 3/65). In ähnlicher Weise ist die Herstellung einer *Sägevorrichtung an der Drechselbank* möglich. Für das Einspannen von kleinen Kreissägeblättern – wie auch für das Einspannen kleiner Fräser oder Schmirgelscheiben, Runddrahtbürsten oder Schwabbelscheiben, Raspelscheiben u. dgl. – sollte in keiner Drechslerwerkstatt eine Welle mit verschiedenen Zwischenringen, Flanschen und Spanngewinde fehlen, die am Befestigungsgewinde der Spindel des Spindelstockes angebracht werden kann (Bild 3/66). Mit Hilfe einer derartigen kleinen Welle können u. a. kleine Kreissägeblätter an der Drechselbank Verwendung finden, wenn dazu wieder ein sicherer Auflagetisch vorhanden ist. Der Tisch sollte hier aber aus Sicherheitsgründen und wegen der maßgenauen Arbeit mit dieser Sägevorrichtung nicht nur auf der Halterung der Handauflage ruhen, sondern vielmehr mit einem gesonderten Gestell auf dem Bankbett befestigt sein. Diese Form einer Behelfskreissäge sollte aber nur für Feinschnitte Einsatz finden. Das Einspannen größerer Sägeblätter ist aus Sicherheitsgründen nicht möglich.

Aber auch am Reitstock können verschiedene Vorrichtungen angebracht werden, die den Einsatzbereich der Drechselbank erweitern. Hierzu gehören vor allem Halte- oder Spannvorrichtungen für das Bohren von Werkstücken (Bilder 3/67 bis 3/69). Der erfahrene Drechsler kennt weitere Hilfsvorrichtungen, die eine effektive und maßgenaue Serienfertigung an der Drechselbank ermöglichen. Hierzu zählen einschwenkbare Anreiß- und Fräsvorrichtungen und selbsttätige Drehlehren: Sollen z. B. mehrere Räder, Rosetten oder Zapfen auf der Drechselbank mit gleichem Durchmesser hergestellt werden, ist es zu zeitraubend, immer wieder mit einer Schiebelehre nachzumessen. Deshalb wird hierfür eine selbsttätige Drehlehre eingesetzt: Dafür wird hinter der

Drechselbank

Bild 3/66. Prinzipdarstellung einer kleinen Welle zur Befestigung von kleinen scheibenförmigen Werkzeugen an der Drechselbank *(1)* Zwischenring, *(2)* Spannflansch, *(3)* Spannmutter, *(4)* abgesetztes, kleineres Gewinde für Scheiben mit kleiner Bohrung, *(5)* Welle, *(6)* Innengewinde zur Befestigung an der Spindelstockwelle (empfohlene Wellendurchmesser: $d = 10 / D = 20$ mm bzw. $d = 9 / D = 16$ mm)

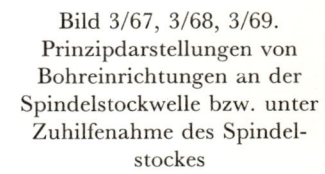

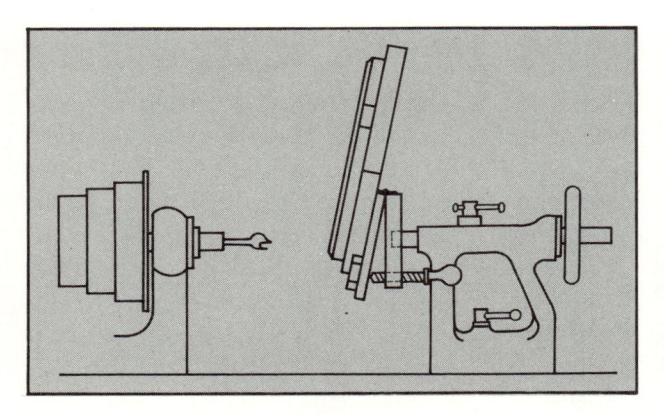

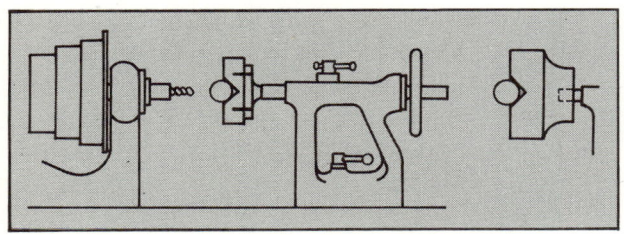

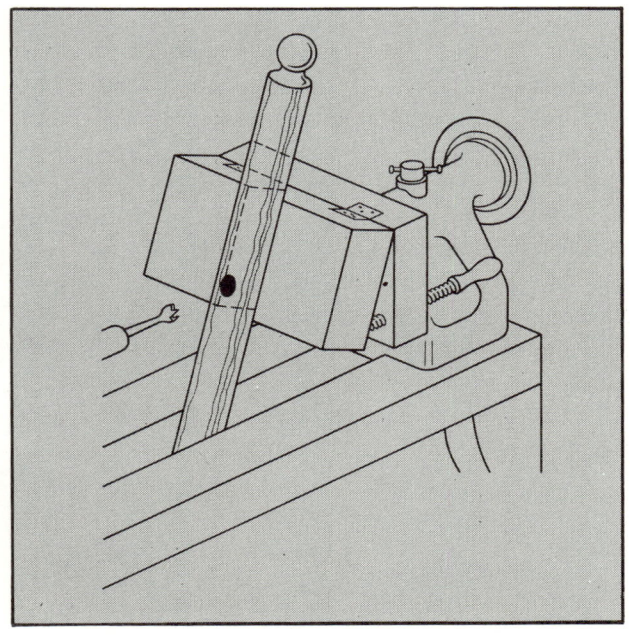

Bild 3/67, 3/68, 3/69. Prinzipdarstellungen von Bohreinrichtungen an der Spindelstockwelle bzw. unter Zuhilfenahme des Spindelstockes

Bild 3/70.
Prinzipdarstellung einer automatischen Drechsellehre
(1) Werkzeug, (2) Werkstück, (3) Klinke,
(4) selbsttätige Drechsellehre

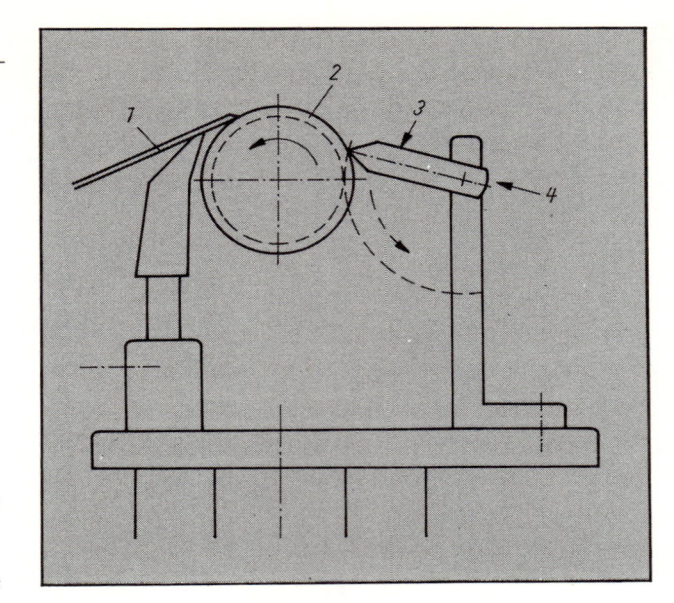

Drehachse am Bankbett oder am Unterteil der Auflageschiene ein stabiler Stahlwinkel befestigt, der in der Höhe über die Drehachse hinausreicht. An diesem Stahlwinkel wird eine Klinke drehbar befestigt. Hat der Drechsler das Werkstück so weit vorgedrechselt, daß der richtige Durchmesser nahezu erreicht ist, schwenkt er diese Klinke von hinten auf das sich drehende Werkstück auf und drechselt weiter Span für Span ab. Ist der richtige Durchmesser erreicht, fällt die Klinke durch ihr Eigengewicht wie eine Klappe herunter (Bild 3/70).

Der *Kreuzsupport* stammt aus der Metallbearbeitung. Er wird in der Drechslerei nur selten eingesetzt, weil das Drechseln durch die beschriebenen stofflichen Eigenarten des Werkstoffes Holz eine völlig andere Spanungsweise erfordert, als das bei Metallen oder anderen amorphen Stoffen notwendig ist. Beim Drechseln muß sich – zum Erreichen einer glatten Schnittfläche – die Werkzeugführung den ständig ändernden Schnittrichtungen und form- und materialbedingten Spanungsmöglichkeiten anpassen können. Das ist mit einer relativ starren Werkzeugführung in einem Support nicht möglich. Der Kreuzsupport wird lediglich dort eingesetzt, wo es auf hohe Präzision im Wiederholungsfall ankommt oder wo das Halten des Werkzeuges mit der Hand zu viel Kraft erfordert. Das kann der Fall sein, wenn bestimmte Fräsarbeiten durchgeführt werden müssen – hier ist auch die Montage eines Fräsmotors auf dem Support möglich –, oder beim Ausstechen von Kernen aus tiefen Hartholzschalen; beim Ausstechen von maßgenauen Ringen u. dgl. Auch im Modellbau findet der Kreuzsupport Anwendung. Er wird in einer Schwalbenschwanzführung auf die speziellen Wangen des Bankbettes zwischen Spindelstock und Reitstock aufgesetzt und ist auf diesen mit der Hand oder mit einer Gewindespindel (Zug- und Leitspindel) verstellbar. Weiterhin sind für die Drechselbank Spezialspindelstöcke und Sondervorrichtungen für das Herstellen von Drechslerarbeiten bekannt, die von der einfachen rotationssymmetrischen Form abweichen. Hierzu zählen in erster Linie die *Ovalwerke* zur Herstellung ovaler Drechselformen, die *Wundfräsvorrichtungen* zur Herstellung gewundener Säulen, die *Passigdrehwerke* zur Herstellung von Schrägprofilierungen an Säulen oder von der Kreisform abweichender Profile beim Querholzdrechseln und andere Techniken, die im Kapitel über Sonderverfahren des Drechselns näher vorgestellt werden.

Einrichtung einer Drechslerwerkstatt

Die Drechselbank muß auf einem stabilen Boden stehen, der einen sicheren Stand gewährleistet. Das muß jedoch kein gesondertes Fundament sein, dazu genügt bereits stabile Balkenlage und gute Holzdielung. Holzfußboden ist auch für den Drechsler wegen der Fußwärme viel günstiger als Beton. Die Metallgestelle der Drechselbänke haben bereits ein ausreichendes Eigengewicht, das ein Verschrauben mit dem Werkstattboden überflüssig macht. Die früheren Holzgestelle mußten befestigt werden. Wichtig ist es aber auch bei den Metallgestellen, auf die Planparallelität des Fußbodens zu achten und das Bankgestell sowohl in Längs- als auch in Querrichtung waagerecht auszurichten. Das sollte mit der Wasserwaage überprüft werden. Erforderlichenfalls muß dann unter eines der vier Beine ein Keil oder besser eine Platte gelegt werden. Von dieser verwindungsfreien Aufstellung des Gestelles ist am Ende auch die axiale Übereinstimmung der Spindelstock- und der Reitstockwelle abhängig. Selbst wenn diese vom Maschinenbau her präzise stimmt, kann sie bei schlechter Aufstellung eines leichten Bankgestelles verdorben werden. Stimmen die beiden Achsen der Spindel nicht überein, lockert sich die Befestigung des Werkstückes zwischen Spindel- und Reitstock, es kommt zu unruhigem Lauf oder gar zum Lösen desselben. Das Prüfen der Übereinstimmung erfolgt in einfachster Weise durch Gegenüberstellen der Reitstockspitze und der Spitze des in die Spindelstockwelle eingeschraubten Dreizacks. Dabei kann aber noch nicht eine eventuelle axiale Verkantung festgestellt werden. Deshalb ist es besser, es wird an der Spindelstockwelle ein möglichst langes Werkstück eingespannt, und man prüft im Lauf, ob dessen Mittelpunkt mit der Reitstockspitze übereinstimmt. Bei Nichtübereinstimmung muß zunächst nochmals die beidseitige waagerechte Aufstellung geprüft und korrigiert werden. Ist damit der Fehler nicht zu beheben, kann man den Spindelstock ausrichten, indem man dünnes Blech oder Papier unterlegt.

Über die gesamte Länge der Drechselbank sollte ein hölzerner Bankkasten angebracht sein, der zur Ablage der Werkzeuge, der Werkstücke und Hilfsmittel während des Drechselns dient. Da die neueren Drechselbänke ausnahmslos Einzelantrieb haben, ist für die Aufstellung mehrerer Drechselbänke keine Rücksicht auf die Lage des zentralen Antriebsmotors oder der Transmissionswelle erforderlich. Deshalb sollte die Aufstellung nach ergonomischen Gesichtspunkten und nach arbeitsorganisatorischen Erfordernissen erfolgen. Günstig ist es, die Drechselbänke parallel zur Fensterwand bzw. direkt vor die Fenster zu stellen. So ist der beste Lichteinfall gewährleistet. Oberhalb der Drechselbank sollte in Längsrichtung an der Werkstattdecke ein Leuchtstofflampenlichtband angebracht sein. Beides, die Fenster ebenso wie die Kunstlichtquelle, sind durch Drahtgitter zu schützen. Ein Drahtgitter oder besser eine geschlossene Wand ist auch erforderlich, wenn mehrere Drechselbänke parallel in einer Reihe hintereinander aufgestellt werden. Dadurch ist der jeweils davor arbeitende Drechsler vor den Spänen und möglicherweise vor den sich herauslösenden Werkstücken des hinter ihm arbeitenden Kollegen geschützt (Bild 3/71).

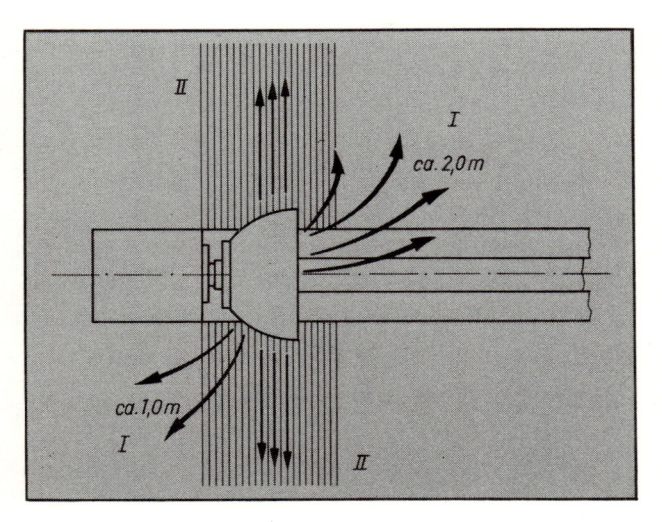

Für die Beleuchtung kann es erforderlich werden, neben der allgemeinen Raumbeleuchtung an der Drechselbank zusätzlich eine Glühlampenbeleuchtung anzubringen, damit durch die Licht- und-Schatten-Wirkung ein genaues Überwachen und Prüfen des Drechselvorganges möglich wird. Das Streulicht einer Leuchtstofflampe reicht hierzu oft nicht aus.

Ist es möglich, die Lage des Raumes im Gebäude zu wählen, sollte der nach Norden zu liegende Raum bevorzugt werden, weil dieser die gleichmäßigsten Licht- und Temperaturverhältnisse aufweist. Der Raum sollte nicht unter 3 m hoch sein. Befindet sich die Raumheizung an der Fensterseite, ist ein dichtes Davorstellen der Drechselbänke ungünstig, weil sich die Späne vom Drechseln auf der Heizung ablagern und durch die aufsteigende Wärme der Staub vom Drechseln und Schleifen ständig hochgewirbelt wird. Es ist in diesem Falle mindestens ein Abstand von 0,90 m von der Heizungsquelle bis zur Drechselbank freizulassen. Es hat sich bewährt, die Drechselbänke an eine Entstaubungsanlage anzuschließen. Wenn dadurch auch nicht alle anfallenden Späne abgesaugt werden können, so wird damit doch die Staubbelästigung für den Drechsler stark reduziert. Das ist vor allem bei der Hartholzverarbeitung, bei der Bearbeitung von Exoten und bei umfangreichen Schleifarbeiten von Bedeutung. Die Absaughaube kann so gestaltet sein, daß sie der Form der überwiegenden Drechselart entspricht. Wird an einer Drechselbank vorrangig Langholz gedrechselt, wird man eine schmale, lange Absaugöffnung verwenden, die am hinteren Ende des Bankkastens angebracht ist. Überwiegt das Querholzdrechseln, kann eine halbkreisförmige Absaughaube in Werkstücknähe angebracht werden. Die Luftgeschwindigkeit der Absauganlage sollte an Handdrechselbänken nicht zu hoch gewählt werden, weil sonst für den Drechsler unangenehme Luftzugerscheinungen oder gar Unterkühlungen auftreten können. Die Erfahrungswerte hierzu liegen bei 20...24 m/s. Sie richten sich nach dem Abstand der Absaughaube vom Werkstück.

Für die Pflege der Drechselbank selbst ist vor allem der sorgsame Umgang mit der Spindelstockwelle und deren Lagerung von Bedeutung. Dabei ist ein unvernünftiges Schlagen beim Einspunden oder anderweitigen Befestigen des Holzes zu vermeiden. Hierzu gehört auch die Instandhaltung der

Einrichtung einer Drechselwerkstatt

Bild 3/71.
Späne- und Splitterfluglinien beim Querholzdrechseln

Maschinen und Werkstatteinrichtungen

Spannvorrichtungen, die an der Spindelstockwelle befestigt werden. Zerbeulte oder unebene Anlageflächen erfordern hohe Anzugsmomente, wenn sie der Belastung des Drechselns standhalten sollen. Beim Wechseln werden in diesen Fällen wiederum Schlageinwirkungen nicht zu vermeiden sein. Dagegen sind gut sitzende Spannmittel bei sauberen, planen Flächen an Spindel und Spannmittel nur per Hand anzuziehen und durch leichten Hebeldruck wieder zu lösen. Ein seitliches Arretieren durch eine Stellschraube ist nicht erforderlich. Lediglich bei Vorhandensein einer stark wirkenden Bremsvorrichtung sollte eine Stellschraube das unbeabsichtigte Ablaufen des Spannfutters verhindern.

Über die Arten und Behandlung der Lager sollte sich der Drechsler in der Spezialliteratur Kenntnisse verschaffen. Zur Ergänzung sei hierzu darauf hingewiesen, daß nur fremdkörperfreie Schmiermittel verwendet werden dürfen. Die Schmiermittelvorräte sind in Holzwerkstätten, wo sich viel Staub entwickelt, so aufzubewahren, daß sie sauber bleiben. Schmutzige Schmiermittel wirken schmirgelnd in den Lagern. Für Wälzlager ist hochwertiges Wälzlagerfett zu verwenden. Die Lager sind auf Geräusche und Spiel zu prüfen. Gut gepflegte Wälzlager können über viele Jahre einwandfrei arbeiten. Eine Säuberung (Auswaschen mit Benzin und neues Fetten) ist – wenn die Abdichtung nach außen in Ordnung ist – nur in längeren Zeitabständen erforderlich.

Selbstverständlich ist auch der Antriebsmotor zu schützen und sauberzuhalten. Moderne Elektromotoren sind im Prinzip wartungsfrei. Sie sind jedoch auf Erwärmung zu kontrollieren, damit elektrische Defekte rechtzeitig festgestellt und Motorbrände vermieden werden.

Reitstockspindeln sollten nicht gefettet werden, weil durch die Staubeinwirkung Verkrustungen entstehen können, die die Beweglichkeit behindern.

Zur Einrichtung einer Drechslerwerkstatt gehört in jedem Falle ein motorbetriebener, möglichst doppelseitig mit synthetischen Schleifsteinen bestückter *Schleifbock* für den Werkzeugschliff. Die Schnittgeschwindigkeit der aus Normalkorund bestehenden Schleifscheiben sollte nicht mehr als 20...25 m/s betragen. Die Angaben des Herstellers sind zu beachten. Der Durchmesser der Scheiben sollte nicht zu klein sein, damit der entstehende Hohlschliff an den Fasen der Werkzeuge möglichst flach ausfällt. Eine neue Scheibe soll mindestens 200...300 mm Durchmesser aufweisen. Es ist ratsam, eine Scheibe mit grober Körnung (Nr. 63 bzw. alte Bez. 30) und eine Scheibe mit feiner Körnung (Nr. 25 bzw. alte Bez. 70) am Schleifbock anzubringen. Die Härte sollte mit M oder N bezeichnet sein. Genaue Auskünfte zu Abmessung und Körnung geben die Standards.

Der Durchmesser der Spindel für das Aufbringen der Schleifscheiben darf nicht kleiner als 20 mm sein. Zwischen Spindeldurchmesser und Scheibenbohrung soll ein Spielraum von 1 mm bestehen. Die Einspannung der Scheiben erfolgt zwischen Flanschen mit Filz- oder Pappezwischenlagen und einem Flanschdurchmesser von 1/3...1/2 des Schleifscheibendurchmessers. Es gibt Drechsler, die in der linken Seite des Schleifsteines eine größere Hartpappe- oder Hartgummischeibe zwischen Flansch und Schleifstein befestigen zum Anlegen der Finger beim Führen des Werkzeuges während des Schleifvorganges. Sie erzielen damit eine ruhige Handführung beim freien Schleifen der Werkzeuge. Das ist vor allem beim Schleifen der Meißel von großer Bedeutung.

Der Schleifbock kann mit Hilfe einer einfachen Lagerwelle und einem gesonderten Antriebsmotor selbst gebaut oder als fertige Einheit, bei der meist die Motorwelle beidseitig über Flansche zur Befestigung der Schleifscheiben verfügt, gekauft werden. Bei der Eigenkonstruktion mit gesondertem Motor-Riemenantrieb können die Drehzahlen durch Stufenscheiben leicht geregelt werden. Die fertigen Motoreinheiten mit direkter Scheibenbefestigung haben meist nur eine und vor allem oft eine viel zu hohe Drehzahl.

Die Aufstellung des Schleifbockes kann entweder auf einem gesonderten Gestell oder auf einer eingemauerten Wandkonsole erfolgen. Dicht über den Schleifscheiben muß eine stabile Schutzhaube angebracht sein. Beim Arbeiten am Schleifstein ist in jedem Falle eine Schutzbrille zu tragen. Unterhalb der Schleifsteine sollte ein Funkenfang angebracht werden, der das Entzünden umherliegender Holzspäne verhindert. Der Schleifbock muß in der Nähe der Drechselbank in gutem Tageslicht stehen. Unmittelbar neben dem Schleifbock wird der Drechsler seine Abziehsteine und ein Wassergefäß ständig bereit stehen haben, damit die geschliffenen Werkzeuge »abgezogen« werden können.

Zum Schleifbock gehört auch ein Schleifstein abgerichter, mit dessen Hilfe uneben oder unrund gewordene Schleifscheiben wieder plan bzw. rund geschliffen werden können. Es gibt hierfür Abrichter mit Stahlrädchen und solche aus Stein. In Bild 4/45 ist ein Abrichter mit Stahlrädchen gezeigt.

Für die allgemeine Einrichtung einer Drechslerwerkstatt wird weiterhin empfohlen, Lagermöglichkeiten mit verschiedenen Klimaverhältnissen für die Lagerung des Holzes, der Halbfertig- und Fertigteile zu schaffen. Im Abschnitt zum Material Holz wurde bereits empfohlen, vor allem für empfindliche Hölzer einen trockenen, luftigen, aber zugfreien Kellerraum als Lager vorzusehen. Ebenso wurde erwähnt, für bereits gut vorgetrocknete Hölzer und für vorgearbeitete Werkstücke (vorgeschruppte Rohlinge) in einem geheizten Raum (Werkstatt) eine sog. Hänge (bzw. Bamelage) anzubringen, auf die das Holz zum Nachtrocknen gestapelt werden kann. Diese Hängen sind mit Stahlschienen von Wand zu Wand oder mit sicherer Deckenbefestigung zu errichten.

Vorteilhaft ist es, wenn die Drechselbänke in einem gesonderten Raum (getrennt von den anderen Holzbearbeitungsmaschinen) untergebracht sind. Das wirkt sich günstig auf die Leistung des Drechslers, auf seine Konzentrationsfähigkeit aus und ist für seinen Gesundheitsschutz von Bedeutung. Er hat mehr Ruhe und wird vom Lärm und von der Staubentwicklung der anderen Holzbearbeitungsmaschinen abgeschirmt.

In jedem Falle wird darüber hinaus in einer Drechslerwerkstatt ein Raum für die Oberflächenbehandlung benötigt, der frei von Holzstaub und entsprechend temperiert ist und über eine Absaugvorrichtung für die entstehenden Lösungsmitteldämpfe verfügt. Die Lagerung von Oberflächenmaterialien ab einer Menge von 20 Litern muß in einem gesonderten, explosionsgeschützten Raum erfolgen. Auf Fluchtwegen, Dachböden, in Kellerräumen von Wohngebäuden u. dgl. ist die Aufbewahrung brennbarer Flüssigkeiten grundsätzlich untersagt. Die Lagerung der Späne muß getrennt von der Schleifstaublagerung erfolgen, weil hier Selbstzündungsgefahr besteht. Die gesamte Drechslerwerkstatt muß eine explosionsgeschützte elektrische Anlage besitzen. Durch den hohen Staubgehalt in Drechslerräumen und durch das Vorhandensein einer Späne-Staub-Mischung sind Drechslerwerkstätten stark explosionsgefährdet. Drechslerbänke sind – wie alle anderen Maschinen – fest zu installieren. Verbindungen mit Kabel und Steckdose sind unzulässig.

Als Heizung für eine Drechslerwerkstatt ist die Warmwasser-Heizung am günstigsten. Offene Feuer sind verboten, offene elektrische Heizgeräte ebenfalls.

Drehmaschinen und Rundfräsmaschinen

Ein Buch über das Holzdrechseln wäre unvollständig, würde nur auf das Handdrechseln eingegangen. Bereits in Drechslerfachliteratur, die zu Beginn unseres Jahrhunderts geschrieben wurde[1], sind mechanische Runddrehvorrichtungen erläutert worden. In der Zwischenzeit sind viele hochproduktive Drehmaschinen und Drehautomaten entstanden, und es werden ständig Verbesserungen daran vorgenommen. Den Massenbedarf an diversen Drehteilen könnten die Handdrechsler niemals befriedigen. Deren Aufgaben haben sich jedoch mit der steigenden Drehqualität und Leistungsfähigkeit der Drehmaschinen gewandelt. Die Aufgaben des Handdrechslers liegen heute und in Zukunft im Kunsthandwerk, im Entwurf und im Modellbau für die Industrie sowie bei Sonderanfertigungen und der Herstellung von Erzeugnissen, die nur in geringen Mengen benötigt werden. Die Drehmaschinen und -automaten übernehmen die Versorgung des Massenbedarfes. Nachfolgend sollen einige über viele Jahre bewährte, aber auch neue Entwicklungen von Rundfräs- und Drehmaschinen vorgestellt werden. Die Erläuterungen werden an Hand markanter Beispiele vorgenommen. Sie erheben keinen Anspruch auf Vollständigkeit.

Grundsätzlich wird unterschieden zwischen Rundfräsmaschinen, Schablonendrehmaschinen und Fassondrehmaschinen, die entweder halb- oder vollautomatisch arbeiten. Dazu gibt es noch Verkettungs- und Nachbearbeitungsmaschinen und -vorrichtungen, so daß ganze Fließstrecken zusammengestellt werden können. Es sind aber auch bereits verschiedene einfache Zusatzaggregate im Handel, die auf Handdrechselbänken aufgesetzt werden können und so als einfache Kopierdreheinrichtungen für Lang- oder Querholzarbeiten kleiner Serien gute Dienste leisten. Für den Modellbau sind darüber hinaus Drehmaschinen im Einsatz, die mit den Drehmaschinen in der Metallbearbeitung vergleichbar sind. Sie besitzen ebenso wie diese einen oder mehrere Supporte und eine Leitspindel zum automatischen Vorschub.

Rundfräsmaschinen gibt es in zwei grundsätzlich verschiedenen Konzeptionen, die sich aber beide

[1] Knoppe, Handbuch der mechanischen Holzbearbeitung in der Dreherei. – Leipzig, 1903

Maschinen und Werkstatteinrichtungen

vom eigentlichen Drechseln oder Drehen bereits weit entfernt haben. Beim Rundfräsen entstehen lediglich ähnliche Produkte wie beim Drehen. Der grundsätzliche Unterschied zum Drehen liegt darin, daß beim Rundfräsen das Werkzeug hochtourig rotiert und das Werkstück nur langsam bewegt wird (kreisförmiger Vorschub, 3...40 min^{-1}), während beim Drehen das Werkstück rotiert und das Werkzeug den langsamen Vorschub ausführt. Hinzu kommt, daß beim Rundfräsen quer zur Holzfaser gefräst wird, während beim Drehen in einem geeigneten Winkel schräg zur Holzfaser »geschält« wird. Bei der einen, der älteren Konzeption von Rundfräsmaschinen bewegt sich das langsam drehende Kantholz an einer mit 4000 bis 5000 min^{-1} laufenden Messerwelle vorbei, die paarweise mit Formmessern bestückt ist und so die Form des Werkstückes herausarbeitet. Die Messer in der Messerwelle sind schräg angeordnet, so daß ein ziehender Schnitt entsteht. Dadurch wird eine bessere Oberflächenqualität erreicht, die aber trotzdem nicht an die Qualität der Oberfläche durch das Drechseln heranreicht. Ein nachträgliches Schleifen der Werkstücke ist erforderlich. Mit diesen Fräsmaschinen werden Gegenstände hergestellt, die zwischen Spitzen gespannt werden können und an die keine besonders hohen Qualitätsanforderungen gestellt werden (Schaufelsteine, Schemelbeine u. dgl.). In der Regel sind diese Maschinen mit Spanntrommeln ausgerüstet, in denen die eingespannten Kantel (6...8 Stück) nach einem Fräsvorgang schrittweise weiterrücken. Bei jedem Schritt wird ein fertiges Werkstück entnommen und ein neues Kantel eingelegt. Je nach Konstruktion dieser Spanntrommel können kreisrunde, aber auch ovale oder kantige, querprofilierte Gegenstände hergestellt werden. Die neueren Konzeptionen von Rundfräsmaschinen (auch als Kopierautomaten bezeichnet) arbeiten nicht mehr mit einer Messerwelle, sondern mit einem hochtourig rotierenden Kopier-Fräswerkzeug, das mit Hilfe einer Schablone an dem sich langsam drehenden Kantel entlang geführt wird. Es sind auch Maschinen üblich, bei denen sowohl das Kantel als auch das Fräswerkzeug gegenläufig hohe Umdrehungsgeschwindigkeiten aufweisen (Typ CKE der Fa. HEMPEL). Auch bei diesen Maschinen können kreisrunde, ovale und kantige, querprofilierte Gegenstände hergestellt werden. Meist ist bei diesen Maschinen serienmäßig ein Schleifaggregat angebaut. Bei dem genannten Typ sind Arbeitslängen bis 900 bzw. 1500 mm und Arbeitsdurchmesser bis 250 mm möglich.

Schablonendrehmaschinen gibt es in einer großen Vielfalt. Sie sind sowohl als Zusatzbauteil für Handdrechselbänke als auch in Form von Spezialmaschinen und -automaten gebräuchlich. Sie werden vor allem für die rationelle Herstellung von Langholzerzeugnissen (säulenförmige Produkte), aber auch für die Serienfertigung von Querholzsortimenten (Scheiben, Räder, Ringe, Teller) hergestellt. Die Wirkungsweise von Schablonendrehmaschinen ist, was die Art der Führung der Werkzeuge und deren Stellung zum Werkstück betrifft, dem Drechseln an der Handdrechselbank am ähnlichsten. Bei Schablonendrehmaschinen für die Langholzbearbeitung werden Kantel oder Rundstäbe (bei Durchmessern bis etwa 50 mm verwendet man einfache Kantel, bei größeren Abmessungen empfiehlt es sich, Rundstäbe oder acht-

Bild 3/72. Röhrenförmige Drehstähle
a) Anschliff der Drehröhren für Drehmaschinen,
b) fünffache Ausnutzung der Schneidenkante bei Drehröhren, *c)* Stahlhalter mit Schlichtstahl,
d) Schruppstahl

Bild 3/73. Tassenförmige Drehstähle

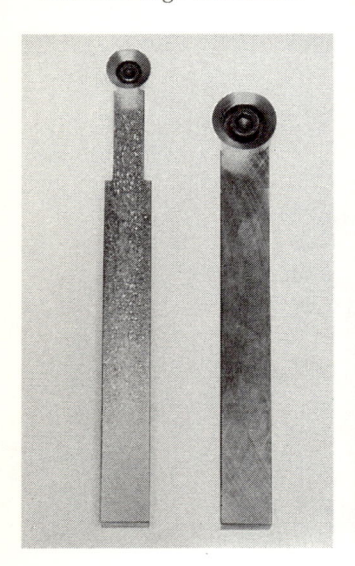

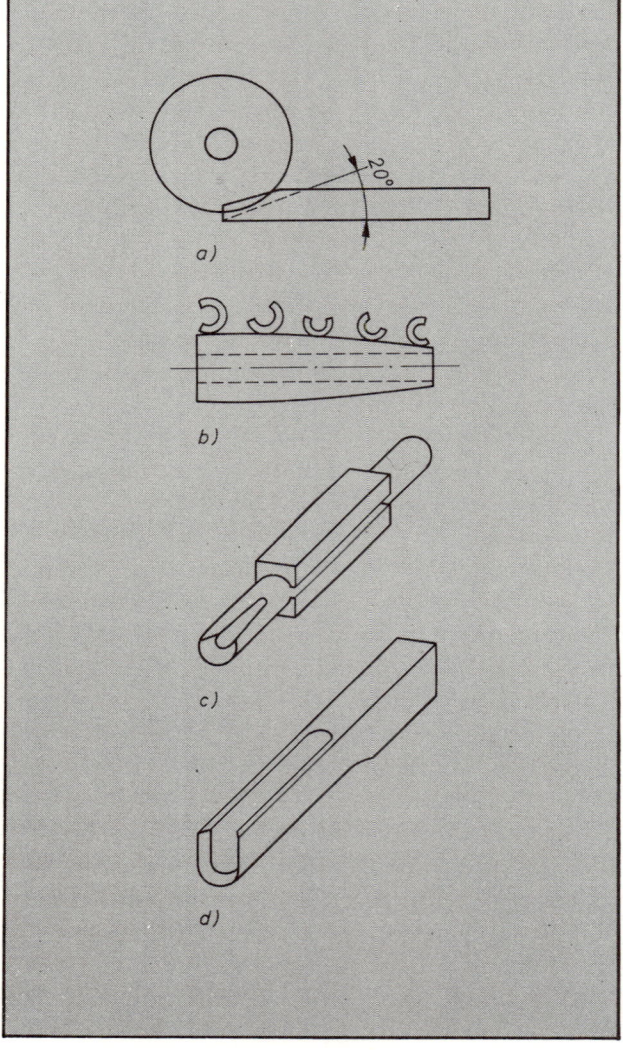

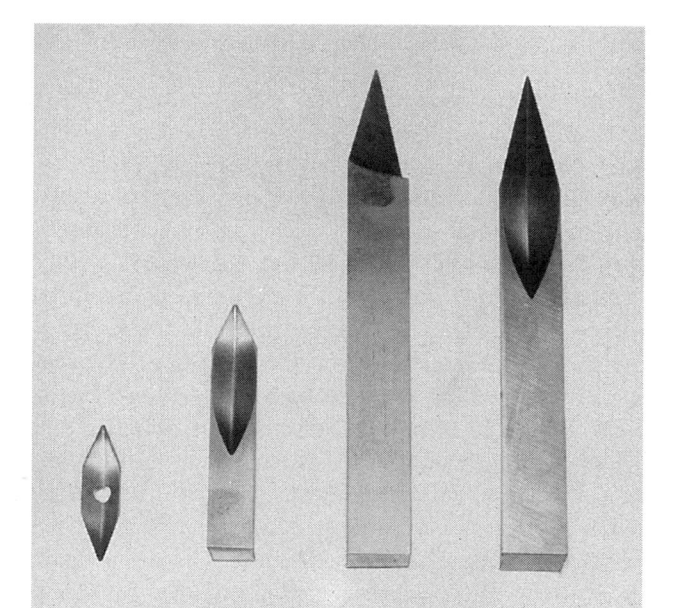

krete Profilform fertig eingearbeitet ist, läßt die Herstellung vielfältigster Drechselformen zu. Die röhrenförmigen Drehstähle werden meist auch zweistufig eingesetzt, zum Vorschruppen und zum nachfolgenden Schlichten mit einem zweiten Stahl (Schrupp- und Schlichtstahl). Tassen und geißfußförmige Werkzeuge finden meist als Schlichtwerkzeuge Anwendung. Eine Kombination mit röhrenförmigen Werkzeugen ist möglich. Die Führung dieser Werkzeuge erfolgt mit Hilfe von Supporten, die an Schablonen entlanggeführt werden. Das Abtasten der Profilformen von den Schablonen erfolgt über Rollen oder leichtgängige Kopierfühler. Die für spezielle Profile verwendeten Fassonstähle befinden sich auf gesonderten Supporten, die quer zur Drehachse beliebig per Hand oder automatisch gesteuert, zugeführt werden können. Die an den Schablonen geführten Supporte mit den röhren-, tassen- oder geißfußförmigen Drehstählen werden ebenfalls per Hand oder hydraulisch, pneumatisch oder elektronisch gesteuert. Fassonstähle werden nach dem Runddrehen und Grobprofilieren dem Werkstück zugeführt. So sind alle möglichen Profile sowie Zapfen, Rillen u. dgl. komplett und maßhaltig herstellbar. Für besonders schwache und für lange Werkstücke wird eine Lünette eingesetzt, die das Kantel rund fräst und gleichzeitig führt. Diese Lünette ist auf dem Support befestigt, der die Formstähle an der Schablone entlangführt. Das Runddrehen übernehmen in dieser Lünette meistens röhrenförmige Stähle (Schrupp- und Schlichtstahl). Bei den röhrenförmigen Drehstählen ist die Fase der Schneide innen angeschliffen, vergleichbar mit der »Deutschen Röhre« des Handdrechslers. Diese Anschliffform ermöglicht es, daß diese Werkzeuge oberhalb des Werkstückes angreifen können. In dieser Wei-

Drehmaschinen und Rundfräsmaschinen

Bild 3/74.
Spitzstähle für Drehmaschinen

Bild 3/75.
Formstähle für Drehmaschinen (Vorder- und Rückansicht) mit fertigem Formdrehteil (Schachfigur)

Bild 3/76.
Zurückgeschliffene Schneidenkanten an Formdrehstählen

eckige Kantel zu verwenden) zwischen Spitzen gespannt. Dieses Spannen (Einlegen und Festspannen) kann einzeln von Hand oder über Magazinzuführung selbsttätig erfolgen. Ebenso ist das Entnehmen des fertig gedrehten Teiles je nach Maschinentyp von Hand oder automatisch möglich. Das Spanen (Runddrehen und Formen) wird mittels röhren-, tassen- oder geißfußartigen (Spitzstähle) Stählen vorgenommen. Während die röhrenförmigen Werkzeuge weit an der Oberkante des Werkstückes angreifen, sind die tassenförmigen Werkzeuge seitlich und die geißfußförmigen Werkzeuge zwischen diesen beiden Höhen angeordnet. Die röhrenförmigen Werkzeuge sind sehr leistungsfähig, lassen aber differenzierte Formen nicht zu. Sie werden deshalb zum Herstellen großzügiger Formen oder zum Vordrehen eingesetzt. Eine Kombination dieser Drehstähle mit speziellen Fassonwerkzeugen, bei denen eine kon-

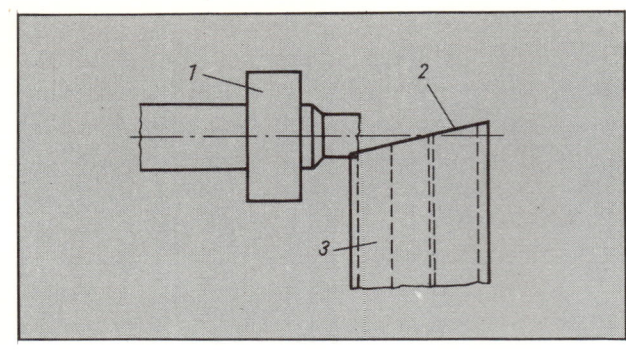

Bild 3/78.
Schematische Darstellung des Eingriffs eines Formstahls (Fassonmesser) an der Drehmaschine mit Quersupport *(1)* Spannpatrone, *(2)* Schnittfläche, *(3)* Fassonmesser

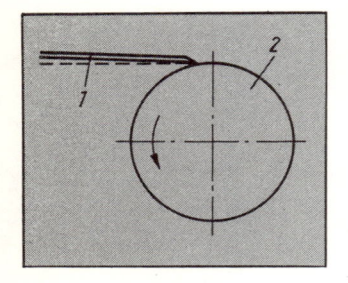

Bild 3/77.
Schematische Darstellung des Einstellens von Werkzeugen (Röhren- und Formdrehstähle) an Drehmaschinen. Der Stahl ist hinten leicht angehoben, dadurch wird ein Freischneiden gewährleistet *(1)* Fassonstahl, *(2)* Rundstab

Bild 3/79.
Eingriff eines tassenförmigen Drehstahles an einer Kopierdrehmaschine

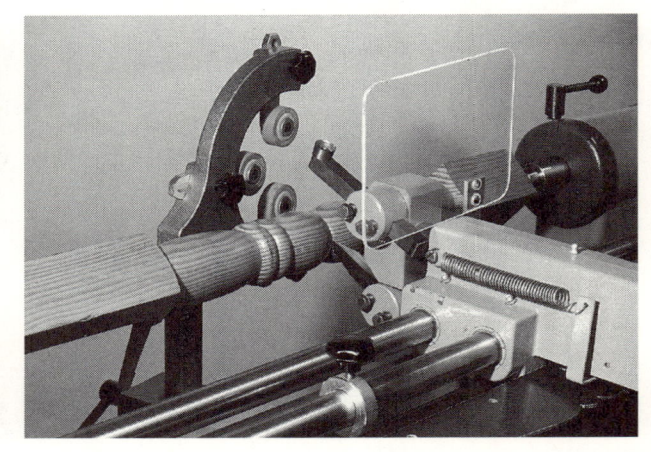

Bild 3/80.
Eingriff eines Spitzstahles an einer Kopierdrehmaschine (tassenförmiger Drehstahl und Lünette sind ausgeschwenkt)

Bild 3/81.
Ringlünette und Spitzstähle an einem bearbeiteten Werkstück einer Kopierdrehmaschine

Bild 3/82.
Eingriff der Werkzeuge an einer Schablonendrehmaschine (röhrenförmige Drehstähle in der Mitte, Formdrehstähle links im Bild)

se ist ein schälendes Spanen möglich, das zu guter Schnittqualität führt. Außerdem können die Schneidkanten röhrenförmiger Werkzeuge durch Lageveränderung mehrfach genutzt werden (Bild 3/72). Ähnlich ist das auch bei den tassenförmigen Drehstählen möglich. Spitzstähle dagegen sind nur in einer Lage einsetzbar. Sie unterliegen deshalb auch wesentlich höherem Verschleiß (Bilder 3/73, 3/74). Besondere Aufmerksamkeit ist den Formstählen (Fassonstählen) zu widmen. Diese Drehstähle haben eine Form, die man als Negativ zum Werkstück bezeichnen kann (Bild 3/75). Das Modell für die Form der Werkzeuge wird nach einem vom Handdrechsler geformten Muster in einem Werkzeugbetrieb hergestellt. Für die Auftragserteilung an diesen Werkzeughersteller ist es erforderlich, daß neben einem Modell auch zeichnerische Angaben zu Schnittbreite, Messerdicke, Befestigungsform und Hubweg des Werkzeugsupportes gemacht werden. Dabei sind vor allem Angaben zu Maschinentyp und Art des Vorschubes (Handvorschub oder automatischer Vorschub) erforderlich. Da bei Maschinen mit Handvorschub der Vorschubweg vom Zerspanungsangriff bis zur vollen Ausbildung des Profiles wesentlich länger ist als bei automatisch arbeitenden Maschinen, ergeben sich auch für die Konstruktion und den Anschliff dieser Drehstähle Unterschiede. Bei Maschinen mit Handvorschub müssen für die anzudrehenden Formen die entstehenden Zerspanungskräfte vom Menschen selbst aufgebracht werden. Um diesen Kraftaufwand abzuschwächen, sind die dafür vorgesehenen Werkzeuge meist mit stark zurückgeschliffenen Schneiden ausgerüstet, die ein nacheinanderfolgendes Eingreifen des Werkzeuges und damit ein Verteilen der Zerspanungskräfte er-

schubwege können deshalb kürzer gehalten werden, und die Schneiden der Drehstähle müssen nicht so stark zurückgeschliffen sein. Bei tiefen Profilen werden aber hier meist zwei gleich profilierte Stähle eingesetzt, die stufenförmig eingreifen. Diese beiden Stähle sind ober- und unterhalb des Werkstückes angeordnet und arbeiten gegenläufig. Dadurch werden gleichzeitig die seitlich am Werkstück wirkenden Andruckkräfte nahezu ausgeglichen. Bei der Festlegung der Arbeitsstahlbreite von Formstählen ist außerdem besonders auf den kleinsten Durchmesser am Werkstück zu achten. Schwache Werkstückteile halten den notwendigen seitlichen Arbeitsdruck beim Werkzeugvorschub nicht aus und brechen dadurch leicht auseinander. Dem kann durch die Werkzeugform und durch den mehrstufigen Spanungsvorgang entgegengewirkt werden. Das Schema der Einstellung von Formstählen in Drehmaschinen möglichen (Bild 3/76). (Wie bei der Beschreibung der Fassondrehmaschinen noch zu sehen sein wird, können diese Zerspanungskräfte bei manueller Bedienung außerdem durch anhebbare Supporte, die ein stufenweises Abarbeiten ermöglichen, mehrfach geteilt werden.)

An Maschinen mit automatischem Vorschub sind die Vorschubkräfte viel größer. Die Vor-

Bild 3/85. Schablonendrehmaschine mit zusätzlichen Handauflageschienen zum Nachdrechseln per Hand

Bild 3/83. Eingriff von Schrupp- und Schlichtstahl an einer Schablonendrehmaschine

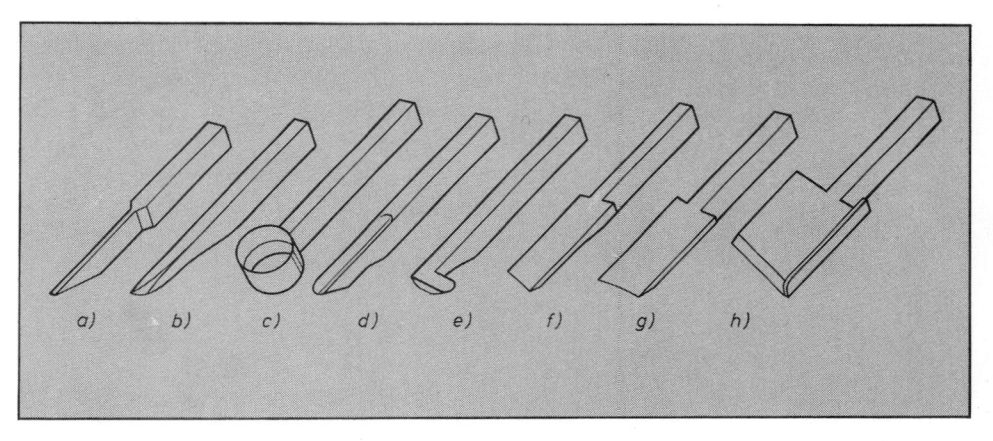

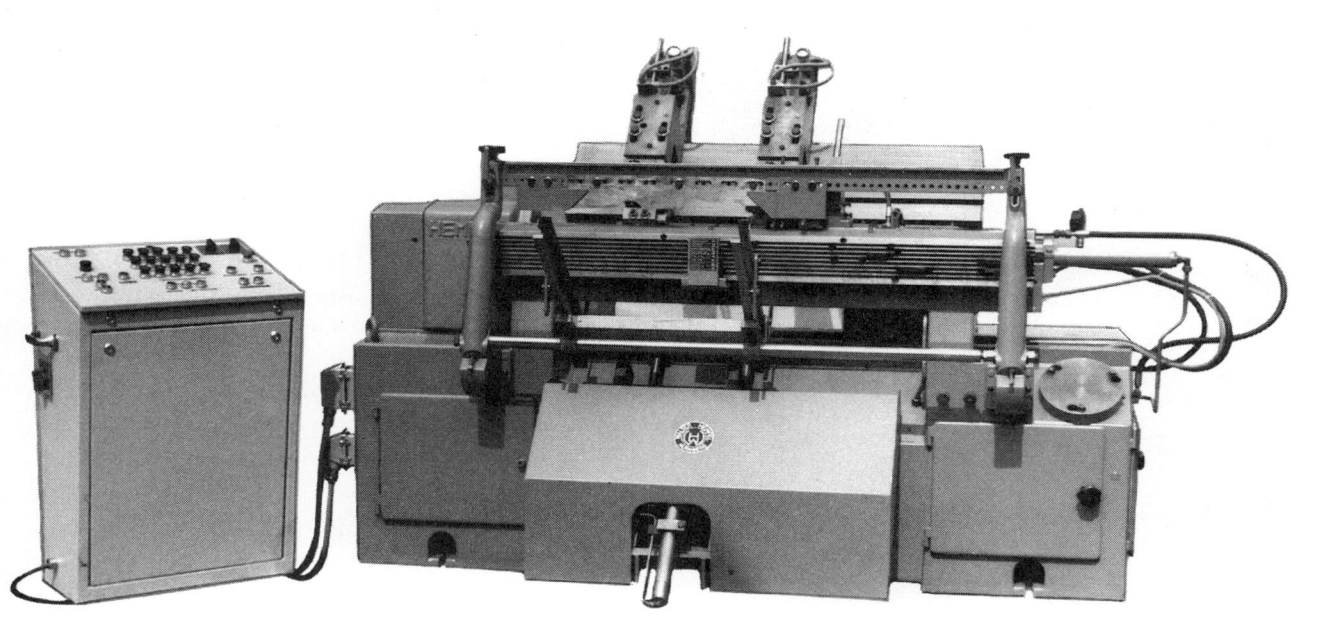

Bild 3/84. Variabel einsetzbare Drehstähle
a) und *b)* zum Eindrehen von Rillen, *c)* von Hohlrundungen mittels Kreisschneide (ähnlich dem Glockenmesser beim Kopierfräsen), *d)* von Hohlkehlen, *e)* abgewinkelte Schneide zum Hirnholzdrehen, *f)* und *g)* Schrägschneiden mit entsprechendem Einstellwinkel, *h)* Schrägschneide mit Nebenschneide zum Abstechen (Ablängen während des Drehens)

Bild 3/86. Schablonendrehautomat HHE

Maschinen und Werkstatteinrichtungen

Bild 3/87.
Werkzeugeingriff am Schablonendrehautomaten HHE (s. Bild 3/86)

Bild 3/88.
Drehformen, auf dem Schablonendrehautomaten HHE hergestellt (s. Bild 3/86)

Bild 3/89.
Schablonendrehmaschine mit Magazinbeschickung. Bei dieser Maschine handelt es sich um eine Typenreihe, die von der einfachsten Drechselbank bis zum Vollautomaten ausgebaut werden kann (einschließlich Wundfräsvorrichtungen und Schleifeinrichtungen)

nen ist aus den Bildern 3/77, 3/78 zu erkennen. (Vergleiche auch dazu die Bilder 3/79 bis 3/84.) Da diese Formstähle sehr hohen Beanspruchungen ausgesetzt sind und hohe Schnittleistungen erwartet werden, müssen sie aus besonders hochwertigem Material hergestellt sein. Bewährt hat sich dafür ein Wolfram-Cobalt-Stahl hoher Güte.

Im Gegensatz zu den speziellen Formstählen (Fassonstählen) sind die in Bild 3/84 gezeigten Drehstähle variabel einsetzbar. So werden z. B. die Formen A und B zum Eindrehen von Rillen, D zum Herstellen von Kehlen, C zum Drehen großer Hohlrundungen oder Wölbungen, E zum Hirnholzdrehen (gebogene oder gekröpfte Schneide), F und G für erhabene und geneigte Schrägflächen (mit entsprechendem Einstellwinkel und mit oder ohne Nebenschneide) verwendet. Zum Abstechen (Ablängen während des Drehens) wird ein »Abstecher« (ähnlich wie A) mit hinterschliffener Schneide benötigt, damit ein Klemmen des Werkzeuges in der Schnittfuge vermieden wird. Diese Art Universal-Werkzeuge können in Drehautomaten, aber auch in mit Hand zu bedienenden Supportführungen Einsatz finden. Für besonders harte Werkstoffe und in der Modelldrechslerei werden derartige Werkzeuge oft mit Hartmetallschneiden bestückt. Bei kleineren Stückzahlen und sehr hohen Qualitätsanforderungen kann nach dem Drehen der Formen an einfachen Schablonendrehmaschinen das Werkstück in der Maschine von Hand geschliffen werden. Auf Dauer ist dieses Schleifen jedoch nicht zu empfehlen, weil der Schleifmittelabrieb auf den Gleitbahnen der Supporte verstärkte Abnutzung hervorruft und auch alle anderen beweglichen Teile stärker belastet werden. Bei Drehautomaten sind über entsprechende Verkettungselemente Kopp-

Drehmaschinen und Rundfräsmaschinen

Bild 3/90.
Kopplung des Schablonendrehautomaten HHE mit der Transporteinheit AuT und einem Schleifautomaten PD

Bild 3/91.
Querholz-Schablonendrehautomat ERH 6

Bild 3/92.
Werkzeug-Wirkbereich im Drehautomaten ERH 6. Vakuum-Spannfutter und Reitstock-Gegendruckvorrichtung sind deutlich zu erkennen, ebenso die Drehstähle, die das Werkstück von vorn nach hinten, links und rechts gleichzeitig bearbeiten

lungen mit gesonderten Schleifautomaten möglich.

Bei Ergänzungsbauteilen zum Schablonendrehen für Handdrechselbänke oder an einfachen Schablonendrehmaschinen ist eine Kombination von Drehen und Drechseln gegeben. Hier wird die Grundform mit der Schablonendrehvorrichtung vorgearbeitet, und die differenzierten Profile (Einkerbungen, Zapfen) werden mit dem Meißel nachgedrechselt. In Bild 3/85 ist deutlich die zusätzliche Handauflage zu sehen.

An Schablonendrehmaschinen und -automaten

Maschinen und Werkstatteinrichtungen

Bild 3/93.
Querholz-Drehautomat
ERH 25

Bild 3/94.
Spannvorrichtung und
Werkzeug-Wirkbereich im
Drehautomaten ERH 25

Bild 3/95.
Querholz-Kopierdrehmaschine KM 300 (Einsatz eines tassenförmigen Drehstahles)

Bild 3/96.
Querholz-Kopierdrehmaschine KM 100 (Einsatz eines Spitzstahles)

können mit Hilfe von Zusatzvorrichtungen auch Säulen mit ein- oder beidseitig, auch beliebig stehenbleibendem Vierkant hergestellt werden. Stirnbohrungen sind ebenfalls möglich. Bei dem abgebildeten Maschinentyp, dem Drehautomaten HHE der Fa. HEMPEL (Bilder 3/86, 3/87, 3/88), sind Drehlängen bis 1200 mm und Drehdurchmesser bis zu 100 mm möglich. Es gibt aber auch Schablonendrehmaschinen mit einer möglichen Drehlänge bis zu 1250 mm und max. Drehdurchmesser von 140 mm bzw., bei besonders schweren Ausführungen, bis 250 mm Durchmesser. Für besonders tiefe Profilierungen sind die Maschinentypen mit automatischen Geschwindigkeitsreglern für die Vorschubbewegung des Drehsupports ausgerüstet (Bilder 3/89, 3/90).

Bei *Schablonendrehmaschinen für Querholzbearbeitung* werden auf gleichmäßige Dicke gefräste Scheiben oder achteckige Brettchen zwischen Spitzen gespannt – in der Mitte muß deshalb Holz stehen bleiben – oder bei einigen Typen einseitig an einem Vakuumfutter befestigt.

Auch eine Kombination von Spannvorrichtungen zwischen Spitzen und einseitig mit Vakuum ist möglich. Wie bei Schablonendrehmaschinen für Langholzbearbeitung wird auch hier der Schrupp- und Schlichtstahl (bei einigen Typen nur mit einem einzelnen Stahl) an einer Metallschablone in einem Support entlanggeführt. Es werden dabei jeweils eine Querfläche und die Schmalfläche bearbeitet. Einige Maschinentypen ermöglichen auch die Bearbeitung der Rückseite, ohne das Werkstück umspannen zu müssen. Bei diesen Maschinen können z. B. Teller und Schalen in einem Arbeitsgang fertiggestellt werden (Bilder 3/91, 3/92, 3/93, 3/94). Vor dem Ausspannen, das

Drehmaschinen und Rundfräsmaschinen

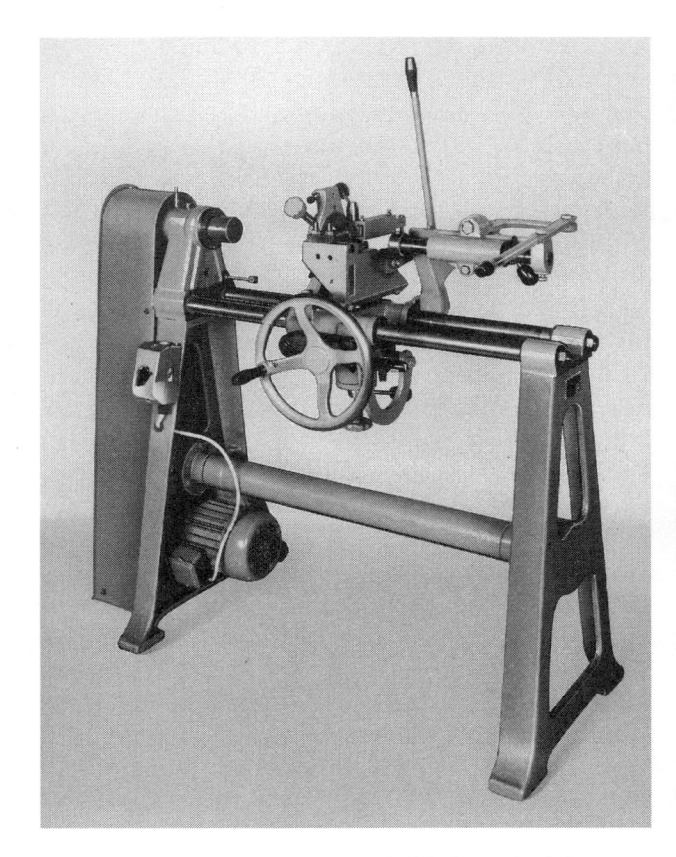

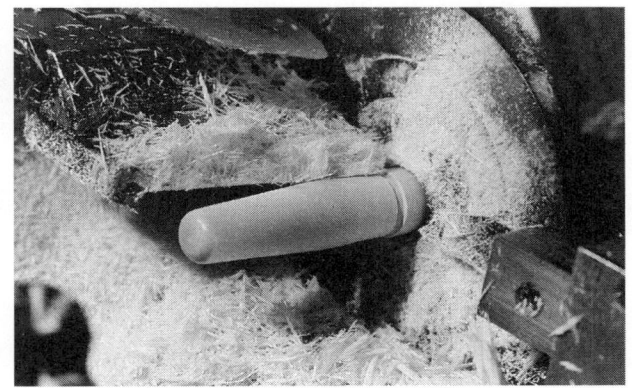

Bild 3/97. Einfache Fassondrehmaschine

Bild 3/98. Werkzeug-Wirkbereich an der Fassondrehmaschine. Vorn: Bohrwerkzeug, links: Formstahl, rechts: Abstechstahl

Bild 3/99. Eingriff eines einfachen Formstahles an einer Fassondrehmaschine

Bild 3/100. Kanteldrehautomat (Formdrehautomat mit Kantelbeschickung) VKG

bei laufender Maschine unfallfrei und sicher erfolgt, ist ein Schleifen per Hand möglich. Hierbei ist jedoch ebenfalls der dabei entstehende erhöhte Maschinenverschleiß durch den Schleifabrieb zu berücksichtigen. Ein Schleifen außerhalb der Querholzdrehmaschine ist vorzuziehen. Dafür gibt es bereits spezielle Schleifmaschinen. Die Drehstähle für die Querholzdrehmaschinen haben eine Form, die denen der Metalldrehtechnik ähnlich ist. Ebenso werden aber auch hier die tassen- und geißfußförmigen Drehstähle eingesetzt, wie sie bereits beim Langholz-Schablonendrehen erläutert wurden. Die tassenförmigen Drehstähle werden auch Glockenmesser genannt. Diese Stähle sind ebenso wie die Spitzstähle und die Röhren für die speziellen Bedingungen des Holzdrehens entwickelt worden.

Je nach Maschinentyp sind beim Querholz-Schablonendrehen Drehdurchmesser bis 250 mm und Brettdicken bis 70 mm (Drehautomat ERH – 25) bzw. Durchmesser bis 600 mm und Brettdicken bis 100 mm (Drehmaschine ERH – 6) möglich. Bei dem erstgenannten Typ ist eine Leistung von 800 Stück je Stunde angegeben. Die Zuführung der Rohteile erfolgt über ein Magazin. Sämtliche Arbeitsgänge (Zubringen, Spannen, Betätigen der Formstahlsupporte quer zum Werkstück,

Ausspannen und Auswerfen des fertigen Drehteiles) erfolgen automatisch. In Bildern 3/95 und 3/96 sind Beispiele für Maschinen, einsetzbar für die Kleinserienfertigung, zu sehen.

Fassondrehmaschine (Kanteldrehmaschinen und Formdrehautomaten) eignen sich – im Gegensatz zu Schablonendrehmaschinen (Langholz) –

Maschinen und Werkstatteinrichtungen

hauptsächlich zur Herstellung kurzer Formteile, die »frei« gedreht werden müssen, bei denen also für die Bearbeitung einer Stirnseite die Reitstockspitze im Wege wäre (Kugeln, Eierbecher, Möbelknöpfe, Formteile mit Bohrung). Bei ihnen werden dabei aus einem in der Maschine befindlichen Kantel oder Rundstab mehrere Fertigteile hergestellt.

Es wird unterschieden zwischen einspindligen und mehrspindligen Fassondrehmaschinen und -automaten. Bei den meisten Bauarten wird das einseitig leicht angespitzte Kantel am Spindelstock in ein Gewindemitnehmerfutter gesteckt und am anderen Ende von einer Lünette erfaßt, die – ähnlich wie bei der Rundstabfräsmaschine – das Kantel rund fräst und gleichzeitig als Halterung dient. Außerhalb dieser Rundfräslünette befinden sich ein oder mehrere Quer- und ein Längssupport. Am Quersupport, der bei der einfachen, von Hand zu bedienenden Fassondrehmaschine vertikal verstellt (angehoben) werden kann, sind ein Fassonstahl und ein Abstechstahl und am Längssupport ein Bohrer oder ähnliche, mit Stirnschneiden bestückte Fräswerkzeuge befestigt. An Stelle des Abstechstahles kann auch ein zweiter Fassonstahl angebracht werden, der gleichzeitig formt und absticht. Bei Fassondrehmaschinen mit Handbedienung (Halbautomaten) werden diese Supporte mit Kurbel und Handhebel bedient (Bild 3/97). Mit diesen Maschinen können Kantel bis 800 mm Länge bearbeitet werden. Die max. Drehlänge für ein Werkstück und der max. Drehdurchmesser liegen bei jeweils 85 mm (Bilder 3/98, 3/99).

Formdrehautomaten sind durch Kurvenscheiben oder hydraulisch, teilweise auch zusätzlich durch Elektronik gesteuert. Sie verfügen meist über mehr als zwei Supporte. Bei diesen Automaten gibt es zwei unterschiedliche Bauarten: Bei der einen werden Kantel über ein seitlich angebautes Magazin dem Spindelstock zugeführt, bei der anderen Bauart werden vorgefertigte Rundstäbe durch die Hohlspindel des Spindelstockes von außen eingeführt. Bei der erstgenannten Bauart (Bilder 3/100, 3/101, 3/102) ist die Arbeitsweise wie folgt: Die Holzkantel werden von Hand in das Magazin gelegt. Im automatischen Arbeitsablauf wird das Holz dem Magazin entnommen und zwischen Gewindemitnehmerfutter und Rundfräslünette eingespannt und rundgedreht. Darauf folgen das Vorschruppen der Form mit dem Schruppstahl, das Formdrehen mit den Formstählen, die Stirnseitenbearbeitung (Bohren) und das Abstechen des fertigen Teiles. Das Runddrehen erfolgt taktweise. Ein Arbeitstakt entspricht dabei der Länge eines Werkstückes. Wahlweise kann dieser Maschinentyp zusätzlich mit einer Schablonendrehvorrichtung kombiniert werden. Dadurch sind selbst stark profilierte Drehteile mit großen Durchmesserunterschieden formgenau und mit glatter Arbeitsfläche herstellbar. Es sind Gesamt-Kantellängen bis 700 mm verwendbar. Die max. Drehlänge eines einzelnen Formteiles beträgt 64 mm, der max. Drehdurchmesser 64 mm (bei Kugeln 50 mm). Sämtliche Bewegungen sind gemäß den Abmessungen der herzustellenden Teile einstellbar. Sobald das jeweils in der Maschine eingespannte Holzkantel aufgebraucht ist, läuft der Lünettensupport selbsttätig zurück, das Reststück (Einspannrest) wird ausgestoßen, ein neues Kantel aus dem Magazin zugeführt, und der Arbeitsablauf beginnt von neuem. Die Leistung ist stufenlos von 300...1600 Stück je Stunde regelbar. Sie

Bild 3/101. Werkzeug-Wirkbereich am Kanteldrehautomaten VKG

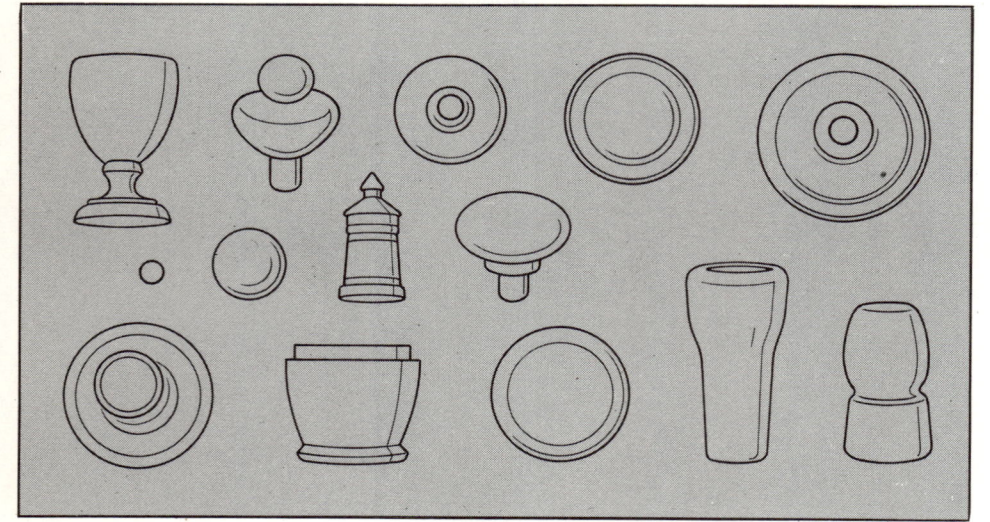

Bild 3/102. Drehformen, die auf dem Kanteldrehautomaten VKG hergestellt werden können

werden, erfolgt die Spannung des Rundstabes in einem Spezialfutter, das einen schrittweisen Transport des Rundstabes nach Fertigstellung eines Werkstückes ermöglicht. Die Arbeitsweise ist wie folgt: Einführen des Rundstabes, Spannen, Lösen und Transport in axialer Richtung bis zu der erforderlichen (und dem Werkstück entsprechend einstellbaren) Drehlänge, Formdrehen mit nachfolgendem Abstechen. Diese einzelnen Arbeitsgänge werden durch automatisch bewegte Werkzeugsupporte, auf denen für den betreffenden Arbeitsgang geeignete Werkzeuge angebracht sind, ausgeführt. Nach dem Abstechen fällt das fertige Drehteil in eine Führung und in einen Auffangbehälter. Der nächste Arbeitsschritt beginnt wieder von neuem mit dem taktartigen Nachrücken des Rundstabes bis zur erforderlichen Drehlänge usw. Die Zuführung der Rundstäbe ist auch hierbei über ein Magazin möglich. Die Rundstäbe sollten von guter Qualität, vor allem gerade sein. Verzogene Rundstäbe können in der Maschine schlecht transportiert werden. Das trifft besonders bei Magazinbeschickung zu. Magazine werden deshalb bei diesen Maschinentypen nur für Rundstabdurchmesser bis 16 mm zur Beschickung eingesetzt.

Bei diesen Formdrehautomaten sind Drehdurchmesser bis 25 mm bzw. bis 47 mm und Drehlängen bis 80 mm bzw. 115 mm (je nach Bautyp) möglich. Sie sind vorrangig für die Massenfertigung kleiner Drehteile einsetzbar. Ihre Leistung liegt laut Katalog für die Typen MARSELA und MERKURELA bei max. 45 bzw. 38 Stück je Minute. Diese Leistungsgrenzen können in der Praxis aus Qualitätsgründen jedoch nicht ausgenutzt werden. Das Kombinat Mechanisierung Chemnitz-Röhrsdorf, das diesen Maschinentyp

richtet sich nach der Form des Werkstückes und nach der geforderten Qualität.

Bei der Bauart von Drehmaschinen, bei denen Rundstäbe durch die Hohlspindel den mit den Fassonstählen bestückten Supporten zugeführt

Drehmaschinen und Rundfräsmaschinen

Bild 3/103. Formdrehautomat WV 74 335. Bei den beiden Typen dieses Automaten sind Rundstab-Durchmesser von 6...25 mm bzw. 12...47 mm verwendbar

Bild 3/104. Stab-Beschickseite (Hohlspindel) zum Formdrehautomaten WV 74 335

Bild 3/105. Drehformen, die auf dem Formdrehautomaten WV 74 335 hergestellt werden können

weiterentwickelt und produziert hat (Bilder 3/103, 3/104, 3/105, 3/106, 3/107), gibt Werte an, die bei max. 10 Stück je Minute liegen. Bei Werkstücken mit tiefen Bohrungen geht die Leistung sogar auf 2 Stück je Minute zurück.

Werkstücke mit besonders tiefer und feingliedriger Profilierung sind auf diesem Maschinentyp nur schwer herstellbar. Diesen Drehformen bleibt der handbediente Halbautomat vorbehalten. Gleiches trifft zu für besonders große Drehformen. *Mehrspindlige Fassondrehmaschinen* sind noch wenig verbreitet. Sie sind vor allem für die Massenfertigung von einfachen Holzdrehteilen entwickelt worden (Kugeln, Oliven) und eignen sich besonders für Werkstückdurchmesser von 10...30 mm und Werkstücklängen ebenfalls bis 30 mm. Es gibt auch kleinere Maschinentypen, auf denen Werkstücke ab 3 mm Durchmesser hergestellt werden können. Das Konstruktionsprinzip dieser Maschinen beruht auf einem Hintereinanderreihen mehrerer einspindliger Fassondrehsysteme, bei denen der Mehrfachspindelstock (drei Spindeln) und der Werkzeugsupport (drei Supportsysteme) zu je einer geschlossenen Baugruppe zusammengefaßt sind (Bilder 3/108, 3/109). Die Spindeln rotieren ohne Unterbrechung. Die Werkzeugsupportgruppe bewegt sich selbsttätig im Schrittsystem zum Spindelstock zu. Nach jedem Schritt greifen automatisch die Fassonwerkzeuge und das Bohrwerkzeug ein und bearbeiten so die Rundstäbe zu einem Werkstück in dreifacher Ausführung. Nach dem automatischen Abstechen der Werkstücke fallen diese in eine Auffangvorrichtung, und das Supportsystem rückt um eine Arbeitslänge weiter. Sind die Rundstäbe aufgebraucht, fährt das gesamte Supportsystem in die Ausgangsstellung zurück, und so können neue Rundstäbe eingelegt werden. Die Einspannung dieser Rundstäbe erfolgt per Hand. Die Rundstäbe müssen gleich lang sein. Damit das Gleiten der Rundstäbe in den Lünettenführungen erleichtert wird, sollten sie vorher gefettet werden. Im VERO Olbernhau, der auch Hersteller dieses Maschinentypes ist, werden diese Rundstäbe vor der Bearbeitung in den Drehmaschinen in Trommeln gefettet. Mit diesem Maschinentyp sind Leistungen bis zu 1600 Stück je Stunde möglich.

Mit Drehmaschinen müssen eine dem Handdrechseln ähnliche Qualität, eine höhere Mengenpräzision und eine wesentlich höhere Arbeitsleistung erzielt werden, als das beim Handdrechseln möglich ist. Zum Erreichen einer hohen Oberflächengüte und Maßhaltigkeit der Werkstücke sind in erster Linie das dem Arbeitsgang und dem zur Verarbeitung kommenden Material entsprechende Vorrichten der Werkzeuge (Werkzeugwinkel), das Einrichten der Werkzeuge in den Supportführungen (Einstellwinkel) und eine hohe Betriebsschärfe der Werkzeugschneiden ausschlaggebend. (Vergleiche hierzu die Ausführungen zur Holzspanung im Abschnitt »Maschinen und Werkstatteinrichtungen«.) Von großer Bedeutung für einen glatten Schnitt beim Drehen ist aber auch das schwingungsfreie Befestigen des Drehstahles im Halter und das Vermeiden von Biegebeanspruchungen des Stahles und der Drehspindel, um federnde Schwingungen und das »Rattern« der

Bild 3/106. Formdrehautomat WV 79 200 mit Magazinbeschickung (Rundstäbe). Es sind Stabdurchmesser von 6...19 mm verwendbar

Bild 3/107. Werkzeug-Wirkbereich am Formdrehautomaten WV 79 200. Links: Formdrehstahl, rechts: Form- und Abstechstahl, vorn: Bohrwerkzeug

Drehmaschinen und Rundfräsmaschinen

Bild 3/108. Mehrspindel-Fassondrehautomat VERO

Bild 3/109 Werkzeug-Eingriffseite (Supportseite) des Mehrspindel-Fassondrehautomaten VERO

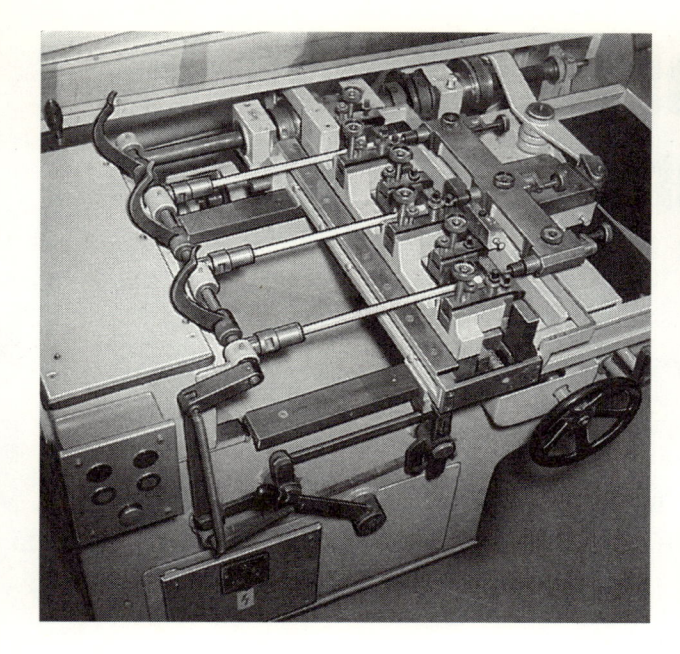

Werkzeuge auszuschließen. Auch ein zu kleiner Freiwinkel und ein übermäßig großer Keilwinkel können infolge Reibung und Durchbiegung eines besonders dünnen Drehstahles zu Schwingungen führen, weil die Schnittkräfte – besonders bei grobporigen Hölzern oder ungleich dichtem Gefüge des Werkstückes – in eine Scherkraftwirkung übergehen. Diese Einflüsse und etwaige Maschinenschwingungen durch mangelhafte Fundamentierung, Lagerschwingungen durch zu großes Lagerspiel u. a. Erscheinungen bewirken die sog. Querrauhigkeit der Drehfläche, die sich in mehr oder minder großen Höhenunterschieden achsparalleler Rillen und in Faserrauhigkeit sowie übersprungenen Faserbündeln äußern. Dagegen entsteht Längsrauhigkeit durch den »Drehfaden« infolge Schartigkeit der Schneide oder bei zu großem Vorschub des Drehstahles, wenn dieser scharfe Ecken besitzt und einen »Restspan« zurückläßt, so daß die Drehfläche schraubenförmige Höhenunterschiede in Richtung der Drehachse aufweist. Querrauhigkeit und Längsrauhigkeit können sich zu einer Oberflächenrauhigkeit addieren. Durch Beseitigung der genannten Ursachen sowie durch Steigerung der Schnittgeschwindigkeit, der Betriebsschärfe des Drehstahles, der Verminderung der Spantiefe und der Reduzierung des Vorschubes in den bereits weiter vorn genannten Grenzbereichen kann die Oberflächengüte verbessert werden.

Im Vergleich zum Metalldrehen treten beim Holzdrehen verhältnismäßig geringe Schnittkräfte auf, die jedoch durch die Inhomogenität des Werkstoffes Holz zu stoßweiser oder rhythmischer Belastung der Werkzeuge und deren Halterung und ebensolcher Beanspruchung der Lagerung der Drehwelle führen können. Zu den äußeren Einflüssen auf einzelne Schnittkraftkomponenten zählen die Schneidenwinkel α, β und γ, die Länge der Haupt- und Nebenschneiden sowie die Schärfe der Schneiden. Zu den inneren Einflüssen zählen die Rohdichte bzw. die Härte des Holzes, die Schnittrichtung zur Holzfaser bzw. zu den Jahrringen, die Schnitt- und Vorschubgeschwindigkeit, die Schnittiefe bzw. Spandicke und die Spanbreite bzw. der Spanquerschnitt. Sämtliche Einflüsse haben eine komplexe Wirkung auf die Einzelkräfte [124].

Weitere Einzelheiten hierzu sollten den Angaben der Maschinenhersteller entnommen werden.

4 Vorrichtungen und Werkzeuge

IN DIESEM KURZEN ABSCHNITT WERden die spezifischen Spann- und Hilfsmittel für Drechselbänke und Drehmaschinen vorgestellt und die betreffenden spanabhebenden Werkzeuge beschrieben. Meß- und Prüfwerkzeuge sowie die Aufzählung einiger Hilfswerkzeuge bilden den Abschluß dieses Abschnitts.

Vorrichtungen zum Befestigen der Werkstücke

Die Arbeiten, die an der Drechselbank ausgeführt werden müssen, sind sehr vielseitig. Je nach Art des zu bearbeitenden Werkstückes, d. h. je nach Form, verwendetem Material und Losgröße, muß der Drechsler die geeigneten Spann- und Hilfsvorrichtungen auswählen oder anfertigen. Nachfolgend sollen die gebräuchlichsten genannt werden, wobei zunächst die Gruppe der Vorrichtungen für *Langholz-* und anschließend die Gruppe der Vorrichtungen für *Querholzarbeiten* betrachtet werden.

Der *Dreizack* (Bilder 4/1, 4/2) wird für das Spannen von Langholzwerkstücken verwendet, zu denen der Reitstock mit der Körnerspitze als Gegenhalterung benötigt wird. Der Dreizack verfügt über zwei Zacken (Mitnehmer) und die Zentrierspitze. Das Werkstück wird hier nach dem Zentrieren leicht auf die Mitnehmerspitzen geschlagen und dann auf der gegenüberliegenden Seite mit der Reitstockspitze gegengehalten. Auf diese Weise können vor allem lange Werkstücke bearbeitet oder für kurze Werkstücke Zapfen für die Aufnahme in ein Spundfutter angearbeitet werden. Eine Abwandlung des Dreizacks ist die *Vierzackspitze*, die über vier Mitnehmer und eine Zentrierspitze verfügt. Sie wird überwiegend in halb- oder vollautomatisch arbeitenden Drehmaschinen eingesetzt.

Das *Spund-* oder *Hohlfutter* ist sehr vielseitig verwendbar und gehört deshalb zur Standardausrüstung der Drechselbank. Neben Spundfuttern aus Stahl (Bild 4/3), die in bestimmten Maßstufen oder mit auswechselbaren Einsätzen in jeder Werkstatt vorhanden sein sollten, kann sich der Drechsler derartige Futter für Zwischenmaße und Sonderanfertigungen aus Holz selbst herstellen (Bild 4/4). Als Holzarten eignen sich hierfür besonders Weißbuche, Ahorn, Birnbaum, Apfelbaum, Akazie u. dgl. Der Drechsler kann sich diese Futter entweder mit Gewinde zum direkten Befestigen an der Drechselbankspindel oder mit

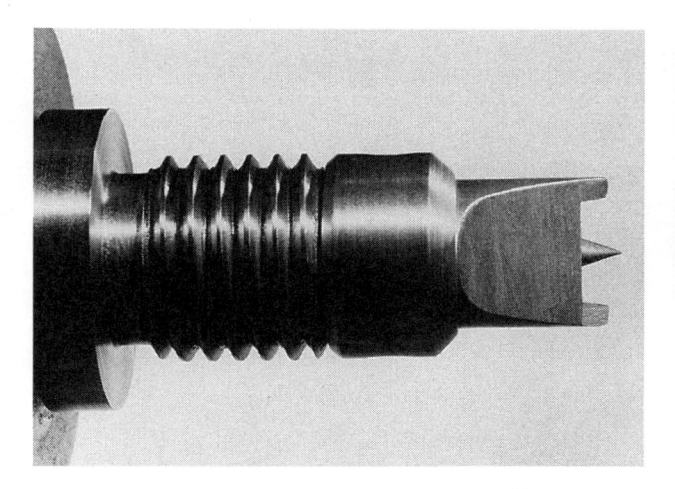

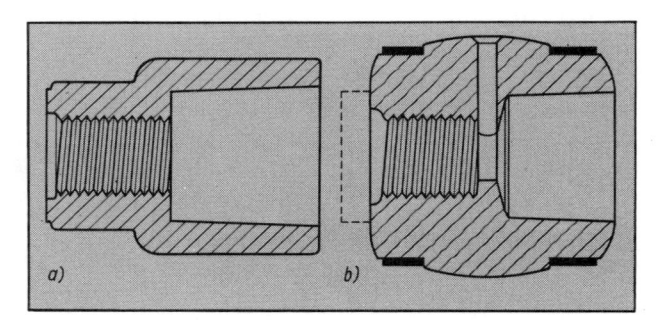

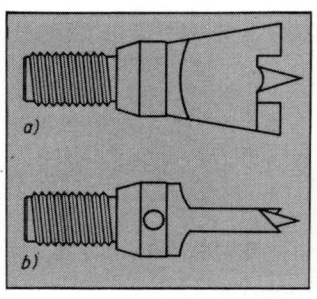

Bild 4/1.
Dreizack
a) Seitenansicht,
b) Vorderansicht

Bild 4/2.
Dreizack an der Drechselbank

Bild 4/3.
Spundfutter an der Drechselbank

Bild 4/4.
Schematische Darstellung von Spundfutter
a) aus Stahl, b) aus Holz

Bild 4/5.
Gewindemitnehmerfutter für Drehmaschinen

Vorrichtungen und Werkzeuge

Bild 4/6.
Schematische Darstellung eines hölzernen Mitnehmerfutters – Querschnitt

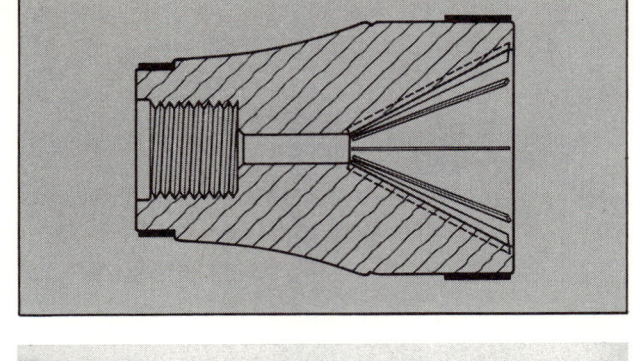

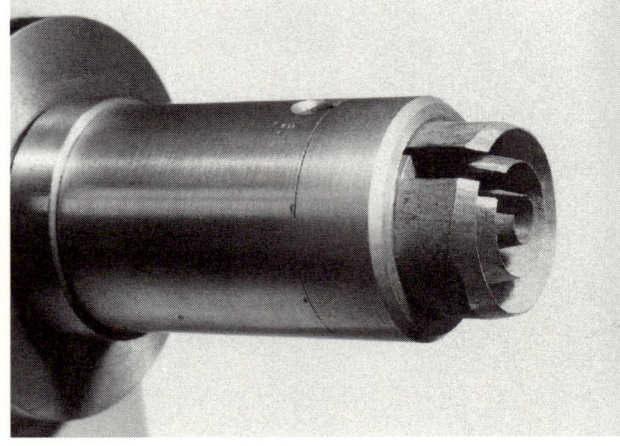

Bild 4/7.
Anschlag- bzw. Ringfutter, auch Heureka-Futter genannt, an der Drechselbank

Bild 4/8.
Schematische Darstellung von Klemmfuttern
a) mit einfachem Spannring,
b) mit Gewindespannring,
c) Teilspund

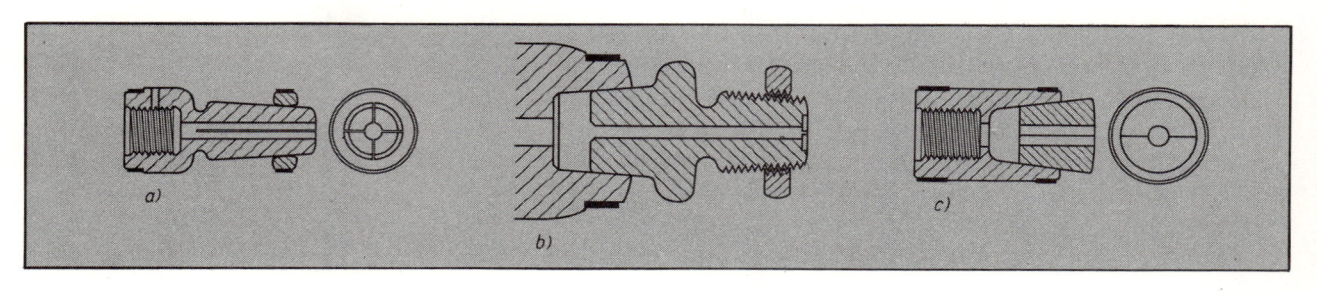

selten Holzfutter Stahlblättchen als Mitnehmer eingesetzt (alte angeschliffene Dekupiersägeblätter).

Sehr vorteilhaft für das Freidrechseln von Langholzwerkstücken sind die *Anschlag-* oder *Ringfutter* (auch Heureka-Futter genannt) (Bild 4/7). Sie bestehen aus zwei oder drei nach vorn zugeschärften Stahlringen, die in einem Metallfutter unveränderlich befestigt sind. Das Ringfutter für die Reifendrehbank besteht aus nur einem in sich geschlossenen Ring. Die Ringe der normalen Futter dieser Art sind einseitig geöffnet. Dadurch können im Futter verbliebene Holzreste (Einspannverluste) mit einem Metallhebel leicht entfernt werden. Dieses Futter ist für alle Holzarten bis zu einem gewissen Härtegrad verwendbar. Am günstigsten sind Nadelhölzer und weiche Laubhölzer zu befestigen. Aber auch härtere Laubhölzer bis hin zur Eiche können damit an der Drechselbank bearbeitet werden. Hier ist jedoch besonders darauf zu achten, daß keine Spaltwirkung eintritt. Deshalb dürfen derartige Kantel nicht mit einem Mal vollkommen fest geschlagen werden. Vielmehr wird erst einmal mit wenigen derben Schlägen das Kantel so befestigt, daß es in Rotation versetzt werden kann. Danach wird in Futternähe mit der Spitze des Meißels eine Art Zapfen im Durchmesser des äußeren Stahlringes angearbeitet, und anschließend wird das Kantel nochmals mit einigen derben Schlägen »nachgezogen« und ausgerichtet. So ist dann ein sicheres Arbeiten möglich, ohne daß das Werkstück spaltet und ohne daß die Spindelstocklager durch lang anhaltendes Schlagen mit dem Drechslerfäustel übermäßig belastet werden. Das Ringfutter hat gegenüber dem Spundfutter den Vorteil, daß Material und Zeit beim Drechseln eingespart werden, weil das vorherige Andrechseln eines Zapfens und das Umspannen, wie das bei der Verwendung von Spundfuttern notwendig ist, entfällt. Außerdem ist der gesamte Einspannverlust (Zapfenlänge) beim Ringfutter wesentlich geringer. Als weiterer Vorteil gilt, daß am Ringfutter alle Dickendimensio-

einem Ansatz herstellen, der in einem anderen vorhandenen Spundfutter oder in ein Backenfutter eingespannt wird. Letztere Variante ist allerdings weniger für Langholz-, sondern mehr für Querholzarbeiten geeignet.

Eine Variante des Spundfutters ist das *Gewindemitnehmerfutter* (Bild 4/5). Hier ist die konische Öffnung zur Aufnahme der Werkstücke mit einem scharfkantigen Gewinde großer Steigung versehen. Diese Art Futter wird überwiegend in halbautomatisch arbeitenden Drehmaschinen zum schnellen Spannen von Kanteln eingesetzt, die an der gegenüberliegenden Seite von einer Lünette gehalten werden. Vorteilhaft zu verwenden ist es auch für das Bohren einfacher Werkstücke mittels Lünette. Für ähnliche Zwecke wird an der Handdrechselbank das hölzerne Mitnehmerfutter (Bild 4/6) eingesetzt. Hier sind im konisch ausgedreh-

nen angeschlagen werden können (siehe Reifendrechseln).

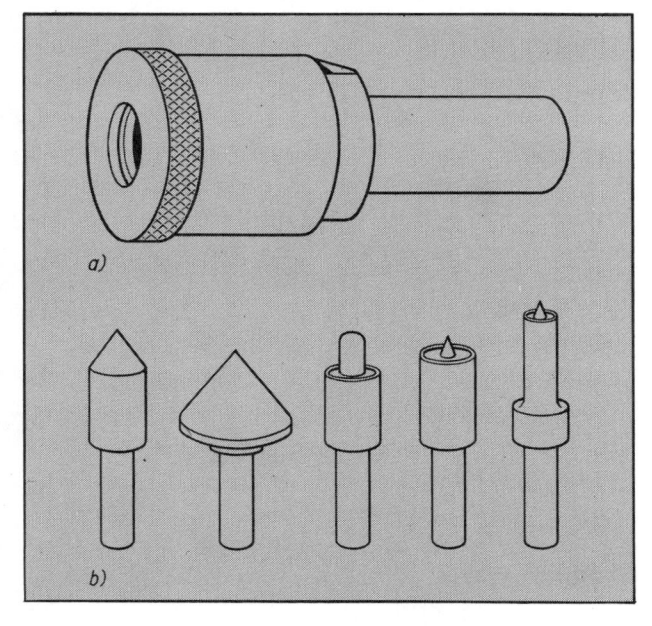

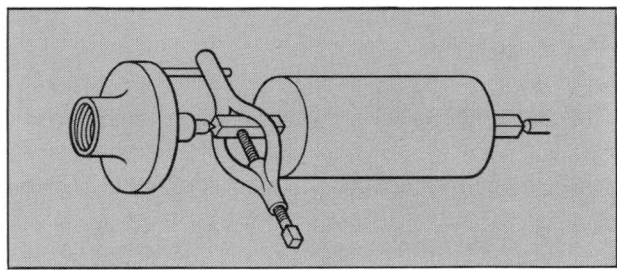

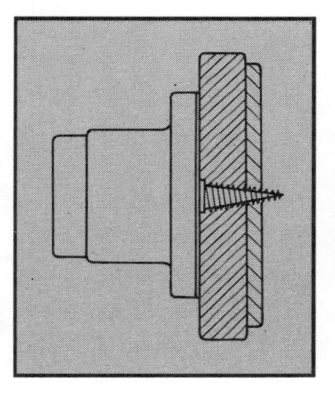

Klemmfutter (Bilder 4/8, 4/9) gibt es in den verschiedensten Formen. Sie werden meist für spezielle Verwendungszwecke angefertigt und je nach Losgröße des zu fertigenden Werkstückes aus Holz oder Metall hergestellt. Sie werden zum Fertigdrechseln von kleinen Ringen, Schachfiguren u. dgl. eingesetzt. Der Spannring kann als Konus-Spannring oder als Gewinde-Spannring ausgebildet sein. Als Innenspannfutter gilt der sog. Teilspund, der in Verbindung mit einem Spundfutter leicht selbst hergestellt werden kann (vgl. Bild 4/8 c).

Für Arbeiten an Werkstücken, die bereits eine zentrische Bohrung haben, sind stiftförmige Mitnehmer geeignet. Je nach Verwendungszweck stehen hierfür *Drei-* oder *Vierkantstifte, Rundstifte* oder *Achtkantmitnehmer* zur Verfügung (Bild 4/10). Zur Gegenhalterung beim Langholzdrechseln gibt es verschiedene Formen und Arten von *Reitstockspitzen*. Die einfachste Art ist die Körnerspitze mit Morsekegel. Bei Verwendung dieser fest stehenden Reitstockspitze erwärmt sich allerdings das Holz stark, und es muß deshalb Öl zur Schmierung und Kühlung zugegeben werden. Besser geeignet sind die Kugellagerkörnerspitzen. Eine günstige Variante ist hierbei mit der Kugellagerhalterung mit auswechselbaren, verschieden gestalteten Körnerspitzen gegeben (Bild 4/11). Der Normalwinkel der Körnerspitze liegt bei 60°. Beim Spannen besonders großer Werkstücke kann ein Druckring auf die Körnerspitze gesteckt werden. Für Arbeiten, bei denen die Drehlänge zwischen Spindelstock- und Reitstockspitze nicht ganz ausreicht, kann eine sog. Notspitze hergestellt werden. Dazu wird ein Handauflagen-Unterteil verwendet, in dem ein Rundstahl mit einer einfachen Körnerspitze befestigt wird.

Aus der Metallbranche wurde die Mitnehmerspitze mit Drehherz übernommen (Bild 4/12). Diese Vorrichtung ist verwendbar, wenn zwischen zwei Spitzen gedreht werden muß (z. B. Drechseln von Walzen mit kantiger Mittelachse).

Spannvorrichtungen für Querholzbearbeitung: In dieser Gruppe sind als gebräuchlichste Arten die Schrauben- und die Backenfutter zu nennen. Das *Schraubenfutter* (Bilder 4/13, 4/14) besteht aus einer Metallscheibe mit Gewindeansatz für die Befestigung an der Drechselbankwelle. Es besitzt außerdem in der Mitte eine Bohrung, in die verschiedene Gewindestifte mit Holzschraubengewinde ein-

Vorrichtungen zum Befestigen der Werkstücke

Bild 4/9.
Anwendung eines Klemmfutters mit hölzernem Spannring

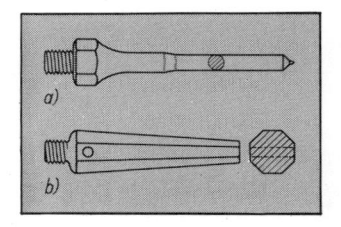

Bild 4/10.
Mitnehmerstifte
a) Rundstift
b) Achtkantmitnehmer

Bild 4/11.
Reitstockspitzen
a) Kugellagerhalterung für auswechselbare Reitstockspitzen, b) verschiedene Formen von Reitstockspitzen

Bild 4/12.
Drehherz

Bild 4/13.
Schematische Darstellung eines Schraubenfutters

Bild 4/14
Schraubenfutter an der Dechselbank

Vorrichtungen und Werkzeuge

Bild 4/15.
Außen- und Innenbackenfutter mit Wechselbacken und Schlüssel. Beachte: Der Schlüssel darf nie am Futter stecken bleiben!

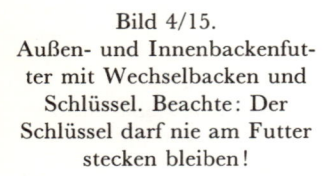

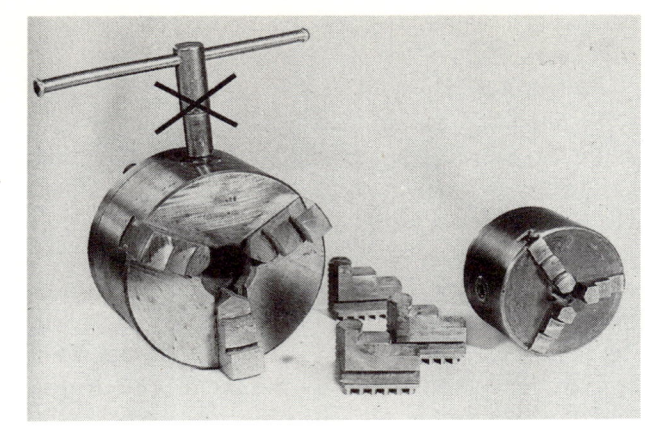

Bild 4/16.
Dreibackenfutter an der Drechselbank

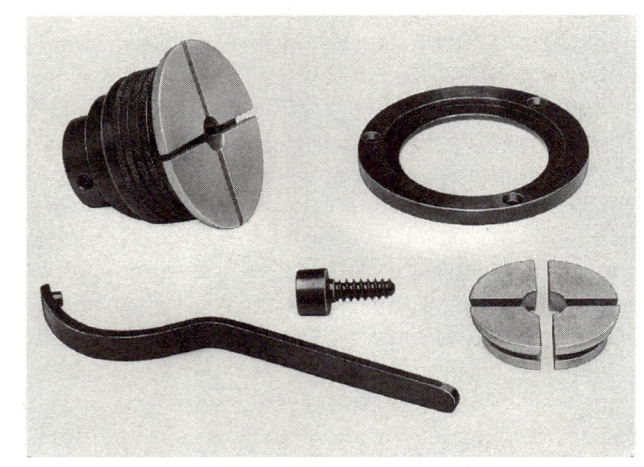

Bild 4/17.
Präzisionsspannfutter

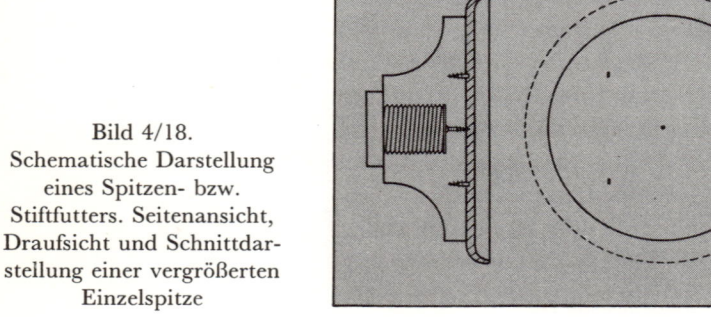

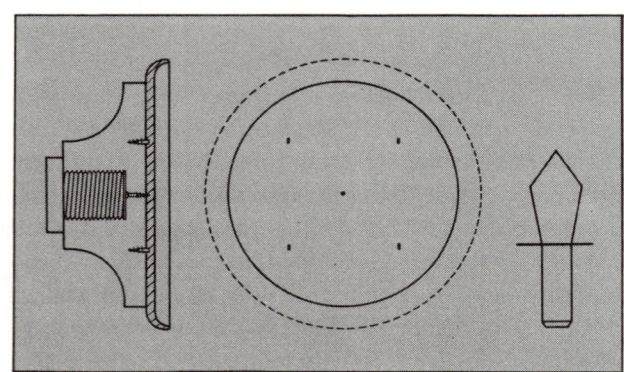

Bild 4/18.
Schematische Darstellung eines Spitzen- bzw. Stiftfutters. Seitenansicht, Draufsicht und Schnittdarstellung einer vergrößerten Einzelspitze

gesetzt werden können. Es ist jedoch auch möglich, derartige Schrauben (Holz- bzw. Wiener Schrauben) in einem Backenfutter zu befestigen.

Backenfutter sind als *Drei-* und *Vierbackenfutter* üblich (Bilder 4/15, 4/16). Grundsätzlich werden vom Hersteller zwei Sätze Spannbacken mitgeliefert, die entweder für Außen- oder Innenbefestigungen verwendbar sind. Derartige Futter sind direkt aus der Metallbranche übernommen worden. Sie haben sich jedoch auch in der Holzdrechslerei durchgesetzt. Sie sind zwar verhältnismäßig schwer, verlängern den Abstand von der Spindelstocklagerung zum Werkstück und können – bei leichtsinniger Handhabung – eine Verletzungsgefahr darstellen, haben sich aber durch die Schnellspannmöglichkeit bei den Drechslern so beliebt gemacht, daß ohne sie kaum noch auszukommen ist. Aus Sicherheitsgründen muß darauf geachtet werden, daß die Backen nicht aus dem Grundkörper herausragen und daß der Spannschlüssel niemals am Futter steckengelassen wird.

Einen Fortschritt auf diesem Gebiet stellt die Neuentwicklung eines Präzisionsspannfutters (»Sorby-Futter«/Großbritannien) dar. Bei diesem Spannfutter sind an Stelle von drei oder vier einzelnen Spannbacken vier Scheibensegmente aus Aluminium verwendet worden, die an der Schmalfläche konisch abgedreht sind und einen nur durch die Stoßfugen der Segmente unterbrochenen, geschlossenen Ring ergeben. Durch diese Geschlossenheit der Spann- bzw. Spreizsegmente ist die Verletzungsgefahr nahezu ausgeschlossen und die Spannkraft durch die größere Anlagefläche erhöht.

Zu diesem – speziell für die Drechselbank entwickelten – Spannfutter gibt es Ergänzungszubehör, wie verschiedene Größen von Spreizsegmenten, Planscheibenringe, Spannkegel, Schraubenfuttereinsätze, Zangenspannfutter u. dgl. (Bild 4/17). Für Werkstücke, bei denen vorher genannte Spannvorrichtungen nicht verwendet werden können, gibt es eine Reihe weiterer Hilfsmittel, die sich der Drechsler meist selbst anfertigen kann: Als erstes seien hierzu das *Spitzen-* oder *Stiftfutter* (Bild 4/18) genannt. Eine Scheibe aus trockenem Holz und mit entsprechendem Durchmesser wird in ein Backenfutter gespannt oder direkt an der Spindelstockwelle befestigt und plangedreht. Dann wird eine kurze Zentrierspitze eingeschraubt und zu einer abgerundeten Spitze angefeilt. Weitere drei bis vier Holzschrauben werden auf der Fläche gleichmäßig verteilt angebracht

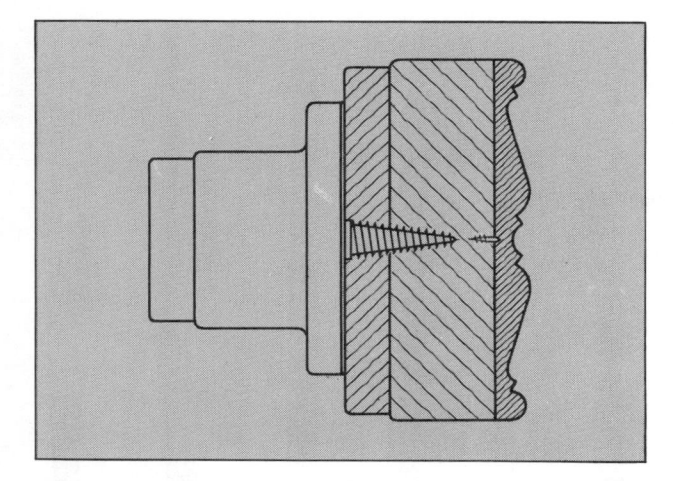

Halt geben die Klebemittel Siegellack oder Teer. Diese Heißbindemittel werden bei laufender Drechselbank an die vorbereitete hölzerne Planscheibe gedrückt und bleiben so durch die Reibungswärme haften. Umgekehrt wird das vorbereitete Werkstück an das Futter gedrückt. Durch die erneute Reibungswärme verbindet der Kitt das Werkstück mit dem Futter. Nach dem Bearbeiten wird das Werkstück mit einem kurzen Schlag vom Futter getrennt. So kann, ohne die Maschine anzuhalten, fortlaufend gearbeitet werden (Bild 4/19). Am Werkstück verbleibende Kittreste müssen abgeschliffen werden. Zum Vermeiden von Farbabdrücken ist es ratsam, farblosen oder braunen Siegellack als Klebkitt zu verwenden. (An Stelle von handelsüblichem Siegellack können Kitte für Kittfutter auch selbst hergestellt werden: 8 Teile Harz und ein Teil festes Bienenwachs gut verschmelzen und in Papierhülsen zu Stangen gießen; oder 6 Teile Pech, 1 Teil Ziegelmehl, 1 Teil Englischrot und 1 Teil Schellack verschmelzen und entsprechend abfüllen.) Reines Pech zu verwenden ist nicht ratsam.

Sehr dünne Rosetten und ähnliche empfindliche Werkstücke, die mit den vorgenannten Spannmitteln nicht bearbeitet werden können, sollten auf eine *Holzscheibe mit Papierzwischenlage* aufgeklebt werden. Damit beim Abtrennen des fertig gedrechselten Werkstückes keine Ausrisse entstehen, muß ein spaltfähiges Papier verwendet werden. Als Bindemittel eignet sich Glutinleim mittlerer Konsistenz. Ein Klebemittel-Durchschlag muß vermieden werden.

Zum Nachformen der Fußseite einer Querholzarbeit ist die Verwendung eines selbstgefertigten *Hohlfutters* möglich (Bild 4/20).

und in einer Richtung flachspitz angefeilt. Das Anfeilen der Spitzen muß so erfolgen, daß das Werkstück wie mit einem Widerhaken gehalten wird. Außerdem muß das Anfeilen der drei oder vier peripher angeordneten Spitzen in einer Richtung erfolgen, da sonst bei Querstellung die Fasern des anzuschlagenden Werkstückes zerschnitten würden, wodurch die Haltekraft des Futters vermindert würde.

Eine weitere Möglichkeit zur Befestigung von kleinen Querholzscheiben (Rosetten, Untersetzer u. dgl.) ist das *Kitt-* oder *Pechfutter*. Ein Stück Holz entsprechenden Durchmessers (gleich ob Lang- oder Querholz) wird an der Drechselbank befestigt, plangedreht. In der Mitte wird eine kleine Zentrierspitze eingeschraubt. Die Zentrierspitze hat nur die Aufgabe, die genaue Mitte zu bestimmen, damit die vorher angekörnten Holzscheiben schnell zentriert werden können. Den eigentlichen

Vorrichtungen zum Befestigen der Werkstücke

Bild 4/19.
Schematische Darstellung eines Kittfutters

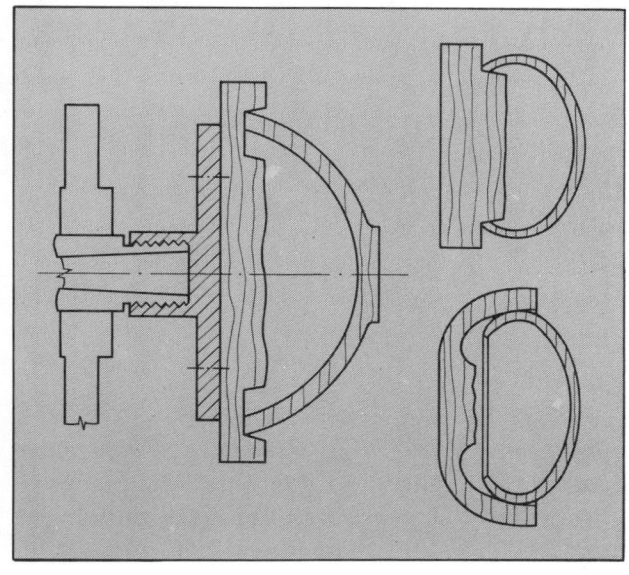

Bild 4/20.
Schematische Darstellung der Anwendung von Hohlfutter beim Querholzdrechseln

Bild 4/21.
Schematische Darstellung eines Spannkreuzes aus Holz mit Ringstabilisierung

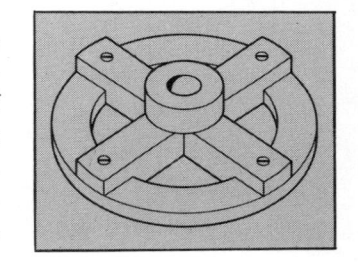

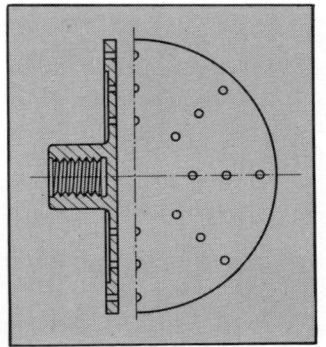

Bild 4/22.
Schematische Darstellung einer Planscheibe aus Metall. Seitenansicht und halbe Draufsicht

Bild 4/23.
Saugspannfutter für Ringe (Vakuumspannung)

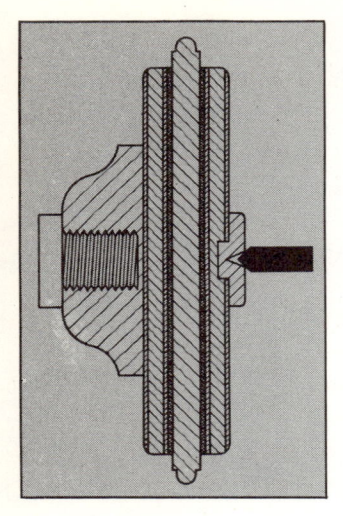

Bild 4/24. Schematische Darstellung der Befestigung von Querholzwerkstücken zwischen Spannscheiben

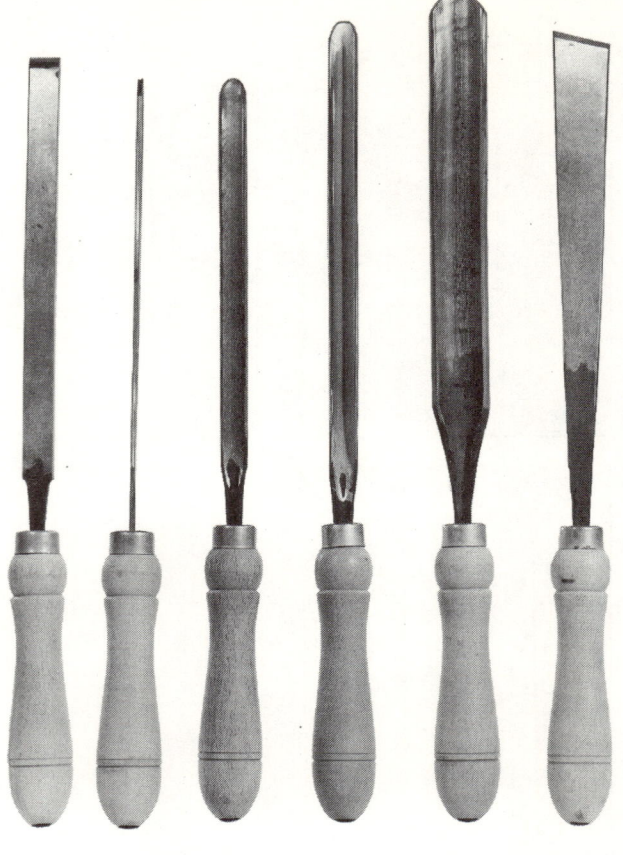

Bild 4/25. Hauptwerkzeuge des Drechslers (Grundausstattung). Von links nach rechts: Schlichtstahl bzw. Schaber, Abstecher, Formröhre für Lang- und Querholz, Querholzröhre, Schrupproöhre für Langholz, Meißel

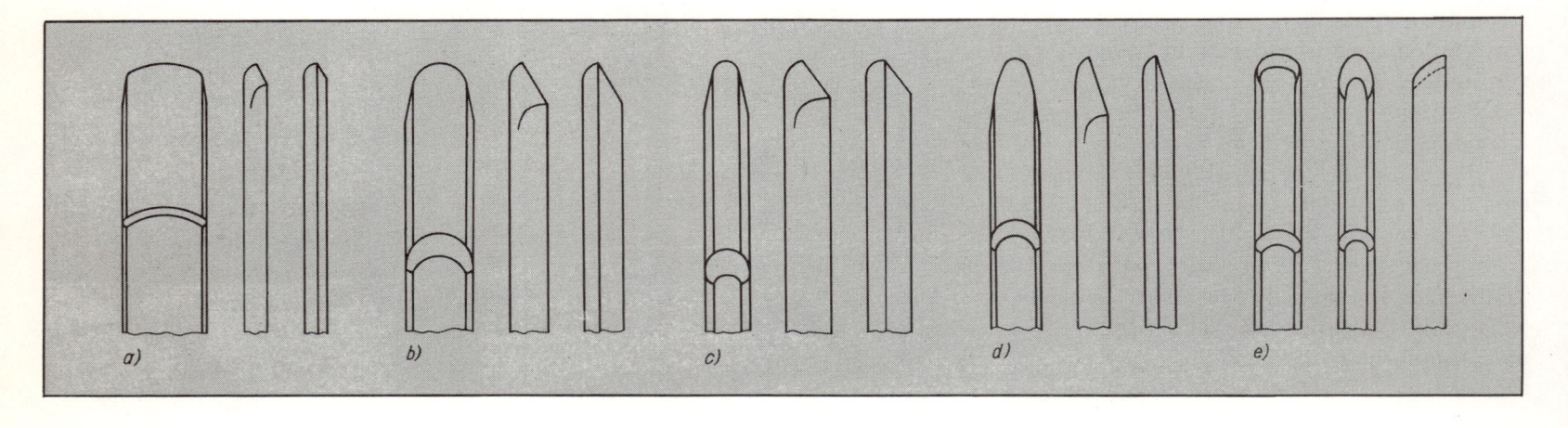

Bild 4/26. Röhren für das Handdrechseln
a) Schrupproöhre,
b) breite Formröhre,
c) schmale Formröhre,
d) schmale Formröhre mit kleinem Keilwinkel,
e) »Deutsche Röhre«

Zum Bearbeiten besonders großer Werkstücke (großer Scheiben, Räder u. dgl.) ist ein *Spannkreuz* aus Holz oder Metall (Bild 4/21) oder eine *Planscheibe* (Bild 4/22) erforderlich. Soll ein Werkstück nur auf der Schmalfläche bearbeitet werden und dürfen die beiden gegenüberliegenden Flächen nicht für eine Spannvorrichtung vorhergenannter Art vorbereitet sein, können *Spannscheiben* nach Bild 4/24 Verwendung finden. An Stelle der einfachen Reitstockspitze kann zur besseren Druckverteilung ein mitlaufender Druckring auf die Körnerspitze aufgesteckt werden. Bild 4/23 zeigt die Sonderausführung eines *Saugspannfutters* (Vakuumspannung) für Ringe (Geburtstagsringe). Hilfsvorrichtungen, die für die Unterstützung oder zur Erleichterung des Arbeitens an der Drechselbank erforderlich werden können (z. B. Lünetten), wurden bereits im Unterabschnitt »Drechselbank« vorgestellt. Weitere spezielle Spannvorrichtungen sind im Abschnitt »Handdrechseln« beschrieben.

Drechslerwerkzeuge

Handdrechselwerkzeuge sind keine Formstähle, deren Form sich im Werkstück unmittelbar widerspiegelt. Der Drechsler formt frei. Er kommt deshalb mit verhältnismäßig wenigen Werkzeugen aus (Bild 4/25). Dafür sind natürlich die Anforderungen an seine Geschicklichkeit, sein Augenmaß und Formgefühl um so höher. Die Hauptformen der Drechslerwerkzeuge sind die *Röhre* und der *Meißel*. Während die Röhre (auch Hohlmeißel genannt) für Lang- und Querholzarbeiten verwendet wird, ist der Meißel nur für Langholzarbeiten einsetzbar.

Nachfolgend sollen diese und weitere spezielle Werkzeuge für das Handdrechseln vorgestellt werden.

Röhren: Es sind grundsätzlich zwei Arten zu unterscheiden, die sog. Schropp-, Schrot- oder Schrupproöhre und die Formröhre. Die Schropproöhre (Bild 4/26 a) ist breit und flach mit gleichmäßiger Dicke und fast gerader Schneide, die lediglich abgerundete Ecken aufweist. Sie wird zum Vordrehen des eckigen oder zumindest noch unebenen Werkstückes eingesetzt und dient überwiegend dem Langholzdrechseln. Die Breite beträgt 25...40 mm. Die Anschliffwinkel sind, wie bei allen anderen Drechslerwerkzeugen, sehr unterschiedlich und richten sich nach der Härte und

Dichte des Holzes sowie der Form des Werkstückes. Der Drechsler, der seine Werkzeuge frei an der Schleifscheibe schleift, wird mit viel Erfahrung den richtigen Anschliffwinkel finden. Im allgemeinen kann gesagt werden, daß für Weichholz kleine Keilwinkel und für härtere Hölzer größere Keilwinkel vorzusehen sind (20...30° bzw. 30...40...50°).

Die Formröhren sind im Gegensatz zu den Schroppröhren schmaler und tiefer und im Querschnitt nicht gleichmäßig dick; ihre größte Dicke liegt in der Mitte des Stahles (Bild 4/26 b bis e). In verschiedenen Gegenden wird zwischen Formröhren für Querholz und solchen für Langholz unterschieden. Sie unterscheiden sich in der Tiefe der pfannenartigen Rundung. Die Röhren für Querholz sind an ihrem U-förmigen Querschnitt zu erkennen. Hier sind die Schneiden oft sehr stark, mitunter auch einseitig zurückgeschliffen, und der Keilwinkel ist relativ groß. Zum besseren Ausarbeiten kleiner Hohlungen ist zu empfehlen, die am Rücken der Freifläche entstehenden Kanten zu brechen. Für langgezogene Wölbungen ist jedoch eine lange Freifläche günstiger. Mit der Formröhre werden nahezu alle geschweiften Formen gedrechselt. Bei Querholz gilt das grundsätzlich, bei Langholz wird hierfür vorrangig der Meißel eingesetzt. Erst dann, wenn dieser nicht mehr die gewünschte Profiltiefe erreicht (tiefe Kehlen), verwendet der Drechsler auch hierfür gut abgezogene Formröhren. Beim Drechseln von Querholz und bei der Verwendung harter Hölzer hat es sich als vorteilhaft erwiesen, sofort nach Schleifen der Röhre ohne abzuziehen zu drechseln und erst nach dem Abstumpfen der Schneide mit dem Wetz- bzw. Abziehstein nachzuschärfen. Beim Bearbeiten von Weichholz und vor allem beim Langholzdrechseln muß jedoch unbedingt erst der Grat, der durch das Schleifen entstanden ist, mit Hilfe der Wetzsteine entfernt werden. Formröhren sind in den Breiten von 8...25 mm erhältlich.

Eine besondere Art der Formröhre ist die sog. Deutsche Röhre. Sie hat im Gegensatz zur normalen Formröhre die Schneidenfase nach innen angeschliffen (Bild 4/26 e). Für besondere Arbeiten (enge Hohlungen) ist außen zusätzlich noch eine kurze Fase angeschliffen. Die Deutsche Röhre dient zum Ausdrechseln von Hohlungen in Hirnholz (Kreiselscheiben, Knöpfe, Eierbecher u. dgl.) und zum Schlichten der Wandung in geraden, tiefen Hohlkörpern (Büchsen).

Der *Meißel*, auch *Flachmeißel* genannt, ist das wichtigste Werkzeug für das Langholzdrechseln. Er dient zum Form- und Glattdrechseln und zum Ein- und Abstechen. Neben der geraden Meißelform (Bild 4/27 a) wird heute mehr und mehr die konische Form (sog. Deutscher Meißel, Bild 4/27c) eingesetzt, weil sie sich durch die zum Heft hin schmaler werdende Form leichter handhaben läßt. Im Querschnitt wird der Meißel zum Heft hin dicker, um entsprechende Stabilität und schwingungsfreies Drechseln zu gewährleisten. Der Meißel ist von zwei Seiten zur Schneide schräg angeschliffen. Der Keilwinkel richtet sich nach der Härte und Dichte sowie der übrigen Beschaffenheit des Holzes. Die Neigung der Schneide ist ebenfalls nicht genau festzulegen, weil jeder Drechsler sein Werkzeug etwas anders auf der Auflage führt. Wichtig ist es, daß die richtige Kombination der Winkel (Längsachse des Werk-

Drechslerwerkzeuge

Bild 4/28.
Schlichtstähle (Schaber) und Plattenstahl
a) Schlichtstahl gerade,
b) Schlichtstahl mit gerundeter Ecke,
c) Plattenstahl

Bild 4/27.
Meißel
a) gerade Meißelform,
b) Meißel mit abgerundeter Schneide, c) konische Meißelform

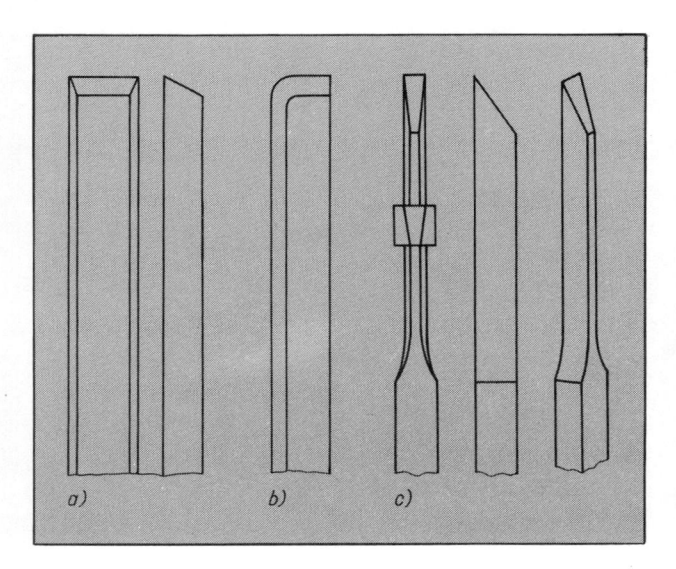

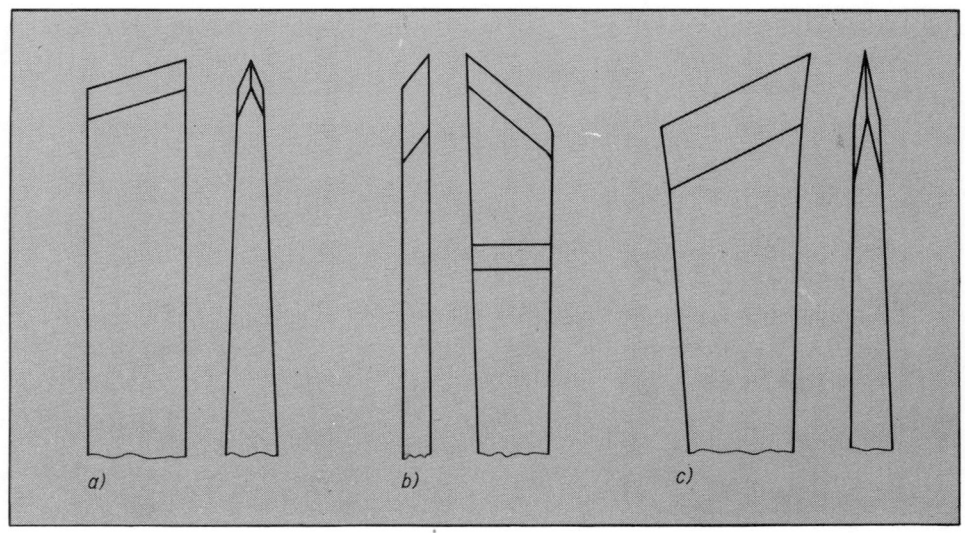

Vorrichtungen und Werkzeuge

Bild 4/29. Abstechstahl

zeuges zur Drehachse und Schneidenlinie zur Längsachse des Werkzeuges) eine schälende Wirkung ermöglicht. Als Richtwert kann der Winkel zwischen Schneidenlinie und Drehachse mit etwa 45° angegeben werden. Langgezogene Flächen und Rundungen werden mit der unteren Hälfte der Schneide geschlichtet. Der »Bart« (stumpfwinklige untere Schneidenecke) dient zum Drechseln kurzer Rundungen und Kerben. Die »Spitze« (spitzwinklige obere Schneidenecke) dient zum An- und Abstechen. Meißel sind in Breiten zwischen 10...40 mm üblich.

Der *Schlicht-* oder *Flachstahl*, auch Schaber genannt, ist ein dem Meißel ähnliches, jedoch einseitig gerade angeschliffenes Werkzeug (Bild 4/28 a und b). Je nach Verwendungszweck wird die Schneide leicht ballig oder gerade mit abgerundeten Ecken angeschliffen. Für besondere Zwecke (Schlichten von Stuhlsitzen) ist es günstig, den Schaber schräg mit einer abgerundeten Ecke anzuschleifen. Der Schaber dient überwiegend zum Schlichten von Querholzflächen (Teller, Tabletts). Er darf nie zum Formdrechseln eingesetzt werden, da hierbei Holzausrisse unvermeidbar sind. Außerdem würde die Produktivität sehr gering sein. Schlichtstähle gibt es in Breiten zwischen 5...30 mm, ihre Dicke liegt zwischen 8...15 mm. Sie sind damit formstabiler als die vergleichbaren Stechbeitel des Tischlers.

In besonderer Form ist der Schlichtstahl auch für Langholzarbeiten geeignet – als Plattenstahl (Bild 4/28 c) zum Andrechseln schmaler, tief liegender Platten und in Ausnahmefällen als Formstahl, für das Einarbeiten besonders schmaler tiefer Kehlen. Beim Schlichtstahl ist die Beachtung des optimalen Keilwinkels entsprechend der jeweiligen Holzart besonders wichtig. Ebenso ist auf sehr hohe Schneidenschärfe größter Wert zu legen.

Ausschließlich zum Abstechen von Langholzteilen dient der *Abstechstahl* (Bild 4/29). Er hat eine solche Form, daß ein seitlicher Freiwinkel α entsteht. Die Form des Querschnittes muß demzufolge messer- oder schwertförmig sein. Sie hat den Vorteil, daß die Hirnholzflächen glatt geschnitten werden und der Spanungsverlust auf ein Minimum reduziert wird. Er wird vor allem bei der

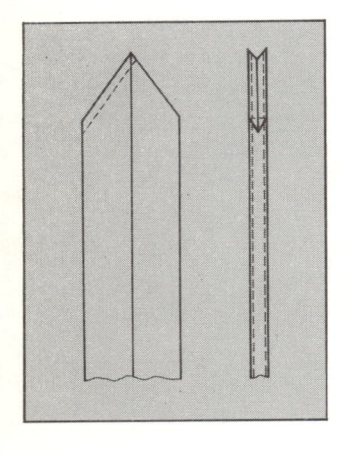

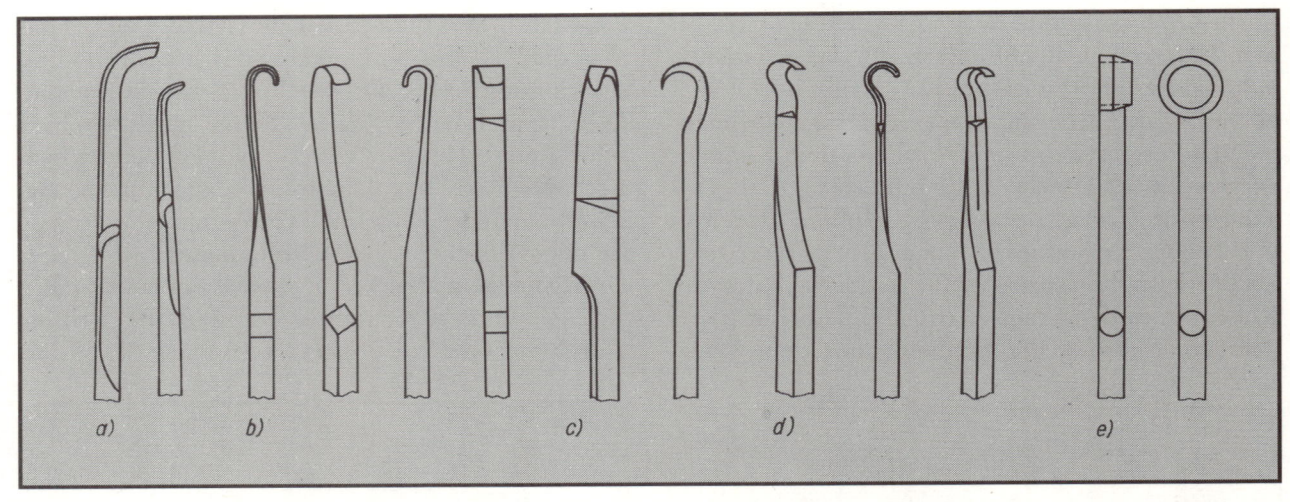

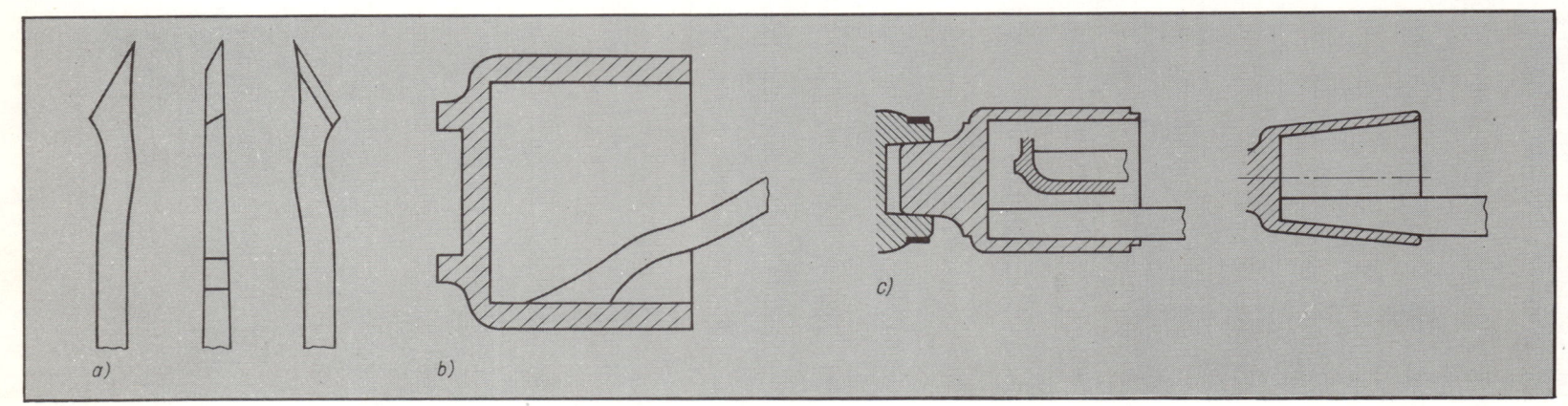

Bild 4/30. Ausdrehhaken und Baucheisen
a) gerade Hakenform,
b) gekröpfte Hakenform,
c) großes Baucheisen,
d) kleines Baucheisen
e) Ringstahl

Bild 4/31. Ausdrehschlichtstahl und Ausdrehstahl
a) Ausdrehschlichtstahl,
b) Anwendung des Ausdrehschlichtstahles,
c) Anwendung der Ausdrehstähle

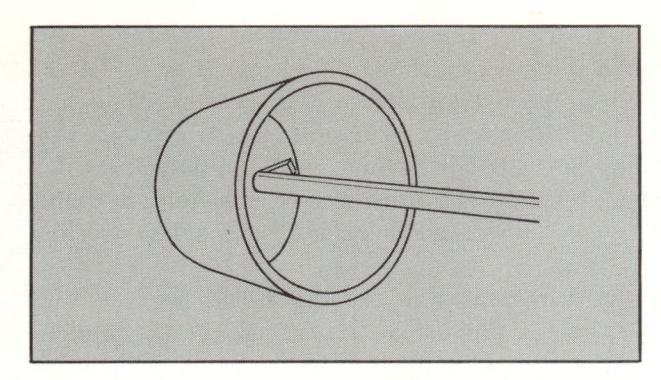

Haken die endgültige Form heraus. Vielfach wird jedoch der Haken zum Schruppen verwendet und mit einem Ausdrehstahl oder Ausdrehschlichtstahl nachgeschlichtet (Bild 4/31). Unter Umständen kann letzteres bei gerader Wandung mit der »Deutschen Röhre« erfolgen.

Der neue Ringstahl aus Großbritannien ist ebenfalls für das Hohldrechseln von Langholzarbeiten geeignet. Er wird so angesetzt, daß der Ring senkrecht steht und der Span durch den Ring nach rechts läuft.

Zum Schlichten des Bodens wird entweder das Bodeneisen (Bild 4/32), der Bodenmeißel oder ein Schlichtstahl (Schaber) verwendet. Ausdrehstähle werden meist gleichzeitig für das Schlichten des Bodens eingesetzt. Für das sichere Arbeiten mit dem Haken und mit den Baucheisen sind die Grundform des Werkzeuges und der Anschliff wichtig. Der Mittelpunkt der Hakenrundung soll auf der Längsachse des Werkzeuges liegen. Deshalb ist ein Kröpfen des Werkzeuges erforderlich. Beim Anschleifen muß darauf geachtet werden, daß der Rücken eine durchgehende Fläche bildet

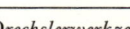

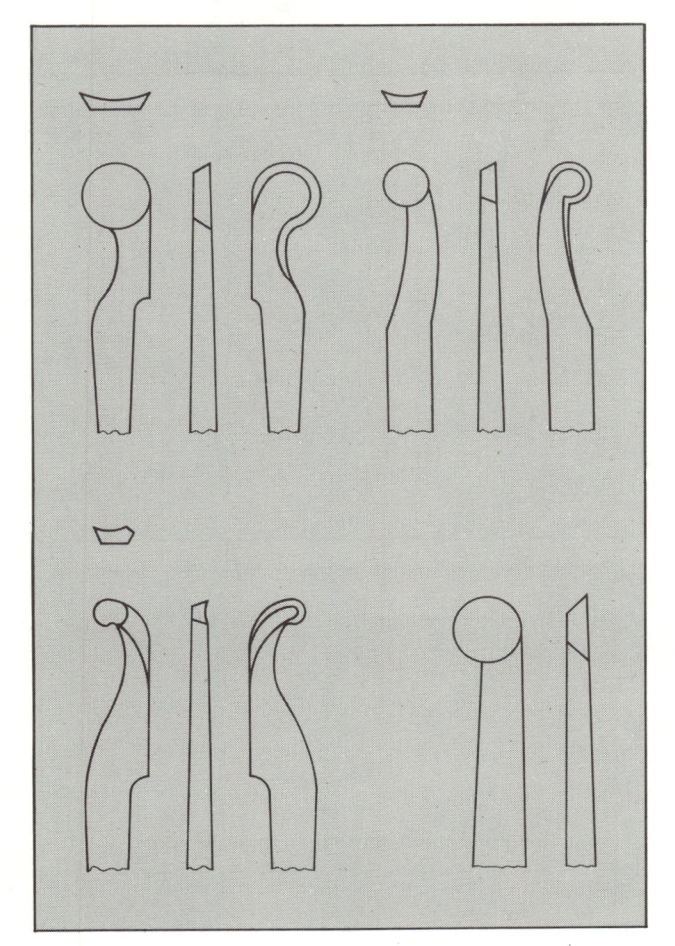

125

Drechslerwerkzeuge

Bild 4/32.
Anwendung des Bodeneisens

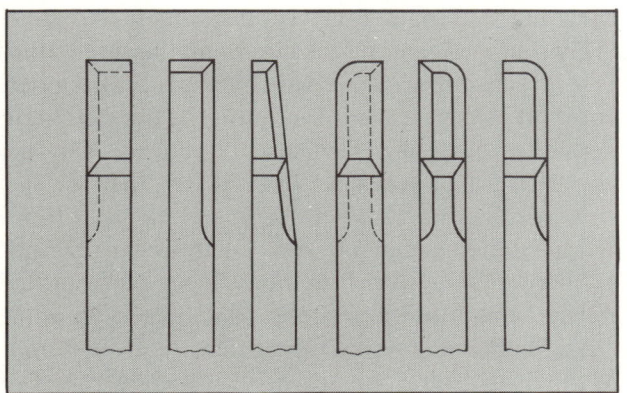

Bild 4/33.
Ausdrehstähle in gerader Form

Produktion von Massenartikeln und auch dann eingesetzt, wenn für das Abstechen mit dem Meißel kein Platz vorhanden ist. Zum Abstechen von Weichholz und kleinen Drehdurchmessern wird ein nach unten konisch verlaufender Plattenstahl verwendet.

Ausdrehhaken und *Ausdrehstähle* dienen zum Hohldrechseln verschiedenster Werkstückarten (Büchsen, Becher, Dosen). Ehe der Drechsler an das Drechseln mit dem »Haken« herangeht, muß er die vorher genannten Werkzeuge und das normale Quer- und Langholzdrechseln sicher beherrschen, weil die Handhabung dieser Hohldrechselwerkzeuge besonders viel Gefühl und Erfahrung erfordern. Ausdrehhaken und Baucheisen (Bild 4/30) dienen ausschließlich dem Langholz-Hohl-Drechseln. Beim Ausdrechseln harter Hölzer sind ihnen Grenzen gesetzt. Dem Anfänger ist zu raten, zunächst mit relativ weichen, gleichmäßig gewachsenen Holzarten (Erle, Linde, Nußbaum, Ahorn) und geringen Ausdrehtiefen zu üben. Zum Arbeiten mit Haken gehört unbedingt ein Bohrer, mit dem die Hohlung vorgebohrt wird. Damit wird eine Tiefenbegrenzung geschaffen, und für den Haken ist ein Ansatzpunkt gegeben. Zur sicheren Führung der Ausdrehhaken ist ein Auflagehebel, der rechtwinklig zur Handauflage angelegt wird, erforderlich. Geübte Drechsler arbeiten mit dem

Bild 4/34.
Ausdrehstähle in profilierter Form

Vorrichtungen und Werkzeuge

(nicht unterbrochen ist) und gleichmäßig ausläuft. Die Fase ist innen angeschliffen. Die untere Kante des Werkzeuges ist vorteilhafterweise abgerundet und geglättet, um weich ansetzen zu können. Die Schneide kann auf einer Seite (Einschnitter), aber auch auf beiden Seiten (Zweischnitter) angebracht sein. Die Größe der Hakenrundung richtet sich nach der Form des Werkstückes. Der Drechsler muß deshalb verschiedene Hakengrößen auf Lager haben. Das gleiche trifft für die Länge des Werkzeuges zu. Für tiefe Hohlungen muß der Werkzeugschaft unbedingt länger und dicker als bei normalen Werkzeugen sein, da hier die Hebelwirkung zwischen Werkzeugauflage und Angriffsfläche der Schneide extrem groß ist. Bei besonders tiefen Formen muß der Drechsler das lange Werkzeug unter den Arm klemmen, damit er die auftretenden Kräfte sicher beherrschen kann.

Ausdrehstähle in gerader Form, wie sie Bild 4/33 zeigt, sind fast ausschließlich für das Schlichten von geraden und konischen Langholzgefäßen geeignet. Anfänger und Laien nehmen derartige Werkzeuge oder gar normale Schlichtstähle zum Hohldrechseln, weil sie Angst vor der Röhre oder vor dem Haken haben. Eindeutig ist der Nachteil derartiger Arbeitsweisen sowohl von der Zeit als vor allem auch von der Qualität der Arbeit.

Ausdrehstähle in Profilform, wie sie Bild 4/34 zeigt, sind dagegen für das Formdrechseln und Schlichten bauchiger Querholzkörper geeignet. Es sei jedoch darauf hingewiesen, daß diese oder ähnliche Werkzeuge – im Gegensatz zu Röhre und Meißel, die den Span schälend abheben –, schabende Wirkung zeigen. Deshalb wird es bei Einsatz der Ausdrehstähle für Arbeiten an Weichhölzern immer Qualitätsminderungen geben. Auf alle Fälle muß die Schneide dieser Werkzeuge exakt scharf gehalten werden. Am günstigsten erweist es sich, wenn zum Schruppen ein anderes Werkzeug eingesetzt wird als zum Schlichten, damit das Werkzeug nicht so oft geschärft werden muß.

Außerdem wird zum Schruppen ein kleinerer Formdrehstahl verwendet. Für das Schlichten muß die Rundung des Werkzeuges der Werkstückform angepaßt werden. Sie darf jedoch nicht genau so groß sein, weil sonst ein sicheres Führen des Werkzeuges unmöglich wird. Die richtige Anwendung ist in Bild 4/35 schematisch dargestellt. Die Grundform dieser Ausdrehstähle muß wie bei den Haken so ausgelegt sein, daß der Mittelpunkt des Schneidenkreises auf der Längsachse des Werkzeuges liegt. Grundsatz bei der Verwendung dieser Werkzeuge muß sein, zunächst so viel wie möglich mit der Formröhre vorzuarbeiten, und erst dann, wenn mit der Röhre die gewünschte Form nicht herausgearbeitet werden konnte, mit den Formstählen nachzuarbeiten. Eine Sonderform unter den Werkzeugen des Drechslers stellen die *Falz-* und *Nutstähle* dar (Bild 4/36). Sie werden zum Eindrehen von Nuten und Fälzen in Hohlkörpern, z. B. für das Einsprengen von Böden in Büchsen, benötigt (Bild 4/37).

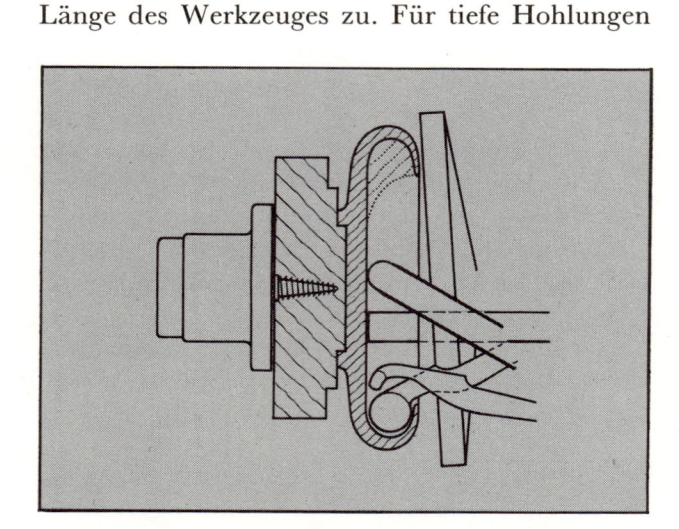

Bild 4/35. Anwendungsprinzip von Röhre, Formstählen und Schlichtstahl beim Hohldrechseln einer bauchigen Querholzdose

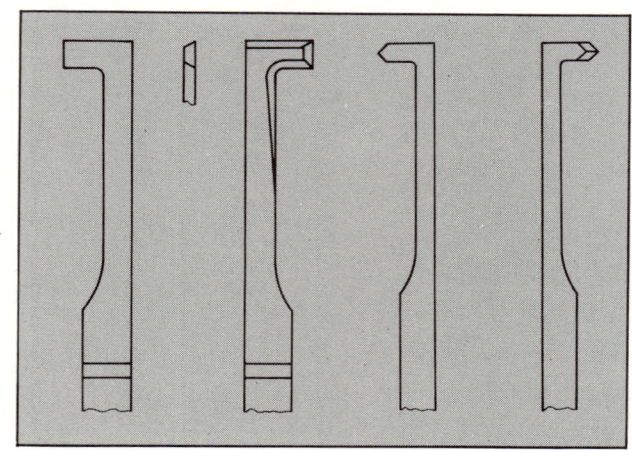

Bild 4/36. Falz- und Nutstähle

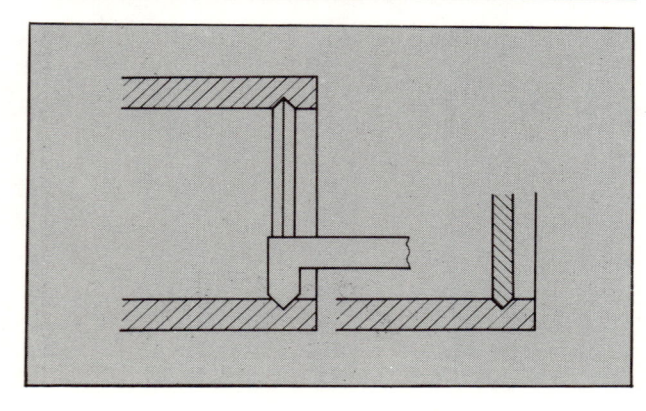

Bild 4/37. Anwendung des Nutstahles

Darüber hinaus können für Spezialzwecke besondere Fräs- und Bohrwerkzeuge an der Handdrechselbank Verwendung finden. Hierzu gehört z. B. der schon im Mittelalter verwendete *Perlbohrer*.

Mit diesem Fräsbohrer werden zunächst einseitig in ein entsprechend dickes Brett viele Halbkugeln eingefräst, die dann durch denselben Vorgang von der anderen Seite zu Vollkugeln mit Bohrung fertiggefräst werden. Ähnlich wirkt der Fräsbohrer zum Herstellen kleiner Ringe (Bild 4/38).

Zum Abschluß dieser Erläuterungen sollen noch die Werkzeuge für das Herstellen von Gewinden in Holz genannt werden: Die *Strähler* (Bilder 4/39, 4/40), oder auch Schraubstähle genannt, werden zum Schneiden von Innen- und Außengewinde an der Drechselbank eingesetzt (für Gefäßverschraubungen, Drehbankfutter u. dgl.). Hierzu ist es erforderlich, daß die Drehzahl der Drechselbank erheblich herabgesetzt wird, damit der Drechsler mit viel Feingefühl gleichmäßige Gewindesteigungen anarbeiten kann. Durch wiederholtes Einsetzen werden dabei die Gewindespitzen nach und nach bis zur endgültigen Form herausgearbeitet. Verständlicherweise sind hierzu nur besonders gleichmäßig gewachsene und zähe Holzarten geeignet (Birnbaum, Buchsbaum, Ahorn, Ebenholz, Weißbuche, Apfelbaum u. dgl.). Die Größe des Übersetzungsverhältnisses richtet sich nach der Motordrehzahl und dem Durchmesser des zu bearbeitenden Werkstückes. Je langsamer die Drechselwelle läuft, um so leichter läßt sich das Gewinde anschneiden.

Holzgewinde können aber auch mit dem sog.

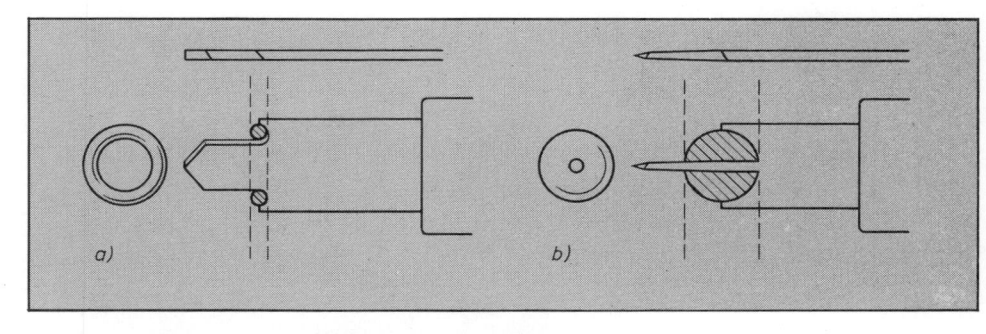

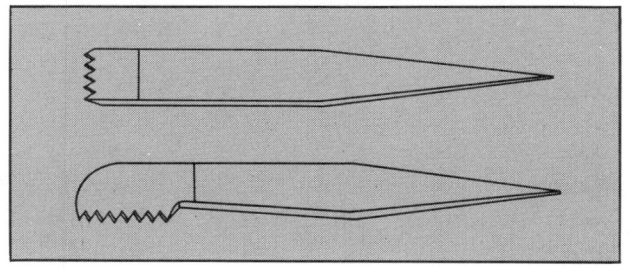

Bild 4/38. Ringbohrer *a)* und Perlbohrer *b)*

Bild 4/39. Gewindesträhler

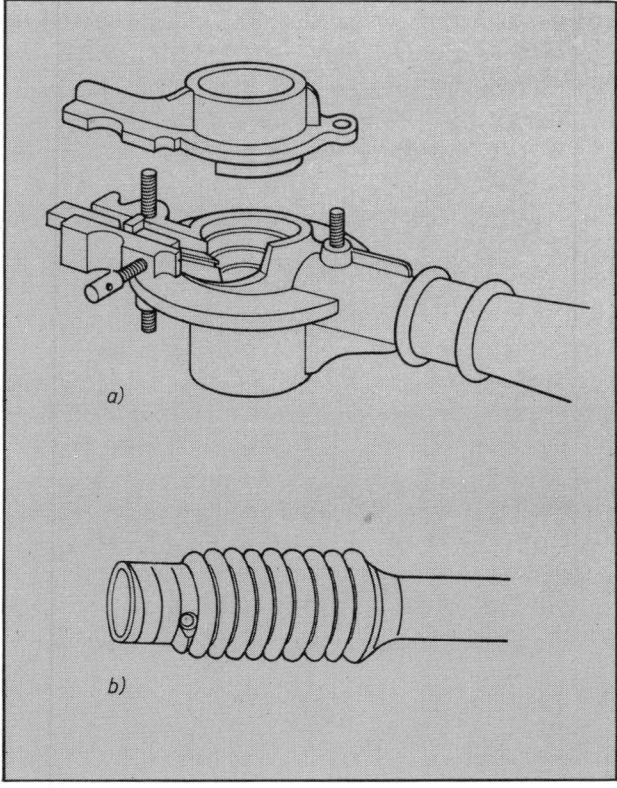

Bild 4/40. Anwendung von Innen- und Außensträhler

Bild 4/41. Schneidwerkzeuge *a)* Schneidkluppe (Deckel abgehoben), *b)* Schneidbohrer

Vorrichtungen und Werkzeuge

Bild 4/42. Selbstgefertiger Rundstabhobel für das »Ziehen« von Rundstäben an der Drechselbank

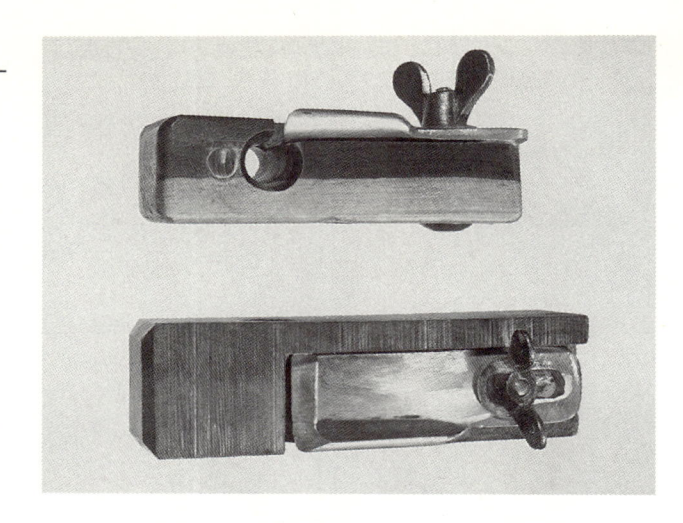

Schneidzeug hergestellt werden. Dieses Schneidzeug besteht aus dem Schneidbohrer (auch Schneidbolzen genannt) und der Schneidkluppe. Mit ihnen können gröbere, längere Gewinde geschnitten werden (für Möbelbeine, Schraubzwingen u. dgl.). Die Schneidkluppe dient zum Schneiden des Außengewindes. In ihr ist ein Schneidzahn (eine Art Geißfuß) befestigt, dem zur weiteren Führung Gewindegänge der zu schneidenden Größe folgen. Vor dem Schneidzahn befindet sich ein abnehmbarer Führungsdeckel, der als Führung beim Anschneiden dient. Er wird abgenommen, wenn das Gewinde bis zum Gewindezapfenansatz geschnitten werden soll. Für besonders grobe Gewinde bzw. Spindeln enthält die Kluppe zwei Schneidzähne, die als Vor- und Nachschneider wirken. Die Kluppen aus Metall sind denen aus Holz vorzuziehen. Der Schneidbohrer schneidet das Gegengewinde (Innengewinde). Er besteht aus einem Stahlstück. Im Gegensatz zum früher verwendeten Bolzen (Würger), der von vorn nach hinten konisch verlief, verwendet man heute fast ausschließlich den Französischen Hohlbolzen, bei dem sich das Gewinde nach hinten verjüngt. Zur Führung beim Anschneiden dient der vor den Schneiden liegende Hohlzapfen, dessen Durchmesser dem des Gewindekernes gleicht. Die Schneiden (zwei, drei oder mehr) sind so ausgebildet, daß die erste vorschneidet und die anderen stufenweise bis zur vollen Gewindetiefe nachschneiden (Bild 4/41).

Bild 4/42 zeigt einen »Rundstahlhobel« für das »Ziehen« von Rundstäben an der Drechselbank.

Bild 4/43. Schleifen eines Meißels (Schutzvorrichtung abgenommen)

Instandhaltung und Pflege der Drechselwerkzeuge

Handdrechselwerkzeuge kann sich der Drechsler u. U. selbst herstellen. Er muß jedoch dafür einige Grundkenntnisse über die Eigenschaften des Stahles und seiner Formbarkeit besitzen. Stähle für Handdrechselwerkzeuge müssen über eine ausreichende Schneidenstandzeit verfügen, dürfen aber nicht zu spröde sein, damit die Schneiden nicht ausbrechen. Sie müssen genügend Elastizität aufweisen, damit die auftretenden stoßartigen Belastungen und Schwingungen nicht zum Bruch des Werkzeuges führen. Es sei deshalb auch davor gewarnt, Feilen zu Drechslerwerkzeugen umzuschleifen. Feilenstahl ist spröde und hart, er verträgt keine Beanspruchung durch Stoß. Als Drechslerstahl verwendet, geht er zu Bruch und kann schlimme Verletzungen hervorrufen. Dagegen ist es möglich, aus Sägenstahl (Metallhandsägeblatt oder Schrotsägeblatt), Metalldrehmeißel, Metallschaber oder Zimmermannsbeitel mit Hilfe einer Schmirgelscheibe einfache Drechslerwerkzeuge herauszuarbeiten (Schleifen). Es ist zu beachten, daß beim Schleifen keine Überhitzung (Anlaufen, Glühen) entsteht. Die überhitzte Stelle ist weich und hat keine Schneidhaltigkeit. Oftmaliges Kühlen in Wasser ist deshalb sehr wichtig.

Die meisten Werkzeuge müssen jedoch besonders geschmiedet werden. Für Drechslerwerkzeuge sind unlegierte Kohlenstoffstähle (WS) im allgemeinen ausreichend. (Bis zum Jahre 1894 gab es nur Kohlenstoffstähle. Im Jahre 1900 kam der selbsthärtende Stahl – MUSHET-Stahl – und der Schnellarbeitsstahl – TAYLOR-WHITE-Stahl – auf. Danach wurden weitere legierte Stähle und die sog. Hartmetalle entwickelt.)

Der einfache Werkzeugstahl verdankt seine Eigenschaften, vor allem seine Zähigkeit und Härte, hauptsächlich seinem Kohlenstoffgehalt (C). Dieser beträgt bei sehr zähem 0,65...0,75 %, bei zähem 0,75...0,85 %, zähhartem 0,85...0,95 %, bei mittelhartem 0,95...1,05 %, bei hartem 1,05 bis 1,15 % und bei sehr hartem Stahl 1,25 bis 1,40 %. Darüber hinaus enthält er etwa 0,5 % Silicium, 0,8 % Mangan, 0,1 % Titan oder 0,25 % Kupfer, neben etwa 0,06 % Phosphor und Schwefel. Für Drechslerwerkzeuge wird im allgemeinen ein Stahl mit einem C-Gehalt von 0,55...0,75 % und einem Mangangehalt von 0,4...0,8 % verwendet. Werkzeuge für Drehmaschinen bestehen dagegen aus legiertem bzw. hochlegiertem Stahl (siehe Ausführungen hierzu im Abschnitt »Drehmaschinen«).

Der Stahl in der handelsüblichen Form ist bis zur Verwendung als Handdrechselwerkzeug noch weiterzubearbeiten. Er muß durch Glühen und Schmieden in die gewünschte Form und durch Härten zur erforderlichen Schneidhaltigkeit gebracht werden.

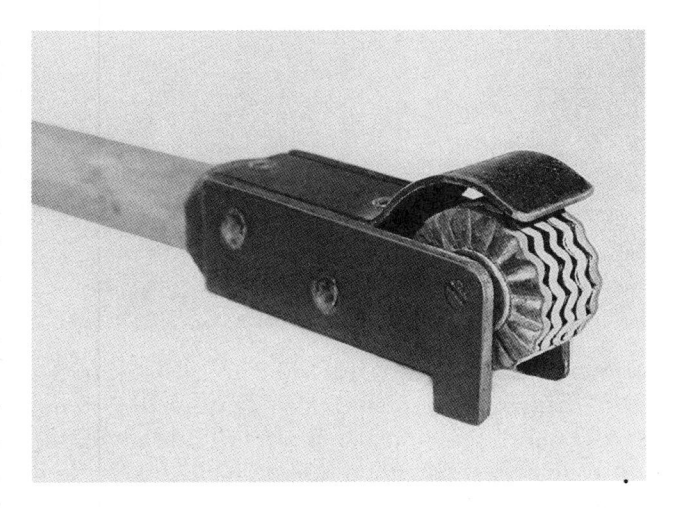

Zum *Schärfen* der Werkzeuge: Beim Schärfen unterliegt der Keilwinkel (früher Zuschärfungswinkel) einer mehr oder weniger großen Veränderung, die bewußt vorgenommen und dem zu bearbeitenden Werkstoff und auszuführenden Arbeitsgang angepaßt oder beim »freien« Schleifen unbeabsichtigt verändert werden kann. Auf Größe und Bedeutung des richtigen Keilwinkels wurde bereits eingegangen (vgl. auch Tabelle 3/2).

Je kleiner der Keilwinkel, desto schärfer ist das Werkzeug, um so schneller stumpft es aber auch ab. Unter Berücksichtigung der Härte des Werkstoffes liegt die Grenze der Zuschärfung dort, wo die Schneidkante am Werkzeug ausbrechen oder zu schnell abstumpfen würde. Unabhängig von den in der Tabelle 3/2 gegebenen Anhaltswerten muß der Drechsler Erfahrungen und Überlegung walten lassen, um den ungleichen Beschaffenheiten seines Werkstoffes Holz die Werkzeugform entsprechend anzupassen. Er kann dabei während des Drechselvorganges zusätzlich durch individuelle Vorschubgeschwindigkeit (des Werkzeuges) und die unterschiedliche Werkzeuganstellung (Spanungsform und Spandicke) einen Ausgleich schaffen, selbstverständlich aber auch durch die geeignete Schnittgeschwindigkeit (vgl. Tabelle 3/1). Das *Schleifen* des Werkzeuges mittels Schleifsteins (Schmirgelscheibe) wird bei Drechslerwerkzeugen sehr häufig notwendig, weil trotz aller Geschicklichkeit die Abstumpfung der Schneiden sehr rasch vor sich geht und auch Schartenbildung nicht ganz zu vermeiden ist. Zum Schleifen werden fast nur noch synthetische

Instandhaltung und Pflege der Drechselwerkzeuge

Bild 4/45. Schleifstein-Abrichter mit Stahlrädchen

Bild 4/44. Schleifen einer Röhre (Schutzvorrichtung abgenommen)

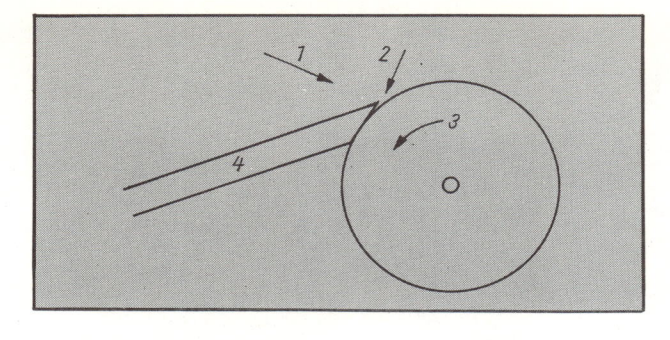

Bild 4/46.
Schematische Darstellung
des »freien« Schleifens der
Werkzeuge
(1) Lichteinfall,
(2) Schattenkante,
(3) Schleifstein,
(4) Werkstück

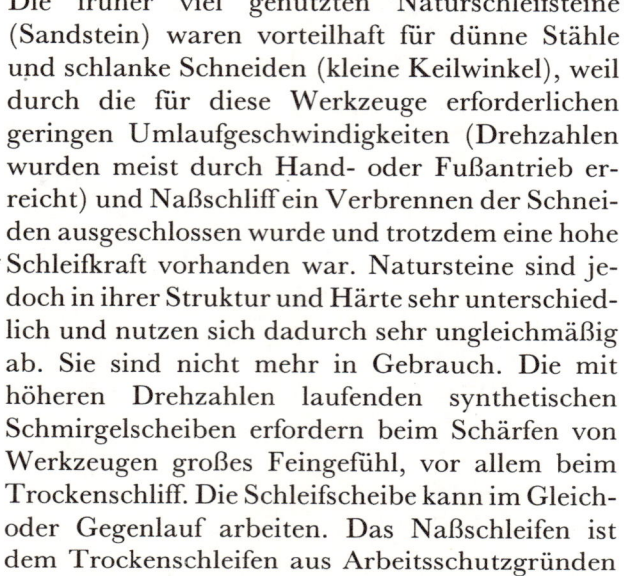

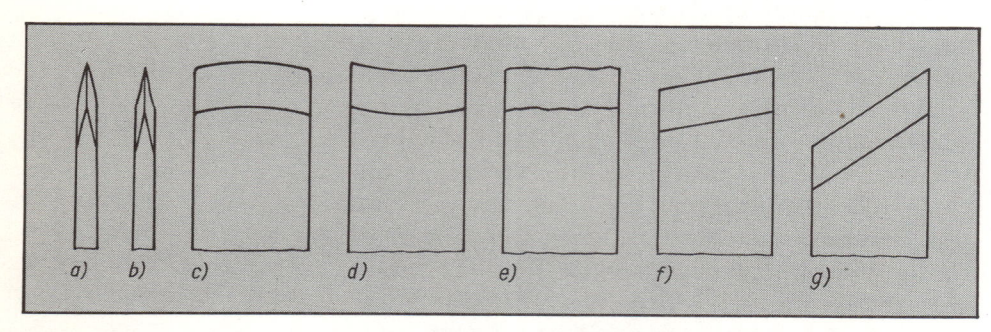

Bild 4/47.
Falsche Anschliffe am
Meißel
a) ballige Fase, *b)* hohle
Fase, *c)* ballige Schneide,
d) hohle Schneide, *e)* wellige
Schneide, *f)* zu stumpfer
Anschliff, *g)* zu spitzer
Anschliff

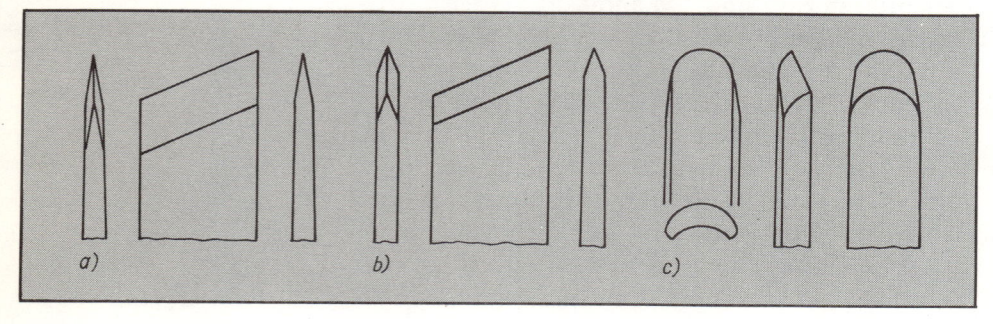

Bild 4/48.
Richtige Anschliffformen bei
Meißel und Formröhre
a) Meißel für Weichholz,
b) Meißel für Hartholz,
c) Formröhre mit Standardanschliff

Schleifscheiben verwendet (siehe Abschnitt 3). Die früher viel genutzten Natursteinsteine (Sandstein) waren vorteilhaft für dünne Stähle und schlanke Schneiden (kleine Keilwinkel), weil durch die für diese Werkzeuge erforderlichen geringen Umlaufgeschwindigkeiten (Drehzahlen wurden meist durch Hand- oder Fußantrieb erreicht) und Naßschliff ein Verbrennen der Schneiden ausgeschlossen wurde und trotzdem eine hohe Schleifkraft vorhanden war. Natursteine sind jedoch in ihrer Struktur und Härte sehr unterschiedlich und nutzen sich dadurch sehr ungleichmäßig ab. Sie sind nicht mehr in Gebrauch. Die mit höheren Drehzahlen laufenden synthetischen Schmirgelscheiben erfordern beim Schärfen von Werkzeugen großes Feingefühl, vor allem beim Trockenschliff. Die Schleifscheibe kann im Gleich- oder Gegenlauf arbeiten. Das Naßschleifen ist dem Trockenschleifen aus Arbeitsschutzgründen vorzuziehen. Außerdem werden beim Naßschliff die Werkzeuge geschont. Die Praxis zeigt jedoch, daß die meisten Drechsler trocken und im Gegenlauf ihre Werkzeuge schleifen, weil das bequemer ist (Bilder 4/43, 4/44).

Beim Schleifen verschiedener Werkzeuge empfiehlt es sich, die Meißel und Schlichtstähle vor den Röhren zu schleifen, weil es sich beim Schleifen von Röhren nicht vermeiden läßt, daß die Schleiffläche der Schmirgelscheibe uneben und ein »Abrichten« notwendig wird, wenn danach eine gerade Schneide geschliffen werden soll (Bild 4/45). Der Drechsler schleift seine Werkzeuge »frei«, d. h., er verwendet keine Einspann- oder Führungsvorrichtungen, wie das z. B. bei den Hobelmessern des Tischlers notwendig ist, obwohl es bei geraden Schneiden (Meißel, Schlichtstahl) möglich wäre. Beim freien Schleifvorgang muß eine günstige Beleuchtung vorhanden sein. Das Licht sollte so auf die Schneide gerichtet sein, daß durch die Licht-Schatten-Wirkung erkannt wird, ob die Schneidenkante am Schleifstein anliegt oder nicht (Bild 4/46). Der Schleifprozeß wird so lange durchgeführt, bis die Schneide gleichmäßig vom Stein berührt wird und die Fase gleich breit ist. Selbstverständlich müssen alle Scharten verschwunden sein, sofern solche vorhanden waren. Das ebene Anliegen der Schneide am Stein erkennt man an der gleichmäßigen Lichtwirkung. Solange die Schneide noch hell glänzt, ist eine Fläche vorhanden, die die Strahlen zurückwirft. Wirklich spitze (scharfe) Schneiden spiegeln nicht mehr. Außerdem erkennt man eine leichte Gratbildung. In der letzten Phase des Schleifprozesses, wenn die Schneide schlank und dünn wird, ist die Gefahr des Durchglühens beim Trockenschliff besonders hoch. Deshalb darf der Andruck nur ganz gering sein, und das Werkzeug sollte beim Schleifen hin und her bewegt werden.

Die Schneide des Meißels sollte im allgemeinen völlig gerade, also weder gewölbt noch hohl oder gar wellig geschliffen werden (Bild 4/47). Die Fase wird durch den Schleifsteinumfang etwas hohl. Eine zu enge Hohlform der Fase ist aber nachteilig. Sehr kleine Schleifsteine sind deshalb nicht geeignet. Die Fase darf auch nicht ballig sein.

Die Neigung der Schneidenkante zur Werkzeugachse beim Meißel, die den »Bart« und die »Spitze« des Meißels ergibt, darf nicht zu stumpf, aber auch nicht zu spitzwinklig sein. Wie bereits beschrieben, ist dieser Winkel nicht genau festzulegen. Er wird von jedem Drechsler etwas anders gehandhabt. Der günstigste Durchschnittswert liegt jedoch bei 115° für die stumpfe Ecke (Bart) und 65° für die Spitze.

Die Röhren sollen eine gleichmäßige Rundung erhalten. Sie dürfen weder zu spitz noch zu gerade sein. Als günstig hat sich erwiesen, wenn der Kreisbogen der Röhre als Radius die Hälfte der Breite der Röhre aufweist (Bild 4/48). Lediglich beim Ovaldrechseln wird eine spitze Röhre benötigt. Aber auch hier weichen die Gewohnheiten der einzelnen Drechsler oft stark voneinander ab. Besonders beim Querholzdrechseln werden die Röhrenrundungen individuell und sehr unterschiedlich zugeschliffen.

(Zum Vorrichten von Werkzeugen für Drehmaschinen wurden im Abschnitt »Drehmaschinen« bereits einige Ausführungen gemacht. Für diese Werkzeuge sind besondere Schleifsteinformen (schmal, spitz) erforderlich. Der Werkzeuganschliff ist hier bei den Formstählen bzw. Fassonstählen exakt auszuführen, weil jede Formveränderung eine Form- und Maßänderung des Werkstückes nach sich zieht.)

Durch das Schleifen der Werkzeuge an der Schleifscheibe entsteht ein Grat, der ein sauberes Schneiden behindert und deshalb durch Abziehen (Wetzen) mit einem Abzieh- oder Wetzstein entfernt werden muß. Dabei entsteht bei gewissenhafter Arbeit zunächst eine »Überschärfe«, die – je nach Stahlqualität – durch den Arbeitsprozeß in Arbeitsschärfe umgewandelt wird. Beim Querholzdrechseln verwenden viele Drechsler allerdings zunächst die Röhren unabgezogen, mit Grat. Sie arbeiten den Grat beim Drechseln ab und wetzen erst dann mit dem Abziehstein nach, wenn die »Gratschärfe« verschwunden ist. Beim Langholzdrechseln ist dies jedoch unmöglich. Auch beim Querholzdrechseln von weichen Hölzern müssen die Röhren nach dem Schleifen sofort abgezogen werden, bevor mit ihnen gedrechselt werden kann.

Entgegen der Arbeitsweise des Tischlers bewegt der Drechsler den Abziehstein beim Wetzen frei auf dem Werkzeug. Er hält das Werkzeug in der linken Hand fest – der Arm ist dabei an den Körper gepreßt – und bewegt den Stein, den er fest in der rechten Hand hält, locker und geradlinig, senkrecht zur Schneide am Werkzeug entlang (Bild 4/49). Diesen Abziehvorgang muß er mehrmals zu beiden Seiten der Schneide wiederholen, bis der Grat abgefallen und eine völlig gleichmäßige Schneidenlinie entstanden ist. Der Stein muß dabei jeweils an der Fasenfläche bzw. an der gesamten Spiegelseite des Werkzeuges anliegen und auf diesem gleichmäßig, ohne Verkanten entlanggeführt werden.

Zum Abziehen werden Natur- oder synthetische Steine verwendet. Die Natursteine müssen – bevor man sie benutzen kann – erst zugerichtet werden. Für das Abziehen von Meißeln und Schlichtstählen werden ebene Flächen, für Röhren runde Kanten benötigt. Die synthetischen Steine bevorzugt man aber auch hier mehr und mehr, weil sie sich in allen Korngrößen und Härtegraden herstellen lassen. Außerdem werden sie in verschiedenste Formen gepreßt und können so für den betreffenden Verwendungszweck fertig gekauft werden. Es ist vorteilhaft, den Stein in seinen Abmessungen lieber etwas länger als zu kurz zu wählen (Bild 4/50). Da sich beim Abziehen von Röhren und schmalen Werkzeugen eine Rillenbildung am Abziehstein nicht vermeiden läßt, sollte zum Abziehen der Meißel und breiten Schlichtstähle ein anderer Stein verwendet werden. Für die Röhren sollten zwei oder drei verschiedene Größen parat liegen.

Das Abziehen kann sowohl mit Wasser als auch mit Petroleum (Öl) als Gleitmittel erfolgen. Das einmal gewählte Gleitmittel muß aber bei dem gleichen Stein beibehalten werden. Durch die

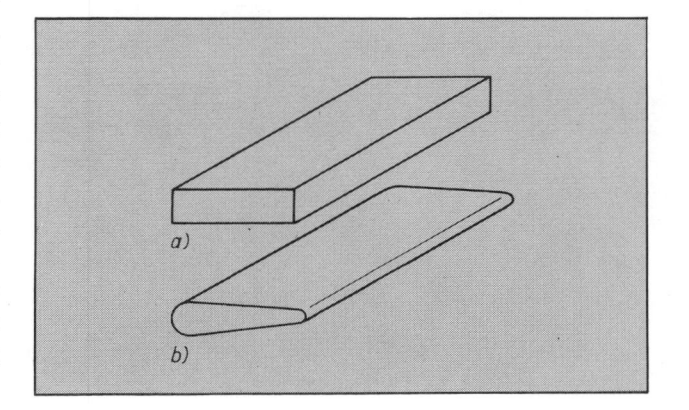

Instandhaltung und Pflege der Drechselwerkzeuge

Bild 4/49.
Abziehen der Röhre

Bild 4/50.
Abziehsteine
a) für Meißel und Schlichtstahl, *b)* für Röhren

Gleitflüssigkeit bleibt der Abziehstein griffig und nutzt sich nicht so stark ab. Neue Steine sollten vor dem ersten Gebrauch eine Zeitlang im Gleitmittel gelagert werden, damit sie eine gute Gleiteigenschaft erhalten. Für die Zeit des Nichtgebrauches müssen Ölsteine in einer Blechschachtel mit Öl und Wassersteine auf einem feuchten Schwamm aufbewahrt werden. Durch langen Gebrauch uneben gewordene Steine können an der Scheibenschleifmaschine wieder plan geschliffen werden. Auch das Anschleifen einer runden Kante ist auf diese Weise möglich. Dabei ist aber darauf zu achten, daß keine Überhitzung auftritt, die zu Spannungsrissen oder zu Brandflecken führen kann.

Zur Instandhaltung und Pflege der Werkzeuge gehört auch, daß sie sauber gehalten und beschädigungssicher aufbewahrt werden. Das Säubern ist vor allem bei der Bearbeitung harzreicher Hölzer erforderlich. Entstandene Krusten durch Harz und feinen Holzstaub setzen nicht nur die Schneidfähigkeit herab, sondern verändern die Maßgenauigkeit und verringern die Wärmeleitfähigkeit. Das gilt in besonderem Maße für Maschinenwerkzeuge. Bei den Handwerkszeugen des Drechslers entstehen Verkrustungen selten, weil diese Werkzeuge dauernd »gehandhabt« und Unsauberkeiten entfernt werden. Verkrustungen lassen sich leicht mit Petroleum oder anderen Lösungsmitteln entfernen. Ein mechanisches Abkratzen ist zu vermeiden, vor allem mit Gegenständen aus Metall. (Vorsicht beim Umgang mit Lösungsmitteln. Brandgefahr!)

Selbstverständlich sind Werkzeuge aller Art vor Feuchtigkeit zu schützen. Ein Einfetten von Holzbearbeitungswerkzeugen ist jedoch nicht ratsam, weil das Fett auf dem Werkstück Flecken oder Verfärbungen hervorrufen kann und außerdem fettige Werkzeuge den Holzstaub viel stärker binden als trockene, blanke Werkzeuge.

Wesentliche Bedeutung für die Pflege hat die Aufbewahrung der Werkzeuge. Sie müssen so abgelegt und gelagert werden, daß ihre Schneiden nicht mit Metall oder anderen harten Materialien in Berührung kommen können. Sie sind deshalb stets auf Holz abzulegen oder in Holzhalterungen aufzuhängen. Ein Zusammenlegen mehrerer Werkzeuge übereinander führt zwangsläufig zu Beschädigungen. Handdrechselwerkzeuge werden vorteilhafterweise in eine Art hölzerne Werkzeugtasche gesteckt, die an der Wand, neben der Drechselbank befestigt ist (Bild 4/51). Dabei sollte auch an einen Schutz der Schneiden gegen unbeabsichtigtes Berühren gedacht werden, um Handverletzungen auszuschließen. Mit anderen Hand- und Maschinenwerkzeugen sollte ähnlich verfahren werden. Es ist vorteilhaft, Maschinenwerkzeuge in entsprechenden Werkzeugschränken unterzubringen. Kreissägeblätter und Fräswerkzeuge können mit Pappen- oder Holzzwischenlagen übereinandergehängt werden. Besser ist es aber, diese Werkzeuge griffbereit und übersichtlich nebeneinander zu stellen oder zu hängen.

Bild 4/51. Werkzeughalterung für Drechslerwerkzeuge (Drechslerei AUERBACH, Seiffen)

Meß- und Prüfwerkzeuge

Meß- und *Prüfwerkzeuge* sind für den Drechsler ebenso unentbehrlich, wie die spanabhebenden Werkzeuge selbst. Der Drechsler verwendet sowohl allgemein übliche Meß- und Prüfwerkzeuge als auch solche, die speziell für ihn entwickelt wurden. Bereits im alten Handwerkszeichen des Drechslers (Bild 4/52) umspannt ein »Taster« die von Meißel und Röhre gekreuzte Kugel.

Zunächst aber zur Begriffsbestimmung: Unter Messen verstehen wir das Vergleichen einer zu

dung. Außerdem können mit Schreibzirkeln geometrische Konstruktionen entwickelt werden. Taster sind die charakteristischsten Meß- und Prüfwerkzeuge des Drechslers. Man unterscheidet Stechzirkel bzw. Spitzzirkel (mit oder ohne Feststellmöglichkeit), Bleistiftzirkel, einseitige Außen- und Innentaster, Taster mit Maßeinteilung, doppelseitige Außen-Innen-Taster (sog. Tanzmeister), Stangenzirkel usw. (Bilder 4/53, 4/54).

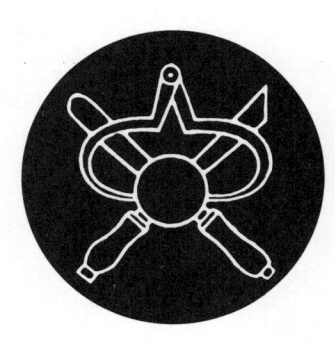

Lineale und *Winkelmesser* dienen zur Kontrolle der Ebenheit von Kanten und Flächen, zum Anreißen, zum Feststellen von Meßgrößen und zur Übertragung von Winkeln und Strecken. Zu ihnen gehören Lineale, Flachwinkel, Anschlagwinkel, Gehrungswinkel, Winkelmesser, einstellbare Winkel (sog. Stellschmiegen oder Schrägmaße) u. dgl.

Kurvenschablonen werden zum Vergleichen oder Anreißen bestimmter Formen und Formteile genutzt.

Lehren können zum Prüfen von Kehlen, Stäben und anderen Profilen, zum Prüfen des Spieles (Luft) zweier ineinandersitzender Teile, zum Anreißen von Abständen, Durchmessern u. dgl. Anwendung finden. Sie werden vom Drechsler selbst angefertigt.

Schraublehren sind Feinstmeßinstrumente, die zum Messen in Meßbereichen unter 0,1 mm angewendet werden.

Meßuhren sind ebenfalls Präzisionsmeßinstrumente. Sie dienen als Einstellehren und Prüfinstrumente für Maschinenwerkzeuge.

Grenz- und *Toleranzlehren* lassen sich in der Serienfertigung zum Prüfen der Maßhaltigkeit zueinandergehöriger Teile einsetzen. Bei diesen Lehren wird nur nach Gut oder Ausschuß unterschieden (Bild 4/55).

Wasserwaagen und *Lote* dienen zum Prüfen von senkrechten und waagerechten Kanten und Flächen am Bau bzw. beim Einbau von Werkstücken in Gebäuden (z. B. Treppengeländer).

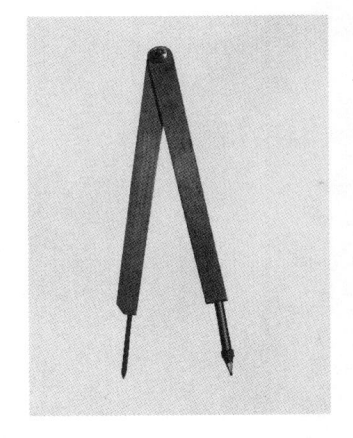

messenden Größe mit einer bestimmten Maßeinheit. Es wird dabei verglichen, wievielmal eine Maßeinheit (z. B. Millimeter) in der zu messenden Ausdehnung (Länge, Durchmesser) enthalten ist. Beim Prüfen wird erkundet, ob bestimmte Vorschriften oder feste Werte eingehalten worden sind. Dazu gehört z. B. das Feststellen von Zapfendicken oder Bohrungen mittels Schablone oder das Anlegen eines Richtscheites an eine Walze zum Erkennen der Geradlinigkeit derselben sowie das Kontrollieren von Profilen. Es werden folgende Meß- und Prüfwerkzeuge unterschieden:

Strichmaßstäbe dienen zum Messen von geradlinigen Ausdehnungen. Zu ihnen gehören Meßlatten, Meterstäbe, Gliedermaßstäbe, Rollenmaß usw.

Meßschieber werden zum Messen von Längen, Dicken, Durchmessern und Bohrungen mit hoher Genauigkeit verwendet. Zu ihnen gehören die verschiedenen Arten der Schiebelehren mit Außen- und Innenmeßmöglichkeiten sowie Tiefenmaß. Die angebrachte Noniusteilung ermöglicht die zehntelgenaue Messung.

Zirkel und *Taster* finden zum Übertragen von Maßen und zum Anreißen von Abständen sowie zum Bestimmen von Kreismittelpunkten Verwen-

Bild 4/52. Zunftzeichen des Drechslers

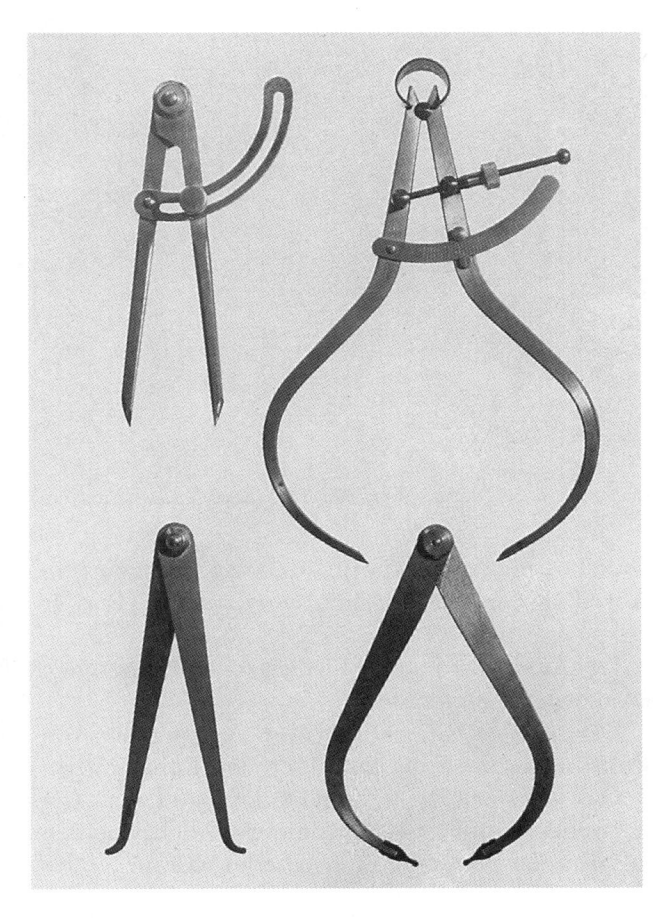

Bild 4/53. Stechzirkel, Außentaster, Innentaster

Bild 4/54. Bleistiftzirkel

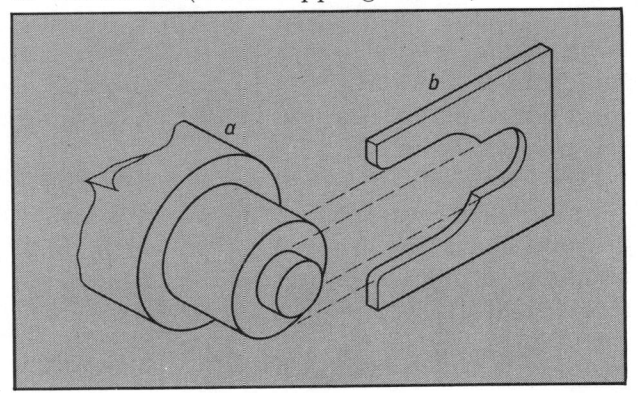

Bild 4/55. Rachenlehre zur Prüfung von zwei verschiedenen Durchmessern

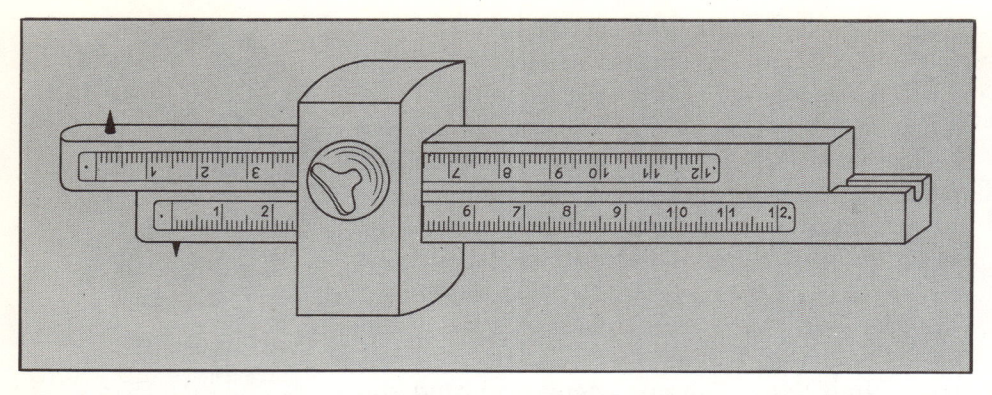

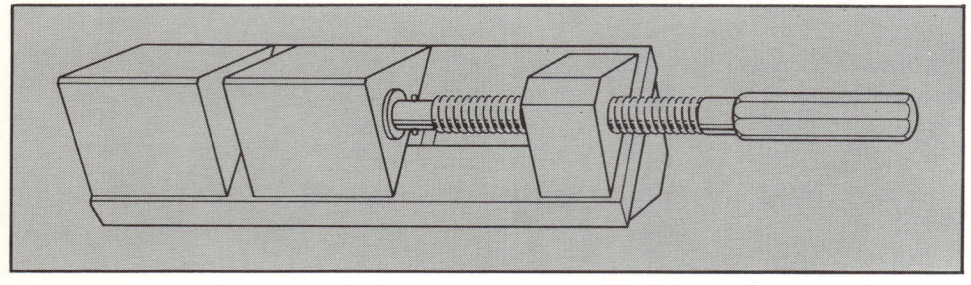

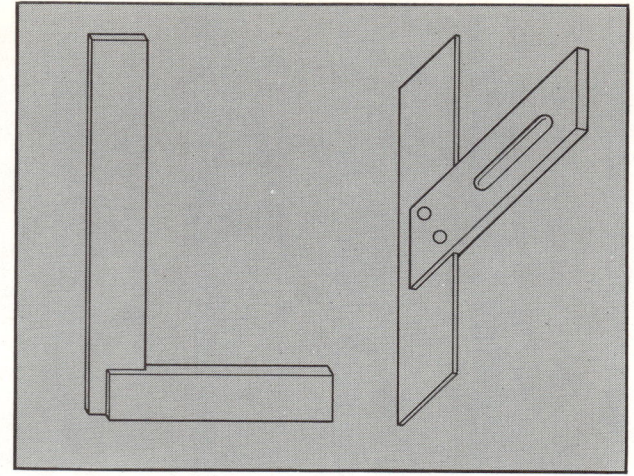

Bild 4/56. Streichmaß

Bild 4/57. Gehrungsstoßlade

Bild 4/58. Anschlagwinkel und Gehrungswinkel

Wenn auch beim Drechseln nicht alle Formen und Ausdehnungen am Werkstück exakt gemessen oder mit entsprechenden Hilfsmitteln geprüft werden können und deshalb ein geübtes Augenmaß vorhanden sein muß, sind doch Meß- und Prüfwerkzeuge auch für den geübtesten Drechsler unentbehrlich. Er wird im jeweiligen Falle entscheiden müssen, welchem der genannten Hilfsmittel zum Messen oder Prüfen er den Vorzug gibt.

Sonstige Werkzeuge für die Drechslerwerkstatt

Neben spanabhebenden Werkzeugen sowie Meß- und Prüfwerkzeugen werden in einer Drechslerwerkstatt weitere Arbeitsmittel benötigt. Hierzu gehören:

Die *Reißnadel*, die aus Stahl besteht und deren Form schlank und elastisch sein muß. Sie dient zum Aufreißen von Maßen und zum Übertragen von Formen auf Werkstücke bei der Herstellung von Holzverbindungen u. dgl.

Das *Streichmaß* ist ebenfalls ein wichtiges Hilfsmittel zum Übertragen von Maßen an Werkstücken und zum Anreißen von Trennkanten, Einschnitten u. dgl. Streichmaße mit Skaleneinteilung und flächigen Schneiden sind den einfachen Formen, die nur reißnadelartige Spitzen zum Anreißen der Maße tragen, vorzuziehen (Bild 4/56).

Der *Körner* wird zum Markieren von Bohrstellen (Ankörnen) verwendet.

Der *Vierkantbohrer* dient zum Vorstechen von Bohrungen und zum Aufreiben von Bohrlöchern.

Das *Locheisen* dient zum Ausstanzen von Löchern und zum Herstellen kleiner runder Scheiben aus dünnen Werkstoffen, wie Leder, Gummi, Pappe u. dgl.

Die *Lochzange* ist ein Werkzeug mit wahlweise einstellbaren Lochungsmöglichkeiten für dünne Werkstoffe.

Die *Schränkzange* findet beim Schränken von Sägen Anwendung. Zahnhöhe und Zahnweite sind einstellbar.

Das *Schränkeisen* kann als ein einfaches Hilfsmittel zum Schränken von Sägen angesehen werden, allerdings ohne die Möglichkeit, die Schrankweite einzustellen.

Die *Stoßlade* ist eine Spannvorrichtung für das Hobeln (Anstoßen) von Flächen (meist Hirnholzflächen) mit dem Handhobel. Meist werden vor allem die Gehrungsladen verwendet, die zum Anpassen der Winkelflächen bei Rahmen und Rad- bzw. Ringsegmenten gute Dienste leisten. Diese Stoßladen werden auf der Tischlerhobelbank zwischen den Bankeisen eingespannt (Bilder 4/57, 4/58).

Auf weitere Hilfsmittel wie Zwingen, Tischler-Stechbeitel usw. soll hier nicht weiter eingegangen werden, obwohl sie in keiner Drechslerwerkstatt fehlen dürfen.

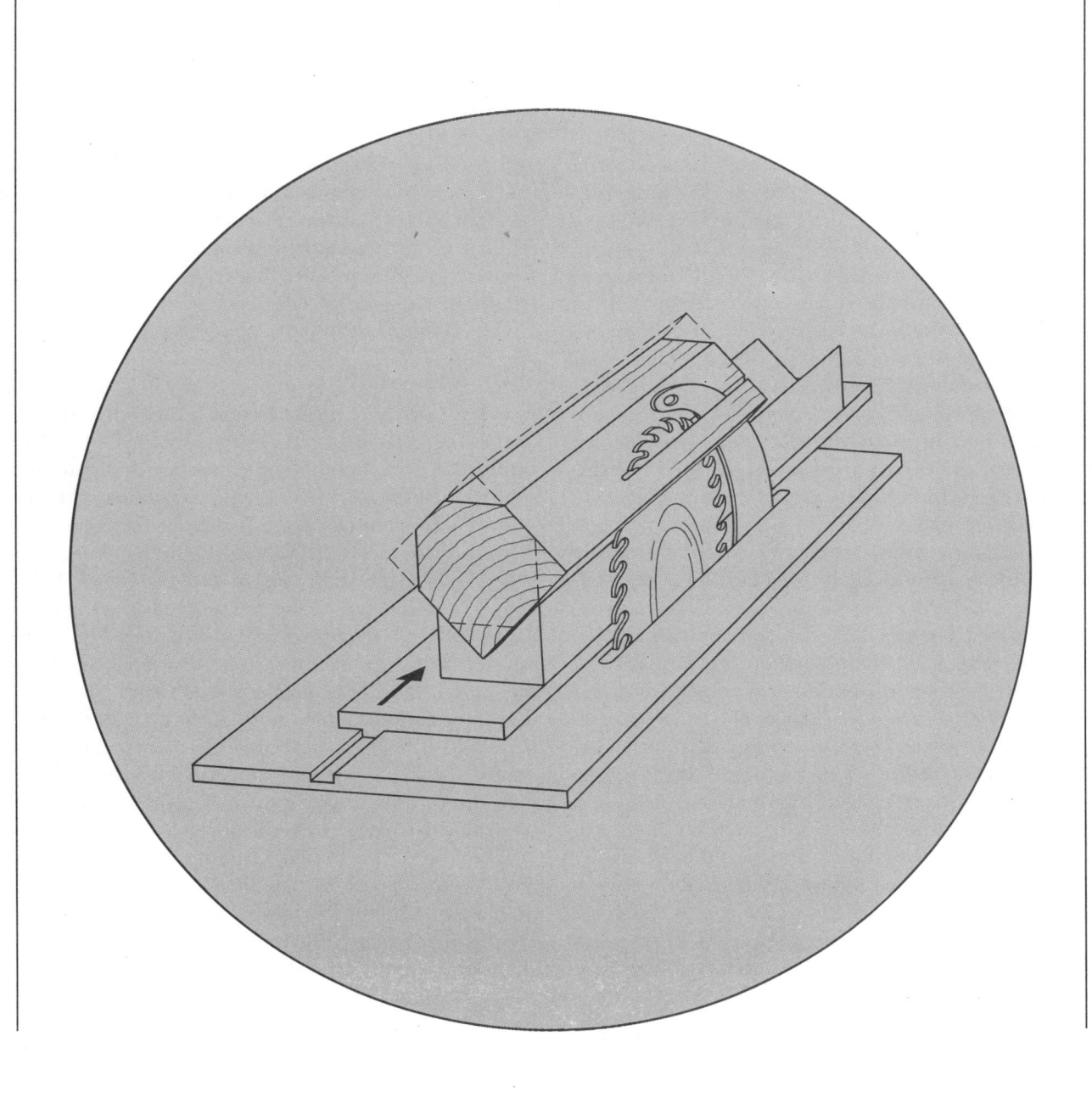

Holzvorbereitung zum Drechseln

5

Holzvorbereitung zum Drechseln

GRUNDVORAUSSETZUNG FÜR DIE BEarbeitung des Holzes ist die Kenntnis der Eigenschaften und sein Verhalten gegenüber der umgebenden Luftfeuchte und Lufttemperatur. Zur Pflege, Lagerung und Trocknung wurden bereits Hinweise gegeben.

Nun zur weiteren Bearbeitung des Holzes, der Zwischenetappe vor dem eigentlichen Drechseln. Sie schafft die Voraussetzung für das Befestigen des Materials an der Drechselbank und ist bereits eine wesentliche Vorentscheidung für die Qualität des späteren Werkstückes.

Um Holz in die Drechselbank einspannen zu können, muß es durch Sägen oder Spalten und teilweise durch Abrichten, Hobeln und Bohren so vorgeformt werden, daß es dem zukünftigen Verwendungszweck entspricht. Es muß mit den vorhandenen oder zu ergänzenden Spannvorrichtungen sicher befestigt werden können und eine rationelle Bearbeitung ermöglichen. Ebenso wichtig ist aber auch die sinnvolle Materialausnutzung und die beabsichtigte ästhetische Wirkung des Materials am Endprodukt. Dabei stehen für einen Handwerker natürlich völlig andere Bedingungen als in einem Industriebetrieb. Der Handwerker wird jedes Holzstück seiner Beschaffenheit nach entsprechend individuell behandeln und somit besonders hochwertige Erzeugnisse herstellen können. Die industriell produzierenden Betriebe werden auf einen effektiven Arbeitsablauf und auf Einsatz hochproduktiver Anlagen gesteigerten Wert legen, dadurch aber ästhetische Wertverluste und Ausschußquoten in Kauf nehmen müssen. Wir wollen uns hier mehr der handwerklichen Fertigung zuwenden, wobei in gewissem Umfang das in diesem Beruf auch beim Handwerker typische Bestreben nach einer effektiven Fertigung berücksichtigt werden soll. In den meisten Fällen wird der Drechsler Schnittholz in Form von Brettern oder Bohlen verwenden und daraus die erforderlichen Zuschnitte ausformen.[1]

Der Holzeinkauf setzt hohe Fachkenntnis voraus. Der Drechsler muß hierzu nicht nur die Holzarten und die Sortenbegriffe kennen, sondern auch die Gütemerkmale, die in Güteklassen eingeordnet sind. Darüber hinaus muß sich der Drechsler mit der Holzberechnung beschäftigen. Hierzu einige Erläuterungen:

Werden ganze Stämme gekauft, wird mit m³ Holzvolumen (frühere Bez.: »Festmeter«) gerechnet. Dabei wird das Volumen nach der Zylinderformel $r^2 \cdot \pi \cdot h$ ermittelt, indem der mittlere Stammdurchmesser mit Hilfe des oberen und unteren Stammdurchmessers $\frac{d_1 + d_2}{2}$ errechnet, dieser halbiert und mit 3,14 (π) und der Stammlänge multipliziert wird.

Rollenholz wird in der Regel nach m³ Stapelvolumen (frühere Bez.: »Raummeter«) berechnet, d. h., daß hier bei einem Stapel von Rollen die Stapelaußenmaße berechnet ($a \cdot b \cdot c$) und dadurch auch die zwischen den Rollen befindlichen Hohlräume einbezogen werden. Ein m³ Stapelvolumen (ein Raummeter) entspricht ungefähr 0,50...0,75 m³ Holzvolumen (Festmeter).

Bei Schnittholz wird jedes Brett bzw. jede Bohle, Latte, jedes Kantholz usw. einzeln gemessen und berechnet. Hierbei wird bei unbesäumten Brettern oder Bohlen von der mittleren Breite ausgegangen und diese mit der Dicke und Länge multipliziert. Beim Aufmessen größerer Posten werden von gleichen Längen und Dicken die Breiten addiert und erst später mit der Dicke und Länge multipliziert. Vielfach werden Dickten und Bretter auch nach Quadratmeter gehandelt. Beim Aufmessen der Breiten unbesäumter Dickten und Bretter (bis 40 mm Dicke) werden die Baumkanten nicht mit zur Breite gerechnet. Ab 40 mm Dicke (Bohlen) wird jeweils eine Baumkante mitberechnet.

Auf das Aussehen, die Lage und die Eigenschaften der Holzflächen aus den verschiedenen Teilen des Baumes wurde bereits eingegangen (Tangentialschnitt, Radialschnitt – Spiegelschnitt, Hirnschnitt). Der Drechsler muß bei der Ausformung des Schnittholzes diese Besonderheiten aus technischen und ästhetischen Gründen beachten. Will er z. B. einen Gegenstand herstellen, der eine lebhafte Holzmaserung aufweisen soll, wird er sich auf den Tangentialschnitt konzentrieren, bei dem die Jahrringe schräg angeschnitten sind und sich dadurch pyramidenförmige Zeichnungen ergeben. Will er vielmehr auf besondere Formstabilität achten, wird er ein Mittelbrett bevorzugen, bei dem die Jahrringe völlig durchschnitten sind und nahezu senkrecht zur Breitfläche stehen (Bild 5/1).

Über die Formveränderung während des Trocknungsvorgangs bei diesen beiden Schnittholzlagen gibt die Strich-Punkt-Linie Auskunft. Die Ursache dieser Formveränderung ist darin zu suchen, daß die größten Schwindmaße in Richtung der Jahrringe in Erscheinung treten und die Randzonen (Splintholz) einen höheren Feuchte-

---

[1] Die Bezeichnungen der Handelssortimente für Vollholz (aus Rohholz durch Längs- und/oder Querschnitte gewonnener und direkt oder nach einer besonderen Behandlung verwertbarer Werkstoff) sind im Standard genannt und erläutert (Anhang, Tafel 1).

gehalt aufweisen als die des Holzinneren. Ist die geeignete Holzart und -dimension ausgewählt, müssen evtl. vorhandene Äste, Risse und andere Fehler herausgeschnitten werden. Bei Kernbrettern ist das Mark herauszutrennen. Beim Einschneiden der Schnittware in Einzelabschnitte bedarf es vorteilhafter Einteilung, damit der Verschnitt so gering wie möglich ausfällt. Die Verwendung scharfer und gut vorgerichteter Sägen ist eine weitere Voraussetzung für verlustarmen Holzzuschnitt.

Das Zuschneiden der Kantel für das Langholzdrechseln erfolgt in der Regel an der Kreissägemaschine. Unbesäumtes Schnittholz wird zunächst einseitig besäumt (Baumkante abtrennen und gleichzeitig eine Anlegegerade herstellen). Die Kantelbreiten werden dann am Führungslineal eingestellt und der Reihe nach vom Brett bzw. von der Bohle heruntergetrennt. Die Längen schneidet man vorteilhafterweise vor dem Längstrennen aus der Schnittholzware heraus. Dabei wird beim Herstellen kleiner Drechselerzeugnisse ein Vielfaches der Einzelstücke zuzüglich Spanungs- und Einspannverluste so zugeschnitten, daß eine Gesamtlänge entsteht, mit der sicher frei gedrechselt werden kann (etwa 25 cm). Bei der Herstellung von Erzeugnissen größerer Länge, die es zuläßt, nur ein einzelnes Werkstück zu bearbeiten, muß lediglich der Einspannverlust bei der Zuschnittlänge zugegeben werden (Bild 5/2). Werden Erzeugnisse zwischen Mitnehmer und Körnerspitze gedrechselt, kann beim Längenzuschnitt der Kantel bereits die genaue Länge erhalten (Bild 5/3). Hier empfiehlt es sich, zunächst beim Zuschnitt der Bretter oder Bohlen einen Schnittverlust von etwa 2 cm zuzugeben, weil ein genauer Winkelschnitt in diesem rohen Zustand nicht möglich ist. Der Feinzuschnitt wird dann an den ausgetrennten Kanteln vorgenommen. Ist hohe Genauigkeit erforderlich (z. B. bei gleichgroßen Sprossen oder Stuhlbeinen), ist es ratsam, die Kantel an einer Fläche abzurichten, eine Winkelkante anzustoßen und anschließend die gegenüberliegenden Flächen auf gleiche, quadratische Dicken zu fräsen (Bild 5/4).

Durch das Schaffen einer hohen Maßgenauigkeit bei der Vorbereitung von Kanteln für das Herstellen einer Serie gleicher Formen (z. B. Sprossen) werden das Anzeichnen der Mitte auf den Stirnflächen (Diagonalriß), das genaue axiale Einspannen zwischen Dreizack und Körnerspitze an der Drechselbank und die damit verbundene Maßhaltigkeit beim Arbeiten wesentlich erleichtert.

Für bestimmte Verwendungszwecke, bei denen es auf geraden Faserverlauf in der Weiterbearbeitung (z. B. für das Stechen von Spanbäumchen) oder auf große Formstabilität im Endprodukt ankommt, muß gespaltenes Holz verwendet werden. Dabei behalten die Fasern ihren natürlichen Verlauf und werden nicht mehr, als es das Profil erfor-

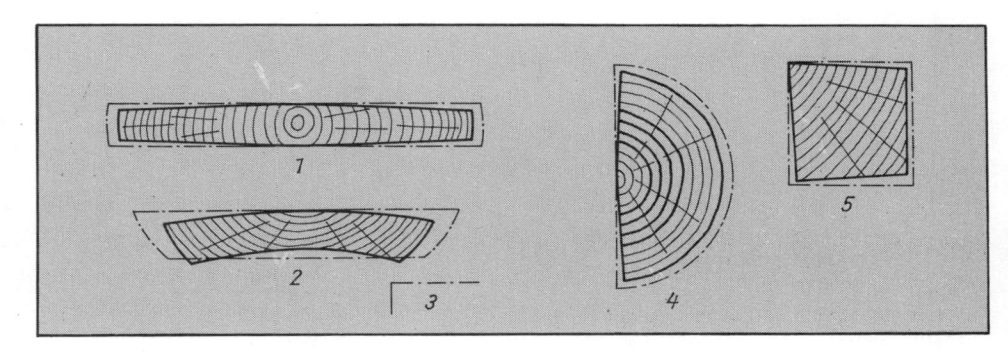

Bild 5/1.
Formänderungen des Holzes beim Schwinden
(1) Mittelbrett, (2) Seitenbrett, (3) Form des grünen Holzes, (4) Halbholz, (5) Kantel-Viertelholz

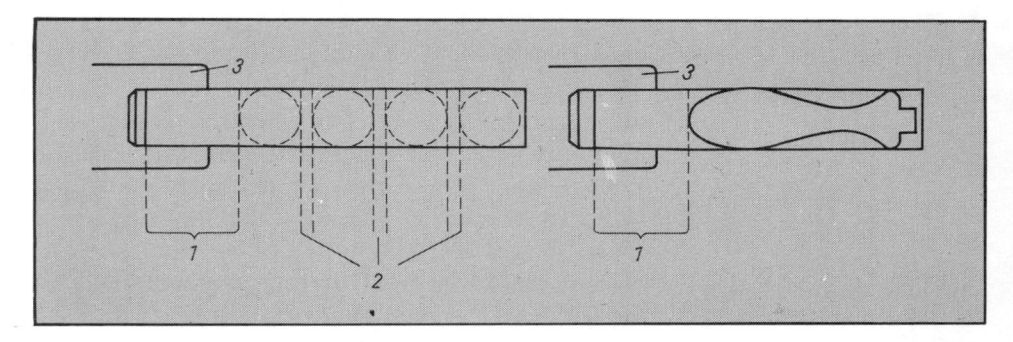

Bild 5/2.
Einspann- (1) und Spanungsverluste (2)

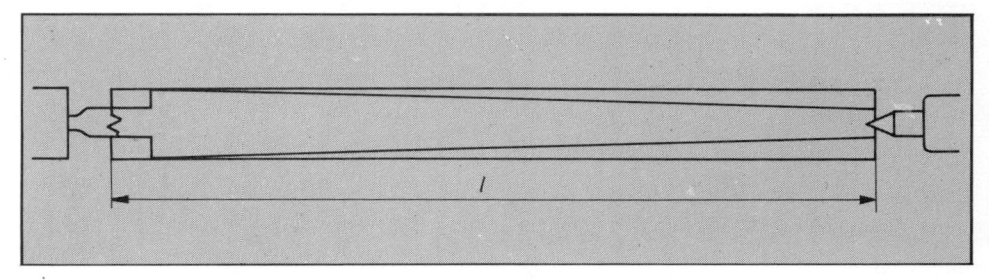

Bild 5/3.
Genauer Längenzuschnitt von Kanteln für maßgenau gleiche Drechselformen (Beispiel: Stuhlbein)
(1) genaue Zuschnittlänge

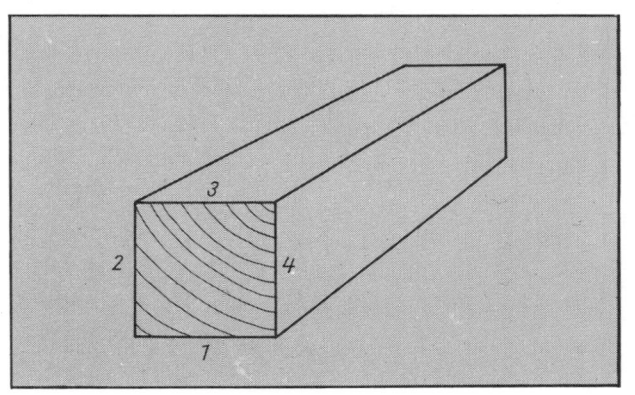

Bild 5/4.
Reihenfolge der Arbeitsgänge für das genaue Dickenfräsen von Kanteln
(1) Abrichten, (2) Winkelfläche herstellen, (3) und (4) auf Dicke fräsen

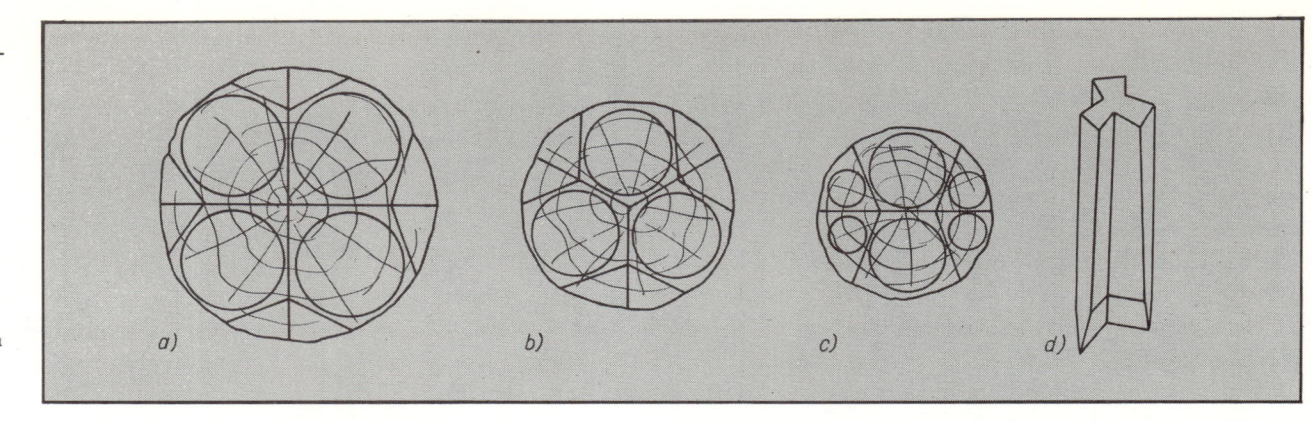

Holzvorbereitung zum Drechseln

Bild 5/5.
Herstellen von Spaltrohlingen
a) Viertelscheiter,
b) Drittelscheiter,
c) Halbscheiter, *d)* Spalteisen
zur Herstellung von
Drittelscheitern

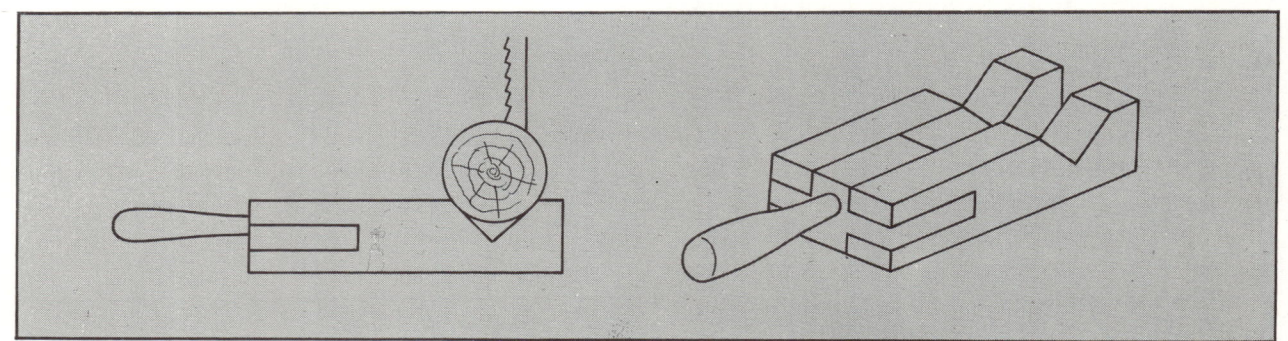

Bild 5/6.
Schlitten zum Sägen von
Rundholz an der Bandsägemaschine

Bild 5/7.
Abkanten von Kanthölzern
an der Kreissägemaschine

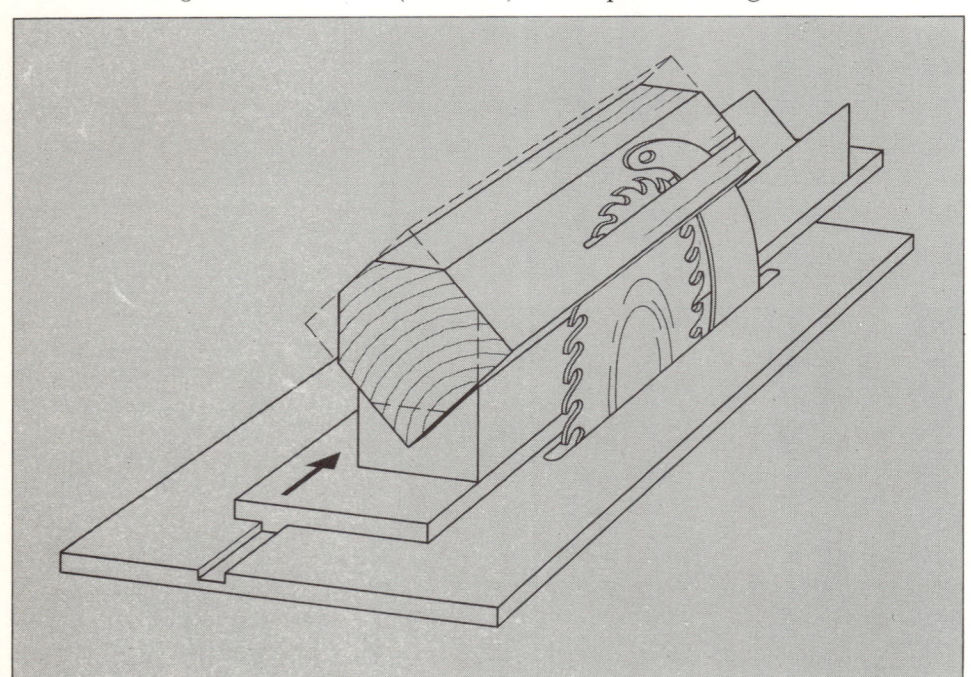

dert, durchschnitten. Zum Spalten eignet sich aber nur geradjährig gewachsenes Holz. Bäume mit großem Durchmesser werden im allgemeinen in Viertelscheiter gespalten, solche mit mittlerem Durchmesser mit einem speziellen Spalteisen in Drittelscheiter, kleine Durchmesser in Halbscheiter (Bild 5/5). Das Spalten erfolgt meist mit Hilfe von Stahlkeilen von einer Hirnholzseite aus und wird durch Nachtreiben weiterer Keile in der Länge des Stammteiles unterstützt. Dabei muß die Lage des Kernes beachtet werden. Bei exzentrisch gewachsenen Bäumen werden die Spaltteile verschieden groß. Die Holzstrahlen geben die Spaltrichtung an. Die gespaltenen Scheite werden mit dem Zurichtbeil anschließend so behauen, daß sie sich an der Drechselbankspindel leicht ausrichten lassen.

Schwache Stämme und verwertbare Äste brauchen nicht aufgespalten zu werden (Dimensionen bis max. 15 cm Durchmesser), sie bleiben als Rohlinge erhalten. Damit hier ein rißfreies, gleichmäßiges Austrocknen möglich wird, sollte die Rinde des frischen Rundlings nur stellenweise entfernt werden. Man kann dies in Fleckform (geplätzelt) oder in Spiralform (geringelt) ausführen. Ein langsames Trocknen im Freien ist hier von besonderer Bedeutung, da es sonst zu Verschalungen und zu Rißbildungen kommen kann. Angeraten ist es, bei Rundlingen die Markröhre auszubohren und danach das Holz weiter trocknen zu lassen. Je größer die Ausbohrung angelegt wird, um so sicherer ist es, daß am äußeren Holzmantel keine Schwindrisse auftreten. Das Ausbohren kann aber nur nach einem gewissen Vortrocknungsprozeß der Rundlinge im Freien und anschließendem Ablängen auf

Bearbeitungslänge mit üblichen Bohrwerkzeugen (Löffelbohrer, Spiralbohrer, Schlangenbohrer) erfolgen. Bei der Herstellung von Büchsen und Dosen aus Rundlingen sollten die Böden aus Querholz gesondert eingesetzt werden, nachdem durch Vorschruppen der inneren Hohlform und ausreichender Nachtrockenzeit das Holzstück seine optimale Formstabilität erreicht hat.

Große Vorsicht ist beim Querschnitt von Scheit- und Rundholz an Sägemaschinen geboten. Hier muß unbedingt eine ausgekimmte Unterlage oder ein entsprechender Schlitten beim Vorschub verwendet werden. Für einen Einzelschnitt kann eine an das Rundholz gespannte Schraubzwinge einen Rollschutz ergeben. Kommt nämlich das Rundholz durch den Sägeschnitt zum Kippen, reißt es das Rundholz in die Säge hinein, und es kommt zur Zerstörung des Werkzeuges oder gar zur Verletzung der arbeitenden Person (Bild 5/6).

In der heutigen Drechslerwerkstatt wird aus Effektivitätsgründen dem an der Kreissäge ausgeformten Kantel aus bezogenem Schnittholz (Brettern oder Bohlen) gegenüber der Spaltware der Vorzug gegeben. Diese Vierkanthölzer können ohne weitere Vorbereitung (ausgenommen erforderliche Abricht- und Dickenfräsarbeiten bei Präzisionsartikeln) mit einer Dimension bis zu 50 mm Dicke an der Drechselbank eingespannt und mit der Schruppröhre zylindrisch gedrechselt werden. Bei größeren Dimensionen wird es erforderlich, die Kanten in Längsrichtung so abzutrennen, daß im Querschnitt ein ungleichseitiges Achteck entsteht. Dieses Abtrennen der Längskanten muß in einer entsprechenden Vorrichtung, die das sichere Führen des Kantels gewährleistet, an der Kreis- oder Bandsägemaschine vorgenommen werden (Bild 5/7).

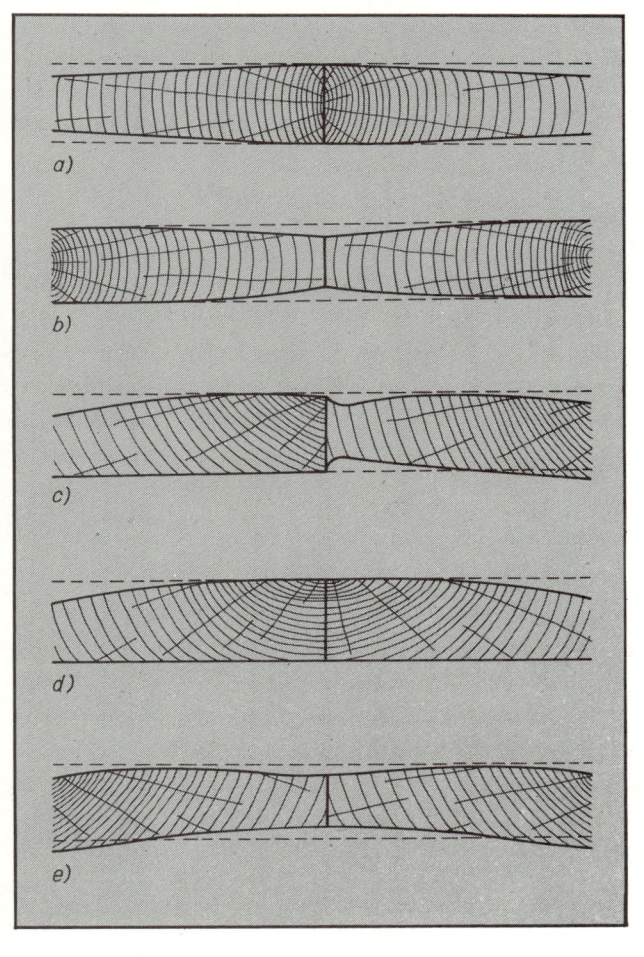

Bei Kanteln, die an der Drechselbank frei bearbeitet, d. h. nur einseitig in einem Gewindemitnehmer- oder Spundfutter befestigt werden, müssen an dieser einen Seite die Kanten nochmals so gebrochen werden, daß eine konische Zuspitzung entsteht. Besser ist dies allerdings an der Drechselbank selbst möglich, indem man den Kantel zunächst zwischen Dreizack und Körnerspitze spannt und die konische Anspitzung für das Spundfutter andrechselt. Das ist vor allem Anfängern und solchen Drechslern zu raten, die kein Schlagfutter verwenden. In besonderen Fällen kann es erforderlich werden oder für die Bearbeitung sinnvoll sein, den Kantel vor der Fertigstellung an der Drechselbank zu bohren, z. B. beim Herstellen von Walzen für Teighölzer oder bei Lampensäulen. Kann dies aus Gründen der Materialökonomie oder der Konstruktion nicht direkt an der Drechselbank im Zusammenhang mit dem

Herstellung von Rohlingen

Bild 5/8.
Verschiedene Varianten der Herstellung von Säulenrohlingen

Bild 5/9.
Formveränderung von zusammengesetzten Holzteilen beim Schwinden (Breitenverklebung)
a) Kernbrett, Kern an Kern, b) Kernbrett, Splint an Splint, c) Mittelbrett, Kern an Splint (falsch), d) Mittelbrett, Kern an Kern (richtig), e) Mittelbrett, Splint an Splint (richtig)

Holzvorbereitung zum Drechseln

Bild 5/10. Formveränderung von zusammengesetzten Holzteilen beim Schwinden (Dickenverklebung) *a)* linke Seite an linke Seite (richtig), *b)* rechte Seite an rechte Seite (falsch)

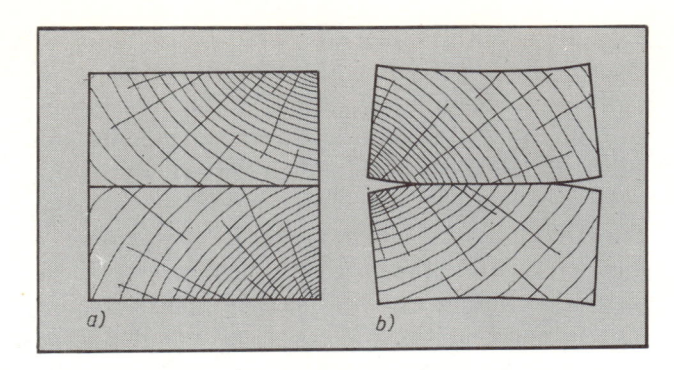

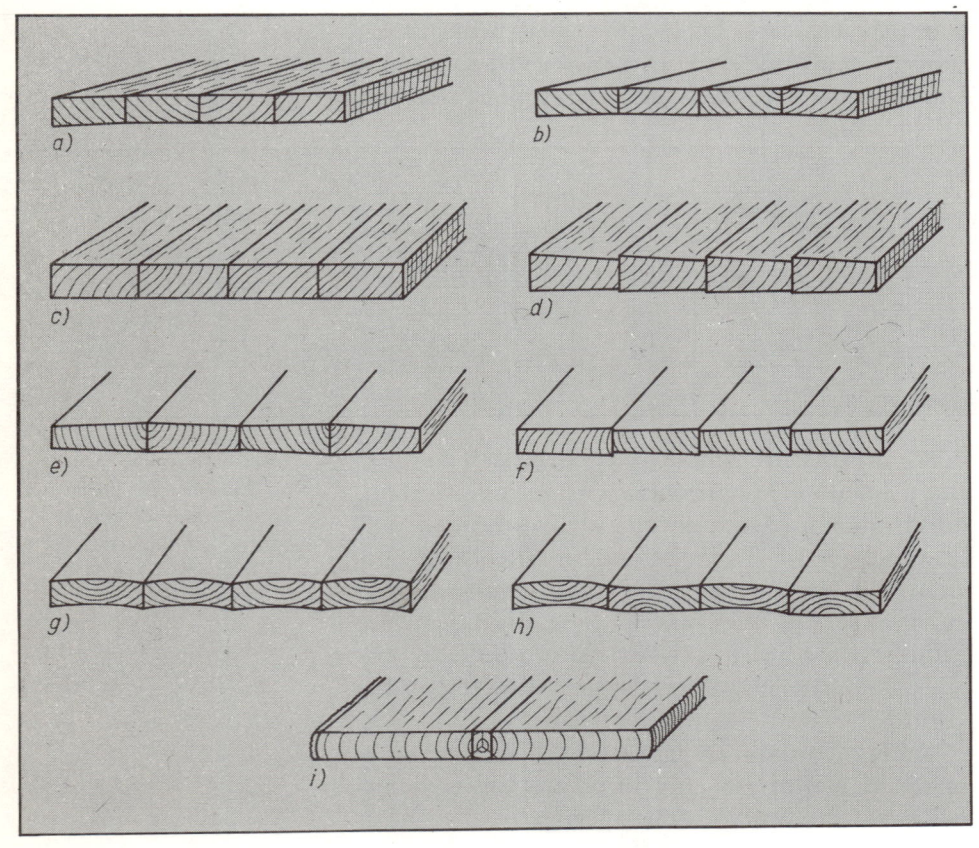

Bild 5/11. Verkleben des Holzes zu Flächen
a) einseitiges Verziehen durch stärkeres Schwinden in Richtung der Jahrringe; *b)* Wellenbildung, verursacht durch das stärkere Schwinden des Holzes in Richtung der Jahrringe; *c)* schmale Brettstreifen und die Verleimung Kern an Kern, Splint an Splint und die Jahrringe in gleicher Richtung ergeben gut stehende Flächen; *d)* wird Kern an Splint geleimt, dann markieren sich die Fugen, weil das einzelne Brett splintseitig stärkeren Dickenschwund hat als kernseitig; *e)* richtiges, *f)* falsches Zusammenlegen von Brettern zu Flächen; *g)* Kern muß aufgeschnitten werden, sonst zu großer Verlust beim Dickenfräsen; *h)* bei Blindholzlagen kann von der Regel »rechte Seite nach oben« abgegangen werden; *i)* Kernbrettern muß die Markröhre ausgeschnitten werden, dadurch werden spätere Rißbildungen vermieden

Formdrechseln durchgeführt werden, muß dies auf einer Horizontalbohrmaschine mit einem Löffel- oder Spiralbohrer erfolgen. Die Länge der Säule oder deren besondere Konstruktion zwingt jedoch meist dazu, dies an der Drechselbank mit Hilfe einer Bohrlünette bzw. Bohrbrille auszuführen. Hierauf soll jedoch an anderer Stelle eingegangen werden. Oft wird es erforderlich, die Säule aus zwei Teilen zusammenzusetzen, so daß innen ein quadratischer Hohlraum entsteht. Bei diesem Zusammensetzen ist sowohl auf die Lage der Jahrringe zu achten als auch darauf, daß die Einzelteile gleiche Struktur- und Trockeneigenschaften aufweisen. Bild 5/8 zeigt verschiedene Varianten der Herstellung von Säulenrohlingen.

Die Vorbereitung von Klebefugen muß sehr gewissenhaft erfolgen. Neben der Wahl des zusammenpassenden Holzes von gleicher Dichte, Struktur und gleichem Trockengrad müssen jeweils die Holzteile aneinandergefügt werden, die gleiche Trockeneigenschaften (Schwindmaß bzw. Verformungsverhalten) aufweisen, d. h., Splintholz gehört an Splintholz und Kernholz an Kernholz (Bild 5/9). Bei der Dickenverklebung von zwei Teilen sollten stets die linken Holzseiten miteinander verklebt werden, weil diese durch den weiteren Trockenprozeß zum Hohlwerden neigen und dadurch an den äußeren Fugen dicht bleiben (Bild 5/10).

Bei der Breitenverklebung ist es ratsam, die zerschnittenen Jahrringe nicht in der gleichen Weise wieder zusammenzusetzen, sondern die Teile zu stürzen. Dadurch verlaufen die Jahrringe in gleicher Richtung und die Fläche bleibt gerade. Da auch hierbei Kern an Kern und Splint an Splint gesetzt werden muß, kommt es zwangsläufig zum Stürzen der einzelnen Brettteile, so daß jeweils im Wechsel die rechte und die linke Seite nach oben zeigt. Das hat allerdings nachteilige Auswirkungen auf das Bild der Holzstruktur (Bilder 5/11, 5/12).

Neben der richtigen Zusammensetzung ist die genaue Form der zu verklebenden Flächen von großer Bedeutung für die Haltbarkeit der Fuge. Die Fugenfläche muß eben und sauber sein. Wegen des in der Mitte angreifenden Spanndrucks der Spannvorrichtung und wegen des rascheren Nachtrocknens der Hirnholzflächen und dem damit verbundenen stärkeren Schwinden an den Außenseiten sollten die Fugen in Längsrichtung einige Hundertstelmillimeter hohl gearbeitet werden, so daß beim Halten gegen das Licht ein feiner

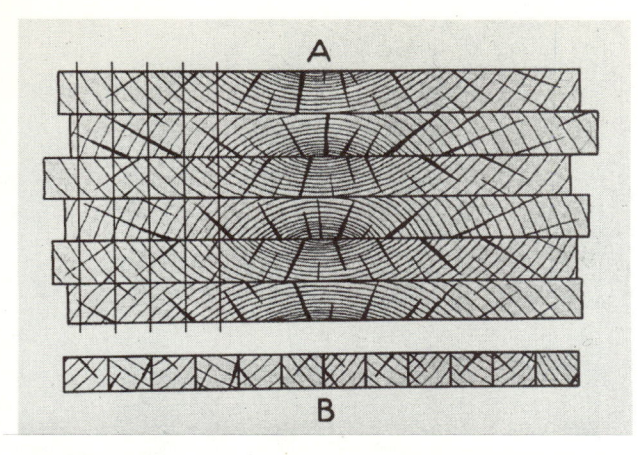

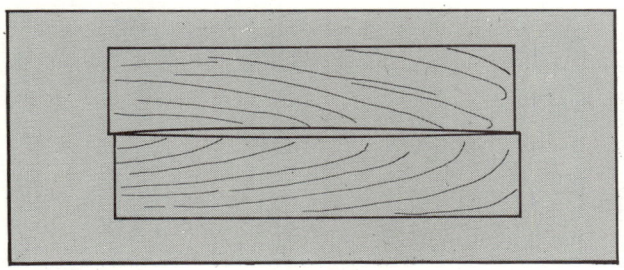

Lichtspalt sichtbar wird, die Enden aber dicht aufsitzen (Bild 5/13). Diese feinste Hohlform einer Fuge entsteht an der Unterfräsmaschine (Abrichtmaschine) durch Heben des vorderen Tisches um 0,2 mm gegenüber dem Flugkreisdurchmesser der Messerschneiden. (Das Fügen mit dem Handhobel bzw. der Rauhbank des Tischlers erfordert große Übung und wird selten von einem Drechsler beherrscht.) Vor dem Fügen muß eine Fläche – in der Regel die linke Holzseite – abgerichtet (geebnet) werden, damit eine gerade Anlagefläche an der Winkelschiene der Unterfräsmaschine möglich ist. Je sauberer der Flächenschnitt und je höher die Paßgenauigkeit der zueinander gehörenden Flächen, um so haltbarer ist die Verklebung (vorausgesetzt, die Klebemittel haben die richtige Qualität und der Klebevorgang wird dem Klebemittel entsprechend ausgeführt). Das Prinzip jeder Verklebung beruht auf den physikalischen Wirkungen der Molekularkräfte von Adhäsion (Anhangskraft) und Kohäsion (Zusammenhangskraft) der zusammenzufügenden Holzteile und der des Klebstoffes. Darüber hinaus entsteht durch das Eindringen des Klebstoffes in die Holzporen infolge der Kapillarwirkung nach dem Erstarren des Klebstoffes eine tausendfache Verdübelung der gesamten Klebfuge.

Ein festes Aufeinanderpressen der Teile erhöht die Qualität der Verklebung.

Damit man die zusammengehörenden Teile vor dem Verkleben nicht vertauscht, sollten sie mit einem Dreieckzeichen und erforderlichenfalls mit Ziffern gekennzeichnet werden. Das erleichtert das schnelle Zusammenlegen beim Verklebungsvorgang (Bild 5/14). Beim Einstreichen der einzelnen Fugen mit dem Klebstoff werden zunächst die Randteile (4 auf 1') gestürzt aufeinander gelegt und diese der Reihe nach auf die übrigen Teile (2' auf 3' auf 4'). Nach dem Einstreichen dieser Fugenseiten werden die beiden oben liegenden Randteile zur Seite gelegt, der Stoß mit den übrigen Teilen gewendet und die anderen Fugenseiten eingestrichen. Danach erfolgt das Zusammenlegen der gesamten Fläche, das Anlegen der Spannmittel (bei langen und bei sehr schmalen Bretteilen zwei oder drei gleichmäßig verteilte Einspannungen vornehmen) und das Ausrichten der Fugenteile zur abgerichteten Fläche und zu einer Seitenkante. Beim Verkleben von Fugen sollte möglichst dünnflüssiger Klebstoff verwendet werden, damit ein gutes Eindringen in die Holzporen möglich ist. Dickflüssiger Klebstoff bildet zwischen den Holzteilen eine trennende Filmschicht, die nach Erhärtung spröde wird und bei Schlageinwirkung springt. Bei dichten Harthölzern, bei denen das Eindringen des Klebstoffes nur schwer möglich ist, kann es erforderlich werden, die Fugenflächen mit einem Zahnhobel leicht aufzureißen. (Auf einige Klebstoffarten, ihre Eigenschaften und Verwendung wird im Anhang, Tafel 2 eingegangen.)

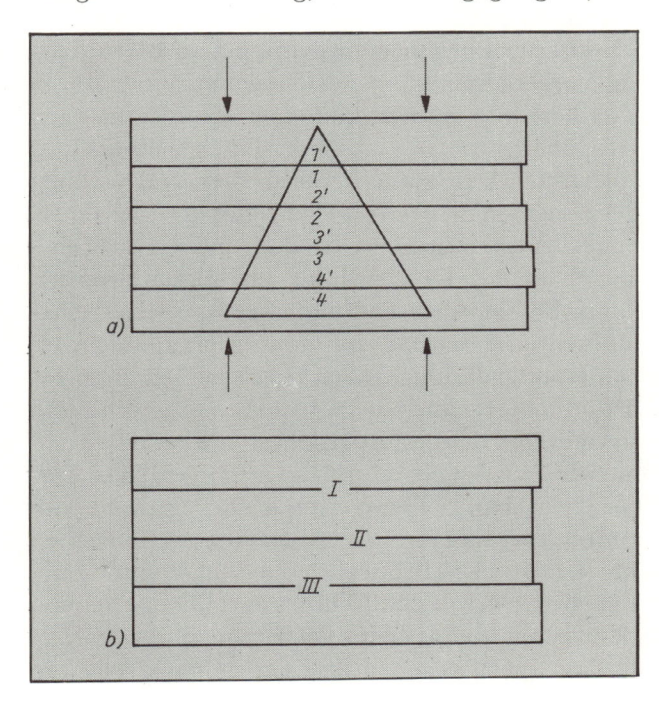

Verkleben des Holzes zu Flächen

Bild 5/12. Blockverklebung von Flächen (A) Verklebung im Block und anschließendes Abtrennen von Flächen, (B) Erneutes Verkleben der Flächen von (A)

Bild 5/13. Herstellen einer Fuge: In der Mitte sollte die Fuge nur so viel hohl sein, daß ein feiner Lichtspalt sichtbar wird, wenn die lose aufeinandergedrückten Bretteile gegen das Licht gehalten werden

Bild 5/14. Zeichnen der zusammengelegten Flächen vor dem Fügen a) Kennzeichnen mittels Dreiecks und Ziffern, b) Markieren unter Verwendung römischer Zahlen

Holzvorbereitung zum Drechseln

Beim Anfertigen von Fugenverbindungen genügt es im allgemeinen, »stumpfe« Fugen herzustellen. Wird aber besonders hohe Festigkeit verlangt, kann eine Zahnfuge gefertigt werden, bei der durch die an einer Fräsmaschine mit einem Spezialwerkzeug herzustellenden Zackenprofilierung die Klebefläche vergrößert wird. Hierbei ist aber zu beachten, daß diese Verzahnung sich auf der Fläche bei nachträglichem Bearbeiten (Drechseln) markiert.

Ein nachträgliches Stabilisieren von Flächen ist aber auch durch Anbringen von Gratleisten mit Schwalbenschwanzprofil möglich. Diese handwerkliche Form einer Holzverbindung sollte ein Drechsler unbedingt beherrschen, weil er damit vielfältige Kombinationen von Drechsler- und Tischlerformen herstellen kann (Sitzmöbel, Tische usw.). Auf diese und weitere Arten des Verbindens von Holzteilen wird an anderer Stelle eingegangen (Abschnitt 7).

Zum Herstellen scheibenförmiger Rohlinge für das Querholzdrechseln werden die vorbereiteten Holzstücke (Brettware unverklebt, sofern es der Werkstoff in Qualität und Dimension zuläßt, oder in oben erwähnter Weise auf erforderliche Breite verklebt) mit Hilfe der Bandsäge- oder der Kronensägemaschine kreisrund ausgeschnitten. (Bei kleinen Durchmessern bis etwa 100 mm genügt es, die Werkstücke achteckig an die Drechselbank zu bringen.) Für bestimmte Verwendungszwecke kann auch hier ein vorheriges von Dicke Fräsen erforderlich sein. Das Aufzeichnen der Kreisform wird in der Einzelfertigung mit einem Bleistiftzirkel vorgenommen, in der Serienfertigung durch Zuhilfenahme von Schablonen, die in günstigen Größenabstufungen in der Drechslerwerkstatt vorhanden sein sollten. Bei diesem Aufzeichnen der Scheibenform wird gleichzeitig die Kreismitte angekörnt, damit hier eine Bohrung für das Befestigen an der Drechselbank angebracht werden kann. Bei der Verwendung einer Kronensägemaschine in der Serienfertigung werden diese einzelnen Handgriffe eingespart. Hier muß lediglich das Materialstück auf eine solche Breite geschnitten werden, die dem erforderlichen Werkstückdurchmesser zuzüglich einer Sägeschnittdicke entspricht. Darüber hinaus ist das Dickenfräsen oder zumindest das einseitige Abrichten der einzelnen Materialstücke (Bretter, deren Länge ein Vielfaches des Werkstückdurchmessers entspricht) von Bedeutung, damit beim Festspannen eine gerade Auflagefläche gegeben und ein sicheres Arbeiten möglich ist. Ein Aufzeichnen der Kreisform entfällt. Ebenso kann durch einen gegenläufigen Support beim Aussägen der einzelnen Scheiben an der Kronensägemaschine gleichzeitig die Mittelbohrung angebracht werden. Kronensägen als Werkzeug können bis zu einem Durchmesser von etwa 150 mm auch an der Drechselbank befestigt werden. Diese müssen aber einen selbsttätigen Auswerfer eingebaut haben, da sich sonst das Werkstück verklemmt.

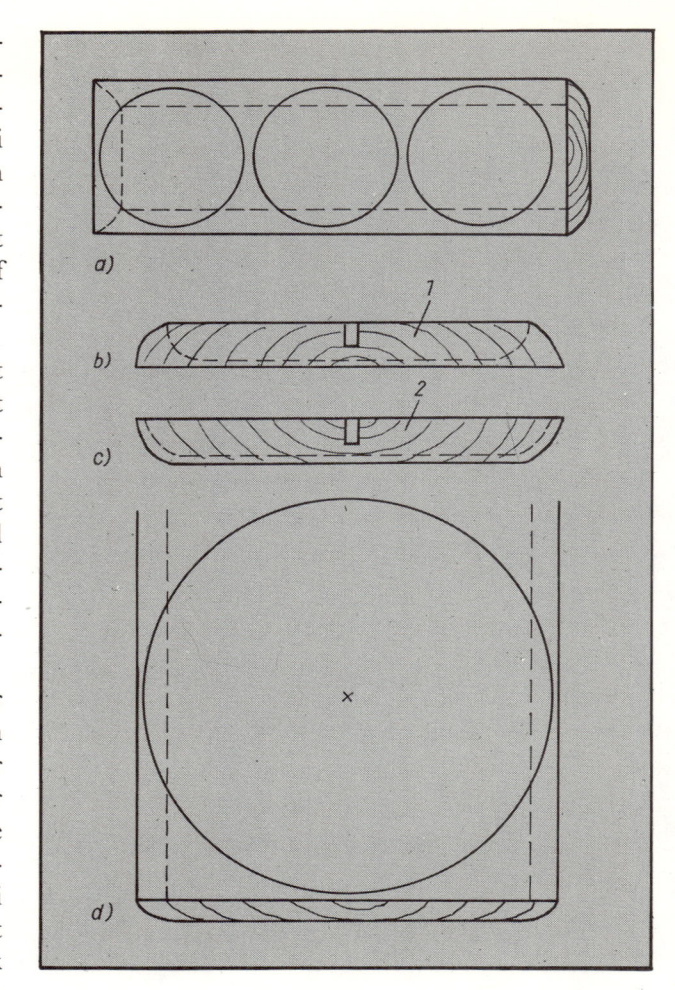

Bild 5/15.
a) Aufzeichnen der Scheibenformen für das Ausschneiden an der Bandsägemaschine; *b)* und *c)* bei der Herstellung von Tellern und Querholzschalen empfiehlt es sich, die rechte Holzseite nach oben zu nehmen, bei *b)* entsteht größerer Holzverlust, die Fladerung ist jedoch lebhafter; *d)* die volle Materialausnutzung ist gegeben – Draufsicht zu *c)*

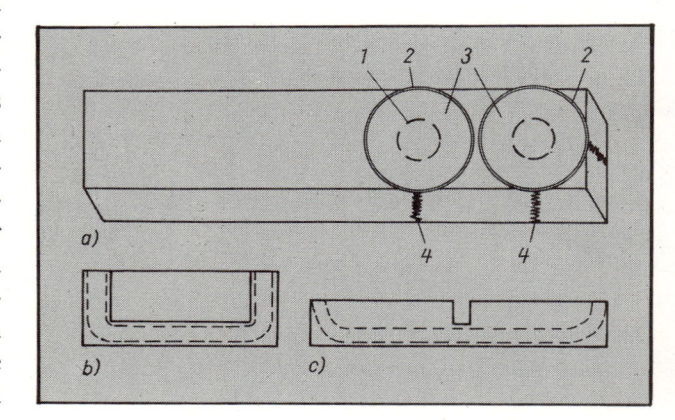

Bild 5/16.
Brettzuschnitt für das »Ausstechen« an der Kronensägemaschine *a)* Draufsicht mit Zahnkranzflugkreis und Ausspanungsflächen, *b)* und *c)* Möglichkeiten der Vorfertigung von Drechselformen an der Kronensägemaschine

Bild 5/17.
Beispiele von Rahmenholzverbindungen für große Ringe
a) durch Dübel, b) durch Überplattung, c) durch lange Schrägfuge, d) durch Nut und Feder, e) durch Schlitz und Zapfen, f) durch Keilzinken, g) durch Rundfeder, h) durch Dreieckfeder, i) durch französischen Keil, k) durch kreuzweises Verkleben von Dickten (ungerade Zahl der Dickten), l) durch versetzt verklebte Rippen in drei Schichten, m) durch versetzt verklebte Dickten (Lamellen) zwischen 3...6 mm

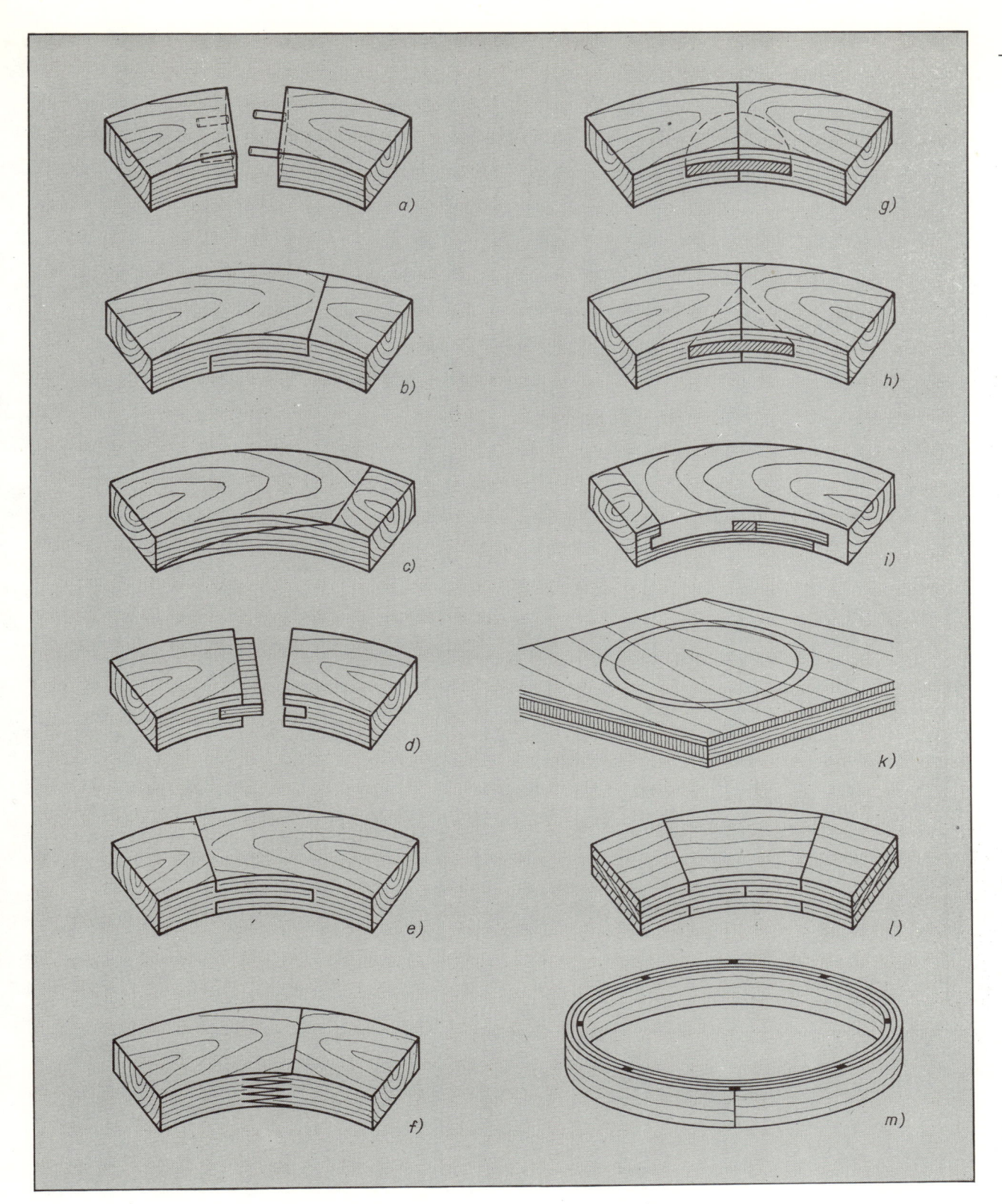

Für die Einzelfertigung, bei der es mehr auf den ästhetischen Wert des Endproduktes als auf Materialökonomie ankommt, werden die Scheiben einzeln auf das Brett aufgezeichnet, weil dabei der Verlauf der Maserung besser beachtet werden kann. Hierbei wird man bereits entscheiden, welche Holzseite beim Werkstück zur Ansicht gelangen soll (Bild 5/15). Aus den über den Aufbau

Holzvorbereitung zum Drechseln

Bild 5/18.
Spannvorrichtungen für das Verkleben von Segmentringen
a) mittels Spindeln,
b) mittels Stahlspannrings und Schraubzwinge

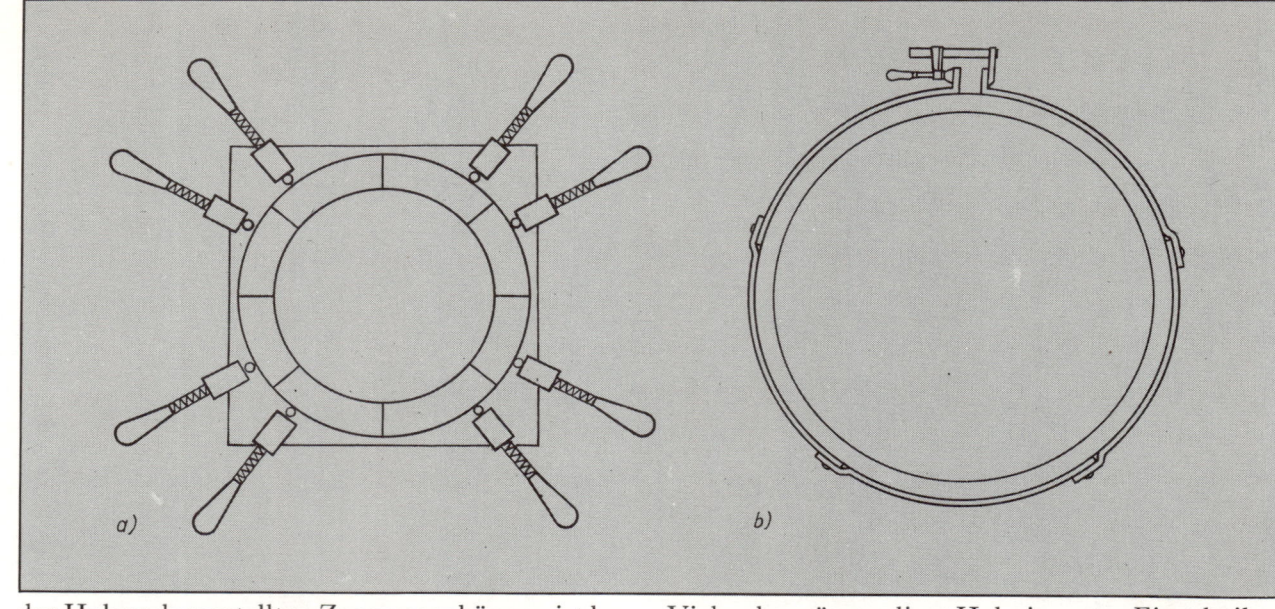

des Holzes dargestellten Zusammenhängen ist bereits bekannt, daß die linke Brettseite eine interessante Fladerung (Zeichnung) der Holzstruktur aufweist, jedoch durch die zusammenhängenden Jahrringteile beim nachträglichen Trocknen zum Hohlwerden neigt.

Das Befestigen der vorbereiteten Scheiben zum Querholzdrechseln erfolgt entweder mit einer Mittenschraube an der Planscheibe oder mit Hilfe eines Backenfutters. Bei ersterer Befestigungsform genügt es, in die Scheibe eine kleine Bohrung mit einem Spiralbohrer einzubringen. Bei einer direkten Befestigung an einem Backenfutter muß die Holzscheibe mit einem großen »Forstnerbohrer« gebohrt werden (Bild 5/16).

Zur Herstellung großer, ringförmiger Werkstücke genügt es nicht, aus massiver Brettware den Ring auszusägen und an der Drechselbank zu bearbeiten. Derartige Ringe würden leicht zerbrechen, weil an den jeweils gegenüberliegenden Hirnholzseiten die Holzfasern sehr kurz sind. Vielmehr müssen diese Holzringe aus Einzelteilen so zusammengesetzt werden, daß eine hohe Formstabilität entsteht. Je nach Verwendungszweck und Durchmesser können die einzelnen Segmente dieser Ringe in einfachster Weise mit einer Dübelverbindung, durch Überplattung, mit Nut und Feder, durch Schlitz und Zapfen oder andere Verbindungsarten fest zusammengefügt werden. Bild 5/17 gibt dazu einige anschauliche Beispiele. Elegante Lösungen ergeben sich durch spanlose Verformung von Massivholz – hier werden die beiden Enden des unter Hitze und Nässe (Dampf) gebogenen Massivholzteiles mit einer schrägen Überlappung verklebt – oder durch spanlose Verformung von Holzlamellen (z. B. Furnier) in entsprechenden Spannvorrichtungen zur Ringform stabil verklebt (Bild 5/18).

In diesem Zusammenhang soll auf das Herstellen von Segmenten bei zusammengesetzten Ringen eingegangen werden. Der Holzauswahl muß besondere Aufmerksamkeit geschenkt werden, da-

Bild 5/19.
Herstellen von Lampenringen
a) kleiner Lampenring aus drei Rippen für drei Brennstellen, b) Lampenring aus vier Rippen für vier Brennstellen, c) Lampenring aus sechs Rippen für sechs Brennstellen, d) großer Lampenring aus sechs Rippen für drei Brennstellen

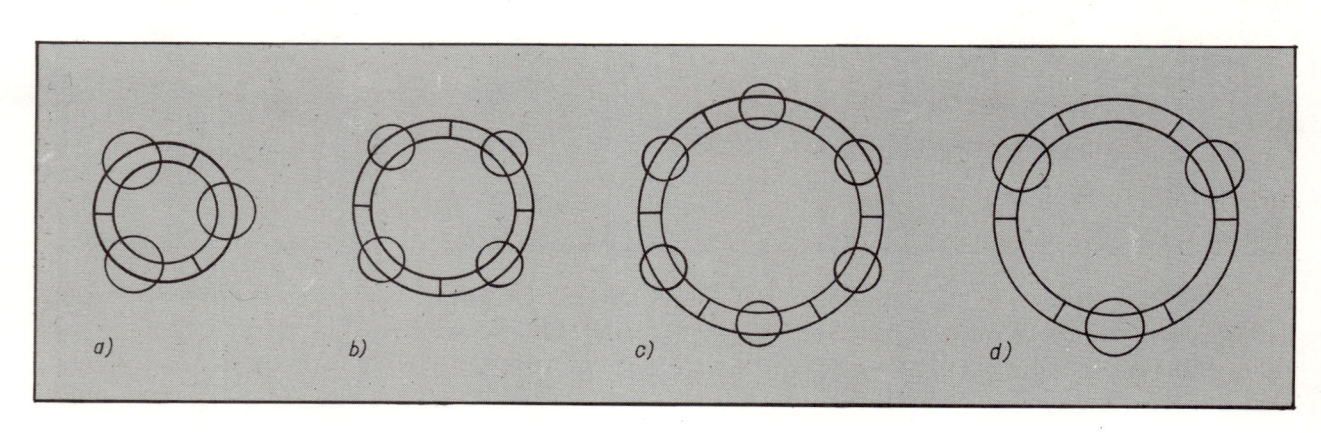

Kreis mit einem Zirkel auf einer Fläche aufgerissen und dieser mit den Mitteln der mathematischen Geometrie in die erforderlichen Teile geteilt. Durch Verbinden der Kreisteilungen mit dem Mittelpunkt des Kreises erhält man die Segmentform. Die somit erhaltene Segmentschablone wird genauestens ausgeschnitten. Dabei ist vor allem auf die Paßgenauigkeit der Stoßfugen zu achten. Die nach dieser Schablone ausgesägten Segmentteile des Ringes müssen an den Stoßfugen zu einem geschlossenen Ring zusammengepaßt werden. Dies geschieht am besten mit einer Stoßlade und einer Rauhbank (Langhobel) an der Hobelbank. Hierzu wird der Hobel flach auf die Seite gelegt und das jeweilige Segmentteil in der Stoßlade auf der Hobelbank festgespannt. So erhält man eine genaue Winkelkante. Damit die Fugen genau dicht werden und sich beim Zusammensetzen ein genau kreisförmiger Ring ergibt, werden die Segmentteile einer nach dem anderen auf den aufgezeichneten Schablonenring gelegt, bis der Ring geschlossen ist. Bei der Herstellung einer größeren Serie von Ringen wird man natürlich die Fugen der Segmentteile mittels Schablone an einer Kreissägemaschine auf genaue Form schneiden, wobei der Einsatz eines »Hobelsägeblattes« zu empfehlen ist, damit ein glatter Schnitt und somit eine dichte Fuge entsteht. Hierfür ist es aber angebracht, die Segmentteile nicht bogenförmig auszuschneiden, sondern flächig, um eine exakte Anlage der Sägeschablone zu erreichen. Die Ringform wird in diesem Falle entweder auf einer Band- oder Dekupiersägemaschine vorbereitet oder an der Drechselbank sofort in der gewünschten Profilform gedrechselt (Bild 5/20).

Das Einbringen von Verbindungselementen (Dübel, Feder usw.) erfolgt nach dem Zusammenpassen der Fugen und kann sowohl mit Handwerkzeugen (außer bei Keilzinken) als auch an Maschinen erfolgen. Während es bei der handwerklichen Form lediglich einiger Anreiß-Hilfsmittel (Streichmaß, Reißnadel, Bohrschablone) bedarf, ist bei der Maschinenfertigung eine umfangreiche Vorbereitung der Maschineneinstellung und der Anfertigung von Spannelementen und Schablonen erforderlich.

Für spezielle Formen oder Sonderanfertigungen kann es erforderlich werden, den Rohling anderweitig zu bearbeiten oder besondere Vorrichtungen für die Bearbeitung zu bauen. Das verlangt oft vom Drechsler einen großen Einfallsreichtum und viel Geschick.

Herstellen von Segmentringen

Bild 5/20. Aufzeichnen und Zusammensetzen von Segmentteilen für große Ringe
a) handwerkliche Art der Herstellung von Ringsegmenten (gute Holzausnutzung), b) Aufrißzeichnung für das Zusammenpassen der einzelnen Ringsegmente, c) Zuschnitteile für die Serienfertigung

---

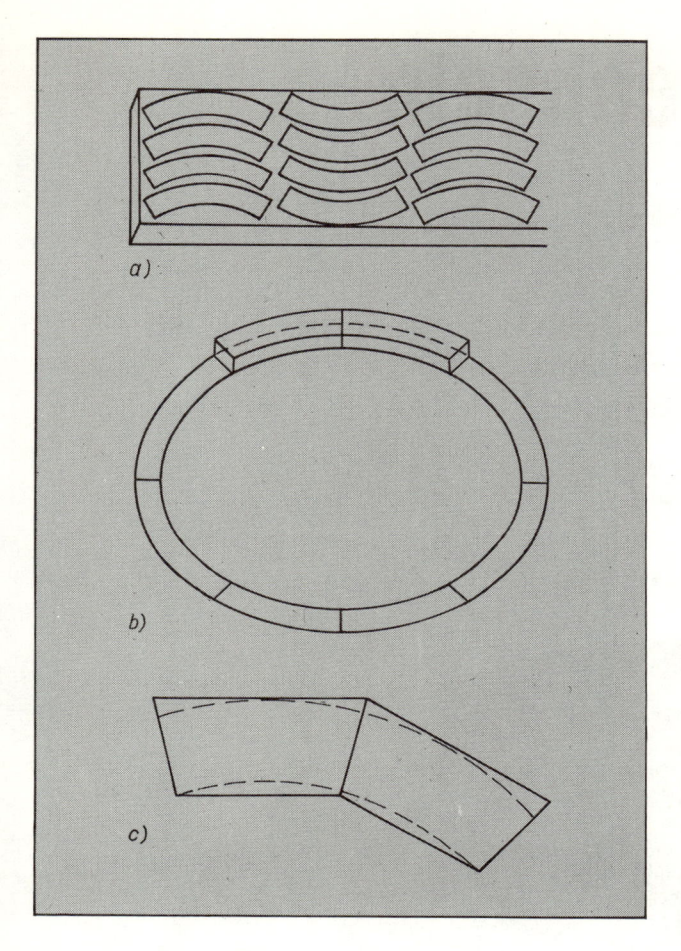

mit der fertige Ring formstabil bleibt. Das Holz muß ausgetrocknet sein und sollte aus Kern- oder Mittelbrettern herausgeschnitten werden. Das ist besonders für solche Werkstücke von Bedeutung, die in zentralgeheizten Räumen zum Einsatz kommen oder starken Temperaturschwankungen ausgesetzt sind. Die Anzahl der Segmente eines Ringes richtet sich nach dessen Durchmesser und nach dem Verwendungszweck. Bei Beleuchtungskörpern orientiert man sich an der Anzahl der Brennstellen, wobei allerdings bei großen Lampenringen mit wenig Brennstellen die doppelte Anzahl zu wählen ist. Es sollten besser mehr kleine als wenig große Segmente verwendet werden, damit der Langholzanteil größer wird. Die Brennstellen bei Beleuchtungskörpern sollten immer auf die Mitte eines Segmentes gesetzt werden, damit die Verbindung zwischen zwei Segmenten nicht geschwächt wird (Bild 5/19).

Um die einzelnen Segmente materialsparend aus dem Brett herausschneiden zu können und die Anpaßarbeit zu erleichtern, stellt man sich zunächst eine Schablone aus Sperrholz her. Zu diesem Zweck wird der gesamte innere und äußere

6 Handdrechseln

BEI DER BESCHREIBUNG DER VERSCHIEdenen Methoden und einzelnen Handgriffe des Drechselns sollen die beiden Hauptarten des Runddrehens, das *Langholz-* und das *Querholzdrechseln,* besondere Beachtung finden. Diese beiden Hauptdrechselverfahren, bei denen sich das Werkstück jeweils zentrisch um seine Achse dreht, sind nach wie vor die wichtigsten, weil natürlichsten Techniken des Drechselns. Mit diesen beiden Drechselarten – werden sie exzellent beherrscht – hat der Drechsler die Möglichkeit, eine nahezu unbegrenzte Vielfalt an Formen zu schaffen. Man kann damit fast alle gebräuchlichen Drechslererzeugnisse herstellen.

Beim *Ovaldrechseln* verschiebt sich die Drehachse des Werkstückes durch eine Spezialvorrichtung am Spindelstock oder einem speziell dafür konstruierten Spindelstock zwangsläufig während der Umdrehung seitlich hin und her, wobei der seitliche Ausschlag (Differenz der beiden Durchmesser des Ovals) in seiner ganzen Größe nach der Seite gegenüber dem Angriffspunkt des Werkzeuges wirksam wird. Dadurch kann das Werkzeug trotz des Ovalschlages ruhig geführt werden. Das Ovaldrechseln wird in der Regel als Querholzdrechseln angewendet.

Beim *Passigdrechseln* unterscheidet man das Längs- und das Querpassigdrechseln. Hierbei rotiert das Werkstück jeweils zentrisch um seine Achse, bewegt sich aber zusätzlich zwangsgesteuert mit Hilfe einer besonderen Spindelstockkonstruktion beim Längspassigdrechseln in axialer Richtung hin und her und beim Querpassigdrechseln quer zur Achse in einer Art Pendelbewegung zum Werkzeug hin und wieder zurück.

Das *Drechseln gewundener Säulen* ist eine Sonderform der Herstellung von Säulen für verschiedene Verwendungszwecke, die entweder an der normalen Drechselbank durch entsprechendes Anzeichnen und mit Hilfe von Säge-, Bildhauer- und Raspelwerkzeugen oder an einer speziellen Maschine mit einer Art Gewindefräsvorrichtung ausgeführt werden kann.

Das *Reifendrechseln* ist eine spezifische Drechseltechnik der Spielzeughersteller in Seiffen im Erzgebirge, bei der von einem Stammabschnitt der Fichte ein Profilring hergestellt wird, der beim Aufspalten im Querschnitt eine Tier- oder eine andere gewollte Form ergibt.

Die letztgenannten vier Drechselarten und einige weitere spezielle Techniken werden am Schluß dieses Abschnitts näher erläutert. Für den Drechsler kommt es in erster Linie darauf an, sein Hauptaugenmerk auf die hier genannten Hauptdrechselverfahren zu richten und darin hohe Meisterschaft anzustreben. Diese Meisterschaft darf dabei nicht allein auf die handwerklichen Fertigkeiten beschränkt bleiben, sondern muß die schöpferischgestalterischen Bemühungen einschließen. Das Drechseln ist – ähnlich wie das Töpfern und andere Handwerkstechniken – heute mehr als je zuvor in erster Linie ein künstlerisches Handwerk.

Erst wenn der Drechsler mit den Hauptdrechselverfahren in der Lage ist, handwerklich und gestalterisch hohe Leistungen zu vollbringen, kann er sich technischen Sonderverfahren der Drechseltechnik zuwenden und damit eine weitere Bereicherung der gestalterischen Möglichkeiten anstreben. Technische Spielereien allein führen nicht zu neuen, beständigen Formlösungen, wenn ihnen nicht gleichzeitig neue gestalterische Ideen zugrunde liegen.

Technische Perfektion allein oder der höhere Einsatz technischer Mittel schaffen noch keine gute oder gar neue Gestaltung. Über das Zurichten des Holzes für das Drechseln, über Befestigungsmöglichkeiten an der Drechselbank und über Drechselwerkzeuge wurden bereits in den vorhergehenden Abschnitten ausführliche Erläuterungen gegeben. In den nachfolgenden Darlegungen wird darauf Bezug genommen.

Langholzdrechseln

Das *Langholzdrechseln* (Runddrechseln von Kanthölzern) stand vermutlich am Anfang der Entwicklung der Drechseltechnik. Es ist ein sehr vielseitiges und wohl auch das am meisten angewandte Drechselverfahren. Man denke nur an die vielfältigen Säulen, Beine und Sprossen, an Kerzenleuchter, Lampen, Stühle, Tische, Geländer, Griffe, Stiele, Büchsen und an figürliche Gestaltungen.

Das Langholzdrechseln wird unterschieden in »Drechseln zwischen Spitzen«, bei dem das Werkstück axial zwischen Spindelstock und Reitstock eingespannt ist, und in »Frei- oder Fliegenddrechseln«, bei dem das Werkstück einseitig an der Spindelstockwelle befestigt ist. Bei letzterem können Kanthölzer – je nach Durchmesser – bis zu etwa 250 mm Länge frei bearbeitet werden. Der besondere Vorteil des Freidrechselns besteht dar-

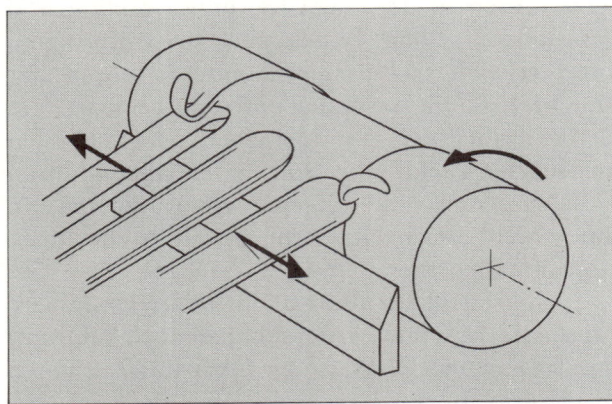

148

Handdrechseln

Bild 6/1.
Runddrechseln eines Kantels
a) Arbeiten mit der Schruppröhre,

b) schematische Darstellung des Eingriffes der Schruppröhre

Bild 6/2.
Angriffspunkte der Werkzeugschneiden beim Drechseln von unterschiedlich harten Werkstoffen
a) Metall, b) Horn, Bein, Pockholz, c) alle üblichen Drechselhölzer

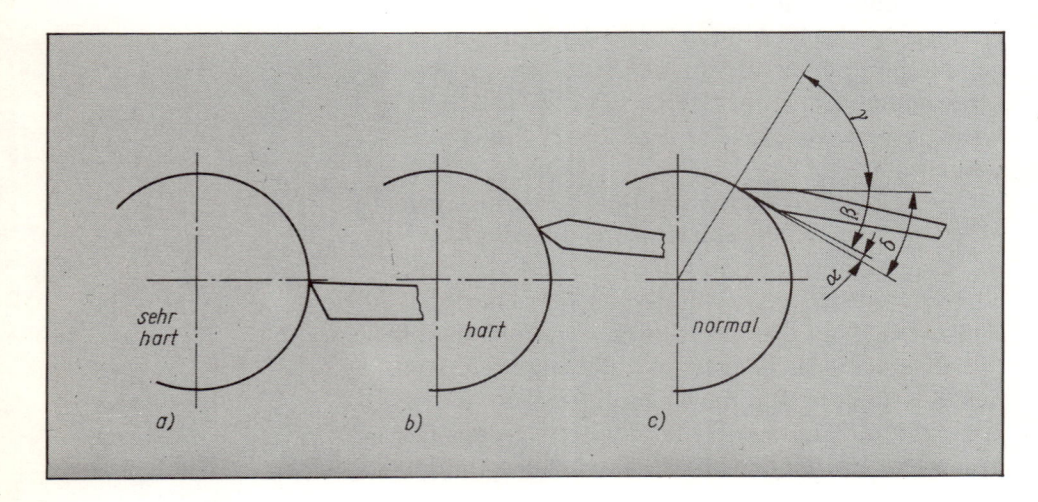

in, daß gleichzeitig Lang- und Hirnholz bearbeitet werden kann, ohne das Werkstück umspannen zu müssen. Für den Anfänger ist es ratsam, zunächst mit dem Drechseln zwischen Spitzen, d. h. mit dem Bearbeiten von Kanthölzern zu beginnen, die zwischen Dreizack und Körnerspitze eingespannt werden. Hierzu ist es zunächst erforderlich, daß bei den vorbereiteten Kanteln an den Hirnseiten die Mitte markiert wird, dazu bedient man sich der beiden Diagonalen, des Zentrierwinkels oder einer Ankörner-Vorrichtung. Bei Rundlingen oder Kanteln, deren Stirnseiten unregelmäßig verlaufen, muß man den Mittelpunkt mit Hilfe des Zirkels oder in der Werkstatt vorhandener Körnerscheiben markieren.

Das Kantholz wird mit leichtem Hammerschlag an den Dreizack geschlagen und auf der anderen Seite mit der Reitstockspitze befestigt. Die Reitstockspindel wird nun so in Richtung Spindelstock gespannt, daß sich die Spitze in das Holz eindrückt und dadurch ein sicherer Halt gewährleistet ist, jedoch das Gegendrucklager am Spindelstock nicht übermäßig belastet wird und beim Holz selbst keine Spaltwirkung eintritt. Wird eine starre Reitstockspitze verwendet, muß am Holz und an der Reitstockspitze etwas Öl angegeben werden.

Nun wird die Handauflage so an das Kantholz herangeführt, daß die obere Kante – je nach Durchmesser des Holzes – etwas höher als die Drehachse steht. Nach Einstellen der günstigsten Drehzahl (vgl. Tabelle 3/1) wird mit der *Schruppröhre* rund gedrechselt (Bild 6/1). Die Schruppröhre wird dabei nahezu im rechten Winkel zur Drehachse auf der Auflageschiene am rotierenden Kantholz entlanggeführt. Dabei wird die Hohlseite der Röhre in die jeweilige Werkzeug-Vorschubrichtung leicht angekippt. Grundsätzlich wird jedes Werkzeug mit der rechten Hand am Heft festgehalten und mit der linken Hand am Stahl geführt. Dabei wird diese Führungsbewegung mit dem linken Handballen ausgeführt. Das Werkzeug sollte nicht mit der ganzen Hand umschlossen werden. Das behindert die Beweglichkeit des Werkzeuges.

Die Höhe des Schneidenangriffspunktes richtet sich nach der Härte des Werkstoffes. Anhaltspunkte können dem Bild 6/2 entnommen werden. Für einfache Drechslerarbeiten wird der Schneidenangriffspunkt stets oberhalb der Drehachse liegen. Der Drechsler muß bei seinem Spanungsvorgang immer bemüht sein, so viel wie möglich, d. h. soweit es der Werkstoff zuläßt, mit dem jeweiligen Werkzeug zu *schneiden* (schälen) und so wenig wie möglich zu schaben. Das trifft für alle Werkzeuge und alle Arbeitsgänge an der Drechselbank zu. Wird dieser Grundsatz nicht beachtet, kommt es zwangsläufig zu starken Qualitätsminderungen auf der Holzfläche, mitunter sogar zu Holzaussplitterungen, die durch nachträgliches Schleifen nicht wieder ausgeglichen werden können (vgl. Bild 3/3 und Erläuterungen zur Spanungslehre in Abschnitt 3). Ist das Kantholz mit der Schruppröhre rund gedrechselt und sind die angenäherten Maße der zu erzielenden Walze erreicht, wird die Arbeit mit dem *Meißel* fortgesetzt. Zunächst wird es aber erforderlich sein, die Handauflage etwas dichter an das Werkstück heranzurücken. Mit dem Meißel wird nun die Walzenform geschlichtet und auf genaues Maß gearbeitet.

Das Arbeiten mit dem Meißel bereitet dem Anfänger oft große Schwierigkeiten. Der Meißel zählt jedoch zu den wichtigsten Werkzeugen des Drechslers beim Langholzdrechseln. Ein geübter Drechsler kann mit dem Meißel sehr viele Arbeitsgänge in höchster Qualität ausführen. Das Üben mit dem Meißel bis zur Perfektion seiner Handhabung ist deshalb von größter Bedeutung.

Beim Meißel muß der Winkel zwischen Werkzeugachse und Drehachse bedeutend spitzer sein als bei der Schruppröhre (Bild 6/3). Dieser Winkel ist vom Neigungswinkel der Schneide am Meißel und von der zu bearbeitenden Holzart abhängig und beträgt im Durchschnitt 65°. Für das Arbeiten mit dem Meißel wird die Auflageschiene etwa in Höhe der Drehachse festgestellt. Durch die Neigung des Meißels wird dadurch der Auflagepunkt der Schneide weit oberhalb der Drehachse sein.

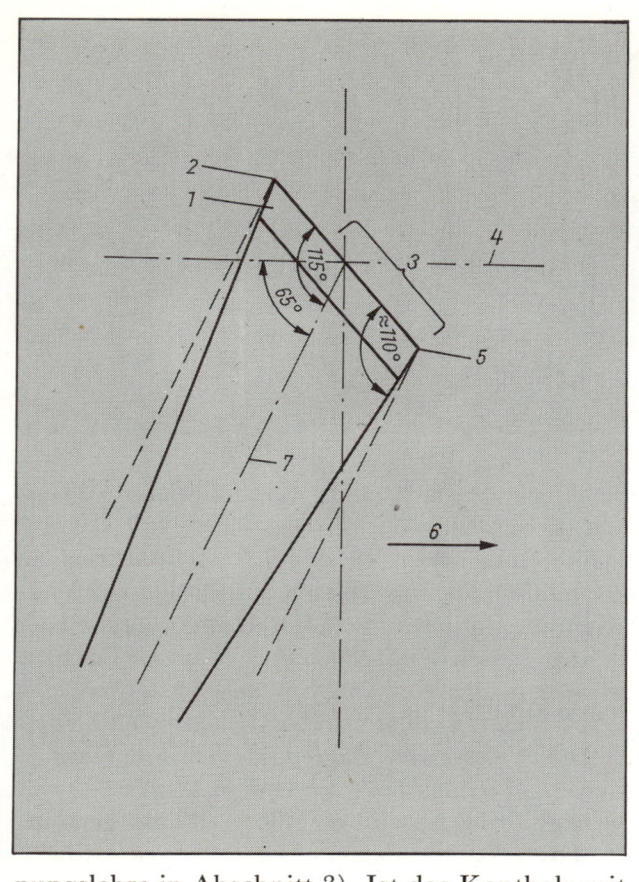

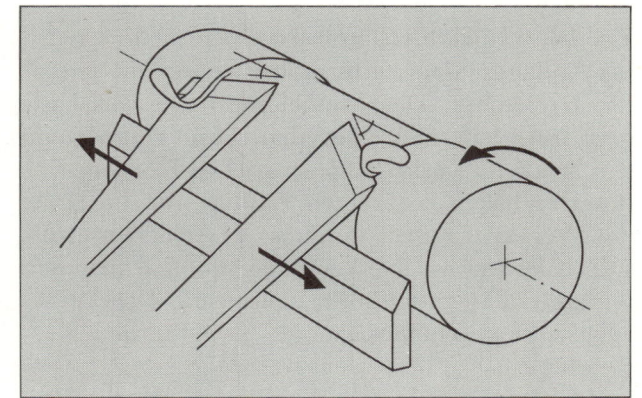

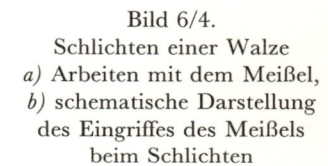

Bild 6/3.
Winkel und Teile am Drechslermeißel. Diese Stellung des Meißels zur Drehachse (115°) entspricht dem Schlichten und dem Formdrechseln von Langholzarbeiten
(1) Fase, (2) Spitze zum Ein- und Abstechen, (3) bevorzugtes Schneidenteil zum Schlichten und Formdrechseln, (4) Werkstückachse, (5) Bart zum Drechseln von Kerben und Stäben, (6) Vorschubrichtung, (7) Werkzeugachse

Bild 6/4.
Schlichten einer Walze
a) Arbeiten mit dem Meißel,
b) schematische Darstellung des Eingriffes des Meißels beim Schlichten

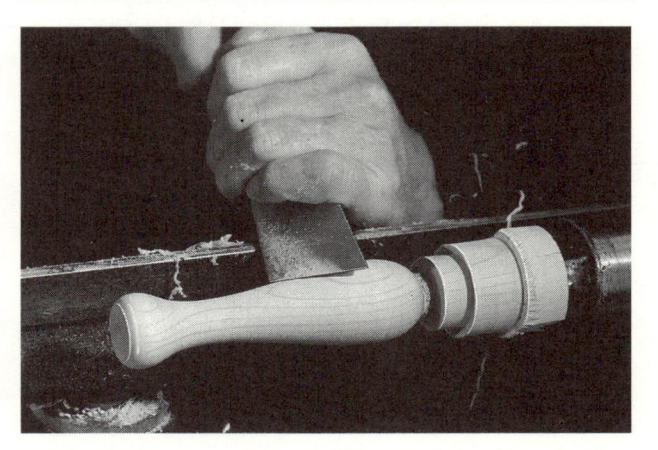

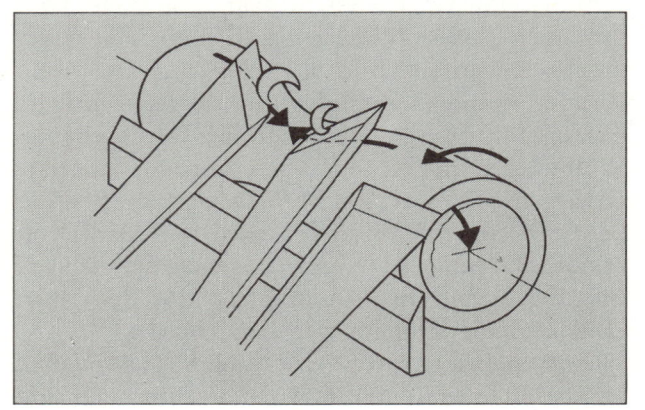

Bild 6/5.
Formdrechseln
a) Formen mit dem Meißel,
b) schematische Darstellung des Eingriffes des Meißels beim Formdrechseln und beim Abstechen der Stirnseite

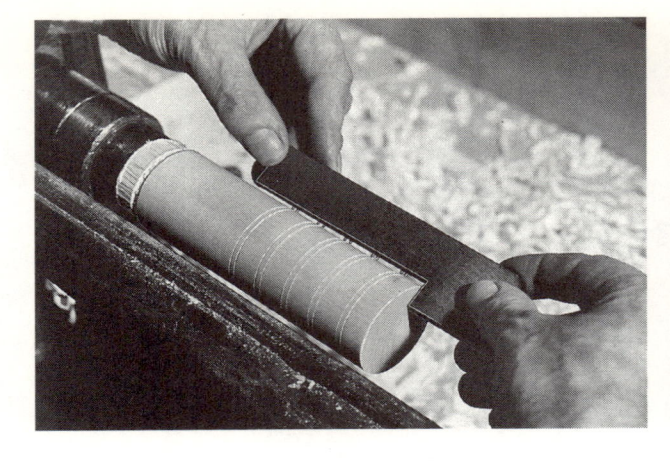

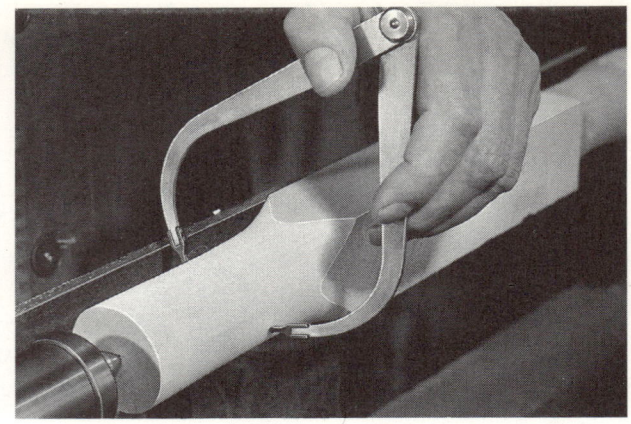

Handdrechseln

Bild 6/6.
Form und Handhabung
einer Reißlehre

Bild 6/7.
Prüfen des Durchmessers
einer Walze mit einem
Außentaster

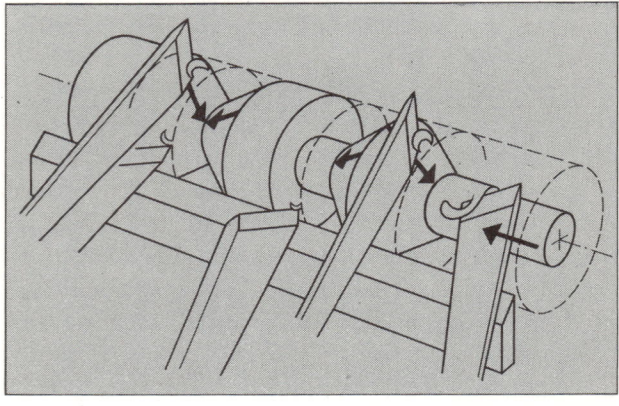

Bild 6/8.
Herstellen von Kerben
a) Arbeiten mit dem Bart
des Meißels,
b) schematische Darstellung
des Eingriffes des Meißels
bei der Herstellung von
Kerbe und Spitzstab und
beim Schlichten eines
Zapfens

Bei Werkstückdurchmessern über 50 mm wird die Auflageschiene selbst höher stehen müssen als die Drehachse. Der Meißel muß fast von ganz oben am Werkstück eingreifen, damit ein »Reißen des Meißels« vermieden wird. (Die Körpergröße des Drechslers hat keinen Einfluß auf die Höhe des Werkzeugangriffspunktes. Verschieden große Drechsler werden ihr Werkzeug lediglich an einem anderen Tangentenpunkt ansetzen. Die Werkzeug-Auflageschiene ermöglicht dafür den Ausgleich.)

Zu Beginn des Drechselvorgangs wird der Meißel zunächst so hoch angesetzt, daß die Schneide noch frei liegt, also das Werkstück noch gar nicht berührt. Dann wird er langsam so weit zurückgezogen, bis er »greift«, bis also die Schneide Späne vom rotierenden Werkstück abhebt (Bild 6/4).

Hierzu gehört viel Feingefühl und festes Halten des Werkzeuges. Der Anfänger kommt am besten, wenn er gleich darauf achtet, daß die Schneidenfase (Freifläche) auf dem Werkstück aufliegt und die Schneide durch leichtes Ankippen zum Arbeiten gebracht wird. In dieser Haltung muß der Meißel gleichmäßig am rotierenden Werkstück entlanggeführt werden, so daß eine völlig glatte, zylindrische Walze entsteht. Auf diese Weise können auch *größere Wölbungen* und *flache Kehlen* gedrechselt werden (Bild 6/5). Für das Drechseln gerader Formen (Zylinder und Kegel) wird die untere Hälfte der Schneide, für das Drechseln von Wölbungen und Rundstäben nur das unterste Drittel und der Bart des Meißels benutzt. Bei Stäben und engen Wölbungen wird der Meißel oft nur am Bart angesetzt, und während des Drechselvorganges wird mehr und mehr das dem Bart naheliegende Schneidenteil wirksam.

Sind mehrfach profilierte Säulen herzustellen, empfiehlt es sich, eine *Reißlehre* anzufertigen, um die Abstände der Profile genau markieren zu können (Bild 6/6).

Für einfache Profile genügt es, Reißzirkel zu verwenden. Für das Messen und Prüfen von Walzen und ähnlichen geraden Drehformen eignet sich am besten der Meßschieber oder eine Rachenlehre. Im allgemeinen mißt und prüft man das Werkstück bei stillstehender Drechselwelle. Kleine Durchmesser bei Zapfen, kleinen Kugeln u. ä. kann man jedoch bei rotierendem Werkstück *prüfen* oder die im Abschnitt »Drechselbank« genannte »Drehlehre« einsetzen. Das ergibt wesentliche Zeiteinsparungen. Geschickte Drechsler halten das rotierende Werkstück vor Beendigung der Arbeit nur in Ausnahmefällen an (Bild 6/7). Beim Herstellen von zylindrischen Zapfen und Fälzen kommt es auf besonders genaue Maßhaltigkeit an. Um vor allem für lösbare Zapfenverbindungen genaues Passen zu erreichen, ist es ratsam, während des Drechselvorganges die Passung mit dem Bohrloch bzw. Gegenstück auszuprobieren. Um diesen Versuch zu vereinfachen, sticht man mit dem Bart des Meißels am Zapfen eine Fase an. Ebenso »hinterdreht« man den Zapfen in Kerbform, um ein dichtes Schließen der beiden zu verbindenden Teile zu erzielen.

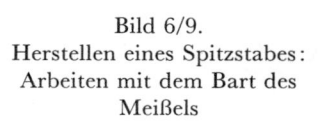

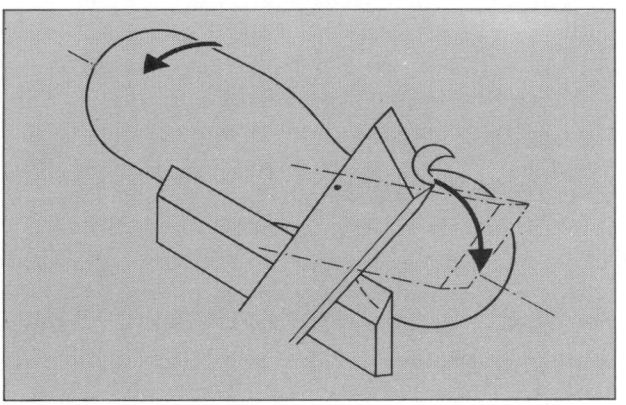

Für Verbindungen, die verklebt werden sollen, kann man der Rauhigkeit und damit der besseren Haftung des Bindemittels wegen den Zapfen mit dem Schlichtstahl (Schaber) auf genaues Maß drechseln. Durch dieses Schaben des Langholzes entsteht eine gewisse Querrauhigkeit, die das Eindringen des Leims verbessert. Das eigentliche für den Drechsler so vielfältige Formdrechseln verlangt natürlich mehr handwerkliche Beweglichkeit und Geschicklichkeit sowie mehr Werkzeugvarianten, als bisher beschrieben. Deshalb soll im folgenden auf das Herstellen der wichtigsten Formen eingegangen werden.

Das Herstellen einer *Kerbe* ist relativ einfach. Hier wird, nachdem die Lage der Kerbe mit dem Reißzirkel oder Bleistift markiert ist, zunächst mit der Spitze des Meißels in der Mitte der drei Kerbmarkierungen eingestochen, um anschließend mit dem Bart des Meißels von beiden Seiten die Kerbe auszuarbeiten. Durch die Benutzung des Bartes am Meißel wird eine völlig glatte Kerbfläche erzielt, die kaum geschliffen werden muß (Bilder 6/8, 6/9).

Ähnlich wird der Meißel gehandhabt, wenn ein *Spitzstab* hergestellt werden soll, nur darf hier nicht in der Mitte der Markierung mit der Meißelspitze eingestochen, sondern es müssen an den beiden Außenmarkierungen Freiflächen für das Arbeiten mit dem Meißelbart geschaffen werden. Ausgangsform für einen Spitzstab ist ein kantiger Ring, der eine Mittenmarkierung trägt. Mit dem Bart des Meißels wird von dieser Mittenmarkierung gleichmäßig wechselseitig überflüssiges Material abgestochen, bis die Spitzstabform sauber herausgearbeitet ist.

Zum Herstellen von Kerbe und Spitzstab kann verständlicherweise ein wesentlich schmalerer Meißel verwendet werden, als das für das Drechseln gerader Formen, großer Wölbungen und flacher Kehlen erforderlich ist.

Wenn eine *gewölbte* Form oder ein *Halbstab* gefertigt werden soll, muß nach maßgerechtem Drechseln des größten Durchmessers mit einem dünnen Bleistiftstrich die Mitte der Wölbung (höchste Stelle) markiert und mit dem Zirkel oder ebenfalls Bleistift die äußere Begrenzung angezeichnet werden. Danach wird mit der Meißelspitze die äußere Markierung bis auf den Grund vertieft. Dazu wird es je nach Größe und Krümmung der Wölbung erforderlich sein, mehr oder weniger viel Holz nach außen wegzustechen, um genügend Platz für die Meißelspitze zu bekommen. Dann wird bei

151

Langholzdrechseln

Bild 6/9.
Herstellen eines Spitzstabes: Arbeiten mit dem Bart des Meißels

Bild 6/10.
Herstellen von Stäben und Wölbungen
a) Arbeiten mit dem Bart des Meißels beim Herstellen eines Halbstabes,

b) schematische Darstellung des Eingriffes des Meißels beim Übergang vom Schneiden mit dem Bart und mit dem untersten Drittel der Schneide bei der Herstellung einer kugelförmigen Wölbung

großen Rundungen grob vorgeschruppt und anschließend mit dem Meißel (unterstes Drittel der Schneide) die genaue, maßgerechte Form geschlichtet (Bild 6/10). Das Vorschruppen kann mit einer Röhre oder ebenfalls mit dem Meißel vorgenommen werden.

Bei kleineren *Halb- oder Viertelstäben* wird die gesamte Form mit dem Bart des Meißels bzw. mit dem dem Bart naheliegenden Schneidenteil gedrechselt.

Beim Drechseln von *gewölbten Formen* muß der *Meißel* hoch angesetzt werden, da er sich sonst leicht verfängt.

Das Drechseln von *Hohlkehlen* erfolgt, abgesehen von ganz flachen, langgestreckten Kehlen, die mit dem Meißel gedrechselt werden können, ausschließlich mit der *Formröhre*. Das richtige Ansetzen der Röhre für das Formdrechseln zeigt Bild 6/11 a. In Bild 6/11 b ist der Eingriff der Röhre beim Herstellen tiefer Kehlen demonstriert. Mit Bild 6/11 c wird der Bewegungsablauf beim Herstellen kleiner Hohlkehlen verdeutlicht. Nach dem Anzeichnen der Kehlenbreite empfiehlt es sich für den Anfänger, zunächst mit der Meißelspitze an den äußeren Markierungslinien leicht einzustechen, damit die Röhre beim Ansetzen nicht ab-

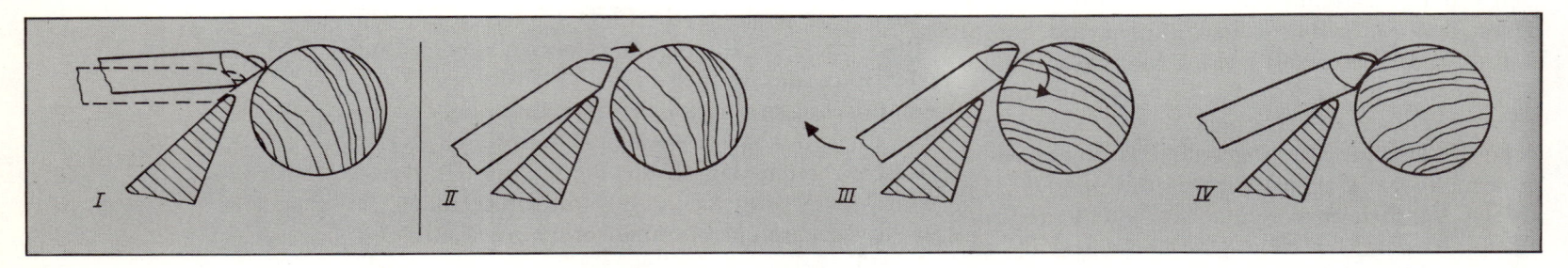

Bild 6/11.
a) Richtiges und falsches Ansetzen der Formröhre beim Drechseln von Langholzformen – *I* falsch, *II* bis *IV* richtig, *b)* Herstellen von tiefen Kehlen mit der Formröhre, *c)* Bewegungsablauf bei der Herstellung von Kehlen mit der Formröhre,
(I) Draufsicht, (II) Vorderansicht, (1) Auflage

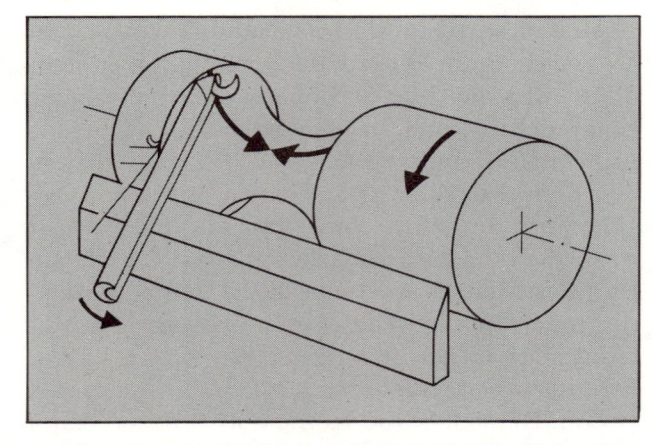

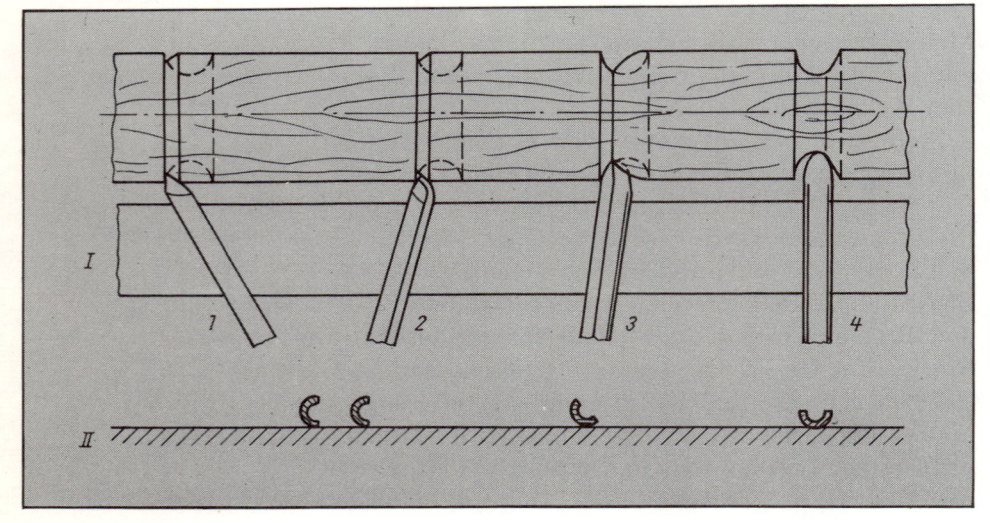

rutscht, was dem Ungeübten leicht passieren kann. Ein erfahrener Drechsler setzt die gut abgezogene Röhre sofort hoch an, schruppt die Form grob vor und drechselt dann jeweils von rechts nach links in zwei gleichmäßigen Zügen die endgültige Form sauber fertig.

Wie bei allen anderen Formen gilt auch bei der Herstellung von Kehlen der Grundsatz: Stets *mit* der Faserrichtung, nie gegen sie drechseln!

Der »Karnies« ist eine Kombination von Hohlkehle und Halbstab. Beim Drechseln eines Karnies müssen zunächst die Hauptdurchmesser der Form genau auf Maß gedrechselt werden, damit dann, wie bei Halbstab und Hohlkehle beschrieben, mit Meißel und Röhre gearbeitet und die gewünschte Form erzielt werden kann.

Beim Herstellen von *Platten*, die meist in Verbindung mit Kehlen und Stäben auftreten, wird man sich in den meisten Fällen eines sog. *Plattenstahles* (schmaler Schaber) bedienen müssen. Damit hierbei die »Ecken« immer sauber herausgearbeitet werden können, ist es vorteilhaft, jeweils im Wechsel mit Meißelbart oder -spitze und Plattenstahl zu arbeiten. Mit dem Meißel wird dabei rechts und links von der Platte eingestochen und mit dem Plattenstahl nachgeschabt (Bild 6/12).

Bei »Profilsäulen« wird häufig genaue Maßhaltigkeit der Profile gefordert, weil diese nicht nur als Einzelsäule, sondern in Reihungen (Geländer,

Gitter) oder in Gruppen (Sitzmöbel, Tische) auftreten. Hier muß nach Zeichnung gearbeitet, und die Maße der Zeichnung genau auf den Säulenrohling übertragen werden. Das geschieht in der Drechselbank nach dem Herstellen der maßgerechten Walzenform, deren Durchmesser mit Taster, Schiebe- oder Rachenlehre geprüft wird. Für die Maßhaltigkeit der Profile werden die Hauptmaße, d. h. die Abstände der einzelnen Formen voneinander, in der Gesamtlänge der vorgearbeiteten Walze aufgetragen. Die Gesamtlänge der Säule wird in der Regel bereits durch den Kantelholzzuschnitt festgelegt. Das Auftragen der Maßabstände der Profile kann auf verschiedene Weise erfolgen. Bei Vorhandensein von nur wenigen Maßen genügt es, einen oder zwei Stechzirkel entsprechend einzustellen und die Maße von einer gleichen Bezugsebene aus aufzutragen. Bei einer größeren Zahl von Maßen fertigt man sich eine Maßleiste, auf die die Maßabstände von der Zeichnung zu übertragen sind. Diese Maßleiste wird an die sich drehende Walze und an eine Bezugsseite der Walze angehalten, und so können die Maße mit Hilfe eines Bleistiftes auf die rotierende Walze übertragen werden. Bei Herstellung einer größeren Zahl von Säulen empfiehlt es sich, an die Maßrisse der Leiste Stahlstifte einzuschlagen, diese anzufeilen und mit der so entstandenen *Reißlehre* alle Maßabstände in einem Zuge auf die rotierende Walze zu übertragen (vgl. Bild 6/6).

Bei aller Genauigkeit der Übertragung der Maßabstände kommt es aber auch auf das gute Augenmaß und Formgefühl des Drechslers an, die Formen genau ohne allzuviel Meß- und Prüfaufwand von einer Säule zur anderen zu übertragen. Dafür sollte das Original stets zum Sichtvergleich vor den Augen des Drechslers auf der Drechselbank liegen. Die Zeichnung selbst würde an der Drechselbank zu schnell unansehnlich werden. Außerdem wirkt ein Körper im Original optisch ganz anders als eine nur zweidimensionale zeichnerische Darstellung. Die Zeichnung sollte zur Abnahme der Maße und zu einer späteren Kontrolle oder zur späteren erneuten Aufnahme des betreffenden Artikels in die Fertigung in gesonderten Räumen sauber aufbewahrt werden.

Nachfolgend sind einige *Grundprofile* und Möglichkeiten der Aneinanderreihung und Kombination dieser Grundprofile dargestellt (Bild 6/13).

Das *Frei- oder Fliegenddrechseln* von Langholzarbeiten:

Langholzdrechseln

Bild 6/12. Handhabung des Plattenstahles beim Herstellen von schmalen Platten zwischen Halbstäben

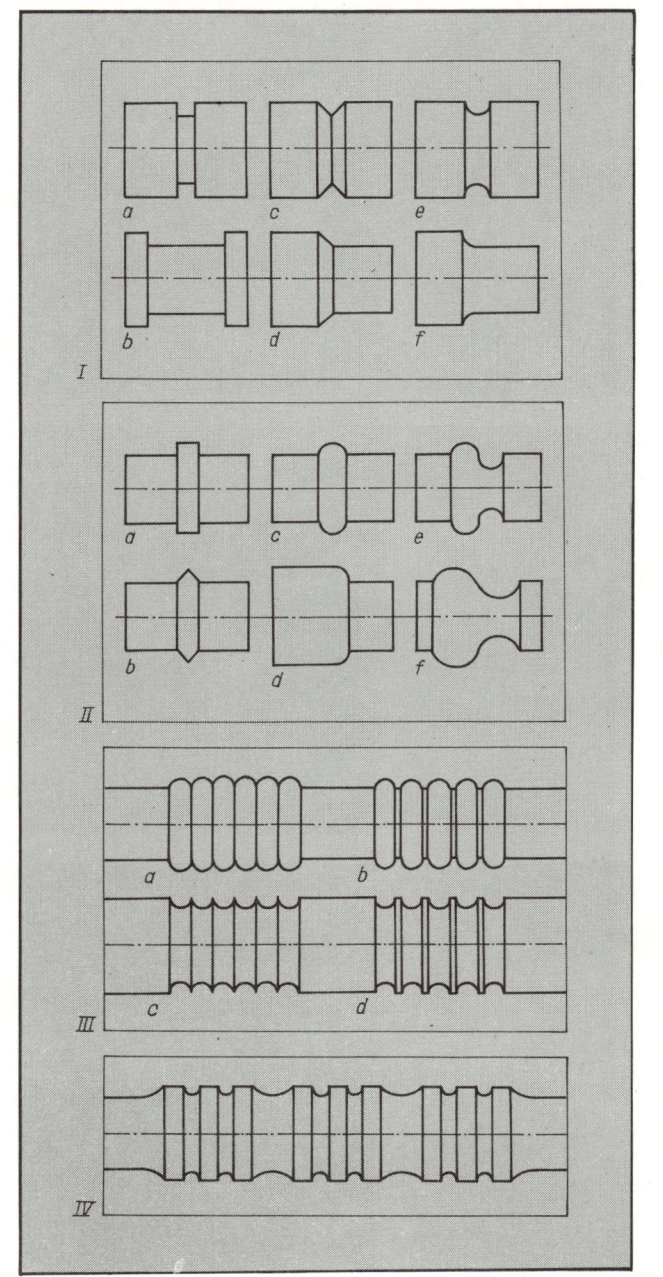

Bild 6/13. Einfache Grundprofile und deren Kombinationsmöglichkeiten:
I vertiefte Formelemente
a) schmale Platte, b) breite Platte, c) Kerbe, d) Fase, e) Hohlkehle, f) Viertelkehle
II erhabene Formelemente
a) Stab, b) Spitzstab, c) Rundstab, d) Viertelstab, e) gedrungener Karnies, f) gestreckter Karnies
III Reihung
a) Vielstab, b) Vielstab mit Platten, c) Vielkehle, d) Vielkehle mit Stäben
IV Kombination aus mehreren Reihungen (Rhythmus)

Handdrechseln

Bild 6/14.
Planstechen der Stirnseite beim »Fliegendrechseln« mit der Spitze des Meißels (vgl. Bild 6/5 b)

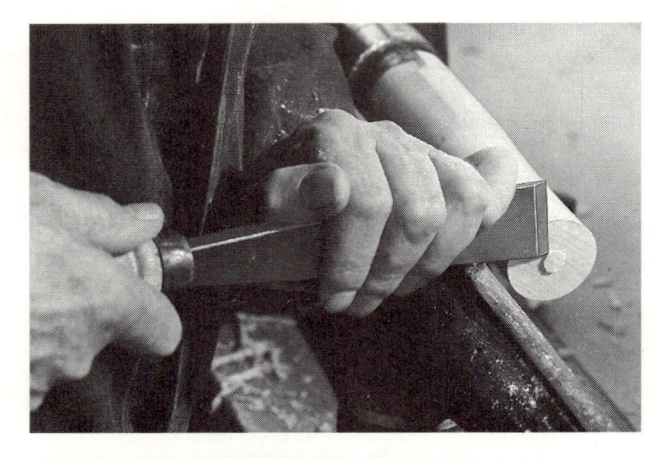

Bild 6/15.
Ankörnern mit der Meißelspitze

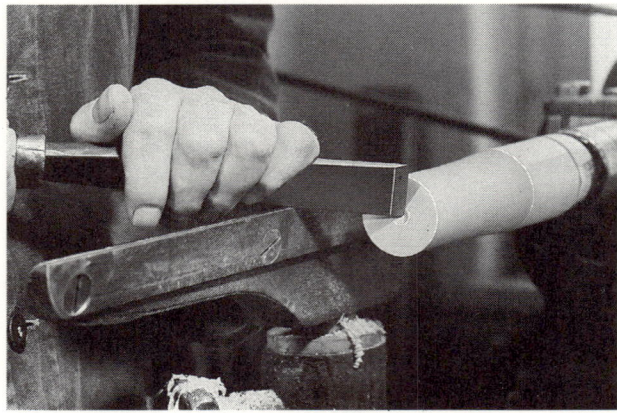

Bild 6/16.
Handhabung des Bohrers beim Freibohren an der Drechselbank mit Unterstützung durch einen Auflagehebel

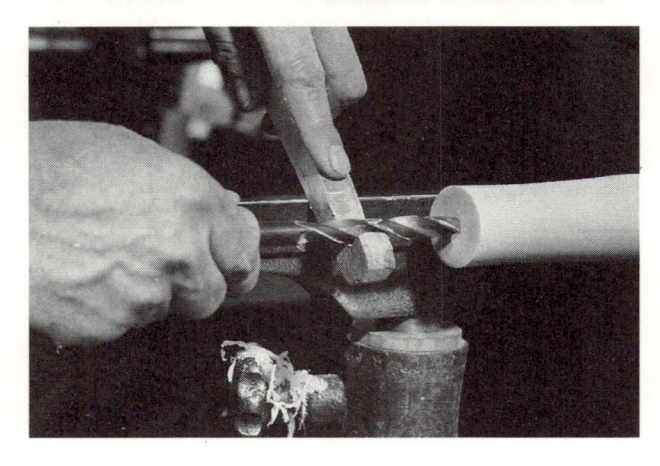

Vom Freidrechseln spricht man, wenn das Werkstück nur einseitig an der Spindelstockwelle befestigt ist. Das ist vorteilhaft und notwendig, wenn neben dem bereits beschriebenen Langholzdrechseln auch die Hirnholzseite verformt oder gebohrt werden muß. Außerdem ist es bei kurzen Werkstücken nicht erforderlich, eine Gegenhalterung anzubringen. Besonders wichtig für das Freidrechseln ist zunächst die Wahl des optimalen Spannfutters und die sichere Befestigung des Holzrohlings (vgl. Abschnitt 4). Sehr zu empfehlen ist hierfür neben dem Spundfutter das sog. Schlagfutter (auch Heureka-Futter genannt). Dieses Futter ermöglicht sowohl Zeit- als auch Materialeinsparung beim Drechseln. Werden Spundfutter verwendet, muß das Kantholz auf einem Zapfenfräser oder an einer Sägemaschine angespitzt werden, oder es wird zunächst an der Drechselbank zwischen Dreizack und Körnerspitze ein Zapfen angedrechselt. Neu ist beim Freidrechseln gegenüber dem Drechseln zwischen Dreizack und Körnerspitze die Art der Bearbeitung des Hirnholzteiles. Hier wird zunächst mit der Meißelspitze winklig zur Drehachse *plangestochen* (Bild 6/14).

Dazu wird der Meißel von einem hohen Ansatzpunkt zur Mitte der Drehachse bogenförmig heruntergedrückt, indem die rechte Hand das Werkzeugheft nach oben führt.

Soll »gebohrt« werden, sticht man zunächst mit der Meißelspitze die Mitte an. Man spricht vom *Ankörnen* (Bild 6/15). Die günstigste Bohrerart für das Hirnholzbohren an der Drechselbank ist der *Löffelbohrer*, weil dieser – vorausgesetzt, er ist fachgerecht geformt und geschärft – zur Drehachse hinstrebt (s. Bild 3/38).

Für Bohrungen mit geringem Durchmesser (max. 12 mm) und rel. geringer Tiefe (max. 150 mm) können zum »Freibohren« auch *Spiralbohrer* mit schlanker Dachspitze verwendet werden. Die Handhabung des Bohrers beim Freibohren zeigt Bild 6/16. Eine Röhre oder ein schmaler Meißel wird auf die Handauflage quer zur Drehachse vor die zu bohrende Hirnholzfläche gelegt und am Heft mit der linken Hand festgehalten. Der mit der rechten Hand zu führende Bohrer wird auf das quergelegte Werkzeug aufgelegt. In dieser Haltung kann ohne Verstellen der Handauflage die Bohrmitte anvisiert und der Bohrer genau horizontal eingeführt werden. Der geübte Drechsler spürt genau, wenn der Bohrer der Drehachse ausweichen will. Er korrigiert dann sofort die Haltung des Bohrers.

Bohrungen bis etwa 12 mm Durchmesser können mit einem Bohrer auf das Endmaß gebohrt werden. Bei größeren Bohrungen empfiehlt es sich, das Loch »stufenweise aufzubohren«. Die Größe der Stufen richtet sich nach der Härte des zu bohrenden Holzes. Zum Aufbohren eignen sich Spiralbohrer nicht. Sie verlaufen und reißen. Hierzu sind Löffelbohrer geeigneter. Löcher mit mehr als 300 mm Tiefe sollten von zwei Seiten gebohrt werden. Damit bei »Sacklöchern« das Tiefenmaß

Langholzdrechseln

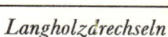

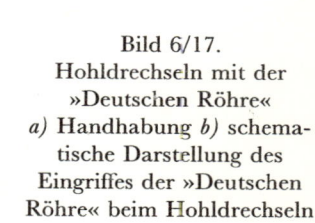

genau stimmt, wird man, um häufiges Messen zu vermeiden, eine Holzhülse über den Bohrer stecken, damit man bis zum Anschlag bohren kann. Zum Bohren besonders *langer Säulen* (über 250 mm) muß zur Gegenhalterung eine sog. Bohrlünette oder Bohrbrille verwendet werden oder ein besonderer Reitstock mit Hohlspindel und durchbohrter Reitstockspitze vorhanden sein. Bohrlünetten können in einfachster Weise aus Holz hergestellt werden. Hierbei darf das Werkstück nicht mit dem vollen Zapfen in der Lünette laufen, sondern nur an den Kanten des Zapfens. Es ist zu empfehlen, die Laufflächen an der Lünette mit Schmierseife einzureiben oder eine Kugellagerführung zu verwenden. Bild 3/61 im Abschnitt »Drechselbank« zeigt Lünettenformen.

Für das Bohren wird das Werkstück in den meisten Fällen am Spindelstock in einem Spundfutter gehalten und in einer Lünette an der Gegenseite gestützt. Bei verwachsenen Holzstücken lassen sich lange Bohrungen nur sehr schwer exakt bohren, weil der Bohrer durch die schräg verlaufenden Holzfasern weggedrückt wird. Beim Zurichten des Holzes ist deshalb darauf zu achten, daß die Holzstruktur möglichst normal und parallel zur Kantholzlängsachse verläuft. Stark verwachsene Hölzer halbiert man besser, fräst in beide Teile in der Mitte eine Kehle ein und klebt sie zu einer Säule wieder zusammen.

Verformen der Hirnseiten: Einfache konvexe Verformungen werden, wie beim Drechseln von Stäben und Wölbungen bereits beschrieben, mit Meißel oder Röhre gedrechselt. Mehr Aufmerksamkeit muß in diesem Zusammenhang dem *Hohldrechseln* gewidmet werden. *Flache Höhlungen*, wie sie bei Kreiseln, Möbelknöpfen und bis zur Tiefe von Eierbechern benötigt werden, kann man mit Hilfe der »Deutschen Röhre« herausarbeiten.

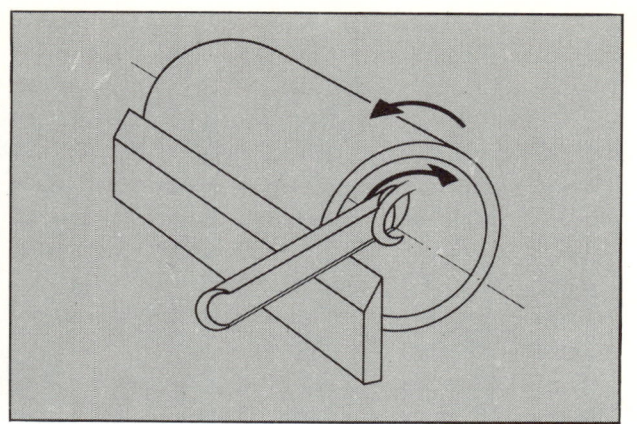

Beim Umgang mit der »Deutschen Röhre« gilt ebenfalls wie bei jeder anderen Drechselart der Grundsatz: immer mit der Faser, nie gegen sie drechseln. Das heißt im speziellen Fall des Hohldrechselns: immer von der Mitte (Drehachse) nach außen drechseln. Dabei wird bei der Verwendung der »Deutschen Röhre« die Werkzeugschneide von der Mitte aus zum oberen Rand des Werkstückes gedrückt. Zum Erreichen einer bestimmten Hebelwirkung und zur sicheren Füh-

Bild 6/17.
Hohldrechseln mit der »Deutschen Röhre«
a) Handhabung b) schematische Darstellung des Eingriffes der »Deutschen Röhre« beim Hohldrechseln

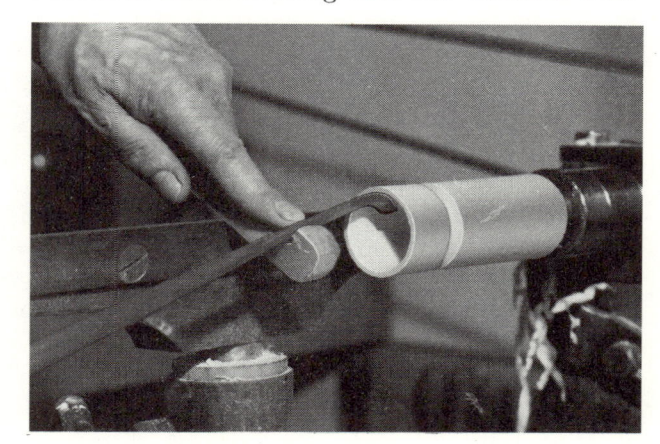

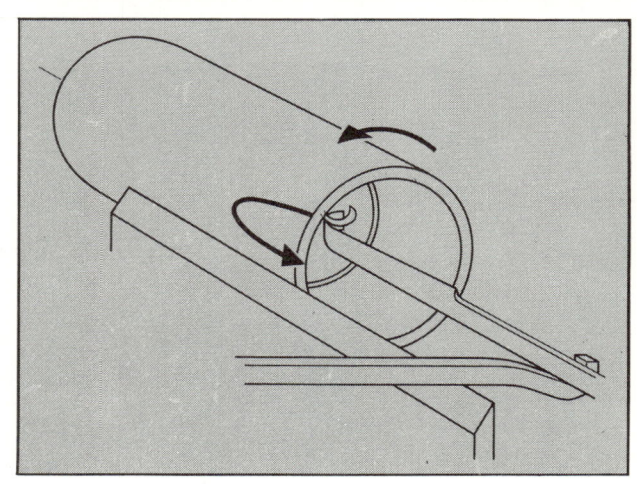

Bild 6/18.
Hohldrechseln mit dem Ausdrehhaken
a) Handhabung des Hakens,
b) schematische Darstellung des Eingriffes des Hakens beim Hohldrechseln,
c) schematische Darstellung des Eingriffes des neuen englischen Ringstahles beim Hohldrechseln

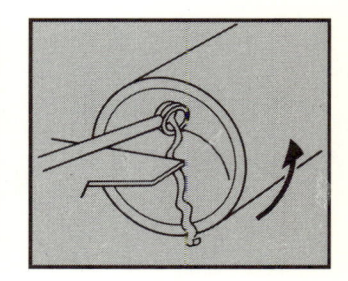

Handdrechseln

rung des Werkzeuges wird der Rücken der Röhre am Rand des Werkstückes angelegt und so das Werkzeug nach oben und etwas zum hinteren Werkstückrand gedrückt. Für verhältnismäßig tiefe Ausdrehungen (z. B. Eierbecher) ist zu empfehlen, beim Werkzeug neben der inneren Fase außen eine zweite kurze Fase anzuschleifen. Außerdem ist es für das Ansetzen des Werkzeuges günstig, wenn die Mitte des Werkstückes (Drehachse) angebohrt oder zumindest angekörnt ist (s. Bild 6/15).

Die »Deutsche Röhre« muß mit der rechten Hand am Werkzeugheft ganz besonders fest gehalten und gegen die Drehrichtung des Werkstückes gedrückt werden, weil das Hirnholz beim Bearbeiten gegen die Drehrichtung viel Kraft entgegensetzt (Bild 6/17).

Zum »tiefen Hohldrechseln«, z. B. bei Bechern und Büchsen, verwendet man je nach Holzart andere Werkzeuge. Beim Hohldrechseln weicher Hölzer (Nadelhölzer und weiche Laubhölzer) ist der Ausdrehhaken ein unentbehrliches Werkzeug. Ehe man jedoch mit diesem Werkzeug die Arbeit beginnen kann, muß mit einem Löffelbohrer bis auf die etwaige endgültige Tiefe des Bodens vorgebohrt werden. Zu empfehlen ist, so groß wie möglich vorzubohren, um Schrupparbeit mit dem »Haken« einzusparen. Damit Formveränderungen nach der Fertigstellung des Werkstückes bzw. vor dem Aufpassen des Deckels vermieden werden, ist es ratsam, das gebohrte Holz zunächst noch einmal auszuspannen und nachtrocknen zu lassen. Es ist erstaunlich, wie stark bereits vorgetrocknetes Holz nach dem Bohren schwindet. Nachdem die Vorarbeiten abgeschlossen sind, wird mit dem »Haken« ausgedrechselt (Bild 6/18). Zu diesem Zweck wird wie beim Freibohren die Handauflage längs zur Drehachse gestellt, darauf quer vor der zu bearbeitenden Hirnholzfläche ein Auflagehebel als Stütze aufgelegt und der Haken darauf so in das vorgebohrte Loch eingeführt, daß die Schneide des Hakens schräg links nach oben zeigt. So wird der Rücken der Schneide an die Wandung der Bohrung angelegt und langsam nach außen gekippt, bis die Schneide greift. (Dieser Vorgang ist mit dem Ansetzen des Meißels beim Schlichten und Formdrechseln zu vergleichen.) Auf diese Weise wird Span für Span von der Tiefe der Bohrung nach außen gezogen und, nachdem die richtige Form nahezu erreicht ist, mit einem Zug vom Boden bis zum Rand glattgedrechselt. Je tiefer das Werkstück, je größer der Durchmesser und je härter das Holz ist, um so mehr Kraft muß hierbei aufgewendet werden. Deshalb wird man besonders bei den Haken nur Werkzeuge mit besonders langem Schaft und einem zusätzlich langen Heft verwenden, weil sich dadurch ein langer Hebelarm ergibt. Ebenso kann man den Auflagehebel, auf dem der Haken geführt wird, so gestalten, daß er eine gute Auflagefläche unter dem linken Arm bildet oder gar bis unter die linke Schulter reicht. Für kleine Hohldrechselarbeiten genügt es aber bereits, wenn eine beliebige Röhre als Auflagehebel genutzt wird.

Für besonders harte Hölzer ist der Ausdrehhaken weniger geeignet. Hier wird man, wie beschrieben, so viel wie möglich ausbohren, unter Umständen mit dem Haken grob vorschruppen, am Schluß aber mit einem gut geschärften Ausdrehstahl sauber nachdrechseln. Geübte Drechsler sind in der Lage, sogar Büchsen und Dosen aus Eichenholz mit dem Haken auszudrechseln. Sie erzielen damit neben einer hohen Qualität eine große Produktivität (Bilder 6/19, 6/20).

Von Großbritannien ist in jüngster Zeit eine Werkzeug-Neuheit für das Hohldrechseln be-

Bild 6/19. Arbeiten mit dem Abstechstahl

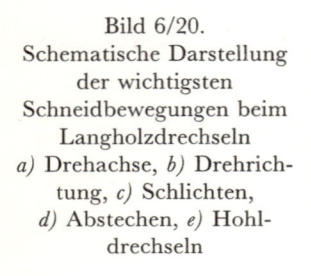

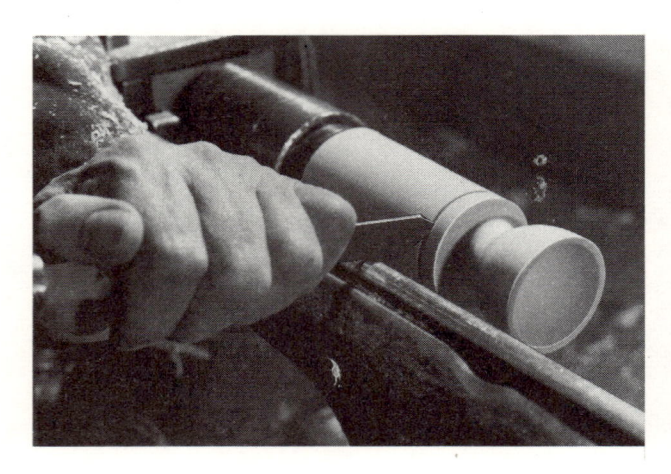

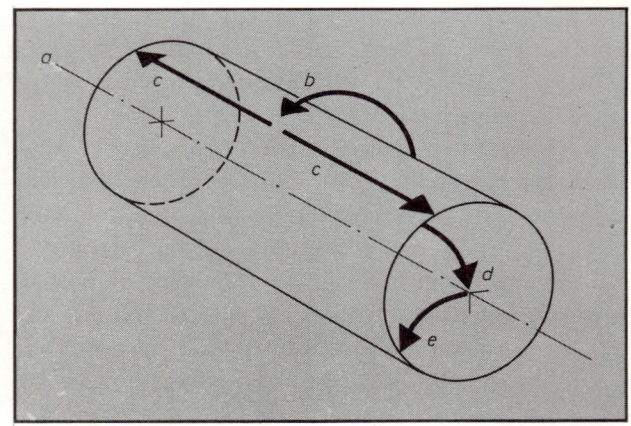

Bild 6/20. Schematische Darstellung der wichtigsten Schneidbewegungen beim Langholzdrechseln
a) Drehachse, b) Drehrichtung, c) Schlichten,
d) Abstechen, e) Hohldrechseln

kannt geworden. Dieses Werkzeug wird als »Ring Tool« (Ringstahl) bezeichnet und ist mit dem »Tassenstahl« bei Drehmaschinen vergleichbar. Es hat ähnliche Schneidwirkung wie der Ausdrehhaken, ist aber gefahrloser als dieser zu handhaben (s. Bild 6/18 c). Allerdings kommt es hier schnell zu Späneverstopfungen im Ring.

Anfänger verwenden oft die schaberartig wirkenden Ausdrehstähle oder auch einfache Schaber zum Ausschruppen von Hohlkörpern. Das ist aber nicht nur sehr zeitaufwendig, sondern führt zu erheblichen Qualitätsmängeln.

Zum Aus- und Sauberdrechseln geschweifter Formen (s. Bild 6/23 d) müssen jedoch passende Ausdrehstähle verwendet werden. Gerade Böden wird man mit einem Ausdrehstahl bzw. mit einem geeigneten Schaber glätten. Mit diesem Werkzeug darf aber nicht viel Holz weggeschruppt werden, weil es sonst zu starken Ausrissen kommt. Deshalb ist das Vorbohren auf das richtige Tiefenmaß und das geeignete Ausdrechseln besonders wichtig.

Damit bei der teilweise unvermeidlichen Verwendung eines Schabers doch weitestgehend sauber und glatt gespant werden kann, sollte der Schaber an seiner Schneide ziehklingenartig geschärft werden. Dazu wird die Schneide in der üblichen Weise geschliffen, abgezogen und danach zusätzlich mit einem blanken Dreikantstahl oder mit dem Rücken einer polierten Röhre nachgezogen. Dabei wird mit diesem blanken Stahl die Schneide von der Fase her nach oben gedrückt. Dieses Andrücken eines Schneidgrates muß in einem Zug, ohne abzusetzen von unten nach schräg oben erfolgen.

Durch diese Methode entsteht am Schaber eine nach oben gerichtete Schneidkante, die ein besonders sauberes Schneiden ermöglicht.

Da der Boden bei Langholzbüchsen aus kurzem Hirnholz besteht, darf dieser nicht zu dünn ausgedrechselt werden, damit er nicht durchbricht. Je nach Durchmesser der Büchse wird man den Boden bis auf etwa 10...20 mm Dicke belassen.

Das im Abschnitt »Drechslerwerkzeuge« genannte »Bodeneisen« wird kaum noch eingesetzt. Es birgt gewisse Gefahren in sich und kann nur für relativ weiche Hölzer verwendet werden. Zur Verdeutlichung der in diesem Abschnitt beschriebenen grundsätzlichen Techniken des Langholzdrechselns sollen hier an Hand praktischer Beispiele Zusammenhänge erläutert und Einzelheiten vertieft werden.

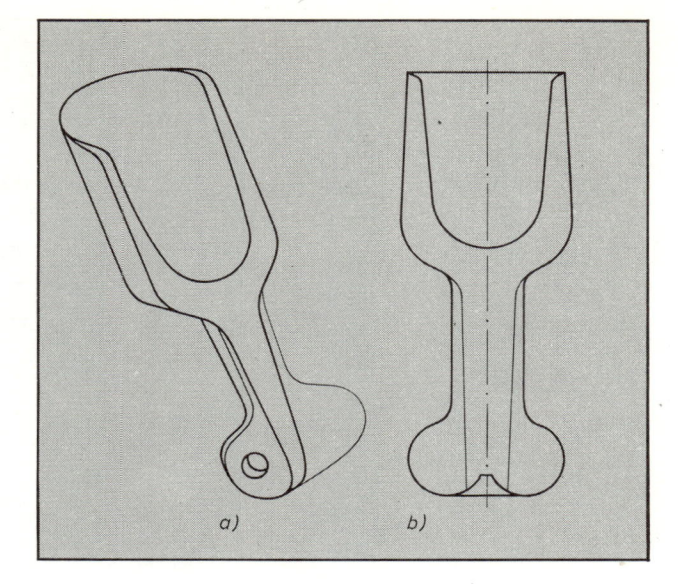

Langholzdrechseln

Bild 6/21.
Herstellen einer kleinen Haushaltsschaufel

Herstellen einer kleinen Küchenschaufel:
1. Anschlagen eines Kantholzes (Buche oder Ahorn) von etwa 50 mm Seitenkantenlänge und etwa 150 mm Gesamtlänge an das Schlagfutter.
2. Runddrechseln mit der Schruppröhre und Schlichten der Walze mit dem Meißel.
3. Glattstechen der freien Hirnholzseite mit der Meißelspitze und Ankörnen der Bohrmitte.
4. Bohren auf die gewünschte Schaufeltiefe mit einem Spiral- oder Löffelbohrer von etwa 10 mm Durchmesser.
5. Innenraum der Schaufel auf die gewünschte Form mit dem Haken ausdrechseln (bei kleinen Schaufeln ist hierfür auch die »Deutsche Röhre« geeignet).
6. Innenraum nachschleifen und Kante nach außen runden.
7. Außenmaße auf die Walze auftragen und die gesamte Außenform nach Zeichnung mit dem Meißel und evtl. mit einer schmalen Röhre (Kehlen) drechseln.
8. Alles leicht überschleifen.
9. Griffkörper mit dem Meißelbart runden und anschließend mit der Meißelspitze tief zum Zentrum abstechen. Bei diesem Abstechen wird das Werkstück mit der linken Hand locker gehalten, und mit der rechten Hand wird der Meißel so geführt, daß ein sauberes Abstechen bis zum Mittelpunkt (Drehachse) gewährleistet ist. Durch das lockere Halten des Werkstückes mit der linken Hand wird vermieden, daß es beim Abstechen herunterfällt und dadurch beschädigt wird.
10. Der fertige Drechselkörper wird mit einer Feinsäge längs in zwei gleich große Teile getrennt.

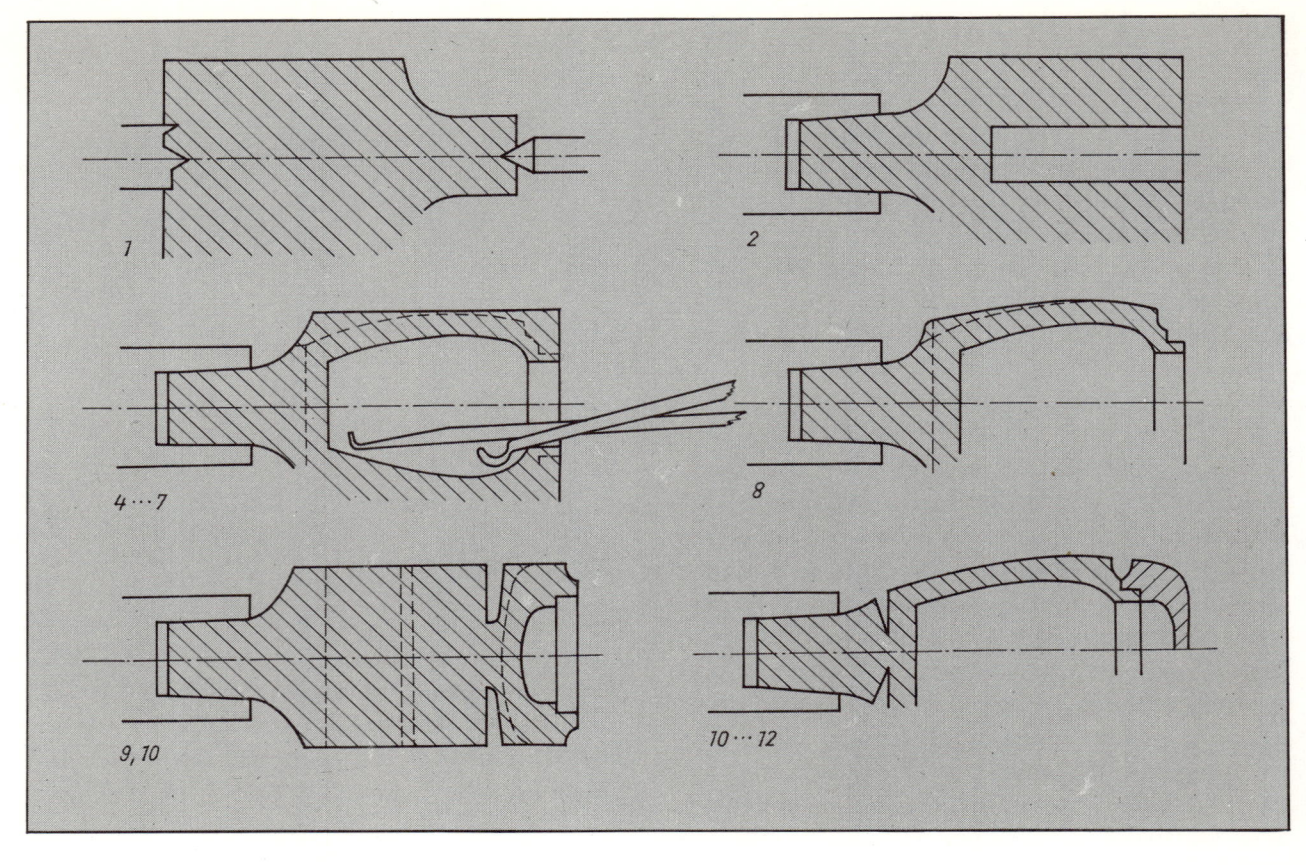

Bild 6/22.
Herstellen einer Langholzbüchse mit Deckel

11. Der Griffkörper muß mit Hilfe eines Schnitzmessers oder mit Raspel und Feile nachgearbeitet werden, wie es die Skizze zeigt.
12. Zum Schluß wird alles gut geschliffen, gewässert und nachgeschliffen (Bild 6/21).

Drechseln einer Büchse mit Deckel
1. Runddrechseln des zwischen Dreizack und Körnerspitze gespannten Rohlings auf Grobform und Andrechseln des Zapfens für die Aufnahme in das Spundfutter.
2. Einschlagen in das Spundfutter, rundschruppen, Hirnseite glattstechen, ankörnen und grob ausbohren.
3. Zwischentrocknen lassen.
4. Erneutes Einschlagen in das Spundfutter, Überdrechseln und Schlichten der Walze, Anstechen der Hirnholzflächen.
5. Anreißen der Falzmaße.
6. Hohldrechseln mit dem Ausdrehhaken.
7. Innen sauber drechseln und Boden glätten.
8. Falz mit dem Meißel andrechseln und Außenmaße anreißen (Bild 6/22)
9. Deckel in gleicher Weise herstellen, innen hohldrechseln und auf den Falz der vorbereiteten Büchse straff aufpassen. (Hierzu wird der Deckel extra in einem zweiten Futter gedrechselt.)
10. Deckel an der Innenseite fertig drechseln und schleifen und auf die vorgefertigte Büchse stecken.
11. Die äußere Form des Deckels an der Büchse fertig drechseln.
12. Die Gesamtform der Büchse einschließlich Deckel wird mit dem Meißel fertig gedrechselt, alles leicht überschliffen und die Büchse mit der Meißelspitze abgestochen. Bildet die äußere Form der Büchse mit der des Deckels eine Linie, wird der Deckel beim Fertigdrechseln auf der Büchse steckengelassen. Kurz vor dem Abstechen der Büchse wird die Deckelpassung »gängig« gemacht, indem der Falz leicht überschliffen oder nur gewachst wird.

Dosen und Büchsen, die einen gesonderten Boden eingesetzt bekommen, wie das bei der Herstellung derartiger Gefäße aus Ast- oder Stammholzrohlingen erforderlich ist, müssen zu diesem Zweck nach dem Andrechseln des Deckelfalzes und nach dem Formdrechseln und Abstechen des Gefäßes auf einen Zapfen umgesteckt werden (Bild 6/23 *e*). Der Boden ist zweckmäßigerweise gesondert vorzubereiten, damit er genau eingepaßt werden kann.

Beim Einarbeiten eines Querholzbodens ist darauf zu achten, daß das Holz des Gefäßes besonders gut ausgetrocknet ist. Der Querholzboden schwindet nämlich in Faserrichtung kaum und könnte bei weiterem Nachtrocknen des Gefäßkörpers dieses zum Reißen bringen. Da verschiedenes »Arbeiten« von Quer- und Langholz nie ausgeschlossen werden kann, empfiehlt es sich, den Querholzboden nicht schlechthin in einen Falz zu legen, sondern ihn in eine Nut, in der er etwas Spiel hat, einzusprengen (vgl. Bild 4/37).

Bei stark gemaserten und sog. Bunthölzern bzw. bei besonders wertvollen Einzelanfertigungen muß der Deckel aus dem gleichen Holzstück wie die Büchse hergestellt werden. Nach dem ersten Einspannen des Büchsenrohlings muß zunächst der Deckel gedrechselt werden (Bild 6/23 b, c).

Für besonders teure Hölzer kann man den Holzverlust senken, indem man das Andrehen des Zapfens für die Halterung im Spundfutter einspart und dafür den rundgedrechselten Büchsenrohling in ein selbstgefertigtes Spundfutter schlägt und in dieser Weise weiterbearbeitet (Bild 6/23 a bis d).

Es ist aber auch möglich, derartige große Dosen aus einheimischen Hölzern am Schlagfutter herzustellen. Hierbei wird mindestens ein Arbeitsgang und auch Material eingespart. Harte Exotenhölzer auf dem Schlagfutter (Heureka-Futter) zu bearbeiten ist aber nicht möglich.

Drechseln großer Kugeln
Das Drechseln von *Präzisionskugeln* (z. B. Kegel- oder Billardkugeln) erfolgt meist in Spezialfabriken, die über entsprechende Spezialvorrichtungen

Langholzdrechseln

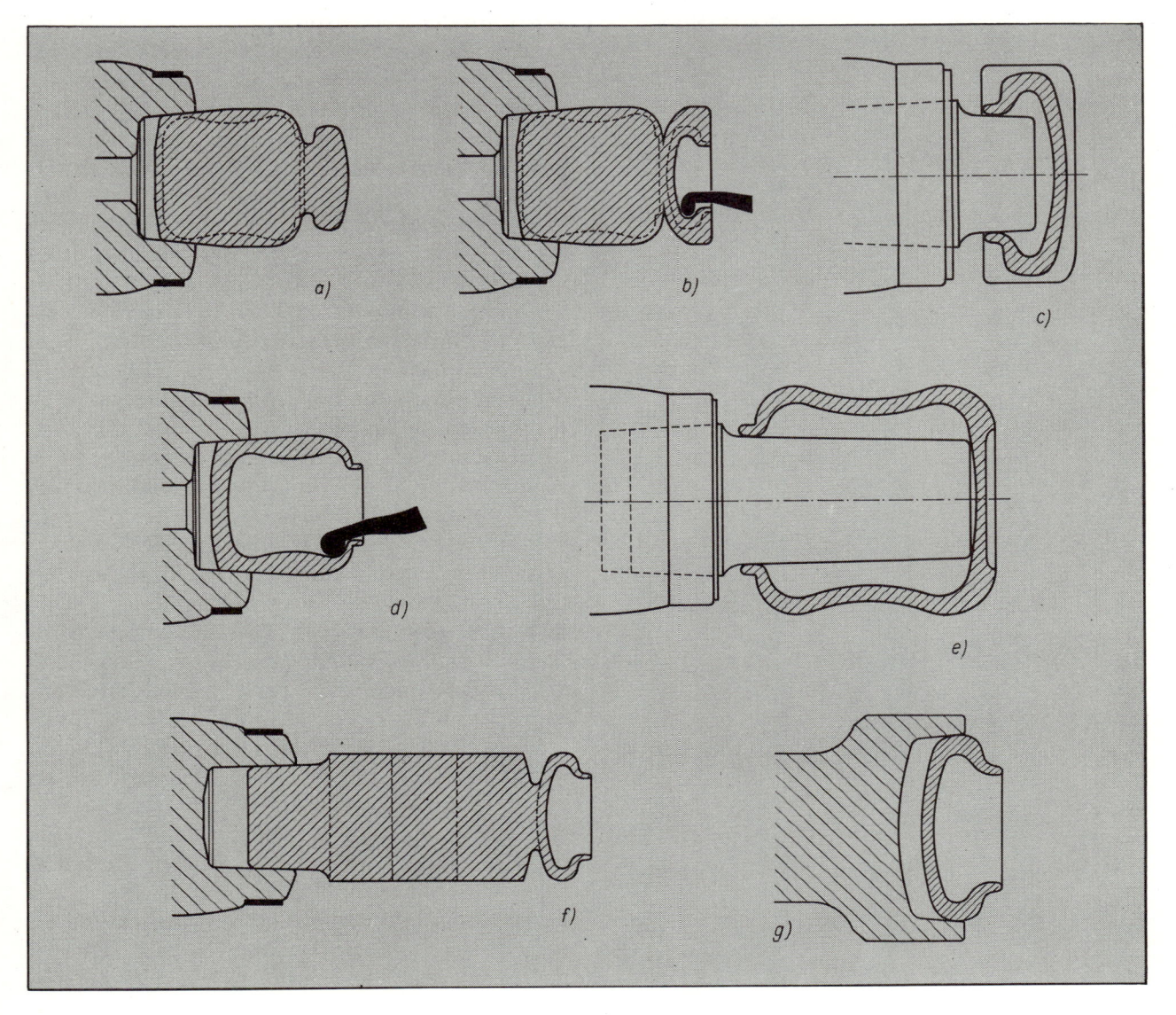

Bild 6/23. Herstellen einer Langholzbüchse mit materialsparender Befestigungsform und innerer Ausschweifung a) Andrechseln eines Deckels für eine Büchse aus Edelholz unter Beachtung der gleichlaufenden Holzfaser, b) Andrechseln eines Deckels mit gestürztem Faserverlauf, c) Fertigdrechseln des Deckels auf Zapfen (Gleiches ist auch direkt auf dem Falz der Büchse möglich), d) Aus- und Sauberdrechseln der Büchse mit dem passenden Ausdrehstahl, e) Drechseln der äußeren Form und des Bodens der Büchse auf einem Zapfen, f) serienmäßige Fertigung von Deckeln ohne Beachtung der Maserung, g) Drechseln eines einzelnen Deckels im Spundfutter

Handdrechseln

verfügen (Kugeldrehapparate). Es gibt aber auch für den individuell arbeitenden Drechsler einfache, an der normalen Drechselbank zu befestigende Vorrichtungen, die auf eine Art Kreissupport aufbauen und in die Werkzeuge eingespannt werden können. Auf diese Geräte soll hier nicht weiter eingegangen werden.

Beim Drechsler kommt es aber hin und wieder vor, daß er Spezialanfertigungen für verschiedene Verwendungszwecke und Reparaturen ausführen muß.

Bei der Holzzubereitung für große Kugeln empfiehlt es sich, sog. Viertelscheiter zu verwenden, da bei diesen die größte Formstabilität gewährleistet ist. Die Holzart ist vom Verwendungszweck abhängig. Für Kegelkugeln sind sehr harte Hölzer wie Quebracho, Pockholz, Eisenholz, auch das Holz der Steineiche besonders geeignet. Aber auch harter Nußbaum, Zwetschge und Weißbuche können verwendet werden. Für die zuerst genannten Harthölzer ist eine Vierteilung des Stammes nicht erforderlich.

Das Kantholz wird so lang zugeschnitten, daß die Halterung für Dreizack und Körnerspitze gegeben ist, ohne daß die endgültige Form der herzustellenden Kugel durch die Eindrücke dieser Spannvorrichtungen verletzt würde. Der erste Schritt beim Formen einer Kugel ist das Herstellen einer exakten Walzenform. Die Maße dieser Walze sollten ein bis zwei Millimeter größer als die endgültige Kugelform sein. Zunächst drechselt man zu diesem Zweck die Hirnholzfläche an der Körnerspitzenseite gerade und winklig zur Drehachse mit der Meißelspitze ab, daß der »Butzen« für den Halt der Körnerspitze gerade so breit ist, daß die Spitze nicht in die zukünftige Kugel hineinragt. Dann wird der Radius der Kugel in den Zirkel genommen und zweimal auf den Mantel der rundgedrechselten Walze aufgetragen. Dadurch sind die Kugelmitte und die genaue Länge markiert. An der Spindelstockseite wird nun die zweite Hirnholzseite bis zum Dreizack ebenfalls winklig geradegestochen. Damit sind die Maße festgelegt. Nun wird mit einer Formröhre die Hauptform der Kugel nach Augenmaß oder mit Zuhilfenahme von Taster oder von speziell angefertigten Schablonen gedrechselt. Hierbei ist es ratsam, jeweils im Wechsel rechts und links vom Mittelriß abzudrechseln. Damit ist eine leichtere Kontrolle der Kugelform möglich (Bild 6/24).

Ist die Hauptform festgelegt, fertigt man ein Hohlfutter an, in das die Kugel um 90° versetzt eingedrückt werden kann. Dieses Futter muß aus trockenem, möglichst hartem einheimischen Holz (z. B. Rotbuche) bestehen. Es wird so ausgedrechselt, daß die Kugel nicht ganz bis zur Mitte eingedrückt werden kann und etwa 3...4 cm breit anliegt (Bild 6/25).

Damit ein besserer Halt gewährleistet ist, kann man die Haftfläche im Futter leicht anfeuchten und mit Kreide einreiben. Ist das Futter so vorbereitet, wird die vorgedrechselte Kugel mit Hilfe der Körnerspitze zunächst in gleicher Drehrichtung (Faserlängsrichtung liegt in Richtung der Drehachse) ausgerichtet und festgedrückt, damit der »Butzen« abgestochen werden kann. Hierbei läßt man jedoch den Spitzeneindruck für das spä-

Bild 6/24. Drechseln einer großen Kugel

Bild 6/25. Schematische Darstellung der Befestigung von großen Kugeln in einem Spundfutter (versetztes Einspannen um 90°)

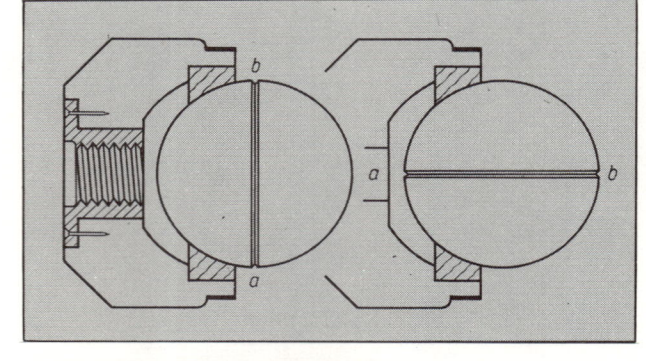

Bild 6/26. Überdrechseln der um 90° versetzt eingespannten Kugel im Spundfutter in der Werkstatt von WERNER GLÄSZER, Neuhausen

tere Ausrichten gerade noch sichtbar stehen. Das gleiche geschieht mit dem »Butzen« vom Dreizack auf der gegenüberliegenden Seite. Danach wird die Kugel durch leichtes Klopfen mit dem Hammer aus dem Futter genommen und, genau um 90° gedreht, wieder eingedrückt. Das genaue Ausrichten ist hierbei besonders wichtig. Man bedient sich dabei der noch sichtbaren Markierung von Dreizack und Körnerspitze. Diese beiden Punkte werden durch leichtes Andrücken der Bleistiftspitze und langsames Drehen der Spindelstockwelle mit der Hand miteinander verbunden. Dadurch hat man die Kontrolle, ob die Kugel auch genau um 90° zur Achse gedreht ist. Vielfach wird an Stelle des Bleistiftrisses mit Hilfe eines Stichels oder Schabers auch eine kleine Kerbe eingearbeitet, damit die genaue Markierung der Mitte bzw. des höchsten Punktes beim Bearbeiten einen unverkennbaren Anhaltspunkt bietet (Kreuzriß).

Nun wird mit Meißel oder Schlichtstahl die eine Hälfte der Kugel auf das genaue Maß nochmals leicht überdrechselt. Es ist hierbei genau zu spüren, wo noch unrunde Stellen vom Vordrechseln vorhanden sind (Bild 6/26).

In gleicher Weise verfährt man mit der gegenüberliegenden Seite. Hier wird wieder genau bis zum Kreuzriß überdrechselt. Anschließend kann die Kugel mehrere Male von verschiedenen Seiten in das Futter gesteckt und überschliffen werden.

Drechseln kleiner Kugeln
Kugeln im Durchmesser *bis etwa 60 mm* für Massenartikel oder Produkte, bei denen die mathematisch genaue Kugelform nicht so sehr von Bedeutung ist, werden in mehreren Stücken von einem Kantholz sofort fertig gedrechselt. Zu diesem Zweck wird das Kantholz zunächst auf das Kugelmaß zylindrisch gedrechselt. Die freie Hirnholzseite wird winklig glatt abgestochen und der Kugelradius jeweils zweimal in der Länge von dieser Bezugskante auf die Walze aufgetragen. Danach wird ausschließlich mit dem Bart und mit der unteren Schneidenhälfte des Meißels die endgültige Form fertiggedrechselt. Geübte Drechsler stellen diese Art Kugeln frei nach Augenmaß her. Wenn es auf genauere Kugelform ankommt, kann auch hier, jeweils in ein Spundfutter versetzt umgespannt und wie beim Drechseln großer Kugeln verfahren werden.

Kugeln mit Bohrungen werden gleich am Kantel gebohrt. Hier wird nach dem Abstechen der vorderen Hirnholzseite der ganze Kantel durchbohrt und anschließend die Kugelform gedrechselt (Bild 6/27).

Die so gedrechselten Kugeln können, wenn es sich erforderlich macht, nochmals auf einen Zapfen umgesteckt und nachgeschliffen oder oberflächenbehandelt werden (Bild 6/28). In der Serienfertigung werden solche Kugeln allerdings auf Halb- oder Vollautomaten hergestellt.

Drechseln von Ringen
Das Drechseln von Ringen kann in drei Gruppen gegliedert werden, die jeweils technologische Besonderheiten aufweisen:

Gruppe A) umfaßt das Herstellen kleiner Ringe (z. B. für Gardinenstangen),
Gruppe B) umfaßt die Besonderheiten bei mittelgroßen Ringen,
Gruppe C) umfaßt große Ringe und Reifen.

Zur Gruppe A): Das Drechseln kleiner Ringe gehört unmittelbar in diesen Abschnitt des Langholzdrechselns hinein, weil die Herstellung dieser Ringe vom Kantholz bzw. von der Langholzwalze ausgeht. Das entsprechend zugerichtete Kantel wird zu diesem Zweck wieder an ein Schlag- oder Spundfutter geschlagen und rund gedrechselt. Dann wird nach Abstechen der vorderen Hirnholzfläche mittels Löffelbohrers durchgehend ein Loch gebohrt, das dem Innendurchmesser der

Langholzdrechseln

Bild 6/27.
Drechseln kleiner Kugeln mit Bohrung

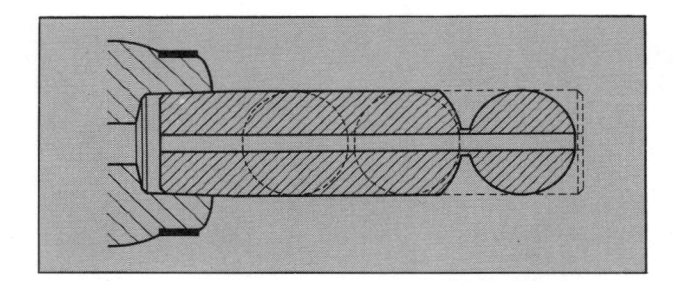

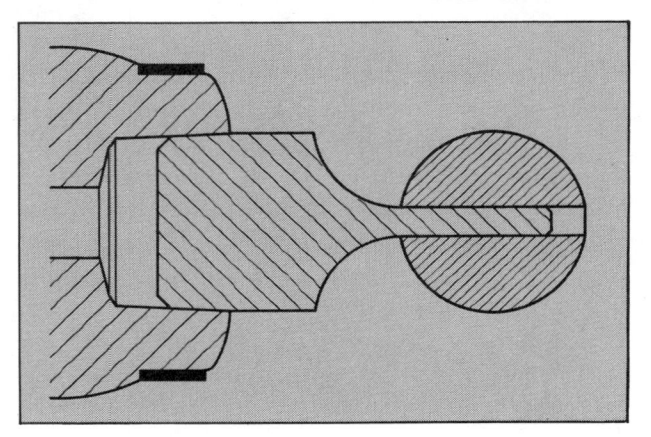

Bild 6/28.
Fertigdrechseln und Überschleifen kleiner Kugeln mit Bohrung auf Zapfen

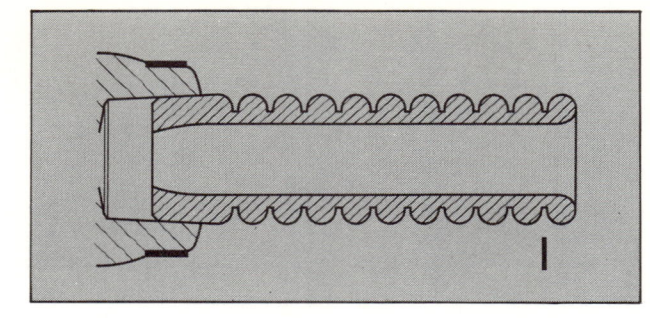

Handddrechseln

Bild 6/29. Drechseln kleiner Ringe

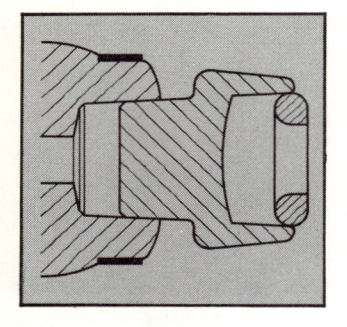

Bild 6/30. Nachbearbeiten der vorgefertigten Ringe im Spundfutter

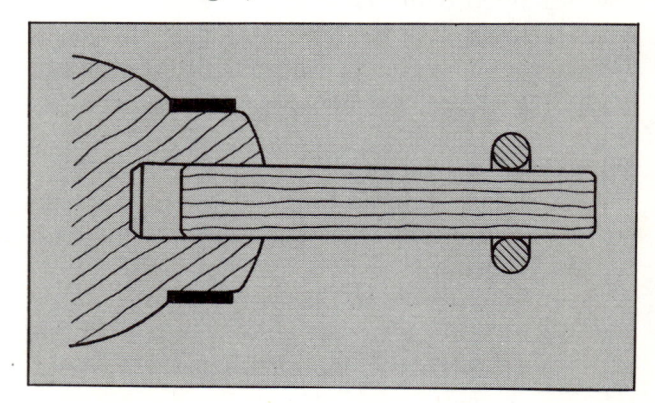

Bild 6/31. Zapfenhalterung zum Nachbehandeln kleiner Ringe mit konischem Zapfen

Bild 6/32. Werkzeugführung beim Herstellen dünner, langer, säulenförmiger Werkstücke

Ringe entspricht bzw. 0,5...1,0 mm kleiner als dieser ist, damit auch das Drechseln und Schleifen der Innendurchmesser der Ringe nach Maß eingehalten werden kann. Ist das Bohren des entsprechenden Durchmessers nicht möglich, kann mit Hilfe des Hakens der innere Hohlraum ausgedrechselt werden. Anschließend wird der genaue Außendurchmesser der Ringe in der gesamten Walzenlänge gedrechselt, die Ringbreiten mit etwas Zugabe für die Bearbeitungsverluste werden aufgerissen, und mit dem Bart des Meißels werden die äußeren Rundungen genau halbkreisförmig angedrechselt (Bild 6/29).

Bei dem vordersten Ring wird nun die innere Viertelrundung mit Hilfe einer schmalen, spitz angeschliffenen Röhre oder mit einem Ausdrehstahl so gedrechselt, daß der erste Ring zu Dreiviertel des Ringquerschnittes fertig ist. Dann wird dieser mit einem Abstechstahl gerade abgestochen.

Sind alle Ringe bis zu dieser Stufe fertiggestellt, werden sie einzeln in ein selbstgefertigtes Spundfutter gepreßt und ausgerichtet, so daß die restliche Viertelrundung angedrechselt werden kann (Bild 6/30).

Zum Schleifen und eventuellen Oberflächenbehandeln können die fertigen Ringe nochmals auf einen konischen Zapfen aufgesteckt werden (Bild 6/31).

Beim Herstellen größerer Mengen derartiger Ringe empfiehlt sich für das Einspannen zum Fertigdrechseln der Ringe die Verwendung eines Klemmfutters an Stelle des Spundfutters. Klemmfutter können aus Holz selbst gefertigt werden (vgl. Bild 4/9).

Sie können mit einfachem konischen Klemmring oder zum festeren Spannen mit Gewindering hergestellt werden (vgl. Bild 4/8).

Für ständig sich wiederholende Arbeitsaufgaben mit gleichem Durchmesser ist ein derartiges Klemmfutter aus Metall einem aus Holz vorzuziehen (siehe hierzu auch Abschnitt »Vorrichtungen und Werkzeuge«).

Die Herstellung der Ringgruppen B) und C), das Drechseln von mittelgroßen und das Herstellen von großen Ringen bzw. Reifen wird, da es sich hierbei um Querholzarbeiten handelt, im Abschnitt über das Querholzdrechseln behandelt.

Zunächst noch einige Ausführungen zum *Herstellen langer Säulen und Stuhlbeine*. Für das Drechseln derartiger Gegenstände kommt es darauf an, die günstigsten Einspann- und Halterungsvorrichtungen an der Drechselbank zu verwenden. Säulen und Beine bis zu etwa 500 mm Länge (je nach Dicke auch länger) werden zwischen Dreizack und Körnerspitze gespannt. Nach dem Rundschruppen des Kantholzes wird mit dem Meißel so geschlichtet, daß die *linke Hand*, die das Werkzeug führt, gleichzeitig am rotierenden Werkstück einen Gegendruck zur Werkzeugandruckskraft ausübt. Das Werkzeug wird dabei lediglich mit dem Daumen der linken Hand geführt (Bild 6/32).

Anfänger haben hierbei meist unbegründete Hemmungen. Der geübte Drechsler wird mit der linken Hand einen solchen Druck gegen das Werkstück ausüben, daß er sich nicht verletzt, daß es aber auch nicht zum Schwingen des Werkstückes kommt und eine glatte, schlagfreie Säule entsteht.

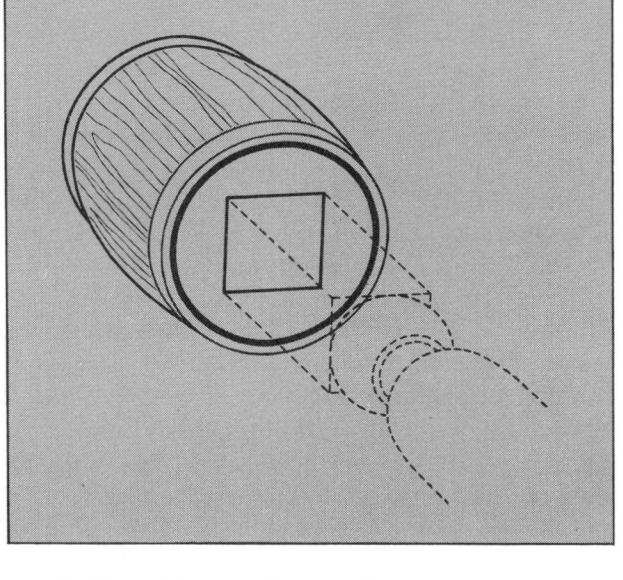

drücke des Dreizacks nicht zu sehen sind (das ist bei konischen oder stark profilierten Säulen jedoch nicht immer einfach), oder es muß ein anderes Spannfutter an der Drechselbank verwendet werden. Man kann hierzu ein Spund- oder ein Klemmfutter oder, wenn das Säulenende kantig geformt ist, entsprechendes Mitnehmerfutter einsetzen (Bild 6/33).

Säulen über 500 mm Länge und besonders dünne Säulen schwingen beim Drechseln so sehr, daß das Gegenhalten mit der Hand nicht ausreicht. Hier verwendet man die sog. Drehlünette, wie sie im Abschnitt »Drechselbank – Drehmaschine« erläutert ist, als Stütze in der Mitte der Säule. Für besonders lange und schwere Säulen ist es besser, die ebenda beschriebene und aus der Metalldreherei stammende Lünette mit Rollenführung zu verwenden. In welch großen Dimensionen das Drechseln von Säulen an der Handdrechselbank möglich ist, zeigen die Bilder 6/34 und 6/35. Eine Besonderheit stellt das Drechseln geknickter Säulen dar, wie sie bei Hinterbeinen von Stühlen mitunter erforderlich werden. Es kommt hier besonders darauf an, daß die Achse des zu bearbeitenden Säulenteiles genau bis zur Mittellinie der Reitstockwelle ausgefluchtet ist und ein

Langholzdrechseln

Bild 6/33.
Mitnehmerfutter für kantige Säulen

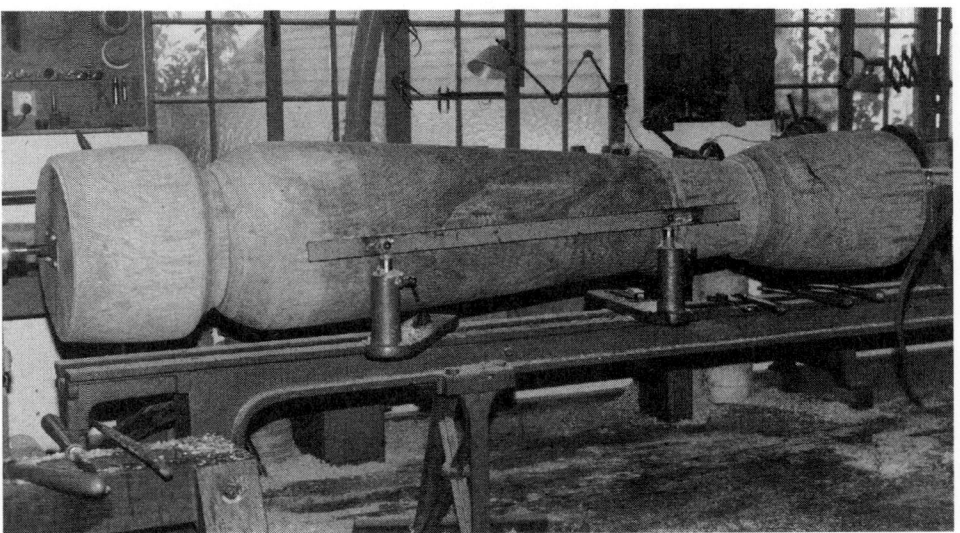

Bild 6/34.
Besonders große Säule aus Eiche in einer Drechselbank (2,55 m lang, größter Durchmesser 540 mm). Werkstatt von L. NÄTSCHER, Lohr-Wombach

Die Kantel für Säulen werden meist auf genaue Länge geschnitten und so in die Drechselbank eingespannt. Bleibt nach der Fertigstellung die obere Hirnholzfläche bei dem Finalerzeugnis sichtbar (z. B. bei bestimmten Arten von Hockerkonstruktionen), muß das Kantel zum Drechseln länger zugeschnitten und nach Fertigstellung auf das genaue Maß abgelängt werden, damit die Ein-

Schwingen in der Mitte vermieden wird. Eine günstige Vorrichtung, die jedoch in der Hauptsache für solche Säulen geeignet ist, die an einer Seite kantig bleiben, ist auf Bild 6/36 zu sehen. Bei Selbstanfertigung dieser Vorrichtung ist auf die genau symmetrisch zur Drehachse zu befestigenden Klemmwangen zu achten. Günstiger wird es sein, sich hierzu ein Metallgewindestück mit ent-

Bild 6/35.
Handgedrechselte Säulen aus Weymouthskiefer (2,65 m lang, Vierkant 280 mm Kantenlänge). Werkstatt von L. NÄTSCHER, Lohr-Wombach

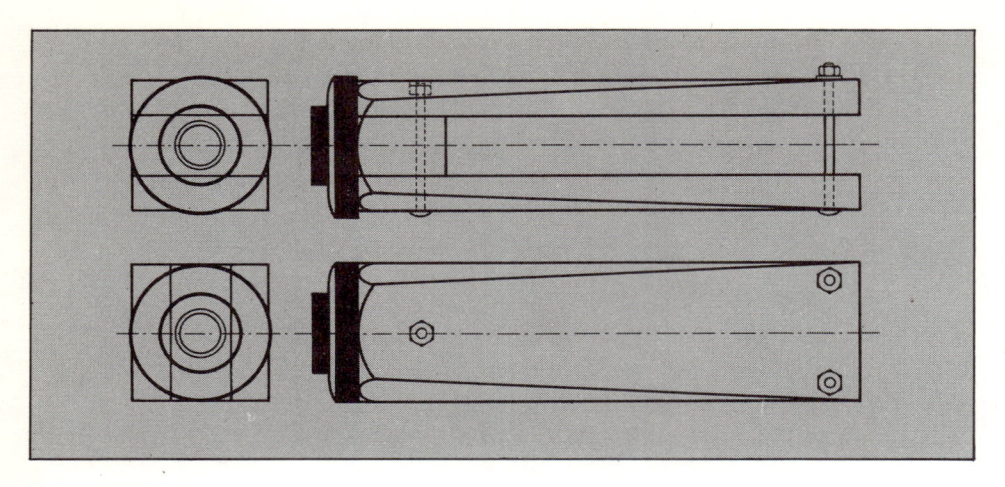

Bild 6/36. Klemmvorrichtung zum Drechseln geknickter Säulen

Bild 6/37. Spannvorrichtung für geknickte Säulen

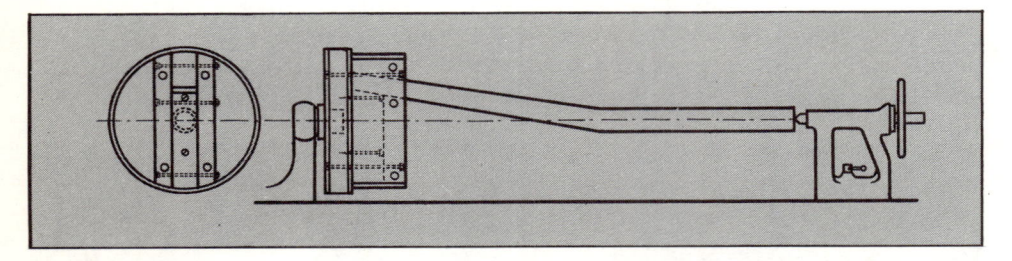

Bild 6/38. Klammer für die Spannvorrichtung zum Drechseln geknickter Säulen

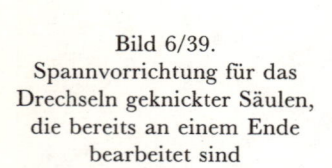

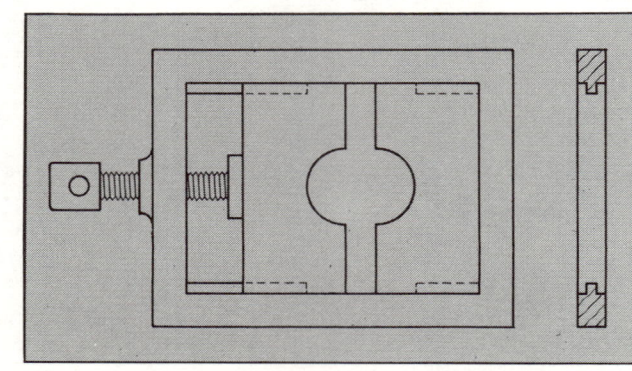

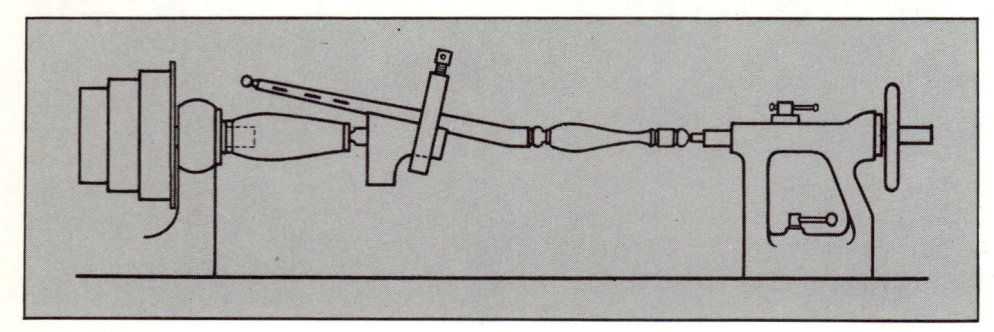

Bild 6/39. Spannvorrichtung für das Drechseln geknickter Säulen, die bereits an einem Ende bearbeitet sind

sprechender paralleler Abflachung anfertigen zu lassen.

Ein besonders vorteilhaftes Futter zeigt Bild 6/37. Es besteht aus einer kräftigen, möglichst abgesperrten Holzscheibe, die direkt oder mit Hilfe eines Metallflansches an der Spindel des Spindelstockes befestigt werden kann. Auf diese Scheibe werden mit vier durchgehenden Schloßschrauben zwei Klemmbacken aus Hartholz aufgeschraubt. Beide Klemmbacken werden mit zwei oder drei durchgehenden Schrauben in Querrichtung verbunden. Zum Arretieren des schrägen Säulenendes und zum Masseausgleich wird ein entsprechend schräg geschnittenes Holzstück, das einige Zehntelmillimeter schwächer als das Säulenende ist, zwischen dem freien Teil der Klemmbacken auf die Grundplatte aufgeschraubt.

Mit diesem Futter kann mit relativ hoher Drehzahl sicher gearbeitet werden. Zum Schutz vor Verletzungen wird man die Schrauben versenken. Zusätzlich kann um die Spannbacken ein Schutzmantel aus Sperrholz oder umgeborteltem Blech gelegt und befestigt werden. Dieses Futter ist für kantige und für runde Säulen einsetzbar.

Zum Bearbeiten bereits von einer Seite rundgedrechselter Säulen kann auch eine Klammer, wie sie Bild 6/38 zeigt, in Verbindung mit einem entsprechend zugerichteten Holz verwendet werden (Bild 6/39). Dazu muß allerdings ein »verlängerter Dreizack« vorhanden sein oder hergestellt werden. Dieses Verfahren hat jedoch den Nachteil, daß eine große Unwucht entsteht, aus der ein unruhiger Drechselvorgang resultiert.

Bild 6/40 zeigt eine Besonderheit des Langholzdrechselns: das Herstellen besonders großer und tiefer Gefäße. Im Bildbeispiel ist das Drechseln eines Kernschlages für Gußformen zu sehen. Hierbei wurde das Holz aus zwei Teilen mit Papierzwischenlage verklebt und zusätzlich mit einem Spannband gesichert. Dadurch läßt es sich nach dem Drechseln und nach dem Ausgießen wieder teilen.

Querholzdrechseln

Im Gegensatz zum Drechseln in Langholz, bei dem die Holzfasern parallel zur Drehachse liegen, verläuft beim Querholzdrechseln die Holzstruktur quer zu dieser. Dadurch wechselt ständig die Bearbeitungsrichtung. Die Werkzeugschneide greift sowohl in Faserrichtung als auch quer und gegen sie ein. Es ist deshalb äußerst wichtig, mit den Werkzeugen zu schneiden und nicht zu schaben. Das wirkt sich besonders beim Bearbeiten der Schmalflächen aus. Beim Querholzdrechseln entstehen meist scheibenförmige Werkstücke. Selten ist bei diesen Werkstücken das Verhältnis von Durchmesser zu Dicke ausgeglichen. Oft ist der Durchmesser wesentlich größer als die Dicke.

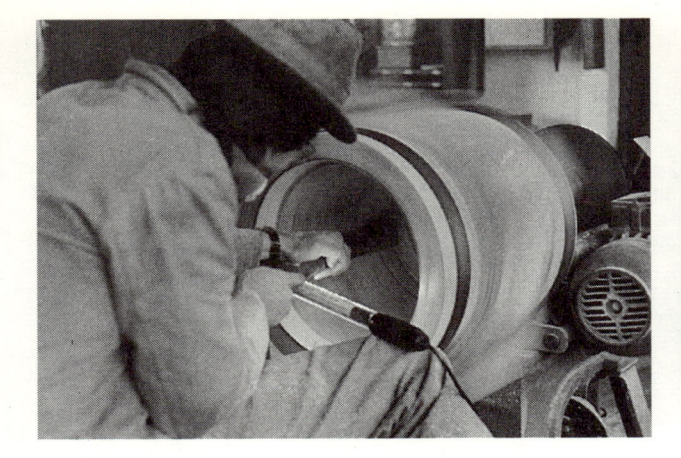

Querholzdrechseln

Bild 6/40. Herstellen eines »Kernschlages« für Gußformen (Innendurchmesser 360 mm, Länge 443 mm). Werkstatt von L. NÄTSCHER, Lohr-Wombach. Die Handauflage ragt hierbei in die Tiefe des Gefäßes hinein. Auf den Knien des Drechslers liegt eine Stablampe

Bild 6/41. Planschruppen einer Querholzfläche

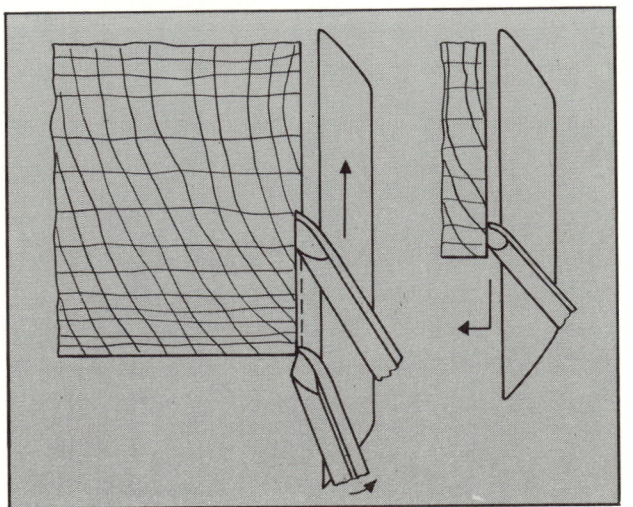

Bild 6/42. Überdrechseln der Schmalseite einer Querholzscheibe
a) Handhabung der Röhre,
b) schematische Darstellung des Eingriffes der Röhre beim Plandrechseln einer Scheibenfläche

Die Werkzeuge, die für das Querholzdrechseln benötigt werden, sind in den verschiedenen Landschaftsgebieten etwas unterschiedlich geformt. Das trifft vor allem für das Hauptwerkzeug, die Röhre, zu, die z. T. U-förmig, z. T. flacher gewölbt ist. Neben der Röhre, die je nach Form des Werkstückes verschieden breit sein kann, findet der Schlichtstahl oder Schaber Anwendung. Zu den meisten Arbeiten genügen eine breite (etwa 18...25 mm), eine oder zwei schmalere Röhren (16 mm bzw. 10 mm), ein breiter (etwa 30...40 mm) und ein oder zwei schmalere Schaber (5 mm...22 mm).

Ist das Holz für das entsprechende Werkstück zugerichtet (vgl. Abschnitt »Holzvorbereitung«), wird die jeweilige Scheibe auf einem Schraubenfutter befestigt und zunächst die Werkstückseite geformt, die zur späteren Aufnahme in ein Bakken- oder Spundfutter geeignet ist. Das wird in der Regel die Rückseite von Tellern, Schalen, Dosen u. dgl. sein, weil hier ein Sockel oder Fuß angearbeitet werden kann, der eine gute Befestigungsfläche für das Spannfutter darstellt.

Die zuerst zu bearbeitende Seite wird zunächst mit einer großen Röhre sowohl auf der vorderen Fläche als auch auf der Schmalseite überdrechselt (Schlag und Unebenheiten beseitigen). Hierzu wird die Handauflage so vor die vordere Fläche quer gestellt, daß sie einige Millimeter (meist eine Schaberdicke) unter der Drehachse und so dicht wie möglich an der Fläche steht. So wird die Scheibenfläche grob überdrechselt. Die Röhre steht nahezu senkrecht zur Fläche und wird vom Mittelpunkt nach außen und wieder zurück bewegt. Dazu ist sie jeweils am Wendepunkt leicht in Vorschubrichtung zu neigen (Bild 6/41). Dieser Vorgang kann mit dem Rundschruppen eines Kantholzes beim Langholzdrechseln mit Hilfe der Schruppröhre verglichen werden. Zum Überdrechseln der Schmalfläche bleibt die Handauflage bei relativ schwachen Scheiben (Teller, flache Dose) in der Ausgangsstellung stehen oder wird bei größeren Durchmessern (über 200 mm) etwas höher und quer vor die Schmalfläche gestellt. Dazu ist die Röhre im stumpfen Winkel zur vorderen Fläche quer über die Schmalseite zu führen. Die

Handdrechseln

Bild 6/43.
Drechseln des Sockels einer Schale mit der Röhre

Spanfläche der Röhre (Hohlung) wird um etwa 45° nach vorn zum Drechsler hin geneigt (Bild 6/42 a). Die Fase der Röhre steht dabei fast parallel zur Arbeitsfläche. Nur mit einer derartigen Werkzeugführung ist eine saubere, glatte Fläche zu erzielen. (Die gleiche Werkzeugführung ist erforderlich, wenn eine plane Scheibenfläche erzielt werden soll. – Bild 6/42 c.) Anschließend werden bei Tellern und Schalen die Außenmaße und das Maß des Fußes bzw. der unteren Vertiefung mit dem Stechzirkel angerissen. Müssen Fälze oder Platten für Sockel bzw. zur Aufnahme in ein Backenfutter für das Bearbeiten der Gegenseite angearbeitet werden, wird nach dem Anreißen der Durchmesser zunächst mit einer schmalen, spitzen Röhre grob vorgedrechselt und anschließend mit dem Schlichtstahl die Kante geglättet und genau winklig geschabt (Bild 6/43).

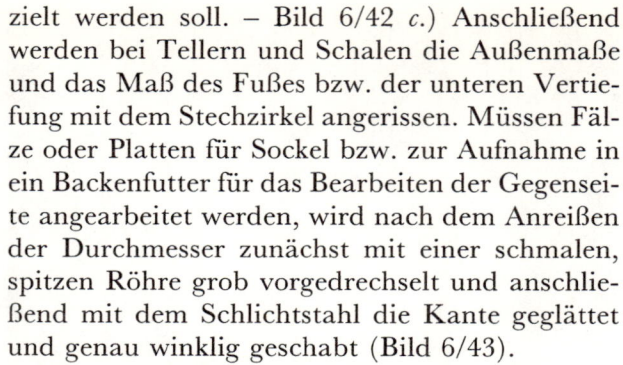

Mit einer mittelbreiten Formröhre kann nun die Form so herausgearbeitet werden, indem die Schneide der Röhre von der Mitte des Werkstückes ausgehend in Richtung Rand gedrückt wird. Dabei steht die Röhre nicht wie beim groben Überdrechseln senkrecht zur vorderen Fläche, sondern in so einem spitzen Winkel, daß die Fase der Werkzeugschneide am Werkstück anliegt und mit der Form mitgeführt wird (Bild 6/44 a, b).

Das Anlegen der Fase ist Grundprinzip aller

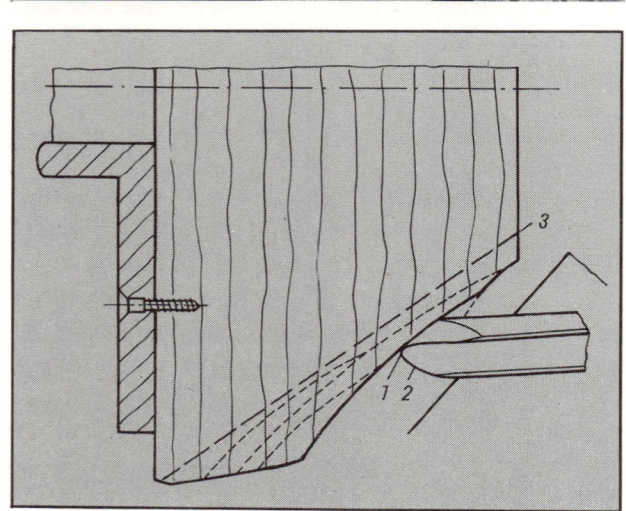

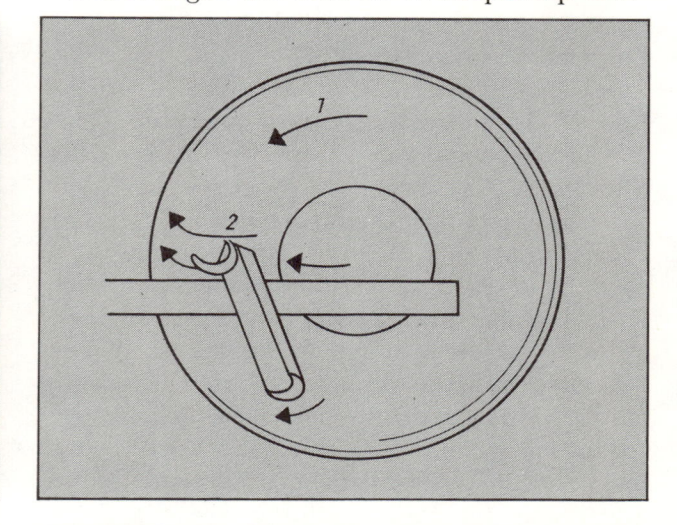

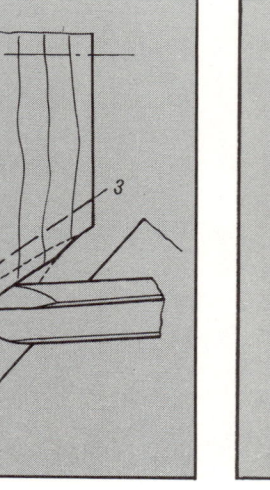

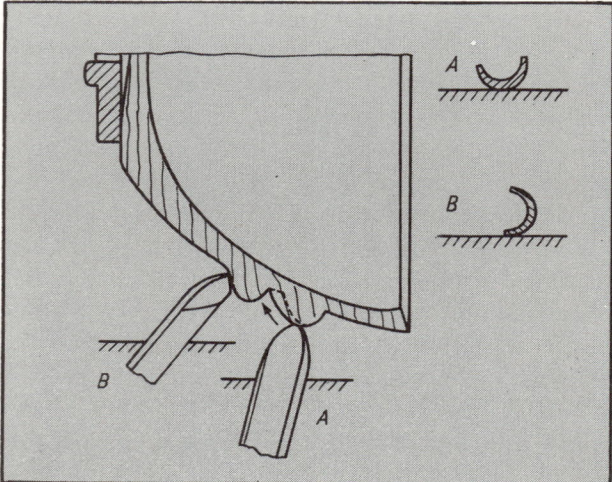

Bild 6/44.
Drechseln der Außenseite einer Querholzschale
a) Arbeiten mit der Formröhre; b) schematische Darstellung der Werkzeugführung beim Drechseln der Außenseite einer Schale;
c) Schneidenführung einer Röhre beim Drechseln einer Querholz-Außenform:
(1) Hauptschneide,
(2) Nebenschneide,
(3) Werkstückform;
d) Handhabung der Röhre beim Ausformen von erhabenen Zierringen an einer Querholz-Schüssel. – Es empfiehlt sich, diese Verzierung bereits mit anzudrechseln, wenn die Außenform des Gefäßes hergestellt wird; (A) an der höchsten Stelle des Profilrings steht das Werkzeug fast gerade; (B) an der tiefsten Stelle ist es auf die Seite gerollt

Formungen mit der Röhre. Deshalb wird bei langgezogenen Wölbungen oder Kehlen die Fase bewußt etwas länger angeschliffen sein als bei kurzen, tiefen Kehlen. Bei sehr tiefen Kehlen (z. B. auch bei tiefen Schüsseln) ist zu empfehlen, die Fase am Rücken des Werkzeuges nochmals etwas abzukanten. (Bild 6/44 c verdeutlicht die Schneidenführung mit der Formröhre.)

Bei großen Wölbungen und Kehlen muß die rechte Hand, die die Röhre am Werkzeugheft festhält, gleichmäßige, aber zügige Bewegungen ausführen und mit der zu erzielenden Form mitgehen. Ist die eine Seite fertig gedrechselt und geschliffen, wird die Scheibe in ein Backenfutter umgespannt. (Wenn sich die Backenfutter im allgemeinen auch durchgesetzt haben, wird es doch Arbeiten geben, bei denen sie nicht einsetzbar sind. Für diese Fälle sollte der Drechsler die Herstellung von Spundfuttern und das Arbeiten daran bei der Querholzdrechselei beherrschen; vgl. Bild 4/20.)

Im Bild 6/44 d ist die Handhabung der Röhre beim Drechseln von Halbstab-Profilen an Querholzformen dargestellt.

Beim Drechseln der Hohlseite (Vorderseite von Tellern und Schalen) wird – im Gegensatz zum Drechseln von Wölbungen (Rückseite von Tellern und Schalen) – die Schneide der Röhre von außen nach innen geführt. Hierbei ist ebenfalls auf ein Anliegen der Fase zu achten, damit eine saubere und glatte Fläche entstehen kann (Bild 6/45 a, b). Nach grobem Vorschruppen der inneren Form muß die endgültige Form mit der Röhre »in einem Zug« von außen nach innen bis zum Mittelpunkt sauber gedrechselt werden. Wird mit dem Werkzeug mehrmals angesetzt, entstehen Absätze oder zumindest wellenförmige Unebenheiten, die durch Schleifen nicht restlos zu beseitigen sind und die nach der Oberflächenbehandlung erst richtig in Erscheinung treten. Bei besonders großen Schalen oder Tellern ist es nicht möglich, sofort die gesamte Holzmasse aus dem Inneren herauszuschruppen und erst am Schluß sauber zu drechseln. Es würden hier nämlich Vibrationen entstehen, die eine saubere Arbeitsfläche verhindern. Bei derartigen Werkstücken muß vielmehr zunächst ein Kern stehen bleiben. Seitlich von diesem Kern wird das überflüssige Material herausgeschruppt und die Randzone sauber gedrechselt. Erst danach wird die Mittelzone ausgeschruppt und sauber nachgedrechselt. Eine derartige Methode ist auch zu empfehlen, wenn ein Rohling zunächst nur vorgeschruppt werden soll, damit er noch etwas nachtrocknen kann. (Bild 6/45 c zeigt Vorschläge für Arbeitsschritte beim Ausdrechseln von Querholz-Innenformen.)

Bei großen planen Flächen, z. B. Tabletts und

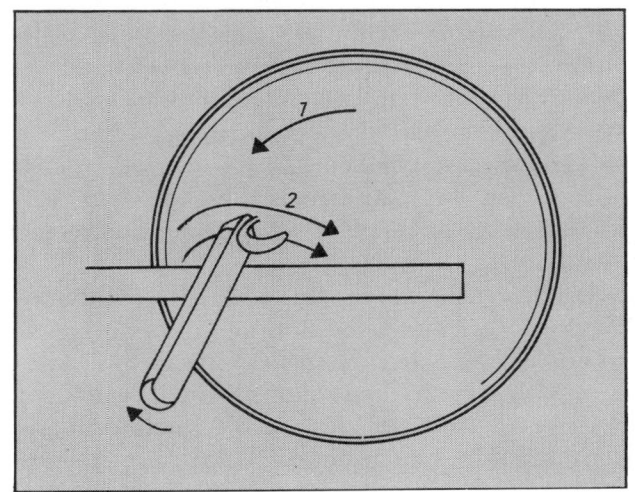

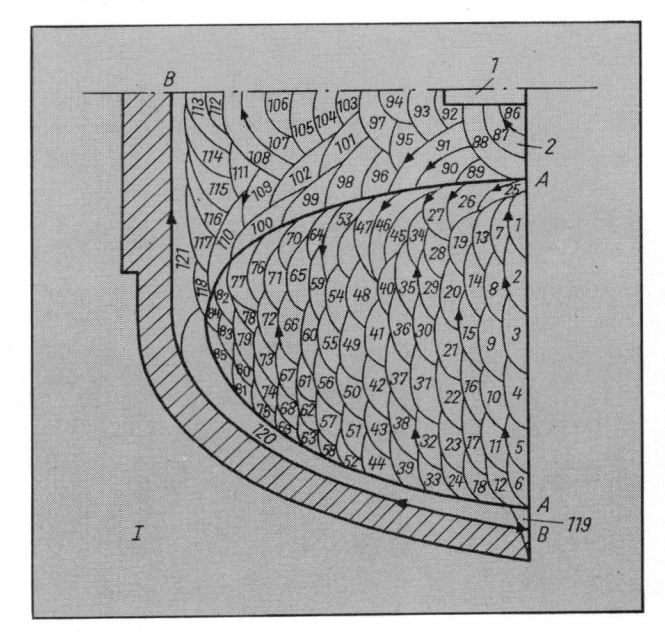

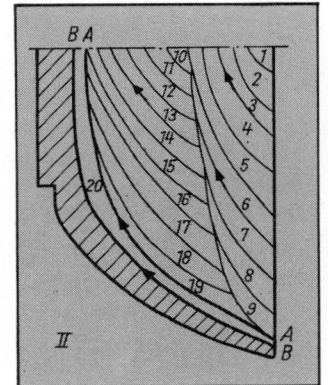

Querholzdrechseln

Bild 6/45. Drechseln der Innenseite einer Querholz-Schale a) Handhabung der Formröhre, b) schematische Darstellung der Werkzeugführung beim Drechseln der Innenseite einer Schale, c) schematische Darstellung der Reihenfolge der Spanabhebung an der Innenform einer Schüssel, in zwei Varianten
Variante *I*: A – A Linie der vorgeschruppten Innenform; B – B Linie der fertigen Innenform in zwei Zügen glatt gedrechselt (Schritt 120 und 121) bei tiefen Gefäßen; (1) Bohrung für Schraubenfutter; (2) beim Vorgeschruppten bleibt dieser Kegel stehen;
Variante *II*: A – A Linie der vorgeschruppten Innenform; B – B Linie der fertigen Innenform in einem Zug glatt gedrechselt (Schritt 20) bei flachen Gefäßen.
Die numerierten Schritte sind als Vorschläge zu verstehen, nicht als bindende Anwendungsvorschrift!

Tellern, muß nach dem Formdrechseln die ebene Fläche mit einem gut geschärften Schlichtstahl nachgeebnet werden (Bild 6/46). Damit der Boden nicht zu dick bleibt, jedoch noch genügend Stabilität behält, wird der Anfänger mit Hilfe einer Leiste, die er quer über den Rand des Werkstückes legt, und eines Gliedermaßstabes die Tiefe prüfen. Der geübte Drechsler spürt beim Drechseln genau, wieviel Material noch wegzudrechseln ist. Er wird nur mit Daumen und Zeigefinger zwischendurch die Wandung und Bodendicke prüfen. Muß die Unterseite bzw. die Rückseite einer Scheibe oder Schale völlig eben bleiben, dürfen also keine Fälze oder Platten angedrechselt werden, so muß an Stelle des Backenfutters eine andere Befestigungsart gewählt werden. Hierzu gibt es verschiedene Möglichkeiten. Die einfachste und modernste Methode stellt das Spannen mit Hilfe von »Vakuumspannscheiben« dar. Diese haben sich aber wegen ihres zusätzlichen technischen Aufwandes z. Z. noch nicht allgemein durchsetzen können.

Der Drechsler kann aber z. B. in der Mitte des Werkstückes eine flache Bohrung anbringen, um so erneut das Schraubenfutter einsetzen zu können. Das ist allerdings nur möglich, wenn der Boden nicht zu dünn wird und die Qualitätsanforderungen nicht zu hoch sind. Das verbleibende Loch kann zwar mit einem Dübel verschlossen werden, es wird sich jedoch in jedem Falle markieren.

Eine bessere, jedoch aufwendigere Methode ist das *Verkleben mit Papierzwischenlage*. Auf eine plan zugerichtete hölzerne Futterscheibe wird mit Klebstoff mittlerer Konsistenz (Glutinleim) zähes, jedoch spaltfähiges Papier und in gleicher Weise die zu bearbeitende Scheibe aufgeklebt und die beiden zusammengelegten Teile mit einer Schraubzwinge zusammengepreßt. Das Papier darf den Kleber nicht durchschlagen lassen. Für die Futterscheibe eignet sich dickes Sperrholz oder massive Buche. Nadelholz ist nicht geeignet. Nach kurzer Trokkenzeit wird das Werkstück zunächst nochmals mit der aufgeklebten Futterscheibe nach vorn in die Drechselbank eingespannt, damit sie überdrechselt und für die Befestigung in einem Futter gebohrt werden kann. Danach wird die Futterscheibe in ein Schraub- oder Backenfutter gespannt, und das Werkstück kann fertig bearbeitet werden. Ist das geschehen, muß die Verbindung der beiden verklebten Teile mit Hilfe eines dünnen Messers am zwischengelegten Papier getrennt werden. Holzausrisse dürfen nicht auftreten. Zum Schluß werden die Papier- und Klebstoffreste am Werkstück an der Scheibenschleifmaschine oder auch an der Drechselbank entfernt.

Eine weitere Methode für diese Art der Werkstückbearbeitung ist die der Verwendung von Spitzenscheiben bzw. Stachelfuttern oder Stiftfuttern (vgl. Bild 4/18). Hier wird das Werkstück nach dem Auszentrieren mit einem derben Schlag auf die Spitzen geschlagen und so weiterbearbeitet. Besonders wichtig für das sichere Arbeiten ist die richtige Anfertigung der Spitzen. Nach der Bearbeitung läßt sich das Werkstück relativ leicht vom Futter trennen. Die entstandenen Eindrücke müssen verkittet werden.

Eine weitere Methode wurde im Abschnitt »Vorrichtungen zum Befestigen der Werkstücke« genannt: die Verwendung des »Kittfutters«. Sie ist besonders für kleine Scheiben (Untersetzer, Rosetten) geeignet. Mit diesem Futter ist ein sehr rationelles Arbeiten möglich, weil die Spindelstockwelle beim Ein- und Ausspannen des Werkstückes nicht angehalten zu werden braucht (vgl. Bild 4/19). Die verbleibenden Kittreste werden an der Scheibenschleifmaschine abgeschliffen.

Spannfälze an Schüsselböden können aber auch nachträglich wieder entfernt werden. Hierzu muß man das Werkstück nach dem Ausdrechseln der Vorderseite nochmals in ein selbstgefertigtes Hohlfutter umspannen (vgl. Bild 4/20).

Für das Herstellen besonders tiefer Schüsseln (großer Salatschüsseln u. dgl.) würde viel wertvolles Holz zu Spänen verschruppt, wenn die gesamte Vertiefung mit der Röhre herausgearbeitet würde. Hier sollte deshalb ein möglichst großer innerer Kern im ganzen ausgestochen werden. Das ist vor allem für die Serienfertigung wichtig. Dieses Heraustechen wird in der PGH Drechslerwerk-

Bild 6/46.
Schlichten eines geraden Bodens in einer Querholz-Schale mit dem Schlichtstahl (Schaber)

Querholzdrechseln

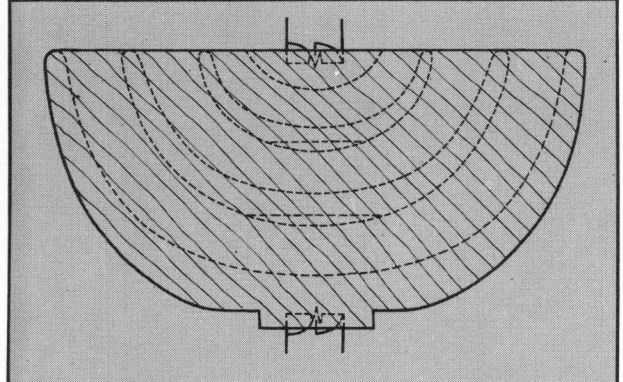

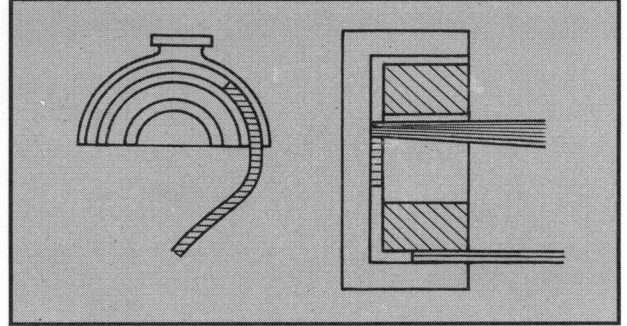

Bild 6/47. Abtenauer Schüsseldrechsler a) Drechsler beim Herstellen von vier Schüsseln aus einem Ahornblock, b) schematische Darstellung des Herstellens von mehreren Schüsseln aus einem Holzstück (Vorschruppen zwischen Spitzen), c) schematische Darstellung von zwei Formen des Ausstechens von Innenteilen aus Gefäßkörpern beim Drechseln, d) Schüsseldrechsler in Girkhausen, e) Schüsselrohlinge in verschiedenen Arbeitsstufen

stätten in Olbernhau z. B. mit Hilfe eines Supportes und einem darauf eingespannten Schaber vorgenommen. Der Schaber wird schräg in das Werkstück eingeführt. Dadurch bleibt am Boden ein Rest stehen, der später abgespalten wird. Der so herausgetrennte Kegelstumpf kann erneut zum Herstellen einer kleineren Schüssel verwendet werden. Bei großen Dimensionen können mehrere Schüsselrohlinge aus einem Stück gewonnen werden. Dieses für eine ganze Serie vorbereitende Ausstechen von Schüsselkernen ist nicht nur nützlich im Sinne der Materialökonomie, sondern steigert auch die Qualität der Endprodukte, weil durch das Ausstechen der Holzinnenteile ein Nachtrocknen der Werkstückrohlinge möglich wird und nachträgliche Verformungen des fertigen Werkstückes weitestgehend ausgeschlossen sind. Eine ähnliche Methode wendeten die Zillerthaler und Abtenauer Schüsseldrechsler an. Sie benutzten jedoch keinen Support, sondern hatten extrem lange Werkzeuge (Krummeißel), die sie hebelartig einsetzten. Sie konnten mit ihrer Methode mehrere Schüsselkörper bogenförmig vollkommen herausarbeiten und hatten dadurch geringe Werkstoffverluste (Bild 6/47 *a* bis *c*). Sie verwendeten für diese Schüsseln Zirbelkiefer oder Ahorn. Die Rohlinge dafür spalteten sie mit dem Beil aus Baumstammhälften. Sie nutzten dadurch bereits die Stammrundung für die äußere Schüsselform.

Handdrechseln

Bild 6/48.
Drechseln eines Ringornamentes in eine Türfüllung

In Fachkreisen war es bisher kaum bekannt, daß auch im Rothaargebirge (Westfalen/BRD) diese Technik des Schüsseldrechselns bereits seit 1520 ausgeübt und noch bis nach dem Zweiten Weltkrieg gepflegt wurde. Heute existiert in Girkhausen ein kleines Kultur- und Technikmuseum, die »Drehkoite«, in dem die Technik des Schüsselmachens vorgeführt wird [71] (Bild 6/47 d, e).

Eine Besonderheit beim Ausdrechseln von großen Flächen (Türfüllungen) zeigt Bild 6/48.

Drechseln von mittelgroßen und großen Ringen

Mittelgroße Ringe, z. B. für Griffe, werden aus einer Massivholzscheibe hergestellt. Hierbei wird die vorbereitete Scheibe zunächst auf ein Schraubenfutter gespannt, überdrechselt und die Ringgröße angerissen. Nun wird wie beim Drechseln von Tellern mit der Formröhre eine Hälfte des Ringes gedrechselt. Die äußere Rundung des Ringes muß über die Hälfte hinweg gedrechselt werden, damit nach dem Umspannen das Futter durch das Werkzeug nicht beschädigt wird (Bild 6/49).

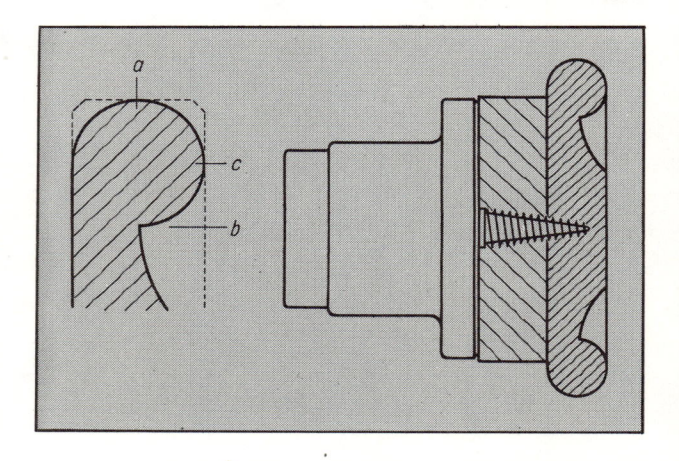

Bild 6/49.
Drechseln mittelgroßer Ringe auf Schraubenfutter

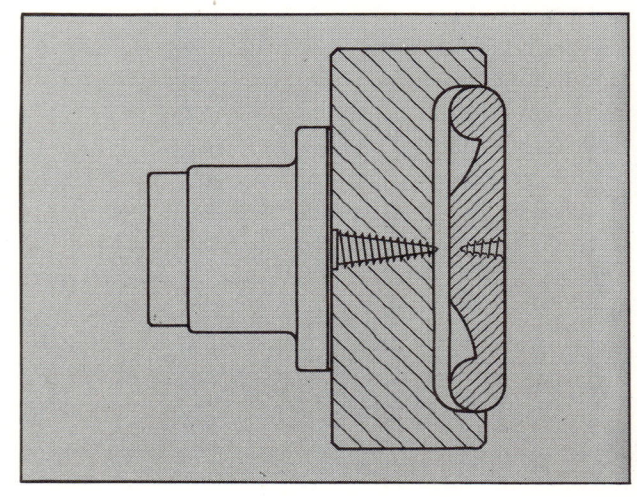

Ist eine Hälfte fertig, wird in ein vorbereitetes Spundfutter umgespannt und fertiggedrechselt (Bilder 6/50, 6/51).

Es ist auch möglich, beide Seiten auf dem Schraubenfutter zu drechseln. Hierbei ist jedoch durch das Umspannen die Genauigkeit der Übereinstimmung beider Ringhälften nicht gewährleistet. Damit der Querschnitt des Ringes auch kreisrund wird, ist zu empfehlen, neben dem genauen Anreißen des äußeren und inneren Ringdurchmessers auch die seitliche und äußere Mitte des Querschnittes mit Bleistift anzuzeichnen und von da aus jeweils nach beiden Seiten abzudrechseln, wie das beim Drechseln von Kugeln bereits erläutert wurde (vgl. Bild 6/49).

Bild 6/50.
Halbseitig gedrechselter Ring in einem Spundfutter

Beim Herstellen von »großen Ringen«, wie sie z. B. für Beleuchtungskörper Anwendung finden, kommt es zunächst besonders auf eine genaue, dem Verwendungszweck angepaßte Vorbereitung der Ringrohlinge an (siehe auch Abschnitt »Holzvorbereitung«).

Das Drechseln selbst erfolgt entweder an einer Planscheibe oder an einem Drehkreuz.

Ringe kleinerer Dimensionen werden auf vollen Planscheiben befestigt. Diese Scheiben sind im einfachsten Falle aus verleimten Massivholz, besser jedoch aus Lagenholz anzufertigen. Bei letzterem ist die Gefahr des Verwerfens ausgeschaltet, sodaß sie längere Zeit verwendbar sind. Die Dicke der Planscheiben muß so sein, daß beim Drechseln kein Vibrieren auftritt. Sehr gut verwendbar sind Planscheiben aus Metall. Hier ist jedoch die große Masse nachteilig.

Die Rohlinge werden von hinten auf die Planscheibe aufgeschraubt oder, wie bereits beschrieben, mit Papierzwischenlage aufgeklebt. Beim Aufschrauben setzt man vorteilhafterweise die Schraublöcher so, daß sie später verdeckt oder,

filierungen, die nur auf der Drechselbank gefertigt werden können (Bild 6/52).

Für besonders große Ringe, für die die Höhe zwischen Drechselbankbett und Spindelstockwelle nicht ausreicht, wird eine sog. Kopfdrechselbank benötigt. Steht eine derartige Drechselbank nicht zur Verfügung, versetzt man den Spindelstock um 90° oder um 180° nach außen und befestigt die Handauflage auf eine zweite, quergestellte Drechselbank oder auf eine spezielle Halterung. Dabei muß jedoch beides besonders stabil und vibrationsfrei miteinander befestigt werden.

z. B. bei Lampenringen, für die Schnüre oder Elektroteile weiter benutzt werden können.

Das Drechseln von großen Ringen stellt keine besonders neuen Anforderungen an den Drechsler. Er muß nur mit der Röhre sicher umgehen können und auf ruhigen, ausgewuchteten Lauf der Drechselbank achten.

Für sehr große Ringe und zur Holzeinsparung wird das Drehkreuz als Spannmittel eingesetzt. Durch einfache Überplattungsverbindung stellt sich der Drechsler dieses Hilfsmittel selbst her. Zur Befestigung an der Drechselbankspindel ist ein Gewindeflansch am besten geeignet (vgl. Bild 4/21). Die Gefahr des Vibrierens ist jedoch beim Arbeiten mit dem Drehkreuz größer als bei der Planscheibe.

Bei Bilderrahmen werden die Fälze auf der Fräsmaschine oder bei kleineren Rahmen an der Drechselbank mit Hilfe des Falzeisens angearbeitet (vgl. Bilder 4/36, 4/37).

Die meisten Ringe können selbstverständlich auch insgesamt auf Fräsmaschinen hergestellt werden. Für den Drechsler ist es jedoch eine dankbare Aufgabe, individuell gestaltete Ringe für Bilderrahmen oder Beleuchtungskörper auf der Drechselbank herzustellen. Außerdem gibt es Pro-

Mit den genannten Hilfsmitteln werden alle ringförmigen Werkstücke wie Rahmen, runde Fenster, drehbare Servierplatten u. dgl. auf der Drechselbank hergestellt.

Jedes Werkstück weist natürlich gewisse Besonderheiten auf, und jede Variante fordert dem Drechsler erneutes Durchdenken der Arbeits-

Querholzdrechseln

Bild 6/51.
Drechseln von Bilderrahmen aus Massivholz
a) Drechseln der Rückseite und des Falzes. Das im Bild darunter liegende Spundfutter muß genau in den Falz passen; *b)* Abheben des Rahmens vom Spundfutter nach dem Drechseln der Vorderseite

Bild 6/52.
Typische Rahmenform, die mit Fräsmaschinen nicht herstellbar ist

Handdrechseln

[1] Zu beachten sind die Gesundheits- und Arbeitsschutzvorschriften beim Drechseln und Drehen

Bild 6/53.
a) Gegenüberstellung von Werkzeugen: rechts normale Werkzeuge für den Drechsler, links Reifendrechslerwerkzeuge,

b) schematische Darstellung von zwei Sonderformen der Drechslerstähle, die speziell beim Reifendrechseln Anwendung finden: links Pfannenstecher, rechts Bohrer – Maßstab etwa 1:4

Bild 6/54.
Schematische Darstellung der Lage eines Pferdchens in einem gedrechselten Reifen: a) erste Arbeitsseite (Beinseite), b) zweite Arbeitsseite nach Umstecken des Reifens (Rückenseite)

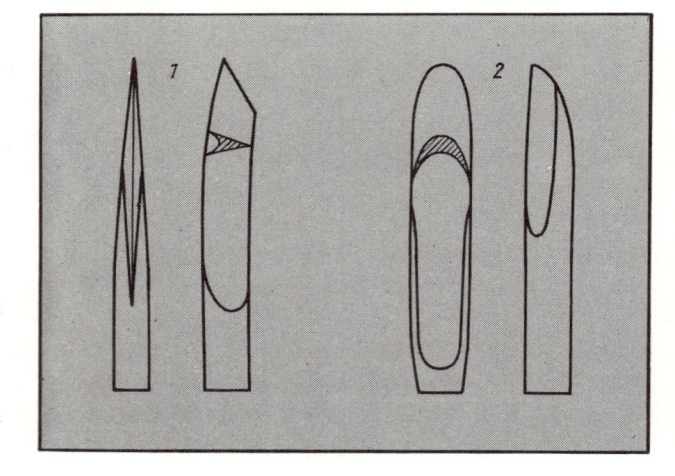

gänge ab, damit die optimale Arbeitslösung gefunden werden kann. Das ist aber gerade das, was den Handwerksberuf – und hier besonders den Drechslerberuf – so ausgesprochen reizvoll und interessant macht.[1]

Sonderverfahren des Drechselns

In diesem Abschnitt sollen die wichtigsten Sonderverfahren in knapper Form erläutert werden. Dabei können aus der Reihenfolge und dem Umfang der Darlegungen keine Rückschlüsse auf die Bedeutung der einzelnen Techniken gezogen werden. Sicher sind einzelne dieser Techniken in ihrem Anwendungsumfang vom Zeitgeschmack und von der Entwicklung der übrigen Holztechniken beeinflußt. Aufgabe dieser kurzen Abhandlung soll es sein, dem Lernenden wie dem Fachmann die vielfältigen Möglichkeiten des Drechselns aufzuzeigen und damit Denkanstöße für die Weiterentwicklung des Berufes zu geben. Fest steht schon heute, daß Verfahren wie das Reifendrechseln, das Ovaldrechseln, das Randerieren und das Andrehen von Spanlocken wertvolle Gestaltungsmittel für den Kunsthandwerker darstellen.

Reifendrechseln

Die Reifendrechselbank ist eine besonders stabile Holzkonstruktion, die meist zwischen Werkstattdecke und Fußboden fest verankert ist. Welle und Lagerung müssen entsprechend stabil konstruiert sein. Als Spannmittel wird überwiegend ein großes Ring- bzw. Schlagfutter (Heureka-Futter) verwendet.

Beim Reifendrechseln handelt es sich im Prinzip um normales Langholz-Drechseln, bei dem hauptsächlich in Hirnholz gearbeitet wird. Es wird ohne Reitstock, also »frei« gedrechselt. Als Werkstoff werden Nadelholzrundlinge (seltener weiche Laubhölzer) mit Abmessungen zwischen 150 bis 350 mm Durchmesser und 150...400 mm Länge verwendet. Diese Rundlinge werden naß vom frisch gefällten oder zumindest im Wasser gelagerten Stamm an die Drechselbank geschlagen. Das Bearbeiten nassen Holzes ist erforderlich, weil trockenes Holz relativ spröde ist und deshalb feine,

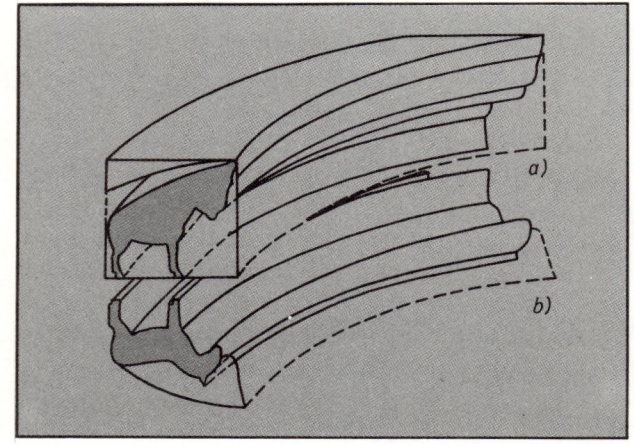

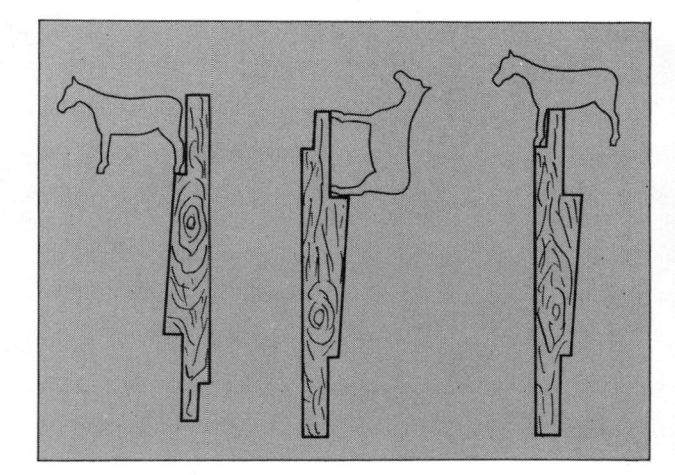

Sonderverfahren des Drechselns

zarte Formen nur schwer herzustellen sind. Außerdem ist bei frischem Holz der Härteunterschied zwischen Früh- und Spätholz nicht so ausgeprägt wie bei getrocknetem. Holzspannungen und Risse, die beim Trocknen von Stammabschnitten sehr schnell auftreten, werden durch die Verwendung nassen Holzes ebenso vermieden. Gerissene Stammabschnitte sind für den Reifendrechsler unbrauchbar. Die Werkzeuge für das Reifendrechseln unterscheiden sich von normalen Drechslerwerkzeugen nur wenig. Auffallend sind außer ihrer Länge (bis 800 mm) einzelne wenige Spezialformen. Der Reifendrechsler verwendet neben Meißel, Röhre, Schaber, Abstecher und Ausdrehhaken den sog. Pfannenstecher, Bohrer und Spieß. Diese Formen benötigt er in jeweils 3 bis 5 Größen (Bild 6/53). Der Keilwinkel bei Reifendrechsler-Werkzeugen ist etwas kleiner als bei normalen Drechslerwerkzeugen.

Nach dem Runddrechseln des angeschlagenen astfreien Stammholzes im üblichen Sinne, wird die Hirnholzseite glattgestochen und danach die Unterseite (die Beinseite bei Tieren) gedrechselt. (Bild 6/54 *a* und *b*).

Der Drechsler kann dabei nur wenig messen. Er muß deshalb ein gutes Augenmaß, viel Formgefühl und Vorstellungsvermögen besitzen. Lediglich einige Hauptmaße kann er sich mit Hilfe einer Brettchenlehre abtasten (Bild 6/55). Das Arbeiten des Reifendrechslers ist mit dem Hohldrechseln von Büchsen oder ähnlichen Werkstücken auf der normalen Drechselbank zu vergleichen, nur mit dem Unterschied, daß die stehenbleibende Wandung beim Reifendrechsler genauestens die Umrißlinien des herzustellenden Tieres nach dem Aufspalten des Reifens ergeben muß (Bild 6/56). Nach Fertigstellung der Unterseite wird der

Bild 6/55. Brettchenlehre für den Reifendrechsler

Bild 6/56. Reifendrechsler beim Drechseln der Beinseite eines Tieres in der Schauwerkstatt des Erzgebirgischen Spielzeugmuseums Seiffen

Bild 6/57. Weiterbearbeitung der Reifenform

Bild 6/58. Reifengedrechseltes Spielzeug – Stadt mit Autos (Gerd Kaden, Neuhausen)

Reifen abgestochen. An dem an der Drechselbank verbliebenen Rundholzteil wird ein Zapfen so angearbeitet, daß der einseitig fertiggestellte Reifen auf ihn umgesteckt werden kann. Nachdem dieser darauf befestigt und ausgerichtet ist, wird in ähnlicher Weise die Rückseite des Reifens (bzw. des herzustellenden Tieres) gedrechselt.

Nach Abschluß des gesamten Drechselvorgangs wird der Reifen aufgespalten (Bild 6/57). Dabei wird erstmals die wirkliche Profilform (Tierform) sichtbar. Die abgespaltenen Einzelteile werden durch Schnitzen und Bemalen weiter verfeinert. Mit dieser speziellen Drechseltechnik, die nur in Seiffen im Erzgebirge betrieben wird, können neben den bekannten Spielzeugtieren verschiedene Zubehörteile für Spielzeug, auch Häuschen, Fahrzeuge und sogar menschliche Figuren hergestellt werden. Besonders bemerkenswert ist die hohe Produktivität dieses Verfahrens (Bild 6/58).[1]

Bild 6/59. Ovalgedrechselte Schreibtischgarnitur aus Makassar-Ebenholz (KLAUS WEBER, Seiffen)

[1] vgl. hierzu die Veröffentlichungen des Spielzeugmuseums Seiffen [14]

Bild 6/60. Ovaldrechselwerk herkömmlicher Bauart a) verstellbarer Schlagring, b) Planscheibe mit Schieber

Ovaldrechseln

Das Herstellen ovaler Werkstücke kann zu einer sinnvollen Bereicherung der Formensprache des Drechslers führen. Die Ovalform hat sogar für bestimmte Einsatzgebiete funktionelle Vorzüge gegenüber der kreisrunden Form. Man denke dabei an Brotteller, Bilderrahmen, Rosetten, Möbelknöpfe u. dgl. Leider ist das Ovaldrechseln nahezu in Vergessenheit geraten. Dem Autor sind lediglich aus den letzten Jahrzehnten einige Meisterstücke (EHRENFRIED und KLAUS WEBER, Seiffen, WOLFGANG GLÄSZER, Neuhausen) bekannt geworden, von denen die Arbeit von KLAUS WEBER, eine Schreibgarnitur aus Makassar-Ebenholz (Bild 6/59), in ihrer Formgestaltung besondere Beachtung fand. Die Serienfertigung ovaler Werkstücke übernahm in den letzten Jahrzehnten die Fräsmaschine, auf der nach Schablone viel effektiver produziert werden konnte. Daß das Ovaldrechseln so schnell aus den Drechslerwerkstätten verdrängt wurde, ist auch darin begründet, daß mit dem herkömmlichen »Ovalwerk« nur sehr niedrige Drehzahlen (100...250 min^{-1}) möglich waren, weil die auftretenden Trägheitsmomente nicht nur die Lager belasteten, sondern die gesamte Drechselbank in Schwingungen versetzen konnten und dadurch das Führen der Werkzeuge erschwerten. Für den Drechsler stellte das eine starke Belastung dar. Alle Versuche, durch das Anbringen von Ausgleichsmassen einen Schwingungsausgleich zu erzielen, haben keinen nennenswerten Erfolg gebracht. Erst in allerjüngster Zeit ist es gelungen, einen konstruktiven Fortschritt zu erzielen. Deshalb soll auf dieses Sonderverfahren des Drechselns hier auch etwas ausführlicher eingegangen werden.

Herr Prof. Dr.-Ing. habil. J. VOLMER, Professor an der TH in Chemnitz, hat durch getriebetechnische Analysen und – unterstützt von der Olbernhauer Maschinenfabrik – durch Experimente eine praktikable Lösung mit einem dynamischen Masseausgleich gefunden und damit ein Ovalwerk neuen Typs entwickelt, mit dem die Trägheitswirkung des Planschiebers und des Werkstückes aufgehoben wird und dadurch gleichzeitig wesentlich höhere Drehzahlen möglich werden. Das Grundprinzip der Entstehung der Ovalform (exakt: elliptischer Konturen) ist dabei von der herkömmlichen Vorrichtung des Ovalwerks (Schlagring, Planscheibe mit Planschieber) übernommen worden (Bild 6/60). Für das Drechseln an einem Ovalwerk – ganz gleich welcher Konstruktion – sind Besonderheiten zu beachten, die nachfolgend dargelegt werden sollen: Das Zurichten des Werkstück-Rohlings erfolgt in Rechteckform (z. B. für Rahmen, die nur innen oval ausgedrechselt werden) (Bild 6/61) oder in Ovalform. Im letzteren Falle wird das Oval zeichnerisch konstruktiv oder mit dem Ovalzirkel (Bild 6/62) gezeichnet. Es kann aber auch durch Anhalten eines Zeichenstiftes an einem am Ovalwerk befestigten Werkstückrohling durch langsames Drehen der Planscheibe aufgezeichnet werden. Die elliptische Kontur ist bei festgelegten Achsenmaßen der Ellipse bei allen Zeichnungsformen gleich.

Die Befestigung des zugeschnittenen Werkstück-Rohlings am Ovalwerk erfolgt ähnlich wie beim normalen Querholz-Runddrechseln. Es werden allerdings vorzugsweise solche Spannmittel verwendet, die eine flache Bauweise haben und dadurch den Abstand von der Spindelstocklagerung zum Werkstück nicht weiter vergrößern, als das bereits durch das vorgesetzte Ovalwerk der

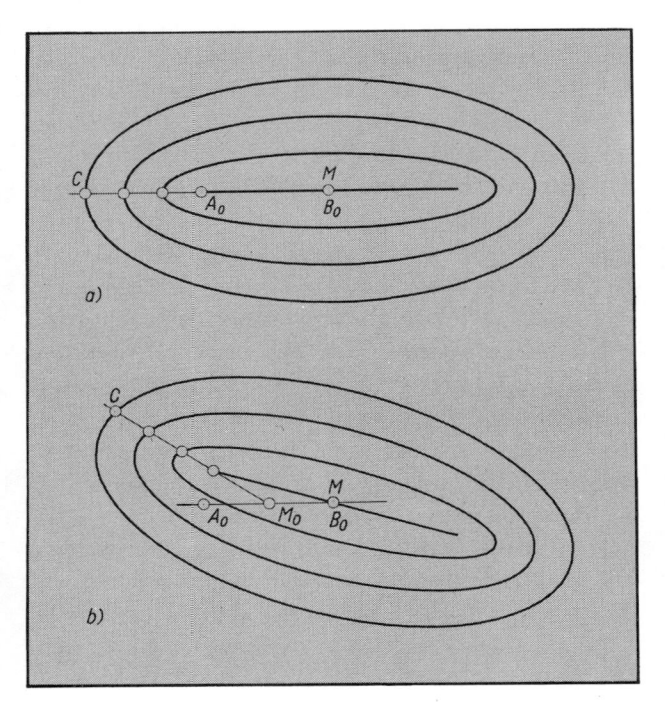

Bild 6/61. Ovalgedrechselter Bilderrahmen aus Eschenholz (EHRENFRIED WEBER, Seiffen)

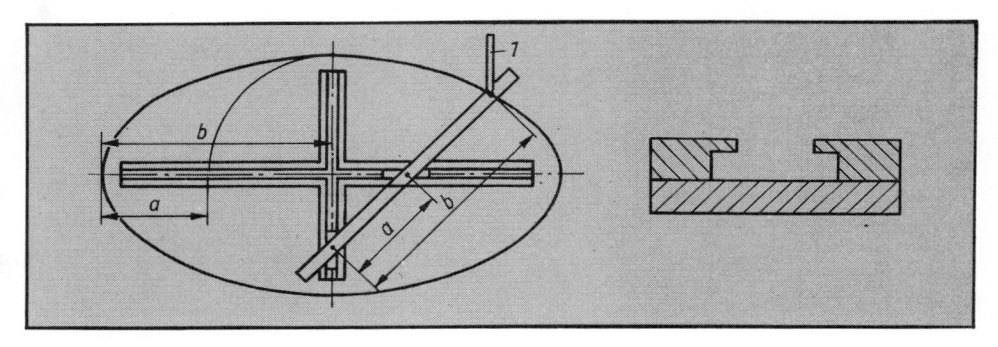

Bild 6/62. Ovalzirkel (Ellipsenzirkel) Links Draufsicht mit Angaben der Halbachsen a und b, rechts Schnitt durch die Führungsschienen (1) Bleistift

Bild 6/63. Schematische Darstellung der an der Ovaldrechselbank entstehenden koaxialen Ellipsen
a) bei Werkzeugführung (Schneidenpunkt C) in und
b) außerhalb der horizontalen Führungsebene

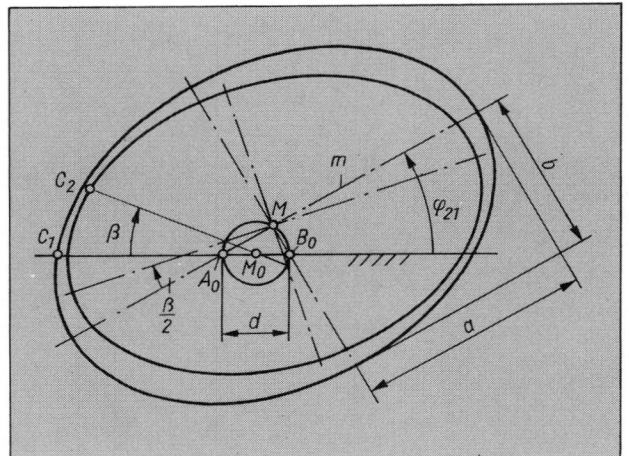

Bild 6/64. Lage und Form der Ellipsen bei unterschiedlichen Schneidenangriffspunkten C_1 und C_2

Bild 6/65.
Aufbau der von Prof. VOLMER entwickelten Ovaldrehmaschine
(1) Spindelstock,
(2) Planscheibe,
(3) Planschieber,
(4) Antriebswelle, (KG) Keilriemengetriebe, (SR) Schlagring,
(WS) Werkstück,
(WZ) Werkzeug,
(HA) Werkzeugauflage (Handauflage),
(UR) Umlaufrädergetriebe mit einstellbarer Ausgleichsmasse,
(BR) Bremse

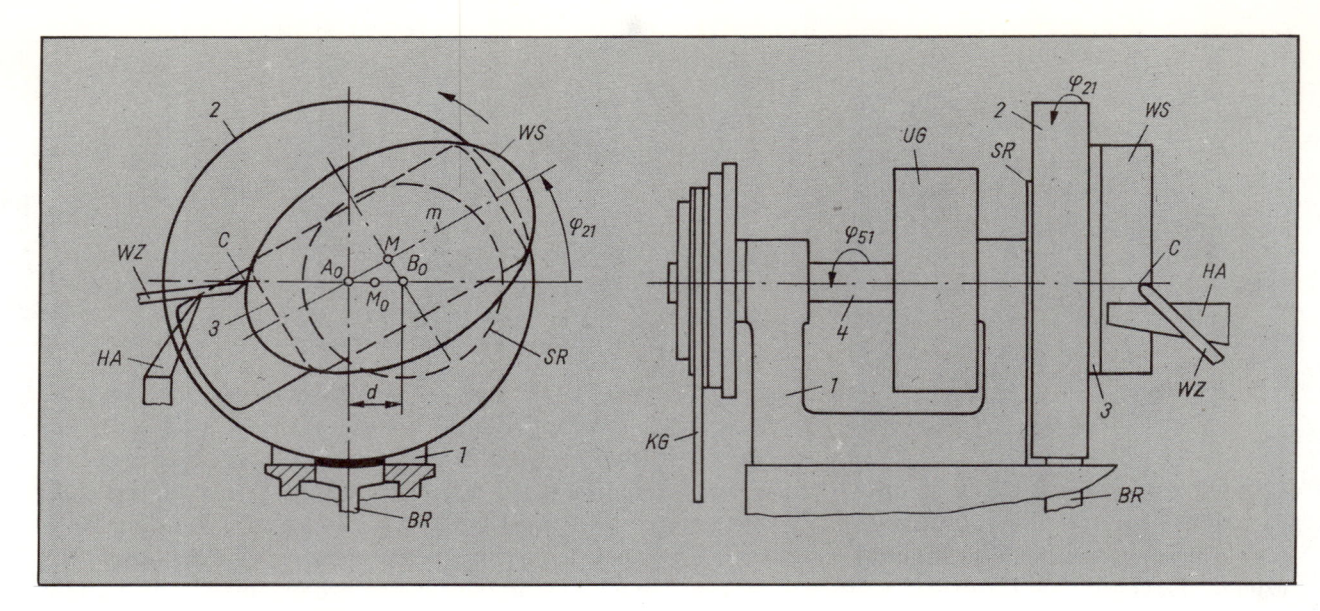

Bild 6/66. Werkstückbewegung beim Ovaldrechselwerk

Bild 6/67. Spanwinkel- und Schnittgeschwindigkeitsänderung beim Ovaldrechseln
a) Umfangdrechseln
γ Spanwinkel,
(WZ) Werkzeug,
(δ) veränderlicher Winkel,
v_c Schnittgeschwindigkeitsänderung in Abhängigkeit von der Tangente und dem Spanwinkel, b) Plandrechseln. Hier bleibt Spanwinkel γ unverändert

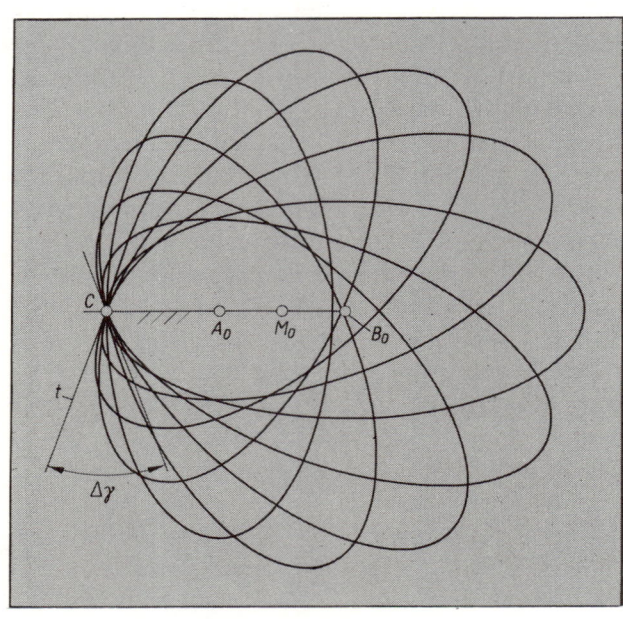

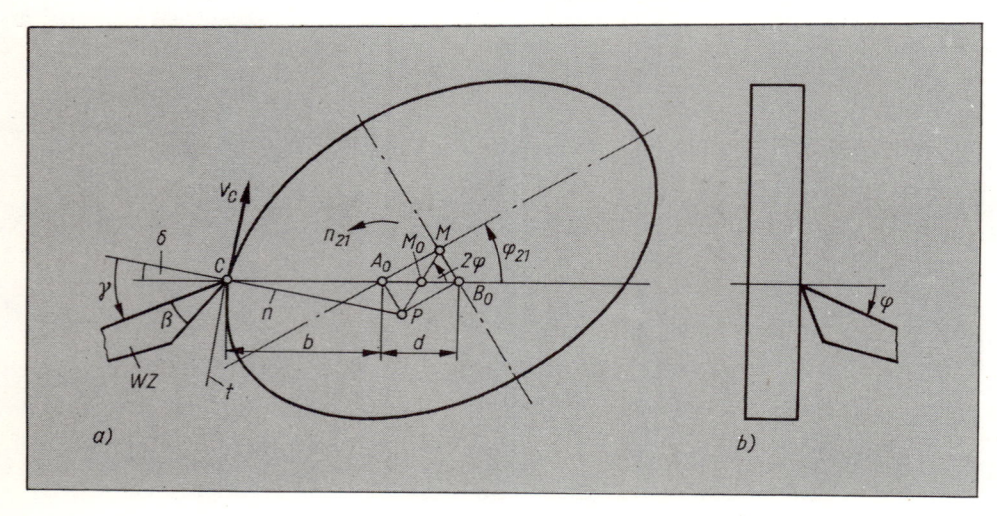

Fall ist. Backenfutter sind demzufolge wenig geeignet. Dafür kommen Schraubenfutter, Planscheiben und Spundfutter um so mehr in Betracht. Auch die Verkeilung des brettchenförmigen Werkstückes zwischen Klemmleisten ist üblich.

Durch die Konstruktion des Ovalwerks schneidet eine am eingespannten Werkstück angehaltene Schneide zwangsläufig eine elliptische Kontur ein. Dabei ist zunächst unbedeutend, in welcher Höhe die Werkzeugschneide angesetzt wird (Bild 6/63). Die Maßverhältnisse der beiden Halbachsen werden am Schlagring eingestellt und bleiben bei allen mit dieser Einstellung geformten Ellipsen gleich: $d = \overline{A_0 B_0}$ (Bild 6/64). Hält der Drechsler den Schneidenpunkt C auf der Mittellinie $A_0 B_0$ z. B. in C_1, so entsteht eine Ellipse, deren Hauptachse mit der Mittellinie m des Planschiebers, der Geraden $A_0 M$ (s. Bild 6/64), zusammenfällt. Wird der schneidende Punkt C oberhalb der Mittellinie $\overline{A_0 B_0}$ gehalten, beispielsweise in C_2, so entsteht eine Ellipse, deren Hauptachse zur Mittellinie m des Planschiebers um einen bestimmten Winkel verdreht liegt. Für die Praxis bedeutet das, daß der Schneidenpunkt C immer auf einer Geraden liegen muß, die durch M_0 führt, wenn koaxiale Ellipsen entstehen sollen, d. h. Ellipsen, die *nicht* zueinander verdreht sind. Die Anwendung von axial verdrehten Ellipsen könnte zwar als Mittel zusätzlicher formgestalterischer Varianten genutzt werden (z. B. Schalen mit ungleich breitem und dadurch dynamisch schwingendem Rand), läßt sich aber in der Praxis mit dem freigeführten Werkzeug deshalb kaum realisieren, weil es dem Drechsler nicht gelingen wird, seine Werkzeugschneide von außen nach innen immer auf der gleichen Linie $\overline{CM_0}$ zu führen. Am Werkstück sind diese Linien nicht sichtbar und auch nicht fühlbar. Erschwerend kommt dabei hinzu, daß die Werkstücke meist eine räumliche Ausdehnung aufweisen, die in Richtung des Spindelstockes oder von ihm weg verläuft. Die Einhaltung der gleichen Bewegungsebene bei der Schneidenführung (Linie $\overline{CM_0}$ ist aber dann am ehesten zu beherrschen, wenn als Führungsgerade für C die Mittellinie $\overline{A_0B_0}$ gewählt wird, also in der Ovaldrehmaschine die horizontal (waagerecht) durch den Mittelpunkt A_0 verlaufende Gerade (s. Bild 6/65). Der Schneidenpunkt C muß also stets in dieser Ebene geführt werden. (Bild 6/65).

Im Gegensatz zum normalen Runddrechseln, bei dem der Drechsler das Werkstück trotz der Rotation in seiner Form vollständig erkennen kann, ist beim Ovaldrechseln das Werkstück in dieser Art nicht sichtbar. Bild 6/66 verdeutlicht das. Es zeigt ein elliptisches Werkstück in acht Stellungen während einer halben Umdrehung der Planscheibe. Als ruhender Punkt erscheint dem Drechsler lediglich der Punkt C, in dem die Schneide des Werkzeuges steht. Durch ihn läuft die Ellipse in all ihren verschiedenen Stellungen. Das beim Drechseln entstehende Profil ist deshalb schwerer als beim Runddrechseln zu erkennen oder zu fühlen. Auch das Schleifen der Oberfläche wird dadurch erschwert. (Zur Zeit laufen Versuche, mit Hilfe eines auf das Werkstück projizierten schmalen Lichtbündels die Führungslinie für die Werkzeugschneide – Linie CM_0 – zu markieren.) Ein weiteres Problem des Ovaldrechselns ist die Tatsache, daß sich Spanwinkel γ und Schnittgeschwindigkeit v beim Umfangdrechseln in bestimmten Bereichen laufend periodisch ändern. Wie im Bild 6/67 zu erkennen ist, ist der Spanwinkel γ von der Senkrechten auf der durch die Schneide C verlaufenden Tangente und der Werkzeugspanfläche begrenzt. Dreht sich die Ellipse, verändert sich die durch die Schneide C laufende Tangente und damit auch der Spanwinkel γ. Dieser kann dabei zu Null oder negativ tendieren. Solche ungünstigen Schnittwinkel sind beim Ovaldrechseln leider unvermeidlich bei kleinen Abständen der Werkzeugschneide C vom Drehpunkt A_0, also bei kleinen Werten b, d. h. bei flachen Ellipsen. Da ungünstige Spanwinkel bekanntlich schlechte Schnittbedingungen hervorrufen, wie beim Schaben, kommt es hier besonders auf scharfe Werkzeuge und auf das Geschick des Drechslers an, durch geeignete Stellung der Schneide trotzdem saubere Schnittflächen zu erzielen. Die Werkzeuge für das Ovaldrechseln besitzen aber deshalb auch einen kleineren Keilwinkel als normale Drechslerwerkzeuge. Die Röhren sind darüber hinaus spitzer zugeschliffen als solche für das Runddrechseln. Beim Plandrechseln (auf der vorderen Planfläche) bleibt der Spanwinkel konstant (Bild 6/67 b). Durch die elliptische Form wechselt beim Ovaldrechseln aber ebenso periodisch die Schnittgeschwindigkeit, die gleichfalls Auswirkungen auf die Schnittqualität hat. Sie ist von der Spindeldrehzahl und den Halbmessern der Ellipse b und d abhängig und läßt sich nicht beeinflussen. Nur die absoluten Wertgrößen lassen sich bei großen oder kleinen Werkstücken durch Verstellen der Spindeldrehzahl regulieren, nicht aber die Geschwindigkeitsschwankungen als solche.

Das Entwerfen ovaler Werkstücke bereitet zeichnerisch größere Schwierigkeiten als das bei kreisrunden der Fall ist. Eine perspektivische Darstellung ist besonders kompliziert. VOLMER hat dafür bereits den Plotter, den computergesteuerten Zeichentisch, bemüht. Für die Praxis im

Sonderverfahren des Drechselns

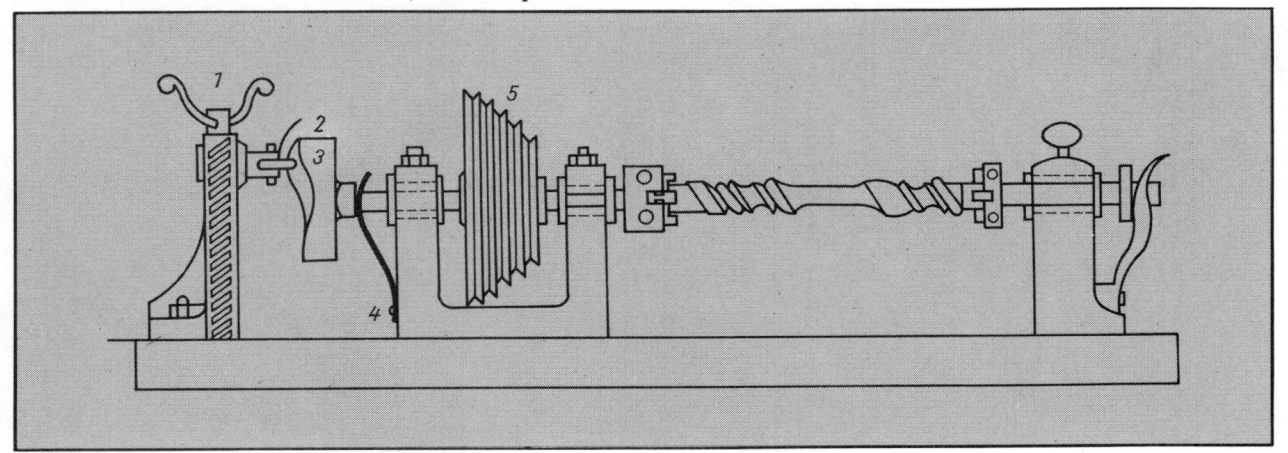

Bild 6/68. Schematische Darstellung einer Längspassig-Drechselvorrichtung *(1)* Spindel zur Höhenverstellung der Führungsrolle, *(2)* Führungsrolle, *(3)* Kurvenscheibe, *(4)* Feder, *(5)* Wörtel

Handdrechseln

Bild 6/69.
Anwendungsbeispiel des Längspassigdrechselns

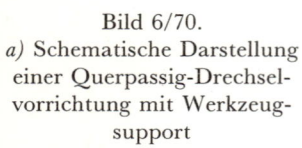

Bild 6/70.
a) Schematische Darstellung einer Querpassig-Drechselvorrichtung mit Werkzeugsupport
links: Seitenansicht, rechts: Ansicht von der Patronenseite mit Schnittdarstellung, unten Mitte: Draufsicht,
b) schematische Darstellung einer Variante der Querpassig-Drechselvorrichtung, bei der der gesamte Spindelstock die Querpendelbewegung ausführt
(1) verstellbare Führungsrolle, *(2)* Kurvenscheibe (Patrone), *(3)* Gelenk für die Pendelbewegung des Spindelstockes, *(4)* Feder

Handwerksbetrieb wird deshalb die zeichnerische Darstellung des Querschnittsprofils die Grundlage für die Formung an der Drechselbank bilden müssen. Voraussetzung bei dieser technischen Variante des Handdrechselns, beim Ovaldrechseln – noch mehr allerdings bei den nachfolgend vorgestellten Arten, oder gar bei der Kombination verschiedener technischer Spezialformen des Drechselns – sollte jedoch nicht allein die Lust am technischen Experimentieren sein, sondern immer als erstes die Gestaltungsabsicht für das jeweilige Produkt. Die Technik muß immer nur als Mittel zum Zweck, als verlängerter Arm des Menschen betrachtet werden.

Passigdrechseln

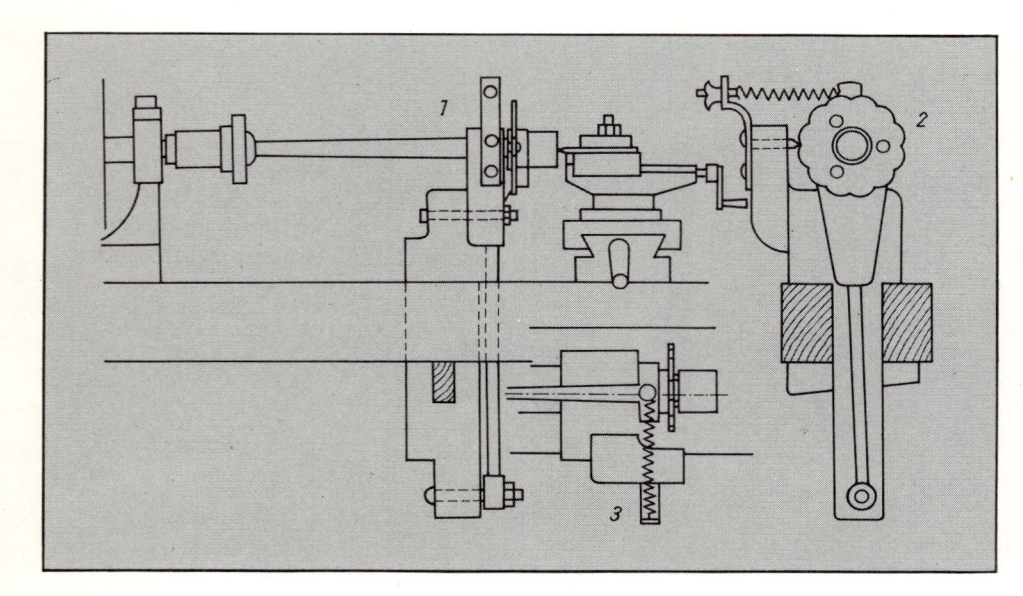

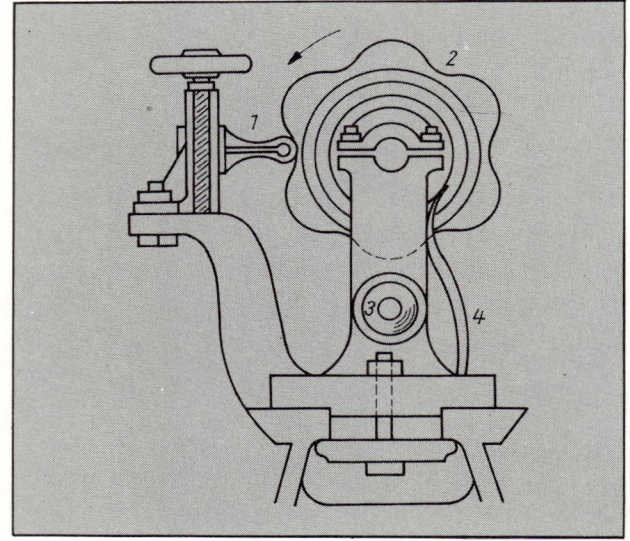

Bei den Passigdrechselarten weicht die Drechseltechnik noch weiter als beim Ovaldrechseln von den normalen Runddrechselverfahren ab. Es werden hierzu ganz spezielle Spindel- und Reitstockkonstruktionen benötigt, und der Einsatz einer supportartigen Werkzeugführung ist vorteilhaft. Es handelt sich bei diesen Verfahren um eine Art Drechsel-Kopiervorrichtungen. So wird beim Längspassigdrechseln die gesamte Spindel mit dem daran befestigten Werkstück durch Zwangssteuerung in Längsrichtung vor und zurück bewegt. Dabei wird diese oszillierende Bewegung durch schräg stehende oder zu einem bestimmten Profil verformte Kurvenscheiben, die am hinteren Ende der Spindelstockwelle befestigt sind, hervorgerufen. Eine starke Feder drückt hier die mit der jeweiligen Kurvenscheibe verbundene Spindelstockwelle gegen eine feste Führungsrolle. Dadurch folgt die Bewegung der Spindel zwangsläufig dem Kurvenscheibenprofil (Bild 6/68). Je größer die Schablonen bzw. Kurvenscheiben sind, um so genauer wird die Arbeit, und um so ruhiger läuft das Passigdrehwerk. Ebenso ist bei größeren Scheiben eine etwas höhere Drehzahl der Spindelstockwelle möglich. Sobald jedoch dem Passigdrehwerk zu hohe Drehzahlen gegeben werden, springt die Führungsrolle über die Profile der Kurvenscheibe hinweg, und das Profil kann am Werkstück nicht völlig ausgebildet werden. Im Durchschnitt sind beim Passigdrechseln Drehzahlen zwischen 60...100 min^{-1} möglich. In der einfachen Schrägpassigdrechslerei, bei der die Spindel während einer Umdrehung nur einmal vor und zurück bewegt wird, kann das Werkzeug bei sicherer Handhabung noch »frei«, also ohne Supportführung geführt werden. Bei der Anwendung stark profilierter Kurvenscheiben ist jedoch ein Einspannen in einem Werkzeugsupport unerläßlich. Am geeignetsten und formal am günstigsten ist die Anwendung der Längspassigdrechslerei bei schrägstehenden, profilierten Stuhl- und Tischbeinen sowie bei Treppengeländer-Sprossen (Bild 6/69), bei denen durch die Schrägstellung der Profile eine gestalterische Einheit mit der Grundform des jeweiligen Erzeugnisses oder des Architekturteiles entsteht. Manche anderen Erzeugnisse, die mit Hilfe dieser Technik angefertigt wurden, müssen vom gestalterischen Standpunkt sehr kritisch betrachtet werden.

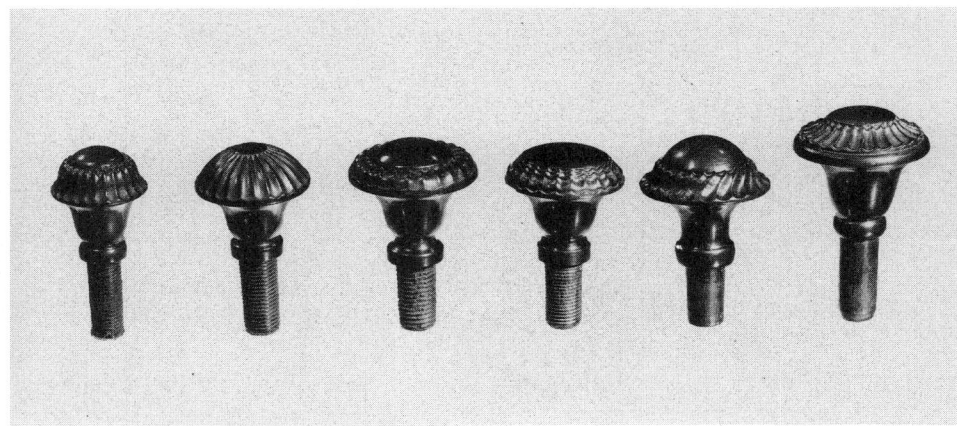

Eine Kombination von Längspassig- mit Ovaldrechseln ist möglich. Hierbei entstehen schräge Profile mit ovaler Grundform. In der Passigdrechslerei können nur harte, weitestgehend homogene Materialien eingesetzt werden, weil das Werkzeug mehr schabend als schälend wirkt. Es eignen sich also neben Elfenbein und Horn Hölzer wie Ahorn, Birnbaum, Apfelbaum, Pflaumenbaum, Buche, Eiche, Esche und Exoten höherer Dichte.

Das Querpassigdrechseln beruht auf ähnlichen Prinzipien: Hier wird die Spindel mit dem eingespannten Werkstück, oder der gesamte Spindelstock, mittels Kurvenscheiben und Rückholfeder in eine zwangsläufige Querpendelbewegung versetzt (Bild 6/70). In einfachster Weise können so mit Hilfe einer ovalen Kurvenscheibe ovale Formen gedrechselt werden. Ebenso sind aber auch durch Einsatz entsprechender Kurvenscheiben (auch Patronen genannt) verschiedene regelmäßige Profile herstellbar. Es entstehen so Querholzerzeugnisse (Dosen, Schalen u. dgl.) mit unrundem bzw. kreissegmentartigem Umfangsprofil (Bild 6/71). Die Querpassigdrechseltechnik ist sogar bereits einmal so weit entwickelt gewesen, daß komplette Reliefs, ja sogar menschliche Porträts an Drechselkörpern oder kleinen Flächen hergestellt werden konnten. Dabei mußte sich die Spindel mit dem Werkstück mit etwa 5 min^{-1} drehen, während der Stahl in der gleichen Zeit etwa 1/10 mm seitliche Bewegung ausführte. Vielfach wurde hier der Drehstahl durch einen schnellrotierenden, dem Führungsstift entsprechenden Fräser ersetzt. Die heutigen Kopierfräsmaschinen arbeiten nach dem gleichen Prinzip. Bei der Querpassigdrechslerei gilt im Prinzip das gleiche wie beim Längspassigdrechseln: Verwendung möglichst großer Kurvenscheiben-Durchmesser, Führen der speziell zugerichteten Werkzeuge in gleichbleibender Höhe zur Werkstückachse, damit es keine Profilüberschneidungen gibt (siehe Abschnitt »Ovaldrechseln«), und Einsatz geeigneter Holzarten. Die Verwendung einer Werkzeugsupportführung ist in jedem Falle zu raten.

(In Wien, Österreich, arbeitet noch heute im Alter von 80 Jahren Drechslermeister KOTTEK gelegentlich an seiner alten »Holtzapffel«-Spezialdrehbank und fertigt interessante Passigdrechselarbeiten. Auch die Drechsler TRELOP in Ribnitz-Damgarten und STRECKER in Tegernsee arbeiten mit Passigdrechselvorrichtungen.)

Herstellen gewundener Säulen

Das Herstellen gewundener Säulen als Gestaltungsmittel ist sehr alt. Man findet derartige Säulen in Stein bereits zu Beginn der Zeitrechnung. Ihr Ursprung wird in der Nachbildung eines gewundenen Seiles vermutet. In Holz erscheint die gewundene Säule im 16. Jh. in Italien. Man verwendete sie dort an Möbeln und vor allem im Altarbau. Unter LUDWIG XIII. wird sie charakteristisch für Stühle mit Armlehnen und dehnt sich dann über ganz Europa aus. Vor allem im Barock ist sie als tragende oder auch als Ziersäule in überschwenglicher Vielfalt zu finden. Wenn auch von unserem heutigen ästhetischen Standpunkt

Bild 6/71. Anwendungsbeispiele des Querpassig-Drechselns
a) Dose (TRELOP, Ribnitz-Damgarten), b) Möbelknöpfe (STRECKER, Tegernsee)

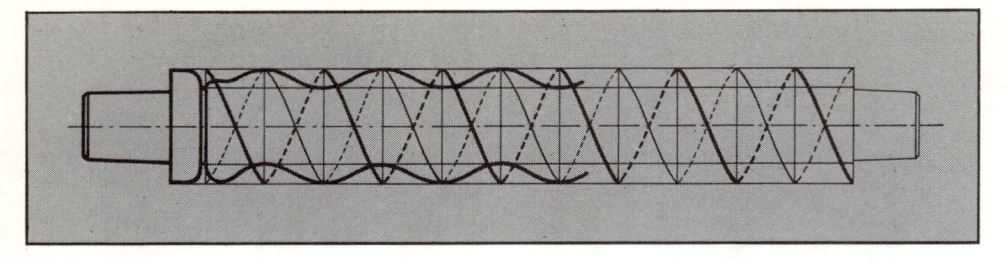

Bild 6/72. Aufzeichnung von Windungen auf einer zylindrischen Säule

Bild 6/73. Drechseln der zylindrischen Form als erster Arbeitsschritt bei der Herstellung gewundener Säulen (Werkstatt Nätscher, Lohr-Wombach)

Bild 6/74. Aufgezeichnete und eingesägte Schraubenlinie als Voraussetzung für den Beginn der Bildhauerarbeit

Bild 6/75. Grob zugehauene gewundene Säule

Bild 6/76. Ausgearbeiteter Wund an einer großen Säule (Werkstatt Nätscher, Lohr-Wombach)

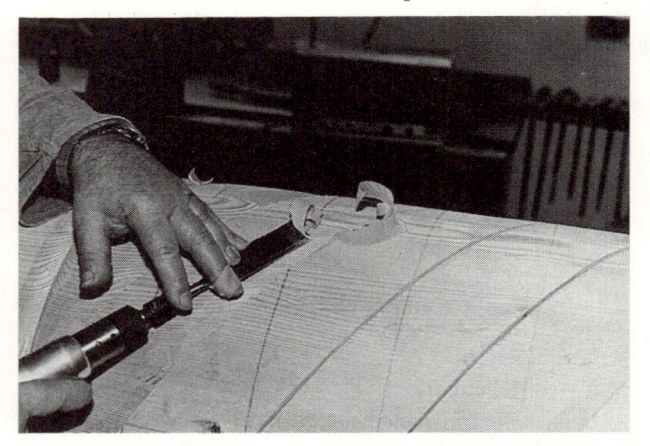

gewundene Säulen nur selten noch als »materialgerecht gestaltet« und schön bewertet werden können, soll doch nachfolgend kurz auf die Besonderheiten der Herstellung eingegangen werden: Analog der Bezeichnungen bei Gewinden werden auch die Teile der gewundenen Säule benannt. So steht für den einmaligen Umlauf des Profils »Gang«, für die axiale Entfernung zwischen Anfang und Ende des Ganges »Ganghöhe« oder »Steigung« und für die Tiefe der entstehenden Einschnitte bzw. Kehlen »Wundtiefe« oder »Winde«. Die Grundform jeder gewundenen Säule ist zunächst eine normale gedrechselte runde Säule, die zylindrisch, konisch oder gewölbt sein kann. Die Herstellung dieser Art einfacher Säulen wurde bereits beschrieben. Nachdem die Grundform hergestellt wurde, ist der erste und wichtigste Arbeitsgang für die Anfertigung der Windung das genaue Einteilen und Aufzeichnen des Wundes. Am einfachsten kann das bei der Herstellung eines einfachen Wundes an der zylindrischen Säulenform erläutert werden: Hier wird als erstes die Ganghöhe aufgetragen und damit die Säule der Länge nach eingeteilt. Für den Anfänger wird empfohlen, den Durchmesser der Säule als Ganghöhe anzunehmen, diesen in den Zirkel zu nehmen und der Länge nach aufzutragen. Diese Einteilungen werden mit dem Bleistift als Ringe im Umfang durch langsames Drehen der Säule übertragen. Danach wird die Säule längs in mindestens vier gleiche Teile geteilt. Das geschieht mit Hilfe eines dem Umfang entsprechend eingeteilten Papierstreifens oder, sofern an der Drechselbank vorhanden, mit der Teilscheibe. Die so entstandenen Schnittpunkte der Quer- und Längsteilung der Säule bilden die Eckpunkte der Spirallinie, die mit dem Bleistift – oder besser mit einem Farbstift – ausgezogen werden muß. Dabei ist jedoch vorher festzulegen, ob die Windung Links- oder Rechtsgang erhalten soll. Zur Unterscheidung wird man die Spirallinie der Kehle dicker oder in einer anderen Farbe auszeichnen als die Spirallinie der Wöl-

zur runden Form. Hier wird vorteilhafterweise eine Kehle oder eine Platte mit Rundstab angearbeitet. Das hängt jeweils von der Form der übrigen Teile ab. Damit aber durch das Ausarbeiten der Windung das obere und untere Abschlußteil nicht beschädigt wird, ist es ratsam, dieses am Schluß anzudrechseln.

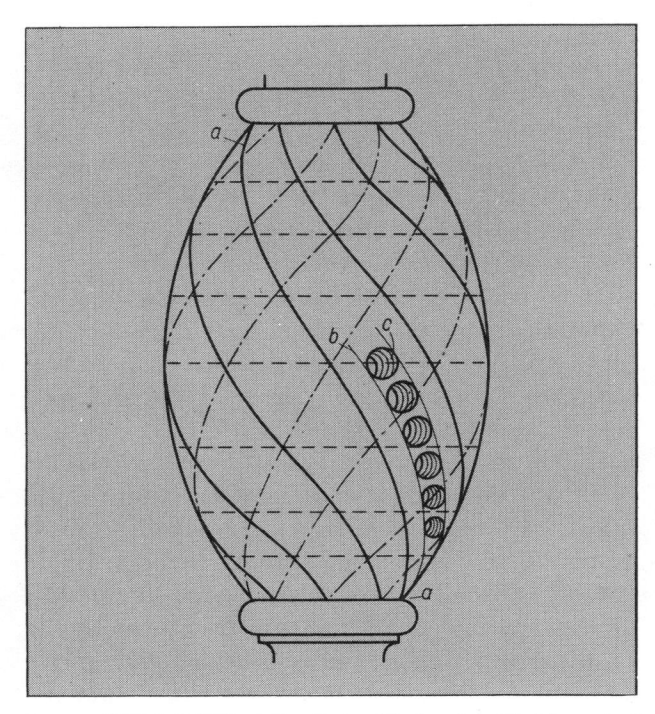

Die Herstellung gewundener Säulen in konischer oder gewölbter Form ist im Prinzip ähnlich zu handhaben wie beschrieben. Lediglich das Aufzeichnen muß dabei der Form angepaßt werden. Bild 6/78 zeigt eine genau konstruierte konische Säule. Am Werkstück wird der Drechsler diese Windung jedoch nicht in dieser Form konstruieren können, sondern, wie bei der zylindrischen Säule erläutert, durch Quer- und Längsteilung den Wund frei einzeichnen müssen. Die Querteilung wird dabei – ausgehend vom jeweiligen Einzeldurchmesser – zur Verjüngung hin enger. Die Längsteilung läuft in den Fluchtpunkt »Z« des Konus aus. Bei der gewölbten Säule wird wieder das gleiche Prinzip angewendet, nur daß hier mit der Querteilung nicht an einem Ende der Säule, sondern an der Stelle mit dem größten Durchmesser begonnen wird und von da aus die entsprechend geringer werdenden Durchmesser nach

Sonderverfahren des Drechselns

Bild 6/77. Herstellen des Hohlwundes

bung (Bild 6/72). Die Spirallinie der Kehle wird nun mit Hilfe einer Schweif- oder Feinsäge bis zum Grund der Kehle eingeschnitten. Dabei ist es ratsam, die Schnittiefe mit Hilfe eines »Reiters« an der Säge zu begrenzen. Nach dem Einschneiden wird die Windung mit einem Bildhauerbeitel (Stech- oder Balleisen) herausgearbeitet und mit runden oder halbrunden Raspeln und Feilen sowie mit Schleifleinen nachgearbeitet. Dabei muß jeweils auf gleiche Tiefe der Kehlen und gleichmäßige Rundungen geachtet werden. Es ist jeweils mit der Faserrichtung zu stemmen und zu raspeln. Dazu wird es u. U. erforderlich, die Säule in der Drechselbank umzuspannen (Bilder 6/73 bis 6/76).

Ausschlaggebend für die Formharmonie des Fertigerzeugnisses ist der Übergang des Wundes

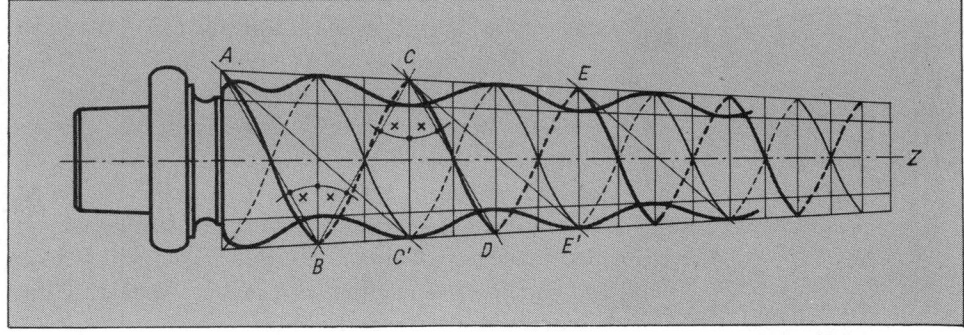

Bild 6/78. Aufzeichnung von Windungen an konischen Säulen

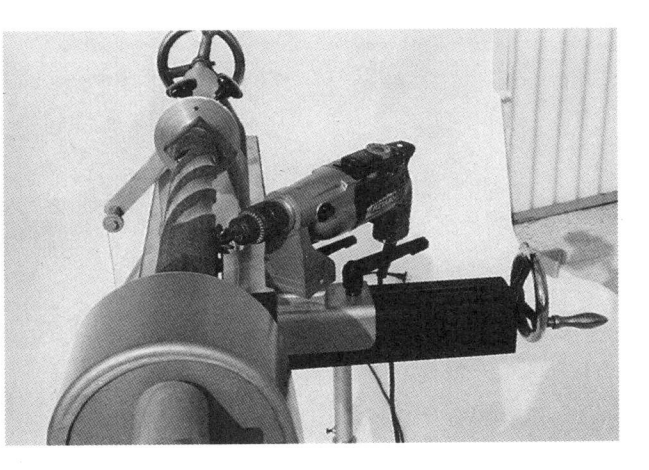

Bild 6/79. Wundfräsvorrichtung, Seitenansicht (Fa. KÖNIG, Warendorf)

Bild 6/80. Wundfräsvorrichtung, Draufsicht

Handddrechseln

¹ Die Vorrichtung von Bild 6/80 ist als Gebrauchsmuster geschützt beim Patentamt München (Nr. G82 22 117.0).

Bild 6/81.
Gewundene Säulenformen
(Werkstatt NÄTSCHER)
a) dynamisch wirkender Säulenwund, der als ästhetischer Grenzfall zu werten ist (links: Rechtswund, rechts: Linkswund),
b) Gegenüberstellung von statisch und dynamisch wirkenden Wundformen,
c) statisch wirkender Säulenwund in harmonischer Proportionierung

rechts und links aufgetragen werden. Bei allen anderen Arten der gewundenen Säulen, wie Doppel-, Dreifach-, Vierfachwund und Hohlwund, sind jeweils nur beim Aufzeichnen entsprechende Besonderheiten zu beachten, die sich aus dem Vorhergesagten leicht ableiten lassen. Die Herstellungsart ist bei allen Windungsformen im Prinzip gleich. Eine Besonderheit stellt lediglich der durchbrochene oder »Hohlwund« dar. Die Aufzeichnung des Wundes erfolgt auch hier wie vorher beschrieben. Es muß jedoch mehr als bei allen anderen Windungsformen auf ein gutes Verhältnis von Windung (gewundene Stäbe) und Wundtiefe (Zwischenraum) geachtet werden. Nachdem die Grundform der Säule gedrechselt ist, wird sie so weit ausgebohrt und ausgedrechselt, wie es der innere Hohlraum erfordert. Zum Aufzeichnen der Windung ist es empfehlenswert, die hohl gedrechselte Säule auf zwei vorbereitete Zapfen zu stecken und in die Drechselbank zwischen Dreizack und Körnerspitze einzuspannen.

Sind die Windungen aufgezeichnet, ist es ratsam, in die hohle Säule einen durchgehenden Rundstab passenden Durchmessers zu stecken und so die Windungszwischenräume an der Bohrmaschine mit einem Forstnerbohrer herauszubohren (Bild 6/77). Ist diese Vorarbeit geleistet, wird die Säule mit dem Rundstab wieder in die Drechselbank gespannt, um mit Hilfe eines Bildhauerwerkzeuges die Hohlungen und äußeren Rundungen der Windung sauber herausarbeiten zu können. Danach müssen der Rundstab herausgenommen und die Innenseiten der Windungen rundgestochen und mit entsprechend gebogenen Riffelraspeln sowie Schleifleinen zur endgültigen Form ausgearbeitet werden.

Diese handwerkliche Form der Herstellung gewundener Säulen ist natürlich sehr zeitaufwendig und kann nur für Einzelstücke oder restauratorische Arbeiten Anwendung finden. Will sich eine Werkstatt intensiver mit diesen Drechselformen befassen, so sollte sie sich einer speziellen Fräsvorrichtung bedienen, wie sie in den Bildern 6/79, 6/80 zu sehen ist.¹ Hier läuft ein Fräskopf zwangsgesteuert an der sich langsam drehenden Säule entlang und arbeitet so die Windungen ein. Mit diesem Windungsfräsen sind allerdings nicht alle Profilformen gleichermaßen gut herstellbar, so daß auf die handwerkliche Herstellungsart nie ganz verzichtet werden kann.

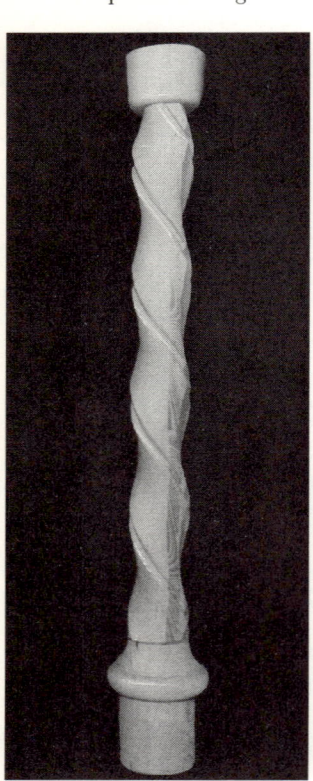

Bei der Gestaltung gewundener Säulen sollte man beachten, daß nicht allein die statische, sondern immer auch die optische Stabilität der jeweiligen Säule erhalten bleiben muß. Werden nämlich der Wund zu tief und die Steigung zu steil gehalten, entsteht eine optische Auflösung der ästhetischen Materialwerte des Holzes, die zu einer unerwünschten Verfremdung führt. Holz muß auch hier Holz bleiben. Neben der Art der Formung des Wundes hat dabei auch die Holzart eine große Bedeutung. Bei allen gewundenen Säulen sollten nur solche Holzarten zum Einsatz kommen, die eine schwache Maserung aufweisen. Bei stark gemaserten Hölzern wird der Widerspruch von geradlinig gewachsenem Holz zur Spiralform des Wundes störend wirksam (Bild 6/81).

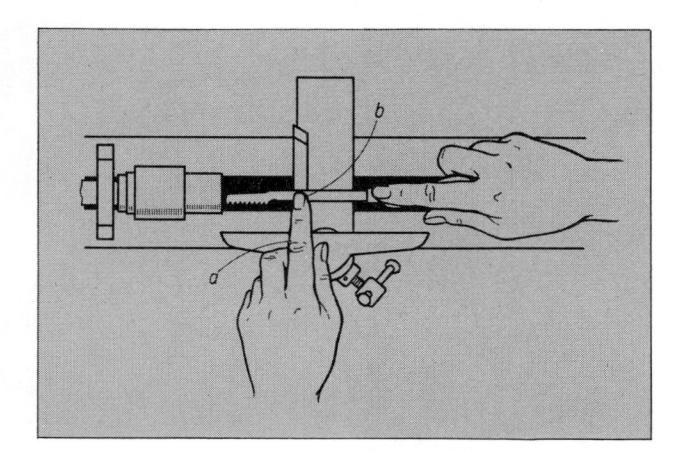

Schneiden von Gewinde

Eine heute nur noch bei Meisterstücken angewendete, jedoch sehr nützliche Technik ist das freie Anschneiden von Gewinde an gedrechselten Holzteilen. Je nach Werkstück und Größe des Gewindes bedient man sich dabei der »Schraubstähle« bzw. »Strähler« oder des »Schneidzeuges«. Dabei ist ersteres direkt an der Drechselbank, jedoch in freier Führung und dadurch weit schwieriger als das Schneidzeug zu handhaben. Für alle kleineren Teile und für kurze Gewinde mit Bund, z. B. bei Verschraubungen von Büchsen mit Deckel, können nur Strähler eingesetzt werden (vgl. Bilder 4/39, 4/40). Die Herstellung von Gewinden mittels Strählers erfordert viel Übung und eine stark herabgesetzte Drehzahl der Drechselbankspindel. Je langsamer die Spindel läuft, um so leichter läßt sich das Gewinde anschneiden. Wird z. B. ein hölzernes Spundfutter hergestellt, das direkt an die Drechselbankspindel geschraubt werden soll, muß ein »Innensträhler« vorhanden sein, der dem Gewinde am Spindelansatz entspricht. Nach entsprechender Vorbereitung für das Futter wird das Holz an ein Spundfutter geschlagen, überdreht und gebohrt bzw. hohlgedrechselt, so daß die Bohrung der Spindel entspricht. Danach wird das Holz geölt bzw. in Öl getränkt. Der Strähler wird nun bei langsam laufender Spindel über einen quer gelegten Meißel gleichmäßig der Wandung der Bohrung entlang in das Innere geführt (Bild 6/82). Dieser Vorgang muß so lange wiederholt werden, bis die notwendige Gewindetiefe ausgearbeitet ist. Dabei muß jeweils vorn im ersten Gang angesetzt und gleichmäßig an der Wandung entlang geführt werden. Sobald ein erster gelungener Gewindegang vorhanden ist, zieht es den Strähler automatisch in das Gewinde hinein, und dieses wird nach und nach ausgearbeitet. Zwischendurch sind die anfallenden Späne mit einer Zahnbürste herauszuholen oder auszublasen. Zu diesem Schneidvorgang gehört viel Feingefühl. Es passiert dem Anfänger leicht, daß durch ungleichmäßiges oder zu straffes Halten des Strählers ein sog. doppeltes Gewinde entsteht. Ein zusätzliches Ölen während des Schneidvorganges erleichtert das Arbeiten, und die Gewindegänge bleiben schärfer und sauberer stehen.

Weitaus schwieriger ist dieser Vorgang beim Herstellen von kurzen Gewinden an Fälzen von Deckeln und Dosen. Hier wird, ähnlich wie vorher beschrieben, zunächst die Deckelinnenwindung hergestellt. Dabei muß beim Anarbeiten des Innenfalzes am Ende eine Kehle eingedrechselt werden, damit der Strähler beim Schneiden am Ende gut auslaufen kann (Bild 6/83). Voraussetzung für alle Gewinde ist die exakt zylindrische Form der Fälze und Bohrungen. Auch beim Falz an der Büchse für das Außengewinde wird am Ende eine kleine Kehle angedrechselt. Der Außensträhler muß genau winklig zur Drehachse gleichmäßig seitlich vom vorderen Rand zum Falzende bewegt werden. Es ist ratsam, auch hier Öl anzugeben und die Gewindegänge langsam in gleichmäßigen Zügen auszuarbeiten. Für das Gewindeschneiden eignen sich nicht alle Holzarten. Gut geeignet sind Weißbuche, Obsthölzer, Spitzahorn, Platane, Buchsbaum, Akazie und Materialien wie Elfenbein, Horn und Knochen. Dem Anfänger wird geraten, beim Üben mit feinem Gewinde zu beginnen und später zu gröberem Gewinde überzugehen. Dabei wird jeweils eine längere Übungszeit erforderlich werden als bei den anderen Techniken des Drechselns.

Die Arbeit mit dem »Schneidzeug« ist weit weniger problematisch. Hier kommt es nur auf völlig gerades Ansetzen und genau winkliges Führen des Schneidbolzens bzw. der Schneidkluppe an. Wichtig ist aber auch die Wahl der richtigen Bohrung

Sonderverfahren des Drechselns

Bild 6/82. Schematische Darstellung des Strählens eines Innengewindes
a) Auflage eines Hilfswerkzeuges auf der Auflageschiene, b) Auflage des Strählers auf dem Hilfswerkzeug

Bild 6/83. Schnitt durch eine Gewindeverbindung (Dose mit Deckel)

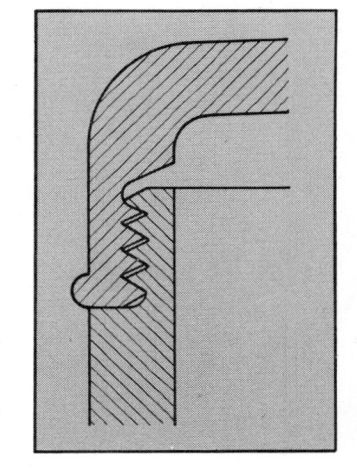

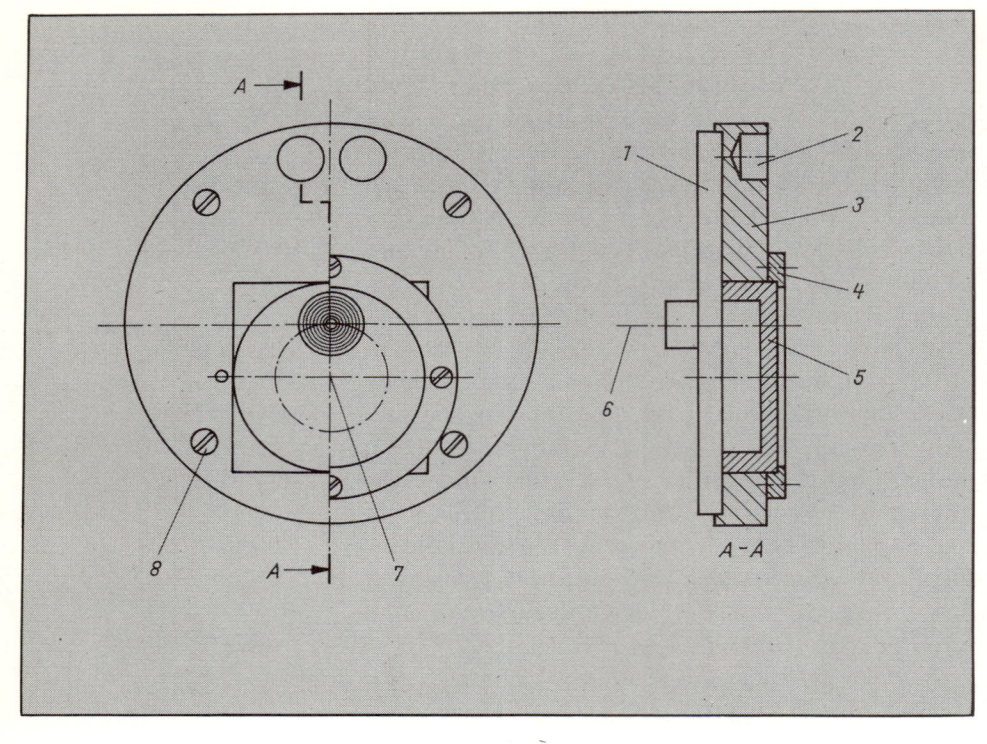

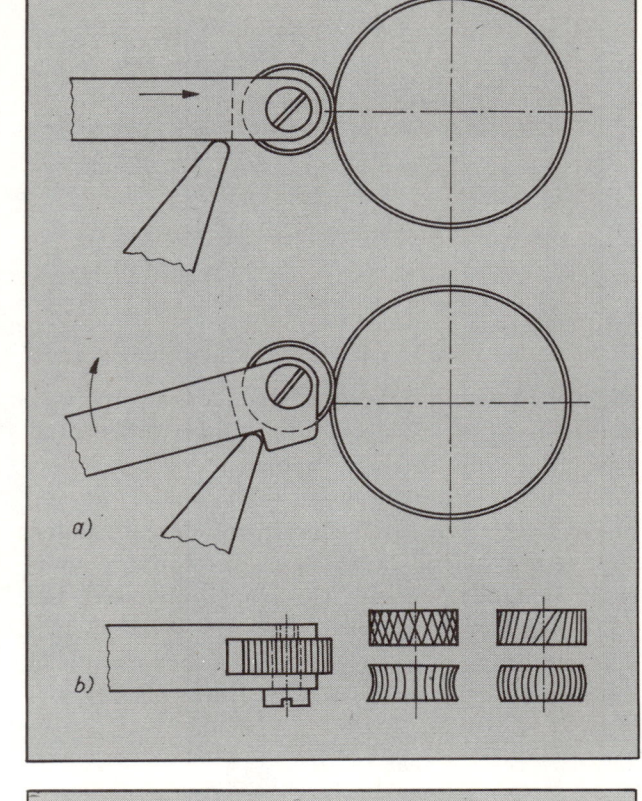

Bild 6/84. Schematische Darstellung einer Exzenterdrechselvorrichtung für das Guillochieren (nach SCHLICKER [106]). Links: Vorderansicht mit eingespanntem Werkstück und einer eingearbeiteten Rosettenform, rechts: Querschnitt durch die Vorrichtung
(1) Planscheibe, (2) Bohrungen zum Auswuchten, (3) Grundkörper aus Holz, (4) Spannring, (5) Werkstück, (6) Achse der Drechselbank, (7) Achse des Werkstückes, (8) Befestigung des Grundkörpers an der Planscheibe

bzw. die richtige Abmessung der Spindel sowie eine gute Schärfe der Schneiden (vgl. Bild 4/41).

Guillochieren und Randerieren

Beide Techniken bieten schöne Möglichkeiten zur ornamentalen Verzierung von gedrechselten Werkstücken. Während das Guillochieren heute überwiegend mit der Oberfräsmaschine ausgeführt wird, behält das Randerieren an der Drechselbank seine Berechtigung. Beim *Guillochieren* werden durch mehrfaches exzentrisches Versetzen des vorgedrechselten Werkstückes mit Hilfe einer besonderen Spannvorrichtung (Bild 6/84) an der Drechselbank Profile angedrechselt, wie sie zeichnerisch mit Zirkelschlägen in verschiedenen Variationen dargestellt werden können. Diese kreisförmigen Ornamente können nachträglich nochmals durch Runddrechseln angeschnitten werden, so daß Ornamentkanten entstehen, deren Herstellungshinweise dem Uneingeweihten ganz sicher Rätsel aufgeben werden (Bild 6/85). Die Herstel-

Bild 6/85. Guillochiertes Ornament (nach LÜDER BAIER, Dresden)
a) mit Hilfe der Guilliochiervorrichtung eingedrechselte Rosetten, *b)* nachträglich durch zentrische Befestigung an der Drechselbank herausgearbeitete Ringform

Bild 6/86. Schematische Darstellung des Herstellens von guillochierten Ornamenten mit Hilfe der Oberfräsmaschine

Bild 6/87. Randerierwerkzeuge
a) Anwendung von Randerierwerkzeugen (ohne und mit Hebelwirkung), *b)* verschiedene Formen von Randerierrädchen

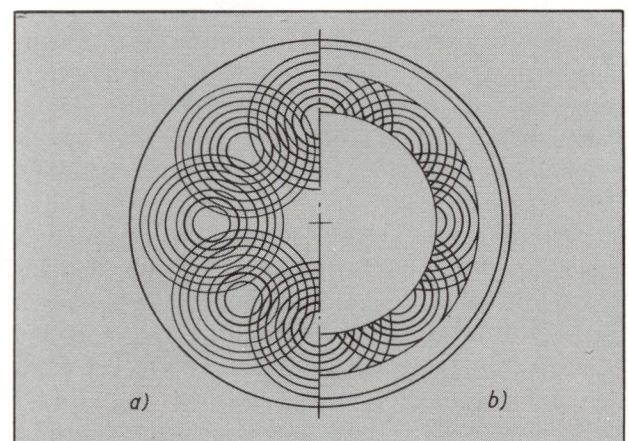

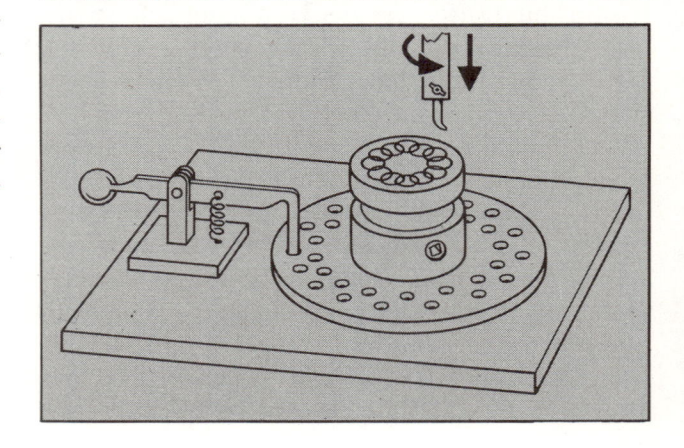

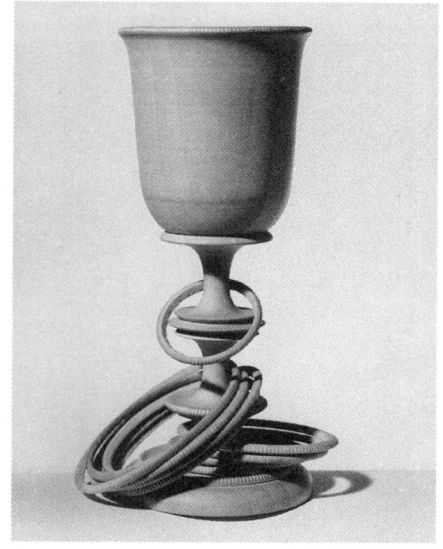

Sonderverfahren des Drechselns

lung derartiger Ornamentkanten mit Hilfe der Oberfräsmaschine ist in Bild 6/86 schematisch dargestellt.

Während das Guillochieren sehr aufwendig ist und deshalb selten angewendet wird, ist das *Randerieren* (Rändeln oder auch Kordieren genannt) einfach und schnell zu handhaben. Voraussetzung hierfür ist jedoch das Vorhandensein eines Randerier- bzw. Krausrädchens. Dieses Randerierwerkzeug besteht aus einem am Umfang ornamentartig gravierten, gehärteten Stahlrädchen, das in der Mitte eine Bohrung hat. Durch diese Bohrung ist eine Achse gesteckt, die in einer Gabel befestigt ist. Das Rädchen, das selten größer als 10 mm im Durchmesser ist, muß sich auf der Achse leicht drehen lassen (Bild 6/87). Beim Randeriervorgang wird der Schaft der Gabel des Randerierwerkzeuges, wie bei jedem anderen Drechselwerkzeug, auf die Handauflage gelegt, und das Rädchen wird fest und so lange an das umlaufende Werkstück angedrückt, bis das Ornament sich vollkommen auf ihm abgedrückt hat. Besteht die Gravur des Rädchens aus einfachen Ornamentteilen (Perlen, Querstreifen), so kann ein Rädchen für Werkstücke beliebigen Durchmessers Verwendung finden, ohne daß durch Abdrechseln ein bestimmtes Verhältnis von Werkstückumfang und Rädchendurchmesser hergestellt werden muß. Wenn näm-

Bild 6/88. Anwendungsbeispiele des Randerierens *a)* Spielzeuggefäße, *b)* Kelch mit handgedrechselten losen Ringen (Ziergefäß) (Erzgebirgisches Spielzeugmuseum Seiffen)

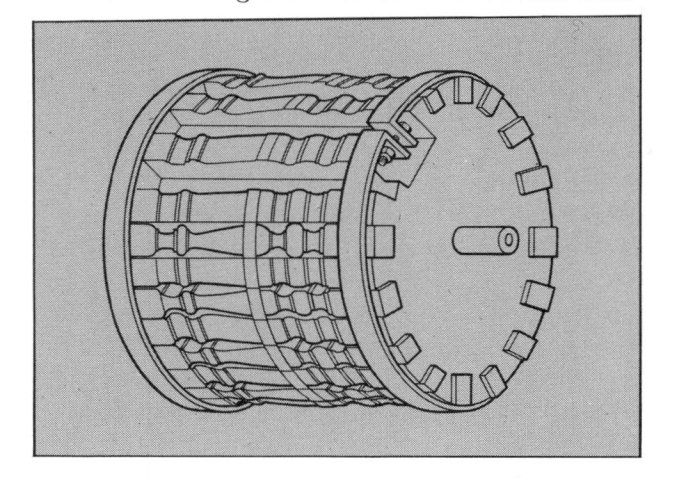

Bild 6/89. Kantigdrehtrommel

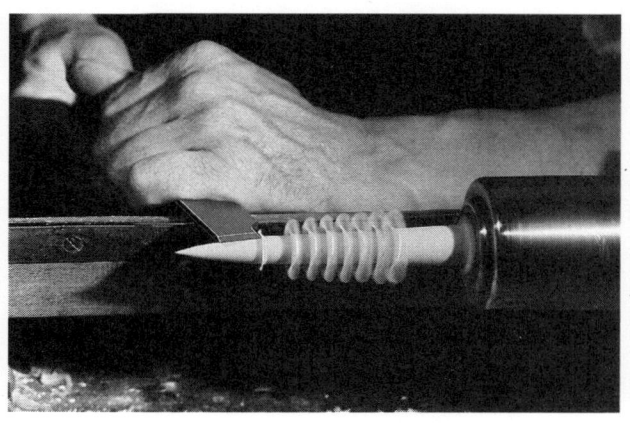

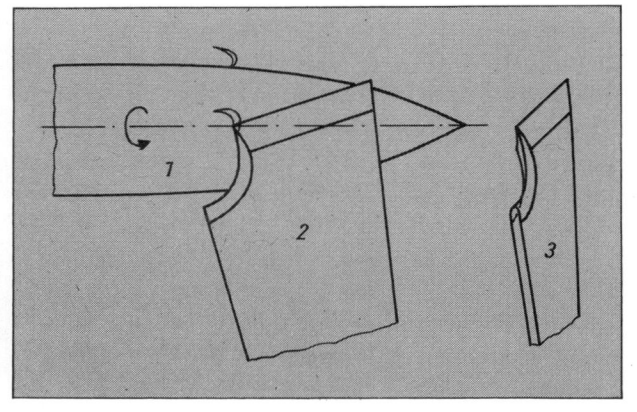

Bild 6/90. Andrechseln von Spanlocken *a)* Herstellung von Spielzeugbäumchen (Werkstatt LEICHSENRING, Seiffen), *b)* schematische Darstellung des Werkzeuges und des Werkzeugeingriffes beim Andrechseln von Spanlocken

Handdrechseln

Bild 6/91.
Anwendungsbeispiele für das Andrechseln von Spanlocken (Erzgebirgisches Spielzeugmuseum Seiffen)

Bild 6/92.
Dose mit Durchbruchverzierung (Tiroler Volkskunstmuseum, Innsbruck/Österreich)

lich auf dem Rädchen z. B. 60 Perlformen eingraviert sind, auf dem Umfang des Werkstücks aber nur Raum für 59 und eine halbe Perle ist, so werden doch nur 59 ganze Perlen abgedrückt, weil durch das Niederdrücken der Holzfasern sich der Umfang etwas verkleinert. Oder die Perlen werden kaum wahrnehmbar schwächer ausfallen. Die richtige Einteilung wird also ganz sicher wie von selbst erfolgen. Bei weit gestreckten oder komplizierten Mustern dagegen kann es erforderlich werden, daß das Werkstück versuchsartig so lange überdrechselt werden muß, bis sich das komplette Ornament sauber ausbildet. Das Andrücken des Rädchens an das zu randerierende Werkstück muß kraftvoll erfolgen. Seitenbewegungen sind zu vermeiden. Es ist deshalb vorteilhaft, den Schaft der Gabel mit einer Nase zu versehen, die gegen die Kante der Werkzeugauflageschiene gedrückt werden kann. Besonders geeignet zum Randerieren sind Wülste bzw. Stäbe, die durch das Randerieren zu Perlstäben ausgebildet werden können. Es ist aber auch möglich, auf einer ebenen Fläche und ebenso bei Quer- wie bei Langholzarbeiten zu randerieren. Alle auf der Drechselbank zu bearbeitenden Materialien können mit dem Randerierwerkzeug ornamentiert werden, Buntmetalle ebenso wie alle Holzarten und andere Stoffe, sofern sie nicht zu spröde sind. Nadelhölzer sind jedoch wenig geeignet, feinporige dichte Hölzer, wie Birnbaum, Nußbaum, Ahorn, Kastanie, Linde, aber dagegen besonders gut (Bild 6/88). Ornamentierte Blechstreifen lassen sich auf der Drechselbank ebenfalls herstellen. Hierzu werden die Blechstreifen zu einem Reifen gebogen, zusammengelötet und auf eine hölzerne Scheibe oder eine Walze gesteckt, die an der Drechselbankwelle befestigt ist. Das Randerierrädchen wird dann ebenso an den Blechstreifen gedrückt, wie das bei dem Randerieren am Holzkörper bereits beschrieben wurde.

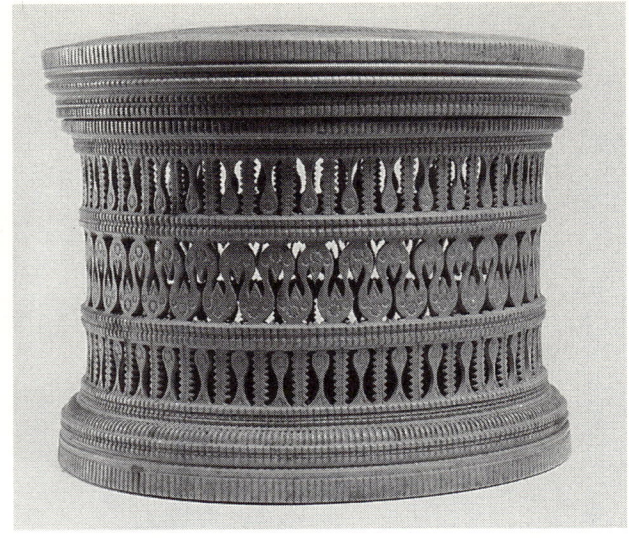

Kantigdrechseln

Ein rationelles Verfahren zum Querprofilieren kantiger Säulen (z. B. Stuhlbeine) ist das Drechseln mit der Kantigdrehtrommel (Bild 6/89). Diese Trommel kann selbst hergestellt und an der Drechselbank zwischen Spindel- und Reitstock eingespannt werden. Für die Serienfertigung ist es jedoch ratsam, eine spezielle Maschine zu verwenden, in der das Werkzeug auf einem Support befestigt wird. Der Durchmesser der Trommel bestimmt die Radien der profilierten Flächen. Bei entsprechender Konstruktion der Spannelemente können vier-, sechs- oder mehrkantige Säulen auf diese Weise hergestellt werden.

Andrechseln von Spanlocken

Mit dem Andrechseln von Spänen soll die Technik vorgestellt werden, die hauptsächlich im Erzgebirge Anwendung findet und ausschließlich zur dekorativen Gestaltung gehört. Sie wird überwiegend zur Herstellung von Spielzeugbäumchen und Miniaturblumen genutzt: Mit Hilfe eines Meißels, in dem am Bart eine kleine Kehle eingeschliffen ist, werden am vorgeformten Werkstück Spanlocken so angedrechselt, daß sie sich durch den Spanungsvorgang anheben, krümmen, jedoch nicht vom Drehkörper loslösen. Dieser Vorgang muß parallel mit oder leicht gegen die Faserrichtung ausgeführt werden. Beim Arbeiten mit der abfallenden Faserrichtung würden die Spanlocken schnell abbrechen (Bild 6/90). Bei der Herstellung von Bäumchen wird deshalb am dicken Ende des Baumstammes mit dem Andrechseln der Späne begonnen. Je nach Größe der eingeschliffenen Kehle am Werkzeug wird sich der Span mehr oder weniger stark rollen. Geradfasrig gewachsenes Lindenholz ist hierfür besonders gut geeignet. Sollen sich die Späne unregelmäßig rollen (für einen Baum anderen Charakters), kann feuchtes Fichtenholz verwendet werden. Hier fransen die angeschnittenen Faserbündel unregelmäßig aus.

Beim Zuschnitt der Kanthölzer ist auf geraden Faserverlauf zu achten. Gespaltenes Holz ist am besten geeignet. Eine sinnvolle Anwendung dieser Technik ist an den Beispielen in Bild 6/91 zu sehen.

Durchbruchverzierungen

Eine ebenso reizvolle wie seltene Ziertechnik des Drechselns ist im Berchtesgadener Raum zu finden. Sie wird mit Filigran-Durchbrucharbeit bezeichnet. Bei dieser Technik schlägt der Drechsler das ausgedachte Muster mit Einschlag- oder Rädereisen (Stahlpunzen) auf den äußerlich fertig gedrechselten Körper (Dosen-, Serviettenring-Körper u. dgl.). Nach dieser punzenartigen Ornamentierung des gesamten Drechselkörpers wird dieser von innen hohl gedrechselt, und es entsteht dadurch eine netzartige Filigranzier, die in ihrer Feinheit fast an Handklöppelspitze erinnert (Bild 6/92). Es werden dafür dichte, zähe und homogene Holzarten verwendet (Ahorn, Linde, Buchsbaum, Kastanie u. dgl.).

Linksdrechseln

Das Linksdrechseln ist eine hauptsächlich im Erzgebirge bekannte Sonderform des Drechselns, die zwar in den letzten Jahrzehnten durch den Einsatz von Halb- und Vollautomaten etwas zurückgedrängt wurde, die aber nach wie vor Anwendung findet. Sie ist besonders geeignet, kleine Massendrehteile schnell und damit preiswert herzustellen. Es werden deshalb überwiegend Klöppel, Knöpfe, kleine Säulchen, Perlen u. dgl. auf Linksdrechselbänken hergestellt. Auch besonders kleine und dünne Drechselteile in geringen Auflagen, wie Musikinstrumententeile, Zubehör für figürliche Miniaturen u. a., lassen sich im Linksdrechselverfahren problemlos und schnell anfertigen, ohne daß erst Sonderwerkzeuge für Drehmaschinen hergestellt werden müssen. Das Linksdrechseln bedarf einer etwas anderen Art von Drechselbank: Im Unterschied zur »normalen« Drechselbank ist bei der Linksdrechselbank der Spindelstock auf der rechten Seite des Bankbettes befestigt. Er ist verhältnismäßig klein und mit Gleitlagern versehen. Die Gleitlager sind günstig für das Drechseln dieser kleinen Massenteile, weil sie einen beson-

Sonderverfahren des Drechselns

Bild 6/93. Linksdrechseln (Werkstatt GRÖSCHEL, Rothenthal) *a)* Linksdrechsler beim Herstellen von Profilsäulen,

b) Unterstützung des Werkstückes und der Vorschubbewegung des Werkzeuges durch die linke Hand (Aufnahme von der entgegengesetzten Seite zu Bild *a)*)

Bild 6/94.
Fräsen eines Rundstabes an der Linksdrechselbank mit Hilfe eines selbstgefertigten Rundstabhobels (vgl. Bild 4/42)

ders ruhigen Lauf der Spindelstockwelle gewährleisten. Die Hand- bzw. Werkzeugauflage ist mit der des Reifendrechslers zu vergleichen. Sie läuft schienenartig über die ganze Drechselbank und ist in der Nähe des Spindelstockes und am gegenüberliegenden Ende des Bankbettes (parallel zu den Wangen und in die Höhe der Drechselachse) befestigt. Die Handauflage besteht aus Hartholz und ist oben nach vorn abgerundet. An der oberen Kante der Innenseite ist eine Stahlschiene angeschraubt, auf der das Werkzeug geführt wird. Der Linksdrechsler benötigt in der Regel keinen Reitstock. Das Drechseln selbst wird im Sitzen ausgeführt. Der Drechsler sitzt quer vor der Drechselbank (linke Körperseite am Bankbett) und legt seinen linken Ellenbogen hinter die Auflageschiene auf dem Bankkasten auf. Die Art der Führung der Werkzeuge, und vor allem der Schneidvorgang selbst, wie auch die Schneidgeometrie der Werkzeuge unterscheiden sich vom Drechseln an der normalen Drechselbank kaum. Der Hauptunterschied ist darin zu sehen, daß das Werkzeug (hauptsächlich der Meißel) mit beiden Händen nahe am Werkstück geführt wird. Die rechte Hand hält zwar – wie im Normalfalle – das Werkzeugheft bzw. etwas oberhalb des Heftes das Werkzeug besonders fest, führt aber gleichzeitig die Hauptformungsbewegung aus, während die linke Hand, und besonders der Daumen der linken Hand, diese Formungsbewegung stark unterstützt. Dabei greift die linke Hand von der hinteren Seite des Werkstückes teilweise über dieses hinweg und unterstützt von da die Werkzeugführung. Gleichzeitig wird mit der linken Hand ein leichter Gegendruck zur Werkzeugandruckskraft am Werkstück ausgeübt, der – vor allem bei langen dünnen Werkstücken – ein Vibrieren unterbindet. Beim »normalen« Drechseln muß in solchen Fällen der linke Arm über die rotierende Spindelstockwelle frei gehalten werden. Beim Linksdrechseln liegt der Ellenbogen auf dem Bankbett auf. Durch die sitzende Arbeitshaltung und durch die beidhändige Werkzeugführung sowie die Auflage des linken Ellenbogens entsteht ein sehr großes Feingefühl und eine hohe Geschicklichkeit, die die Erklärung dafür geben, weshalb mit dieser besonderen Drechseltechnik kleine Werkstücke feiner und schneller bearbeitet werden können, als es im »Normaldrechselverfahren« möglich ist, mitunter sogar schneller, als es der Drehautomat schafft. Erfahrene Linksdrechsler haben eine Geschicklichkeit erreicht, die es ihnen ermöglicht, auch kompliziertere Drechselformen mit hoher Produktivität herzustellen. Selbst kleine Reifen für Reifentiere sind bereits auf der Linksdrechselbank hergestellt worden. Das Bild 6/93 zeigt RUDOLF GRÖSCHL aus Rothenthal beim Drechseln von kleinen Profilsäulen. Deutlich ist hier zu erkennen, wie die Profilstäbe angerissen sind und wie selbst kleine Kehlen mit dem Meißel herausgearbeitet werden. (Bild 6/94).

Besonderheiten für das Herstellen von Drechslerarbeiten für den Freiraum

Drechslerarbeiten sind zwar vorwiegend für den Innenraum vorgesehen, es gibt aber eine Reihe von Möglichkeiten für den Drechsler, Arbeiten für den Freiraum herzustellen. Vielleicht trägt diese Veröffentlichung dazu bei, daß sich einige Drechsler diesen Aufgaben wieder etwas mehr zuwenden. Es gibt dafür eine Reihe lohnender Objekte, wie Geländer, Balkonstützen, Türteile, Gartentore, Säulen für verschiedene Zwecke, Grabmale u. dgl. Bei der Herstellung derartiger Arbeiten müssen Besonderheiten in der Holzauswahl, Gestaltung und Herstellung und Oberflächenbehandlung beachtet werden.

Bleiben diese nachfolgend genannten Hinweise unberücksichtigt, haben die betreffenden Werkstücke eine sehr begrenzte Lebensdauer, und die Schönheit der Drechselform ist recht bald verdorben. Wird jedoch fachgerecht gearbeitet, können diese Arbeiten über viele Jahrzehnte im Freien ihre ursprüngliche Schönheit erhalten. Zum Material: Für Arbeiten im Freiraum können im Prinzip alle heimischen Holzarten Verwendung finden. Besonders geeignet sind jedoch Hölzer, die auf steinigen, trockenen Böden gewachsen sind.

Dabei ist den Gebirgshölzern der Vorzug zu geben. Die Jahrringe sollen gleichmäßig gewachsen sein. Randbäume, die meist exzentrischen Wuchs aufweisen, oder drehwüchsige Bäume und solche mit anderen Unregelmäßigkeiten sind nicht geeignet. Bei größeren Säulen sollte das Wurzelende wieder nach unten zu stehen kommen. Werden ganze Stämme zu dicken Säulen verarbeitet, muß in jedem Falle die Mitte (Markröhre und Teile des Kernholzes) herausgebohrt werden, damit die Randzonen rißfrei trocknen können. Harzreiche Hölzer sind zu meiden, weil bei diesen durch intensive Sonneneinstrahlung (Südseite) das Harz noch lange Zeit ausgetrieben wird, dadurch die Oberflächenschutzschichten zerstört werden und die ganze Arbeit unansehnlich wird. Auch entharzte Holzoberflächen bringen dafür keine nennenswerten Erfolge. Der Einsatz harzarmer Hölzer, wie Tanne und verschiedene Laubhölzer, ist deshalb günstiger als die Verwendung von Kiefer oder Lärche. (Robinie und das Kernholz der Eiche sind besonders geeignet.) Die Sonneneinstrahlung hat aber insofern einen schädigenden Einfluß auf das Holz, weil die im Sonnenlicht enthaltenen UV-Strahlen die Stützsubstanz in den Zellwänden, das Lignin, zersetzen und in wasserlösliche Komponenten umwandeln. Dadurch verliert die Holzstruktur ihren Halt.

Zum Schutz von Arbeiten für den Freiraum sind deshalb folgende Maßnahmen erforderlich: 1. die baulich bzw. konstruktiv richtige Ausbildung der Werkstücke. Hierzu gehört auch die Wahl der geeigneten Hölzer; 2. der chemische Holzschutz (zur Unterstützung der konstruktiven Maßnahmen, nicht als Ersatz dafür); 3. die Oberflächenbehandlung.

Bevor auf die konstruktiv richtige Formung von Drechslerarbeiten für den Freiraum eingegangen wird, sollen einige Hinweise zur Schutzbehandlung dieser Arbeiten gegeben werden: Da bekanntlich Holz niemals seine ihm gegebene Form genau beibehält, sondern auf Temperatur- und Luftfeuchtigkeitsschwankungen reagiert, dadurch quillt oder schwindet (arbeitet), werden entsprechende Anforderungen an den Oberflächenschutz gestellt. Das gilt ganz besonders für Arbeiten, die im Freiraum zur Aufstellung gelangen. Während Arbeiten im Innenraum einen aushärtenden Farb-

Sonderverfahren des Drechselns

Bild 6/95. Gegenüberstellung von günstigen und ungünstigen Profilformen bei Drechslerarbeiten für den Freiraum (nach Busch, Zernsdorf/b. Berlin)

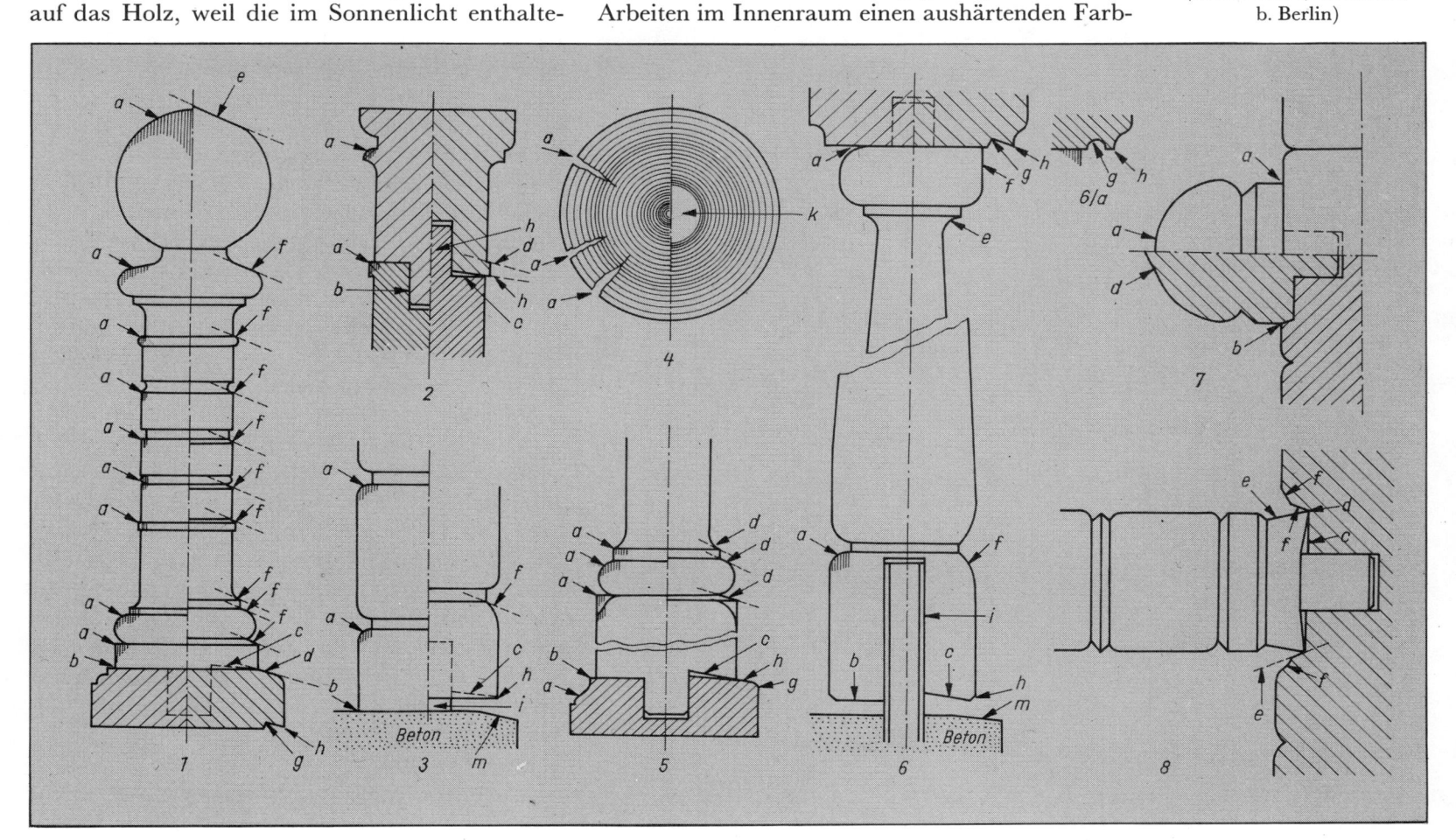

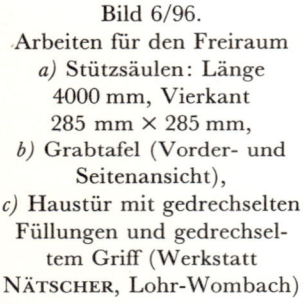

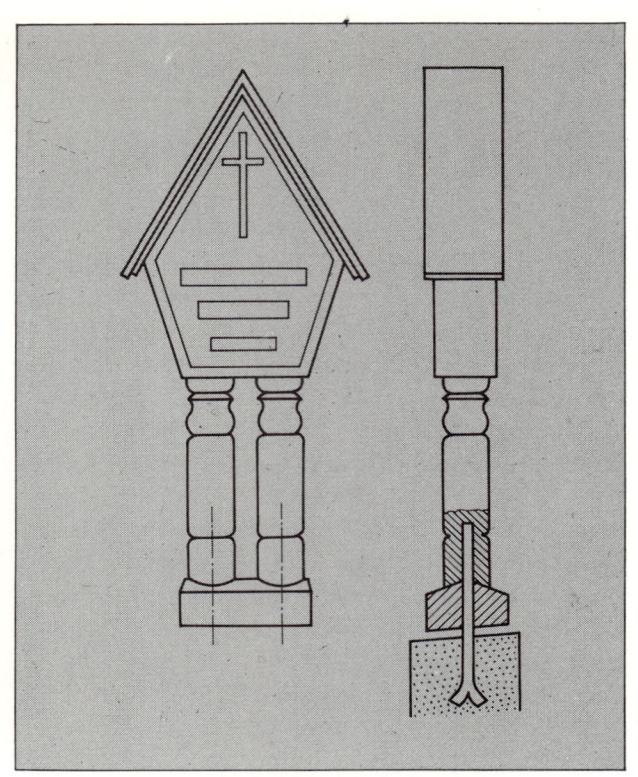

Bild 6/96.
Arbeiten für den Freiraum
a) Stützsäulen: Länge
4000 mm, Vierkant
285 mm × 285 mm,
b) Grabtafel (Vorder- und Seitenansicht),
c) Haustür mit gedrechselten Füllungen und gedrechseltem Griff (Werkstatt NÄTSCHER, Lohr-Wombach)

oder Lackanstrich erhalten können, weil sich hier das »Arbeiten« des Holzes in Grenzen hält, sind derartige Anstriche für Arbeiten im Freiraum ungünstig, und dem Holz feindlich.

Diese aushärtenden Anstriche gehen mit den Holzbewegungen nicht mit und reißen demzufolge. In diese feinen Risse tritt dann Feuchtigkeit ein, die unter dem Lack nicht wieder verdunsten kann und dadurch zu Holzzerstörungen führt. Die unschönen grünlich-schwarzen Flecken, die sehr bald zu sehen sind, sind Zeugen dieser durch Fäulnis entstandenen Holzzerstörung. Die einzig richtigen Methoden der Oberflächenbehandlung für derartige Holzarbeiten sind diejenigen, bei denen die Poren des Holzes offen bleiben, bei denen das Holz ungehindert »arbeiten« kann, bei denen aber trotzdem ein Eindringen von Feuchtigkeit verhindert wird. Als einfachste Mittel haben sich dafür Öle (Firnisse oder Halböle) bewährt, die sich an die Porenwände anlegen und dadurch das Eindringen von Wasser in das Innere des Holzes verhindern. Besser ist es jedoch, solche öligen Mittel zu verwenden, die gleichzeitig chemische Holzschutzmittel enthalten (siehe Tafel 3 im Anhang). Bei diesen Mitteln wirkt die Holzschutzkomponente gleichzeitig abweisend gegen Pilz- und Insektenbefall. Sie sind entweder farblos oder in verschiedenen Farbtönungen im Handel. Zu beachten ist dabei allerdings, daß das bloße Einstreichen der Holzoberfläche mit Öl oder mit den genannten Mitteln einen kurzzeitig wirkenden und oberflächlichen Schutz garantiert. Wirksamer ist es, das jeweilige Werkstück zu tränken, bis eine optimale Sättigung erreicht ist oder das Holz in einer speziellen Imprägnieranlage zu behandeln. Beim Anstrichverfahren muß aber zumindest jährlich, in der trockenen, warmen Jahreszeit nachbehandelt werden. Vor diesem Nachbehandeln ist das Werkstück zu säubern, damit der darauf liegende Schmutz durch das Anstrichmittel nicht gebunden wird. Das würde zu einer unansehnlichen Graufärbung führen. Bei Verwendung von Öl (Firnisse, Halböle) genügt es, nach der einmaligen Nachbehandlung in den Folgejahren nur nach Bedarf erneut zu ölen. Zu viel Öl wirkt sich nachteilig aus, weil Öl beim Trocknen Sauerstoff aufnimmt und sich dadurch im Volumen vergrößert. Bei zu viel Öl werden deshalb unschön wirkende Runzeln gebildet. Ratsam ist es, ölige Holzschutzmittel mit brauner Farbpaste abzutönen oder bereits eingefärbte Anstrichstoffe zu verwenden. Damit erhält das Werkstück bereits beim

Imprägnieren den Braunton, den die natürlichen Einflüsse, vor allem das Sonnenlicht, dem Holz im Freien geben. Gleichzeitig werden durch die Einfärbung die schädigenden UV-Strahlen vor dem Eindringen gehindert. Im günstigsten Falle verschwindet bei dieser künstlichen Tönung der gegebene Farbton durch die Witterungseinflüsse im gleichen Verhältnis, wie die Natur das Holz färbt. Ebenso bedeutungsvoll wie Holzauswahl, Oberflächenbehandlung und Holzschutz d[...] chemische Mittel sind die richtige Gestaltung [...] die Herstellung der im Freien zum Einsatz ge[...]genden Drechslerarbeiten. Dazu muß grunds[ätz]lich bekannt sein, daß die Schäden an Freira[um]-Werkstücken weniger der Sonnenschein und [die] Temperaturschwankungen, sondern vielm[ehr] Nässe und Kälte (Frost) und in diesem unmi[ttel]baren Zusammenhang in der Folgezeit die h[olz]zerstörenden Pilze und tierischen Schädlinge [her]vorrufen. Hitze zerreißt zwar das Holz an [der] Oberfläche, zerstört aber die Profilierungen n[icht]. Diese Profilierungen oder angebrachtes Sch[nitz]werk werden vielmehr durch Nässe und Frost [zer]stört. Die vor allem in die Hirnholzflächen [ein]dringende Regen- und Schneefeuchtigkeit wir[d bei] Frost in Eis verwandelt, das durch größeres [Volu]men das Holz sprengt. Profile und Bildhauera[rbei]ten werden dadurch meist ganz zerstört, we[nn] nicht wasserabweisend gestaltet werden. So[lche] risse schließen sich z. T. wieder oder könn[en mit] Kitt und feinen Sägespänen verschlossen w[erden]. Frostschäden dagegen sind kaum reparab[el]. [Eine] Grundforderung an die Gestaltung gilt de[shalb]: feingliedrige Profile zu vermeiden und die [Teile] so zu formen, daß an ihnen Wasser nicht h[aften] kann. Tiefe Ein- und Unterdrehungen, die [zu] nach oben liegende Hirnholzflächen e[rgeben] müssen vermieden werden, ebenso solche [en]gen Profile, die das Wasser in das Innere de[r Kern]zonen leiten. Je einfacher und je flacher die [Profile] gehalten sind, desto dauerhafter wird das [Werk]stück im Freien sein. Große, nach oben l[iegende] Hirnholzflächen saugen das Regenwasser [stark] auf und bilden zusätzlich Staubfänger, [in denen] wiederum Feuchtigkeit gebunden wird u[nd sich] häßliche Verfärbungen ergeben. In der Ze[ichnung] (Bild 6/95 1) sind gute und ungünstige P[rofilbei]spiele gegenübergestellt. Die linken Zeic[hnungs]teile (mit a und b bezeichnet) geben jeweils einige ungünstige Profil- und Konstruktionsformen an, die rechten Zeichnungsteile (e, f, d) solche, die wasserabweisend wirken. Die gestrichelten Flächen bei a und b zeigen, wo das Wasser in das Holz eindringt. An diesen Stellen kommt es zuerst zur Zerstörung der Holzteile durch Verstockung (Fäulnis) und durch Frostabsprengung. Sitzt eine Säule auf einem Holzkörper auf, muß die Säule unten stark unterdrechselt werden (c), damit sich der Säulenumfang mit einer scharfen Kante fest an den Sockelkörper andrücken kann. Dadurch wird das Eindringen von Wasser verhindert. Der [...] einer unteren Kante eine [...] eingearbeitet bekommen [...] ropfkante (h) gebildet wird [...]kel am Fenster). Bild 6/95 [...] blematik bei zusammenge[...] nks falsche, rechts richtige [...] darf nicht am Oberteil an[...] Bild 6/95 (3) ist das Aufstel[...] auf einer Beton- oder Stein[...]ule darf unten (bei b) nicht [...]ß auf einem verzinkten Ei[...]er Abstand zwischen Holz [...]tens 10...15 mm betragen. [...] Auswirkung bei richtiger [...]dung von Vollholz-Rund[...]) muß sofort nach dem Fällen [...] werden. Das Trocknen darf [...]atten und sehr langsam erfol[...]ängsrisse nicht zu vermeiden. [...] ist die rechte Profilleiste der [...] wirkt ästhetisch schöner und [...]an denen das Wasser stehen[...]en kann. Das gilt auch für Bild [...]u beachten ist hierbei die Ge[...]hut im Kopfstück (eckig oder [...] Hohlkehlform). [...] sind die Ansatzkanten von [...] Rosettenteilen ungünstig ge[...]erbindungsform dringt auch [...]enn sauber und dicht gearbei[...]re Kugelabschluß sollte spitz [...]s Wasser nicht so leicht in die [...]ngen kann. Bei schräger Ab[...]wirken die Hirnholzschichten [...] in Bild 6/95(8) gezeigte Va[...]asser von der stehenden Säule [...]nd f) wirken als Wasserrinnen. [...] s ein dichter Abschluß gewähr[...]emzufolge, wie bei Bild 6/95(1) [...]eite des Querstückes zu hinterdrechseln (c). Das Bild 6/96 zeigt praktische Beispiele für die Anwendung von Drechslerarbeiten im Freiraum.

7 Konstruktionselemente und Verbindungsteile an Drechselformen

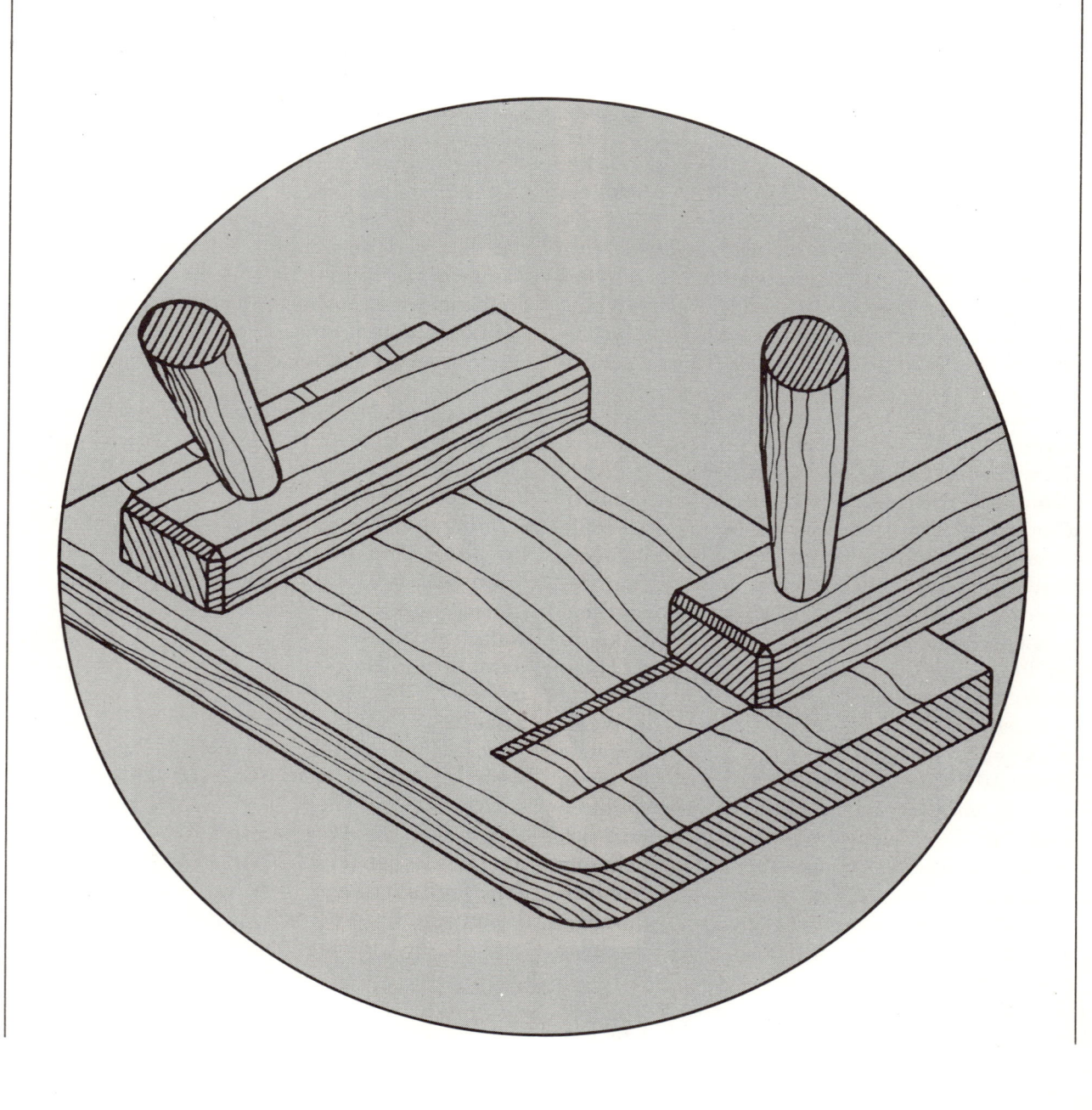

DRECHSELFORMEN SIND OFT TEILE eines Gesamterzeugnisses und verlangen nach Weiterbearbeitung, damit sie in eine Konstruktion eingefügt werden können und somit zu einem Ganzen werden. Durch Zusammenfügen einer Vielzahl ganzer, geteilter oder anderweitig weiterbearbeiteter Drechselformen können aber auch Schmuck- und Gebrauchsformen mit völlig neuem Aussehen entstehen. Zu diesem Zweck können handgedrechselte und Maschinendrehformen in verschiedenster Weise an anderen Maschinen oder mit Handwerkszeugen weiterbearbeitet werden.

In den meisten Fällen sind hierzu gesonderte Lehren oder Vorrichtungen erforderlich, da die runden Formen, die von der Drechselbank oder von der Drehmaschine kommen, die Anlage- und Festspannmöglichkeiten in Maschinen oder an der Werkbank gegenüber quaderförmigen Körpern erheblich einschränken. An den Drechsler werden diesbezüglich hohe Anforderungen gestellt. Er muß mit viel Einfallsreichtum und Geschick die jeweils günstigsten Lösungswege finden, damit der Drehkörper sicher gehalten und maßhaltig bearbeitet werden kann, dabei aber nicht unbeabsichtigt durch die angewendeten Spannvorrichtungen beschädigt wird. Das trifft sowohl für die Einzelfertigung als auch für eine rationelle Serienfertigung zu. Die einfachste und am häufigsten angewendete, weil werkgerechteste Art der Weiterbearbeitung von Drehformen ist das Bohren, d. h. das Herstellen von Holzverbindungen mittels Zapfens und Bohrlochs. Gedrechselte Querholzerzeugnisse bohrt man am vorteilhaftesten an einer Säulenbohrmaschine (Vertikalbohrmaschine), indem man auf dem Maschinentisch eine Halterung anbringt, in die die Drehform eingelegt wird. Die einfachste Form einer derartigen Halterung ist die Befestigung eines Zapfens in einem Holzbrett, auf den das Werkstück mit der an der Drechselbank angebrachten Mittelbohrung gesteckt wird. Mit Hilfe dieser einfachen Vorrichtung können auch Schrägbohrungen ausgeführt werden, wenn das Unterlagebrett mit dem Halterungszapfen schräggestellt wird. Dabei ist es ratsam, für das Schrägstellen eine Gewindespindel anzubringen, die eine stufenlose Einstellung des Winkels der Bohrung ermöglicht. Allerdings ist hierzu eine zusätzliche Feststelleinrichtung erforderlich, die ein ungewolltes Verstellen der Schräge durch die Vibration beim Bohren verhindert. Mit Hilfe einer zusätzlichen Teilscheibe unter der Drehform und entsprechender Spannmöglichkeit können derartige Bohrungen auch in gleichmäßigen Abständen angebracht werden, ohne daß sie einzeln aufgezeichnet werden müssen (Bild 7/1). Ist eine Mittelbohrung im Werkstück nicht vorhanden, so muß die Drehform in eine Dreieck- bzw. Prismenhalterung gelegt werden (Bild 7/2). Hier kommt es auf ein genaues Ausrichten des Werkstückes mit der Vorrichtung zur Mitte der Maschine bzw. zur Bohrmitte an.

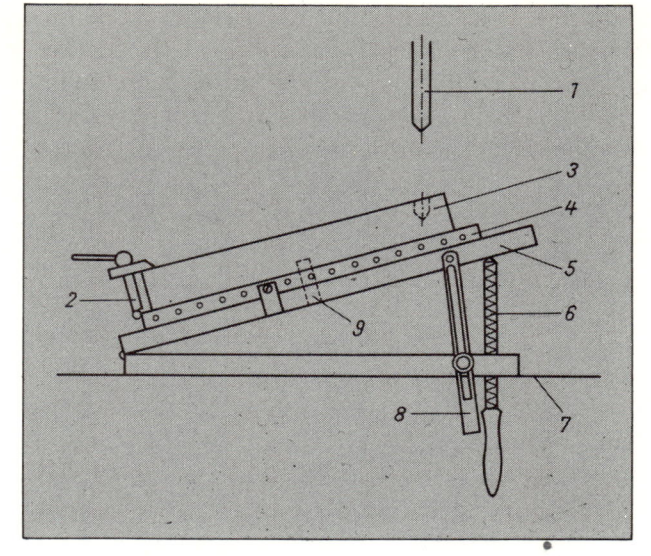

In ähnlicher Weise werden auch Langholz-Drechselformen gebohrt. Ist hier zur Halterung des Werkstückes keine spezielle Vorrichtung er-

Schrägbohrvorrichtungen

Bild 7/1.
Verstellbare Schrägbohrvorrichtung mit Teilscheibe zum Bohren scheibenförmiger Werkstücke
(1) Bohrer, (2) Spannelement, (3) Werkstück, (4) Teilscheibe, (5) verstellbare Auflage, (6) Gewindespindel, (7) Maschinentisch, (8) Feststelleinrichtung, (9) Zapfen für Werkstückarretierung

Bild 7/2.
Einfache Schrägbohrvorrichtung mit Prismenführung zum Bohren scheibenförmiger Werkstücke
a) Draufsicht, b) Vorderansicht, c) Seitenansicht
(1) Bohrung, (2) Werkstück, (3) Prisma, (4) Bohrer

forderlich (z. B. Teilscheibe), genügt allgemein eine Prismenauflage. Bei profilierten Drechselformen ist dabei auf die parallele und kippfreie Lage des Werkstückes zur Maschinentischebene zu achten. Unter Umständen muß hierfür eine spezielle Prismenhalterung aus Holz mit zwei festen Auflagepunkten hergestellt werden (Bild 7/3).

Das Anbringen von Bohrungen an der Schmalfläche von Querholzscheiben erfolgt vorteilhafterweise an der Langlochfräsmaschine (Horizontalbohrmaschine). Auch hier sind ähnliche Vorrichtungen, wie schon beschrieben, möglich.

All diese und andere Bohrungen können natürlich auch an der Drechselbank selbst ausgeführt werden, wenn eine Behelfsauflage in entsprechender Höhe vor dem Spindelstock auf dem Drechselbankbett befestigt, darauf das Werkstück aufgelegt, erforderlichenfalls arretiert und in Richtung Spindelstock, in dem der Bohrer befestigt ist, bewegt wird. Es können auch entsprechende Anlagen oder Halterungen am Reitstock befestigt werden, an denen die Werkstücke angelegt oder aufgespannt und mit diesem in Richtung Spindelstockwelle bewegt werden. Aber auch der umgekehrte Fall ist möglich, nämlich den Bohrer in den Konus der Reitstockwelle fest einzuspannen und das an der Spindelstockwelle sich drehende Werkstück auf diese Weise durch Zuführung der Reitstockwelle mit dem feststehenden Bohrer zu bohren.

Vielfach werden jedoch in den Werkstätten Bohrmaschinen vorhanden sein, so daß sich die Bohrarbeiten an der Drechselbank auf die Arbeiten beschränken, die hier günstiger als auf einer gesonderten Maschine ausgeführt werden können. Das kann z. B. der Fall sein, wenn bei der Einzelanfertigung das Herstellen von Halterungen und Lehren für das Arbeiten an Maschinen zu aufwendig ist oder es sich um eine solche Form handelt, die schlecht oder gar nicht in einer Lehre gefaßt werden kann. Das Bohren der sog. Kolonnen (oder Docken) für Beleuchtungskörper (Bild 7/4) oder das Bohren von Bowlingkugeln (Bild 7/5) sind Beispiele dafür.

Ähnlich verhält es sich mit dem Fräsen von Drechselformen. Hierbei ist die sichere Auflage und Befestigung (Spannvorrichtung) insofern von einer noch größeren Bedeutung, weil beim Fräsen die Unfallgefahr durch Rückschlag und die Verletzungsgefahr durch die Fräserformen viel höher ist als beim Bohren. Das Fräsen gedrechselter Formen erfordert einen besonders sicheren Sitz derselben in der Lehre bzw. Spannvorrichtung. Durch die Maßdifferenzen handgedrechselter Werkstücke ist das nicht immer ganz einfach. Bild 7/6 zeigt eine Fräslehre, mit deren Hilfe Löffelöffnungen in Deckel von Dosen gefräst werden können. Der gedrechselte Deckel wird hier auf einen Zapfen gesteckt und mit Hilfe eines Spannhebels an den Grundkörper der Lehre gedrückt. Diese gesamte Vorrichtung wird mit dem eingespannten Deckel auf der Tischfräsmaschine an einer Führungsschiene oder am Anlaufring an dem entsprechenden Fräswerkzeug entlanggeführt. Besonders wichtig hierbei ist die Arretierung des Deckels mit dem Mittelloch (dieses wird später für die Aufnahme des Knopfes benötigt) und dem Zapfen sowie das feste Anpressen mittels Hebels an den Grundkörper der Vorrichtung. Zu beachten ist bei diesem Fräsvorgang weiterhin, daß die Faserrichtung des Holzes in Fräsrichtung ausgerichtet wird.

Auf diese und ähnliche Weise sind vielerlei Vorrichtungen möglich, mit deren Hilfe verschieden-

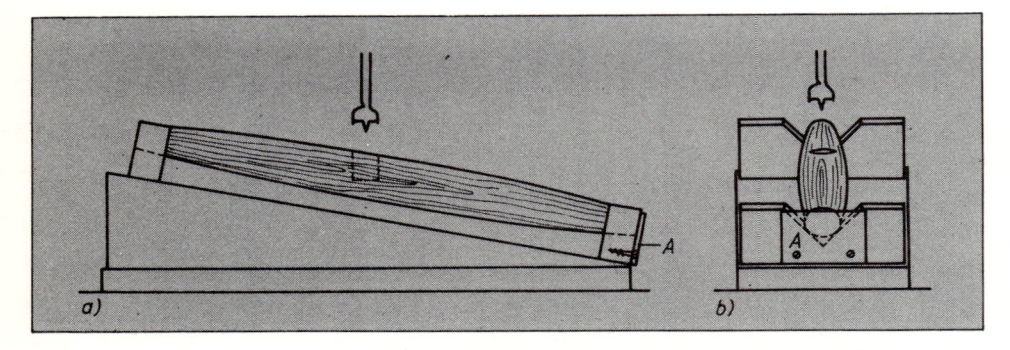

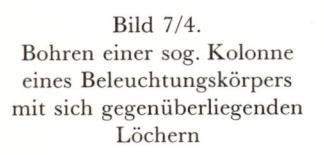

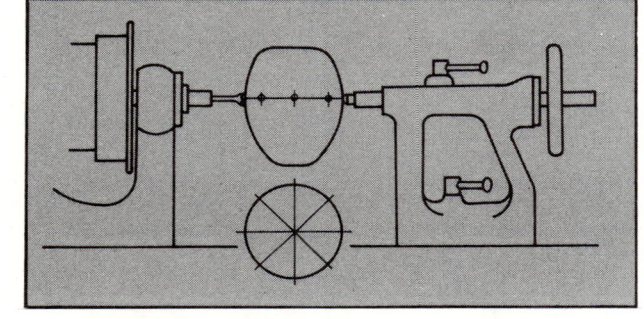

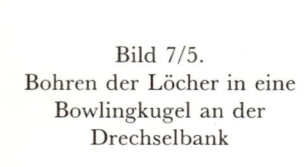

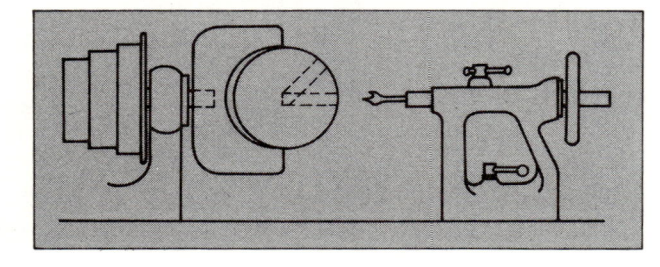

Bild 7/3. Einfache Schrägbohrvorrichtung mit Prismenführung zum Bohren von säulenförmigen Werkstücken (nach STRECKER [113])
a) Seitenansicht,
b) Vorderansicht

Bild 7/4. Bohren einer sog. Kolonne eines Beleuchtungskörpers mit sich gegenüberliegenden Löchern

Bild 7/5. Bohren der Löcher in eine Bowlingkugel an der Drechselbank

ste Fräsungen an Tisch- oder auch an Oberfräsmaschinen ausgeführt werden können. Selbst feine Kreissägeschnitte sind mit derartigen Vorrichtungen sicher auszuführen.

Eine alte Form der Veredlung von Drechselformen stellt das Kannelieren dar. Meist säulen- oder dockenförmige Drechselteile werden hier mittels Profilfräsers an der Unterfräsmaschine (Tischfräsmaschine) in Faser-Längsrichtung zusätzlich profiliert. Hierzu ist eine sog. Kannelierlade erforderlich (Bild 7/7), in der das Werkstück – ähnlich wie in der Drechselbank – eingespannt wird. Diese Fräslade wird mit dem Werkstück am Fräser entlanggeführt. Durch das Vorhandensein einer Teilscheibe können so am Umfang in gleichmäßigen Abständen Profilrillen eingefräst werden.

Bei gewölbten Kannelierungen bedarf es einer Frässchablone, die an das Grundbrett der Fräslade angeschraubt wird und eine der Wölbung des Drechselkörpers entsprechende Form aufweist. Die Führung der Fräslade an der Fräsmaschine wird am einfachsten mit einem Anlaufring möglich. Die Größe des Anlaufringes und sein Verhältnis zum Durchmesser des Profilfräsers bestimmen die Tiefe und Breite der Kannelur.

Auch an der Drechselbank selbst können Fräsarbeiten ausgeführt werden. Dabei müssen aber die Sicherheitsbedingungen ganz besonderer Überprüfung unterzogen werden. Es ist deshalb von Vorteil, wenn bei Fräsarbeiten an der Drechselbank ein Support zur Verfügung steht. Nur so ist eine exakte Führung des Werkstückes oder des Werkzeuges – je nach Art der auszuführenden Fräsarbeiten – möglich. Da die Umdrehungsgeschwindigkeit der Spindelstockwelle der Drechselbank im allgemeinen nach oben eng begrenzt ist, Fräsarbeiten meist aber eine höhere Schnittgeschwindigkeit erfordern, ist es möglich, mit Hilfe eines gesonderten Motors, der auf einem Support auf dem Drechselbankbett vor dem Spindelstock angebracht ist, Fräsarbeiten auszuführen. Zu diesem Zweck wird an der Welle des Motors das erforderliche Fräswerkzeug angebracht und an der Spindelstockwelle, z. B. am Backenfutter, das Werkstück eingespannt. Die Spindelstockwelle muß in diesem Falle arretiert werden können. Es ist sehr vorteilhaft, diese Arretierung mit einer Teilscheibe zu verbinden (Bild 7/8).

Durch Bewegung des Fräsmotors auf dem Support in Richtung Spindelstockwelle sind so verschiedenste Einfräsungen möglich. Je nach Fräserdurchmesser und Fräserform sind natürlich

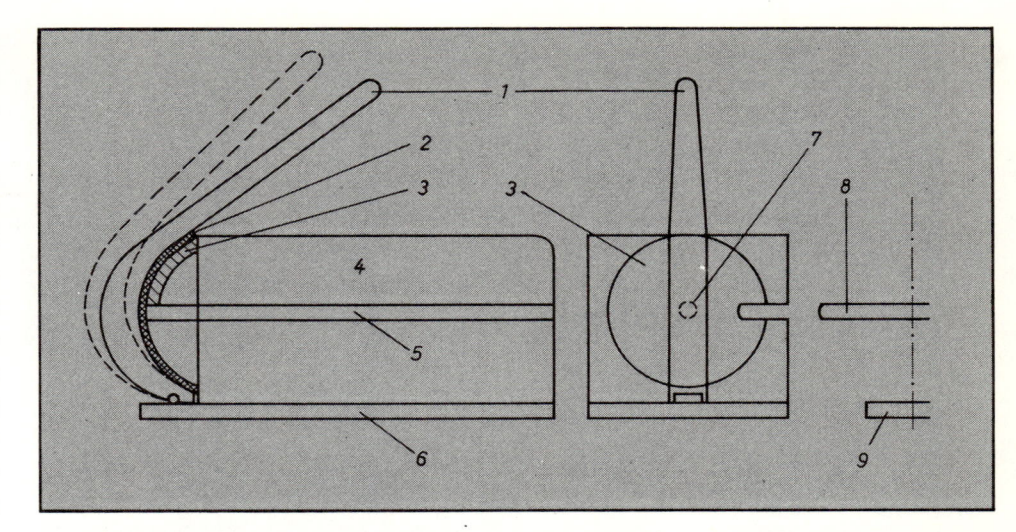

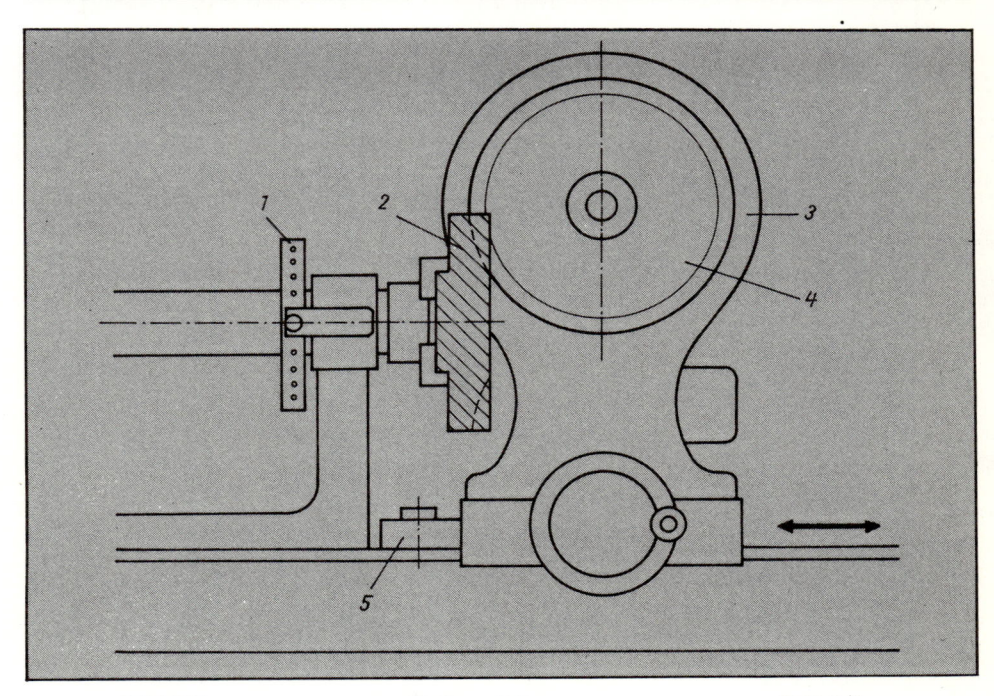

Bild 7/6. Vorrichtung zum Fräsen eines Werkstückes (Einkerbung in Querholzdeckel) (1) Spannhebel, (2) Ledereinlage, (3) Werkstück, (4) Grundkörper der Vorrichtung, (5) Fräsnut, (6) Anlaufsohle, (7) Stahlzapfen, (8) Fräser, (9) Anlaufring

Bild 7/7. Kannelierlade für Fräsmaschinen

Bild 7/8. Fräsvorrichtung mit Frässupport an der Drechselbank (1) Teilscheibe mit Arretierung, (2) Werkstück, (3) Fräsermotor auf Supportschlitten, (4) Fräswerkzeuge, (5) Anschlag

Konstruktionselemente und Verbindungsteile an Drechselformen

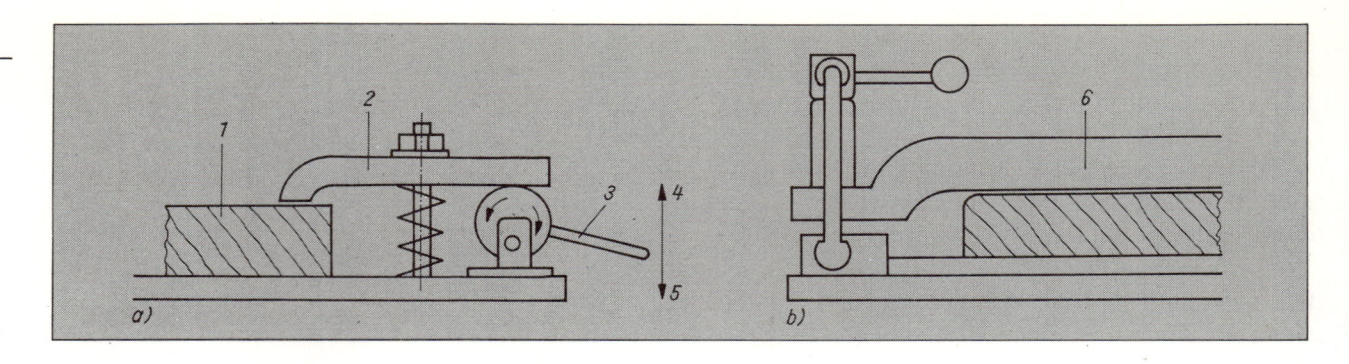

Bild 7/9. Handelsübliche mechanische Spannelemente
a) Spannspirale mit Druckhebel, b) Spannknauf mit Druckplatte, c) Gabelexzenter mit Druckschuh, d) Exzenter mit Spannweg über 90°
(1) Werkstück, (2) Druckhebel, (3) Spannspirale, (4) Lösen, (5) Spannen, (6) Druckplatte

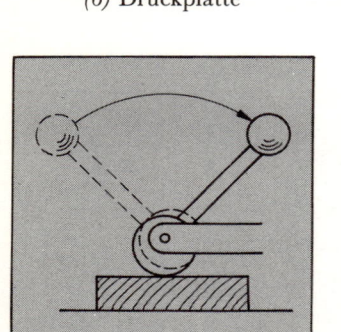

Bild 7/10. Verhältnis von Länge (l) zu Durchmesser (d) des Zapfens bei Zapfenverbindungen
l : d = 4 : 3 ... 4 : 2,5

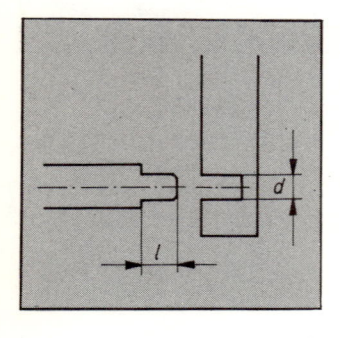

auch Fräsungen in umgekehrter Weise denkbar, nämlich wenn in der Spindelstockwelle das Werkzeug, z. B. ein Fräser, eingespannt ist und das fest eingespannte Werkstück mit Hilfe des Supportes zum rotierenden Werkzeug hin bewegt wird.

Mit diesen Hinweisen sollen hier lediglich einige Anregungen gegeben werden. Das Betätigungsfeld für den Fachmann ist dabei sehr groß, und dies um so mehr, wenn es sich um eine rationale Serien- oder Massenanfertigung handelt. Dabei ist der Einsatz sämtlicher Maschinen und aller Varianten an Vorrichtungen denkbar. Wichtig ist allerdings, daß es sich um eine material- und werkgerechte Weiterbearbeitung der rotationssymmetrischen Drechselform handelt und keine unästhetische Verstümmelung der an sich schönen, schlichten Drechselform zugelassen wird.

Für den Bau von Vorrichtungen und Lehren sollte sich der Drechsler zunächst handelsüblicher und möglichst einfacher mechanischer Grundelemente bedienen. Hierzu gehören z. B. der Exzenter bzw. die Spannspirale (Bild 7/9a) und verschiedene Spannknaufe (Bild 7/9b).

An der Drechselbank selbst können ohne Fremdwerkzeuge und allein mit der Drechseltechnik vor allem Zapfenverbindungen hergestellt werden. Abgesehen von einfachen Falzverschlüssen bei Deckeln und Büchsen kommt es bei Zapfenverbindungen, z. B. für Stuhlbeine, vor allem

darauf an, daß ein günstiges Verhältnis von Zapfenlänge zu Zapfendurchmesser gefunden wird, damit kein Ausscheren bei kurzen dicken oder Abbrechen bei langen dünnen Zapfen vorkommt. Ein günstiges Verhältnis ist dann gegeben, wenn die Zapfenlänge etwa vier Drittel des Durchmessers beträgt (Bild 7/10).
L : D ≙ 4 : 3 ... 4 : 2,5

Damit bei stark belasteten Zapfenverbindungen (z. B. bei Schemelbeinen) ein dauerhafter Halt gewährleistet ist, empfiehlt es sich, einen durchgehenden Zapfen mit einem gegengesetzten Keil (sog. Französischen Keil) zu verwenden. Hierbei muß der Zapfen vor dem Einführen in das Zapfenloch keilförmig geschlitzt werden. Dieser Keilschlitz darf aber nur bis maximal zwei Drittel Zapfenlänge eingesägt werden, damit die Stabilität am Zapfenfuß nicht gefährdet ist. Der Keil muß der Schlitztiefe entsprechen und sollte den Zapfen nur an die Wandung des Bohrloches straff andrücken, ihn aber nicht aufspalten. Vorausgesetzt, das Holz beider Teile ist gut getrocknet, kann die Zapfenverbindung und der Keil eingeklebt werden (Bild 7/11).

Von Bedeutung ist in dieser Weise auch die richtige Gestaltung der Zapfen von Möbelknöpfen. Diese geben, weil ihrer Herstellung oft nur wenig Bedeutung beigemessen wird, vielfach zu Ärger Anlaß. Die erste Voraussetzung ist auch hier völlig trockenes Holz. Für die Festigkeit und Haltbarkeit eines Möbelknopfes ist aber auch die Zapfenabmessung und die Plattengestaltung von Bedeutung. In Bild 7/12 sind gute und schlechte Beispiele gegenübergestellt. Die Zapfen der Möbelknöpfe sollten bis zu zwei Drittel ihrer Länge, von der Knopfseite aus gesehen, genau zylindrisch sein und gegen das Ende leicht konisch verlaufen. Bei Harthölzern empfiehlt es sich, die Zapfen gleich an der Drechselbank vor dem Abstechen leicht aufzurauhen. Das kann mit einem Gewindesträhler oder einem ähnlichen Werkzeug gesche-

gendübel bzw. Ziernagel möglich (Bild 7/12 e). Auch die konstruktive Verbindung von Einzelteilen mittels gedrechselter Ziernägel läßt formschöne Gestaltungen zu (Bild 7/13).

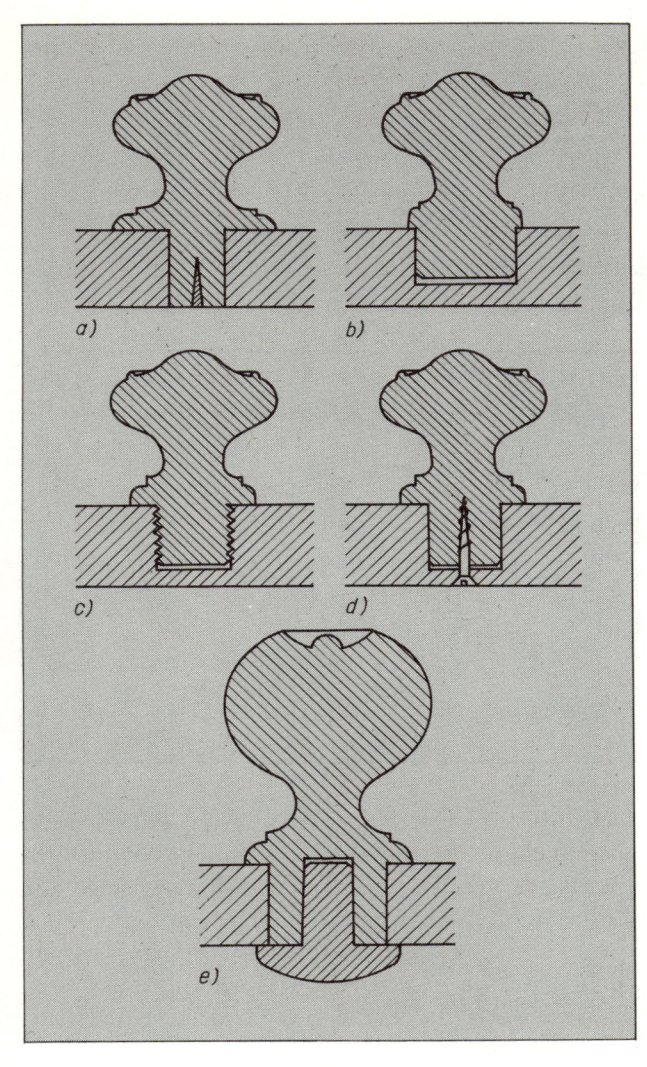

Eine Besonderheit der Zapfenverbindung ist der Bajonettverschluß. Hier kommt es besonders auf hohe Präzision bei der Herstellung der Nuten der beiden zu verbindenden Teile an. Die überstehenden Ränder werden mit Handschnittwerkzeugen jeweils gegenüberliegend zu einem Teil herausgeschnitten, so daß sie ineinandergesteckt werden können (Bild 7/14).

Der Drechsler sollte aber darüber hinaus auch das Herstellen solcher Holzverbindungen beherrschen, die zwar mehr zum Berufsbild des Tischlers gehören, bei vielen Werkstücken des Drechslers ebenso eine wichtige Rolle spielen. Hierzu gehören die sog. Schwalbenschwanzverbindungen, und davon vor allem das Herstellen von Gratleisten (Einschubleisten). Mit Hilfe von Gratleisten kann eine größere Querholzfläche gerade gehalten werden, indem durch die Querstabilisierung der Jahrringe mit Hilfe einer Leiste in Formschluß die höhere Längsbiegestabilität der Holzfasern auf die Querrichtung einer Fläche übertragen wird.

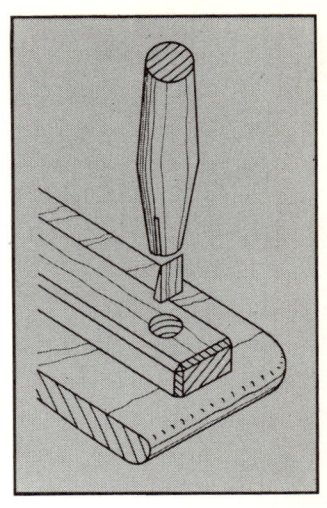

hen. Durch dieses Aufrauhen wird die Klebstoffhaftung bzw. das Eindringen des Klebstoffes in die Poren verbessert. Der feste Sitz der Möbelknöpfe kann mit einem Keil – ähnlich wie weiter vorn für die Befestigung von Schemelbeinen beschrieben – oder mit einer Holzschraube zusätzlich gesichert werden. Sind jedoch ein gutes Längen-Dicken-Verhältnis, eine gute Passung, ausreichende Holztrocknung und ein guter Klebstoff gegeben, hält auch ein nicht zusätzlich gesicherter Möbelknopfzapfen normaler Beanspruchung stand. Von Bedeutung ist hierbei die exakt senkrechte Bohrung für den Zapfen. Weicht nämlich der Bohrwinkel von der Senkrechten auch nur geringfügig ab, kommt die Platte nur einseitig zur Anlage, und der Knopf kann sich nach mehrfacher Benutzung schneller lockern, als das bei gleichmäßigem Anliegen der Platte der Fall ist.

Eine zusätzliche und zugleich formschöne Sicherung eines Möbelknopfes ist durch einen Ge-

Bild 7/11. Französischer Keil

Bild 7/12. Zapfengestaltung bei Schubladenknöpfen
a) Schubladenknopf mit zu kleinem Zapfen bzw. mit zu weit überstehender Platte,
b) Schubladenknopf mit zu gering überstehender Platte,
c) Schubladenknopf mit guten Zapfen- und Plattenproportionen und zusätzlicher Gewindebefestigung,
d) Schubladenknopf mit zusätzlicher Schraubenbefestigung,
e) Schubladenknopf in besonders werkgerechter Ausführung mit zusätzlicher Holzdübelbefestigung

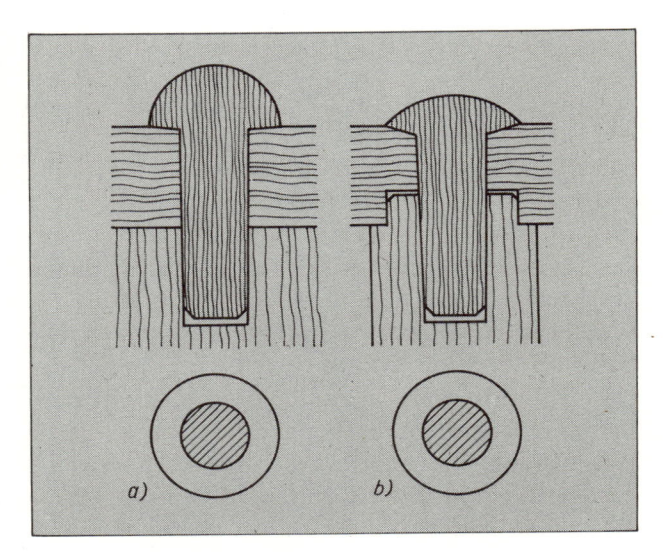

Bild 7/13. Konstruktive Verbindungen mittels Ziernagels aus Holz
a) Rundkopf-, b) Linsenkopfgestaltung

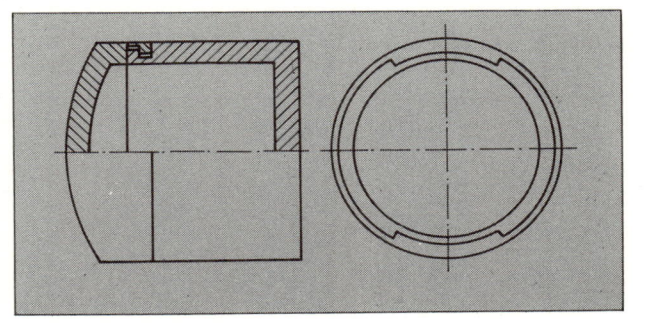

Bild 7/14. Büchse mit Bajonettverschluß

Bild 7/15.
Gratverbindungen
a) Querschnitt durch eine liegende Gratleiste,
b) Längsschnitt durch eine Gratleiste mit vorderer Abplattung, *c)* Quer- und Längsschnitt durch eine stehende Gratleiste

Bild 7/16.
Gratverbindungen an einem Stuhl

Bild 7/17.
Grathobel (Querschnittdetails)
(1) Hobelstahl,
(2) Vorschneider, *(3)* Hobelkörper, *(4)* verstellbare Anlaufschiene, *(5)* Werkstück

Bild 7/18.
Gratsäge

Bild 7/19.
Grundhobel

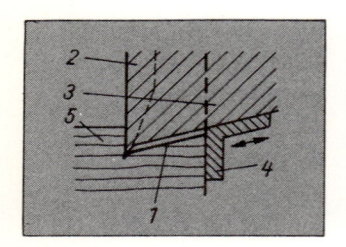

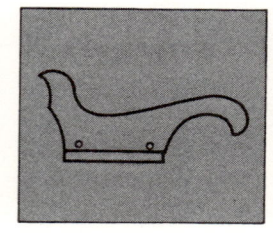

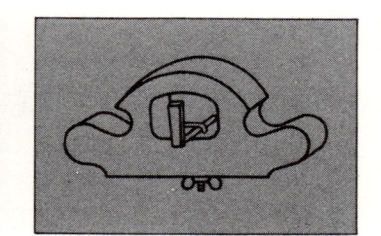

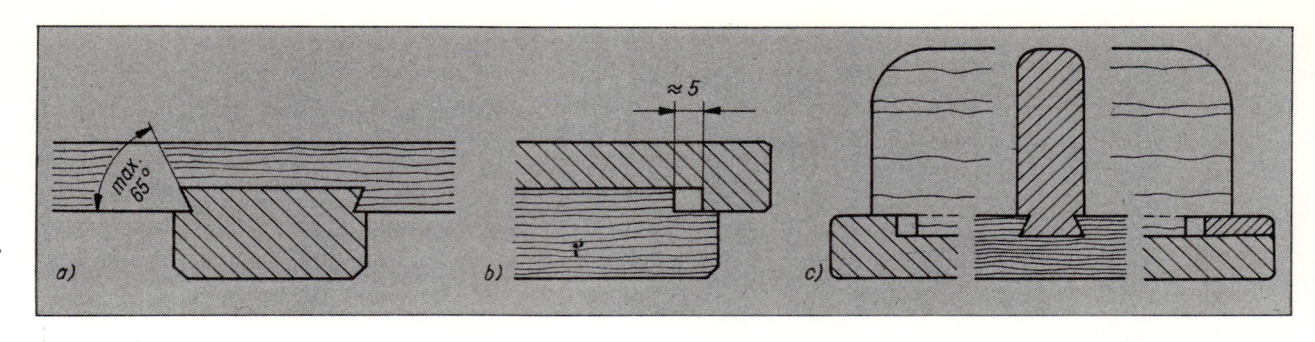

Außerdem können mit Gratleistenverbindungen räumliche Konstruktionen aufgebaut werden, wie das mit Stuhl- und Tischbeinen der Fall ist. Von großer Bedeutung ist es dabei, das Quell- und Schwindverhalten des Holzes zu berücksichtigen, weil quer zur Faser das Holz den größten Maßveränderungen unterliegt und durch die Stabilisierung mit einer Gratleiste im rechten Winkel zur Faserrichtung der Fläche die beiden Verhaltensextreme des Holzes zusammentreffen. Gratleiste und Fläche können aus dem gleichen Holz hergestellt werden. Verwendet man jedoch für die Gratleiste Hartholz, kann deren Querschnitt verringert werden. Die Abmessungen und die Form der Gratleiste richten sich nach dem Zweck der Brettfläche. Sie kann sowohl flach auf dem Brett liegen, hochkant gestellt sein als auch mit der Brettfläche bündig gehalten werden. Gratleisten werden immer nur quer zur Holzfaser eingeschoben. Sie werden im allgemeinen nicht geklebt, sondern nur an einer Seite mit Klebstoff oder mit einer Schraube arretiert, damit ein nachträgliches Arbeiten der Fläche möglich ist. Durch die geringe Keilform der Gratverbindung und durch das Einschlagen auf Preßsitz muß eine Gratverbindung ohne zusätzliche Arretierung fest und haltbar bleiben. Die Grathöhe bzw. die Gratnuttiefe beträgt in der Regel ein Drittel der Dicke des gegrateten Brettes, sie ist selten größer als 10 mm. Die leicht konische (keilförmige) Längsform sollte nur ganz schwach ausgeprägt sein. Sie ist abhängig von der Länge der Leiste und beträgt z. B. bei einem Stuhlsitz maximal 1,0 mm. Die Schwalbenschwanzschräge sollte etwa 65° betragen (Bild 7/15).

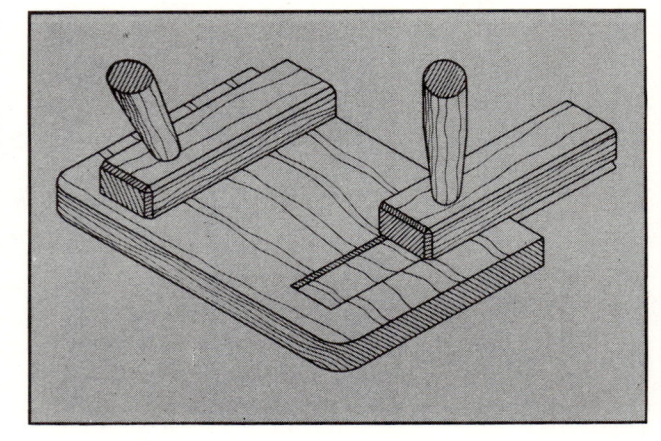

Die Gratnut wird in den meisten Fällen nicht durchgehend ausgearbeitet, sondern bleibt zur Sichtseite geschlossen. Bei Stuhlsitzen wird die Leiste in die Nut von hinten eingeschoben. Damit die Fläche »arbeiten« kann, läßt man die Leiste nicht ganz bis zur vorderen Nutkante anstoßen, sondern setzt die Feder der Gratleiste um etwa 5 mm ab (Bilder 7/15 *b*, 7/16).

Der Abstand der Gratleiste von der Außenkante der Brettfläche (von der Hirnholzkante) muß wenigstens 4 ... 5 cm betragen. Das Herstellen des Grates von Hand erfolgt mit Hilfe des Grathobels (Handhobel) (Bild 7/17). Die Gratnut wird mit der Gratsäge (Bild 7/18) beidseitig schräg eingeschnitten und mit dem Stechbeitel oder unter Zuhilfenahme eines Grundhobels (Bild 7/19) ausgearbeitet. Nachdem die Lage und die Breite der Gratleiste auf die Brettfläche aufgerissen wurde, wird die Federbreite nach innen auf dem Brett markiert, der Aufriß mit einem Schnitzmesser oder einem Stechbeitel vertieft, am vorderen Ende die Nut auf eine Breite von etwa 2 cm ausgestemmt und anschließend die an der Gratsäge einzustellende Nuttiefe eingesägt. Anschließend wird die Nut ausgestemmt und der Grund geebnet. Die Feder der Gratleiste wird danach passend angehobelt. Nuttiefe und Federhöhe müssen genau übereinstimmen. Maschinell können Grat und

Nut mit der Zinkenfräsmaschine oder auch mit der Oberfräsmaschine hergestellt werden.

Auf andere Formen von Holzverbindungen soll in diesem Rahmen nicht weiter eingegangen werden, weil diese entweder in der Drechslerwerkstatt weniger benötigt werden (z. B. Zinkenverbindungen) oder bereits durch die polytechnische Vorbildung bekannt sein dürften (Nagel- und Schraubverbindungen). Zum Schluß dieses Kapitels soll noch auf das Arbeiten an der Oberfräsmaschine (Kopier-Fräsmaschine) hingewiesen werden. Die Bearbeitung von Drechselkörpern an der Oberfräsmaschine ist für den Fachmann besonders reizvoll. Es können sowohl konstruktive als auch ornamental-dekorative Aufgaben gelöst werden, letztere in ähnlicher Weise wie beim Guillochieren an der Drechselbank, hier aber in einem weitaus effektiveren Verfahren (siehe Bild 6/86). Auf die Oberfräsmaschine und ihre Wirkungsweise wurde bereits eingegangen. Nachfolgend soll dazu an einem Bildbeispiel das Prinzip der Gestaltung von Fräsvorrichtungen erläutert werden (Bild 7/20).

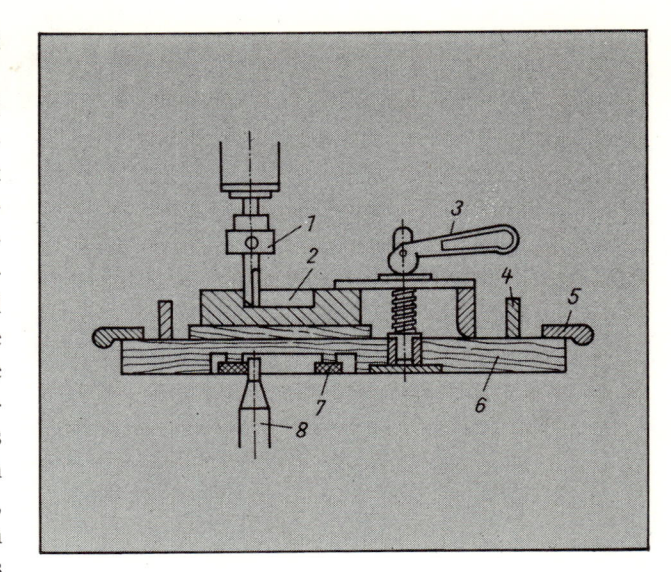

Bild 7/20. Schematische Darstellung des Prinzips zur Gestaltung von Fräsvorrichtungen für die Oberfräsmaschine (1) Werkzeug, (2) Werkstück, (3) Spannvorrichtung, (4) Splitterschutz, (5) Handgriff, (6) Schablonenbrett, (7) Negativ, (8) Kopierstift

Probleme können hierbei allerdings insofern auftauchen, als durch Maßungenauigkeiten beim Handdrechseln die Tiefeneinstellung für den Fräsbohrer nicht gleich groß bleiben kann, sondern variiert werden muß.

8 Oberflächenbehandlung

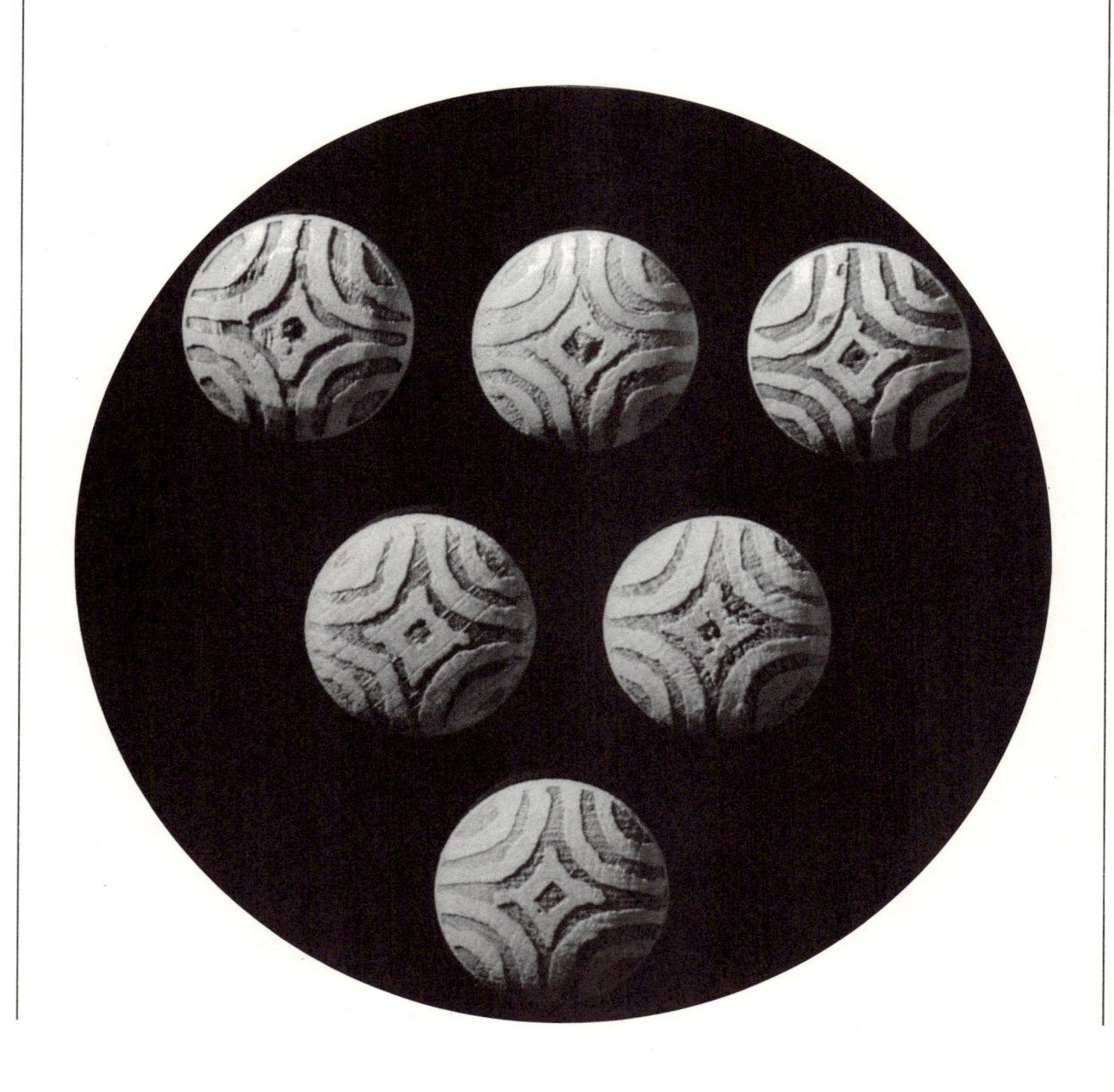

DIE OBERFLÄCHENBEHANDLUNG IST der komplexe Begriff für die Summe aller Arbeitsvorgänge, die dazu dienen, das jeweilige Werkstück gestalterisch zu bereichern und die Oberfläche des Werkstückes vor schädigenden Einflüssen zu schützen. Das können im einzelnen Falle Maßnahmen zur Verstärkung und Erhaltung des natürlichen Farb- und Maserbildes sein, ornamental-dekorative Behandlungsverfahren, Verfahren zur Erhöhung der Widerstandsfähigkeit der Holzoberfläche gegen Abrieb, Verschmutzung und klimatische Einwirkungen (Schutz gegen mechanische Einwirkungen, gegen Feuchtigkeit, Wärme, chemisch wirkende Flüssigkeiten, Pilze und tierische Schädlinge).

Vorbehandlung der Holzoberfläche

Art und Qualität der Oberflächenbehandlung bestimmen sehr stark den ästhetischen Gesamteindruck und den Gebrauchswert eines Gegenstandes. Durch eine für den jeweiligen Verwendungszweck geeignete optimale Behandlung der Oberfläche wird der Gesamtwert eines Gegenstandes gesteigert. Der Oberflächenbehandlung kommt deshalb auch für den Drechsler eine hohe Bedeutung zu. Selbst wenn nur wenig oder keine chemischen Mittel für die Behandlung einer Holzoberfläche eingesetzt werden, wenn das Holz in seiner Natürlichkeit voll zur Wirkung kommen soll, gerade dann muß der Oberflächengestaltung besondere Aufmerksamkeit geschenkt werden. Die Behandlung der Holzoberfläche beginnt nämlich bereits bei der Formung (Drechseln) des Gegenstandes und beim abschließenden Schleifen. Werden hierbei schon Fehler oder Unsauberkeiten geduldet, kann dies durch die weitere Behandlung nicht wieder ausgeglichen werden. Deshalb muß werkgerecht und mit scharfen Werkzeugen gearbeitet werden, damit eine splitterfreie, ebene und glatte Oberfläche entsteht, die nur wenig geschliffen werden muß. Unsauberkeiten entstehen vor allem dann, wenn die Holzfaser nicht abgeschnitten, sondern abgedrückt oder gar nur umgelegt wird, wie das beim Schaben von Holz der Fall ist. »Gut gedrechselt ist halb geschliffen und gut geschliffen ist halb poliert« gilt heute für einen Drechsler noch genau so wie früher.

Das *Schleifen* der fertig gedrechselten Form dient nur einer feinen Nachbearbeitung der Holzoberfläche, keinesfalls der Nachformung. Durch das Schleifen sollen nur die kleinen Faserbündel, die beim Spanen stehengeblieben sind, abgetrennt werden. Nur in Ausnahmefällen können mit dem Schleifen geringe Unebenheiten ausgeglichen werden. Das ist von der Art und Härte des Holzes abhängig. Harte und feinporige Hölzer können nur mit feinsten Schleifmitteln behandelt werden, weil sich bei ihnen die Schleifmittelkörnungen markieren. Bei Nadelhölzern besteht die Gefahr, daß die weichen Jahrringe herausgeschliffen werden, wenn zu intensiv geschliffen wird. Beim Schleifen an der Drechselbank wechselt die Faserrichtung in schneller Folge. Das Schleifen quer zur Faser herrscht vor. Reines Langschleifen (in Faserrichtung) ist niemals gegeben, nur wenn der Drechsler sein Werkstück außerhalb der Drechselbank mit der Hand nachschleift. Der Langschliff wäre allerdings der günstigste, weil sich hier die Schleifspuren kaum markieren. Das saubere Drechseln und feinste Schleifen ist vor allem bei solchen Oberflächen von Bedeutung, die roh bleiben oder nur mit transparenten Schutzschichten versehen werden. Das Auftragen von flüssigen Oberflächenmitteln verstärkt in jedem Fall die vorhandenen Unsauberkeiten und Schleifspuren. Deshalb ist ein Wässern der Holzoberfläche und ein Nachschleifen nach gutem Trocknen anzuraten.

Zum Schleifen wird Schleifpapier oder Schleifleinen verwendet, für Weichholz etwas gröberes (Nr. 50, 40, 32, 25, – früher 36. . .80) und für Harthölzer feineres (Nr. 25, 20, 16, 10, 8 – früher 70. . .150). Bei neuem Schleifpapier kommt es oft zu Schleifspuren, weil lose Schleifmittel herausfallen. Es ist deshalb ratsam, vor dem ersten Gebrauch am gedrechselten Werkstück ein neues Stück Schleifpapier erst einmal über eine Hartholz- oder Metallkante zu ziehen. Stark abgestumpfte Schleifmittel wirken nicht mehr spanabtrennend, sondern drücken die Fasern in die Poren hinein. Im Extremfall kann es bei stumpfen Schleifmitteln zu einem Brennen auf der Fläche kommen. Der gleiche Zustand tritt auch bei zu hohem Schleifdruck, vor allem mit feinem Schleifpapier auf. Hier legen sich die Porenränder nach innen um. Beim nachfolgenden Beiz- oder Lackaufstrich richten sich diese wieder auf und ergeben eine rauhe Oberfläche.

Das *Wässern* von Holzteilen ist nie von Nachteil, jedoch nicht in jedem Fall erforderlich. Ob gewässert werden muß, ist davon abhängig, welche Holzart zum Einsatz kommt (hart oder weich, grob- oder feinjährig), wie der Anteil an Hirnholz (das ist vor allem beim nachträglichen Beizen von Bedeutung), der Anteil von Fetten und Harzen ist (fette oder harzreiche Hölzer sollten mit einem Zusatz von fettlöslichen Mitteln gewässert werden), wie die Spanung erfolgte (schneidend oder schabend), wie die Farbempfindlichkeit des Holzes ist und schließlich, welche Oberflächenqualität erreicht werden soll. Geraspelte oder gefeilte Holzteile müssen in jedem Fall gewässert werden. Dem Wasser kann etwas Soda oder Salz beigegeben werden, ebenso Salmiak (5 %). Salmiak trägt zu einer besseren Aufnahmefähigkeit des Holzes für nachfolgende Beizen bei, kann jedoch bei farbempfindlichen Laubhölzern bereits zu einem Verfärben führen. Das Wässern geschieht mit angewärmtem Wasser und der Auftrag mit Pinsel oder Schwamm. Nach ausreichendem Trocknen wird das Werkstück mit feinstem Schleifpapier geschliffen. Das Wässern und Schleifen kann erforderlichenfalls ein weiteres Mal wiederholt werden. Harthölzer sollten nach dem Wässern in jedem Falle mit feinstem, abgeschliffenem Papier geschliffen werden. Unter Umständen genügt es auch, mit feiner Stahlwolle nachzuschleifen. Flächige Teile sollten mit einem Schleifkorken, Profilierungen mit einem Keilstück (profiliert), um das feines Schleifpapier gelegt wurde, geschliffen werden. Das Schleifen und Wässern erfolgt bei langsam laufender Drechselbank. Es ist ratsam, das gewässerte Teil von zwei Richtungen zu schleifen (Vor- und Rücklauf). Das Wässern direkt an der Drechselbank ist jedoch insofern etwas bedenklich, weil durch das Wasser die Metallteile der Maschine, die Meß- und Prüfwerkzeuge u. dgl. leiden.

Holzteile, die nicht gedrechselt, sondern an anderen Holzbearbeitungsmaschinen hergestellt wurden (gefräste oder gehobelte Teile), müssen in jedem Falle in Faserrichtung geschliffen werden, damit das wellenartige Oberflächenprofil, das durch die bogenförmige Spanung entsteht, verschwindet und eine völlig ebene und glatte Oberfläche entsteht, die die gleiche Qualität wie die gedrechselten Teile aufweist. Auch hier bringt ein Wässern nach dem ersten Schliff und ein feines Nachschleifen nach ausreichender Trockenzeit weitere Qualitätsverbesserungen. Werkstücke aus harzhaltigen Hölzern (Kiefer, Lärche, Pitchpine) müssen vor einer Oberflächenbehandlung entharzt werden. Das ist vor allem für die Qualität des Beizvorganges von Bedeutung, weil harzhaltige Teile die Beize nur schwer aufnehmen. Das *Entharzen* kann mit dem Wässern kombiniert werden. Die Harze werden durch eine heiße Sodalösung verseift und mit warmem Wasser abgewaschen. Man verwendet auf einen Liter heißes Wasser 60 g kalziniertes Soda oder Pottasche. Bei besonders fettigen Hölzern kann der warmen Sodalösung 1/4 Liter Aceton zugesetzt werden. (Vorsicht! Aceton ist feuergefährlich!) Eine Nachbehandlung mit 10...15 %iger Essigsäure zum Neutralisieren und anschließendes Wässern ist empfehlenswert. Harze können aber auch durch harzlösende Mittel wie Benzin, Benzen, Terpentin, Spiritus, Aceton und Tetrachlorkohlenstoff gelöst und dadurch entfernt werden. Es ist auch eine Kombination mit der Verseifung möglich.

Das Ausstechen und Ausbrennen von Harzgallen mit nachträglichem Verkitten ist wohl nur bei Werkstücken möglich, die eine farbig deckende Behandlung erfahren.

In bestimmten Fällen kann es erforderlich werden, Holzteile zu *bleichen*. Damit erreicht man ein allgemeines Aufhellen der Holzfarbe, ein Entfernen von Flecken im Holz und eine größere Gleichmäßigkeit für nachfolgendes Beizen. Bevorzugt wird das Bleichen bei Ahorn angewendet, um ein besonders gleichmäßiges weißes Holz zu erhalten. Es können aber auch Hölzer wie Esche und Buche, Linde und Pappel, ja selbst Fichte und Kiefer mit Erfolg gebleicht werden, wenn das erforderlich ist. Selbst die gefürchtete Bläue bei Kiefernholz oder durch Schimmelpilze hervorgerufene graue Flecken können durch starke Bleichmittel entfernt werden. Ist jedoch bereits eine Holzzerstörung durch Pilze eingetreten, helfen auch die besten Bleichmittel nicht mehr. Für das Bleichen gerbstoffhaltiger Hölzer werden organische Säuren zur Aufhellung, überwiegend aber Oxydations- und Reduktionsmittel verwendet.

Das beste Bleichmittel ist das Cyanex (Brücol-Werke Markkleeberg-Großstädteln), das als fertige Lösung in drei Komponenten hergestellt wird. Dieses Mittel eignet sich für alle Hölzer und gewährleistet einen guten Bleicherfolg. Es muß nicht erst zubereitet werden und ersetzt die alten Bleichmittel, die auf die einzelnen Holzarten mehr oder weniger günstig wirken. Steht dieses Mittel jedoch nicht zur Verfügung, können auch gute Erfolge mit 35 %igem Wasserstoffperoxid erzielt werden, das in einem Verhältnis von 1:1 bis 1:2 mit Wasser verdünnt wird. Die Wirkung kann hier erhöht werden, wenn sofort nach dem Einstreichen des

Holzes mit Salmiak nachbehandelt wird. Für Eiche ist Wasserstoffperoxid nicht geeignet, für Kirschbaum und Nußbaum nur wenig. Hierfür nimmt man besser Natriumbisulfat, 50 g/l Wasser oder Zitronensäure, 30...50 g kristalline Zitronensäure je Liter Wasser oder auch Essigsäure. Für stärkste Bleichungen eignet sich Natronlauge mit einer Nachbehandlung mit Wasserstoffperoxid.

Alle Bleichmittel werden naß aufgetragen und nach Abschluß des Bleichprozesses gründlich mit warmem, sauberem Wasser wieder abgewaschen. Bleichmittelreste auf der Holzoberfläche können für die nachfolgenden Oberflächenbehandlungsverfahren Schädigungen oder Verfärbungen bewirken. Es wird immer das gesamte Holzteil bzw. die gesamte Fläche mit dem Bleichmittel behandelt. Da Bleichmittel giftig sind oder stark ätzend wirken, ist größte Vorsicht erforderlich. Als Gefäße dürfen nur solche aus Glas, Steingut oder Porzellan Verwendung finden, keinesfalls Eisen-, Kupfer- oder Aluminiumgefäße, auch Pinsel mit Metallringen sind zu vermeiden. Der Auftrag erfolgt am besten mit Pinseln aus Pflanzenfasern, Schwämmen oder Faserbürsten. Es sollten Gummihandschuhe getragen und eine Schutzbrille verwendet werden.

Färben und Beizen

Oft besteht der Wunsch, den Farbton eines Holzes zu verstärken oder zu wandeln oder ihm eine farbenkräftige Tönung zu verleihen, ohne dabei das Strukturbild des Holzes zu verfälschen oder zu verdecken. Das kann mit Hilfe von Färbemitteln oder Beizungen geschehen. Im Gegensatz zum Färben, bei dem in Wasser, Spiritus, Salmiak oder Öl gelöste Farbpigmente aufgetragen werden, die sich in die Holzfasern einlagern, wird beim Beizen der Farbton durch einen chemischen Prozeß in der Holzfaser gebildet. Durch das lockere Gefüge der Frühholzzonen der Jahrringe dringt hier beim Färben mehr Farbstoff ein als in die Spätholzzonen, und es ergibt sich dadurch ein negatives Maserbild. Das macht sich bei Nadelhölzern besonders stark bemerkbar. Die Holzmaserung bleibt zwar deutlich sichtbar, ist aber farblich verfälscht. Der Färbevorgang ist denkbar einfach. Das handelsübliche Färbemittel (oft fälschlicherweise als Holzbeize bezeichnet) wird der Anwendungsvorschrift entsprechend aufgelöst und mittels Pinsels oder Schwamms bzw. im Tauch- oder Spritzverfahren reichlich aufgetragen. Beim Einstreichen mit Pinsel oder Schwamm wird von unten nach oben gearbeitet bzw. so, daß kein Ablaufen von Färbemitteln auf noch unbehandelte Partien erfolgen kann. Das würde nämlich zu bleibenden dunklen Spuren führen. Es sollte nur in Faserrichtung gearbeitet werden, niemals quer zu dieser. Überschüssiger Farbstoff wird mit einem trocknen Pinsel bzw. Vertreiber in Quer- und dann in Längsrichtung vertrieben. Damit wird die Flüssigkeit, die wegen Sättigung nicht mehr in das Holz eindringen kann, durch die Saugwirkung des Verteilerpinsels aufgenommen.

Dem Beizen ist jedoch nicht nur wegen der Erhaltung der Natürlichkeit des Holzmaserbildes der Vorzug zu geben, sondern auch wegen der größeren Lichtechtheit der entstehenden Farben und der harmonischen Farbtönungen. Hierbei werden keine Farbpigmente aufgetragen. Vielmehr entsteht der Farbton durch chemisch aktive Stoffe, die sich mit Holzinhaltsstoffen oder mit einer zweiten chemischen Komponente verbinden und dabei eine Farbveränderung hervorrufen. Bei Hölzern mit beizaktiven Stoffen braucht normalerweise nur eine Komponente (Nachbeize) aufgetragen zu werden, um die Farbveränderung zu erzielen. Vielfach wird bei diesen Hölzern aber auch mit sog. Vorbeize gearbeitet, damit Gleichmäßigkeit in der Farbtönung erzielt wird, die sonst nicht erreicht werden kann, weil die Verteilung chemischer Stoffe innerhalb eines Baumstammes unterschiedlich ist. Vorbeizen sind in der Regel die sog. Gerbsäuren wie Tannin, Pyrogallol, Brenzkatechin und Katechu sowie die organischen Amine. Diese meist pulverförmigen Vorbeizen werden in heißem, weichem Wasser gelöst und sind nach dem Erkalten gebrauchsfertig. Die angesetzte Lösung muß noch am gleichen Tag verbraucht werden. Unter Umständen kann sie in dunklen Flaschen eine kurze Zeit aufbewahrt werden. Vorbeizen darf kein Salmiakgeist zugesetzt werden.

Beim Auftragen der Vorbeize ist gegen das Licht zu arbeiten, damit sichtbar wird, ob alle Teile gleichmäßig bestrichen wurden. Vorbeizen sind nämlich meist völlig farblos. Entstandene Ungenauigkeiten beim Vorbeizen lassen sich nach dem Auftrag der Nachbeize nicht mehr ausgleichen. Die Vorbeizen sind satt aufzutragen. Anschließend sollen sie unter natürlichen Bedingungen mindestens 6 Stunden trocknen können.

Tabelle 8/1.
Farbtöne mit unterschiedlichen Chemikalienkombinationen [49]

1. Metallsalzbeizen, ohne Vorbeizen verwendet, ergeben auf Eiche folgende Farbtöne

Lösungen	Farbtöne	Lösungen	Farbtöne
Kupferchlorid	hellgelbbraun	Kupfersulfat	graugrün
Eisenchlorid	grau	Eisenacetat	bläulichgrün
Eisensulfat	graugrün	Kobaltchlorid	dunkelbraun
Kaliumchromat	gelbbraun	Kaliumbichromat	braun
Manganchlorid	braun	Zinkchlorid	gelbbraun
Nickelchlorid	hellbraun	Nickelsulfat	olivbraun

2. Durch verschiedene Gerbsäuren in Verbindung mit Metallsalzlösungen erhält man folgende Beizfarbtöne

Vorbeizen	Metallsalzlösungen	Farbtöne
Tannin	Chromsalze	gelblichbraun
Tannin	Eisensalze	bläulich bis graubraun
Pyrogallussäure	Kupfersalze	olivbraun
Pyrogallussäure	Eisensalze	dunkelbraun
Pyrogallussäure	Nickelsalze	braun
Pyrogallussäure	Chromsalze	gelbbraun
Katechu	Chromsalze	rotbraun
Katechu	Kupfersalze	olivbraun
Brenzkatechin	Eisensalze	grau und schwarz
Brenzkatechin	Chromsalze	hellgraubraun
Brenzkatechin	Kupfersalze	dunkelgrau

3. Beizrezepte für Eiche und Nadelhölzer

Vorbeize (auf 1 l Wasser)	Nachbeize (auf 1 l Wasser)	Farbton
10 g Pyrogallussäure	30 g Kaliumbichromat	braun
15 g Pyrogallussäure	30 g Kaliumbichromat	rotbraun
5 g Pyrogallussäure	10 g Kaliumbichromat	mittelbraun
10 g Tannin	5 g Kaliumbichromat	hellgelbbraun
20 g Tannin	10 g Kaliumbichromat	hellbraun
1 g Brenzkatechin	10 g Kaliumbichromat	grünbraun
5 g Brenzkatechin	10 g Kaliumbichromat	schwarzbraun
1 g Brenzkatechin und 0,5 g Paramin	10 g Kaliumbichromat	dunkelbraun
1 g Brenzkatechin und 0,5 g Paramin	10 g Kaliumbichromat 10 g Kupferchlorid	hellbraun grüngrau
5 g Pyrogallussäure und 0,5 g Paramin	10 g Kaliumbichromat	rotbraun mittelbraun
15 g Tannin und 2 g Paramin	10 g Kaliumbichromat	rotbraun dunkelbraun
5 g Pygrogallussäure und 0,5 g Paramin	10 g Kaliumbichromat 10 g Kupferchlorid	hellbraun mittelbraun
15 g Tannin und 2 g Paramin	10 g Kaliumbichromat 5 g Kupferchlorid	mittelbraun rötlichbraun

Vorgebeizte Flächen dürfen einer direkten Sonnenbestrahlung nicht ausgesetzt werden. Eine längere Trockenzeit als 24 Stunden wirkt sich ungünstig aus. Nach dem Trocknen kann mit dem Auftrag der Nachbeize begonnen werden. Nachbeizen bestehen aus Schwermetallsalzen. Es sind meist Kupfer-, Chrom-, Nickel-, Zink-, Kobalt-, Mangan- und Eisensalze, die zum Einsatz kommen (Tab. 8/1). Sie werden ebenfalls in weichem Wasser gelöst. Ihnen kann – zur besseren Tiefenwirkung – Salmiakgeist zugesetzt werden, jedoch nicht den Eisensalzbeizen. Bei Zusatz von Salmiakgeist zu Eisensalzbeizen fällt Eisen als Rost aus. Der Auftrag muß hier satt und gleichmäßig von unten nach oben erfolgen, und überschüssige Flüssigkeit ist zu vertreiben. Für das Vor- und Nachbeizen dürfen keinesfalls die gleichen Gefäße und Beizwerkzeuge Verwendung finden. Selbst gründliches Auswaschen der Pinsel kann nicht verhindern, daß durch geringe Reste im Inneren des Pinsels bereits chemische Reaktionen und dadurch Beiztonveränderungen entstehen. Der Farbton muß mit Beizproben auf dem jeweiligen Holz erprobt werden.

Sollen kleine Massenartikel gebeizt werden, so können diese, in einen nichtmetallischen Korb gelegt, in einen mit Beize gefüllten Holzbottich getaucht werden.

Einzelstücke können auch an der Drechselbank gebeizt werden, indem mit einem Beizschwamm die Beize auf das langsam mit der Hand zu drehende Werkstück aufgetragen wird. Zwischen dem Vor- und Nachbeizen darf das Werkstück nicht geschliffen werden. Es sollte auch nach dem fertigen Beizen nur ganz wenig (Weichholz mit feinem Schleifpapier, Hartholz mit einer Roßhaarbürste) nachgeschliffen werden. Das Wässern und Schleifen soll vor dem Beizen erfolgen. Weiterhin sollten folgende Beizregeln Beachtung finden: Holz, das man beizen will, sollte eine Temperatur von etwa 20 °C haben, damit die Poren offen sind und die Beizlösung gut eindringen kann. Die zu beizenden Teile müssen völlig frei von Schleifstaub sein. Ein Bürsten in Faserrichtung mit einer straffen Roßhaarbürste ist vorteilhaft.

Vorhandene Hirnholzflächen sind vor dem Beizen anzufeuchten, damit hier kein dunklerer Farbton entsteht. Von einem Ölen der Hirnholzflächen vor dem Beizen, wie das in älterer Literatur empfohlen wird, muß vor allem bei feinporigen Hölzern abgeraten werden, weil sich hierbei leicht Fettränder ergeben können. Zum Wässern und zum Ansetzen der

Beizen sollte stets enthärtetes Wasser, zumindest abgekochtes oder Regenwasser, verwendet werden. Beim Ansetzen der Beizlösungen sollte man nicht zu knapp rechnen, da bei einem Nachmischen Farbtonunterschiede kaum zu vermeiden sind. Beim Auftrag mit Pinsel oder Schwamm wird auf 10...12 m^2 ein Liter Beizflüssigkeit benötigt.

Beim Aufnehmen der Beize mit dem Pinsel oder Schwamm muß darauf geachtet werden, daß keine Spritzer auf die Holzfläche gelangen, bevor der Beizauftrag erfolgt. Zuerst muß in Faserrichtung satt und gleichmäßig eingestrichen werden, dann kann auch quer vertrieben, zum Schluß muß aber wieder in Längsrichtung gestrichen werden. Beim Vertreiben aufgenommene Beize darf nicht wieder in das Beizgefäß zurückgegeben werden. Nach wenigen Minuten des Einstreichens, wenn die Fläche noch feucht ist, kann nochmals nachgestrichen werden, damit die Beize tief einziehen kann. Bildet sich nach dem Nachbeizen ein weißer Belag, so ist das ein Zeichen guter Beizentwicklung. Ein Bürsten nach der Trocknung beseitigt den Belag. Gebeizte Teile dürfen zum Trocknen nicht an den Ofen oder in die Sonne gestellt werden, weil sonst das Wasser zu schnell verdunstet und die Entwicklung des Farbtones verhindert wird. Fertig gebeizte Werkstücke sollten nach ausreichender Trocknung möglichst bald mit einem schützenden Überzug versehen werden, weil durch den Sauerstoff der Luft weitere Farbveränderungen eintreten können. Als Überzüge kommen Mattine, Hartgrund, Klarlacke und Polituren in Frage. Bei Verwendung von Hartgrund oder Mattine wird diese nach kurzer Trockenzeit mit Stahlwolle überschliffen und ein nochmaliger Auftrag aufgebracht, der wiederum nach Aushärtung mit feinster Stahlwolle überschliffen wird. Es kann aber auch mit Politur weiter bis zum Hochglanz aufgebaut werden.

Nur am Rande soll Erwähnung finden, daß es für Sonderfälle Beizmöglichkeiten zum Erzielen von besonderen Effekten gibt. Das sind z. B. *Metallglanzbeizen*, bei denen Bronzepulver zugesetzt ist.

Interessant sind die *öligen Färbemittel*, bei denen fettlösliche Anilinfarbstoffe in Terpentinöl gelöst sind. Beim Arbeiten mit diesen Stoffen rauhen die Holzoberflächen nicht auf, und es ist gleichzeitig ein leichter Schutzfilm gegeben. Allerdings sind die öllöslichen Stoffe wenig lichtecht.

Von Bedeutung sind auch die wasserfesten und lichtechten *Schwarzbeizungen*. Es handelt sich hier um Echtbeizungen, bei denen der Farbton in der Holzfaser entwickelt wird. Es gibt folgende Möglichkeiten: Die Vorbeize enthält 200g Anilinchlorid und 50g Kupferchlorid auf 1 l heißes Wasser. Nach der Austrocknung wird mit Kaliumbichromat (50 g/l) unter Zusatz von Salmiakgeist heiß nachgebeizt. Das Anilinsalz braucht zur Entwicklung Sauerstoff. Da Leinöl ein guter Sauerstoffüberträger ist, überstreicht man die gebeizte Fläche nach der Trocknung mit gekochtem Leinöl. Die Vorbeize darf erst kurz vor Gebrauch angesetzt werden, weil sonst die Schwarzbildung schon in der Lösung vor sich geht und dann zum Auftragen wenig geeignet ist.

Eine andere Möglichkeit der Schwarzbeizung ergibt sich wie folgt:

Vorbeize: 50 g Paramin auf 1 l Wasser
Nachbeize: a) 0,2 l Wasserstoffperoxid (5%ig) auf 0,8 l Wasser
oder b) 0,2 l Kaliumbichromat (10%ig), 0,2 l Kupferchlorid (10%ig), 0,02 l Essigsäure (30%ig) auf 0,6 l heißes Wasser

Die Nachbeizen müssen auf die noch nassen vorgebeizten Flächen aufgetragen werden.

Wachsbeizen werden fast ausschließlich für Eichenholz verwendet. Je nach Zusammenstellung unterscheidet man Wasserwachs- und Ölwachsbeizen. Die Wachsbeizen des Handels enthalten eine Mischung verschiedener Natur- und synthetischer Wachse. Bei Wasserwachsbeizen wird zur Verseifung des Wachses hauptsächlich der 910er Ammoniak verwendet, z. T. auch Pottasche oder Schmierseife. Es werden auch Zusätze von Harzen wie Schellack oder Kollophonium hinzugefügt. Die Wasserwachsbeizen werden allgemein als Salmiakbeizen bezeichnet. Wachsbeizen haben den Vorteil, daß mit ihnen auf der Holzoberfläche gleichzeitig eine Schutzschicht entsteht, die man nach dem Trocknen nur zu bürsten braucht und die für einfache Arbeiten als Oberflächenschutz bereits ausreichen kann. Sie werden meist mit Farbzusätzen versehen und stellen dadurch eine Kombination von Beizen und Färben dar.

Für den Drechsler ist das *Räuchern* von Holz ein einfaches Verfahren zum Erzielen schöner, dunkler Farbtöne, besonders bei Eiche und anderen gerbstoffhaltigen Hölzern. Zum Räuchern wird ein kleiner geschlossener Raum bzw. eine dichte Kiste benötigt, in der die zu räuchernden Teile so aufgestellt werden können, daß sie sich nicht gegenseitig berühren. Darüber hinaus müssen in diesem geschlossenen Raum eine oder mehrere flache Schalen aufgestellt werden können, in die Salmiakgeist gegossen wird. Durch die Einwirkung der Ammoniakdämpfe auf die Gerbsäure des Holzes entwickelt sich eine graue bis dunkelbraungraue Färbung. Die Intensität ist abhängig vom Gerbstoffgehalt des Holzes und vor allem aber von der Dauer der Einwirkzeit der Ammoniakdämpfe. Die Färbung kann durch Wärme und durch Zugabe von ungelöschtem Kalk verstärkt werden. Gerbstoffarme Hölzer können ebenfalls geräuchert werden, wenn eine Vorbehandlung mit Gerbstoff erfolgte (Vorbeize).

Räucherbeizen haben eine ähnliche Wirkung. Sie sind als Kombinationsbeizen zu betrachten, weil sie sowohl Metallsalze als auch Teerfarbstoffe zum Färben enthalten. Sie werden vor dem Gebrauch mit Salmiakgeist angesetzt. Da die Räucherbeizen die Holzstruktur etwas verfälschen, sollte nach Möglichkeit das Räuchern mit Ammoniakgasen bevorzugt werden.[1]

[1] Das Wissenschaftlich-Technische Zentrum der holzverarbeitenden Industrie, Dresden, hat eine Beiztonordnung erarbeitet, der man die Rezepturen für den gewünschten Farbton bei verschiedenen Holzarten entnehmen kann.

Oberflächenschutz

Zum Schutz vor Verstaubungen, zum Schutz vor dem Eindringen von Luftfeuchtigkeit und des Luftsauerstoffes, z. T. auch zum Schutz vor Witterungseinflüssen und Flüssigkeiten erhalten die vorbehandelten Werkstücke einen *Oberflächenschutz*. Dieser Schutzfilm kann dünn und transparent, seidenmatt, glänzend, hochglänzend oder farbig deckend sein. Das einfachste Verfahren, einen Oberflächenschutz zu erzielen, ist das *Wachsen*. Man erreicht damit einen angenehmen seidenmatten Glanz. Das Wachsen eignet sich vorzugsweise für großporige Hölzer. Hierzu werden zwei Teile Bienenwachs in einem Teil Terpentinöl unter Erhitzen aufgelöst, gut verrührt, und die erkaltete Lösung wird mit einem Pinsel oder einer Bürste gleichmäßig aufgetragen. Nach 4...6 Stunden wird die gesamte Fläche mit einer Roßhaarbürste gebürstet. Sollte das Bienenwachs durch seine Eigenfarbe das Holz verfärben, muß es erst gebleicht werden. Es können jedoch auch moderne Hartwachse zum Einsatz kommen.

Das Wachsen ist ebenfalls an der Drechselbank möglich. Hier kann ein Stück Hartwachs oder gebleichtes Bienenwachs durch gleichmäßiges Bewegen auf das sich drehende Werkstück aufgebracht werden. Es kann aber auch eine Rundbürste oder Schwabbelscheibe in die Drechselbank eingespannt, mit Wachs benetzt und das Werkstück daran angedrückt werden. Damit wird jedoch nur ein sehr oberflächlicher Schutz erreicht. Der flüssige Auftrag dringt tiefer in die Poren ein und ist deshalb vorzuziehen. Er wird mit Hilfe einer Rundbürste oder Schwabbelscheibe an der Drechselbank gleichmäßig »poliert«. Wachs kann auch in Aceton, Benzin, Ether oder Tetrachlorkohlenstoff gelöst werden. Hierbei ist aber die Brandgefahr stark erhöht.

Da die Wachsschicht sehr empfindlich gegen Feuchtigkeit und Kratzer bleibt, sollte diese mit einer dünnen Mattierung zusätzlich geschützt werden. Hierzu ist eine Schellacklösung besonders geeignet. Bei Cellulosepräparaten besteht die Gefahr, daß diese auf Wachs nicht oder nur sehr langsam trocknen.

Arbeiten, die im Freien zum Einsatz kommen, sollten in jedem Falle einen *Anstrich* erhalten, der mit einem *Holzschutzmittel* kombiniert ist. Dieses Mittel sollte möglichst tief in das Holz eindringen. Es gibt hierfür im Handel ölige Anstrichstoffe, die gleichzeitig einen gewissen Oberflächenfilm ergeben (s. Tafel 3 im Anhang). Holz muß im Freien atmen können. Durch die extremen Temperaturschwankungen und die Witterungseinflüsse »arbeitet« das Holz sehr stark. Es wird deshalb jeder porenschließende, die Holzoberfläche überziehende Schutzfilm nach kürzerer oder längerer Zeit zerstört. Der Auftrag oben genannter holzschützender, öliger Mittel ist denkbar einfach, sollte jedoch jährlich wiederholt werden. Da Drechslerarbeiten aber größtenteils in geschlossenen Räumen zum Einsatz kommen, sollen nachfolgend weitere Schutzmittel und Überzugtechniken erläutert werden:

Schellack ist aus den Werkstätten wegen seiner aufwendigen Handhabung fast völlig verdrängt worden. Dafür haben Präparate Einzug gehalten, deren Verwendung nicht nur einfacher ist, sondern die auch eine bessere Gebrauchsfähigkeit aufweisen. Außerdem ist mit diesen neuen Oberflächenmitteln ein schnelleres Arbeiten möglich. Mit ihnen sind matte, seiden- oder hochglänzende Oberflächen zu erzielen.

Mattieren

Mattinen sind Lösungen von filmbildenden Harzen mit Anteilen von matttrocknenden Ölen und Wachsen zur Herstellung von matten bis mattglänzenden Überzügen. Sie sind meist auf Cellulosenitratbasis aufgebaut. Stumpfmatt, Tuffmatt, Seidenmatt und Hartgrund sind reine Cellulosemattierungen, die dünne, wasserhelle und harte Überzüge ergeben. Diese Mattinen sind besonders geeignet zur Abdeckung der echt gebeizten Oberflächen. In den Kombinationsmattinen sind außer Cellulosenitrat weitere Harze enthalten, die einen fülligeren und etwas blankeren Überzug ergeben. Kunstharzmattinen ergeben wasserfeste Überzüge.

Je nach beabsichtigtem Oberflächeneffekt und Schutzbedürfnis kann die Mattine ein- oder mehrmals aufgetragen werden. Im allgemeinen wird das sauber gedrechselte, geschliffene, gewässerte und nochmals geschliffene Werkstück gebürstet und die Mattine (z. B. Hartgrund) mittels Pinsels oder Wollappens dünn aufgetragen. Da Nitropräparate schnell trocknen, kann bereits nach einer Viertelstunde mit Stahlwolle oder Schleifpapier längs zur Holzfaser geschliffen werden. Anschließend kann nochmals mit dünnem Hartgrund (Tuffmatt) eingelassen und nach dem Trocknen mit feinster Stahlwolle nachgeschliffen werden. Auch ein Bürsten mit Roßhaar ist möglich. Wenn der Glanz gesteigert werden soll, kann die so vorbereitete Oberfläche mit leichter Cellulosepolitur mittels Lappens überzogen werden.

Lackieren

Lacke enthalten mehr Harzanteile (Natur- oder Kunstharze) als Mattinen und bilden dadurch eine kräftigere Filmschicht auf der Holzoberfläche, ohne jedoch die Poren zu verschließen. Die Benennung der Lacke erfolgt nach der Rohstoffbasis (Alkydharzlacke, Cellulosenitratlacke, Chlorkautschuklacke, Öllacke, Polyesterlacke); nach der Ordnung im Anstrichaufbau (Grundlack, Decklack); nach der Art der Auftragtechnik (Spritzlack, Gießlack, Tauchlack); nach der Art der Trocknung (kalthärtender bzw. lufttrocknender Lack, Einbrennlack, chemischer Reaktionslack); nach der Art des Oberflächeneffektes (Mattlack, Reißlack, Hammerschlaglack, Glanzlack); nach der Art des Lackierobjektes (Bootslack, Möbellack, Fußbodenlack, Innenlack, Außenlack) und nach besonderen Merkmalen (Zweikomponentenlack, Korrosionsschutzlack). Lacke mit Pigmenten vermischt ergeben Farblacke bzw. Lackfarben. An dieser Vielfalt ist zu erkennen, daß es nahezu für jeden Verwendungszweck einen bestimmten oder besonders geeigneten Lacktyp gibt. Für den Drechsler kommen in der Hauptsache Cellulosenitratlacke in Betracht, die als Glanzlacke und Mattlacke, als Spritz- und Tauchlacke, physikalisch (in Ausnahmefällen mit einer Härtekomponente chemisch) trocknend als Klarlacke oder Farblacke benötigt werden. Besonders beliebt sind Mattlacke. Sie enthalten Zusätze von synthetischen Wachsen, Tonerdehydraten oder Tonerdesalzen, die den Matteffekt erbringen. Eine leichte Verschleierung der Holzstruktur bei farblosen Mattlacken ist nicht ganz auszuschließen.

Lacke können mit Pinsel aufgestrichen oder mit der Spritzpistole aufgespritzt werden. Für den Drechsler kommt besonders für die Massenfertigung auch das Tauchverfahren in Betracht. Für die Qualität der Lackierung sind folgende Faktoren wichtig: Sauberkeit der Werkstücke und Staubfreiheit des Raumes, in dem lackiert werden soll, geeignete Temperaturen und Luftfeuchtigkeiten. (Das ist besonders bei der Verarbeitung von lufttrocknenden Cellulosenitratlacken von Bedeutung, die keine Feuchtigkeit vertragen. Die Temperatur des Holzes, des Lackes und des Raumes sollten gleich sein und mindestens 20 °C betragen. Die Luftfeuchte sollte unter 60 % und die Holzfeuchte unter 11 % liegen.)

Die vom Lackhersteller vorgeschriebene bzw. für das anzuwendende Auftragsverfahren erforderliche Viskosität des Lackes ist einzuhalten. Sie wird mit dem Auslaufbecher gemessen und in Auslaufsekunden angegeben.

Das Auftragen der Lacke mittels Rund- oder Flachpinsels stellt die älteste und einfachste Methode des Lackierens dar. Rundpinsel kommen für große Flächen, Flachpinsel für kleine Flächen und für dünnflüssige, farblose Lacke zur Anwendung, sofern es sich um glatte Flächen handelt. Das Auftragen des Anstrichstoffes erfolgt in eine Richtung. Nachdem der Pinsel abgestrichen ist, wird zügig und gleichmäßig in Querrichtung aufgetragen. Die Fläche muß gleichmäßig überzogen sein. Streifenbildung tritt bei zu dickem Lackauftrag oder bei zu kaltem Lack auf. Ein mehrfaches Überstreichen ist zu vermeiden. Das gilt vor allem für die Verarbeitung schnelltrocknender und lufttrocknender Lacke. Bei langsam trocknenden Lacken, z. B. Öllacken, sollte nach dem Querauftragen zuletzt noch einmal in Faserrichtung überstrichen werden. Dabei ist gleichmäßig Strich an Strich zu setzen. Trocknungsart (physikalisch oder chemisch) und Lacksorte bestimmen, wie oft ein Auftrag in welcher Zeit wiederholt werden kann. Nitrolacke benötigen nur eine kurze Abdunstzeit bis zu einem zweiten Anstrich. Bei Anstrichstoffen auf Ölbasis gilt der Grundsatz: von dünn nach dick, von mager nach fett auftragen. Zwischen jedem Arbeitsgang sollten die einzelnen Schichten genügend Zeit zum Durchhärten haben. Zwischenschleifen mit abgestumpften oder feinen Schleifmitteln erhöhen die Oberflächengüte.

Bei chemisch härtenden Lacken (Zweikomponentenlacke) kann ein Auftrag ausreichen, weil hier mit einem Male eine dickere Schicht eingestrichen werden kann. Soll hier dennoch eine zweite Schicht aufgetragen werden, muß dies vor dem endgültigen Aushärten der ersten erfolgen, oder die erste Schicht muß gut angeschliffen werden.

Bei Öllacken dürfen die einzelnen Schichten nicht zu dick sein, weil sonst Faltenbildung auftritt, die durch die Volumenerweiterung bei der Bindung von Sauerstoff aus der Luft im Trocknungsprozeß entsteht. Das Einfärben oder Abtönen von Lacken darf nur mit einer Abtönpaste geschehen, die sich mit der Lacksubstanz verträgt.

Sehr einfach zu verwenden sind Lacke und Farben, die auf Wasserdispersionen aufgebaut sind (z. B. Latex). Diese haben Vorteile bei der Verarbeitung und sind darüber hinaus frei von gesundheitsschädigenden Stoffen. Meist handelt es sich hierbei aber um Substanzen, die nicht vollkommen hart werden (Kautschuk). Deshalb kann es passieren, daß beim Zusammenlegen mehrerer beschichteter Teile diese zusammenkleben.

Das Auftragen von Farben, pigmentierten oder transparenten Lacken kann auch an der laufenden Drechselbank erfolgen. Hier wird der mit dem Anstrichstoff benetzte Pinsel an das rotierende Werkstück angedrückt und dieses damit ganz oder teilweise überzogen. Der Überzug kann auf diese Weise schön gleichmäßig ausgeführt werden. Voraussetzung ist allerdings, daß der Raum staubfrei ist. Das bedeutet, daß dies nur von einem Einzelmeister nach Abschluß einer Drechselperiode oder dann angewendet werden kann, wenn eine Drechselbank in einem gesonderten Raum speziell für die Oberflächenbehandlung aufgestellt ist.

Diese Art der Oberflächenbehandlung kann sowohl zum kompletten Überziehen des Werkstückes mit einer Farbe oder einem Lack Anwendung finden, als auch zum Anbringen von Streifen- bzw. Ringdekoren. Im letzteren Falle bestimmt die Pinselbreite die Breite des aufzutragenden Ringes. Die Drehzahl der Spindelstockwelle muß hierbei selbstverständlich stark herabgesetzt werden (je nach Durchmesser des Werkstückes etwa 250 bis 800 min^{-1}). Während früher viele Drechslerartikel an der laufenden Drechselbankspindel sogar poliert wurden (Schellackpolituren), werden heute auf diese Weise fast nur noch Mattine, Schnellschliffgrund, Lack oder Farbornamente aufgetragen. Dieses Verfahren hat aber nach wie vor seine Berechtigung, weil es gegenüber dem »Handauftrag« eine Reihe Vorteile hat: Das Werkstück muß nicht mit der Hand festgehalten werden, der Lackauftrag geschieht gleichmäßig, und durch die Rotation des Werkstückes und die gleichmäßige Bewegung des mit Farbe oder Lack benetzten Pinsels oder Ballens wird spurenartiger Doppelauftrag vermieden. Auch das *Schleifen oberflächenbehandelter Werkstücke* an der Drechselbank läßt sich sehr günstig durchführen. Hierzu können sowohl die handelsüblichen Schleifmittel und Schleifpasten als auch Roßhaar, Stahlwolle, Holzwolle usw. Verwendung finden. Es ist aber darauf zu achten, daß durch die schnelle Drehbewegung keine Wärmeentwicklung entsteht, damit Schäden an den beschichteten Oberflächen vermieden werden.

Wenn auch das Herstellen hochglänzender Lackflächen derzeit wenig gefragt ist und vom ästhetischen Standpunkt aus nicht unbedingt angestrebt werden sollte, weil der Werkstoff Holz von seinem Naturell dazu gar nicht angetan ist – den Glanzeffekt sollte man den Metallen und Glasuren überlassen –, so soll doch kurz darauf eingegangen werden. Die großen Aufwendungen, die bei der Herstellung von *polierten Holzflächen* mit Schellack erforderlich waren, sind durch die Entwicklung der Nitro- und säurehärtenden Lacke glücklicherweise nicht mehr erforderlich. Der Hochglanz wird erreicht, wenn die rauhe, matte, unebene Holzfläche durch Beschichten und Feinschliff eben und ohne Schleifspuren gestaltet werden kann. Hierzu gibt es zwei Verfahren: das aufbauende und das abbauende Verfahren. Bei dem ersteren werden in mehreren Arbeitsgängen Lackschichten mit jeweiligem Zwischenschleifen aufgetragen. Dabei soll eine Filmdicke von 100 μm nicht überschritten werden. Durch das Zwischenschleifen werden die Poren eingeebnet. Zum Schluß wird mit feinsten Schleifpasten hochglanzpoliert. Beim abbauenden Verfahren wird eine Lackschicht von 150 μm in mehreren oder in einem Arbeitsgang (nur bei säurehärtenden Lacken möglich) ohne Zwischenschliff aufgetragen und das Ganze nach einer Trockenzeit, in der die

Lackschicht hart, aber doch noch elastisch ist, mit immer feiner werdenden Schwabbelpasten und Schwabbelwachs so lange geschliffen, bis eine ebene und kratzerfreie Oberfläche entstanden ist. Bei der Verwendung von Nitrolackpolituren im aufbauenden Verfahren wird nach entsprechender Glättung und Säuberung der Holzoberfläche mit Hartgrund »eingelassen«, der die gesamte Oberfläche und die Porenwandungen mit einer dünnen, harten, glasklaren Schicht überzieht. Danach müssen die Poren gefüllt werden. Das kann mit Bimsmehl und Lack als Bindemittel oder mit handelsüblichen Porenfüllermassen erfolgen. Erforderlichenfalls müssen diese der Holzfarbe entsprechend eingefärbt werden. Diesem Porenfüllen ist größte Aufmerksamkeit zu schenken, weil ungenügend gefüllte bzw. durch Trocknen wieder einfallende Poren eine ebene Fläche unmöglich machen. Die Porenfüller werden quer zur Holzfaser mit einem Ballen »eingewischt«. Das Porenfüllen ist vor allem bei großporigen Hölzern von Bedeutung. Überschüssige Porenfüllmasse ist sofort gut wegzuwischen. Nach dem Aushärten der Porenfüllmasse wird der polierfähige Lack in mehreren Schichten aufgetragen. (Höhere Fertigfilmdicken als 100 μm ergeben Risse.) Das Polieren bzw. Schwabbeln kann nach ausreichender Trockenzeit wie oben beschrieben vorgenommen werden. Bei der Verwendung von säurehärtenden Lacken (Polyesterlacken u. a.) wird eine dickere Schicht mit einem Male aufgetragen und danach so weit abgeschliffen und poliert, bis die angestrebte ebene und glatte Oberfläche entstanden ist. Es können aber auch hierbei zunächst die Poren gefüllt werden. Dabei ist auf die Verträglichkeit der Lösungsmittel mit dem Polyesterlack bzw. dem entsprechenden chemisch härtenden Lack zu achten. Diese Lackarten bilden sehr widerstandsfähige Plasteschichten auf dem Holz, die feuchtigkeits- und säurefest sind und eine hohe Kratzfestigkeit aufweisen. Bei diesen Oberflächenmaterialien sind besondere Verarbeitungs- und Arbeitsschutzvorschriften zu beachten, auf die hier nicht näher eingegangen werden soll.

Polierte Flächen brauchen nicht unbedingt hochglänzend zu bleiben. Sie können vielmehr einen angenehmen Mattglanz erhalten, wenn sie mit Bimssteinpulver, Terpentinöl oder Petroleum in Richtung der Holzfaser mit gleichmäßigem Druck gebürstet werden. Dadurch entsteht eine ebene, seidenmatte bis matte Oberfläche. Kommt es nicht auf eine ebene Fläche an, bringt hierfür jedoch ein einfacher Mattlack einen ähnlichen Nutzen und erhebliche Arbeitszeiteinsparung. Der Auftrag von Lacken oder Farben geschieht selbst beim Handwerker nur noch selten mit Pinsel oder Ballen – ausgenommen rein dekorative Bemalungen oder Beschichtung von Einzelstücken an der Drechselbank. Spritzen und Tauchen sind in der Drechslerwerkstatt Auftragstechniken, ohne die man nicht mehr auskommt. Wenden wir uns zunächst der *Spritztechnik* zu. Die Spritzanlage besteht aus einem Kompressor mit Druckregelung, Ausgleichsbehälter und Öl- und Wasserabscheider, aus einer Spritzpistole mit Lackvorratsbehälter und einer Kabine mit Absaugvorrichtung. Der Kompressor und die gesamte elektrische Anlage müssen in einem gesonderten Raum untergebracht sein. Der Spritzraum selbst muß brandsicher beheizbar und von den übrigen Arbeitsräumen abgetrennt sein. Eine gute zugfreie Be- und Entlüftung ist erforderlich. Das Spritzen kann im Kalt-, Warm- und Heißverfahren durchgeführt werden. Warm- und Heißverfahren haben den Vorteil, daß weniger Lösungsmittel eingesetzt werden muß, um die erforderliche Viskosität des Lackes für das Spritzen zu erreichen und gutes Füllvermögen an der Oberfläche zu erzielen. Dazu sind spezielle Heißlacke erforderlich. Da es sich

Oberflächenschutz

Bild 8/1. Spritzpistolen (Hochdruckspritzapparate) *a)* Fließspeisung, *b)* Saugspeisung, *c)* Druckspeisung, *d)* Spritzköpfe für Spritzpistolen – links für Fließspeisung, rechts für Saug- und Druckspeisung *(1)* Spritzkopf, *(2)* Drosselschraube für Spritzkegelverstellung, *(3)* Fließbecher, *4)* Saugbecher, *(5)* Lackzuführung bei Druckspeisung, *(6)* Druckluftzuführung, *(7)* Stellschraube für Lackzufluß

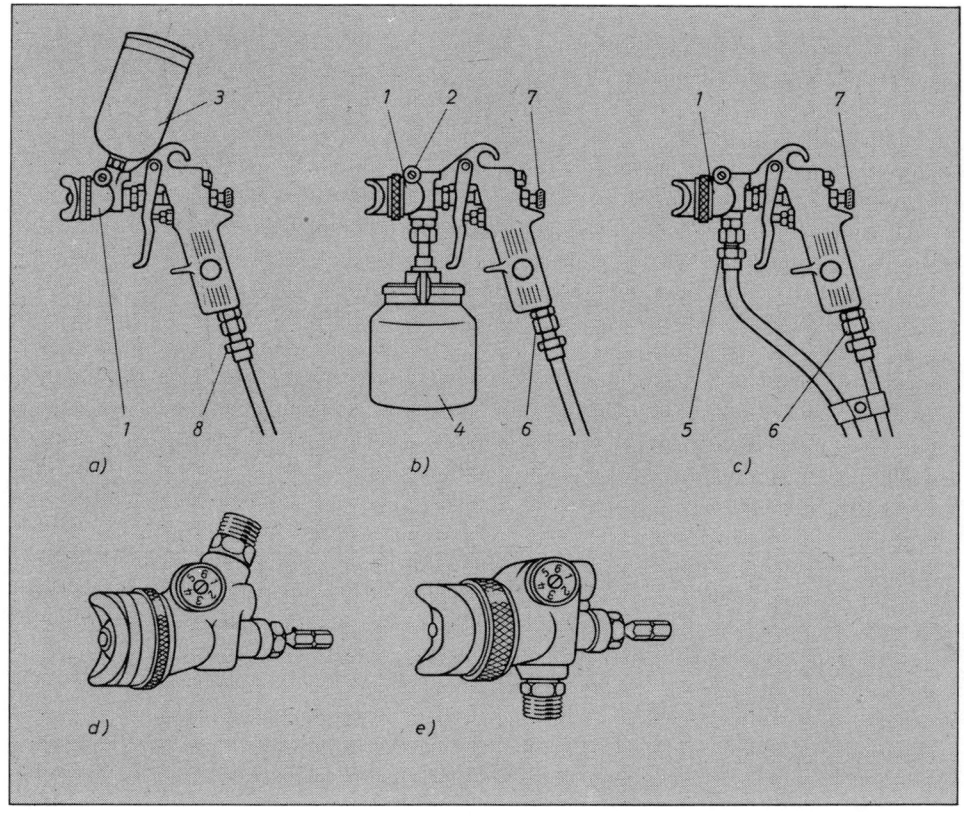

Bild 8/2.
Schematische Darstellung einer mechanischen Tauchanlage
(1) Abstellvorrichtung,
(2) Befestigungsschraube,
(3) Drahtseil, (4) Einsteckdorn – nur bei Apparaten mit einer Zugstange,
(5) Massestück,
(6) Handkurbel,
(7) Aufhängehaken,
(8) Einlegebügel,
(9) Klemmschrauben,
(10) Tauchstange,
(11) Windfang,
(12) Tauchbrett mit Tauchnadeln

Tabelle 8/2.
Optimale Werte von Viskosität, Spritzdruck und Düsenbohrung der Spritzpistole für einige Oberflächenmaterialien

hierbei aber um einen zusätzlichen technischen Aufwand handelt, ist das Kaltspritzverfahren am weitesten verbreitet. Aber auch beim Kaltspritzen müssen die Temperaturen des Lackes, des Raumes und des Werkstückes mindestens 20 °C betragen. Die Luftfeuchte soll nicht 60 %, die Feuchte der Werkstücke nicht 11 % übersteigen.

Die Viskosität des Lackes – gemessen mit dem Auslaufbecher und einer Düse von 4 mm Durchmesser – sollte beim ersten Spritzgang 18...20 s, beim zweiten und dritten Spritzgang 22...24 s betragen. Bei einem abschließenden vierten Spritzgang nach dem Schleifen (für das Herstellen einer Schwabbelfläche) kann die Viskosität wieder auf 20 Auslaufsekunden herabgesetzt werden.

Die Düsenöffnung an der Spritzpistole soll bei Holzlacken 1,5...1,8 mm Durchmesser aufweisen. Es wird ein Spritzdruck von 2...3 at (300 kPa) Überdruck verwendet (kleine Teile verlangen weniger Druck als größere). Der Abstand der Spritzdüse von der Werkstückoberfläche sollte beim Spritzen 250...300 mm betragen. Es wird in einem Winkel von 45 °C zur Werkstückoberfläche bei flächigen Teilen gespritzt. Bei Drechselteilen ist der Spritzstrahl senkrecht auf die Drehachse zu richten, und das Werkstück ist dabei zu drehen. Beim Spritzen muß parallel zur Fläche und im Kreuzgang gearbeitet werden. Zu beachten ist, daß die Randteile ebenso viel Lack erhalten müssen wie die Mittelpartien. Die Wendestelle sollte deshalb außerhalb des Werkstückes liegen. Es gibt Spritzdüsen mit Rund-, Flach- und Drehstrahl. Für Drechslerarbeiten hat sich der Rundstrahl bewährt (Bild 8/1, Tab. 8/2).

Bei unbekannten oder neuen Anlagen bzw. wenn mit einer Anlage längere Zeit nicht gearbeitet wurde, sollte zunächst nur mit Vorluft, d. h. ohne Lackzuführung in die Absaugvorrichtung gespritzt werden. Dazu nimmt man ein Stück weißes Papier als Unterlage, damit eventuelle Öl- oder Wasserabscheidungen zu erkennen sind (Tab. 8/3).

Besonders für das Beschichten von gedrechselten Massenteilen ist das *Tauchen* eine vorteilhafte Methode der Oberflächenbehandlung. Allerdings sind Teile mit komplizierten Formen zum Tauchen nicht geeignet. Dagegen können Möbelfüße, Stiele, Hefte, Griffe oder sogar figürliche Dockenformen sehr günstig getaucht werden. Das Prinzip des Tauchverfahrens besteht darin, daß die Werkstücke an Tauchnadeln befestigt in einen mit speziellem Tauchlack gefüllten Behälter gesenkt werden. Das Tauchgerät stellt eine verhältnismäßig einfache Konstruktion dar, bei der das Eintauchen durch Handkurbelbewegung und das Ausziehen mit einem uhrwerkartigen Getriebe mit Zuggewicht oder mit explosionsgeschütztem Elektromo-

Handelsname	Auslaufzeit 4-mm-Düse s	Spritzdruck at (Überdruck)	Düsenbohrung mm
Cellulosenitratlacke (transparent und farbig)	20...28 35...50 (für Gestelle und Stühle)	2,2...2,8 1,2	1,5 oder 1,8 0,8
säurehärtende Kunstharzlacke (Michalcart)	30...45 30...40 (für Gestelle und Stühle)	2,5...3,0 1,0	1,5 oder 1,8 0,8
Polyesterlacke	je nach Anlieferung	1,5...2,0	1,8
Alkydharzvorstreichfarben Alkydharz-Decklack	40...60 55...75	2,8...3,2 2,8...3,2	1,8 oder 2,0 1,8 oder 2,0
Vinoflex-Anstrich	30...35	2,8...3,2	1,8
PVA-Latex	30...35	2,8...3,2	1,8

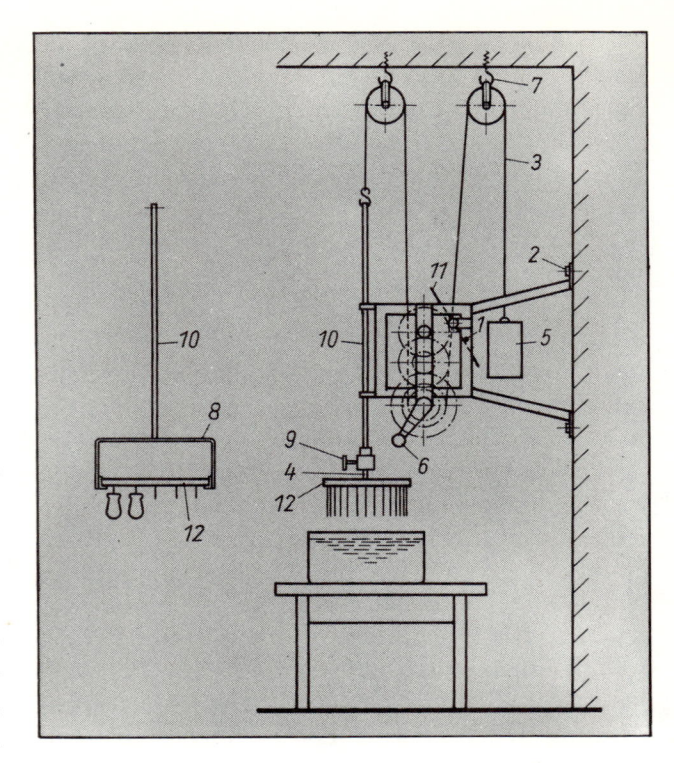

Spritzfehler	Ursachen
Lack trocknet schwer oder nicht	Die Holztemperatur war zu niedrig; die Oberfläche wurde mit Ölen oder Wachsen behandelt, die sich nicht mit dem Lack vertragen (vorher Probe durchführen).
Oberfläche entspricht nicht den Erwartungen	Der Lack hat nicht die erforderliche Temperatur, er verläuft nicht (Lackgefäße nie auf kalten Boden stellen); der Abstand zur Pistole war zu gering, es entsteht eine wellige Oberfläche; der Lack wurde zu dick gewählt, es entsteht der sog. Apfelsinenschaleneffekt; der Druck war zu hoch, es entsteht ebenfalls Apfelsinenschaleneffekt.
Lack löst sich vom Grund bzw. verträgt sich nicht mit Grund	Das Holz war zu kalt oder zu feucht; der Untergrund wurde mit Wachsen oder Ölen behandelt, die sich nicht mit dem Überzugslack vertragen; das aufgetragene Porenfüllmittel war noch nicht durchgetrocknet.
Es entstehen weiße bis graue Flecken und Schleier	Die Fläche war unsauber; Schleifstaub oder Schleifschlamm wurden ungenügend entfernt; zu feuchtes Holz wurde in sehr trockenen Räumen bearbeitet, die Feuchtigkeit dringt langsam an die Oberfläche; Färbe- oder Beizmittel sind ungenügend durchgetrocknet; das Holz ist zu kalt; Wasser kondensiert auf den Flächen; offene Fenster, kalte Räume, Zugluft, zu hohe relative Luftfeuchte; die aus der Pistole austretende Spritzluft ist zu kalt (unter 15 °C); Wasserabscheider arbeitet nicht, Spritzprobe auf Papier vornehmen.
Luftblasen werden im Lack eingeschlossen	Kalte Hölzer wurden in warmen Spritzräumen sofort bearbeitet; die Viskosität des Lackes wurde nicht eingehalten, zu hoher Lösungsmittelverbrauch; der Spritzdruck ist zu hoch; der Lack wurde zu dick aufgetragen; die Düse wurde zu klein gewählt; der Wendepunkt liegt nicht außerhalb der Fläche; der Strahl lag zu lange auf einem Punkt.

Tabelle 8/3. Fehler und ihre Ursachen beim Spritzen

tor oder durch Preßluftmotor erfolgt (Bild 8/2).

Die Qualität der zu erzielenden Beschichtung ist dabei von einer ganzen Reihe Faktoren abhängig. Raum-, Lack- und Werkstücktemperatur müssen wie beim Spritzen und Streichen etwa 20 °C betragen, ebenso soll die relative Luftfeuchte höchstens 60 % und die Holzfeuchte nicht höher als 11 % sein. Zugluft ist zu vermeiden. Die Werkstücke sollten gut geschliffen sein. Rauhe Oberflächen führen zu Blasenbildung und zu rauhen Lackflächen. Der Schleifstaub muß vollkommen entfernt sein. Die Viskosität ist nach den Vorschriften des Lackherstellers genau zu überwachen. Durch die großen Verdunstungsflächen ist die Viskosität des Lackes im Tauchbehälter täglich neu einzustellen. Von großer Bedeutung sind die Eintauch- und Ausziehgeschwindigkeiten. Während das Eintauchen ziemlich schnell erfolgen kann – es dürfen dabei nur kleine Luftbläschen in den Lack gedrückt werden –, muß das Ausziehen gleichmäßig und langsam vonstatten gehen. Jede Unregelmäßigkeit beim Ausziehen macht sich auf der Lackoberfläche bemerkbar, weil während des Ausziehvorgangs an der Grenzschicht von Lack und Luft sofort ein Verdunsten der Lösungsmittel, damit ein Trocknen der Lackschicht am Erzeugnis eintritt und überschüssiger Lack durch den Lackspiegel abgezogen wird. Die gleichmäßige Ausziehgeschwindigkeit steuert beim mechanischen Gerät ein Windfangflügel. Dabei ist auf eine gute Seil- und Gestängeführung zu achten, damit keine Hemmungen im Ausziehvorgang eintreten können. Die Ausziehgeschwindigkeiten liegen zwischen 0,01...0,5 m/min und sind abhängig vom Lacktyp.

Bei höheren Ausziehgeschwindigkeiten bildet sich nur eine ganz geringe Filmdicke aus, und es

Tabelle 8/4. Zusammenhang von Viskosität und Ausziehgeschwindigkeit bei einigen Lacktypen

Handelsname	Auslaufzeit 4-mm-Düse s	Ausziehgeschwindigkeit m/min
Leupolit	500...620	0,035...0,050
Michazell 5.1.	200...250	0,025...0,030
Michazell 5.2.	550...580	0,030
Michazell 5.3.	550...580	0,030
CN-Lack, pigmentiert	1100..1180	0,015...0,020

kommt zur Nasen- und Tropfenbildung von herablaufendem Lack (Tab. 8/4).

Damit ein rationelles Arbeiten möglich ist, werden die Werkstücke in größerer Zahl auf Stahlstifte, Zapfen oder Klammern gesteckt, die an einem Rahmen befestigt sind. Während des Tauchvorganges werden weitere Rahmen der gleichen Art mit Werkstücken bestückt. Bei Vorhandensein mehrerer Tauchgeräte kann so kontinuierlich gearbeitet werden. Wie dicht die Werkstücke gesteckt werden können, ist von deren Form abhängig. Das Tauchgefäß soll möglichst hochrandig sein, damit die Dämpfe des Lackes die Lackierung, bis die Werkstücke vollkommen aus dem Tauchlack gehoben sind, umspülen können. Dadurch bleibt der Lack auf dem Werkstück flüssiger, und der Überschuß wird vom Lackspiegel aufgenommen. Eventuell noch verbleibende Tröpfchen am untersten Ende der Werkstücke werden mit einem Stäbchen abgenommen, oder die gesamte Rahmenhalterung wird mit den Werkstücken sofort nach dem Herausnehmen auf den Rücken gedreht, so daß die Tröpfchen sich gar nicht erst bilden können. Es sind auch Anlagen mit elektrostatischen Tropfenabziehern bekannt, die meist mit einem Trockenkanal verbunden sind. Das Nachfüllen des Lackes, das Verdünnen und Umrühren sollte nur abends erfolgen, damit die entstehenden Lufteinschlüsse über Nacht entweichen können. Bei der Herstellung von Tauchbottichen sollte Zink oder Weißblech verwendet werden. Es ist ein gut schließender Deckel dazu anzufertigen. Bei der Füllung des Behälters ist die Lackverdrängung durch das Eintauchen der Werkstücke zu beachten (Tab. 8/5).

Ein einfaches Verfahren ist das *Quirlen*. Hierbei werden die kleinen Werkstücke (Schachfiguren, figürliche Miniaturen u. ä.) mit der Sockelplatte auf einen Holzdraht gesteckt und per Hand in die Farbe oder in den Lack getaucht. Nach dem Herausziehen aus dem flüssigen Lack wird der Holzdraht mit dem Werkstück zwischen den Händen gequirlt. Dadurch spritzen überschüssige Lackreste ab.

Schleifen, Wachsen, Lackieren und Polieren in der Trommel

In der Drechslerei häufig anfallende Massenartikel wie Knöpfe, Perlen, Messergriffe, Spielfiguren, Werkzeughefte oder auch kantige Artikel wie Würfel und Spielbausteine können nicht einzeln oberflächenbehandelt werden. Das wäre viel zu aufwendig. Hierfür hat sich das *Trommeln* mit seinen vielfältigen Möglichkeiten bewährt. Mit dieser Technologie können die Werkstücke sowohl geschliffen als auch in verschiedener Weise oberflächenbehandelt werden. Je nach Art des Artikels und des zu erreichenden Effektes müssen die Trommeln verschieden gebaut sein. Je schwerer die Werkstücke sind, um so weniger kantig muß die Trommel sein, weil die Werkstücke sich bei zu großer Überstürzung gegenseitig beschädigen. Hinweise zu Bau und Arbeitsweise werden im Abschnitt 3 unter »Schleiftrommeln« gegeben.

Zum Erzielen eines Schleifeffektes wird dem Schleifgut altes Schleifpapier und grobe Säge- oder Drehspäne, auch feiner weißer Sand mit Spänen vermengt, beigegeben. Nach einer Trommelzeit von etwa 4...10 Stunden ist eine gute Glättung erreicht. Ein nochmaliges Trommeln mit sauberen Spänen, evtl. mit Zugabe von Talkumstücken ergibt für sog. Weißware, die nicht weiterbeschichtet wird, eine schöne, mattglänzende Oberfläche des rohen Holzes. Trommeln für die Oberflächenbehandlung sind meist mit Tuch oder Filz ausgeschlagen, damit die Oberflächen nicht wieder beschädigt werden. Das einfachste Beschichtungsverfahren ist das *Wachsen*. So können z. B. Spielsteine, die vorher gebeizt wurden, einer derartigen Behandlung unterzogen werden. Hierzu werden einfach in die Trommel größere Wachs- und Paraffinstücke gegeben. Zur Schonung gebeizter Ware ist es ratsam, als Füllmaterial wiederum Späne beizugeben. Es ist aber auch möglich, mit Wachsbeize eingefärbte Artikel in der Trommel mit weichen Lederabfällen, die leicht angefeuchtet sind, blank zu trommeln. Für das *Trommellackieren und -polieren* gibt es verschiedene Möglichkeiten. Meist werden hierzu die betreffenden Artikel mit Trommellack im Tauchverfahren beschichtet, auf Drahtnetzen getrocknet und danach in der Trommel unter Beigabe von Leinenwickeln, die mit Polierwachs oder Polierpasten getränkt sind, poliert. Die Werkstücke reiben sich gegenseitig und mit den Leinenwickeln und erhalten so eine Oberfläche, die bis zum Hochglanz gesteigert werden kann. Dieser Prozeß bedarf kaum der Überwachung. Die Trommelzeit kann 8...12 Stunden und länger dauern. Es ist aber auch möglich, die Lackbeschichtung selbst in der Trommel vorzunehmen. Dazu bedarf es aber einer Trommel, die einseitig gelagert ist und auf der anderen Stirnseite im Zentrum eine Öffnung hat.

In diese Öffnung wird während der Rotation mittels Spritzpistole Trommellack eingespritzt. Der Lackverbrauch liegt hier etwa bei 0,3...0,4 l Lack je Trommelfüllung. Der trockene Überzug kann anschließend in der gleichen Trommel »blankgetrommelt« werden. Hierzu gibt man dem Trockengut wieder Leinenwickel bei, die entweder mit Polierpaste oder mit Politur und Polieröl getränkt sind. Hierzu bedarf es aber größerer Erfahrungen, um zu guten Ergebnissen zu gelangen.

Sonderverfahren der Oberflächenbehandlung und -gestaltung: Bronzieren, Vergolden und Versilbern

Beim *Bronzieren* handelt es sich um ein einfaches Verfahren, dem Holz einen Metalleffekt zu geben. Es werden hierzu Bronzepulver, die aus Kupfer-Zink- oder Kupfer-Zink-Nickel- oder anderen Legierungen bestehen, mit einem Bindemittel auf das Holz aufgetragen. Der Handelsname für Goldbronze ist Reich-Bleich-Gold. Es werden auch Aluminium und andere Metalle zu Bronzen verarbeitet. Diese Bronzen, die lichtecht und mit Farbpulver mischbar sind, müssen mit solchen Bindemitteln versetzt werden, die den Metallstaub nicht chemisch beeinflussen (z. B. oxydieren). Das Reich-Bleich-Gold wird z. B. mit zwei Teilen Leumattin dick angerührt und mit CN-Verdünnung VN 20 streichfähig gemacht. Es ist hierzu aber auch farbloser Spirituslack oder Anlegeöl als Bindemittel verwendbar. Streichfähige Bronzen sind im Handel fertig erhältlich. Ein zusätzlicher Überzug ist bei Bronzen im allgemeinen nicht notwendig.

Vergolden und Versilbern von Holzoberflächen wird in verschiedenen Verfahren mit Schlagmetall oder besser mit Blattgold oder -silber vorgenommen. Es handelt sich hierbei um hauchdünn ausgeschlagene Blättchen aus reinem Gold oder einer Gold-Silber-Legierung. Sie sind so dünn, daß sie mit bloßen Händen nicht angefaßt werden können. Sie sind zwischen Seidenpapier gelegt und haben eine Handelsgröße von 100 mm × 100 mm. Zu ihrer Verarbeitung sind sog. Vergolderkissen (eine mit Wildleder überzogene Holzfläche), ein Vergoldermesser und ein Dachs- oder Kamelhaarpinsel notwendig. Mit dem Vergoldermesser wird das Blattgold aus der Verpackung genommen, auf das Vergolderkissen gelegt und dort durch Abdrücken entsprechend großer Teile mit dem Vergoldermesser zerteilt. Mit dem Dachs- oder Kamelhaarpinsel, den man durch Streichen über das eigene Kopfhaar etwas anfetten muß, wird das abgetrennte Blattgoldstückchen vom Vergolderkissen aufgenommen und auf die vorbereitete Holzfläche gelegt. Dabei sollen die Haarborsten nicht über das Metallstückchen hinausragen.

Die einfachste Vergoldertechnik ist die *Vergoldung auf poliertem Grund*. Hierbei wird die Holzoberfläche ähnlich wie beim Lackpolieren vorbereitet (Grundieren, Spachteln bzw. Porenfüllen, Schleifen, Lackieren und erneutem Schleifen). Dabei sollte die Politur – hierbei eignet sich am besten Schellackpolitur – dem Metallton entsprechend leicht eingefärbt werden. Nach Aushärten und Schleifen der Politurschicht wird mit Anlegeöl (Mixtion) die zu vergoldende Fläche eingestri-

Sonderverfahren der Oberflächenbehandlung und -gestaltung

Tauchfehler	Ursachen
Einschluß von Luftblasen in der lackierten Schicht	Im Lackgefäß befanden sich noch Luftblasen: die Wartezeit war zu kurz (Zeit zum Um- und Unterrühren von Verdünnungsmitteln bis zum ersten Tauchgang). Die Holzfeuchte der Werkstücke ist zu hoch: während der Lack trocknet, verdunstet die Holzfeuchte und treibt zur Blasenbildung. Die Raumtemperatur ist zu hoch: die Blasenbildung wird zuerst bei dem am höchsten gelagerten Trockengut beobachtet. Durch zu schnelle Oberflächentrocknung werden die entstandenen Luftblasen eingeschlossen. Durch Luftzug kann der gleiche Fehler entstehen. Das Eintauchen des Tauchgutes in den Lackkübel erfolgte zu schnell: es wurde die den Werkstücken anhaftende Luft mitgerissen, die infolge der kurzen Zeit nicht entweichen konnte und vom Lack eingeschlossen wurde.
Zu dünne Lackschicht, Nasenbildung	Die Werkstücke wurden zu dicht aneinander am Trockenrahmen angebracht: durch ungenügende Frischluftzufuhr wird dabei der Trocknungsprozeß verzögert, weil die in den Zwischenräumen vorhandenen Lösungsmitteldämpfe nur zögernd abgeleitet werden.
Fleckenbildung unter der Oberfläche und matte Stellen	Zu geringe Temperaturen des Raumes, des Lackes und der Werkstücke oder zu hohe Holzfeuchte und relative Luftfeuchte.

Tabelle 8/5. Fehler und ihre Ursachen beim Tauchen

chen. Nach etwa 6...8 Stunden Trockenzeit kann mit dem Goldauftrag begonnen werden. Das Öl darf nicht zu frisch sein, weil es sonst durch das Blattgold durchdringt. Ist es zu stark angetrocknet, bleibt das Gold nicht haften. Der erfahrene Vergolder ermittelt den richtigen Trockenzeitpunkt durch vorsichtiges Überstreichen mit dem Fingerknöchel. Dabei muß ein leichtes Knacken hörbar werden.

Die älteste und hochwertigste Vergoldertechnik ist die *Polimentvergoldung*. Hierbei wird das gut trockene Werkstück zunächst mit einer heißen Leimtränke, bestehend aus einem Teil Glutinleim und fünf Teilen Wasser, zum Abbinden der Holzfasern eingestrichen. Während des Trocknens wird fein gemahlene und geschlämmte Kreide mit Leimtränke im Verhältnis 1:3 vermengt und diese auf das Werkstück aufgetragen. Dieser Kreideauftrag muß in mehreren Schichten (6...8mal) erfolgen. Den letzten beiden Anstrichen kann etwas Leinöl beigegeben werden. Zwischen den einzelnen Aufträgen sind Zwischenschliffe mit Schleifpapier mittlerer bis feiner Körnung zur Einebnung der Oberfläche erforderlich. Dabei müssen sämtliche Unebenheiten beseitigt werden. Anschließend wird mit einem Tuch oder Filz unter geringer Anfeuchtung der Fläche glatt gestrichen. Dadurch bekommt die Kreidefläche ein glattes, mattes porzellanartiges Aussehen. Danach werden die Konturen der zu vergoldenden oder zu versilbernden Flächenteile leicht eingeritzt, wenn nicht die gesamte Fläche mit Gold oder Silber überzogen werden soll. Anschließend muß die gesamte Kreidefläche abgelöscht werden. Hierzu nimmt man drei Teile Spiritus und einen Teil Schellack oder Zaponlack und streicht damit alles ein. Auf die zu vergoldenden oder zu versilbernden Stellen muß danach das Poliment aufgetragen werden. Dies besteht aus fein geschlämmtem, fettigem Ton (weißer Bolus) und Graphit. Man kauft das Poliment am besten gebrauchsfertig. Dieses Poliment wird mit einigen Tropfen Knochenmark und 8%iger Leimlösung vermengt und auf die zu überziehenden Flächen 2...3mal dünn aufgetragen und nach dem Trocknen mit einem Wollappen geglättet und blank gerieben. Danach müssen die zu veredelnden Flächen mit dem sog. Anlegewasser (reines lauwarmes Wasser mit einigen Tropfen Glutinleim – (auf 100 cm^3 Wasser etwa 4 Tropfen) oder mit Branntwein satt eingestrichen werden. Anschließend wird sofort im nassen Zustand das Blattgold oder -silber mit dem Dachs- oder Kamelhaarpinsel »angeschossen«, d. h. es wird über die nasse Fläche gehalten und springt von dort vom Pinsel an die Fläche. Nach einer Trockenzeit von 3...4 Stunden kann die Metallfläche poliert werden. Zuletzt sind die Kanten des Metalls sauber zu schneiden. Die nicht mit Metall überzogenen Flächenteile können kreideweiß bleiben oder mit Wasser-, Aquarell oder Gouachefarben bemalt werden. Ein Polieren der Kreide- und Farbflächen mit einem Achat ist möglich. Zum Schutz der gesamten Oberfläche ist ein Überzug mit dünnem, transparentem Lack möglich. Für die Qualität der gesamten Polimentvergoldung ist eine gewissenhafte Vorbehandlung der Kreideflächen von ausschlaggebender Bedeutung. Je glatter der Kreidegrund, um so höher ist der Glanz der Metall- und Kreideflächen.

Bei der *Ölvergoldung* wird die Dichte und Glätte des Untergrundes durch Auftrag einer Mischung von Kreide und feingeschlämmtem Ocker in gut gekochtem Leinöl erreicht. Dieser Ölkreideanstrich ist ebenfalls mehrschichtig aufzutragen und zwischenzuschleifen. Er darf aber nicht zu fett sein. Erforderlichenfalls wird mit Terpentin verdünnt. Der so vorbereitete Untergrund wird mit Vergolderfirnis (Anlegeöl bzw. Mixtion), dem etwas Chromgelb zugesetzt wird, eingestrichen. Nach 6...8 Stunden Trockenzeit muß das Blattgold oder -silber wie beim »Vergolden auf poliertem Grund« aufgetragen werden. Das Ölvergolden auf Kreidegrund ist haltbarer als auf Politur.

Brennen und Sandeln

Das *Brennen und Bürsten* von Holzflächen stellt eine einfache und äußerst effektive Methode der Oberflächengestaltung dar, die allerdings auch leicht zur Effekthascherei werden kann. Sie eignet sich nur für Hölzer mit stark unterschiedlicher Beschaffenheit der Früh- und Spätholzzonen der Jahrringe (Nadelhölzer). Mit einer Stichflamme aus einer Lötlampe oder einem Gasbrenner wird dabei die Holzfläche überstrichen, wobei die weichen Jahrringteile oberflächlich verbrennen und die harten Jahrringe nur gebräunt werden. Durch anschließendes Bürsten in Faser- bzw. Jahrringrichtung mit einer nicht allzu harten Drahtbürste werden die angekohlten Gewebepartien der weichen Jahrringteile herausgebürstet. Dadurch entsteht eine Reliefwirkung und ein Hell-Dunkel-Kontrast. Eine weitere Nachbehandlung oder ein Überzug mit Lack ist nicht erforderlich. Wenn ein zusätzlicher Schutz erreicht werden soll, ist ein Wachsen besser als ein Beschichten mit farblosem Lack, weil beim Lackieren die hellen Holzteile eine gelbe Tönung erhalten und dadurch der schöne Hell-Dunkel-Kontrast vom Brennen und Bürsten wieder gedämpft wird. Beim Brennen ist darauf zu achten, daß die Flamme nicht zu lange auf eine Stelle gerichtet bleibt. Besondere Vorsicht gilt auch evtl. vorhandenen Fugen oder Holzverbindungen. Zur Vermeidung von Rissen im Holzgefüge sollte nur gut getrocknetes Holz verwendet werden. Selbstverständlich ist bei jeglichem Umgang mit offener Flamme auf Brandschutz zu achten.

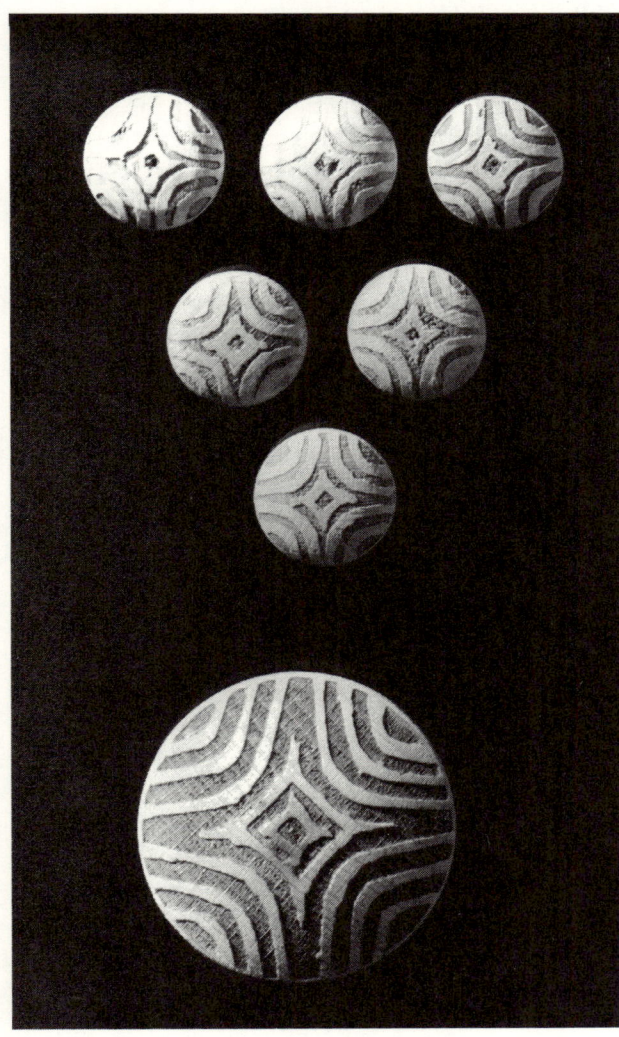

Das *Sandeln* ist ebenfalls eine vorrangig bei Nadelhölzern angewendete Technik zur Oberflächengestaltung, bei der eine Reliefwirkung durch das Herausarbeiten der weichen Jahrringteile entsteht. Im Gegensatz zum Brennen und Bürsten wird dabei aber der natürliche Holzton erhalten. Man benötigt hierzu eine leistungsfähige Druckluftanlage und ein Sandstrahlgebläse, mit dem feiner Quarz- oder Feuersteinsand auf die Holzfläche geschleudert wird. Da derartige Anlagen, die wegen der Silikosegefahr auch entsprechende Schutzvorrichtungen erforderlich machen, in Holzbetrieben kaum rentabel eingesetzt werden können, wird sich der Drechsler bei Bedarf an eine Glasschleiferei oder Gießerei wenden.

Sollen gesandelte Flächen weiterbearbeitet oder gebeizt werden, ist besonders darauf zu achten, daß alle Sandteile gut ausgekehrt und ausgeblasen sind. Besonders der Sand aus Gießereien kann feine Eisenteile enthalten, die eine fleckhafte Verfärbung der Holzoberfläche hervorrufen können.

Besondere Effekte oder Motivgestaltung können beim Sandeln wie auch beim Brennen durch das Auflegen von Metallschablonen erzielt werden. Auch das vorherige grobförmige Beschnitzen nach einer materialgerechten Gestaltung führt zu interessanten Lösungen. Die Wirkung des Sandstrahlens kann gesteigert werden, wenn die Holzfläche vorher mit Salzsäure bestrichen wird. Die Säure lockert die weichen Jahrringteile, so daß die Reliefwirkung durch das Sandstrahlen stärker wird. Mit Salmiakgeist sollte die Holzoberfläche nach Abschluß der Arbeiten wieder neutralisiert werden.

Ätzen

Es ist auch möglich, statt mit Sandstrahl die Holzoberfläche mit Schwefelsäure zu behandeln und nach einer Einwirkzeit, wie beim Brennen, mit einer Drahtbürste die ausgeätzten weichen Jahrringteile herauszubürsten. Wird während der Einwirkzeit die Fläche zusätzlich mit einer Flam-

Sonderverfahren der Oberflächenbehandlung und -gestaltung

Bild 8/3.
Geätzte Knöpfe und Broschen (Werkstatt PANSER, Erfurt)
a) Detail einer Brosche. Hier sind deutlich neben den Ornamentformen die ausgeätzten Holzstrukturen zu erkennen. Holzstrahlen und harte Jahrringe bilden eine Rippenstruktur auf dem Ätzgrund; *b)* Brosche und Knöpfe mit zusammenpassendem Ätzornament

me überstrichen, erhöht sich die Ätzwirkung der Säure. Auch hierbei muß abschließend neutralisiert werden.

Eine Besonderheit der Oberflächengestaltung ist das *Holzbatiken*. Hier wird, wie bei der Stoffbatik, die Motivgestaltung mit einer Wachsmaltechnik vorgenommen. Zum Wachsauftrag eignen sich die bei der Stoffbatik verwendeten Gießkännchen mit ventilartigem Verschluß (Tjanting), in denen das Wachs über einer Flamme erhitzt wird. Es wird in flüssigem Zustand aufgetragen. Bei feinen Motiven wird dazu eine mit Wachs benetzte Nadel verwendet. Nach Erkalten des Wachses wird verdünnte Schwefelsäure auf die Gesamtfläche gegossen. Diese muß eine Zeit einwirken, danach abgespült und neutralisiert werden. Ist das Ergebnis noch nicht zufriedenstellend, wird ein zweites Mal Säure aufgetragen und nach einer Einwirkzeit wieder abgespült und neutralisiert. Zum Schluß wird das Wachs abgestreift oder durch Erhitzen abgeschmolzen. Für die Holzbatik, vor allem für feingliedrige Motivgestaltung mit dieser Ätztechnik, eignen sich nur dichte, fein- und zerstreutporige Holzarten wie Ahorn, Rotbuche, Kastanie. Bei Nadelhölzern läuft die Säure in den weichen Frühholzzonen der Jahrringe unter dem Abdeckwachs hinweg, und es sind dadurch keine klaren Ätzkonturen zu erzielen (Bild 8/3).

Es ist auch möglich, reliefartige Formen in Holzoberflächen einzu*prägen*. Diese Art der Oberflächengestaltung wird vielfach bei der Herstellung von Brettspielsteinen angewendet. Es gibt aber auch Versuche, Ornamente auf Flächen zu prägen. Hierzu wird mit Druck oder mit Druck und Hitze (pressen oder walzen) die Holzstruktur unterschiedlich verdichtet. Dieses Prägen sollte beidseitig vorgenommen werden, damit sich das Werkstück nicht verzieht.

Es gibt bereits auch industriell genutzte Verfahren, bei denen gedrechselten kleinen Körpern (Figurenteilen) nicht nur flächig, sondern sogar körperhaft Reliefformen mit Druck und Hitze eingeprägt werden.

Einfach und doch wirkungsvoll ist die Möglichkeit der ornamentalen Oberflächengestaltung durch das *Brandreifen*. Hierbei wird die bei Reibung entstehende Wärme genutzt, um die Holzfasern an der Oberfläche gedrechselter Körper zu erhitzen und dadurch anzubräunen. Zu diesem Zweck wird an den in der Drechselbank rotierenden Holzkörper ein hartes Holzstückchen fest angedrückt, indem es auf die Werkzeugauflageschiene gelegt und gegen das rotierende Werkstück gedrückt wird. Durch die so entstehende Reibungswärme verfärbt sich die Andruckstelle je nach Dauer und Kraft des Andrucks von hellbraun bis schwarz.

Das anzudrückende Holzstück, das »Brennholz«, sollte dabei immer härter sein als das zu verzierende Werkstück. Eichen- und Buchenholz eignet sich am besten dazu. Besonders sinnvoll ist die Anwendung dieser Verzierungstechnik bei der Herstellung von Zierringen (Reifen) an Drechselkörpern. Deshalb werden meist schmale Brettchen als »Brennhölzer« verwendet, die mit ihrer Hirnholzseite gegen das Werkstück gedrückt werden.

Die Dicke des Brennholzes muß etwas geringer sein, als der zu brennende Ring breit sein darf, weil durch die gleichzeitig auftretende Flankenreibung eine seitliche Ausdehnung des Erwärmungsprozesses und damit der Holzverfärbung eintritt. Außerdem ist es vorteilhaft, das Brennholz etwas seitlich bewegen zu können, damit die gebrannte Fläche mit dem Brennholz geglättet werden kann.

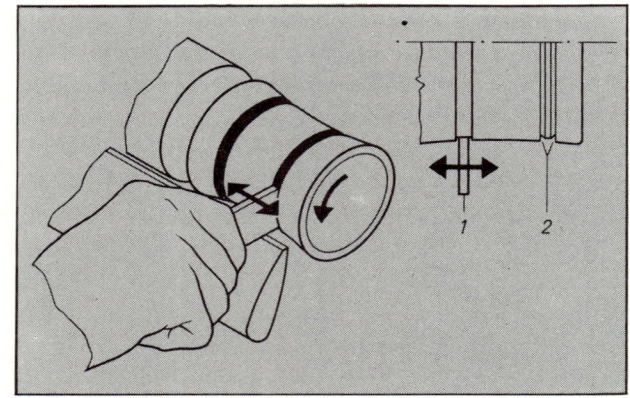

Bild 8/4.
Ornamentierung durch Brandreifen
a) schematische Darstellung des Anbringens von Brandreifen an Drechselformen – links: Handhabung des Brennholzes, rechts: eingekerbte Begrenzung und Handhabung des »Brennholzes« (1) für die Herstellung eines Brandreifens;
(2) Einkerbung
b) Beispiele der Verzierung durch Brandreifen (Erzgebirgisches Spielzeugmuseum Seiffen)

Bei dicht nebeneinander liegenden und sehr schmalen Zierringen ist es notwendig, vor dem Brennvorgang mit Hilfe des Drechslermeißels die äußere Begrenzung der Ringe zu markieren. Diese Arbeit wird besonders vorteilhaft und sauber ausgeführt, wenn mit dem »Bart« des Meißels an den Ringseiten kleine Kerbrillen eingearbeitet werden, bevor der Einbrennvorgang ausgeführt wird (Bild 8/4a).

Diese Ziertechnik wurde in der ersten Hälfte unseres Jahrhunderts sehr häufig von den Drechslern im Erzgebirge angewendet. Besonders bei Spielzeug (Kegelspiele, Sandformen u. dgl.) stellt diese Art der Verzierung eine materialgerechte, schöne und dauerhafte Ornamentform dar. Außerdem ist diese Ziertechnik äußerst kostengünstig anwendbar. Voraussetzung für eine gute Formharmonie ist allerdings ein sicheres Gefühl des Drechslers für Proportionen und künstlerische Spannungsverhältnisse (Bild 8/4b).

Zinnreifen

Ähnlich wie beim Brandreifen wird das Zinnreifen gehandhabt. Hierbei wird lediglich an Stelle eines Hartholzbrettchens ein legierter Zinnkörper gegen das rotiernde Werkstück gedrückt. Durch die entstehende Reibungswärme schmilzt die Zinnlegierung und setzt sich an den äußeren Holzfasern fest. So leicht, wie sich diese Beschreibung anhört, ist die Handhabung dieser Ziertechnik jedoch nicht. Sie verlangt mehr Wissen und mehr Geschick als das Brandreifen.

Besonders wichtig ist hierbei zunächst die Herstellung der richtigen Legierung. Nach alten Angaben[1] wird hierfür eine Zinn-Blei-Legierung angewendet, bei der das Eutektikum, also der niedrigste Erstarrungspunkt, erreicht wird. Dieser liegt bei 183 °C und ist gegeben, wenn der Zinn-Masseanteil 63 % beträgt. Für die Praxis darf dieser Anteil zwischen 60...65 % schwanken.

Ist die richtige Zinn-Blei-Legierung vorhanden, erfordert deren Auftrag auf den Drechselkörper einige Zeit der Übung. Bei den ersten Versuchen wird das Ergebnis sicher nicht sofort befriedigen. Drückt man nämlich die Legierung zu schwach an den sich drehenden Holzkörper, schmilzt sie nicht: drückt man zu stark, wird sie schuppenartig aufgetragen. Vorteilhaft ist es, die mit dieser Metallegierung zu belegenden Ringe (Reifen) vorher mit dem Meißel beidseitig zu begrenzen.

Die Holzoberfläche, auf die die Metallschicht aufgetragen werden soll, darf nicht glatt geschliffen sein. Das Metall haftet besser auf einer griffigen, leicht rauhen Holzoberfläche. Nicht ganz unwesentlich ist auch die Holzart, auf die das Metall aufgetragen werden soll. Ein hartes, in der Struktur fast gleichmäßiges Holz, wie z. B. Rotbuche, läßt sich besonders gut verwenden. Aber auch Fichtenholz ist geeignet. Besonders schmale Ringe lassen sich auf nahezu jeder Holzart anbringen. Bei breiten Ringen spielt die geeignete Holzart eine größere Rolle. Die Umlaufgeschwindigkeit des Werkstückes beim Zinnreifen ist nicht von großer Bedeutung. Allerdings wird das Metall bei zu niedrigen Drehzahlen nur schwer aufzutragen sein. Bei zu hohen Drehzahlen besteht wieder die Gefahr der Schuppenbildung. Der Drechsler muß sich hierbei das richtige Gefühl für das Verhältnis von Andruckkraft und Umlaufgeschwindigkeit bei den jeweiligen Ringbreiten aneignen.

Nach gelungenem Auftrag des Metalls auf das Holz kann dieses mit transparentem Lack vor Oxydation geschützt werden. Auch ein nachträgliches farbiges Bemalen, Gravieren oder Randerieren dieser metallenen Oberfläche ist möglich.

Wie das Brandreifen ist auch das Zinnreifen zu Beginn unseres Jahrhunderts im Erzgebirge verbreitet gewesen. Heute ist es leider nahezu in Vergessenheit geraten.

Anwendung fand es bei Spielzeug, Küchengeräten und bei Ziergegenständen. Der Effekt, der mit dieser Ziertechnik erzielt wird, dürfte jedoch Veranlassung dafür sein, daß auch heute die kunsthandwerklich arbeitenden Drechsler wieder damit experimentieren (Bild 8/5).

Sonderverfahren der Oberflächenbehandlung und -gestaltung

[1] nach mündlichen Überlieferungen zusammengetragen durch KLAUS MERTEN [83]

Bild 8/5. Beispiele der Verzierung durch Zinnreifen (Erzgebirgisches Spielzeugmuseum Seiffen)

Oberflächenbehandlung

Bild 8/7.
Beispiel einer Verzierung mit Metallstiften (Werkstatt Ott, Olbernhau)

Bild 8/8.
Beispiel einer Verzierung mit Metalldrähten und Metallstiften (Usbekistan/ UdSSR)

Bild 8/6.
Beispiel für ornamentale Metallgußtechnik (einseitig offen) – Werkstatt Uluv, Prag/ČSFR

Eine intensivere und haltbarere Methode der metallischen Ornamentierung gedrechselter Gegenstände stellt die *Metallgußtechnik* dar. In vorbereitete Drehkörper werden hierfür Rillen und Stege in Ornamentform eingearbeitet, die eine Mindestbreite von 3 mm und eine Mindesttiefe von 2 mm aufweisen müssen. Diese Rillen und Stege haben rechteckigen Querschnitt und sind miteinander in einer Art Kanalsystem verbunden. Diese so vorbereiteten Werkstücke werden ringsum mit einem Stück Papier dicht anliegend abgedeckt. Der Papierrand wird mit einem Klebstreifen am Holzkörper befestigt. An einer zentralen Stelle des Ornamentes wird ein Loch von etwa 5 mm Durchmesser durch das Papier gestoßen, und die Ränder des Loches werden gesäubert. Mit Hilfe eines Holztrichters, der auf das Loch passen muß, gießt man dann flüssiges Blei oder Zinn oder eine entsprechende Legierung in gleichmäßigem Zug in das Ornament hinein. Danach wird das Papier entfernt, und das Werkstück wird nochmals zum vorsichtigen Überdrehen des überstehenden Metalles in die Drechselbank eingespannt. Zuvor können eventuelle Fehler mit einem Lötkolben ausgebessert werden. Damit die Metallringe nach dem Erkalten nicht rutschen, sollten am Grund der Rillen in den Holzkörper einige kleine Vertiefungen eingebohrt werden. Befindet sich das Ornament direkt an einer Kante des Drechselkörpers, entfällt die oben beschriebene Eingußform. Dafür läßt man das zum Abdecken des Umfanges angelegte Papier am Holzkörper um etwa 10 mm überstehen und gießt hier das Metall vorsichtig, aber zügig ein. Von einem Schleifen des Metalles sollte man absehen, weil dadurch Metallteile in die Holzporen geschmiert werden und das Ganze verschmutzt wird. Deshalb ist es erforderlich, das Werkstück schon vor dem Eingießen des Metalls fertig zu schleifen und äußerst sauber zu behandeln.

Nicht alle Holzarten eignen sich gleichermaßen gut für diese ornamentale Metallgußtechnik. Besonders vorteilhaft sind feinporige Harthölzer. Nadelhölzer sind ungeeignet. Bei ihnen kann es durch den Harzgehalt beim Gießen zu Harzfluß und dadurch zu Unsauberkeiten kommen. Aber auch grobporige Harthölzer führen mitunter zu unsauberen Metalleingüssen. Daß der Feuchtegehalt des Holzes für derartige Arbeiten nur sehr gering sein darf, ist selbstverständlich (6...8 %) (Bild 8/6).

Diese Art der Ornamenttechnik ist aber nicht nur am Körperumfang eines Drechselkörpers, sondern auch auf Flächen (z. B. Deckelformen von Dosen) möglich. Die Ornamentform muß hier allerdings in einem Winkel von etwa 60...70° schwalbenschwanzförmig hinterstochen werden, damit das Metallornament nach dem Erkalten nicht herausfällt. Bei diesem flächigen Guß ist eine gesonderte Gießform oder ein Abdecken mit Papier, wie beim Gießen am Umfang eines Drechselkörpers, nicht erforderlich.

Alle eingegossenen Metallornamente können zusätzlich graviert werden.

In ähnlicher Weise, jedoch mit gesonderten Gießformen, ist das Angießen eines Sockels an Dosen, Schalen und Leuchter möglich (vgl. [27]).

Eine weitere Variante des metallischen Ornamentierens von Drechsel- und anderen Holzformen stellt das Einschlagen dünner Metallstifte und Blechstreifen dar. Hier wird – mit Ausnahme ganz dünner Stifte – das Ornament erst vorgebohrt oder vorgeschnitten, und danach werden die Metallteile eingetrieben, anschließend wird alles leicht überdreht.

Erst am Schluß der gesamten metallischen Ornamentierarbeiten erhält der fertige Gegenstand einen schützenden farblosen Lacküberzug. Zaponlack hat sich dafür am besten bewährt (Bilder 8/7, 8/8).

Formfindung

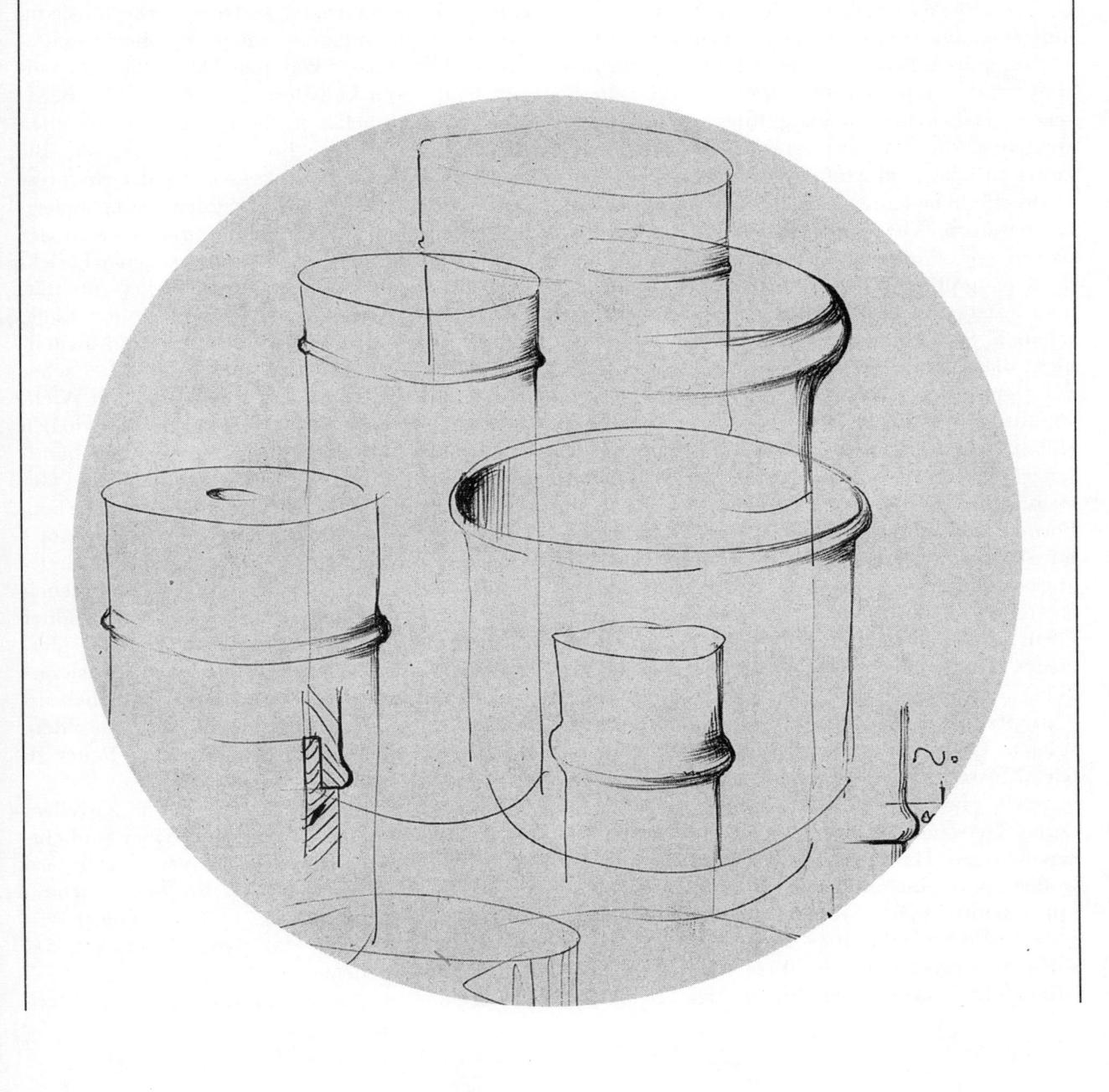

9

Formfindung

VIELE FACHBÜCHER ENDEN MIT DER Darstellung des handwerklich-technischen Bereiches, oft ist noch eine stilgeschichtliche Abhandlung angefügt, manche verstehen sich als Beispiel- oder Mustersammlungen. Selten sind Anregungen zum eigenen kreativen Gestalten enthalten.

Natürlich ist es schwer, auf wenig Raum hierzu etwas zu formulieren. Nachfolgend soll aber trotzdem der Versuch unternommen werden, Fachleuten und interessierten Laien einige Anregungen zu geben, mit deren Hilfe sie wie mit einem Grundwerkzeug erste Schritte zum systematischen Gestalten von Drechselformen gehen können.

Es sollte das Ziel jedes Drechslers sein, den Gesetzmäßigkeiten, denen die durch seinen Spanungsvorgang entstehenden Formen unterliegen, nachzuspüren. Bewußt sollte er diesen ständig neu zu wiederholenden Formungsprozeß so zu beherrschen versuchen, daß endgültige, reife Formen entstehen, die dem angestrebten Verwendungszweck in höchstem Maße entsprechen.

Drechseln bedeutet entweder reproduzieren guter, bewährter Gesamtformen oder bewußtes Variieren von Formelementen. Es ist das Suchen nach endgültigen Formvarianten mit dem Ziel, neue, zeitgemäße und nützliche Lösungen zu schaffen. Schwerpunkt jeglicher Formfindung ist nicht die Äußerlichkeit der Form selbst, sondern der Zweck, der Inhalt des zu schaffenden Gegenstandes. Die Form muß sich nicht nur nach dem Inhalt richten, sie wird von ihm bestimmt. Eine umgekehrte Verfahrensweise führt meist nur zu formalistischen Spielereien. Das Erfinden von Formen schlechthin ist nicht möglich. Formen müssen wachsen, sie müssen dem Zweck oder der angestrebten Aussage dienen und aus ihr heraus entstehen. Ein willkürliches Verändern einer Form mit der Absicht, aus der Form heraus etwas Neues schaffen zu wollen, führt zwangsläufig zu äußerlichen, modischen und damit kurzlebigen Varianten, niemals aber zu gültigen Produktlösungen. Oft werden von Drechslern alte Muster oder Musterteile übernommen oder formal abgewandelt, ohne auf den zeitlich bedingten, veränderten Gebrauchsanspruch einzugehen oder eine eigene innere Haltung zum Ausdruck bringen zu wollen. Nur eine intensive Auseinandersetzung mit dem inhaltlichen Problem einer gestellten Aufgabe und das gleichzeitige Suchen nach der günstigsten Formvariante für diese bestimmte Aufgabe führt dazu, sich an gültige Resultate heranzutasten. Dieses Suchen ist mit einem beharrlichen, systematischen Arbeiten verbunden. Nur ganz selten werden Formlösungen intuitiv gefunden.

Ob sich die Formen bewähren, ob sie Bestand haben, wird sich erst nach längerer Zeit herausstellen. »Ewige« Formlösungen sind immer nur entstanden aus der Erfahrung mehrerer Generationen. Diese werden gebildet durch den Umgang mit dem Handwerksgerät, mit dem entsprechenden Material und mit dem Produkt selbst. Dabei wird nicht jeder, der diese Erfahrungen macht, in der Lage sein, sie auch zu neuen Leistungen umzusetzen. In einer Landschaft, in der z. B. durch den Holzreichtum oder durch andere Bedingungen eine Vielzahl gleichartiger Handwerker ansässig sind, werden nur einige wenige zu hohen gestalterischen Ergebnissen kommen. Das werden diejenigen sein, deren künstlerisch-schöpferische Begabung sie dazu befähigt, die vorhandenen reichen Erfahrungen in neue Produkte umzusetzen. Bis zu einem gewissen Grad kann sich jeder ein formgestalterisches Rüstzeug aneignen, zu schöpferischen Höchstleistungen sind nur wenige in der Lage. Viele bringen es zu handwerklicher Perfektion, wenige aber zu echt künstlerischer Qualität. Ein großer Teil der Handwerker ist in der Lage, gutes Gerät von hohem Gebrauchs- und ästhetischem Wert herzustellen, ohne in gestalterischer Weise schöpferisch zu sein. Von besonderer Wichtigkeit ist es aber für jeden Handwerker, neben der selbstverständlichen Perfektion seiner handwerklichen Fertigkeiten eine Schulung seines Geschmackes an den besten Vorbildern anzustreben. Die getreue Nachbildung guter alter Produktbeispiele stellt einen nicht zu unterschätzenden Erziehungsfaktor für den Geschmack dar. Die Bescheidung auf das Herstellen bewährter Vorbilder würde bereits einen großen Gewinn für die Verbesserung des Gesamtniveaus an Drechslererzeugnissen darstellen. Dabei ist es natürlich erstrebenswert, nicht nur gutes Altes nachzubilden, sondern im Bewußtsein der Tradition Neues zu schaffen.

Ziel muß es sein, Gebrauchsgerät herzustellen, das zeitlos und nützlich ist und in seiner Schlichtheit einen hohen ästhetischen Wert verkörpert. Hierzu gehört große schöpferische Meisterschaft, denn das Einfache verlangt viel mehr Geist, Willen und Disziplin als das Ausgeschmückte, das mit Zierat Überdeckte.

Über das zum Gebrauch bestimmte Gerät hinaus Werke zu schaffen, die mehr wollen als nur zu dienen und das Auge zu erfreuen, die eine künstlerische Aussage zu treffen in der Lage sind, wird nur Wenigen vorbehalten sein. Diese müssen mit der handwerklichen Perfektion eine Innerlichkeit in das Werk legen können, die über den profanen Gebrauch weit hinausgeht.

Andererseits kann aber ein noch so ideenreicher Künstler niemals wirklich gute Werke schaffen, wenn er das Handwerkliche vernachlässigt.

Wie soll es aber nun vor sich gehen, dieses Gestalten, dieses Suchen nach der formgestalterischen Lösung für eine Aufgabe. Welche Regeln, welche Gesetze sind zu beachten. Viele Praktiker erwarten hierzu konkrete, berechenbare Formeln oder begründbare Fakten für das Gestalten, wie das zum Finden optimaler Lösungen in der Technik selbstverständlich ist. Das ist aber im künstlerischen Bereich leider – oder vielleicht glücklicherweise – nicht möglich. Technik und Ökonomie können exakt berechnet werden. Hier gibt es ein Richtig oder Falsch oder zumindest eine begründbare optimale Lösung. In der künstlerischen Gestaltung kommen wir an Bereiche, die rational nicht so ohne weiteres erschlossen werden können. Trotz alledem werden bestimmte Formen, bestimmte Linienführungen, bestimmte Proportionen, bestimmte Maße und bestimmte Beziehungen innerhalb einer gestalterischen Gesamtlösung vor anderen bevorzugt. Es gibt eine große Anzahl von Formen und schöpferischen Resultaten, die über die Jahrhunderte kaum verändert wurden, die immer wiederkehren, weil sie nicht zu übertreffen sind (vgl. Bilder 1/12 bis 1/15 und 1/27 bis 1/32).

Das liegt keinesfalls nur an ihrer funktionalen Zweckmäßigkeit. Vielmehr ruft ihre ästhetische Wirkung immer wieder aufs neue Wohlgefallen hervor. Eine Veränderung der Linienführung und der anderen gestalterischen Mittel, seien sie auch noch so gering, verschiebt dieses Maß an Wohlgefallen. Eine weitergehende Veränderung kann allerdings schon wieder zu einer neuen, ganz anders gearteten Lösung führen, die wiederum ästhetisch hochwertig ist, und dem Auge, das es mit seinen Blicken umschließt, und der Hand, die es ertastet, Entzücken bereiten. Diese Bereiche der Gestaltung können durch Worte nicht erschlossen werden. Das Auge sieht zwar den Unterschied von einer Linienführung zur anderen, und es ist auch möglich, Kurvenunterschiede zu beschreiben oder gar zu berechnen, Worte zur Beschreibung der ästhetischen Empfindungen bei diesen Unterschieden stehen aber nicht zur Verfügung.

Trotzdem kannten bereits die alten Griechen die grundsätzlichen Regulative, die Ordnungs- und Konstruktionsprinzipien der Formgestaltung. Diese Ordnungprinzipien der antiken Kunst sind aus den Gesetzmäßigkeiten des Kosmos und aus den Formen der Natur abgeleitet. Das systematische Erkennen der Harmonie des Weltalls diente schon in der Antike zum Wahrnehmen und Ordnen der irdischen Dinge und damit auch zum bewußten Gestalten der Umwelt. So entstand z. B. eine einfache Geometrie, die bei antiken Gefäßen deutlich ablesbar ist. Viele dieser Gefäße lassen sich mit geometrischen Hilfsmitteln exakt konstruieren. Aus ihnen ist aber darüber hinaus noch mehr zu erkennen, was auf einen hohen Wissensstand über die inneren Zusammenhänge von ästhetischem und funktionalem Wert eines Werkes schließen läßt. Der »Goldene Schnitt« ist dabei ebenso eine aus der Erkenntnis der Harmonie der natürlichen Gegebenheiten abgeleitete Gestaltungsregel wie manches andere noch zu benennende gedankliche Hilfsmittel zum Erfassen oder zum Beschreiben formgestalterischer Wertigkeiten.

Aus der Erfahrung im Umgang mit früheren Veröffentlichungen scheut der Autor jedoch davor, fragmentarisch einige sogenannte »gestalterische Gesetzmäßigkeiten« zu nennen – mehr als fragmentarisch könnte das in einem einzelnen Abschnitt eines Fachbuches wie diesem sowieso nicht sein –, weil das sofort zu dogmatisch, zu rezeptartig wirkt. In der gestalterischen Sphäre darf es aber keine Dogmen und keine Rezepte geben. Kreative Formgestaltung muß ebenso frei bleiben, wie die Kunst frei sein muß. Aber selbst schon diese Behauptung kann falsch verstanden werden, wenn der »Freiheitsbegriff« nicht richtig ausgelegt wird. Freiheit in der Kunst bedeutet keinesfalls Zügellosigkeit. In der Kunst im Allgemeinen wie in der Formgestaltung im Besonderen ist Bescheidung, Konzentration auf das Wesentliche, Ordnung der Gedanken und der zur Verfügung stehenden Möglichkeit als wichtigste Qualitätsvoraussetzung zu beachten. Gestalten bedeutet im Grunde genommen nichts anderes als ordnen. Wenn dieses Ordnen verbunden ist mit dem Willen zur Konzentration auf das Wesentlichste, auf das Typischste einer Aufgabe, dann ist die Voraussetzung für eine gute Formgestaltung gegeben. WIELAND schreibt: *»Das Schöne hat* *notwendig ein bestimmtes Maß, und was über solches ausschweift, entfernt sich ebenso davon wie das, was unter ihm bleibt.«*

Da jedoch das Einfache meist so schwer zu finden ist, gibt es mehr komplizierte, umständliche, unschöne Varianten als einfache, schlichte und dadurch schöne und die Zeit überdauernde Gestaltungslösungen.

Aber auch »schön« ist relativ. Und das ist gut so. Hätten alle Menschen die gleichen Vorstellungen von »schön«, wäre das Leben langweilig. Der Weg zu d e r Form, zu einer berechenbaren »Idealform« läge nahe.

Aber dem Spruch: *»Schön ist, was gefällt«* soll auch nicht das Wort geredet werden. Schließlich ist für jede Sache, mag sie auch noch so verunstaltet sein, ein Interessent zu finden, der sie für »schön« hält. Bedauerlicherweise ist bei einer Vielzahl von Menschen das natürliche Schönheitsempfinden verlorengegangen. Das mag vielleicht mit der Zivilisation zu tun haben, die sich von der »natürlichen Schönheit«, vom Erkennen der Schönheit der Natur, weit entfernt hat. Dieser Verlust am Erkennen und Erfühlen natürlicher Schönheit ist auch nicht durch Aktionen oder Modetrends unter dem Motto »Zurück zur Natur« wieder aufzuholen. Dafür ist die Zeit der Zivilisation schon über zu viele Generationen hinweggegangen, und dazu gibt es bereits zu viele geschmacksverwirrende menschliche Kreationen. Für die gestaltenden Handwerker sollten aber ebenso wie für den Künstler die Natur und die auf Naturgesetzen beruhenden Ereignisse Hauptquell des Gestaltens sein. Schließlich hat der gestaltende Mensch mit seinen Werken wiederum Einfluß auf die Umwelt, und er kann dadurch auf die Ausprägung eines verbreiteten Schönheitssinnes positiv Einfluß nehmen.

Die Natur als Vorbild nehmen heißt noch lange nicht, sie zu kopieren. Eine Kopie der Natur ist meist nur ein Abklatsch, keine gute Gestaltung und schon gar nicht Kunst. Kunst ist vielmehr das Produkt menschlichen Geistes, in dem die Erkenntnisse von den Gesetzen der Schönheit und der natürlichen Formen- und Farbenvielfalt mit dem Ausdruckswillen des Menschen verknüpft sind.

Die Drechseltechnologie als solche ist bereits dazu angetan, zu abstrahieren. Der Drechsler ist zunächst an die Kreisform gebunden. Das zwingt ihn, Gesehenes und Gewolltes diszipliniert umzusetzen. Ihm bleiben aber noch genug Möglichkeiten, in der für ihn freien Formungsrichtung zu variieren. Bei der Orientierung auf die Naturformen gilt es aber, den Naturbegriff sehr weit zu fassen. Als Natur in diesem Sinne muß nämlich nicht nur die gewachsene Pflanzen- und Tierwelt, die Landschaft und der Mensch betrachtet werden, sondern der Mikro- und Makrokosmos ebenso wie die mathematischen, physikalischen und anderen natürlichen Gesetzmäßigkeiten. Vordergründig sollten dabei vor allem für die Formfindung gedrechselter Dinge die geometrischen Grundformen und die geometrischen Konstruktionsprinzipien eine Rolle spielen. Es sollten aber auch die Ergebnisse bzw. Auswirkungen physikalischer und anderer Naturgesetze Beachtung finden. Erinnert sei in diesem Zusammenhang z. B. an die Kurve, die durch eine an beiden Enden hängende Kette gebildet wird. Je nachdem, wie weit die Aufhängung der Kette gespannt ist, ergibt sie eine mehr oder weniger gekrümmte Kurve in harmonischer Linienführung (Schwerkraftkomponente) (Bild 9/1).

Oder denkt man an die entstehenden »Stromlinien« im Windkanal. Hier bilden sich bei windschlüpfrigen Körpern Stromlinien in spannungsvollen Kurvenkombinationen. Aerodynamische

Bild 9/1. Kurvenbildung durch eine frei hängende Kette
a) breit gehängt, b) eng gehängt

Körper stellen selbst elegante Kurvenverläufe dar. Oder betrachtet man Baumformen, Fische, Wassertropfen, Schneckengehäuse u. v. m. Überall finden wir Anregungen für eigenes freies Gestalten.

Bevor sich der Drechsler bei seinen Gestaltungsversuchen der Vielfalt der Naturformen zuwendet, sollten jedoch die Kombinationsmöglichkeiten der geometrischen Grundformen ausgespielt werden. Kugel, Walze, Kegel (bzw. Kreis, Quadrat und Dreieck) und ihre geometrischen Teile, Maßstufen und Kombinationen ergeben eine solche Vielfalt an Formen, daß mit ihrer Hilfe nahezu alle Drechslererzeugnisse gestaltet werden können. (Schließlich sind auch diese geometrischen Grundformen in der Natur zu finden.) Die Vielfalt barocker Säulenprofile mit ihren Hauptformen – Rundstab und Kehle – liefert einen beredten Beweis.

Eine intensive Entwurfsarbeit, eine geistige Durchdringung der gestalterischen Aufgabe sollte in jedem Falle Voraussetzung für eine ernsthafte Formfindung sein. Drechsler, die ohne konkrete Vorstellungen sofort an der Drechselbank in das Holzstück eindringen, werden nur in Ausnahmefällen gültige Gestaltlösungen finden.

Da es jedoch vielen Praktikern schwerfällt, zeichnerisch diese exakten Formen zu Papier zu bringen, soll im Folgenden eine von dem Holzgestalter GERD KADEN, Neuhausen, entwickelte Methode vorgestellt werden, die in der praktischen Entwurfsarbeit eine große Hilfe darstellen kann.

Der von GERD KADEN entwickelte Baukasten zum Gestalten symmetrischer Flächen und Körper, vornehmlich zum Gestalten von rotationssymmetrischen Gegenständen, beruht auf dem Prinzip der Spiegelung einer halbseitig aufgebauten Ausgangsform. Geometrische Grundformen werden unter einen Spiegel gelegt, der die symmetrische Gesamtform sichtbar werden läßt. Mit Hilfe vorhandener, brettchenartiger Formelemente verschiedener Maßstufen kann empirisch und in spielerischer Weise die günstigste Formvariante gesucht werden. Durch die Anwendung eines Spiegels wird sofort die Gesamtform sichtbar, die bei zeichnerischer oder skizzenhafter Darstellung erst mühsam erarbeitet werden muß. Mit Hilfe eines zweiten Spiegels kann darüber hinaus eine Reihung der entstandenen symmetrischen Form simuliert werden. Dadurch ist gleichzeitig das gestalterische Spiel mit dem Verhältnis von Form und Zwischenraum bzw. Form und Gegenform ohne großen Aufwand möglich (Bild 9/2).

Jeder Drechsler sollte über einen derartigen Entwurfsbaukasten verfügen. Da er leicht selbst gebaut werden kann, stellt dieses Entwurfhilfsmittel auch für jeden Laien ein erreichbares nützliches Instrument dar, das für die Formfindung unschätzbare Dienste leisten kann.[1]

Abgesehen davon, daß mit Hilfe dieser Spiegel-

[1] Dieser Baukasten ist gesetzlich geschützt, Urheberschein Nr. 15942–U 4180, GERD KADEN

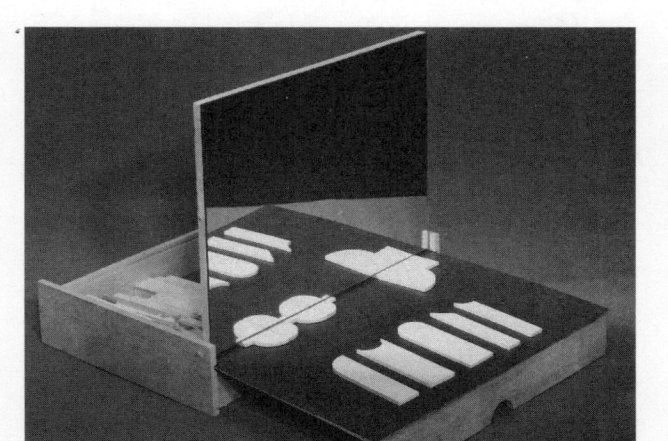

Bild 9/2. Baukasten, bestehend aus einem Spiegel und einseitig geformten Brettchen, für die Formensuche von symmetrischen Flächen und Körpern (Formenspiegler)

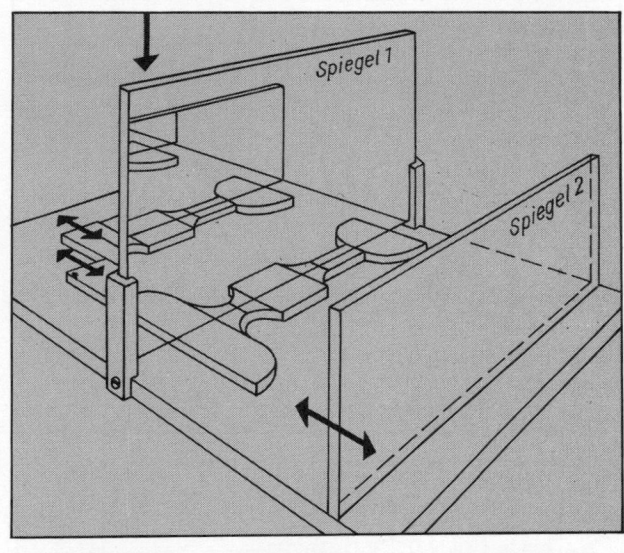

a) Gesamtansicht,

b) Wirkungsprinzip,

c) geometrische Grundformen in jeweils drei Maßstufen (Quadrat, Kreis, Dreieck und ihre einfachen Abwandlungen) als Vorlagen für die Brettchen des Formenspieglers

Handhabung auch frei zeichnerisch gearbeitet werden kann, zwingt die Verwendung vorgefertigter geometrischer Grundformen zu einem Diziplinieren in der Anwendung gestalterischer Elemente, die zu klaren ästhetischen Formlösungen führt (Bild 9/3).

Aber auch dabei muß natürlich zielstrebig und mit gestalterischem Empfinden vorgegangen werden. Ohne ein bestimmtes Maß an künstlerischem Einfühlungsvermögen, ohne ein Gefühl für Proportionen, Harmonie und Spannung kann auch mit Hilfe dieses Baukastens nicht viel erreicht werden. Er ist schließlich nur ein Hilfsmittel zur Erleichterung der gestalterischen Arbeit.

Eine ähnliche, jedoch weitaus aufwendigere Methode, die praktische gestalterische Arbeit zu erleichtern, ist im Bild 9/4 dargestellt. Hier sind gedrechselte geometrische Grundformen in großer Vielzahl aber in konkreten Maßstufen geschaffen worden, mit deren Hilfe durch Kombination der einzelnen Elemente spielerisch der angestrebte Zweck erarbeitet werden kann. In der Abbildung ist deutlich zu erkennen, wie aus diesen Grundelementen fertige Erzeugnisse entwickelt werden können. Diesem System liegt gleichzeitig der Gedanke einer industriellen Fertigung sehr nahe, die durch Verwendung einer begrenzten Anzahl von Einzelteilen mit Einfallsreichtum ein breites Warensortiment schafft und somit hohe Produktivität gewährleistet. Ein weiteres Mittel, sich selbst gestalterisch zu aktivieren, stellt die Anfertigung von Profilreihen dar. Werden derartige, streng auf einzelne Formelemente begrenzte und in Maßstufen voneinander getrennte Profilreihen gedrechselt, so wächst im Arbeitsprozeß selbst, wie in der späteren Gegenüberstellung das Gefühl für materialgerechte Form und die Schönheit des Einfachen. Gleichzeitig wird das Zusammenspiel von Form und Holzmaserung sichtbar (Bild 9/5).

An diesen Profilreihen ist sehr schön die Ornamentik der Drechselform in ihrer Erscheinungsvielfalt zu erkennen, und es wird deutlich, daß die Drechselform selbst zum Ornament werden kann. Dabei muß bewußt werden, daß Ornamentik nicht nur als dekorativer Schmuck, als zusätzliche Bereicherung einer Form zu verstehen ist, sondern mit der Form zusammenfließen muß. Form und Ornament bilden hier eine Einheit. Ist diese Einheit nicht vorhanden, wirken die Ornamentfor-

Bild 9/3.
Aus geometrischen Grundformen gebildete Säulenprofile *a)*, *b)*;

c) aus geometrischen Grundformen gebildete Flächenornamente

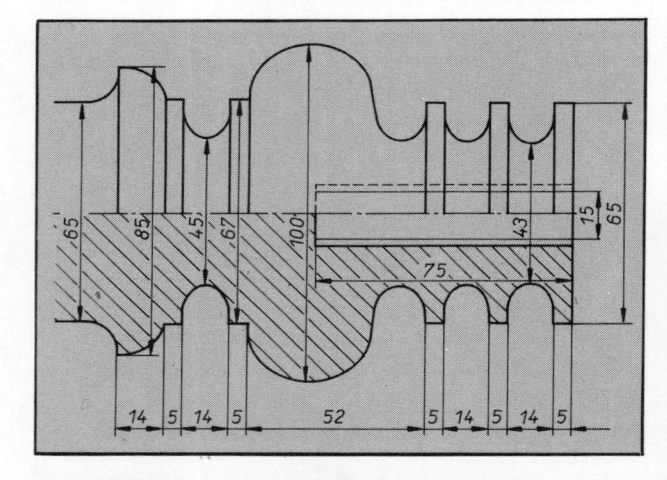

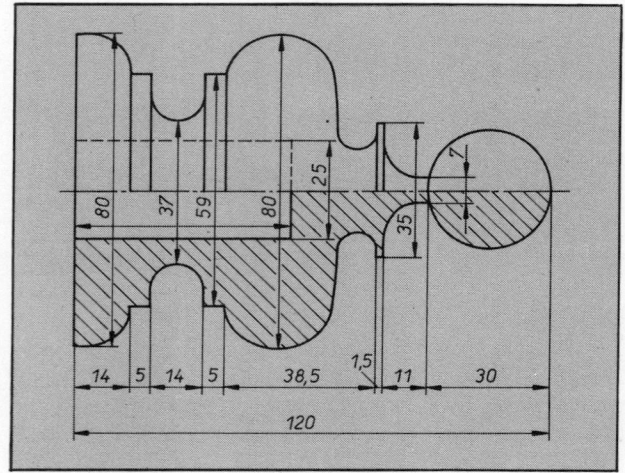

Die Gestaltungsarbeit mit diesen Formabwandlungen kann eine willkommene Ergänzung zu den geometrischen Grundformen darstellen. Das Gefühl für gute Proportionen als Voraussetzung für

Bild 9/4.
Baukasten aus gedrechselten geometrischen Grundformen als Hilfsmittel für die Formfindung

men aufgesetzt und überflüssig. Im ungünstigsten Falle kann es zu optischer Instabilität und sogar zu einer Funktionseinengung des Gegenstandes führen und somit zur Aufhebung des Sinnes einer künstlerischen Gestaltung.

Die abgebildeten Beispiele profilierter Übungsreihen können demgegenüber zu einem Verständnis für den Zusammenklang von Form, Ornament, Material und Funktion beitragen und sind darüber hinaus dazu geeignet, in der Ausbildung des Drechslernachwuchses handwerklich exaktes Arbeiten zu üben.

Eine weitere Möglichkeit, formgestalterische Lösungen zu finden, ergeben die systematischen Abwandlungen geometrischer Grundformen durch das Zusammendrücken oder Auseinanderziehen derselben. Auf der Fläche entsteht dadurch aus dem Quadrat das Rechteck, aus dem gleichseitigen Dreieck das gleichschenklige Dreieck und aus dem Kreis das Oval oder die Ellipse; beim Rotationskörper eine zylindrische Säule, ein gerichteter Kegel, ein gestrecktes oder abgeplattetes Ellipsoid. Diese Abwandlungen bewirken eine dynamische Tendenz der Form, die die inhaltliche Aussage des zu gestaltenden Gegenstandes schon optisch verdeutlicht. Durch Veränderung der Maßverhältnisse ist eine aufsteigende, schwer lastende, gerichtete oder allseitig ausstrahlende Wirkung zu erzielen (Bild 9/6).

Bild 9/5.
Unter Verwendung geometrischer Grundformen (Drechselgrundformen) profilierte zylindrische Säulen
a) Verwendung von Kerbe, Spitzstab, Kehle und Halbstab,

b) gleichmäßig gekehlte zylindrische Säulen,

c) aus Halbstäben gebildete Säulenprofile

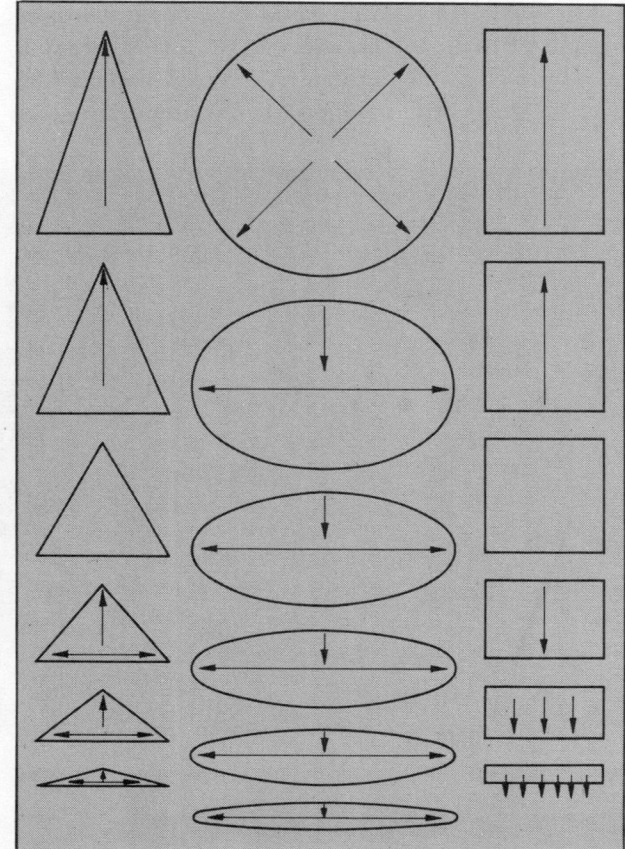

Formfindung

Bild 9/6.
Abwandlung geometrischer Grundformen. Durch diese Abwandlungen erhalten die neutralen Grundformen eine dynamische Tendenz (gerichtet, lastend, steigend)

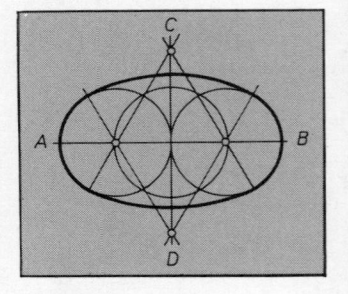

Bild 9/7.
Ovalkonstruktion

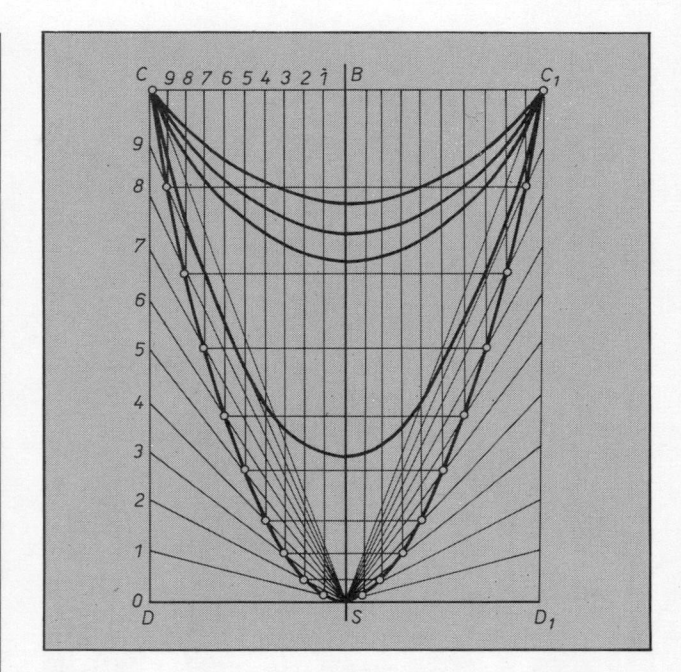

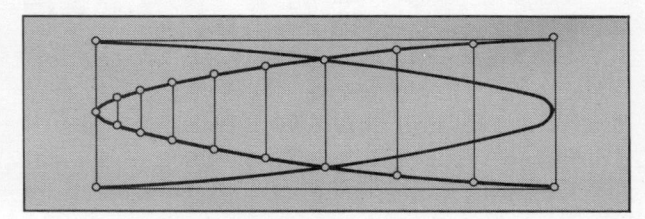

Bild 9/8.
Parabelformen
a) einseitige Parabeln,
b) Doppelparabel

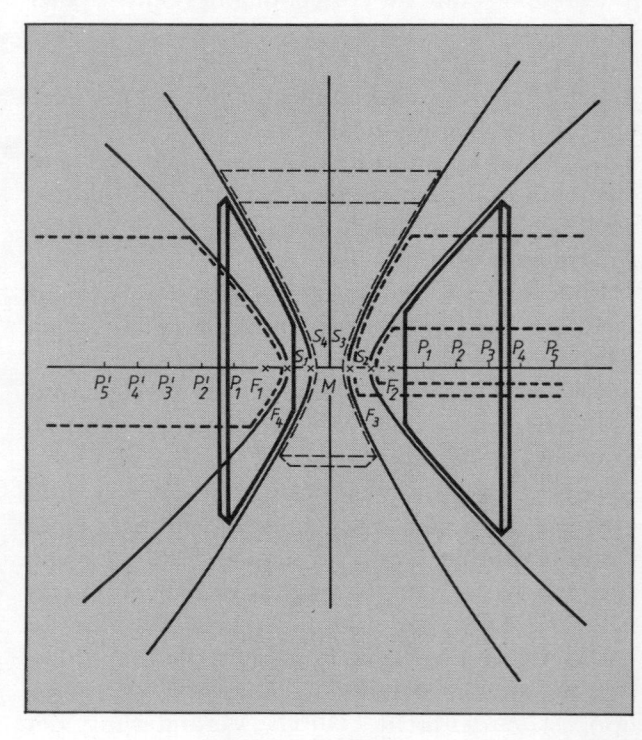

Bild 9/9.
Hyperbelformen mit eingezeichneten Drechselformen

Formharmonie ist dabei aber von großer Bedeutung.

Neben den beschriebenen Möglichkeiten des Gestaltens mit geometrischen Grundelementen sind auch komplizierte mathematisch-geometrische Konstruktionsprinzipien dazu geeignet, formgestalterische Anregungen zu geben. Nehmen wir hierzu z. B. die vielfältigen Ovalkonstruktionen und die daraus abzuleitenden Gefäßformen oder Profile (Bild 9/7) oder untersuchen wir Parabelformen, bei denen die weiter vorn genannte »hängende Kette« konstruktiv sichtbar wird (Bild 9/8). Ähnlich verhält es sich mit Hyperbelformen, Evolventen u. dgl. (Bilder 9/9, 9/10).

Im Bild 9/11 ist dargestellt, wie durch proportionale Maßverschiebungen geometrische Grundformen in Oval-, Parabel- oder Hyperbelformen übergehen und wie durch Kombinationen verschiedene Grundprofile entstehen können.

Oder betrachtet man z. B. die von dem Mathematiker CARL FRIEDRICH GAUSS (1777 bis 1855) errechnete und konstruierte Fehlerkurve (Glockenkurve), die den mathematischen Nachweis für verschiedene physikalische und sogar soziale Zusammenhänge grafisch veranschaulicht. Hier schließt sich wieder der Kreis zur Naturgegebenheit harmonischer Linienführungen, die der Formgestalter wie der Kunsthandwerker in der Fülle der

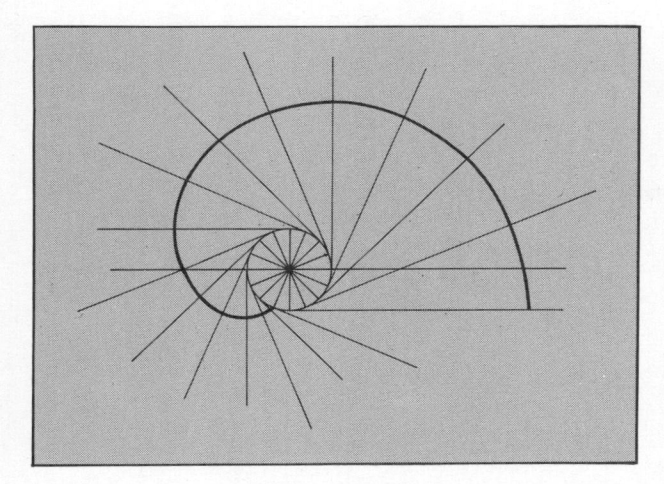

Erscheinungen in sich aufnehmen und bewußt oder ins Unterbewußtsein zurückgedrängt bei der Gestaltungsarbeit einfließen lassen sollte.

Für die Gestaltung ist im Prinzip jedes Mittel recht. Eine Einengung auf Vorschriften oder subjektive Anschauungen sollte von vornherein vermieden werden, weil sie die Ideenfindung, die künstlerisch schöpferische Arbeit insgesamt einengt. Wo eine Anregung herkommt, ist dem Wesen nach uninteressant, wie sie verarbeitet wird, ist vom kreativen Vermögen des einzelnen Kunsthandwerkers abhängig. Dabei kann selbst die grundsätzliche Methode des Herangehens unterschiedlich sein. Wurde eingangs der Inhalt, die Funktion, als bestimmter Ausgangspunkt des Gestaltens hervorgehoben, so kann – ohne diese Grundeinstellung zu verletzen – die Methodik des Herangehens verschieden akzentuiert sein: Die Gestaltfindung kann entweder direkt vom inhaltlichen Ziel ausgehen, nach dem sich die Form, die Technologie und der Materialeinsatz richten. Aber auch das Spiel mit Formelementen führt zu einem Produkt, dessen Funktion dann aber ebenso unantastbar sein muß. Ebenso können andere Faktoren am Anfang eines Gestaltungsprozesses stehen, wie das z. B. eine bestimmte vorhandene Holzdimension oder eine bestimmte vorhandene und zu nutzende Technologie (eine bestimmte Maschine) sein kann. Gestalterisch spielt das am Ende keine Rolle. Wichtig ist das Ergebnis der Arbeit, das sich bewähren muß.

Die hier angebotenen gedanklichen und praktischen Hilfsmittel für die Formgestaltung stehen jedem uneingeschränkt zur Verfügung, wie jedem

Kombination verschiedener Grundformen

Bild 9/10. Evolventenformen

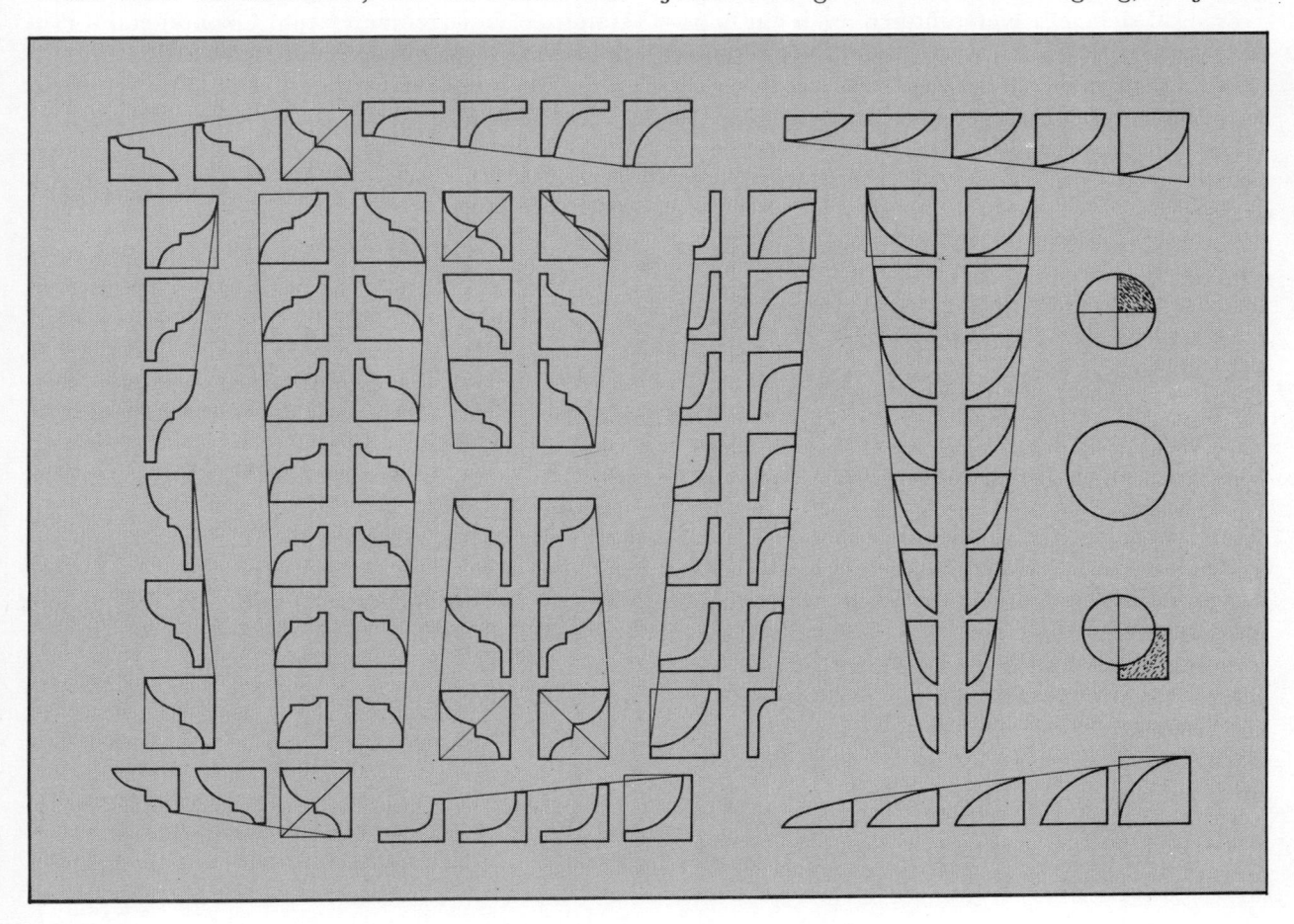

Bild 9/11. Abwandlung geometrischer Grundformen in Kurven höherer Ordnung und Zusammensetzung von Kurven gegenläufiger Schwingung zu verschiedenartigen Profilformen

Menschen die Buchstaben des Alphabetes zur Verfügung stehen. Wie der Schulanfänger nur mühsam »Mama« schreiben lernt, der normal entwickelte Schulabgänger bereits schöne Briefe, der Dichter aber kunstvolle Verse schreiben kann, ist die Lernfähigkeit auf dem Gebiet der Formgestaltung bis zu einer gewissen Grenze für jeden möglich, wenn mit Fleiß die formgestalterischen Hilfsmittel gehandhabt werden. Darüber hinaus ist aber die Kreativität notwendig, die eine starke persönliche Sensibilität voraussetzt. Diese persönliche Gefühlswelt kann aber rational nicht formuliert, geschweige denn gelehrt werden. Für den Drechsler ist es deshalb vor allem wichtig, seine Sinne zu schulen, indem er sich Klarheit darüber verschafft, was gut, was weniger gut und was schlecht ist. Er kann sich dieses Gefühl durch gründliches Studium der Natur und durch kritisches Betrachten gedrechselter und anderer Produkte aus Vergangenheit und Gegenwart aneignen. Er muß dabei sowohl sein Auge als auch seinen Tastsinn in Anspruch nehmen, um am Ende selbst ein inneres Gefühl für schöne spannungsvolle oder ausgewogen harmonische Formen zu bekommen.

Er muß sich selbstverständlich auch ein hohes Wissen über die Funktionen seiner zu schaffenden Produkte aneignen. Dabei werden besonders seine Kenntnisse über die Körperproportionen des Menschen gefordert sein. Er sollte aber auch über soziale und philosophische Zusammenhänge nachdenken, die er gerade mit seinem zur Verfügung stehenden Material Holz in bestimmten Zusammenhängen offenbaren oder ausdeuten kann. Die lebendige Diktion des gewachsenen Holzes, die Aststellen und andere Regel- oder Unregelmäßigkeiten in diesem wunderbaren Werkstoff lassen vielerlei Spiel- und Ausdrucksmöglichkeiten zu. Seine ihm inneliegenden Ausdruckskräfte freizulegen, sollte Aufgabe eines jeden mit Holz umgehenden Handwerkers sein.

Für den Industrieformgestalter stellen sich weitergehende, meist zusätzlich komplizierende Aufgaben. Er arbeitet nicht für einen Auftraggeber oder gar allein aus einer eigenen gestalterischen Absicht, sondern für den sog. Markt, also für eine große Zahl von Abnehmern. Er muß deshalb die Marktwünsche und die Preisklassen ebenso berücksichtigen wie eine effektive Herstellungsmethode. Er ist aber auch – im Gegensatz zum Handwerker – nicht direkt am gesamten Herstellungsprozeß eines Werkstückes von Anfang bis Ende selbst beteiligt. Er muß vielmehr die Teamarbeit mit den Handelsfachleuten, den Werbegestaltern, den Ingenieuren und Ökonomen im Produktionsbetrieb pflegen und sich darüber hinaus in der Welt umschauen, und er muß mit den vorgegebenen oder selbst erarbeiteten Parametern und Erfahrungswerten seines Teams eine künstlerische Absicht verbinden, die die Interessen des Marktes erreicht. Das ist meist schwerer als ein ungebundenes freies Arbeiten. Die Einengung auf vorgegebene Werte kann sogar dazu führen, daß wirkliches Gestalten unmöglich wird.

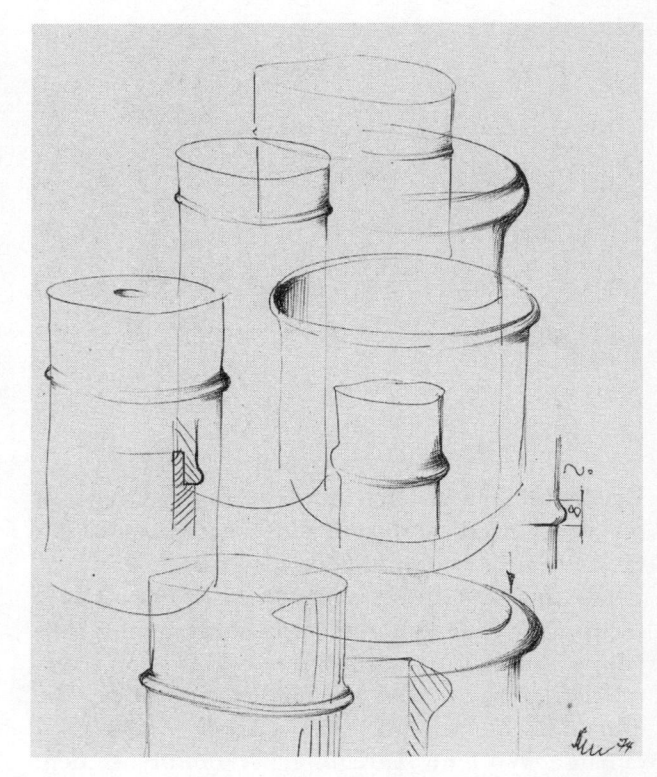

Der Industrieformgestalter hat eine besonders große Verantwortung für das, was er schafft, denn er erreicht durch sein Wirken meist eine sehr große Zahl von Menschen, die sich durch seine Produkte unbewußt beeinflussen lassen. Er muß sich deshalb im Zwang der Fakten ein solches Maß an Individualität und schöpferischer Freiheit bewahren, daß er in der Lage bleibt, eigenständige, aussagestarke und langlebige Formen zu schaffen.

Gerade in der Drehtechnologie liegt die Gefahr sehr nahe, mit Hilfe hochentwickelter Maschinen stark differenzierte und ursprünglich in früheren Zeitepochen handwerklich hergestellte Formen in großen Mengen industriell zu produzieren. Viele schlechte Beispiele gibt es heute davon. Aufgabe der Formgestaltung in einem Betrieb muß es vielmehr sein, maschinen- und zeitgemäße Formen und Produkte zu entwickeln, wie das bereits in

Bild 9/12.
Entwurfsskizzen für Behältnisse aus Langholz mit wulstförmigen Randausbildungen (H. FLADE 1974)

den zwanziger Jahren unseres Jahrhunderts die Pioniere der Formgestaltung forderten. Nicht die Verdammung der Maschine ist der Ausweg aus dem Formenwirrwarr der Industrieprodukte unserer Zeit, auch nicht die Nachahmung handwerklicher Formen durch die Maschine, sondern die Schaffung einer industriegerechten Formensprache, die gleichzeitig Formensprache unserer Zeit sein wird.

Das Handwerk hat dagegen stärker individuellkünstlerische Aufgaben zu bewältigen. An derartigen Aufgaben wird es auch in Zukunft ebenso wenig mangeln, wie es nie an einem Massenbedarf hochwertiger Industrieprodukte fehlen wird.

Zur besseren Einschätzung eigener Gestaltungsleistungen sollen einige wichtige Kriterien zur Beurteilung hervorgehoben werden: Als erstes ist hierzu die Funktion des Gegenstandes zu nennen, die in die Prüfung einbezogen wird. Die profane Funktion ist an Gebrauchsgegenstände gebunden, an Gefäße, Möbel, Sportgeräte u. dgl. Hier ist der Inhalt der unmittelbare Nutzwert des Gegenstandes. Bei diesen praktischen Gebrauchsgeräten ist die profane Funktion aber nicht losgelöst von ästhetischen Werten vorhanden. Im Gegenteil, ein gut funktionierender Gegenstand ist durch seine Funktionstüchtigkeit meist zugleich, aber nicht automatisch auch schön. Diesem Gebrauchsgegenstand gegenüber kann man sich deshalb in zweierlei Arten verhalten: Entweder man nimmt ihn in Gebrauch für den Zweck, für den er bestimmt ist. In diesem Falle wird man die Zweckdienlichkeit des Gegenstandes in unmittelbarer Weise empfinden, und die Form tritt in den Hintergrund der Aufmerksamkeit. Man kann diesen Gegenstand aber auch als Form und Erscheinung, unabhängig vom unmittelbaren, direkten und festgelegten Gebrauch, empfinden. Man wird in diesem Falle das Erzeugnis von allen Seiten betrachten und die verselbständigte ästhetische Erscheinung »genießen«. Diese dabei auftretenden Empfindungen sind die Empfindungen der »Schönheit« eines Objektes.

Neben diesen praktischen Gebrauchsgeräten gibt es aber auch Werkstücke mit überwiegend geistigem Gehalt, die »nur« zum Schmuck da sind oder Objekte mit höherem philosophischen Gehalt sein wollen. Bei diesen reinen Schmuckgegenständen wird die Wirkung der Form, der Oberfläche, der Farbe usw. zur unmittelbaren und ausschließlichen Funktion. Bei derartigen Erzeugnissen erwartet der Betrachter aber von vornherein keinen anderen Inhalt, keine Nutzfunktion.

In der »angewandten Kunst« herrschen jedoch Gebrauchszweck und stoffliche Qualität als bestimmende Faktoren gegenüber dem geistigen Gehalt der Dinge vor. Bei einer Umkehrung dieser Wertigkeit kommt es meist zu einem Ästhetizismus ohne Sinn, der schließlich dahin führt, daß man, wie Julius Meier-Graefe in »Stil und Geschmack« sagt, *»es nicht wagt, sich auf einen Stuhl zu setzen aus Furcht, auf einem erlauchten Gedanken Platz zu nehmen,«* [98].

All diese Überlegungen dienen zur Einschätzung der mit der Funktion in Zusammenhang stehenden Faktoren der Schönheit eines Gegenstandes – die rein praktischen Dinge des Funktionierens als selbstverständlich vorausgesetzt. Wilhelm Wagenfeld schreibt in diesem Zusammenhang: *»Darum ist auch eine Kanne erst dann vollkommen zweckmäßig, wenn sie nicht allein gut gießt, den Deckel hält und sicher steht, sich leicht reinigen läßt und bequem zu handhaben ist. Hierüber hinaus müssen die Vorzüge einen schönen Gebrauch hervorrufen, damit wir den Händen, welche uns den Tee einschenken, gern zusehen, die nicht angestrengt das Gefäß halten, und das Hantieren deshalb selbstverständlich und leicht sein kann.«* [98].

Ebenso bedeutungsvolle Wertungskriterien sind mit den Begriffen Materialgerechtheit und Werktreue umschrieben. Henri van de Velde benannte bereits die von Gottfried Semper anerkannten Elemente der Schönheit »Materialwesen und menschlicher Zweck«. Danach besteht die Schönheit der Dinge darin, daß sie *»nach der Logik der Vernunft, nach den Prinzipien des vernünftigen Seins der Dinge und nach den genauen, notwendigen und natürlichen Gesetzen des dazu verwandten Materials hergestellt wurden«*. [98].

Über das Material Holz wurde in diesem Buch bereits einiges ausgeführt. Hat der Kunsthandwerker das Wesen seines Werkstoffes in sich aufgenommen und handelt er im gestaltenden und formenden Umgang mit ihm nach diesen Wesenseigenheiten, wird er kaum Fehler machen, wird er wie von allein materialgerecht formen und gestalten. Er hat dann einen so feinsinnigen Blick und ein so feinnerviges Gefühl für den Werkstoff, daß es ihm nicht schwerfällt, das rechte Maß an materialgerechter Formensprache zu finden. Hierbei werden auch weniger Fehler gemacht, als das bei anderen Gestaltungsmerkmalen der Fall ist. Trotzdem gibt es alte und neue Formen, die dem Holzkenner und -liebhaber »seelische Pein«

Formenvielfalt

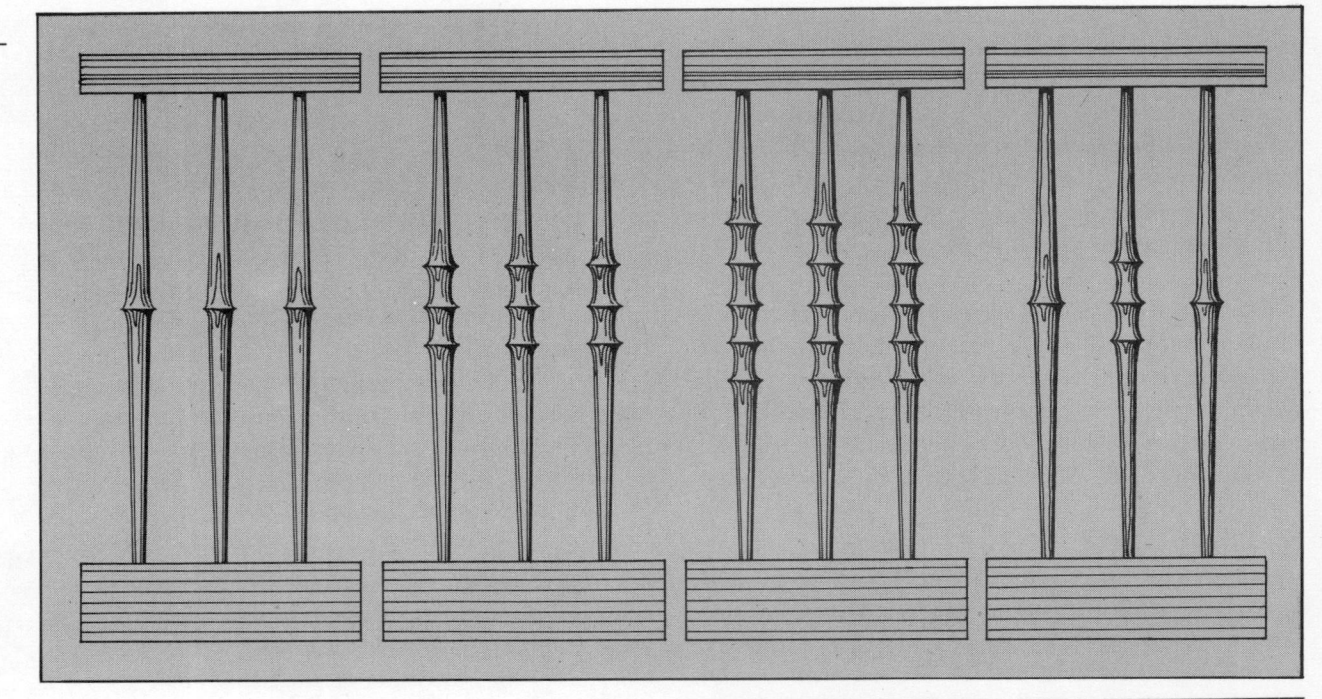

Bilder 9/13 bis 9/16.
Entwürfe für Gitter und
Geländer (R. BENEDIX,
Leipzig)

bereiten, weil sie eine Vergewaltigung der Wesensart des Holzes darstellen. Dabei kann das Ausspielen von Grenzwerten wie bei allen gestalterischen Möglichkeiten durchaus ein Mittel spannungsvollen Gestaltens sein. Zu diesem »Ausspielen« gehört z. B. das weite Gebiet der »gewundenen Säulen«. Diese können vollkommen materialwidrig sein, jedoch auch als spannungsvoller Grenzwert des Materialgerechten zu guten Formlösungen führen.

Die Holzarten spielen in diesem Komplex der Bewertung eine ganz besondere Rolle. Holz ist nicht gleich Holz, und deshalb ist der Komplex der materialgerechten Gestaltung nicht global an einigen wenigen Formbeispielen, sondern sehr differenziert nach Holzarten zu betrachten. Aber auch das gehört zu der erwähnten Identifikation des gestaltenden Handwerkers mit seinem Werkstoff.

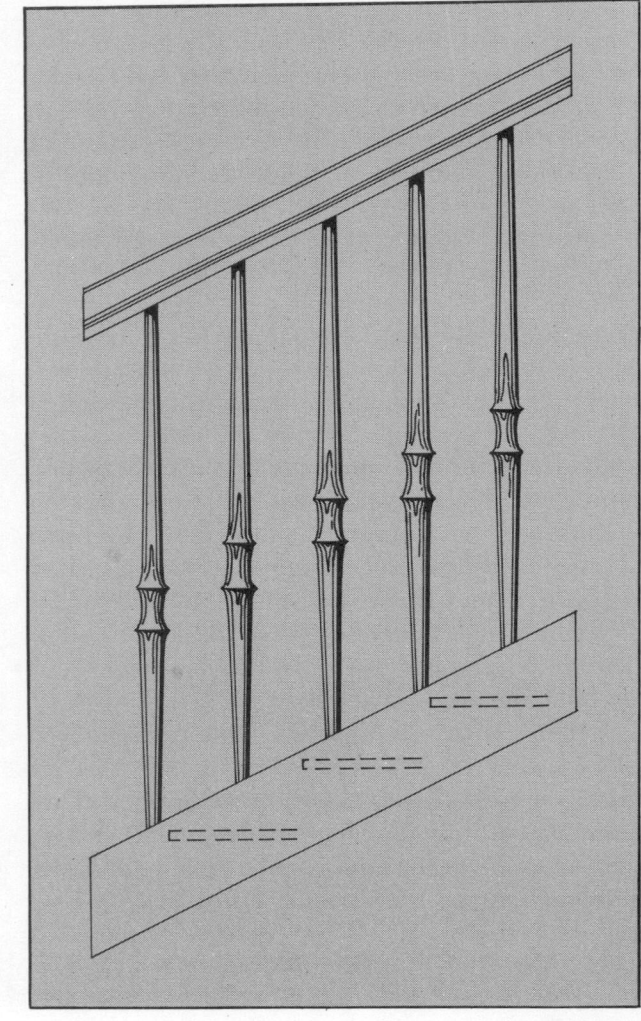

Ähnlich verhält es sich mit der werkgerechten Gestaltung, mit der werkgerechten Formung eines Werkstückes. Auch hier gibt es vielfältige Möglichkeiten für die Drechselform, die nicht allein an der Drechselbank ihre Endform erhalten muß, wie das bereits im technischen Teil beschrieben wurde. Die sich weiterentwickelnde Technik wird diese Formungsmöglichkeiten laufend erweitern. Eine Einengung auf althergebrachte Bearbeitungsmöglichkeiten und sich daraus ergebende Formen wäre aber ebenso falsch wie ein gefühlsloses Ausufern. Die Drechselform ist in der Grundanlage so schön, daß ein bedenkenloses Weiterverformen in den meisten Fällen zu einer unästhetischen Verstümmlung führt. Für den Drechsler ist die Erkenntnis besonders wichtig, daß sich alle seine Formen auf die Grundwerkzeuge seines Handwerks beziehen müssen, wenn gedankliche und formale Klarheit in der Formfindung entstehen soll. Hier schließt sich nämlich auch wieder der Kreis zu der eingangs gegebenen Empfehlung, die Formfindung vorrangig auf die geometrischen Grundformen zu konzentrieren. Mit dem Grundwerkzeug *Meißel* läßt sich in höchster handwerklicher Disziplin neben Zylinder und Kugel die *positive Krümmung* (Stab und Kugel) und mit der *Formröhre* die *negative Krümmung* (Kehle) herstellen. Ein Drechsler, der beide Grundformen exzellent beherrscht, versteht sein Handwerk und hat die besten Voraussetzungen für gute Formfindung.

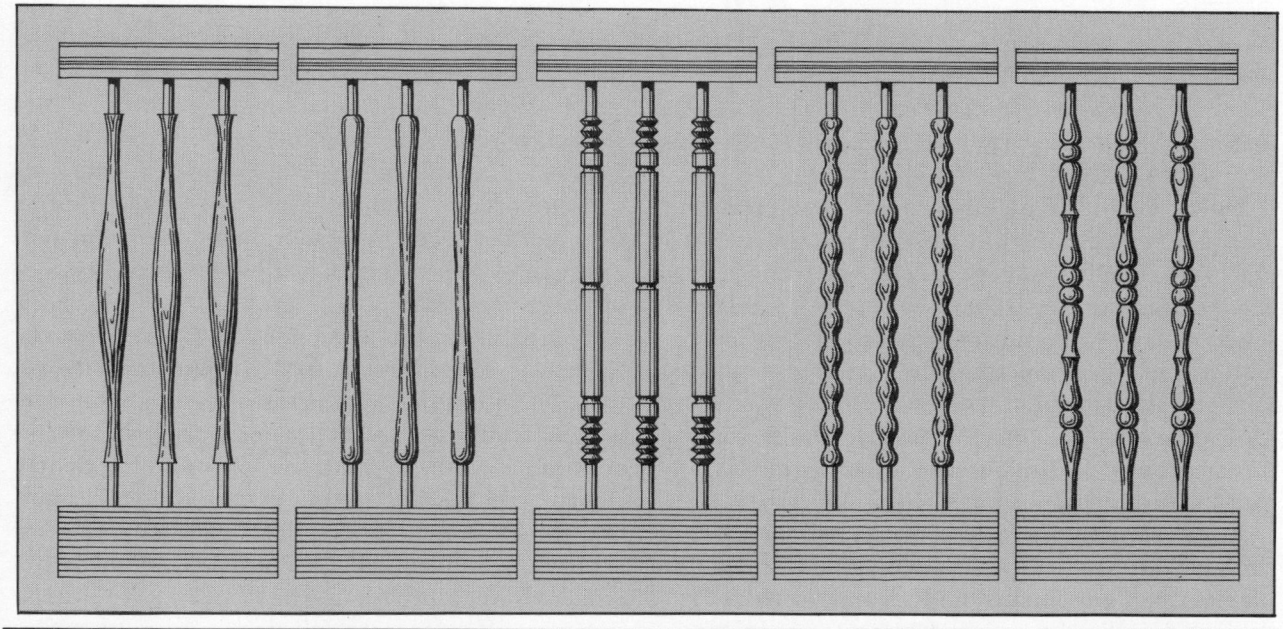

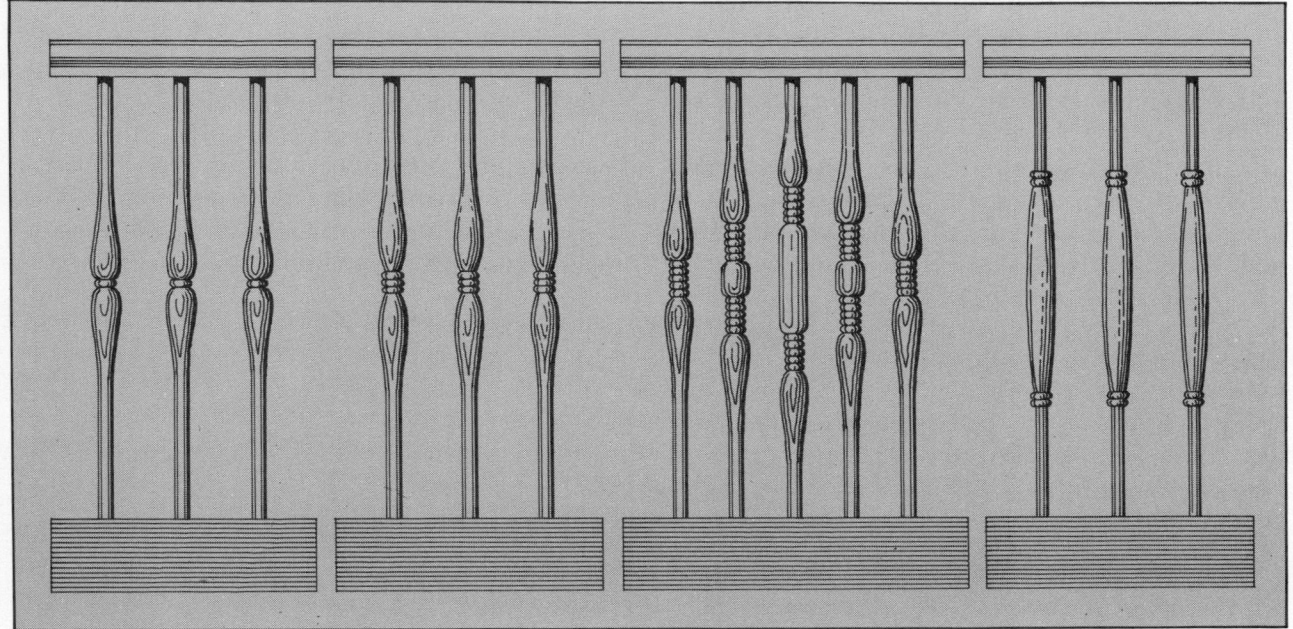

Nicht umsonst gehörte die »barocke Säule« mit ihren vielfältigen Kombinationen von kreisbogenförmigen Stäben und Kehlen lange Zeit zu den Prüfungsstücken für Dechslergesellen, wie auch das Herstellen einer Kugel, die als Körperform nicht die geringste Abweichung duldet. Im Bewußtsein dieser Grundprinzipien des Drechselns werden immer werkgerechte, schöne Formen entstehen. Eine Abwandlung der Kreisbogenform in elliptische oder Parabelformen ist meist viel leichter als die strenge Disziplinierung auf die Zirkelform. Die Gefahr des Abgleitens in unästhetische Lösungen ist dabei jedoch sehr groß. Trotzdem soll der ästhetische Reiz z. B. einer »Diskusform« nicht in Abrede gestellt werden.

REDECKER schreibt hierzu: »*Der Künstler verlegt sein Bewußtsein in den Schwerpunkt des Schaffens, in die werkgerechte Behandlung des Materials und die Befolgung der Summe mechanischer Zwecke, und das Übrige wird sich von selbst ergeben. Man darf nicht dem Denken überantworten, was dem Gefühl und der Empfindung gehört, wenn es wieder Gefühl werden soll und das Ganze zu durchdringen bestimmt ist. Alles Denken bleibt ästhetisch fruchtlos, wenn es nicht zur sinnlichen Erscheinung wird.*« [98].

Diese Grundeinstellung zur Formgestaltung wurde bereits damit zum Ausdruck gebracht, daß der Wert einzelner sogenannter Gestaltungsgesetze als sekundär eingeschätzt wurde. An künstlerischen Ausbildungsstätten werden natürlich gestalterische Gesetzmäßigkeiten gelehrt, in der formgestalterischen Praxis sind diese jedoch ins Unterbewußtsein zurückgedrängt. Dafür kommt das geschulte Gefühl um so mehr zum Tragen und bestimmt die formgestalterische Arbeit.

Ein wesentlicher Gesichtspunkt bei der Bewertung gestalterischer Leistungen ist wohl über das bereits Erwähnte hinaus die Problematik der »Tradition«, der Tradition von Formen, von Inhalten und von Technologien. Kenntnisse über die Tradition ergeben Erkenntnisse für das Gegenwartsschaffen und tragen zum Verstehen mancher Produktformen aus Vergangenheit und Gegenwart bei. Der Umgang mit der Tradition ist deshalb nicht nur für den schöpferisch Tätigen von Bedeutung, sondern sollte zur Allgemeinbildung gehören. RICARDA HUCH schrieb zur Tradition: »*Tradition ist die gesiebte Vernunft des gesamten Volkes, sie trägt die Seele, den Grundwillen des Volkes von einem Jahrhundert in das andere.*«[84]. In dieser Weise wird auch Antwort gegeben auf die oft gestellte Frage im Gegenwartsschaffen nach der »Arbeit in einem Stil.« Prof. MICHEL schrieb dazu: »*Stil ist gut, wenn er echt ist und schlecht, wenn er nachgeahmt ist. Wenn Zweck, Form und Zeit eine Einheit bilden, hat jedes Stück Stil.*« [84].

Traditionelle Dinge sind aber für den Erkenntnisprozeß wichtig, wie die Erkenntnisse aus der Geschichte für das heutige Leben von Bedeutung sind.

»Ewige Formen« sollten originalgetreu übernommen und weiter genutzt werden, weil diese nicht einen überholten Zeitgeist tragen, sondern den heutigen Lebensauffassungen genau so nahestehen, wie sie den Gebrauchsgewohnheiten und Lebensauffassungen zurückliegender Generationen entsprochen haben. Ein Transponieren alter Formauffassungen und Gebrauchswerte in unsere Zeit aus romantischen Erwägungen heraus ist jedoch zu verwerfen.

Wenn in diesem Kapitel von Gestaltung die Rede war, so ist damit sowohl die kunsthandwerkliche Formfindung von Gebrauchs- und Schmuckgegenständen als auch die industrielle Formgestaltung gemeint. Gestaltung ist ein multivalenter Begriff, der die Gestaltung des Produktes als solche wie auch den Prozeß des Gestaltens mit einschließt. Gestaltung umfaßt deshalb sowohl ästhetische als auch pragmatische Aspekte. Wichtig ist dabei die Erkenntnis, daß der unmittelbare Gestaltungsvorgang selbst sowohl praktische als auch soziale und philosophische Momente einschließt, mag der Gestaltende das wahrhaben wollen oder nicht. Geht er jedoch im Bewußtsein der Wirkung und Verantwortung für sein Schaffen vor, wird es ihm möglich sein, bedeutendere Werke zu schaffen, als das in Unkenntnis der Zusammenhänge möglich ist (Bilder 9/12 bis 9/16).

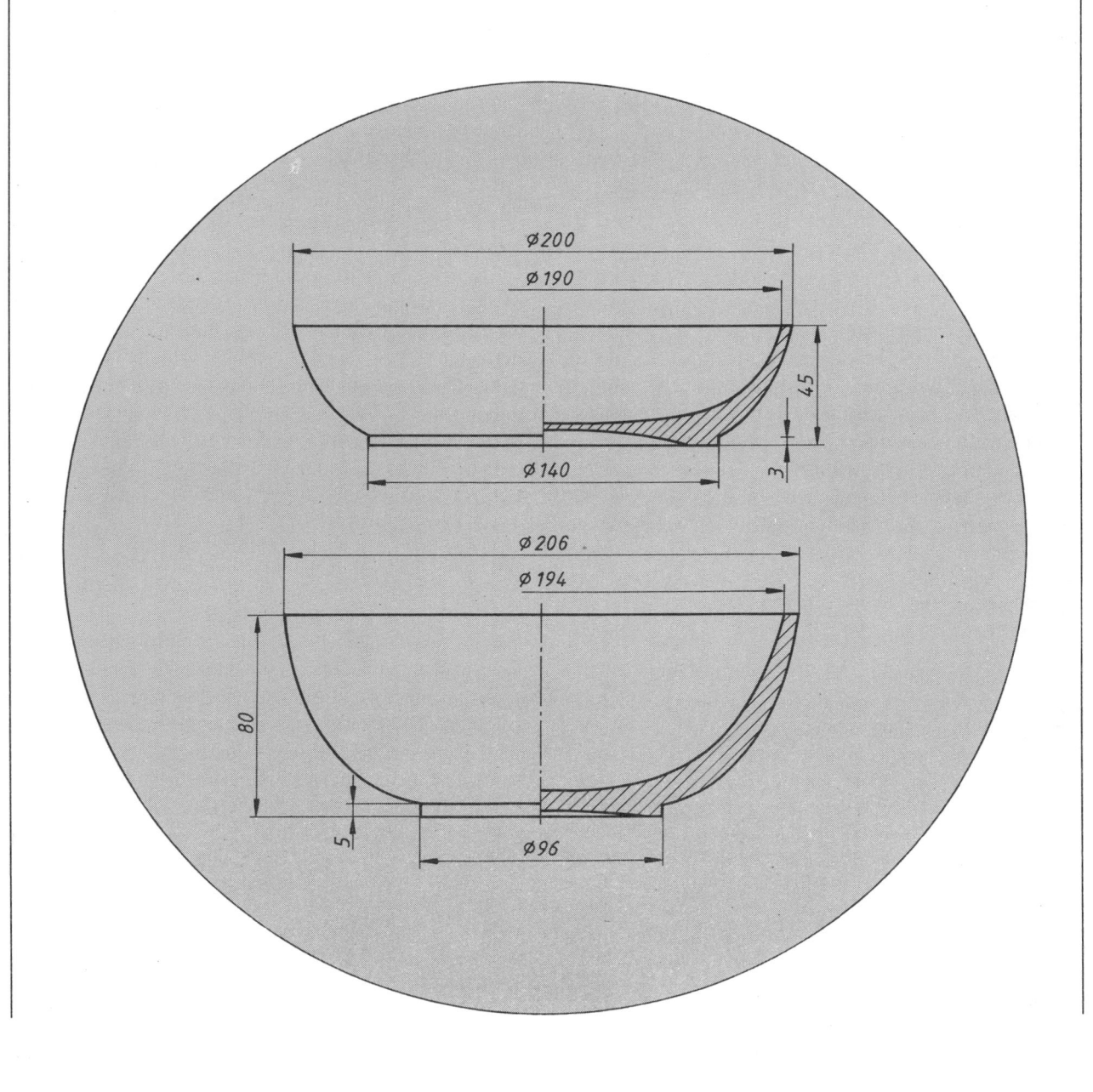

Technisches Zeichnen

10

Bild 10/1.
Darstellung eines Körpers in sechs Ansichten
a) Ansicht von unten,
b) Ansicht von rechts,
c) Ansicht von vorn,
d) Ansicht von links,
e) Ansicht von hinten,
f) Ansicht von oben

MIT DEM ANFERTIGEN VON ZEICHNUNgen soll die Vorstellung von einem Gegenstand optisch sichtbar gemacht werden. Das ist für den Entwerfer einer Form notwendig, um die gedanklich entwickelte Formgestalt auf dem Papier für sich selbst anschaulich zu machen. Auf diese Weise kann die Form kontrolliert und »ausgefeilt« werden, bis sie in den eigentlichen Werkstoff Holz umgesetzt wird. Die Zeichnung dient aber vor allem der bildhaften Verständigung der Menschen untereinander, weil mit Worten eine Form nur sehr ungenau und mehrdeutig beschrieben werden kann. Für die Stufe des Entwerfens und des Sich-Verständlich-Machens genügt die Freihandzeichnung (Skizze, Schaubild). Sie wird in der Regel als räumliche (dreidimensional – illusionistische) Darstellung angelegt und erfordert ein gutes Vorstellungsvermögen und eine »lockere Hand« mit großer zeichnerischer Übung. Zum Erreichen einer hohen Fertigkeit im Skizzieren ist ein langes und immer wieder geübtes Naturstudium notwendig. Mit diesem Naturstudium wird das richtige Sehen, das optische und gedankliche »Begreifen« der Formen geübt und die Hand für das mechanische Umsetzen des von den Augen Umschlossenen gelockert. Bei diesem zeichnerischen Üben sollten die Linien immer durchgehend ohne Unterbrechungen gezogen werden. Das von Anfängern oft praktizierte kurzlinige »Stricheln« von Linienführungen, vor allem von Rundungen, führt zur Verkrampfung der Hand und zu ebenso verkrampft wirkenden Zeichnungen. Das »Skizzieren« einer Form oder eines Gegenstandes genügt zur Darstellung einer Vorstellung in den Fällen, in denen der Drechsler für sich selbst einen einfachen Gegenstand herstellen oder einen Prototyp als Muster anfertigen will. Zur exakten und zweifelsfreien Darstellung eines Gegenstandes ist das Anfertigen einer technischen Zeichnung mit Hilfe von Zeichengeräten in maßstabgetreuer Form notwendig. Sie ist vor allem dann erforderlich, wenn ein entworfener Gegenstand von einem anderen oder gar in Serie hergestellt werden soll.

Voraussetzung für das Anfertigen von technischen Zeichnungen ist das Beherrschen der Zeichengeräte und die Fähigkeit, geometrische Grundkonstruktionen anzuwenden (zeichnerische Teilung von Strecken, Winkel und Kreis; Ermitteln des Kreismittelpunktes; Konstruktion von Ovalen, Bogenformen, Vielecken u. dgl.). Ebenso sind Kenntnisse über die zeichnerische Darstellung von Körpern und Körperschnitten notwendig. Da diese Dinge zum Lehrstoff der allgemeinbildenden polytechnischen Oberschulen gehören, kann in dieser Veröffentlichung darauf aufgebaut werden. Es sollen hier lediglich die Besonderheiten der Anfertigung von technischen Zeichnungen für den Drechsler erläutert werden. Prinzipiell muß jedoch bekannt sein, daß für die »Drechslerzeichnung« die gleichen Normen und begrifflichen Festlegungen gelten, wie sie für das Anfertigen von technischen Zeichnungen generell und für die Holzindustrie im speziellen genormt wurden. Alle Zeichnungsbestandteile sind in den Standard-Normblättern fixiert.

Zum Verdeutlichen der nachfolgenden Ausführungen sollen aus diesen Normblättern einige wichtige Begriffsdefinitionen hervorgehoben werden:

Werkzeichnungen (auch Werkstattzeichnung genannt) sind Zeichnungen für die Fertigung und Montage in der Werkstatt. Im Gegensatz dazu stehen die Skizzen, Entwurfszeichnungen, Angebotszeichnungen u. dgl. Die Werkzeichnung stellt einen Oberbegriff für verschiedene Zeichnungsarten dar, die jede ihre spezielle Funktion hat und deren Anfertigung von der Art des Werkstückes abhängig ist. Hierzu gehören:

Die *Gesamtzeichnung*, sie ist eine technische Zeichnung, aus der hervorgeht, wie ein Fertigerzeugnis aus Einzelteilen zusammengesetzt ist. Sie enthält: Darstellung des Fertigerzeugnisses, in den notwendigen Ansichten und Schnitten, Zusammenbaumaße und Einzelmaße für Einzelteile, Fertigungshinweise in Worten und Symbolen (Sinnbildern). Gesamtzeichnungen werden nur verwendet, wenn keine Zusammenbau-, Gruppen-, Untergruppen- und Einzelteilzeichnungen notwendig sind.

Die *Zusammenbauzeichnung* ist eine Zeichnung, aus der hervorgeht, wie ein Fertigungserzeugnis aus einer Anzahl einzelner Baugruppen und Ein-

allelprojektion). Bei komplizierten Formen kann eine vierte, fünfte und sechste notwendig werden. Diese Ansichten werden wie in Bild 10/1 dargestellt, angeordnet. Für rotationssymmetrische Formen genügt jedoch oft die Darstellung in zwei Ansichten. Dabei werden diese beiden meist sogar in einer Ansicht miteinander vereinigt (Bild 10/2). Grundprinzip bei der Anfertigung von technischen Zeichnungen ist, daß nicht mehr Ansichten gezeichnet werden, als zur eindeutigen Darstellung des jeweiligen Körpers erforderlich sind. Ein weiterer Grundsatz ist, daß die darzustellenden Teile jeweils in ihrer Fertigungslage gezeichnet werden. Das trifft beim Drechsler jedoch nur für Langholz-Drechselformen zu. Querholzformen werden dagegen in ihrer Benutzungsstellung gezeichnet.

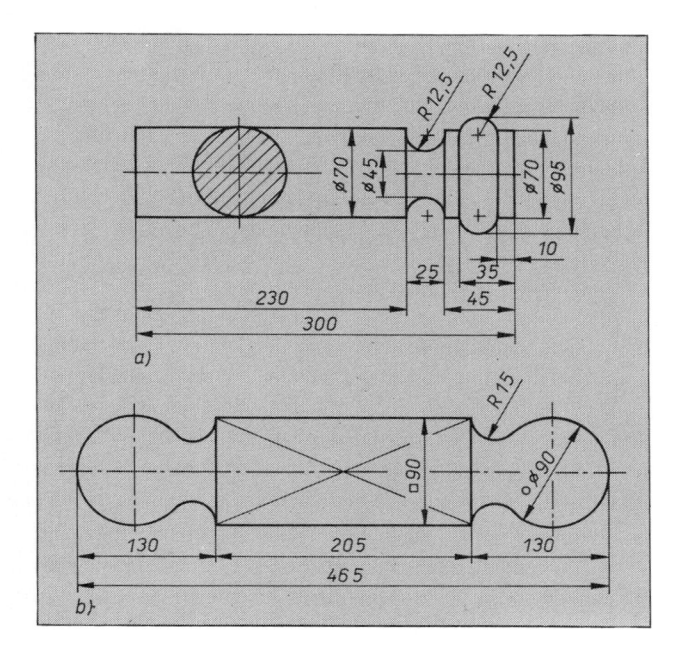

Für die Darstellung von Hohlformen ist die Zeichnung eines Schnittes erforderlich. Der Drechsler hält sich bei der Anfertigung von Zeichnungen an das Vereinfachungsprinzip und zeichnet den Schnitt in die Ansichtsseite ein. Dabei verfährt er nach der einheitlichen Form, daß jeweils die linke Seite in der Ansicht, die rechte im Schnitt dargestellt wird (Bilder 10/3, 10/4, 10/5). Für bestimmte Formen kann es erforderlich werden, zur kombinierten Ansichts-/Schnitt-Zeichnung eine halbe oder ganze Draufsicht hin-

Bild 10/2. Darstellung von rotationssymmetrischen Körpern (Drechselformen) – Langholzdrechselerzeugnisse a) Drechselform mit eingezeichnetem kreisrundem Querschnitt, b) Drechselform, die in der Mitte einen quadratischen Querschnitt beibehalten hat

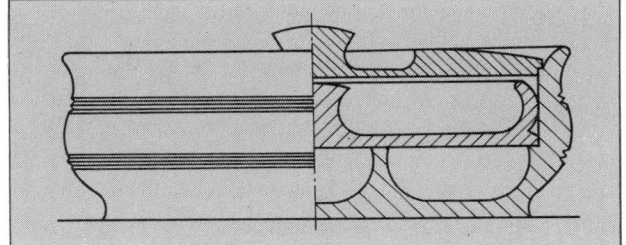

Bild 10/3. Werkzeichnung einer Schmuckdose ohne Maßeintragungen

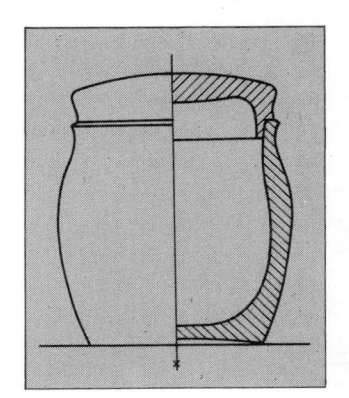

Bild 10/4. Werkzeichnung einer Büchse mit Deckel ohne Maßeintragungen

Bild 10/5. Werkzeichnung einer Arbeitsprobe für die Meisterprüfung

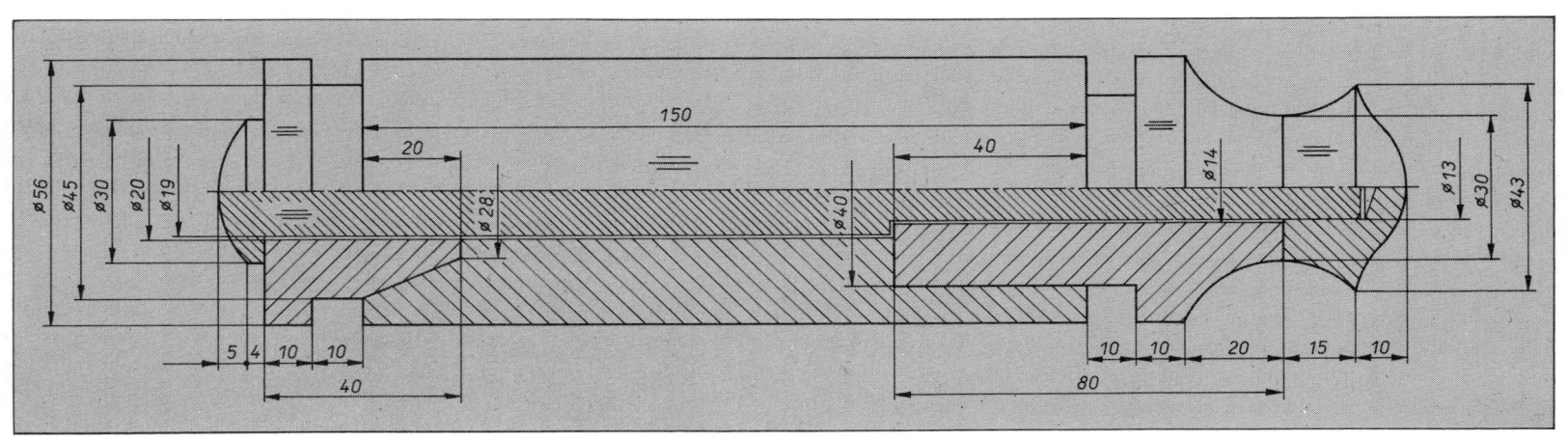

zelteile zusammengesetzt ist. Sie enthält: Darstellung des Fertigerzeugnisses in den notwendigen Ansichten und Schnitten; Hinweise auf die Zugehörigkeit der Gruppen- und Einzelteilzeichnungen, Zusammenbaumaße und Einzelmaße für Einzelteile, die nur in der Zusammenbauzeichnung dargestellt sind, Fertigungshinweise in Worten und Symbolen (Sinnbildern).

Die *Teilzeichnung* dient der Darstellung eines Einzelteiles und enthält Maßangaben und alle weiteren Hinweise, die zur eindeutigen Herstellung des jeweiligen Teiles erforderlich sind. Die *Gruppenzeichnung* veranschaulicht die Zusammenfassung von zwei oder mehreren Einzelteilen zu einer Baueinheit.

Zur genauen Darstellung eines Körpers auf der Fläche sind mindestens drei Ansichten (drei Dimensionen) erforderlich, die zeichnerisch miteinander in Verbindung stehen (rechtwinklige Par-

Technisches Zeichnen

zuzufügen, die unter die Hauptansicht gesetzt wird. Das wird immer dann der Fall sein, wenn aus der Hauptansicht und der Schnittdarstellung die Form oder einzelne Details nicht eindeutig abzulesen sind.

In besonderen Fällen kann ein Detail auch durch das Herauszeichnen einer »Einzelheit« verdeutlicht werden. Diese Einzelheit wird in der Gesamtzeichnung mit einem Kreis oder als Strich-Punkt-Linie und mit Pfeilen markiert und neben dieser in einem größeren Maßstab dargestellt. Die Kennzeichnung dieser Einzelheiten erfolgt mit Großbuchstaben vom Ende des Alphabetes (Bilder 10/6, 10/7).

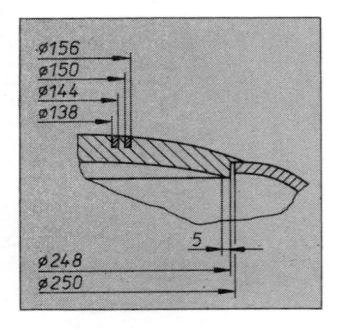

Besteht ein Gegenstand aus mehreren Teilen, so kann die technische Zeichnung als Zusammenbauzeichnung angefertigt werden. Dabei ist es gleich, ob die einzelnen Teile fest miteinander verbunden oder nur lose zusammengefügt werden sollen. Die einzelnen Teile erhalten jeweils Bauteilnummern, die in einer gesonderten Liste beschrieben werden. Für die Serienfertigung ist es unerläßlich, daß neben der Zusammenbauzeichnung auch Gruppen- und Einzelteilzeichnungen angefertigt werden.

Bei allen Schnittdarstellungen müssen die geschnittenen Flächen im Winkel von 45° schraffiert werden. Der Verlauf der Holzfaser bleibt dabei unberücksichtigt. Stoßen zwei Werkteile zusammen, wird die Schraffierungsrichtung um 90° gewechselt (Bilder 10/8, 10/9).

Von besonderer Bedeutung bei der zeichnerischen Abbildung von Werkstücken ist neben der eindeutigen Formdarstellung die übersichtliche und zweifelsfreie Eintragung der Maße. Hierfür gelten einige wichtige Grundsätze:

1. Die Maße sind sinngemäß der Folge und dem Charakter der einzelnen Arbeitsgänge anzupassen. Dazu wird von einer Bezugskante ausgegangen, die meist mit der Bearbeitungsseite identisch ist. Von dieser Seite aus werden im Fertigungsprozeß in der Regel auch die Reißleh-

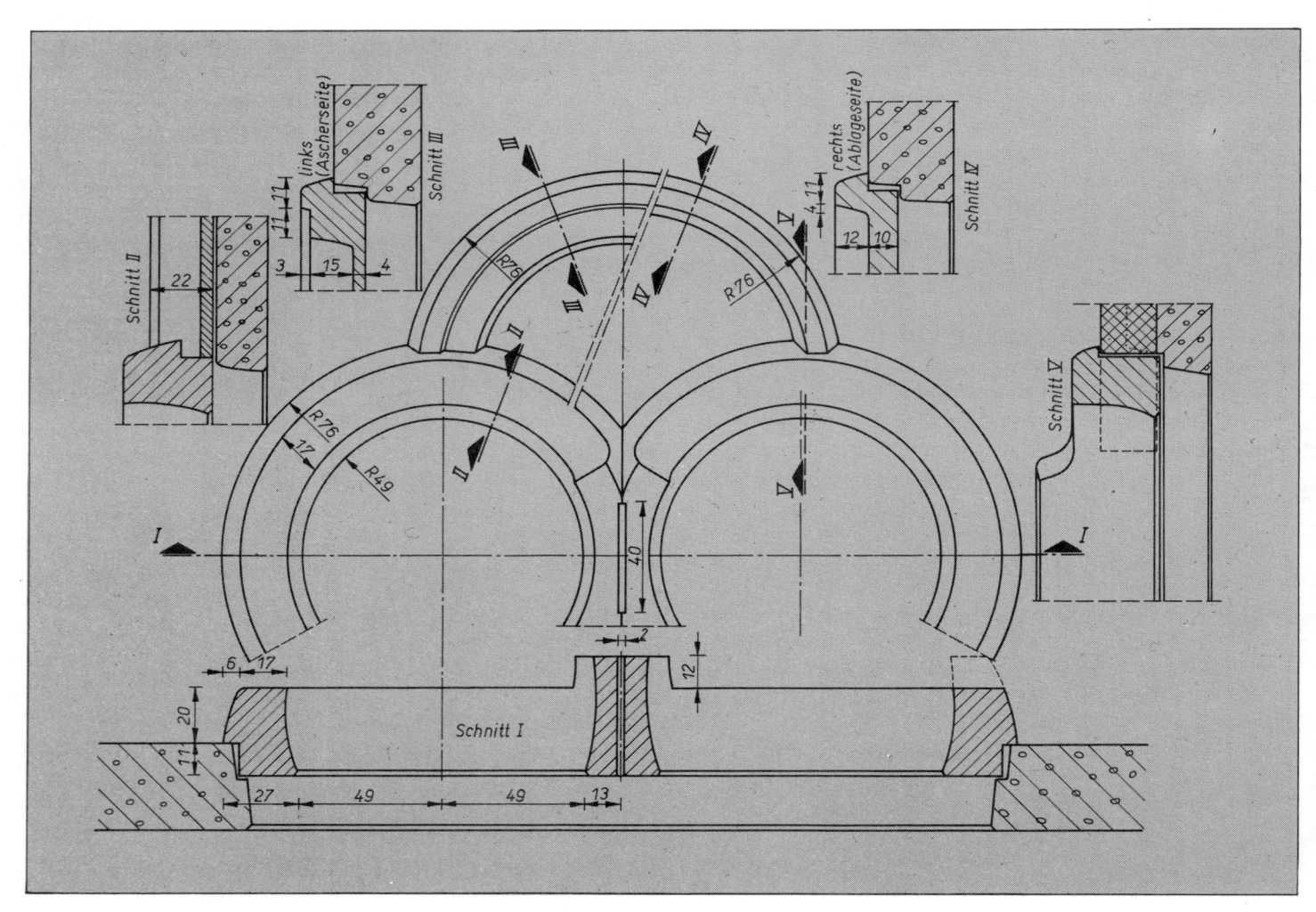

Bild 10/6. Darstellung einer herausgezeichneten »Einzelheit«

Zusammenbauzeichnungen

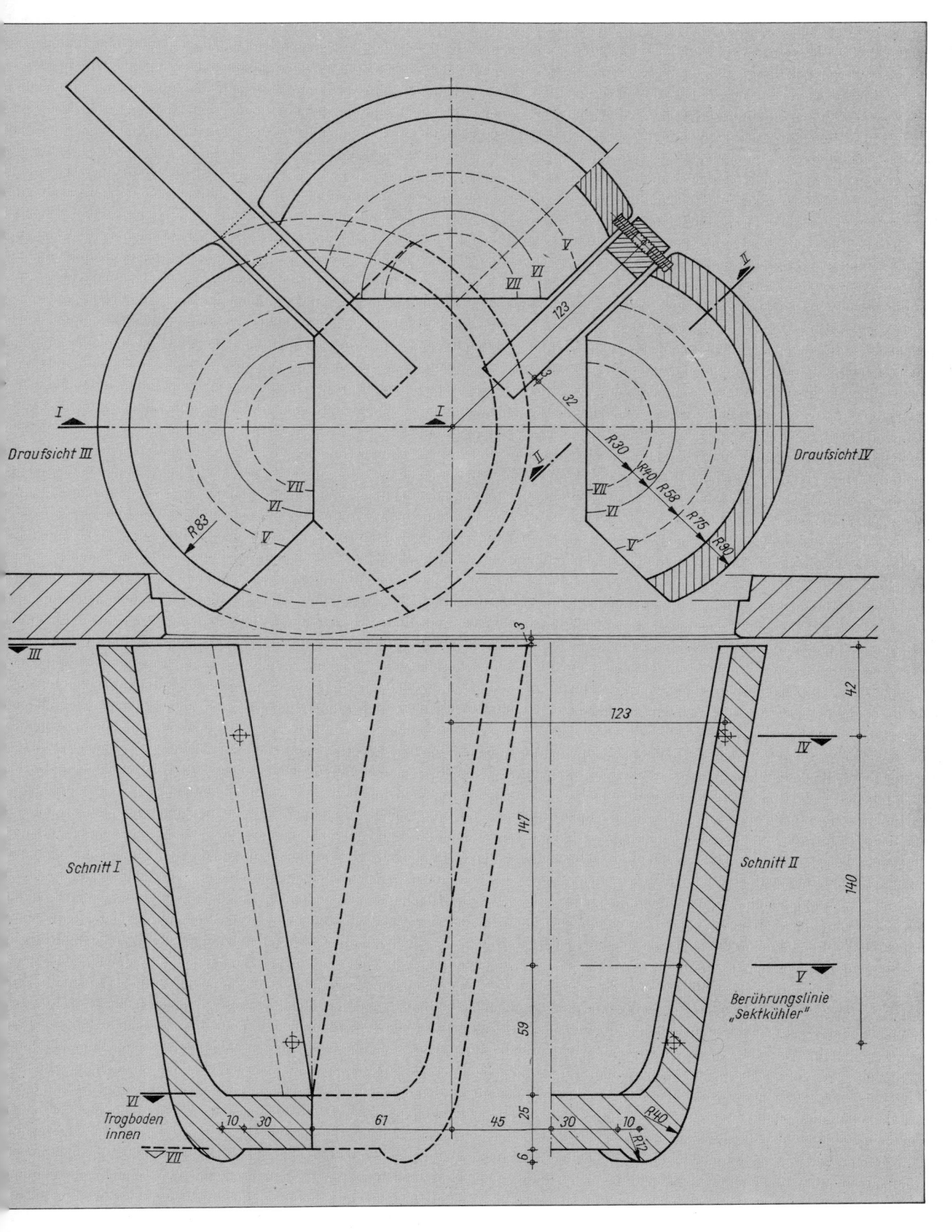

Bild 10/7. Zeichnungssatz von zusammengesetzten gedrechselten Einbauteilen zu runden Tischen mit Steinplatte (Fa. WEBER) (Friedrichstadtpalast Berlin, »Kleine Revue«)
a) Tischkranz
Zwei »Ohren«: Ahorn, dunkelbraun gebeizt, versiegelt; Querschnitt analog Doppelringe, jedoch auf 22 mm abgeflacht; 1. »Ohr« für Ascher: geschlossener Boden, etwa 4 mm; 2. »Ohr« für Diverses: geschlossener Boden, etwa 10 mm
Zwei Doppelringe: Aus je zwei Teilen gefügt; Ahorn, dunkelbraun gebeizt, versiegelt; Ausnehmungen 22 mm hoch, 6 mm tief für die »Ohren«; Kreissegment etwa 60° um 12 mm höhergezogen; Schlitz 2 mm × 40 mm an der abgeflachten Berührungsfläche der zwei Ringe durchgehend
b) Trog-Drehteil, Variante B: 4 Halbschalen

238
Technisches Zeichnen

Bild 10/8.
Ausführung des Tisches zu Zeichnungssatz (vgl. Bild 10/7). (Entwurf W. ULBRICH, Berlin; Ausführung: Gebr. WEBER, Seiffen)
a) Gesamtansicht des Tisches,
b) Ringsegment von oben

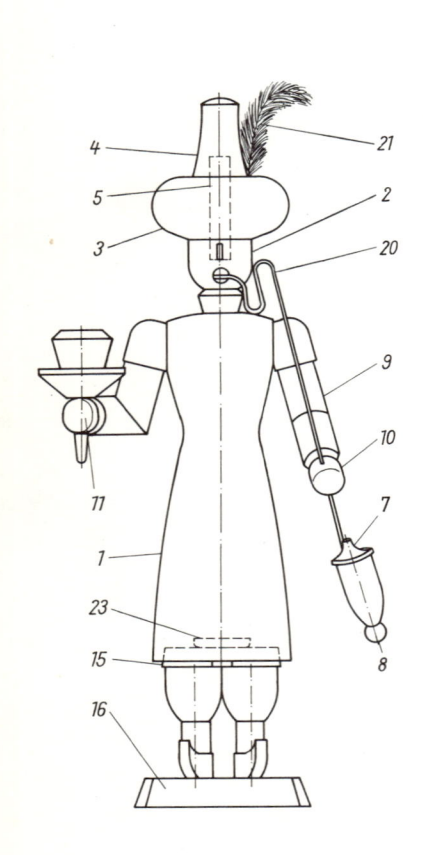

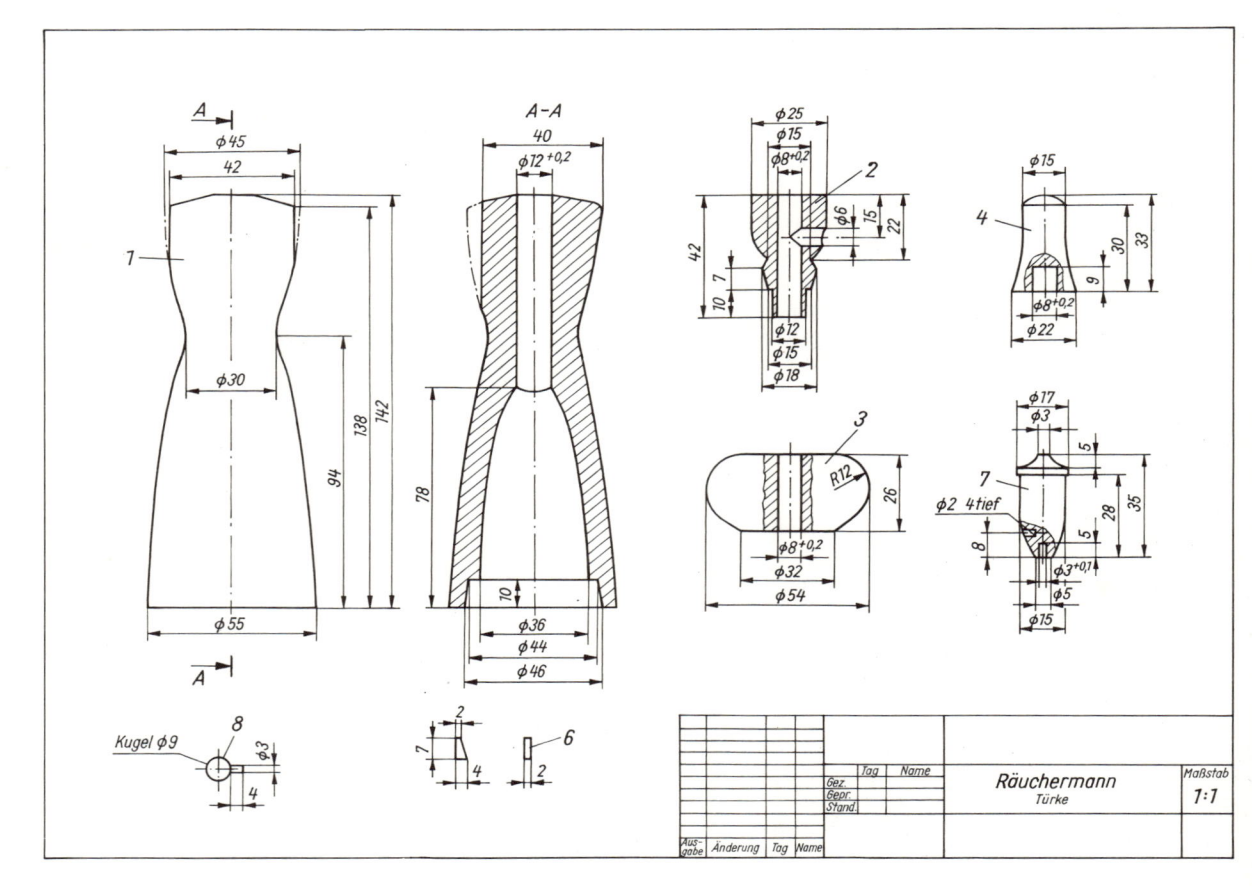

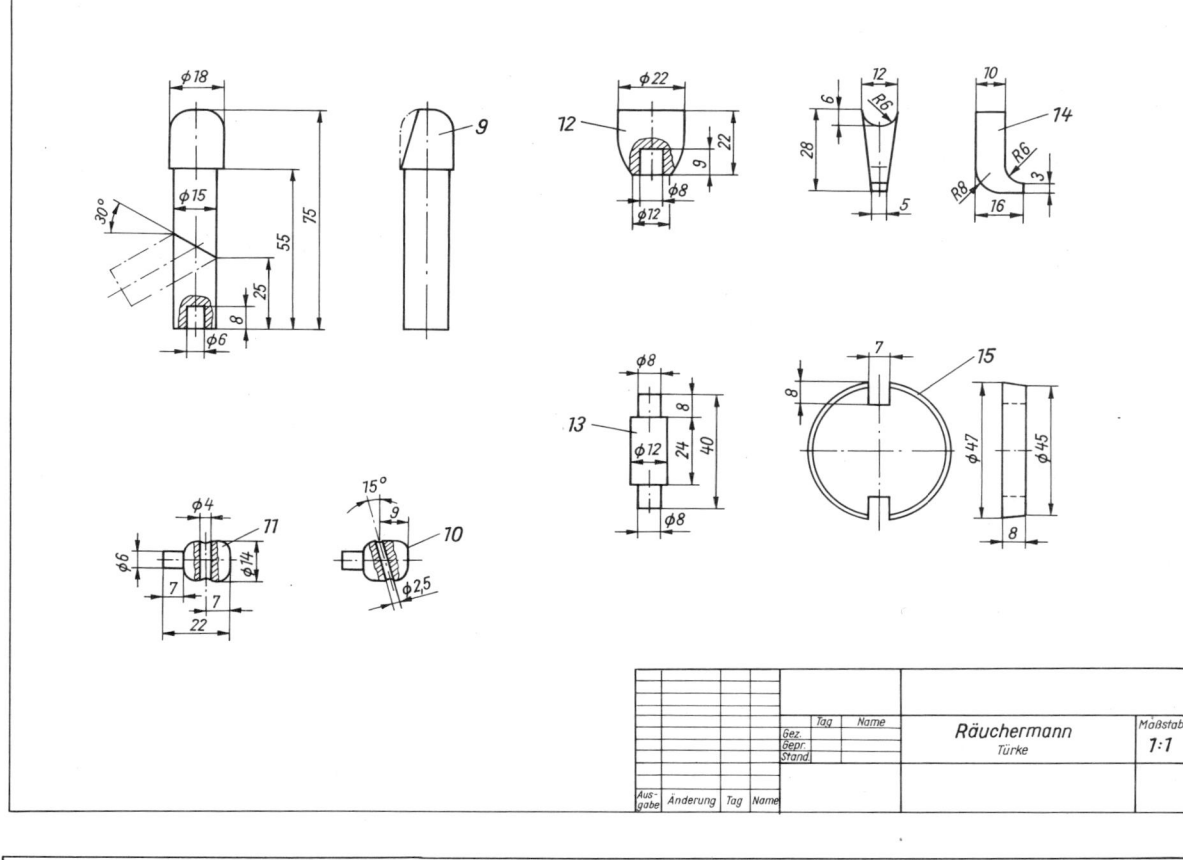

Bild 10/9.
Zeichnungssatz mit Detailzeichnungen, Zusammenbauzeichnung und Bauteilliste von einem Räuchermann (VERO Olbernhau)

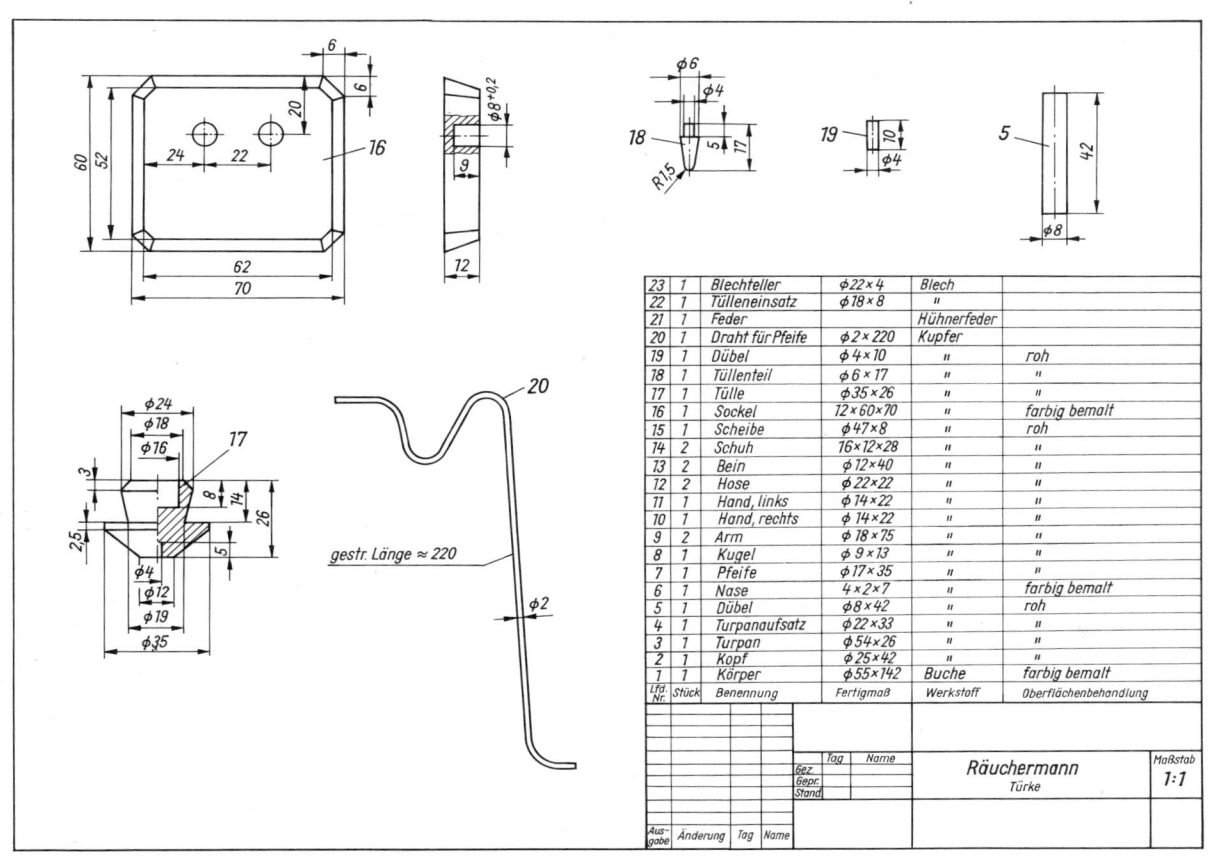

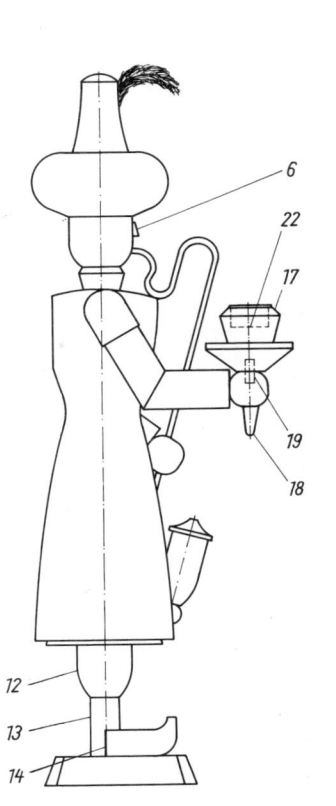

Lfd. Nr.	Stück	Benennung	Fertigmaß	Werkstoff	Oberflächenbehandlung
23	1	Blechteller	⌀22×4	Blech	
22	1	Tülleneinsatz	⌀18×8	"	
21	1	Feder		Hühnerfeder	
20	1	Draht für Pfeife	⌀2×220	Kupfer	
19	1	Dübel	⌀4×10	"	roh
18	1	Tüllenteil	⌀6×17	"	"
17	1	Tülle	⌀35×26	"	"
16	1	Sockel	12×60×70	"	farbig bemalt
15	1	Scheibe	⌀47×8	"	roh
14	2	Schuh	16×12×28	"	"
13	2	Bein	⌀12×40	"	"
12	2	Hose	⌀22×22	"	"
11	1	Hand, links	⌀14×22	"	"
10	1	Hand, rechts	⌀14×22	"	"
9	2	Arm	⌀18×75	"	"
8	1	Kugel	⌀9×13	"	"
7	1	Pfeife	⌀17×35	"	"
6	1	Nase	4×2×7	"	farbig bemalt
5	1	Dübel	⌀8×42	"	roh
4	1	Turpanaufsatz	⌀22×33	"	"
3	1	Turpan	⌀54×26	"	"
2	1	Kopf	⌀25×42	"	"
1	1	Körper	⌀55×142	Buche	farbig bemalt

Räuchermann Türke — Maßstab 1:1

Bild 10/10. Übersichtszeichnung von einer Eingangstür a) der Semper-Oper Dresden, auf denen gedrechselte Rosetten angebracht sind (Entwurf: SCHINKEL; Ausführung: Deutsche Werkstätten Dresden-Hellerau) und b) Detail der Rosette

ren und Vorrichtungen angelegt und die Maße angetragen.

2. In der Zeichnung sind die Fertigmaße eines Werkstückes anzugeben. Dabei ist der Fertigzustand ohne Berücksichtigung des Zeichnungsmaßstabes und ohne Oberflächenschutzbehandlung gemeint.

3. Jedes Maß darf nur einmal eingetragen werden. Nur Maße, die benötigt werden, sind einzutragen. Sie sollen dort zu finden sein, wo sie in der Zeichnung und bei der Fertigung naturgemäß gesucht werden. Zusammengehörige Maße werden nach Möglichkeit in einer Ansicht eingetragen.

4. Die Maße sind zwischen den Körperkanten anzugeben und möglichst vom eigentlichen Körper herauszuziehen.

5. Zur Bemaßung werden Maßhilfslinien, Maßlinien, Maßpfeile und Maßzahlen genutzt.

6. Die Zeichnung muß von unten oder von rechts gelesen werden können. Schriftangaben sind stets waagerecht zu schreiben. Die Stellung der Maßzahlen ist von der Richtung der Maßlinien abhängig. Die Maßzahlen sind auf die Maßlinien zu schreiben.

7. Maße ohne Benennung bedeuten Millimeter (mm). Bei Bruchteilen von Millimetern wird die Dezimalbruchschreibweise gewählt.

8. Die Maße sind so einzutragen, daß der Ausführende bei der Herstellung des gezeichneten Teiles nicht rechnen muß.

9. Bei der Bemaßung der Durchmesser von Drehteilen wird das bekannte Durchmesserzeichen ⌀ der Maßzahl in hochgestellter Form hin-

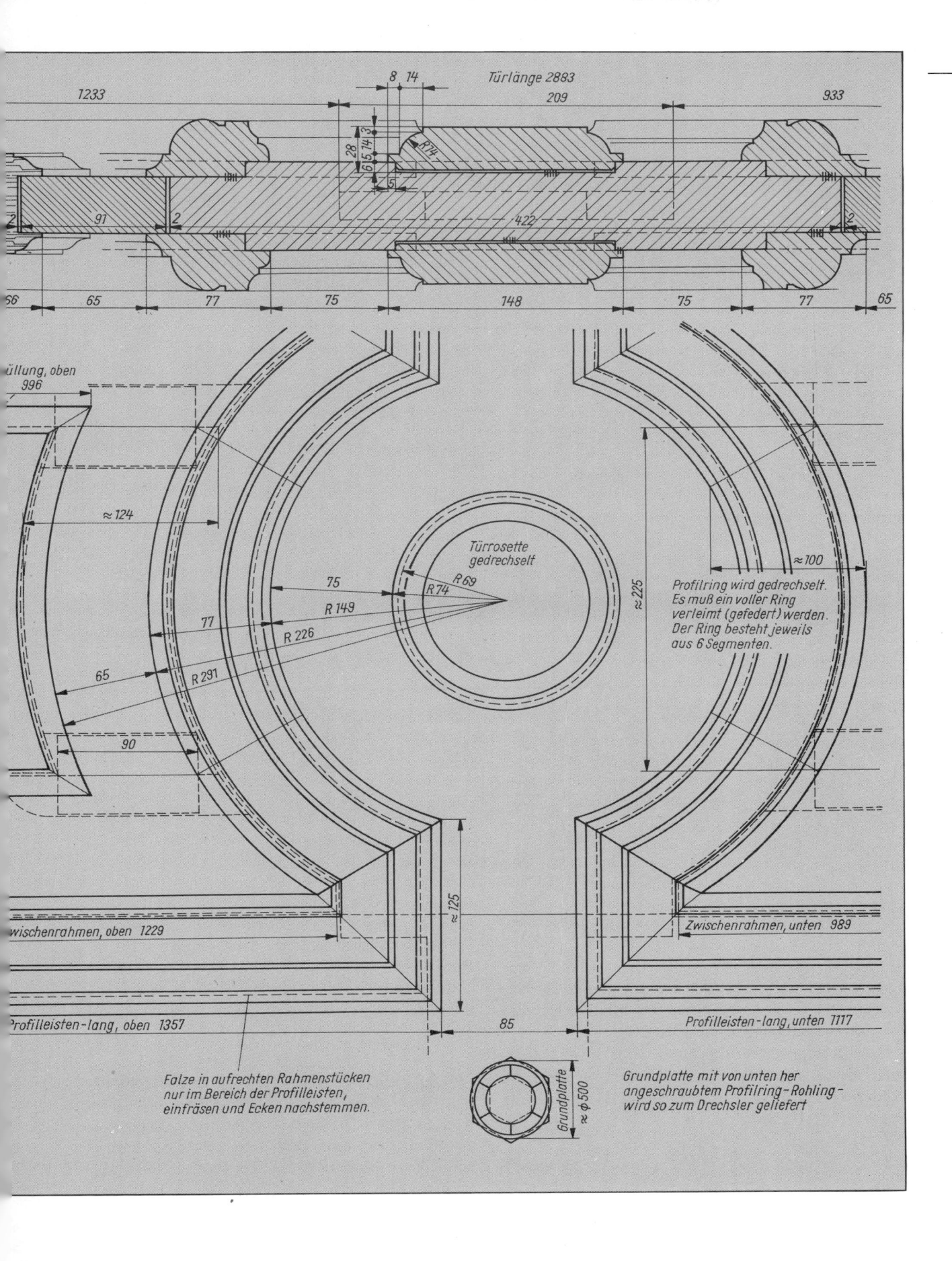

Bild 10/11. Zeichnungssatz mit Detailzeichnung einer gedrechselten Rosette (vgl. Bild 10/10)

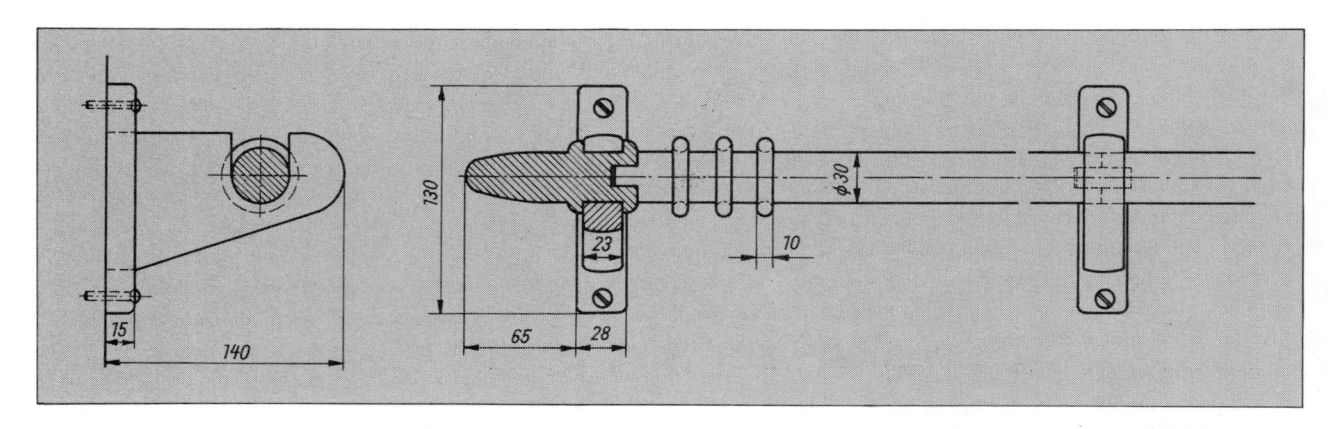

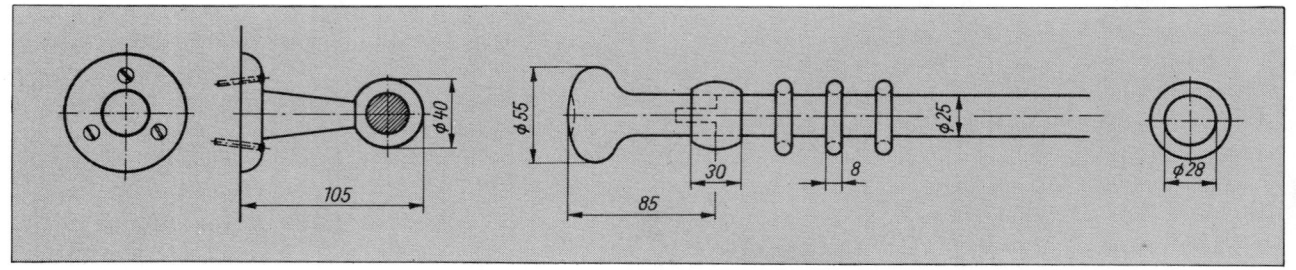

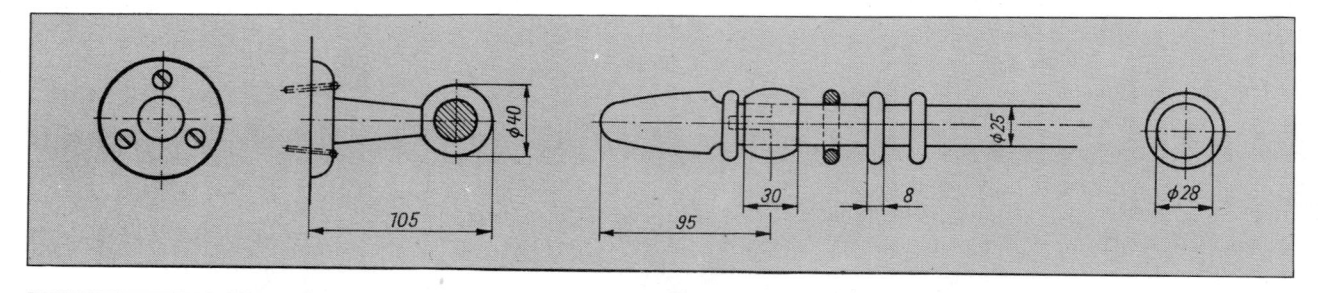

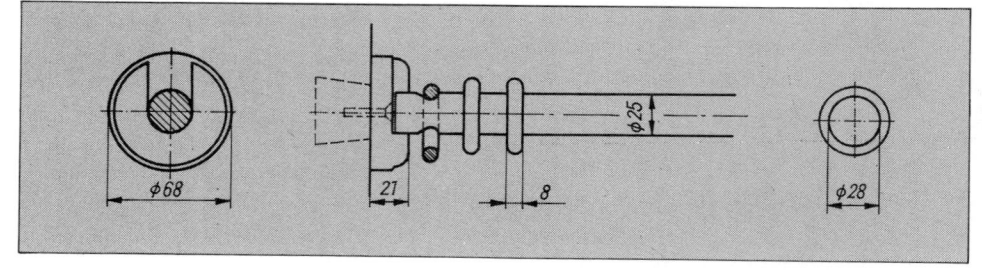

Bild 10/12.
Vorhangstangen, in
verschiedenen Varianten
gezeichnet

zugefügt. Gleiches trifft zu für das Quadratzeichen □ (ohne Querstrich).

Für die Drechslerwerkstatt hat sich folgender Ablauf bei der Gestaltung eines neuen Erzeugnisses für die Serienfertigung bewährt:

1. Flüchtiges freihändiges Skizzieren einer Idee, zeichnerisches Variieren oder praktisches Modellieren mit den im Abschnitt Formfindung erläuterten Hilfsmitteln;
2. Herausziehen der Hauptmaße;
3. Anfertigen eines Musters an der Drechselbank nach der Freihandskizze;
4. Korrigieren der Formen und Proportionen an der Drechselbank, bis die endgültige Form gefunden ist;
5. Herstellen der Werkzeichnung nach den Erfordernissen des Werkstückes und der Fertigungsweise.

Die Ausführlichkeit einer technischen Zeichnung für den Drechsler kann sehr unterschiedlich sein und richtet sich nach der Art des Werkstückes, vor allem aber nach der Art des Fertigungsprozesses. Die Bilder 10/2 bis 10/4 und 10/11 zeigen technische Zeichnungen, wie sie im Handwerksbetrieb üblich und für die Kleinserienfertigung ausreichend sind. Der Zeichnungssatz auf Bild 10/9 veranschaulicht dagegen die zeichnerischen Erfordernisse für eine industrielle Fertigung. Hier sind die Einzelteilzeichnungen mit fertigungsgetreuen Maßangaben der Zusammenbauzeichnung gegenübergestellt. Eine Teileliste ergänzt diesen Zeichnungssatz.

In den Bildern 10/7 und 10/10 sind kompliziertere Werkstücke zeichnerisch dargestellt. In Bild 10/11 handelt es sich um die gedrechselte Rosette an den Außentüren der Dresdner Semperoper und in Bild 10/7 um die Drechselteile in den runden Tischen der »Kleinen Revue« des neuen Friedrichstadtpalastes in Berlin.

Mit diesen Zeichnungsbeispielen und den in diesem Buch veröffentlichten Fotoabbildungen soll deutlich gemacht werden, wie vielfältig und teilweise kompliziert Drechslererzeugnisse sein können. Der Drechsler muß demzufolge in der Lage sein, diese Zeichnungen zu lesen und sie in Werkstücke umzusetzen. Er braucht dazu nicht nur hohe Fachkenntnisse, sondern auch viel Einfallsreichtum (Bilder 10/10 bis 10/29).

Ablauf für die Serienfertigung

Bild 10/13.
Gesamtzeichnung eines Kleiderständers mit Baugruppen-Übersichtszeichnung

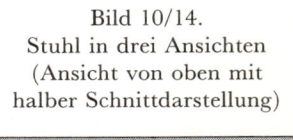

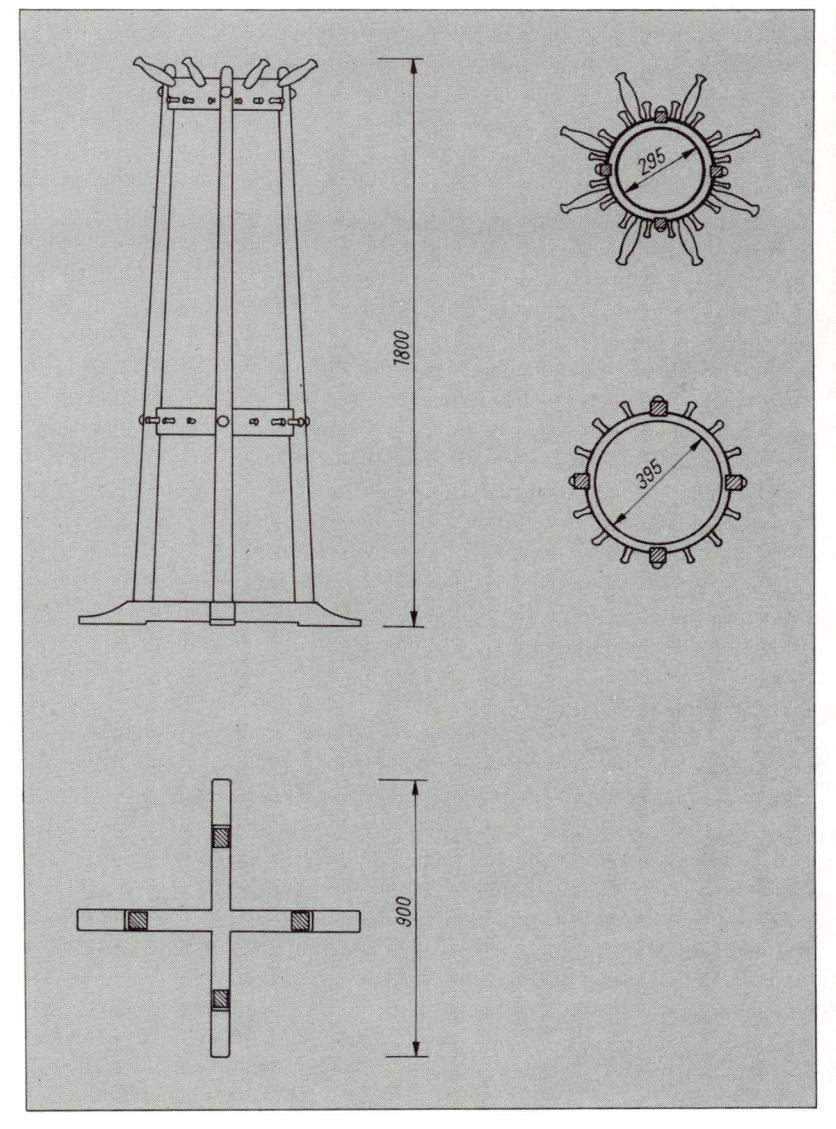

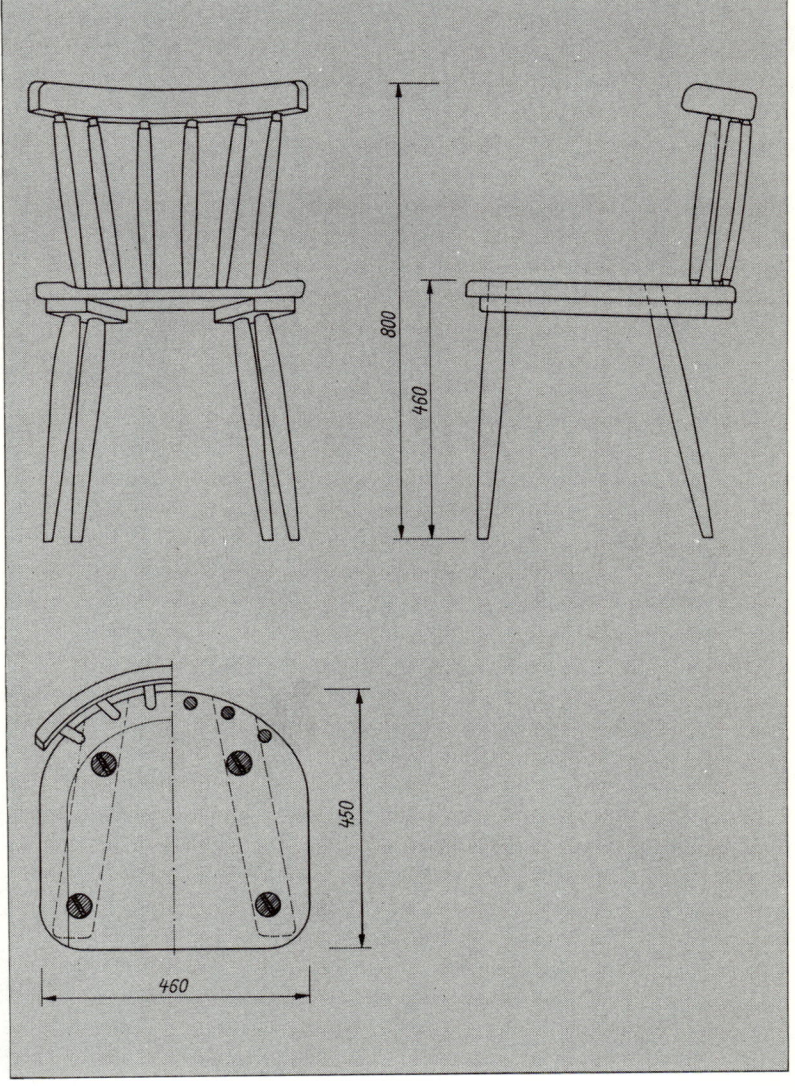

Bild 10/14.
Stuhl in drei Ansichten (Ansicht von oben mit halber Schnittdarstellung)

Bild 10/15. Kombinierte Ansichts- und Schnittdarstellung einer Wandlampe

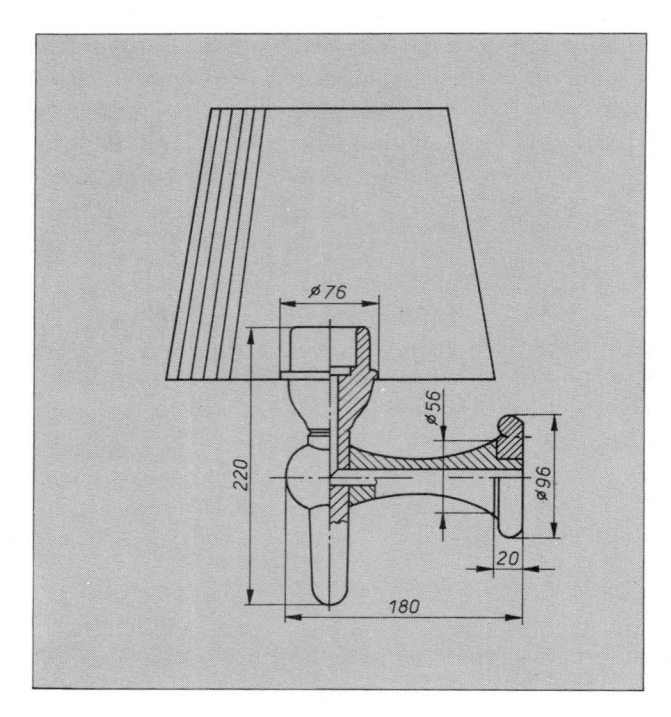

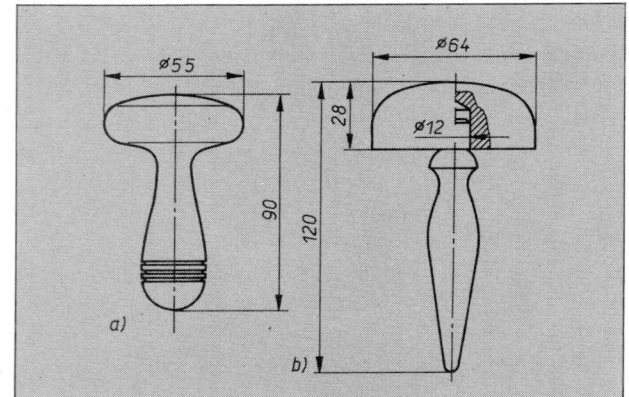

Bilder 10/16 bis 10/20. Zeichnungen mit Maßangaben einfacher Langholzdrechselformen

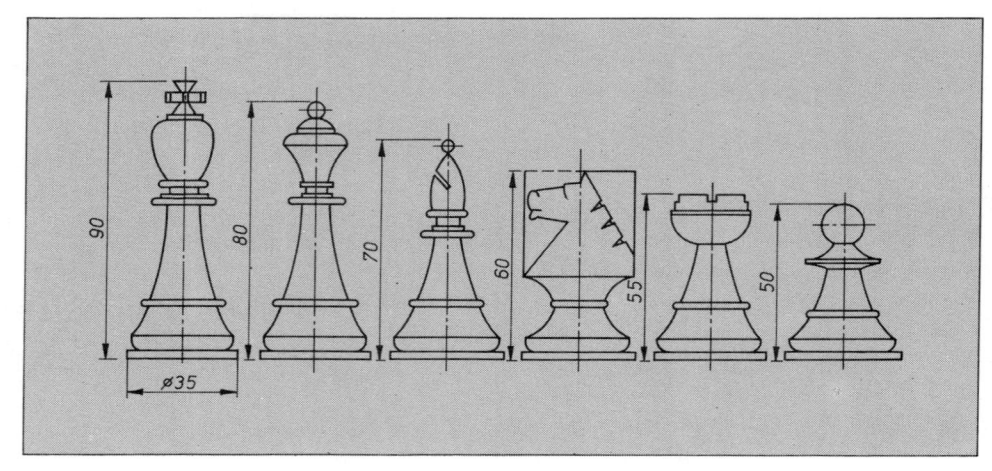

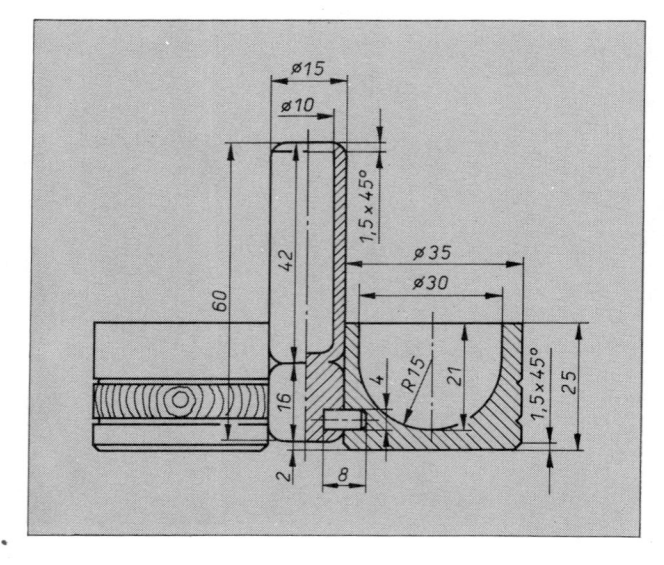

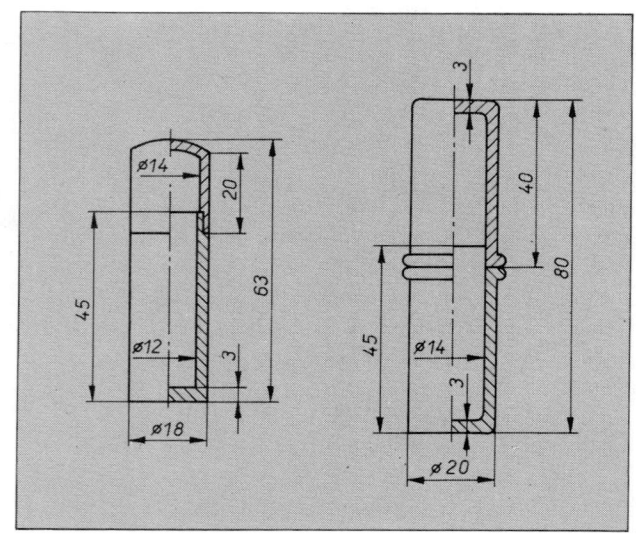

Bowlingkegel

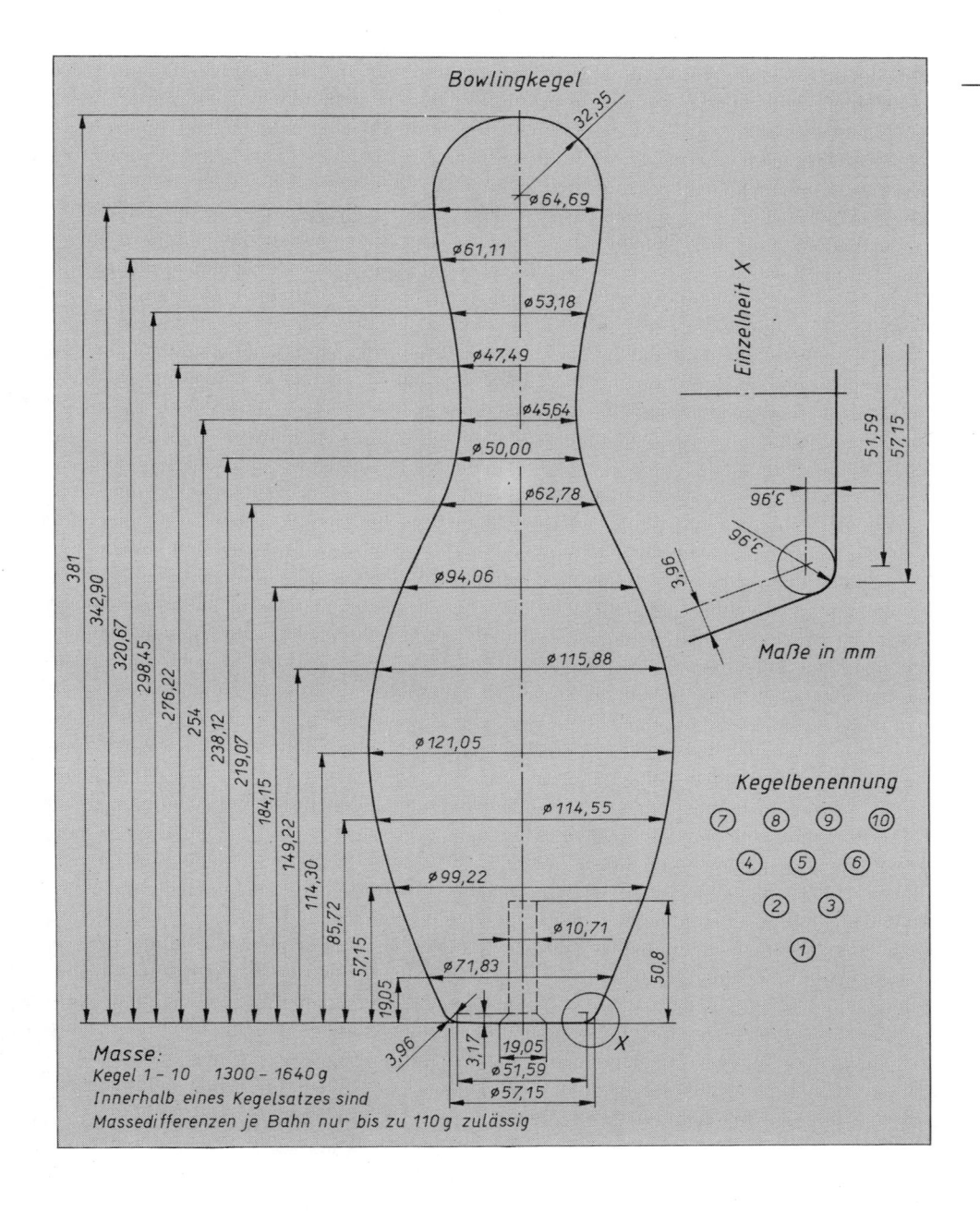

Einzelheit X

Maße in mm

Kegelbenennung

⑦ ⑧ ⑨ ⑩
④ ⑤ ⑥
② ③
①

Masse:
Kegel 1–10   1300–1640 g
Innerhalb eines Kegelsatzes sind
Massedifferenzen je Bahn nur bis zu 110 g zulässig

Bilder 10/21 bis 10/25.
Zeichnungen mit Maßangaben komplizierterer Langholzarbeiten

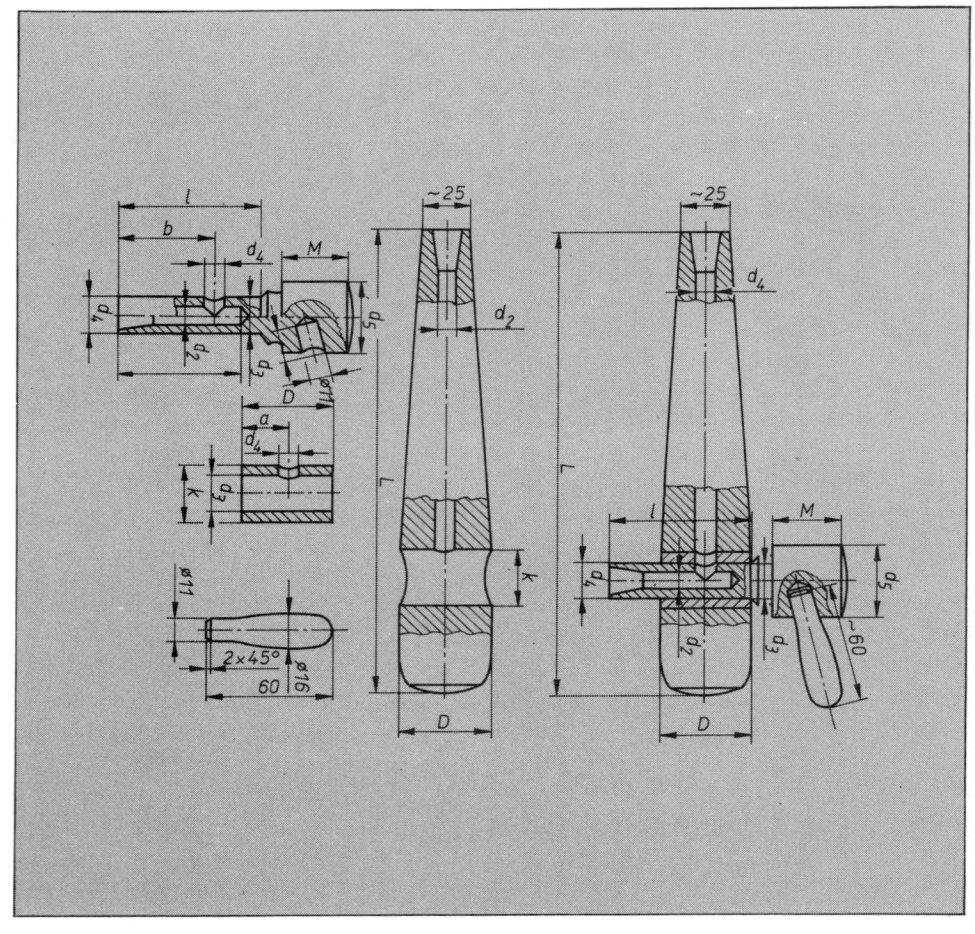

Beispiele

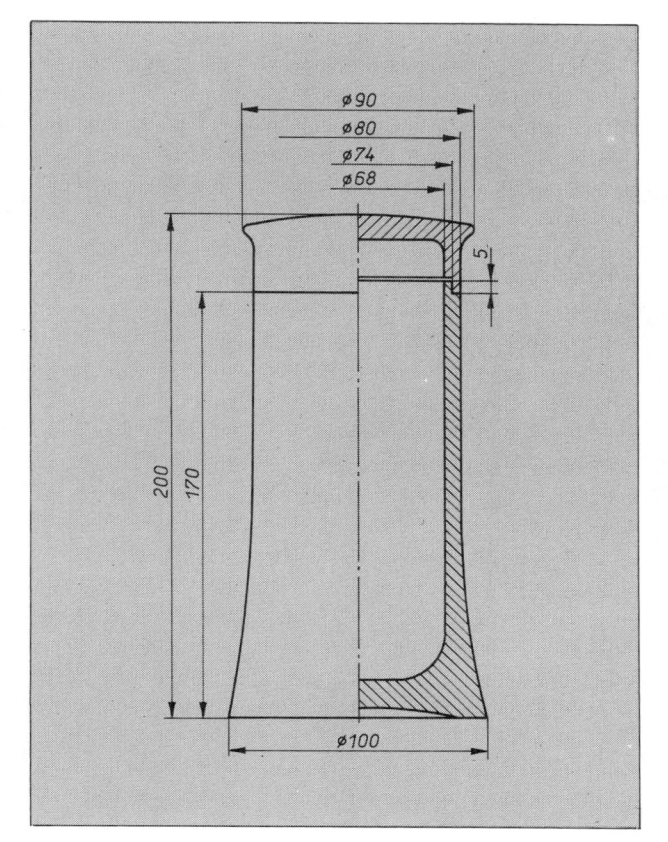

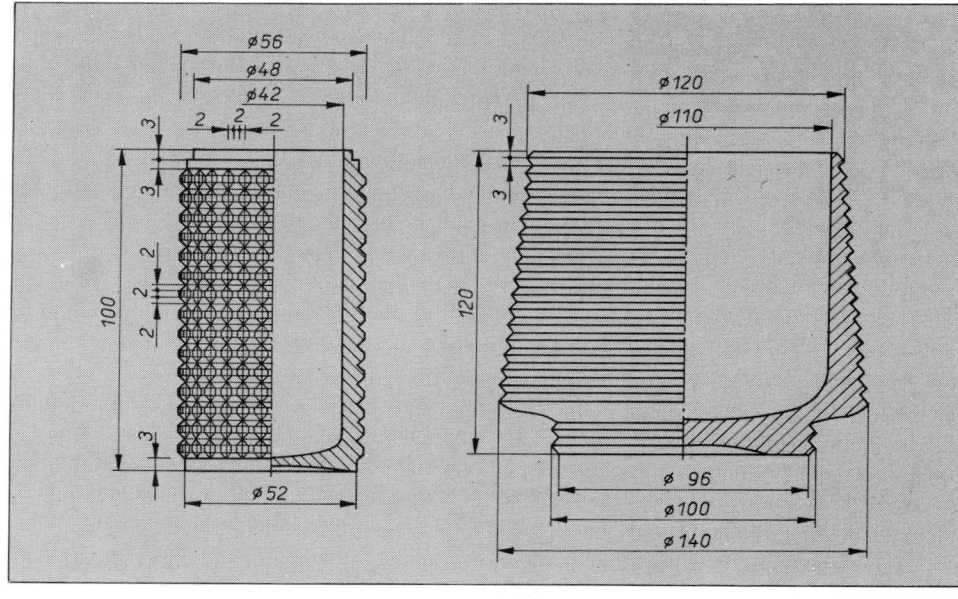

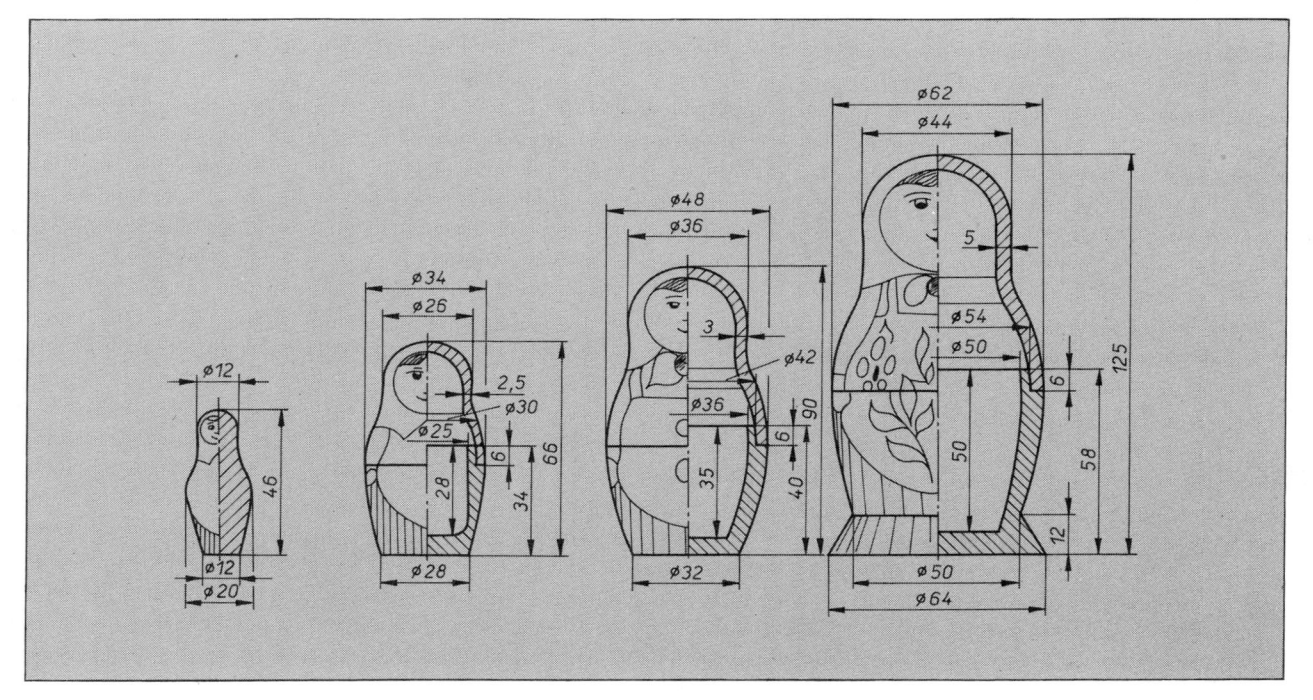

248
Technisches Zeichnen

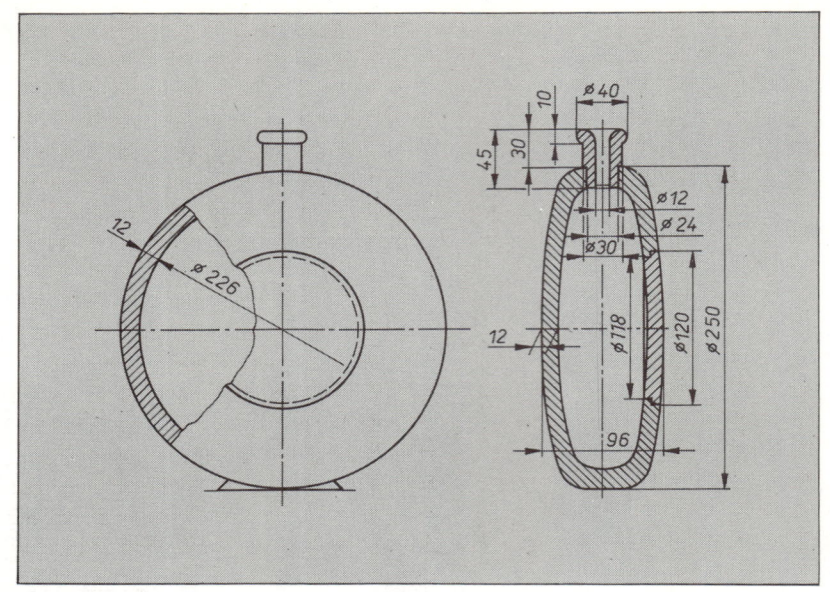

Bilder 10/26 bis 10/28. Zeichnungen mit Maßangaben von Querholzdrechselformen.

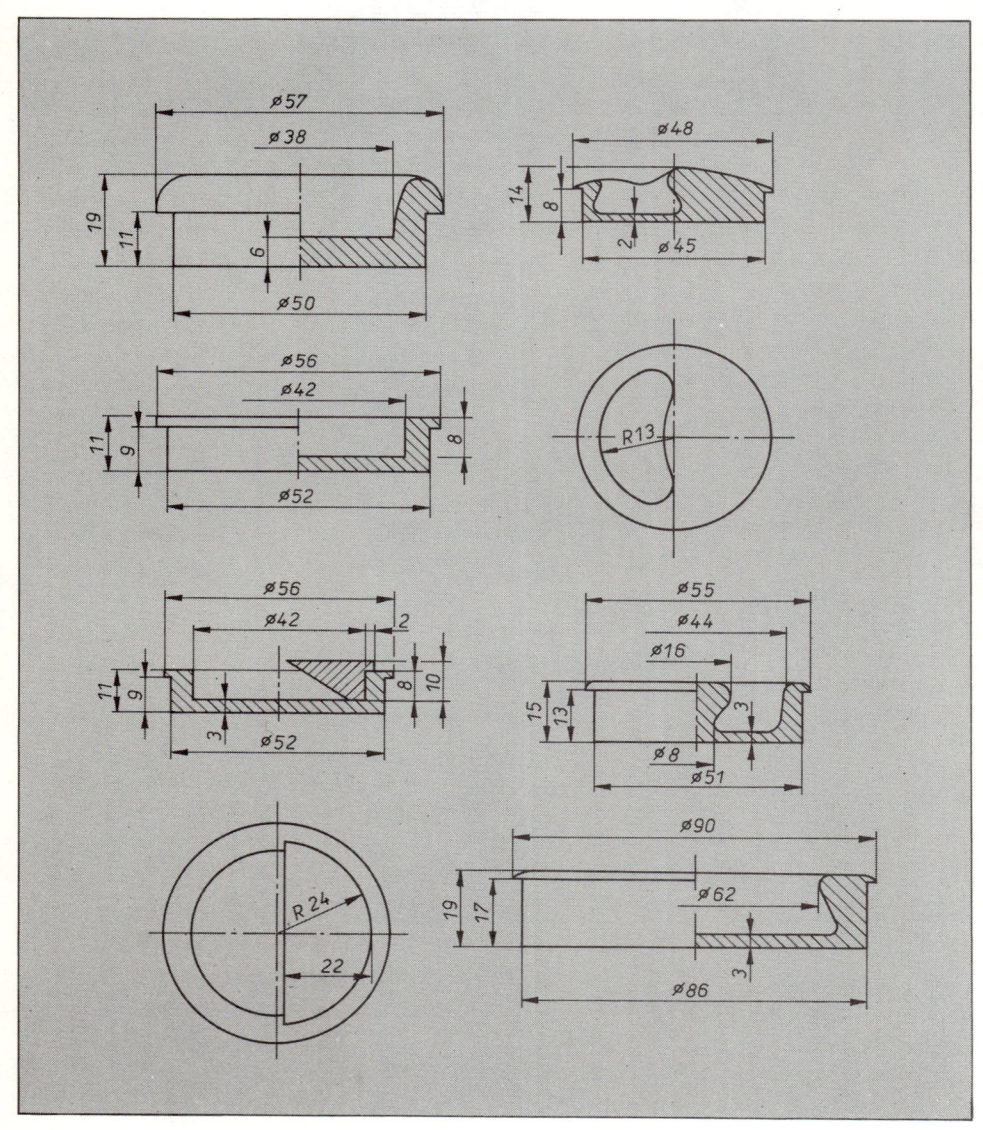

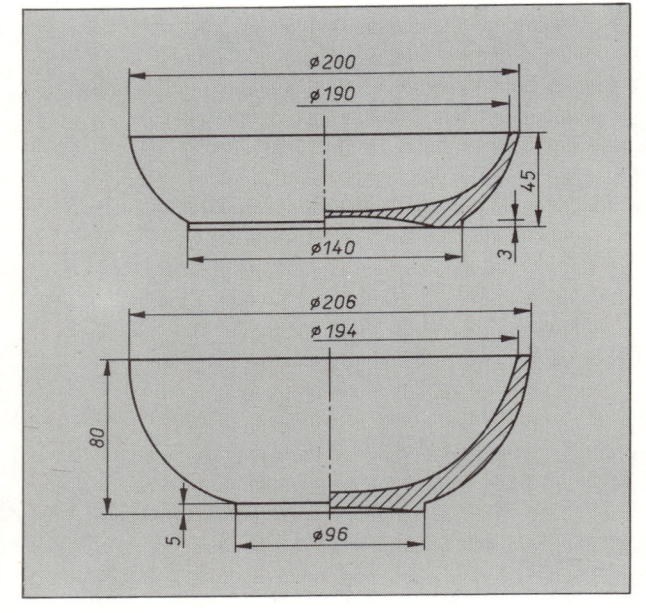

Spielzeug und figürliche Gestaltungen

250

*Spielzeug und
figürliche Gestaltungen*

I/1.
(Seite 249)
Lausitzer Pyramidenleuchter
mit erzgebirgischem
Spielzeug
Museum für Volkskunst
Dresden

I/2.
Erzgebirgische Nußknacker
Museum für Volkskunst
Dresden

I/4.
Erzgebirgische Räuchermänner
Museum für Volkskunst Dresden

I/3.
Erzgebirgische Nußknacker
Erzgebirgisches Spielzeugmuseum Seiffen

252

*Spielzeug und
figürliche Gestaltungen*

I/5.
Erzgebirgische Pyramide
mit Figuren von Karl
Müller, Seiffen
Museum für Volkskunst
Dresden

253

*Spielzeug und
figürliche Gestaltungen*

I/6.
Erzgebirgische Pyramide
Erzgebirgisches Spielzeug-
museum Seiffen

Spielzeug und figürliche Gestaltungen

I/7.
Erzgebirgische Leuchterfiguren
»Bergmann und Engel« von
Kurt Füchtner, Seiffen
Museum für Volkskunst Dresden

I/12.
Klapperpuppen
Museum für Thüringer Volkskunde, Erfurt

I/8.
Erzgebirgische Miniaturen
von Emil Leichsenring und Walter Werner, Seiffen,
sowie Paul Ender, Borstendorf/Erzgeb.
Museum für Volkskunst Dresden

I/9.
Hochzeitszug
von Karl Müller, Seiffen
Museum für Volkskunst Dresden

255

Spielzeug und figürliche Gestaltungen

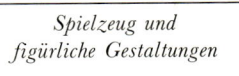

I/10.
Erzgebirgische Bergparade
von Karl Müller, Seiffen
Museum für Thüringer
Volkskunde, Erfurt

I/11.
Bauernkapelle
Seiffener Miniaturen
Museum für Thüringer
Volkskunde, Erfurt

*Spielzeug und
figürliche Gestaltungen*

I/14.
Musikspieldose
von HANS BROCKHAGE,
Schwarzenberg

257

Spielzeug und figürliche Gestaltungen

I/15.
Steckenpferde, Souvenirs
und Nadelbehälter
von HANS BROCKHAGE,
Schwarzenberg

I/16.
Tiere mit beweglichen
Gliedmaßen
Fachschule für angewandte
Kunst, Schneeberg

I/17.
Grödner Tanzpuppen
Fachschule für angewandte
Kunst, Schneeberg

258

Spielzeug und figürliche Gestaltungen

I/18.
Fahrspielzeug
Fachschule für angewandte
Kunst, Schneeberg

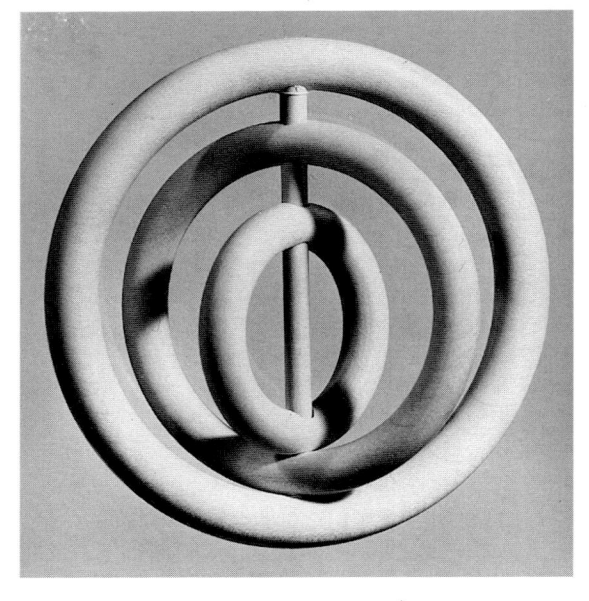

I/19.
Kleinstkind-Spielzeug, Ringe
von Ehrenfried und Klaus
Weber, Seiffen

I/20.
Kleinstkind-Spielzeug,
Klapperfiguren
von Ehrenfried und Klaus
Weber, Seiffen

Spielzeug und figürliche Gestaltungen

I/21.
Klapperdocken
von KLAUS HERRMANN,
Crimmitschau

I/22.
Figuren »Klassentreffen«
von HEIDI FLÄMING,
Neuensalz

260
Spielzeug und figürliche Gestaltungen

I/28.
Vier Figuren aus Holzrohlingen
von Werner Wittig;
Bemalung von Ute Wittig,
Dresden

Spielzeug und figürliche Gestaltungen

262

Spielzeug und figürliche Gestaltungen

I/25.
Figuren »Clowns«
von Klaus Herrmann,
Crimmitschau

I/26.
Gliedertier »Raupe«
von Uwe Kempe, Lengefeld

263

Spielzeug und figürliche Gestaltungen

I/27.
Räuchermänner aus verschiedenen Hölzern
von PETER USSNER, Dresden

Spielzeug und figürliche Gestaltungen

I/23.
Schäfer mit Schafen und Bäumen
von Thomas Gausche,
Karl-Marx-Stadt

I/24.
Tiere
von Andreas Fleischer,
Seiffen

Spielzeug und figürliche Gestaltungen

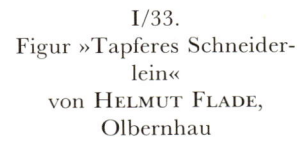

I/33.
Figur »Tapferes Schneiderlein«
von HELMUT FLADE, Olbernhau

I/32.
Figuren »Rattenfänger von Hameln mit Kinderzug«
von MARGARETE WENDT, Grünhainichen

I/34.
Figurenszene »Marktstände«
von HELMUT FLADE, Olbernhau

*Spielzeug und
figürliche Gestaltungen*

I/29.
Leuchterdocken, bemalt
von Klaus Magnus, Berlin

I/30.
Leuchterfiguren, bemalt
von Klaus Weidensdorfer, Radebeul

Spielzeug und figürliche Gestaltungen

I/31.
Pendelreiter
von Ilka Otte, Olbernhau

Spielzeug und figürliche Gestaltungen

I/36.
Leuchter aus Steckelementen
von ILKA OTTE, Olbernhau

269

Spielzeug und figürliche Gestaltungen

I/35.
Reifendrechslerarbeit »Dorf« von Gerd Kaden, Neuhausen

270

Spielzeug und figürliche Gestaltungen

I/38.
Trachtenfiguren mit Brandmalerei
Sammlung Dr. Helmboldt, Erfurt

I/39.
Trachtenfiguren, bemalt
Sammlung Dr. Helmboldt, Erfurt

I/37.
Hohlfiguren »Matrjoschkas« aus der UdSSR
Sammlung Dr. Helmboldt, Erfurt

*Spielzeug und
figürliche Gestaltungen*

I/40.
Thüringer Spielgaben aus
Schweina/Thür.
Museum für Thüringer
Volkskunde, Erfurt

I/41.
Holzspielzeug und Souvenirs
Bei Mühle und Kettenkarussell dienen die Gehäuse
gleichzeitig als Behältnisse
für die zerlegbaren
Teile des jeweiligen
Spielzeugs
von Hermann Gentz,
Stralsund

272

*Spielzeug und
figürliche Gestaltungen*

I/43.
Schachfiguren »Bauer,
König und Läufer«
aus dem Orient (17. Jh.)

I/42.
Schachspiel
von Hans Brockhage,
Schwarzenberg

*Spielzeug und
figürliche Gestaltungen*

I/44.
Kugelschach
von Firma AARIKKA,
Helsinki/Finnland

274

Spielzeug und figürliche Gestaltungen

I/45.
Gedrechselte Blumenkugel
von GÜNTER LEICHSENRING,
Seiffen

Gefäßformen, Tafelgerät und Leuchter

*Gefäßformen,
Tafelgerät und
Leuchter*

II/5.
Schale mit ausgeschweiften
Griffen, Teak,
von Lüder Baier, Dresden

II/6.
Große Dose aus Honduras-
palisander
Kugeldose aus Makassar-
Ebenholz,
kleine Dose aus Florida-
Zeder
von Lüder Baier, Dresden

II/4.
Schmuckdose mit Einsatz,
Wenge,
von Lüder Baier, Dresden

II/12.
(Seite 275)
Schalen aus Esche, mit
Zahnfugen verleimt,
Querholzboden eingesetzt
PGH Drechslerwerkstätten
Olbernhau

*Gefäßformen,
Tafelgerät und
Leuchter*

II/9.
Schale aus Fichte, gebeizt
Schale aus Fichte, natur
von Klaus Herrmann,
Crimmitschau

II/8.
Fußschale aus Birke, Schale
aus Palisander
von Heinrich Andreas
Schilling, Grünstadt

II/7.
Zwei Schalen, die vordere
aus Robinie, die hintere aus
Nußbaum, geräuchert
von Lüder Baier, Dresden

*Gefäßformen,
Tafelgerät und
Leuchter*

II/1.
Schalen aus Iroko, Lärche
und Rosenholz
von LÜDER BAIER, Dresden

II/2.
Dose mit Durchbruch-
ornament, Birkenmaser
von LÜDER BAIER, Dresden

II/14.
Schale aus Padouk
PETER EHRLICH, Dresden

*Gefäßformen,
Tafelgerät und
Leuchter*

II/15.
Fußschale und Vase aus
Birkenmaser
Peter Ehrlich, Dresden

II/3.
Dose und tiefer Schalenbecher, Birkenmaser,
von Lüder Baier, Dresden

*Gefäßformen,
Tafelgerät und
Leuchter*

II/11.
Schalen aus Esche, mit
Zahnfugen verleimt,
Querholzboden eingesetzt
PGH Drechslerwerkstätten
Olbernhau

II/13.
Schale und Eierbecher aus
Fichte mit Rinde
Drechslerei KUNZMANN,
Niederglobenstein/Erzgeb.

*Gefäßformen,
Tafelgerät und
Leuchter*

II/10.
Schale aus Kiefer, gesandelt,
oberer Teil stabverleimt
von Klaus Herrmann,
Crimmitschau

II/16.
Schale, Leuchter, Dose aus
Kiefer
Klaus Thamm, Ückeritz/
Usedom

*Gefäßformen,
Tafelgerät und
Leuchter*

II/18.
Nähdose geschlossen
(rechts), geöffnet (links) aus
Rüster
Hilmar Richter, Leipzig

*Gefäßformen,
Tafelgerät und
Leuchter*

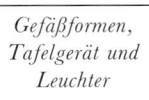

II/20.
Melkeimer mit geschnitztem
Ornament aus dem
alpenländischen Raum

II/19.
Dosen aus Robinienästen
Hilmar Richter, Leipzig

*Gefäßformen,
Tafelgerät und
Leuchter*

II/17.
Zwei kleine Dosen aus
Bruyére,
Büchse aus Nußbaum,
Schmuckdose aus Amaranth
HELMUT FLADE, Olbernhau

285

*Gefäßformen,
Tafelgerät und
Leuchter*

II/21.
Fußschale, bemalt (Renaissance)
Privatbesitz von Hans Brockhage, Schwarzenberg

II/22.
Dose und zwei Serviettenringe mit Durchbruchornament,
Birnbaum und Ahorn, aus Berchtesgaden
Privatbesitz von Frau E. Karasek, Berlin

*Gefäßformen,
Tafelgerät und
Leuchter*

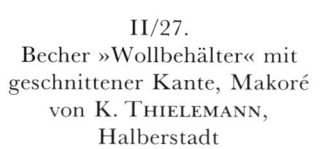

II/27.
Becher »Wollbehälter« mit
geschnittener Kante, Makoré
von K. Thielemann,
Halberstadt

II/25.
Kantige Dosen mit
gedrechselten Ornamenten,
Iroko (links), Teak (rechts)
von Lüder Baier, Dresden

II/26.
Dosen, nachträglich außen
geformt und verschliffen,
Palisander (links), Nußbaum
(Mitte), Eibe (rechts)
von Lüder Baier, Dresden

*Gefäßformen,
Tafelgerät und
Leuchter*

II/28.
Büchse und Dose,
Grenadille und Elfenbein
von HEINRICH ANDREAS
SCHILLING, Grünstadt

II/29.
Büchse mit Einlegedeckel,
Ostindischer Palisander
von HEINRICH ANDREAS
SCHILLING, Grünstadt

II/23.
Dose mit hauchdünnen
ineinanderpassenden
Bechern,
Linde (Österreich; um 1800)
Museum für Volkskunde
Berlin

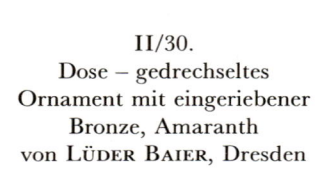

II/30.
Dose – gedrechseltes
Ornament mit eingeriebener
Bronze, Amaranth
von Lüder Baier, Dresden

*Gefäßformen,
Tafelgerät und
Leuchter*

II/31.
Dose mit guillochiertem
Ornament, Amaranth
von Lüder Baier, Dresden

II/35.
Streubüchsen, Fichte
PGH Erzgebirgisches
Kunsthandwerk Annaberg

II/32.
Drei Dosen, Ebenholz,
Langer Knopf aus Rinderknochen, Nagelornament
(eingeschlagene Messingstifte), Silberdrahtornament
(eingelegter, gewendelter
Silberdraht) und gedrechseltes, mit Bronze ausgeriebenes Deckelornament
von Lüder Baier, Dresden

*Gefäßformen,
Tafelgerät und
Leuchter*

II/34.
Drei Büchsen, Mahagoni
und Kiefer,
zwei Pokale, Bambus mit
Ebenholzeinlage bzw. Knopf
von Lüder Baier, Dresden

*Gefäßformen,
Tafelgerät und
Leuchter*

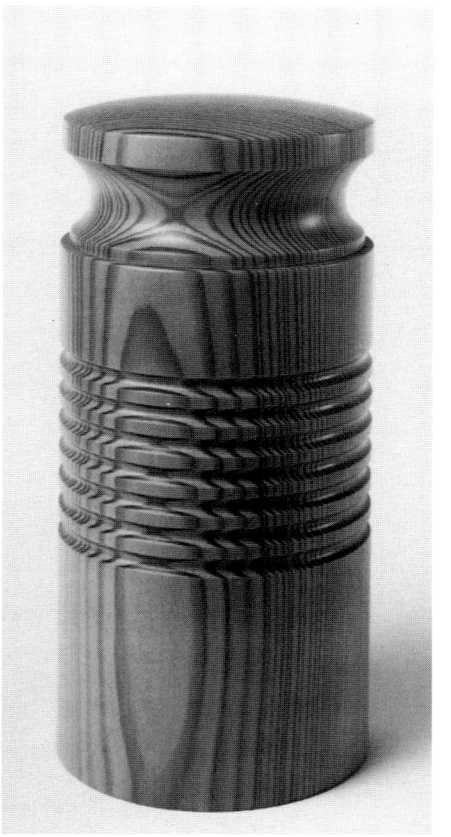

II/36.
Büchse, Lärche
von GÜNTER PETZOLD,
Weimar

II/33.
Neun Dosen, verschieden
profiliert und ornamentiert,
Kiefer, Palisander,
Amaranth, Mahagoni,
Ebenholz und Zitronenbaum
von LÜDER BAIER, Dresden

*Gefäßformen,
Tafelgerät und
Leuchter*

II/37.
Apothekengefäße (19. Jh.)
Kulturhistorisches Museum
Rostock

II/38.
Apothekengefäße, bemalt
(18. Jh.)
Märkisches Museum Berlin

II/39.
Apothekengefäße, bemalt
(Mitte 18. Jh.)
Staatliche Museen Rudolstadt

II/40.
Tischgedeck für vier
Personen, Eiche gebeizt,
von PETER EHRLICH,
Dresden

II/41.
Kelch, Leuchter und
Fußschale, Zinn-Holz-Kombination
von WOLFGANG GRAHL,
Liebethal/b. Pirna

*Gefäßformen,
Tafelgerät und
Leuchter*

II/42.
Leuchterspinne, Iroko und
Zinn
von HERRMANN GENTZ,
Stralsund

296

*Gefäßformen,
Tafelgerät und
Leuchter*

II/45.
Leuchterspinne, erzgebirgisch, bemalt,
Stahl und Tüllen verzinnt
von Dieter Groh,
Burkersdorf/b. Zwickau

*Gefäßformen,
Tafelgerät und
Leuchter*

II/44.
Leuchterspinne, erzgebirgisch (Nachbildung)
Fachschule für angewandte Kunst, Schneeberg

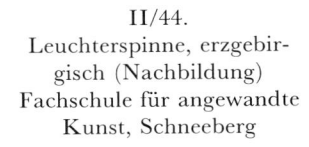

II/43.
Leuchterspinne, schwedisch (Nachbildung)
Fachschule für angewandte Kunst, Schneeberg

*Gefäßformen,
Tafelgerät und
Leuchter*

II/46.
Standleuchter, Rüster
von Arnd Müller, Leipzig

299

*Gefäßformen,
Tafelgerät und
Leuchter*

II/49.
Leuchter mit Perlenschmuck
von Helmut Flade,
Olbernhau

*Gefäßformen,
Tafelgerät und
Leuchter*

II/47.
Leuchter
von Klaus Herrmann,
Crimmitschau

301

*Gefäßformen,
Tafelgerät und
Leuchter*

II/50.
Leuchterform und Säule mit
gleichem Profil
von Gerd Kaden, Neuhausen

II/48.
Leuchter, Fichte mit Ästen
von Helmut Flade,
Olbernhau

302
*Gefäßformen,
Tafelgerät und
Leuchter*

II/51.
Standleuchter, reich
beschnitzt und vergoldet
(Florenz; um 1500)
Museum für Kunsthandwerk
Berlin

Arbeitsgerät und technische Formen

Arbeitsgerät und technische Formen

III/1.
(Seite 303)
Spinnrad, beschnitzt, Birke
von C. W. F. Kirschen,
Heidelberg/Erzgeb. (1852)
Museum für Volkskunst
Dresden

III/2.
Spinnrad (Sachsen; 19. Jh.)
Museum für Volkskunst
Dresden

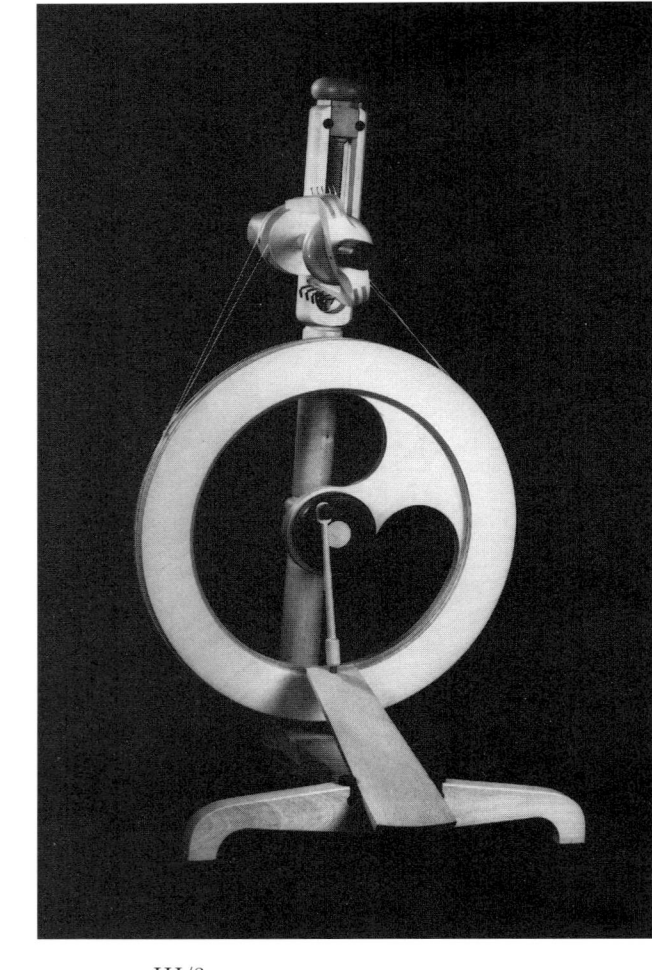

III/3.
Spinnrad, Birke und Wengé
von Heinrich Andreas
Schilling, Grünstadt
(1984)

305

Arbeitsgerät und technische Formen

III/4.
Garnweife mit Umdrehungsanzeige und Einrichtung zum Messen der Fadenlänge, Obstholz, Buche und Beineinlagen (Sachsen; erste Hälfte 19. Jh.)
Museum für Volkskunst Dresden

Arbeitsgerät und technische Formen

III/5.
Handtuchhalter, Eiche und Linde
(Bückeburg; um 1800)
Museum für Volkskunde Berlin

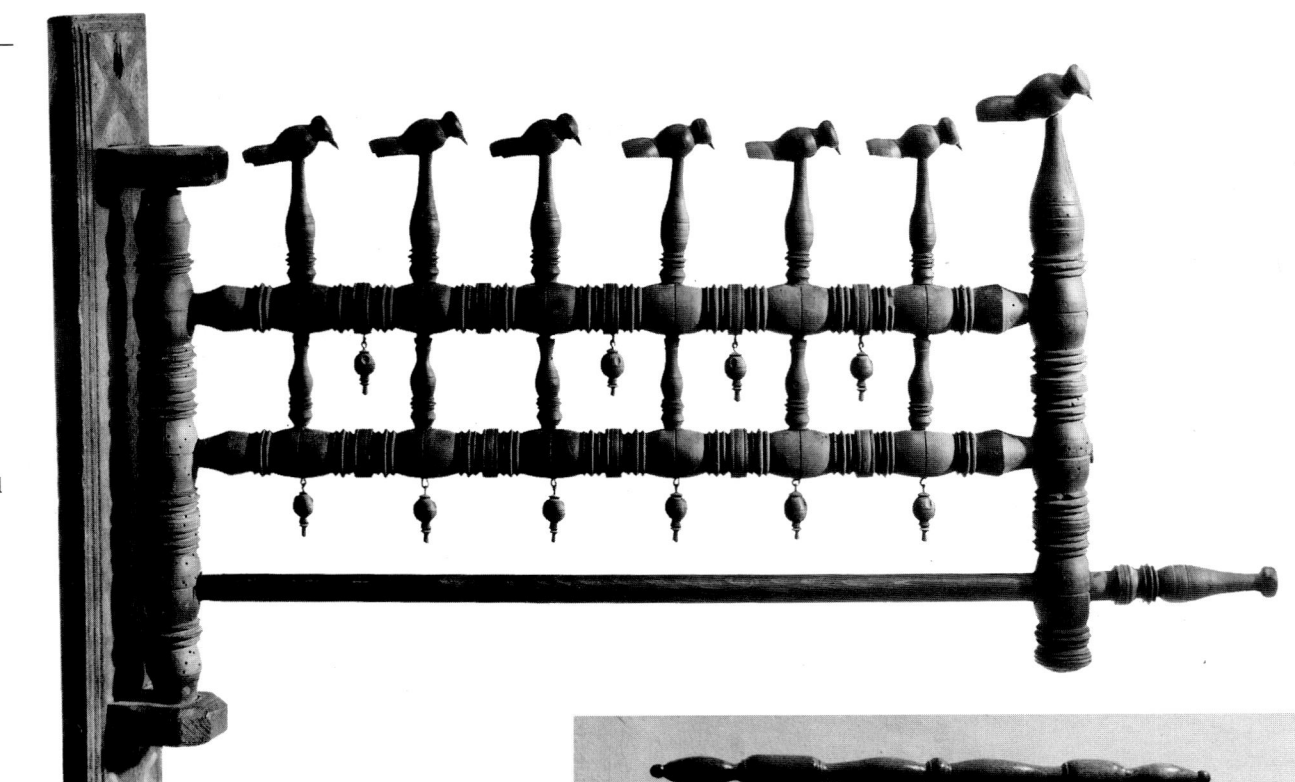

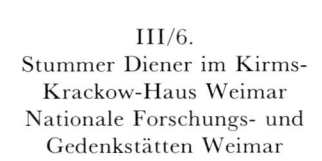

III/6.
Stummer Diener im Kirms-Krackow-Haus Weimar
Nationale Forschungs- und Gedenkstätten Weimar

Arbeitsgerät und technische Formen

III/7.
Globusständer im Schillerhaus Weimar
Nationale Forschungs- und Gedenkstätten Weimar

Arbeitsgerät und technische Formen

III/9.
Notenständer, Nußbaum (Kopie)
von EHRENFRIED und KLAUS WEBER, Seiffen
Bosehaus Leipzig

III/8.
Notenständer von JOH. MELCHIOR (1718),
Schloß Sanssouci, Potsdam

Arbeitsgerät und technische Formen

III/10.
Schiffs-Steuerrad
Drechslerei ZETTLER,
Schwerin

III/11.
Mörser (Mitte 18. Jh.)
Staatliche Museen Rudolstadt

III/12.
Sanduhr (Stundenglas;
frühes 19. Jh.)
Staatliche Museen Rudolstadt

III/14.
Kaffeemühle, Nußbaum
(18./19. Jh.)
Museum für Volkskunde
Berlin

III/13.
Suppenlöffel, Zinn mit
Holzstiel (19. Jh.)
Staatliche Museen Rudolstadt

III/15.
Spindel, Nußbaum (Türkei; 19. Jh.)
Nadelkissen, Nußbaum und Linde (Bayern, frühes 19. Jh.)
Museum für Volkskunde Berlin

Arbeitsgerät und technische Formen

III/16.
Bienenpfeife, Linde (frühes 19. Jh.)
Museum für Volkskunde Berlin

312

Arbeitsgerät und technische Formen

III/17.
Tischständer für zwei
Öllampen, Höhe verstellbar;
Rotbuche und Linde, bemalt
(Schwalm/Hessen;
18./19. Jh.)
Museum für Volkskunde
Berlin

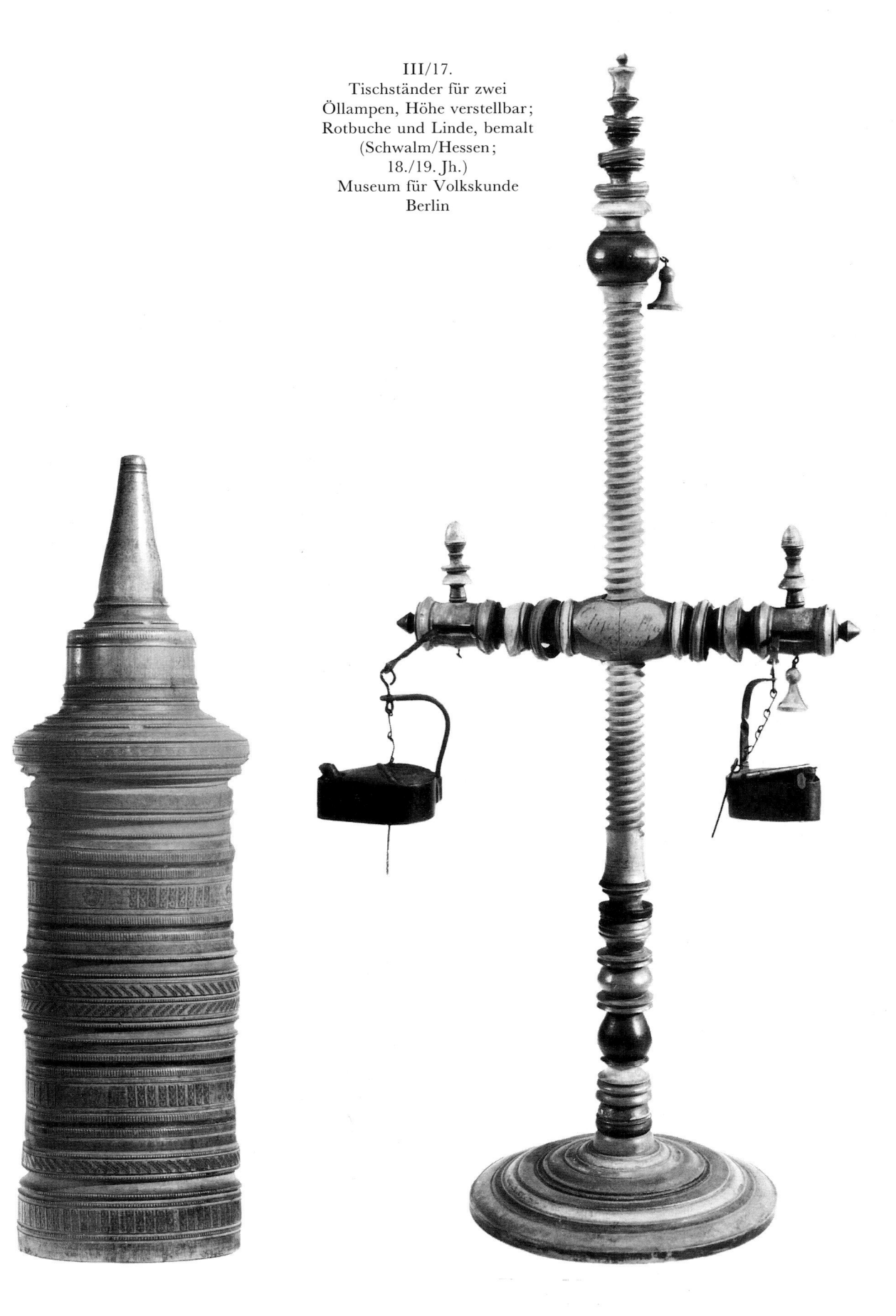

III/18.
Dose mit Gewinde-Schraubverschluß, Linde, gepunzt
bzw. randeriert. Teil eines
Meisterstückes (Oberösterreich; 1800)
Museum für Volkskunde
Berlin

313

Arbeitsgerät und technische Formen

III/21.
Teil einer Zinnform
Kulturhistorisches Museum
Rostock

III/20.
Schafferholz
Kulturhistorisches Museum
Rostock

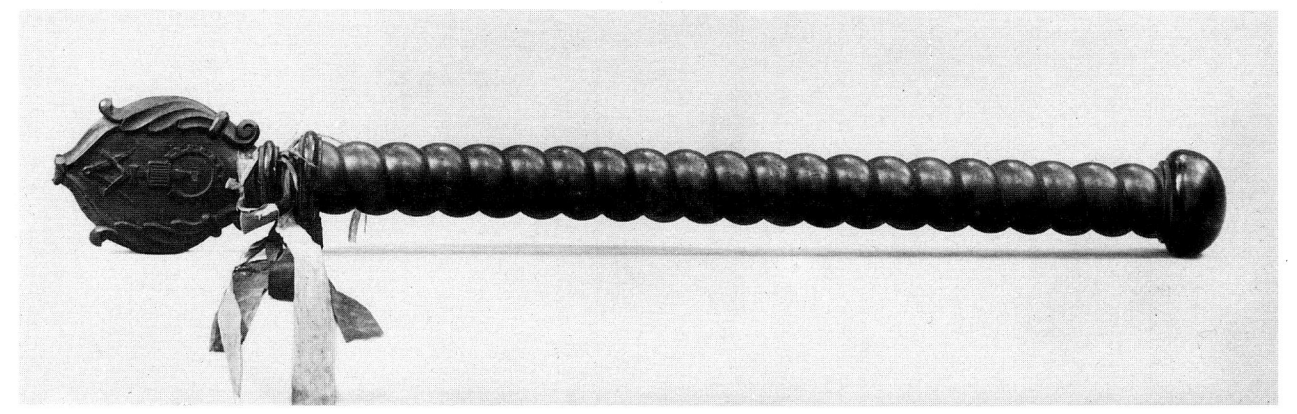

III/19.
Teil einer Elle
Kulturhistorisches Museum
Rostock

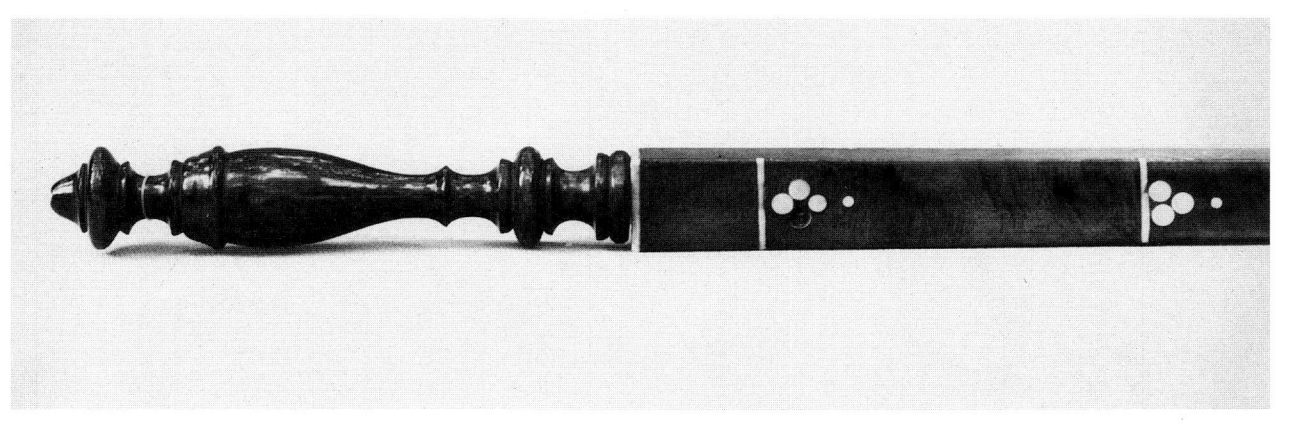

Arbeitsgerät und technische Formen

III/22.
Wetzsteinkumpfe, Rotbuche;
Trichter, Ahorn mit
Brandreifen (Erzgebirge,
Ende 19. Jh.)
Privatbesitz

III/23.
Butterform, Linde (19. Jh.)
Kulturhistorisches Museum
Rostock

III/25.
Konferenzhammer
Museum für Thüringer
Volkskunde, Erfurt

Arbeitsgerät und technische Formen

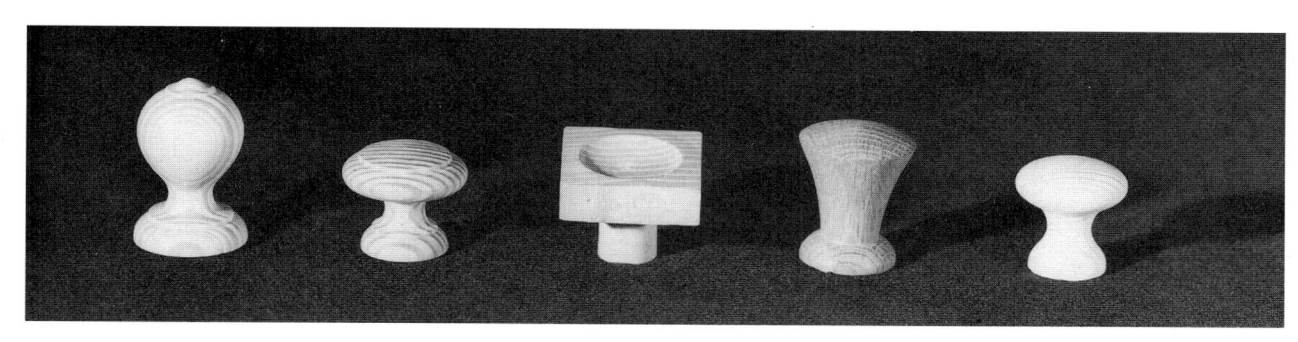

III/24.
Faßhahn
Drechslerei ZIMM, Rostock

III/26.
Verschiedene Möbelknöpfe;
Fichte, Kiefer, Eiche, Ahorn,
Mahagoni
von PETER SEILER, München

Arbeitsgerät und technische Formen

III/28.
Drehteile für Leuchten
von ALFRED STÖRR, Freital

III/27.
Möbelknöpfe; Esche, Ahorn
Deutsche Werkstätten
Dresden-Hellerau

Arbeitsgerät und technische Formen

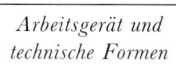

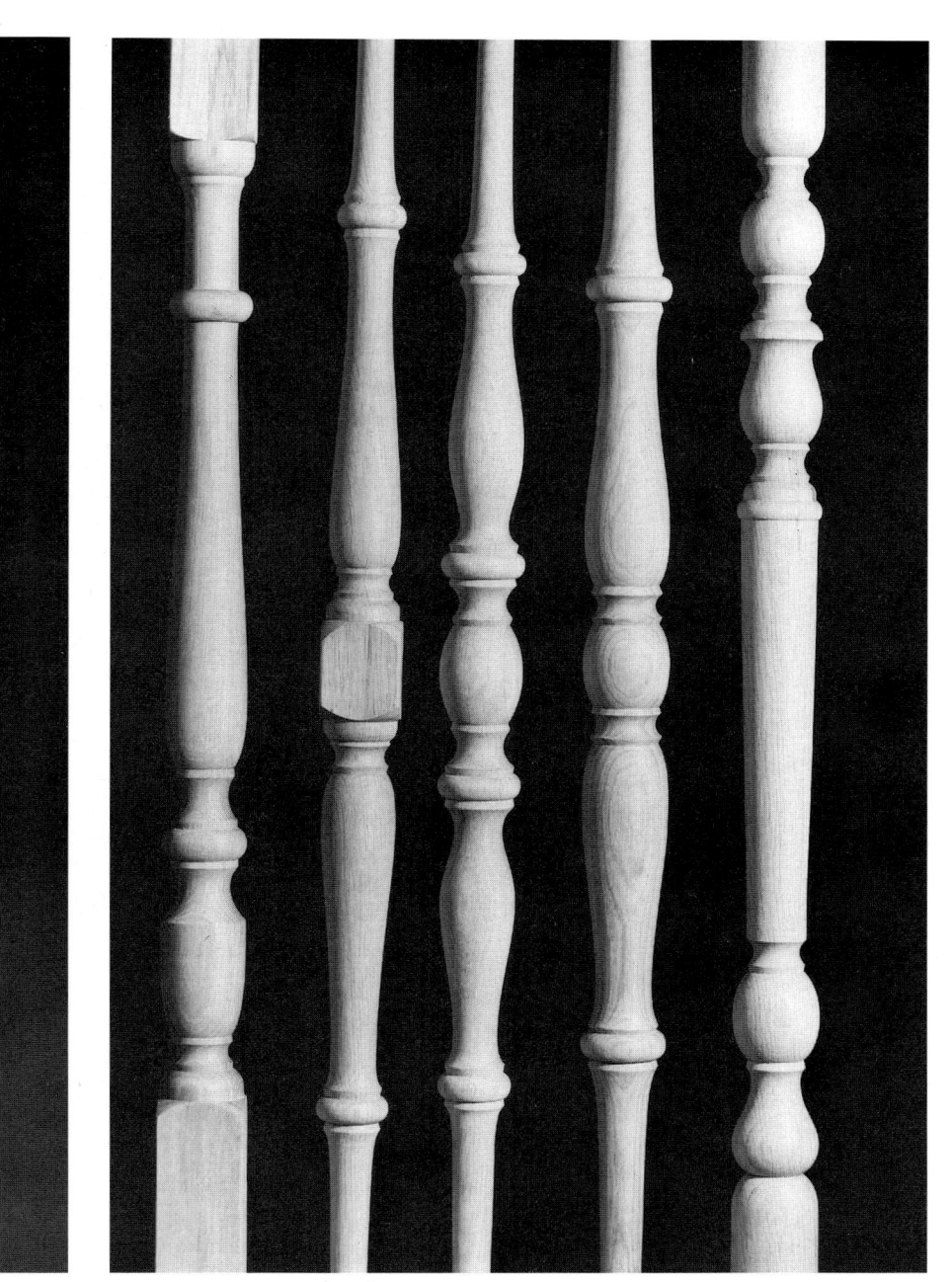

III/31.
Traille
von KLAUS HERRMANN,
Crimmitschau

III/30.
Verschiedene Geländersprossen (Traillen) von ALFRED AHLBORN, Leipzig

III/32.
Traille, beschnitzt
von HERRMANN GENTZ,
Stralsund

III/33.
Stuhlbeine und Sprossen für die Stuhlindustrie von Werner Zimmermann, Freital

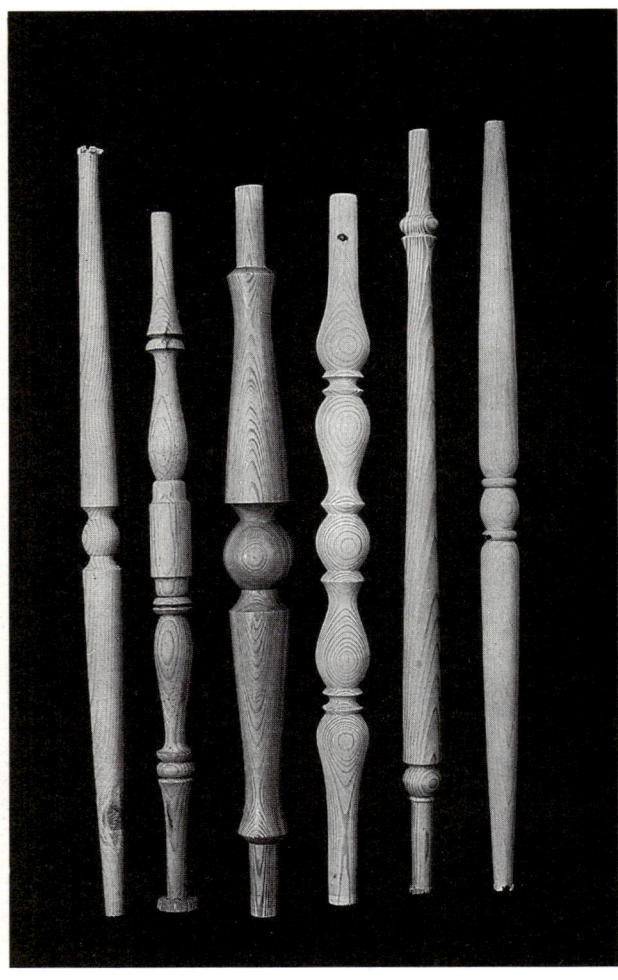

Arbeitsgerät und technische Formen

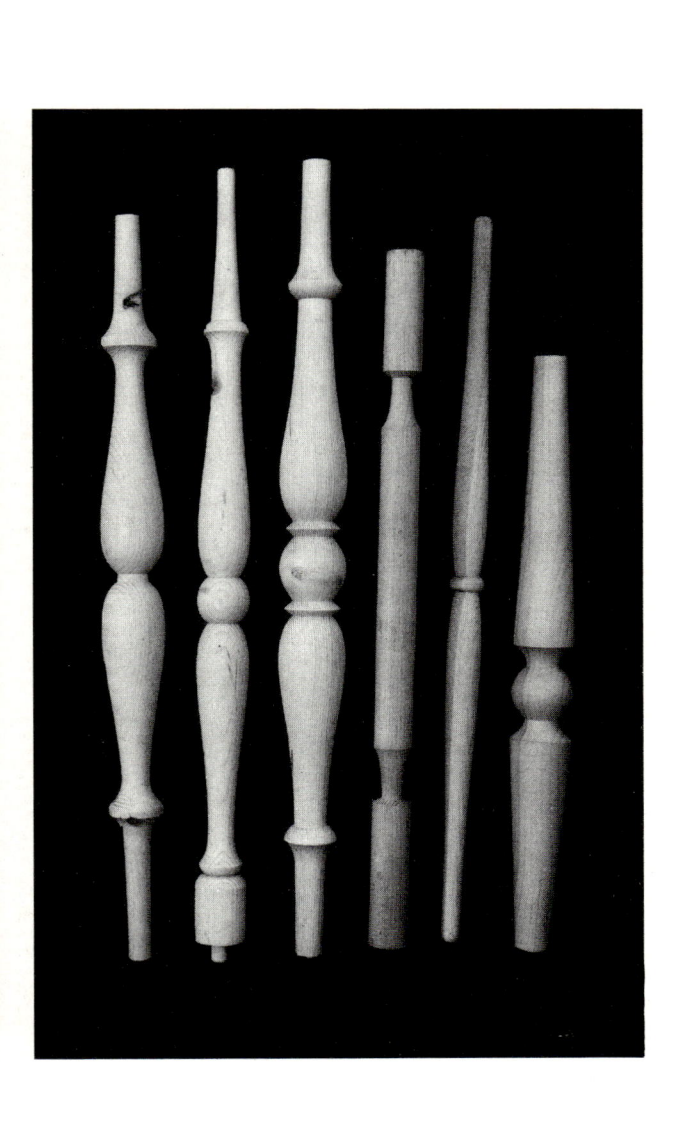

III/29.
Verschiedene Geländersprossen (Traillen) von ROLF STRECKER, Tegernsee

320

Arbeitsgerät und technische Formen

III/34.
Rahmen, rund und oval gedrechselt
von Ehrenfried und Klaus Weber, Seiffen

Möbel, Stühle und Leuchten

Möbel, Stühle und Leuchten

IV/1.
Schreibtisch, Nußbaum mit
Elfenbeineinlagen
(Braunschweig; 1699)
Museum für Kunsthandwerk
Berlin

IV/9.
Himmelbett mit Säulen-
aufbau und Truhe mit
Halbsäulen
(um 1800)
Staatliche Museen Rudol-
stadt
(Seite 321)

IV/2.
Detail eines Tisches,
Nußbaum (Danzig; um
1700)
Museum für Kunsthandwerk
Berlin

IV/3.
Detail der »Baseler
Kredenz«, Nußbaum (1663)
von Joh. Heinrich Keller
Museum für Kunsthandwerk
Berlin

IV/5.
Teil einer Bank, Nußbaum
(Süditalien; Ende 16. Jh.)
Museum für Kunsthandwerk
Berlin

IV/4.
Unterteil eines Kabinett-
schrankes (Nachbildung),
schwarz lackiert (Flandern;
17. Jh.)
Museum für Kunsthandwerk
Berlin

324

*Möbel,
Stühle und
Leuchten*

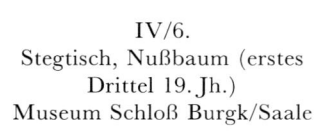

IV/6.
Stegtisch, Nußbaum (erstes
Drittel 19. Jh.)
Museum Schloß Burgk/Saale

IV/8.
Schreibtisch des Kronprinzen Friedrich Wilhelm
IV. (um 1820)
Schloß Charlottenhof,
Potsdam

Möbel, Stühle und Leuchten

IV/10.
Tisch mit vier Stühlen in Goethes Gartenhaus in Weimar;
Egerländer Bauernmöbel
Nationale Forschungs- und Gedenkstätten Weimar

Möbel, Stühle und Leuchten

IV/7.
Toilette-Tisch (Anfang 19. Jh.)
von SCHINKEL
Museum für Kunsthandwerk Berlin

IV/11.
Holzrahmenbettgestell, Kopfteil; Lärche (etwa 1890)
Museum für Volkskunde Berlin

Möbel, Stühle und Leuchten

IV/12.
Dreibein-Klapptisch mit reicher Bemalung; Gestell Lärche, Platte Eiche (Hindeloopen/Holland; 18. Jh.)
Museum für Volkskunde Berlin

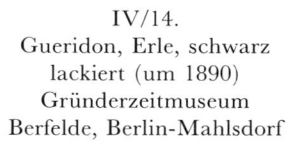

IV/13.
Gueridon, Birnbaum (Deutschland; 17. Jh.)
Museum für Kunsthandwerk Berlin

IV/14.
Gueridon, Erle, schwarz lackiert (um 1890)
Gründerzeitmuseum Berfelde, Berlin-Mahlsdorf

328

*Möbel,
Stühle und
Leuchten*

IV/15.
Garderobenständer, Linde
(1890 bis 1910)
Museum für Volkskunde
Berlin

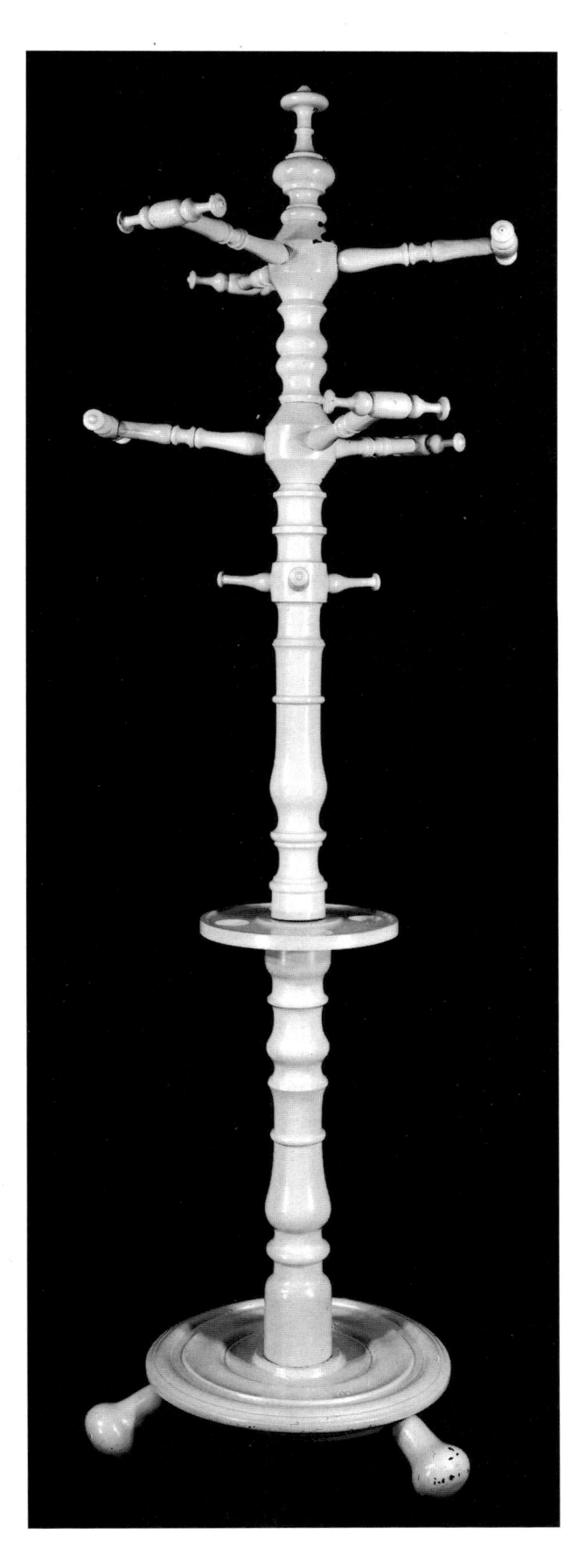

IV/16.
Garderobenständer, weiß
lackiert (um 1900)
Privatbesitz FRIEDRICH
SAALBORN, Halle

*Möbel,
Stühle und
Leuchten*

IV/17.
Handtuchständer, Erle und
Nußbaum (Leipzig; 1885)
Gründerzeitmuseum
Berfelde, Berlin-Mahlsdorf

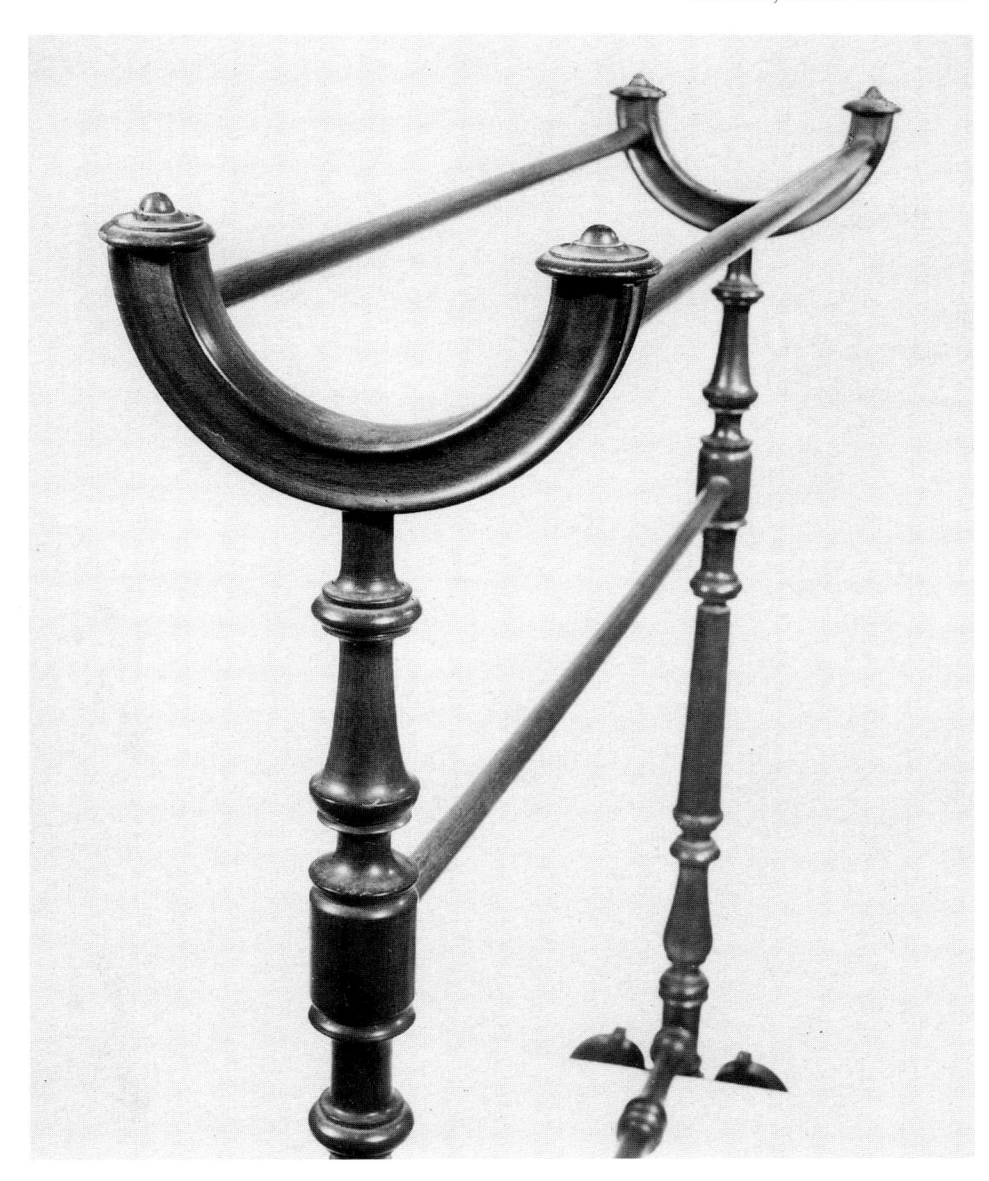

Möbel, Stühle und Leuchten

IV/18.
Chorpult, ursprünglich Thronsitz, Eiche; gedrechselte Stäbe aus Esche (Niedersachsen; um 1200)
Kloster Isenhagen

IV/19.
Thronbank, Esche (um 1160)
Alt-Uppsala/Schweden

IV/20.
Dreipfostenstuhl (Nachbildung), Eiche (Westfalen; vor 1925)
Museum für Volkskunde Berlin

Möbel, Stühle und Leuchten

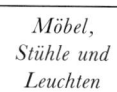

IV/21.
Brautsessel, Esche (Westfalen; Ende 18. Jh.)
Museum für Volkskunde
Berlin

IV/22.
Stuhl; Eiche, Buche und Linde (Niedersachsen; 1845)
Museum für Volkskunde
Berlin

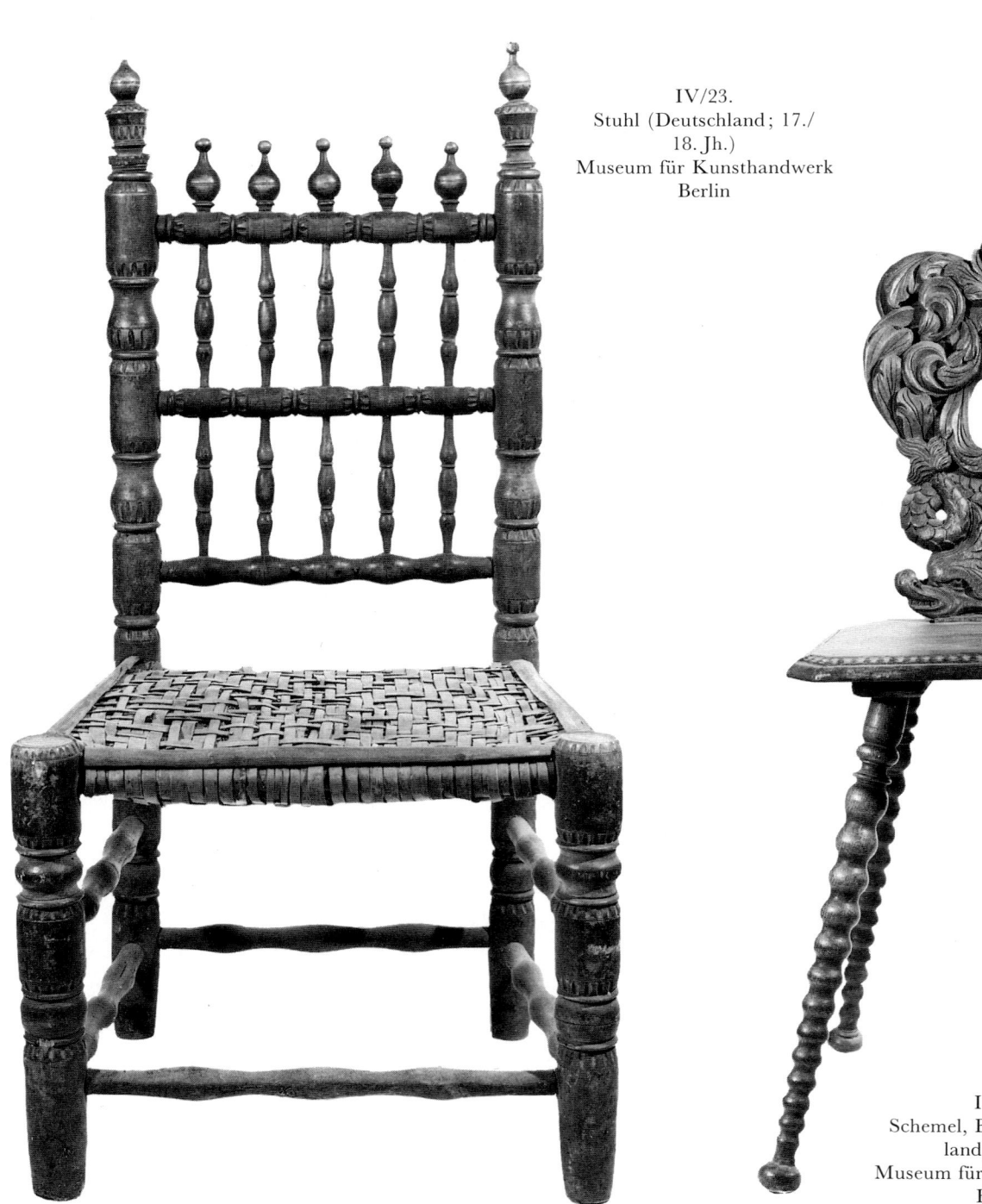

Möbel, Stühle und Leuchten

IV/23.
Stuhl (Deutschland; 17./18. Jh.)
Museum für Kunsthandwerk Berlin

IV/24.
Schemel, Eiche (Deutschland; 17. Jh.)
Museum für Kunsthandwerk Berlin

*Möbel,
Stühle und
Leuchten*

IV/25.
Stuhl (Spanien; zweite
Hälfte 17. Jh.)
Museum für Kunsthandwerk
Dresden

IV/26.
Faltsessel aus dem Zeltzimmer des Schlosses Charlottenhof (Anfang 19. Jh.)
Schloß Charlottenhof
Potsdam

334
Möbel, Stühle und Leuchten

IV/28.
Salonstuhl, Amerikanischer Nußbaum (Deutschland; 1897)
Gründerzeitmuseum Berfelde, Berlin-Mahlsdorf

IV/27.
Armlehnstuhl, Kirschbaum (Bologna; 1800)
Gründerzeitmuseum Berfelde, Berlin-Mahlsdorf

IV/31.
Zargenstuhl; Platte Eiche,
Pfosten Nußbaum,
Lehne Esche
(Erfurt; 1765)
Museum für Volkskunde
Berlin

*Möbel,
Stühle und
Leuchten*

IV/30.
Stuhl, Rotbuche (Berlin; um
1900)
Museum für Volkskunde
Berlin

IV/29.
Stuhl, Amerikanischer
Nußbaum (Hamburg; 1891)
Gründerzeitmuseum
Berfelde, Berlin-Mahlsdorf

Möbel, Stühle und Leuchten

IV/32.
Lehnstuhl, Nußbaum
schwarz gestrichen
(Schweiz; 18. Jh.)
Museum für Kunsthandwerk
Berlin

IV/33.
Stuhl für Restaurants, Buche
(Berlin; um 1900)
Gründerzeitmuseum
Berfelde, Berlin-Mahlsdorf

337
Möbel, Stühle und Leuchten

IV/37.
Stuhl, Jugendstil (Deutschland; um 1900)
Museum für Kunsthandwerk
Berlin

IV/35.
Kinderstuhl, Nußbaum
(Vevey/Schweiz; 1885)
Museum für Volkskunde
Berlin

IV/38.
Stuhl im »Meißener
Weinkeller« in Dresden
(1982)
Deutsche Werkstätten
Dresden-Hellerau

IV/39.
Stuhl (1984)
Fachschule für angewandte
Kunst, Schneeberg

Möbel, Stühle und Leuchten

IV/40.
Detail eines Stuhles (1984)
Fachschule für angewandte
Kunst, Schneeberg

IV/41.
Kindersitz, Buche mit
Ledersitz (1981)
von Klaus Thamm,
Ückeritz/Usedom

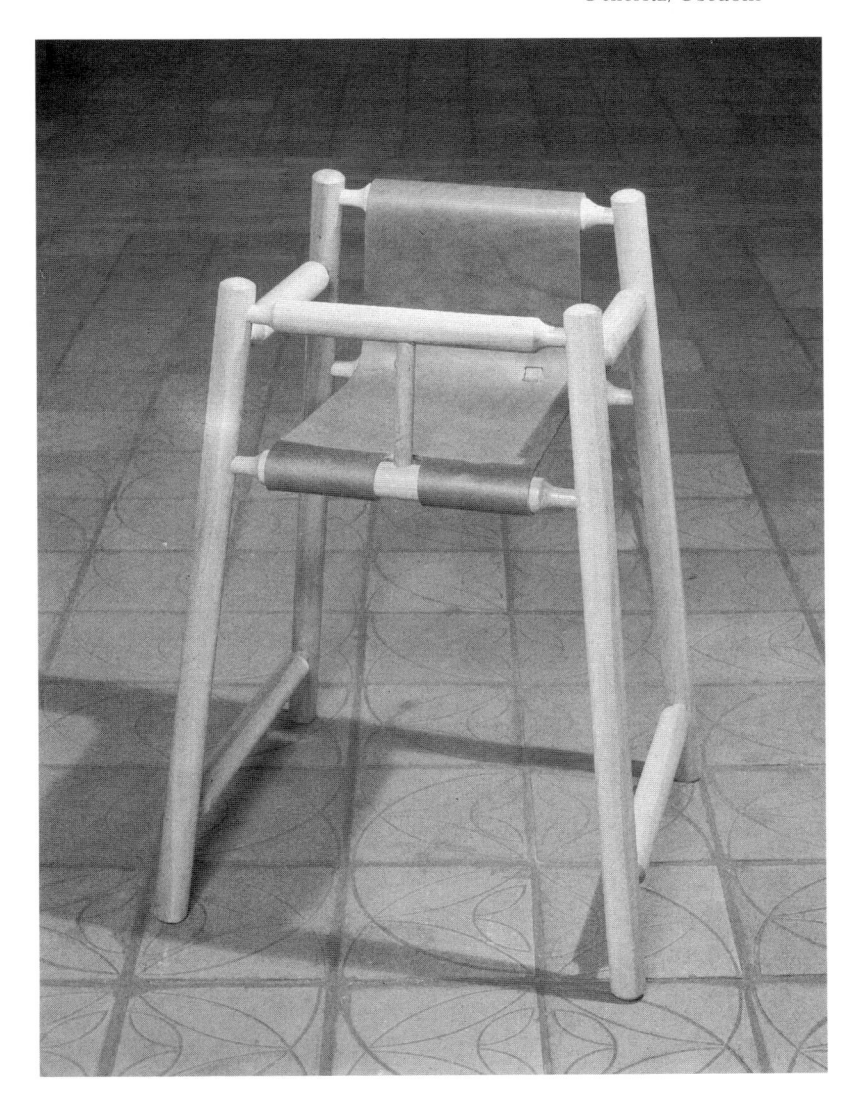

Möbel, Stühle und Leuchten

IV/43.
Bibliothekstreppe, Mahagoni dunkel gebeizt und poliert (Deutschland; um 1900)
Privatbesitz, Schliersee-Neuhaus

IV/42.
Bibliothekstreppe, Französischer Nußbaum (1984) von VERENA WRIEDT, Hamburg

*Möbel,
Stühle und
Leuchten*

IV/47.
Leuchten; Kiefer und
Buche, Drechselelemente mit
Schichtpreß-Formteilen
kombiniert
Leuchtenbau
Deutschneudorf

342

*Möbel,
Stühle und
Leuchten*

IV/45.
Leuchten, Eiche und Buche
(1975)
von Alfred Störr, Freital

Möbel, Stühle und Leuchten

IV/44.
Leuchten, Eiche und Esche
(1980)
von KLAUS HERRMANN,
Crimmitschau

IV/46.
Leuchten; Eiche, Fichte,
Kiefer (1985)
von PETER EHRLICH,
Dresden

344

Möbel, Stühle und Leuchten

IV/48.
Leuchten; Kiefer, Drechsel-
elemente mit gezogenen
Stäben
kombiniert
Leuchtenbau
Deutschneudorf

Architekturteile, baugebundene Arbeiten und freie Plastiken

*Architekturteile,
baugebundene Arbeiten und
freie Plastiken*

V/11.
(Seite 345)
Raumteiler mit gedrechselten Docken in der »Mini-Trinkbar« in Dresden;
Zitronenbaum, Wenge, Bubinga, Palisander (1981)
von Lüder Baier, Dresden

V/1.
Speicher vom Gehöft Grimsgard in Nes (wahrscheinlich um 1700 erbaut)
Norwegisches Volksmuseum
Bygdøy-Oslo/Norwegen

347

*Architekturteile,
baugebundene Arbeiten und
freie Plastiken*

V/2.
Balkonbrüstung und
Treppengeländer an einem
Wohnhaus
Cheb/ČSFR

Architekturteile, baugebundene Arbeiten und freie Plastiken

V/3.
Balkonbrüstung am Kirms-Krackow-Haus (Innenhof)
Nationale Forschungs- und Gedenkstätten Weimar

*Architekturteile,
baugebundene Arbeiten und
freie Plastiken*

V/4.
Treppenaufgang aus dem
Haus Klosterstraße 76
(1927 Einbau im Schloß
Köpenick)
Museum für Kunsthandwerk
Berlin

V/5.
Detail des Treppenaufganges; Traillen passig gedreht
Museum für Kunsthandwerk
Berlin

350

Architekturteile, baugebundene Arbeiten und freie Plastiken

V/6.
Rathausportal aus dem Alten Rathaus in Erfurt; Eiche mit Nußbaum-, Ahorn- und Birnbaumeinlagen (1581)
Angermuseum Erfurt

*Architekturteile,
baugebundene Arbeiten und
freie Plastiken*

V/8.
Eingangstür an der
Semperoper in Dresden
(rekonstruiert; 1984)
Deutsche Werkstätten
Dresden-Hellerau

V/7.
Balkonbrüstung im Festsaal des Schlosses Purschenstein (1989 durch Brand vernichtet) Neuhausen/Erzgeb.

V/9.
Geländer im Künstlerkaffee des Schauspielhauses in Berlin
von Klaus Herrmann, Crimmitschau
(IHB Berlin)

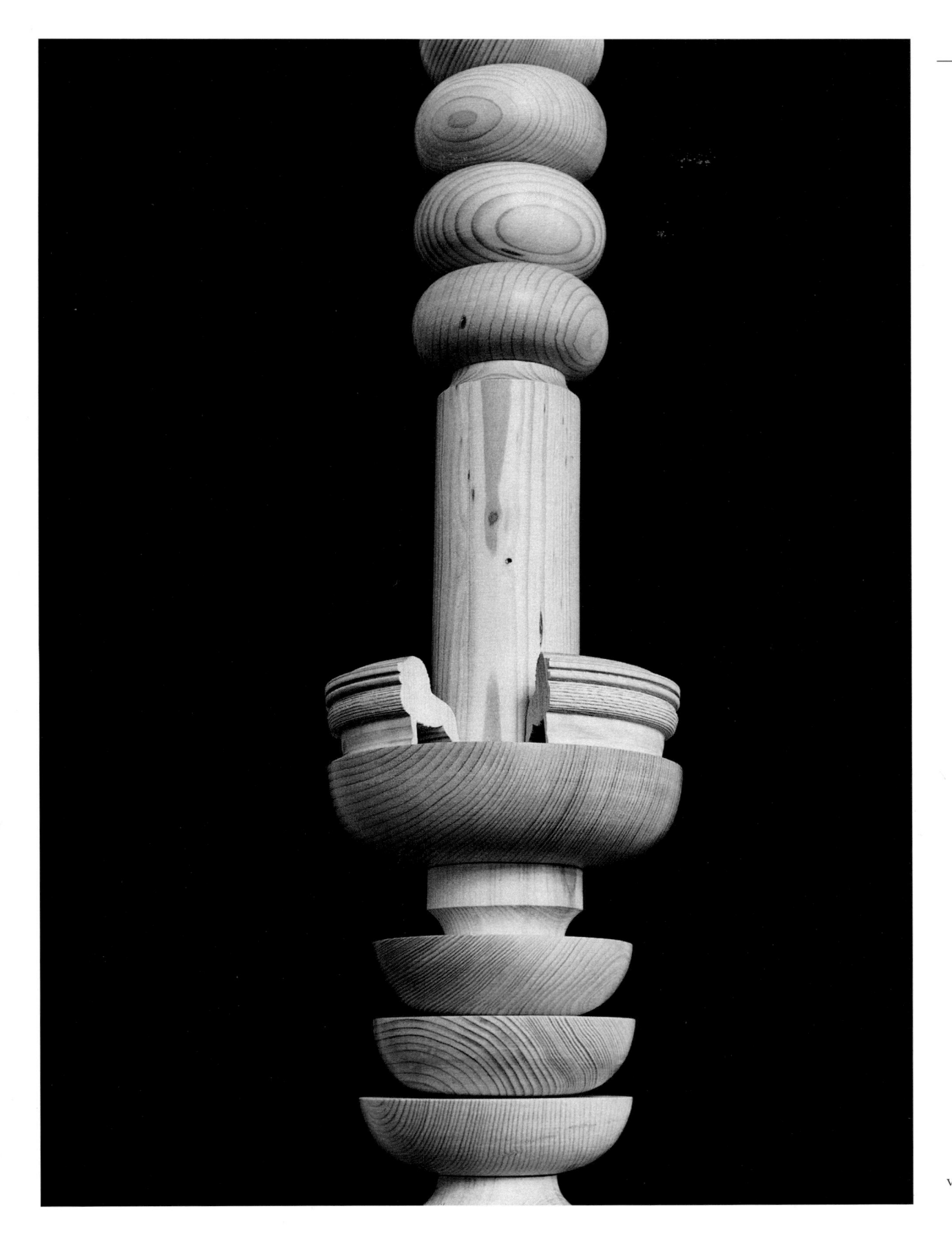

*Architekturteile,
baugebundene Arbeiten und
freie Plastiken*

V/10.
Detail einer Säule mit
Tierreifen, Fichte, in der
Gaststätte »Roter Löwe«,
Schwarzenberg (1976)
von GERD KADEN, Neuhausen/Erzgeb.

354

*Architekturteile,
baugebundene Arbeiten und
freie Plastiken*

V/12.
Gitterstudie, Robinie
von Lüder Baier, Dresden

V/14.
Detail eines Bodenleuchters.
Dockenform als Gestaltungs-
element in den Winkeln
eines auf Kreuz zusammen-
gesteckten Leuchters;
Lärche
von Lüder Baier, Dresden

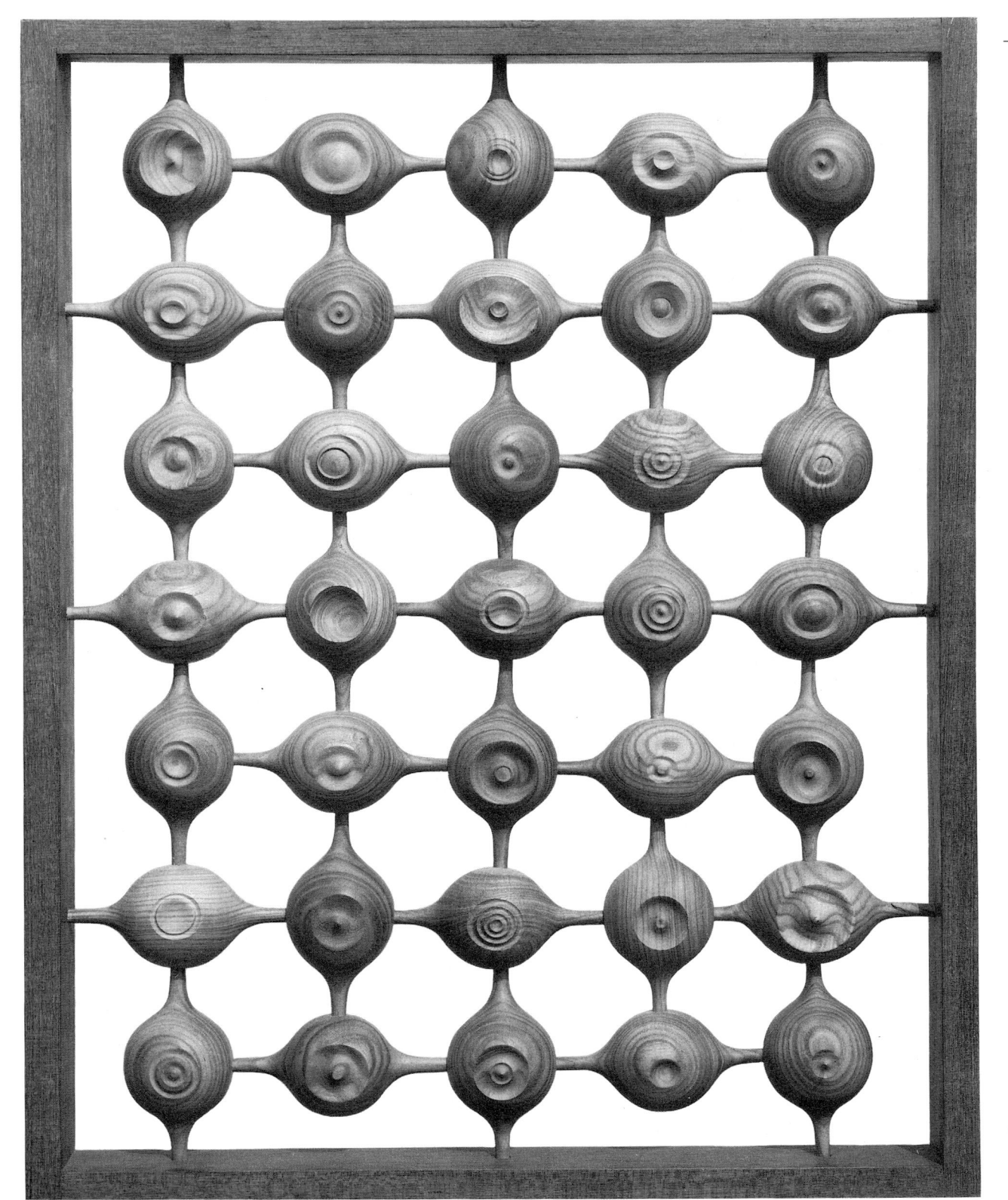

*Architekturteile,
baugebundene Arbeiten und
freie Plastiken*

V/13.
Gitter mit ineinandergesteckten Drechselelementen,
Robinie
von LÜDER BAIER, Dresden

*Architekturteile,
baugebundene Arbeiten und
freie Plastiken*

V/16.
Treppenaufgang in einem
Wohnhaus
von Alfred Ahlborn,
Leipzig

357

*Architekturteile,
baugebundene Arbeiten und
freie Plastiken*

358

Architekturteile, baugebundene Arbeiten und freie Plastiken

V/15.
Gittertür in einem Privatraum; Teak, Kugeln in Palisander
von LÜDER BAIER, Dresden

*Architekturteile,
baugebundene Arbeiten und
freie Plastiken*

V/18.
Treppe und Brüstungsgeländer in einem Wohnhaus
von Leo Nätscher, Lohr-Wombach

V/19.
Balkonsäulen und -geländer
an einem Privathaus,
Weymouthskiefer (unten);
Detail – Haus im Rohbau:
Säulen Weymouthskiefer
2,65 m lang, 280 mm
Vierkant (rechts) (1983)
von Leo Nätscher, Lohr-Wombach

360

*Architekturteile,
baugebundene Arbeiten und
freie Plastiken*

V/20.
Flächenstudie, Eiche
von M. Zimmermann,
Schneeberg

*Architekturteile,
baugebundene Arbeiten und
freie Plastiken*

V/22.
Flächenstudie aus gedrechselten Teilformen, Lärche
von Lüder Baier, Dresden

362

*Architekturteile,
baugebundene Arbeiten und
freie Plastiken*

V/23.
Freie Gestaltung aus
Dockenelementen
von Lüder Baier, Dresden

*Architekturteile,
baugebundene Arbeiten und
freie Plastiken*

V/25.
Freie Gestaltung aus
Kugelelementen
von Lüder Baier, Dresden

364

*Architekturteile,
baugebundene Arbeiten und
freie Plastiken*

V/24.
Freie Gestaltung aus
Knopfelementen
von Lüder Baier, Dresden

Anhang

Tafel 1.
Bezeichnung der Handelssortimente für Vollholz

Unvergütetes Vollholz: Vollholz, das ohne weitere Vorbehandlung außer Trocknen und Klimatisieren direkt verwendbar ist;
Rundholz oder Block: Unvergütetes Vollholz, das durch Querschnitte aus Rohholz gewonnen wird. Man unterscheidet je nach der ehemaligen Lage im Langholz in Stammblock, Mittelblock, Zopfblock;
Schnittholz: Unvergütetes Vollholz, das durch Quer- und Längsschnitte aus Rohholz gewonnen wird, mindestens zwei planparallele Begrenzungsflächen hat und dessen Breite mindestens gleich der Dicke ist;
Unbesäumtes Schnittholz: Schnittholz, das von zwei planparallelen Flächen begrenzt ist, dazu gehören unbesäumte Bohlen, unbesäumte Bretter, unbesäumte Dickten, unbesäumtes Furnier;
Besäumtes Schnittholz: Schnittholz, dessen Dicke und Breite durch planparallele Flächen begrenzt ist, dazu gehören besäumte Bohlen, Kantholz, besäumte Bretter, Latten, besäumte Dickten, Leisten, besäumtes Furnier;
Bohle: Unbesäumtes oder besäumtes Schnittholz mit einer Dicke über 40 mm und einer Breite von mindestens der doppelten Dicke;
Brett: Unbesäumtes oder besäumtes Schnittholz mit einer Dicke von 16...40 mm und einer Breite von mindestens 80 mm;
Kantholz: Besäumtes Schnittholz, das vierseitig mindestens sägegestreift ist, mit einer Dicke über 40 mm und einer Breite kleiner als die doppelte Dicke;
Latte: Besäumtes Schnittholz, das vierseitig mindestens sägegestreift ist, mit einer Dicke von 16...40 mm und einer Breite kleiner als 80 mm;
Dickte: Unbesäumtes oder besäumtes Schnittholz mit einer Dicke von 3 mm bis kleiner als 16 mm und einer Breite von mindestens 80 mm;
Leiste: Besäumtes Schnittholz, das vierseitig mindestens sägegestreift ist, mit einer Dicke von 3 mm bis kleiner als 16 mm und einer Breite kleiner als 80 mm;
Furnier: Unbesäumtes oder besäumtes Schnittholz mit einer Dicke kleiner als 3 mm und einer Breite über 80 mm.

Die Begriffe über Messung und Sortierung und die Abmessungen für Schnittholz sind in der TGL 18 981 zusammengefaßt. Nachfolgend sollen daraus nur die Nenndicken für Bretter und Bohlen aus Nadelholz und aus Laubholz genannt werden:
Nenndicken Nadelholz: 16/19/22/25/30(32)/35/38/40/45/50/55/60/65/70/75/80. Bis zu 35 Dicke ist eine Maßabweichung von ± 1 mm und ab 35 mm aufwärts ± 2 mm zulässig.
Nenndicken Laubhölzer: 16/18/20/26/30(32)/35(38)/40/50/55/60/65/70/75/80/85/90/100/110/120/. Bis zu 35 mm ist hier ebenfalls eine Maßabweichung von ± 1 mm zulässig, von 35 mm bis 90 mm ± 2 mm und ab 100 mm Dicke ± 3 mm.

Die in Klammern stehenden Werte sind nur bei Importen zulässig.

Einige weitere wichtige Begriffe:
Zopf: Oberer ästiger Teil des Baumes;
Stamm: Unterer Teil des Baumes vom Wurzelansatz bis zum Beginn der Hauptäste;
Rollen: Schwaches Rundholz, 1...2 m lang;
Scheite: In Hälften, Drittel oder Viertel zerspaltene Rollen oder Zopfabschnitte;
Kantel: Im Querschnitt quadratische Hölzer aus Dickten, Brettern oder Bohlen geschnitten;
Schwarten: Beim Einschnitt von Rundholz anfallende, an ihrer »linken Seite« wenig oder nicht sägegestreifte äußere Blockteile;
Säumlinge: Beim Besäumen von Brettern und Bohlen anfallende, mit Baumkante versehene langgestreckte Holzteile.

Tafel 2. Hinweis zu einigen wichtigen Klebstoffarten für den Holzhandwerker

Klebstoff		Zusammensetzung	Eigenschaften	Abbindung	Verwendung
Gruppe	Handelsname				
Glutinleime	Glutin-Warmleim	aus Häuten, Sehnen, Knochen gewonnene Kollage, die unter Dampfdruck zu Glutin verwandelt wird	in kaltem Wasser quellbar, oberhalb 30 °C schmelzbar, über 100 °C Zerstörung zu Glutose; nach etwa 18 Std. hohe Trockenbindefestigkeit	physikalisch	Fugen- und Montageklebungen, Furnierungen
Cellulosenitrat-Klebstoff	Kittifix, Duosan, Ago-Kleber, Atlas-Kleber, Mökofix (ist wasserhell)	Kollodiumwolle	gegen Wasser, Öle und Fette sowie gegen kalte und verdünnte Säuren und Alkalien beständig – wiederlöslich durch Lösungsmittel; hohe Elastizität, schnelles Anziehen, niedriger Körpergehalt; Entlüftung notwendig	physikalisch	für Leder, Papier, Fiber, Steingut, Marmor, Gewebe, Filze, Celluloide, untereinander und mit Holz
Kautschuk-Klebstoffe	Neopren, Plastikator Elboplast, K 18, NO2/100	synthetische Kautschuke (Latex) mit Zusatz von Harzen und Weichmachern (auch aus Naturkautschuk)	sehr elastisch (Abdunstzeit beachten), nur kurz einwirkender hoher Preßdruck vorteilhaft, Beständigkeit gegen Temperaturen von −60...+100 °C; kostenaufwendig	physikalisch	Gummi- und Schaumstoffverklebungen, PVC/Holz, Decelith/Holz, Spanplatten, Glakresit/Aluminium
PC-Klebstoffe	Agolit, PC 10, PC 15, PCD 13, PCM 13, PCA 20, PCTo 13, Mökotex	Styren, Vinylverbindungen Butadien, Ethen o. ä. wird polymerisiert und in Tetrachlorkohlenstoff mit Chlor überchloriert; Lösungsmittel: Aceton, Toluen, Cyklohexanon etc. wasserlöslich	Kleblack mit geringem Körpergehalt; löst bei der Verklebung PVC-Material an; nach 24 Std. kann die Verklebung belastet werden; Wiederlöslichkeit mit Lösungsmitteln; thermoplastisch, teilweise brennbar, teilweise gesundheitsschädlich; rasch bindend	physikalisch	PVC/PVC, PVC/Holz Lackflächen/Holz, (mit PVC-weich nicht zu empfehlen); spezifische Sortenempfehlung ist zu beachten Lack/Lack und Holz/Holz
PVA-Klebstoffe	PVAC-Dispersionsklebstoff, (Berliner Leim) Brauns Holzkaltleim PCA »S«, PVA »L«, Agoflex, Dartex, Atlas-Kleber etc.	*wäßrige Dispersionen;* aus Azetaldehyd und Essigsäure entsteht Vinylacetat, das polymerisiert wird; diese gummiartigen Teilchen werden in Wasser dispergiert; zusätzlich werden organische Säuren zugesetzt	Endfestigkeit nach 30 Std. gute Trockenbindefestigkeit nach 30 bis 60 min; nicht mehr wiederlöslich, aber quellbar; wenig feuchtigkeitsbeständig; thermoplastisch, schimmelpilzbeständig, physiologisch einwandfrei; bei Unterschreitung von +10 °C tritt Kreidepunkt ein; trocknet fast glasklar	physikalisch	Fugen- und Montageverklebungen Holz/Holz; *wichtigster Holzkleber*
		Kleblacke: Suspensionspolymerisate in Methanol, Aceton, etc.	beide oder eine Seite einstreichen, trocknen lassen, anlösen und pressen	physikalisch	Plaste/Holz, Plaste/Plaste, Plaste/Filz, Plaste/Alu etc.

Tafel 3. Hinweise zu Holzschutzmitteln und holzschützenden Anstrichstoffen
(Auszug aus dem Holzschutzmittelverzeichnis 1985/86)

Holzschutzmittel	Typ	Schutz-wirkung	Anwendungs-bereich	Mindestaufnahme-menge für Holz g/m^2	kg/m^3	Gift-abteilung
Donalith Ull	Salz	P, lb, lv	7, 9, 11	45	$3\pm1{,}5$ 4,5	2
			3, 12		6	
Donalith CKF	Salz	PM, lv	7	–	4,5	2
			3, 4		9	
Hylotox LP [1]	Öl	PM, B, lb, lv	3, 4, 12	350	45	–
Hylotox lP-braun	Öl	PM, lb, lv	3, 4, 12	350	45	2
Hylotox 59	Öl	lb, lv	3, 7	350	45	–
Ricolit DT 420	Öl	PM	3, 4	350	45	2
Kombinal TO [1]	Öl	PM, lb, lv	3, 4, 12	350	45	2
Kombinal TO-natur	Öl	PM, lb, lv	3, 4, 12	350	45	2
Kombinal TO-braun	Öl	PM, lb, lv	3, 4, 12	350	45	2
Paratectol HvEO (farblos)	Öl	PM, B	3 (und Fenster)	100		–
Ricolit 70 (rotbraun grün	Öl	PM	3	350		–
Holzschutzlasur HIEO braun, grün, schwarzbraun)	Öl	PM, B	3, 7	200		–
Holz-Imprägniergrund HIEA für außen	Öl	PM, B	3 (und Fenster)	100		–
Holzschutzlasur HwKL [2]	Poly-acrylat	PM, B	3, 7	200		–

Zeichenerklärung:

Schutzwirkung
P gegen holzzerstörende Pilze außer Moderfäuleerreger,
PM gegen holzzerstörende Pilze einschließlich Moderfäuleerreger,
B gegen holzverfärbende Pilze,
lb bekämpfend gegen Insekten,
lv vorbeugend gegen Insekten,
Giftabteilung 2 enthält giftige Stoffe.

Anwendungsbereich
 3 im Freien ohne Erdbodenberührung,
 4 im Freien mit Erdbodenberührung,
 7 in geschlossenen Wohn-, Aufenthalts- und Arbeitsräumen,
 9 in Kleintierstallungen,
11 im Gartenbau unter Glas,
12 im Gartenbau Freiland.

[1] Hylotox lP und Kombinal TO sind nicht für Haustüren zugelassen.
[2] Anwendung nur im System mit Holzimprägnierung HIEA

Anmerkung: Aus Kombinal TO läßt sich für die Außenanwendung im Selbstansatz eine wirksame und ästhetisch ansprechende Lasur herstellen:
Rezeptur für einen Farbton »Cedernbraun«
66 Masseanteile Leinölfirnis
30 Masseanteile Kombinal TO hell
 3 Masseanteile Öl-Abtönpaste Umbra
 1 Masseanteil Öl-Abtönpaste Englisch-Rot

Tafel 4. Gesundheits- und Arbeitsschutz, Brandschutz

10. Holzdrehmaschinen:
10.1. Die Werkstückspanneinrichtungen müssen den sicheren Sitz des Werkstückes während der Bearbeitung gewährleisten.
10.2. Spanneinrichtungen mit überstehenden Spannelementen müssen mit einer Schutzvorrichtung versehen sein, die die technologischen Möglichkeiten der Holzdrehmaschinen nicht beeinträchtigt, jedoch Gefährdungen ausschließt.
10.3. Bei manueller Zuführung des Werkzeuges muß die Handauflage dem jeweiligen Drehverfahren angepaßt sein. Sie ist so dicht wie möglich an das Werkstück heranzuführen.
10.4. Für die Bearbeitung besonders langer Werkstücke ist zusätzlich eine Lünette zur Gewährleistung eines schwingungsfreien Laufes erforderlich.
10.5. Die Umfangsgeschwindigkeit des Werkstückes darf 30 m/s nicht überschreiten. Dazu sind Tabellen zu erarbeiten, aus denen Drehzahl und zulässiger Werkstück-Flugkreisdurchmesser abgelesen werden können.
10.6. An Schablonendrehmaschinen sind Auffangvorrichtungen und Schutzhauben gegen unbeabsichtigtes Lösen der Werkstücke anzubringen und mit dem Werkstückantrieb zu verriegeln.
10.7. Verleimte Werkstücke dürfen nur dann bearbeitet werden, wenn die Leimfuge fehlerfrei und vollständig ausgehärtet ist.
10.8. Zur Vermeidung von Augenverletzungen hat der Werktätige eine Schutzbrille zu tragen.

Literaturverzeichnis

[1] AMMAN, JOST: Das Ständebuch mit Reimen von Hans Sachs. – Frankfurt, 1568; Nürnberg, 1962.

[2] APPUHN, HORST: Beiträge zur Geschichte des Herrschersitzes im Mittelalter. Teil I: Gedrechselte Sitze. – In: Aachener Kunstblätter 48, 1978/79. – Aachen, 1980.

[3] Autorenkollektiv: Die Arbeitswelt der Antike. – Leipzig, 1983.

[4] Autorenkollektiv: Form und Dekor. – Leipzig, 1984.

[5] Autorenkollektiv: Lexikon der Holztechnik. – Leipzig, 1964.

[6] Autorenkollektiv: Lexikon der Kunst. – Leipzig, 1978.

[7] Autorenkollektiv: Lexikon früher Kulturen, Bd. I, II. – Leipzig, 1984.

[7a] Autorenkollektiv: Meyers Neues Lexikon, Bd. 15. – Leipzig, 1977.

[8] Autorenkollektiv: Maschinen und Maschinenwerkzeuge für die Holzbearbeitung, Hefte 1 bis 6. – Leipzig, 1961 bis 1967.

[9] BAIER, LÜDER: Holzgestaltung. – Katalog. Museum für Kunsthandwerk. – Leipzig, 1981.

[10] BEHNE, ADOLF: Theodor Artur Winde. – In: Kunst der Gegenwart VI. – Potsdam, 1958.

[11] BEHRENS, RAINER: Künstlerische Schachfiguren aus zehn Jahrhunderten. – Leipzig, 1963.

[12] BENKER, GERTRUD: Altes bäuerliches Gerät. – München, 1976.

[13] BERTHOLD, K., u. a.: Einführung in die Holztechnik. – Leipzig, 1959.

[14] BILZ, HELMUT: Das Reifendreherhandwerk im Spielwarengebiet Seiffen. – In: Schriftenreihe des Erzgebirgischen Spielzeugmuseums, Heft 3. – Seiffen 1976.

[15] BOHNENBERGER, GOTTLIEB CHR.: Beyträge zur höheren Drehkunst, oder Anleitung, eine Menge schöner Kunststücke auf jeder gemeinen Drehbank zu verfertigen. – Nürnberg, 1799.

[16] BORN, ERWIN: Die Kunst zu drechseln. – München, 1984.

[17] BOULTER, BRUCE: Holzdrehen. – Wiesbaden/Berlin, 1985.

[18] BREUER, C.; A. KOEPPEN: Geschichte des Möbels. – Berlin, 1904.

[19] BROCKHAGE, HANS: Künstler aus dem Bezirk Karl-Marx-Stadt. Katalog. – Karl-Marx-Stadt, 1974.

[20] BUCHARTZ, MAX: Gestaltungslehre. – München, 1950.

[21] CAMPIN, FRANCIS: Das Drechseln in Holz, Elfenbein, Perlmutter. – Weimar, 1862.

[22] DEININGER, JOH. W.: Das Bauernhaus in Tirol und Vorarlberg. – München, 1979.

[23] DENGLER: Waldbau. – Hamburg/Berlin, 1971.

[24] DEXEL, WALTER: Holzgerät und Holzform. – Berlin, 1943.

[25] DEXEL, WALTER: Unbekanntes Handwerksgut. – Berlin, 1942.

[26] DREXELIUS, CHR.: Kurtzer Unterricht von der Dreh-Kunst, worinne gezeigt wird I. deren Notwendigkeit zu allen Zeiten, II. ihr Nutze in vielen Ständen und Profeßionen, III. ihre Hochachtung bey grossen Herren, nebst Specification verschiedener Geheimnüsse der Natur und Mechanic des berühmten Herrn Jonathan Martin Teubers, Kunst- und Silber-Drechsler allhier zu Regenspurg. – Regensburg, 1730.

[27] DWENGER, ROLF: Kunsthandwerkliches Zinngießen. – Leipzig, 1980.

[28] ENGELMANN, WILHELM: Bibliotheca mechanico-technologica oder Verzeichnis der bis zur Mitte des Jahres 1849 in Deutschland erschienen Bücher über Theile der mechanischen und technischen Künste und Gewerbe. – Leipzig, 1850.

[29] ERTELD, W.; H.-J. METTE; W. ACHTERBERG: Holzfehler. – Leipzig, 1963.

[30] EXNER, HERMANN: Kunst und Gerät. – Berlin, 1961.

[31] FELDHAUS, F. M.: Die Maschine im Leben der Völker. – Basel/Stuttgart, 1954.

[32] FELDHAUS, F. M.: Die Technik der Antike und des Mittelalters. – Potsdam, 1931.

[33] FELDHAUS, F. M.: Die Technik der Vorzeit, der geschichtlichen Zeit und der Naturvölker. – Leipzig/Berlin, 1914.

[34] FETZER, WOLFGANG: Pharmazie. Historisches aus Museen und Sammlungen der DDR. – Leipzig, 1983.

[35] FLADE, HELMUT: Holz. Form und Gestalt. – Dresden, 1979.

[36] FRIEDRICH, CARL: Beiträge zur Geschichte der Drechslerei. – In: Kunst und Gewerbe. – Nürnberg/Weimar 15 (1881). – S. 129 bis 138, 161 bis 171.

[37] FRISIUS, FRIDERICUS: Der vornehmsten Künstler und Handwercker Ceremonial-Politica. Ceremonial der Drechsler. Mit Titelkupfer: Kegelspiel und Poem – Drechselkunst (von J. Müller, 1653). – Leipzig, 1705 bis 1716. – S. 253 bis 301.

[38] FRITSCH, K. E.: Bergmann und Holzdrechsler. Bilder aus der Lebenswelt des Bergmannsdorfes Pobershau. – In: Letopis. Jahresschrift des Instituts für Sorbische Volksforschung, Nr. 6/7. – Bautzen, 1964.

[39] FUJIWARA, K.: Grundlegende Untersuchungen über das Drechseln von Holz mit Ultraschallmethoden. – Kyoto, 1976.

[40] GEISSLER, J. G.: Der Drechsler. Bände 1 bis 5. – Leipzig, 1796.

[41] GILDE, WERNER: Gespiegelte Welt. – Leipzig, 1979.

[42] GÖHRE, K.: Werkstoff Holz. – Leipzig, 1961.

[43] GOMBERT, JÜRGEN: Die Technik des Drechselns. – München, 1984.

[44] GRAEF, AUGUST: Der Drechsler der Neuzeit. Musterblätter moderner Drechslerarbeiten. – Weimar, 1879.

[45] GRAEF, MAX: Detaillierbuch für Holzindustrie. – Halle, 1888.

[46] GRAEF, AUGUST; MAX GRAEF: Musterblätter moder-

ner Drechslerarbeiten. – Weimar, 1889 (neu aufgelegt: Hannover, 1982).
[47] GRAUWILLER, CHRISTOPH: Seiffener Kostbarkeiten. Holzspielzeug aus dem Erzgebirge. – Liesetal/Schweiz, 1984.
[48] HALLE, JOH. SAM.: Werkstätte der heutigen Künste, Bd. 3, Teil II. – Brandenburg – Leipzig, 1764.
[49] HAMMER, E.: Oberflächenbehandlung des Holzes für den Praktiker. – Leipzig, 1962.
[50] HANAUSEK, ED.: Die Technologie der Drehkunst. Die Lehre von den Rohstoffen und deren Verarbeitung. Hrsg. von der Handels- und Gewerbekammer für das Erzherzogtum Österreich unter Ems. – Wien, 1884.
[51] HOLM, EDITH: Stühle von der Antike bis zur Moderne. – München, 1978.
[52] HUGGER, PAUL: Die gewundene Säule. Die Arbeit des Drechslers. – In: Sterbendes Handwerk II. – G. Krebs AG. – Basel (1976) 15.
[53] HULOT, PÈRE: L'art du tourneur mécanicien. – Academie Royale des Sciences. Descriptions des arts et metiers. Bd. 28, Fol. VIII. – Paris, 1775.
[54] HÜTTE: Taschenbuch für Betriebsingenieure. – Berlin (West)/München, 1964.
[55] IPEK-Jahrbuch für prähistorische und ethnographische Kunst. Bd. 13, 14. – Leipzig, 1939/40.
[56] JANIK, WILHELM: Handbuch der Holztrocknung. – Leipzig, 1960.
[57] KAESZ, GYULA: Möbelstile. – Leipzig, 1974.
[58] Katalog: Kunsthandwerk aus der DDR. Städtische Museen Göttingen. – Göttingen, 1983.
[59] Katalog: Kunsthandwerk im Gebrauch. Handwerkskammer des Bezirkes Leipzig. – Leipzig, 1984.
[60] Katalog: Staats- und Förderpreis für das Kunsthandwerk Rheinland-Pfalz 1982. – Koblenz, 1982.
[61] Katalog: Staats- und Förderpreis für das Kunsthandwerk Rheinland-Pfalz 1984. – Trier-Euren, 1984.
[62] KNOPPE, HUGO: Handbuch der Ovaldreherei. – Leipzig, 1920.
[63] KNOPPE, HUGO: Drechslerkunst. Meistertechniken alter und neuer Zeit. – Leipzig, 1926.
[64] KNOPPE, HUGO: Handbuch der mechanischen Holzbearbeitung in der Dreherei. – Leipzig, 1903.
[65] KNOPPE, HUGO: Handbuch der Drechslerei. – Leipzig, 1938.
[66] KOLOC, KURT: So heißen die Werkhölzer. – Leipzig, 1961.
[67] KOPKE, PAUL; RUDI SCHIETZEL: Allgemeine Grundlagen und Sägemaschinen. – Leipzig, 1963
[68] KOPKE, PAUL: Maschinen für die Holzbearbeitung. – Leipzig, 1958.
[69] KOPKE, PAUL: Maschinenwerkzeuge für die Holzbearbeitung. – Leipzig, 1960.
[70] KUSIAN, RICHARD u. a.: Holzbearbeitung. – Leipzig, 1984.
[71] LANFER, H.: Holz und Elfenbein. Deutsche Drechslerzeitung. – 2 (1986). – S. 24 bis 26.
[72] LANGENDORF, GÜNTER: Handbuch für den Holzschutz. – Leipzig, 1961.
[73] LANGENDORF, GÜNTER: Holzschutz. – Leipzig, 1988.
[74] LEFEBURE, G.: Le Tombeau de Petosiris. – Paris, 1824.
[75] LEIPART, TH.: Zur Lage der deutschen Drechslerarbeiter. – Hamburg, 1893.
[76] LEYENSETTER, W.: Grundlagen und Prüfverfahren der Zerspanung, insbesondere des Drehens. – Berlin, 1938.
[77] MARTIN, C. A.: Der Drechsler. – Leipzig, 1905.
[78] MARTIN, E. A.; C. SPITZBARTH: Die Kunst des Drechselns in ihrem ganzen Umfange. – Weimar, 1879.
[79] MARX, KARL; FRIEDRICH ENGELS: Die deutsche Ideologie. MEW Bd. III. – Berlin, 1953. – S. 21
[80] MANNES, WILLIBALD: Technik des Treppenbaues. – Stuttgart, 1979.
[81] MANNES, WILLIBALD: Treppen und Geländer. Werkstoffe, Konstruktion, Gestaltung. – Stuttgart, 1971.
[82] MÉKÁM, LIVIA: Alte ungarische Apotheken. – Budapest, 1969.
[83] MERTENS, KLAUS: Die gedrechselte Form. – Abschlußarbeit an der Fachschule für angewandte Kunst. – Schneeberg, 1968.
[84] MICHEL, H.: Schriftenreihe des Institutes für Innengestaltung an der Hochschule für Architektur und Bauwesen Weimar. – Weimar, 1956 bis 1962.
[85] MÜLLER, WOLFGANG u. a.: Maschinen der Holzbearbeitung. – Leipzig, 1984.
[86] MUMMENDORF, E.: Verzeichnis neuer von J. E. Herm. Saueracker gefertigter Kunstdrechslerarbeiten. Mit einer geschichtlichen Einleitung über die Entwicklung des Drechslerhandwerks. – Nürnberg, 1922.
[87] NADLER, FR.: J. F. Hermann Saueracker's Kunst-Drechslerarbeiten wieder im Nürnberger Altstadt-Museum. – In: Deutsche Drechslerzeitung. – Dortmund (1958) 9. – S. 102, 103
[88] NAKAMURA; HODA: Bildung von maschinell bearbeiteten Mustern mittels elastischer Schneidwerkzeuge beim Drechseln von Holz. – In: I. Jao. Wood Res. Soz. – Tokyo 20 (1974) 9.
[89] NEU, ALFRED: Die Drechslerei in Leipzig. – In: Schriften des Vereins für Sozialpolitik, Bd. 63: Untersuchungen über die Lage des Handwerks in Deutschland. 2. Bd., Königreich Sachsen, 1. Teil. – Leipzig, 1895. – S. 53 bis 93
[90] NOTHELFER; STOLPER: Das Möbelbuch. – Berlin, 1940.
[91] OTTE, ILKA; GERD KADEN: Werkstattprofile. Katalog. – Studio-Galerie. – Berlin, 1982.
[92] PEESCH, REINHARDT: Holzgerät in seinen Urformen. – Berlin, 1966.
[93] PLUMIER, CHARLES: Die Kunst zu Drechseln. – Leipzig, 1776.
[94] PRACHT, KLAUS: Drechseln. – Köln, 1986.
[95] RADU; CIPAIAN: Probleme der Holzbearbeitung durch Drehen. – Universität Brasiv, 1976.
[96] RAFFAN, RICHARD: Turning wood with Richard Raffan. – Newtown (Connecticut), 1985.
[97] REDECKER, H.: Über Elemente in der angewandten Kunst. – In: Form und Zweck. – Berlin, 1958/59.
[98] REDECKER, H.: Zweck, Sinn und Form. Über Elemente der angewandten Kunst. – In: Form und Zweck. – Berlin, 1958/59.
[99] REHLEN, C. G.: Geschichte der Gewerbe. – Leipzig, 1855.
[100] RIETH; LANGENBACH: Ursprünge der Technik. Die Entwicklung der Drehbank. – Stuttgart/Köln, 1954.
[101] RIETH; A.: Zur Technik antiker und prähistorischer Kunst: Das Holzdrechseln. – In: Internationales Jahr-

Literaturverzeichnis

[102] ROLAND, KLAUS u. a.: Wissensspeicher Holztechnik. – Leipzig, 1984.
[103] SACHER, RAINER: Der verwandelte Wald. – Berlin, 1976.
[104] SAUERACKER, J. E. HERM.: Die Sammlung der Nürnberger Kunstdrechslerarbeiten. – Nürnberg, 1908.
[105] SCHEIBER, CHRISTIAN: Tropenhölzer. – Leipzig, 1965.
[106] SCHLICKER, G.; B. KRIEGER: 100 Tips für den Hobbydrechsler. – Leipzig/Jena/Berlin, 1982.
[107] SCHMIDT, H. F. W.; L. SZEPAN; H. NÖTZOLD: Lehrbuch für den Tischler. – Leipzig, 1967.
[108] SCHMUTZLER, WOLFGANG: Grundmaschinen zum Hobeln und Fräsen. – Leipzig, 1961.
[109] SCHULTZ, FR.: Das Drechslerbuch. – Leipzig, 1937.
[110] SELIGER, CONRAD: Handbuch der Drehkünste. – München, 1846.
[111] SEYFFERT, OSKAR: Von der Wiege bis zum Grabe. – Wien, 1906.
[112] SIDDON, G. A.: Praktischer und erfahrener englischer Ratgeber für alle diejenigen Künstler und Professionsten, welche ... – Weimar, 1842.
[113] SPANNAGEL, FRITZ: Das Drechslerwerk. – Ravensburg, 1940.
[114] SPANNAGEL, FRITZ: Gedrechselte Geräte. – Ravensburg, 1941.
[115] SPANNAGEL, FRITZ: Der Möbelbau. – Ravensburg, 1939.
[116] STEINERT, ROLF; HEGEWALD, HERBERT: Der Drechsler. – Leipzig, 1984.
[117] STEINERT, ROLF; HEGEWALD, HERBERT: Der Drechsler (Ungarische Ausgabe). – Budapest, 1987.
[118] STÜBLING, R.: Das gesamte Drechslergewerbe. Handbuch für Drechsler.
[119] TEUBER, JOH. MARTIN: Vollständiger Unterricht von der gemeinen und höheren Drehkunst. – Regensburg, 1740.
[120] TEUE, WILHELM: Hausbuch der Mendelschen Zwölfbrüderstiftung zu Nürnberg. – München, 1965.
[121] THON, T.: Die Drehkunst in ihrem ganzen Umfange. – Weimar/Ilmenau, 1825.
[122] THON, T.: Taschenbuch für Künstler und Handwerker. – Weimar/Ilmenau, 1832.
[123] UNGER, ACHIM: Holzkonservierung. Schutz und Festigung von Kulturgut aus Holz. – Leipzig, 1988.
[124] VORREITER, LEOPOLD: Holztechnologisches Handbuch. Bd. 1 bis 3. – Wien, 1949 bis 1963.
[125] WARLIMONT, J.: Zerspanungsuntersuchungen beim Drehen von Holz. – In: Maschinenbau. – 12 (1933). – S. 199
[126] WARTENWEILER, ALBERT: Arbeiten auf der Drechselbank. – Köln-Braunsfeld, 1983.
[127] WATZKE, HUBERT u. a.: Taschenbuch der Holztechnologie. – Leipzig, 1966.
[128] WEBER, JÜRGEN: Gestalt, Bewegung, Farbe. – Berlin, 1976.
[129] WEIGEL, CHRISTOFF: Ständebuch. – Nürnberg, 1698; Regensburg, 1698; München, 1936.
[130] WEISENFELD, PETER: Holzschutz ohne Gift. – Grebenstein, 1983.
[131] WILLER, KURT: Hilfsvorrichtungen für Holzbearbeitungsmaschinen. – Leipzig, 1952.
[132] WÖLKER, HEINRICH: Die Holzdrehbank in der Schülerwerkstatt. – Hannover, 1932.
[133] WRESZINSKI, W.: Atlas zur altägyptischen Kulturgeschichte. – Leipzig, 1914 ff.
[134] ZEMMRICH, DIETER: Holzbearbeitung in Übersichten. – Leipzig, 1969.
[135] Zeitschrift: Die Kunst der Drechsler. – Hefte des Focke-Museums, Nr. 66. – Bremen, 1984.
[136] Zeitschrift: Form und Zweck. – Berlin 15 (1983) 4, 5.
[137] Zeitschrift: Heimatwerk. – Zürich 17 (1952) 2. – S. 44
[138] Zeitschrift: Holztechnologie. – Leipzig 4 23 (1985) 1.
[139] Zeitschrift: Holz und Elfenbein. Deutsche Drechslerzeitung. – Düsseldorf (1974) 6. – S. 70
[140] Zeitschrift: Holz-Zentralblatt. – Holzdrehautomaten für Werkstücke über drei Meter Länge. – Stuttgart 109 (1983).
[141] Zeitschrift: Sächsische Heimatblätter. – Reifendrehen. – Dresden 16 (1970) 6.
[142] Zeitschrift: Sächsische Heimatblätter. – Dresden (1965) 6. – S. 482 ff.
[143] Zeitschrift: Volkskunst. – Die Einrichtung historischer Drechslerwerkstätten. – München (1983) 3.
[144] Zeitschrift für Archäologie. – Berlin 14 (1980) 1.

Ergänzungen zum Literaturverzeichnis:

Holtzapffel, John Jacob; Hand or simple Turning, Dover Publications Inc., New York, 1976, USA, Nachdruck der engl. Ausgabe von 1881

Holtzapffel, John Jacob; The Principles & Practica of Ornamental or Complex Turning, Dover Publications Inc., New York, 1973, USA, Nachdruck der engl. Ausgabe von 1894

Nish, Dale L.; Master Woodturners, Artisan Press, Provo, Utah, 1985, USA

Jacobson, Edward; The Art of Turned Wood Bowls, E. P. Dutton Inc., New York, N. Y. 100 16, 1885, USA

Darlow, Mike; The Practic of Woodturning, The Taunton Press Inc., Newton, 1988, USA

Lindquist, Mark; Sculpting Wood, The Taunton Press Inc., Newton, 1988, USA

Zeitschriften: American Woodturner, The Journal of The American Association of Woodturners, Eastsound, Washington 98 245, USA

The Woodturner's Catalog 1988, Craft Supplies, specialists in woodturning tools, Provo, UT 84601, USA

The Woodturner, The Magasine für the discerning Woodturner, Derbyshire SK 178 SN, Großbritannien

Bilderquellenverzeichnis

Die in [ ] gesetzten Zahlen bezeichnen die Literaturquellen.

[13] Bilder 2/4, 7/20
[14] Bilder 6/53, 6/55
[21] Bild 6/47 c
[24] Bilder 1/12, 1/13, 1/14, 1/20
[32] Bild 1/22
[33] Bild 1/24
[55] Bilder 1/6, 1/8, 1/9, 1/10
[65] Bilder 4/57, 4/58, 6/70a, 7/7
[67] Bild 3/7
[70] Bild 3/16
[74] Bild 1/5
[78] Bilder 1/25, 6/68, 6/70b
[85] Bilder 3/11, 3/12, 3/21, 3/22, 3/34, 3/36
[96] Bilder 3/71, 4/20, 4/55, 6/11, 6/42c, 6/44c, d
[102] Bilder 3/11, 3/13, 3/15, 3/38, 3/40, 3/41, 3/43, 7/17, 7/18, 7/19
[106] Bilder 6/13, 6/84, 6/85
[107] Bilder 2/2, 2/3, 2/7, 2/8, 2/9, 5/1, 5/11, 6/62
[108] Bilder 3/29, 3/30, 3/35
[113] Bilder 1/3, 1/16, 1/21, 1/23, 4/37, 4/47, 4/48, 5/5, 5/6, 5/18, 5/19, 5/20a, b, 6/47b, d, 7/3, 7/4, 7/5, 7/12, 10/4
[115] Bilder 3/67, 3/68, 3/69, 5/9, 5/10, 5/12, 7/11, 7/12, 7/13, 7/15c, 7/16
[116] Bilder 3/18, 3/37, 3/53, 3/60 a–e, 3/72, 3/75, 3/76, 3/77, 3/78, 3/82, 3/97, 3/108, 4/1, 4/4, 4/5, 4/8, 4/10, 4/11, 4/19, 4/21, 4/22, 4/23, 4/26, 4/29, 6/49, 6/50, 6/53a, 6/60a, b, 6/72, 6/77, 6/78, 6/82, 6/83, 7/14, 8/2
[117] Bilder 10/15, 10/16, 10/17, 10/20 bis 10/29
[124] Bilder 2/1, 3/2, 3/27, 3/31, 3/39, 3/42, 3/84
[127] Bilder 3/33, 8/1
[131] Bild 7/9
[137] Bild 6/47a
[138] Bilder 6/63 bis 6/67
[139] Bild 6/21

Döring, Dresden: I/27, I/30, II/1 bis II/7, II/25, II/26, II/30 bis II/34, II/41, V/11 bis V/15, V/22 bis V/25
Benedix, Leipzig: 4/56, 5/8, 6/1b, 6/4b, 6/8b, 6/10b, 6/11b, 6/17b, 6/18b, 6/20, 6/42b, 6/44b, 6/45b, 6/86, 9/2b, c, 9/13, 9/14, 9/15, 9/16
Fa. Hempel, Nürnberg: 3/86, 3/87, 3/88, 3/90 bis 3/94, 3/100 bis 3/102
Fa. Killinger, Germering: Bilder 3/46, 3/58, 3/62, 3/65, 3/73, 3/74, 3/79 bis 3/81, 3/95, 3/96
Olbernhauer Maschinenfabrik – (Fotos: Hermann Schmidt): Bilder 3/17, 3/25, 3/28, 3/44, 3/52, 3/56, 3/97, 3/98, 3/108, 8/7, 9/2a
Leo Nätscher, Lohr-Wombach: Bilder 6/34, 6/35, 6/40, 6/48, 6/73 bis 6/76, 6/81 a–c, 6/96 b, c, V/18, V/19
Thate-Kehler, Weimar: I/10 bis I/12, I/37 bis I/40, III/25
Fa. Geiger, Ludwigshafen: Bilder 3/47, 3/48, 3/55, 3/57, 3/61, 3/85, 3/89, 4/24
Fa. König, Warendorf: Bilder 3/45, 3/50, 3/51, 3/54, 3/59, 6/79, 6/80
Deutsche Fotothek Dresden: Bilder 1/1, 1/4, 1/11, 1/17, 1/19, 1/24, 1/26, III/8, IV/8, IV/26
Angelika Heim, Rostock: III/19 bis III/21, III/23, III/24, III/32 IV/41, 6/71b
Akademie der Wissenschaften der DDR (Fotos M. E. Hamann, Berlin): Bilder 1/27 bis 1/30
Nationale Forschungs- und Gedenkstätten Weimar: III/6, III/7, IV/10, V/3
S. Herold-Kraemer, Birkenwerder: I/41, II/16, II/37, II/42, 1/2
DEWAG, Leipzig: IV/47, IV/48
H. A. Schilling, Grünstadt: II/29, III/3
Horst Appuhn, Lüneburg: IV/18, IV/19
Friedrich, Markranstädt: II/18, II/19, II/40
Schmidt, Olbernhau: I/42, II/46
Foto-Clauss, Leipzig: Repro II/20, IV/16
Silvia Rümmler, Flöha: II/50, V/10
Martin Weilhart, München: III/29, IV/43
Kulturhistorisches Museum Magdeburg (Fotos H. Dieck): Bilder 1/31, 1/32
Klaus Merten, Seiffen: Bilder 6/24, 6/26
Mechanisierung Chemnitz-Röhrsdorf: Bilder 3/103, 3/104
Standard TGL 26 421: Bilder 10/18, 10/19
Erwin Born, Schliersee-Neuhaus: Bild IV/36
Karpinski, Dresden: Bild I/28
Wolfgang Schröter, Markkleeberg: Bild I/43
Museen der Stadt Erfurt: Bild V/6
Hierat, Grünstadt: Bild V/17
Craft Supplies Ltd. Buxton, Derbyshire, Großbritannien: Schutzumschlag
V. Wriedt, Hamburg: Bild IV/42
Thielemann, Halberstadt: Bild II/27, Nachbildung und Foto Bild 1/7
Karl Klöckner, Hanau: Bild V/1
Foto-Studio Baumann, Höhr-Grenzhausen: Bild II/28
Klaus G. Beyer, Weimar: Bild II/36
Renate Fetzer, Berlin: Bild II/38
Foto-Friedrich, Leipzig: Bild 6/56
Tiroler Volkskunstmuseum Innsbruck (Fotoarchiv): Bild 6/92
Helmut Flade, Olbernhau: Bild 9/12
Prüfungsausschuß der Drechsler, Neuhausen: Bild 10/5
Hans Strehlow, Dresden: Bild 3/49
Plastmaschinen Schwerin: Bild 3/49
Manfred Schöttle, Mannheim: Bild 3/57
Hellmut Steinert, Olbernhau: Bild 9/11a
Rolf Steinert, Olbernhau: Bilder 2/5, 5/2 bis 5/4, 5/8,

5/13 bis 5/17, 5/18a, 5/20c, 6/2, 6/22, 6/23, 6/25, 6/27 bis 6/31, 6/33, 6/36 bis 6/39, 6/87, 7/1, 7/2, 7/8, 7/9a, b, 7/10, 7/15a, b, 8/4a, 9/3a, b, 9/6 bis 9/10, 10/1 bis 10/3, 10/5

Christoph Georgi, Schneeberg: Bilder 3/28, 3/44, 3/52, 3/56, 3/83, 3/98, 3/99, 3/109, 4/2, 4/3, 4/7, 4/9, 4/14 bis 4/17, 4/25, 4/40, 4/42 bis 4/45, 4/49, 4/53, 4/54, 6/1a, 6/4a, 6/6, 6/7, 6/8a, 6/9, 6/10a, 6/12, 6/14 bis 6/17a, 6/18a, 6/19, 6/32, 6/41, 6/42a, 6/43, 6/44a, 6/45a, 6/46, 6/51a, b, 6/52, 6/57 bis 6/59, 6/61, 6/71a, 6/88a, b, 6/90a, 6/91, 6/93a, b, 6/94, 8/3a, b, 8/4 bis 8/6, 8/8, 9/1a, b, 9/3, 9/4, 9/5a, b, c, 10/8a, b, 10/11, I/1 bis I/9, I/13 bis I/26, I/29, I/31 bis I/36, I/44, I/45, II/9 bis II/15, II/17, II/21 bis II/24, II/35, II/39, II/43 bis II/45, II/47 bis II/49, II/51, III/1, III/2, III/4, III/5, III/5, III/9 bis III/18, III/22, III/26 bis III/28, III/31, III/33, III/34, IV/1 bis IV/7, IV/9, IV/11 bis IV/15, IV/17, IV/20, IV/21, IV/23 bis IV/25, IV/27 bis IV/35, IV/37, IV/39, IV/40, IV/44 bis IV/46, V/2, V/4, V/5, V/7 bis V/9, V/20, V/21

Bemerkungen des Autors nach Redaktionsschluß

Meinen verehrten Lesern und Drechselfreunden möchte ich gern zur Kenntnis geben, daß ich an diesem Buch bereits 1980 zu arbeiten begonnen und das Manuskript 1985 im wesentlichen abgeschlossen hatte. Leider dauerte dann die Umsetzung des Manuskriptes bis zur Druckreife ungewöhnlich lange. Fairerweise muß ich zur Verteidigung des Verlages erwähnen, daß mein Manuskript wesentlich umfangreicher geworden war, als es der Verlagsvertrag vorsah. Außerdem ist es nun, wie Sie selbst feststellen können, ein für die Herstellung sehr aufwendiges Buch geworden. Das hat zur langen Produktionszeit erheblich beigetragen. Die Herausgabe war ursprünglich für 1986 vorgesehen.

Beim Zusammentragen des Materials für dieses Buch war ich bemüht, sowohl auf technischem Gebiet als auch in den Bildteil neueste Beispiele einzubringen. Da ich zu dieser Zeit keine Möglichkeit hatte, in die westliche Welt zu reisen, war es schwer genug, entsprechendes Material zu beschaffen. Manche Sendung von hilfsbereiten Firmen und Freunden erreichte ihr Ziel nicht. Trotz alledem ist es mir gelungen, das für das Fachgebiet des Drechselns und Drehens wichtigste Material zusammenzutragen und zu diesem Buch zu verdichten.

Zur Ergänzung möchte ich lediglich bemerken, daß in jedem Falle die Drechselbänke und Kopierdrehmaschinen der Marke HAPFO (Hersteller ist die Firma Albus in Mindelheim) und die Drehautomaten der Firma LOCATELLI, Alme, Italien, noch nachzutragen sind. In beiden Fällen handelt es sich um hochwertige Maschinen für verschiedene Verwendungszwecke und zum Einsatz in Betrieben, die in größeren oder kleineren Stückzahlen Drehteile herstellen.

Erwähnt werden soll am Schluß auch noch die durch die politische Wende in der DDR möglich gewordene Existenzgründung des Handelsunternehmens für Drechslereibedarf »Drechselzentrum Erzgebirge« in Olbernhau.

Als Autor bin ich natürlich gern bereit, aus diesem Buch entstehende Fragen der Leser zu beantworten oder Bezugsquellen von technischen Geräten, Werkzeugen und Hilfsmitteln zu benennen. Mit der Öffnung der Grenzen habe ich die Gelegenheit genutzt, mich jeweils an Ort und Stelle sachkundig zu machen. Dabei habe ich überall viel Entgegenkommen und Unterstützung erfahren.

Bildergänzungen für die erste Auflage dieses Buches waren aber leider nicht mehr möglich. Ich hoffe, daß eine zweite Auflage mir dazu die Gelegenheit geben wird.

Rolf Steinert

Sachwortverzeichnis

Abstechen mit Meißel 149
Abstechstahl 124
Abziehen (Wetzen) 131
Abziehstein 131
Ankörnen 154
Anisotropie 31
Anschlagfutter 118
Antrieb 65
Arbeitsgeräte 304
Architekturteile 346
Ätzen 215
Ausdrehhaken 124, 155
Ausstechen 73, 142, 168

Backenfutter 120
Bajonettverschluß 197
Batiken 216
Baucheisen 124
baugebundene Arbeiten 188, 346
Baum 27
Bearbeitungsrichtung 63
Beizen 203 ff.
Beleuchtungskörper 145
Bilderrahmen 171
Bleichen 202
Bohle 365
Bohren 83
Bodeneisen 125, 157
Borke 28
Brandreifen 216
Brennen 214
Brett 365
Bronzieren 213
Büchse 158

Dämpfen 37
Deutsche Röhre 155, 156
Dickenfräsen 76
Dickte 365
Drechseln 24, 92, 146 ff.
Drechselbank 92 ff.
Drechselwerkzeug 122 ff., 128 ff.
Drechselarbeiten f. außen 188
Drehautomaten 103 ff.
Drehen 24, 103
Drehkreuz 171
Drehlehre 99, 150
Drehmaschinen 103 ff.
Drehstuhl 14
Drehzahl 60, 66
Dreizack 117
Durchbruchverzierung 187

Entharzen 202
Entwurfsarbeit 223
Evolventenform 227

Falzstähle 126
Fällreife 34
Farbe (des Holzes) 30
Färben 203 ff.
Färbemittel 205
Fase 153
Fasersättigung 32
Fassondrehmaschine 111
Festmeter 136
Feuerquirl 10
Fiedelbohrer 10
figürliche Gestaltung 251
Fliegenddrechseln 147, 149, 153
Formenspiegler 223
Formdrehmaschine 111
Formdrechseln 149
Formfindung 220
Formstabilität 136
Formstähle 105
Formveränderung 136
Französischer Keil 197
Fräsen 75
Freibohren 154
Freidrechseln 147, 153
Frühholz 28
Fuge 140
Füllung 170
Furnier 365

Gebrauchsfeuchte 32, 33
Gefäßformen 276
Gehrungswinkel 134
Geländer 188
Geruch (des Holzes) 30
gestalterische Mittel 221 ff.
Gestaltungsbaukasten 223, 225
Gewinde-Mitnehmerfutter 118
Gewindeschneiden 128, 183
Gewindesträhler 127
Gewundene Säulen 179 ff.
Gitter 230
Grabmale 188
Gratverbindungen 198
Grundformen 223, 225, 227
Gruppenzeichnung 235
Guillochieren 184

Halbstab 151
Haken 124, 156
Handauflage 97

Handelssortimente Holz 365
Handsägen 74
Harmonie 224
Hapfo 377, 378
Harz 29
Hempel 29, 104 ff.
Heureka-Futter 118
Hirnholzdrechseln 155
Hirnschnitt 30
Hohldrechseln 155
Hohlfutter 117, 121
Hohlkehle 152
Hohlspindel 94
Holzarten 38 ff.
Holzfehler 56
Holzfeuchte 33
Holzfeuchtemessung 33
Holzschutz 56
Holzschutzmittel 206, 367
Holzspalten 137
Holzstrahlen 29 ff.
Holzstruktur 30 ff.
Holztrocknung 32
Holzverbindungen 193 ff.
Holzzuschnitt 136
Hygroskopizität 31
Hyperbelformen 226

Industrieformgestaltung 228
Inhomogenität 31
Instandhaltung d. Werkzeuge 128, 132

Jahrringe 28 ff.

Kambium 28
Kannelieren 195
Kantel 365
Kanteldrehmaschine 111
Kantholz 365
Kantigdrechseln 185, 186
Karnies 152
Kehle 150, 152, 167
Keilwinkel 61, 64 ff.
Kerbe 150, 151
Kernholz 29
Kittfutter 121, 168
Kleben 140, 141
Klebstoffe 360
Klemmfutter 118
Konstruktionselemente 193
Kopierdrehmaschinen 104, 110
Kopfdrehbank 95
Kordieren 185

Körner 134
Körnerspitze 97
Körnung (Schleifm.) 87
Kreuzsupport 100
Kronensäge 72, 142
Krummeißel 169
Kugel 159, 160, 161
Kunstbohrer 87

Lackieren 207
Lager 102
Langholzdrechseln 147 ff.
Langlochfräsmaschine 83
Latte 365
Laubhölzer 41 ff.
Lehren 133
Leiste 365
Leuchten 322
Leuchter 276
Linksdrechseln 187
Locatelli 377, 378
Locheisen 134
Löffelbohrer 84, 154
Lünette 97, 98, 155

Markstrahlen 29
Maßeintragungen 236
Mattieren 206
Meißel 123, 149
Meßschieber 133
Meßwerkzeuge 132
Mitnehmerfutter 118, 119
Möbel 322
Möbelknöpfe 196

Nadelhölzer 38 ff.
Nenndicke 365
Nutstähle 126

Oberflächenbehandlung 210 ff.
Oberflächenschutz 206
Oberfräsmaschine 78 ff.
Obstgehölze 47
Ölen 206
Ölstein 132
Ölvergoldung 214
Ovaldrechseln 174
Ovaldrehmaschine 176
Ovalkonstruktion 226

Parabelform 226
Passigdrehen 177, 178
Perlbohrer 127
Pfannenstecher 173

Sachwortverzeichnis

Planscheibe 98, 121
Planstechen 154
Plastiken 346
Platten 152
Polieren 212
Polimentvergoldung 214
Poren 29 ff.
Prägen 216
Präzisionsspannfutter 120
Profile 153
Profilfräsen 77
Proportionen 224
Prüfwerkzeuge 132

Quellen (des Holzes) 31
Querholzdrechseln 164 ff.
Quirlen 212

Radialschnitt 30
Rahmenholz 143
Randerieren 184
Räuchern 205
Raummeter 136
Reifendrechseln 172
Reifholz 29
Reißlehre 150, 153
Reitstock 93, 96
Reitstockspitze 119
Riemenantrieb 65
Riemengeschwindigkeit 65
Ringe 143, 144, 161, 170
Ringfutter 118
Ringstahl 125, 155
Rollen 365
Röhren 122 ff., 165
Rundholz 365
Rundfräsmaschinen 103 ff.
Rundsägen 73
Rundstabfräsmaschinen 81
Rundstabhobel 128, 188

Sägen 67 ff.
Sandeln 214, 215
Saugspannfutter 121
Säulen 139, 155, 162, 179, 190
Säulenrohlinge 139
Säumlinge 365
Schalen 167
Schablonendrehmaschinen 104, 110
Schärfen 129
Schaufel 157
Scheite 365
Schleifen 87 ff., 129, 201, 212
Schleifbock 102
Schleifmaschinen 89, 102

Schlichtstähle 123, 168
Schneidenwinkel 60 ff.
Schneidzeug 128
Schnittarten 66
Schnittgeschwindigkeit 62, 68, 77, 78
Schnittholz 365
Schnittiefe 64
Schnittrichtung 63, 64
Schönheit d. Form 222
Schraffierung 236
Schraubenfutter 119
Schraubstähle 127
Schränkeisen 134
Schrupproöhre 148
Schüssel 169
Schwinden (d. Holzes) 31
Schwindmaße 32
Sehnenschnitt 30
Senker 88
Sorby-Futter 120
Spalten 138
Spandicke 61, 65
Spanlocken-Drechseln 185, 186
Spanung 60
Spannelemente 196
Spannkreuz 121
Spannscheiben 122
Spannvorrichtungen 117
Spätholz 28 ff.
Spiegelschnitt 30
Spielzeug 250
Spindelstock 93
Spitzenfutter 120
Spitzenhöhe 96
Spitzstab 150, 151
Spitzstähle 105
Splintholz 29
Spritztechnik 209
Spundfutter 117, 162
Stamm 365
Standard 370
Standzeit 61
Stapelung 34 ff.
Stiftfutter 120
Stil 232
Stoßlade 134
Strähler 127, 183
Sträucher 49
Streichmaß 134
Streudichte (Schleifm.) 88
Strichmaßstäbe 133
Stühle 322

Tafelgerät 276
Tangentialschnitt 30

Tassenstähle 104
Taster 133, 150
Tanzmeister 133
Tauchen 210
technische Formen 304
technische Zeichnung 234, 246
Teilzeichnung 235
Teller 167
Toleranzlehren 133
Tradition 232
Trocknung (d. Holzes) 32
Trockenmethoden 36 ff.
Trommeln 90, 212
tropische Gehölze 49 ff.

Übersichtszeichnung 240
Unterfräsmaschinen 77

Vakuum-Spannfutter 121
Verbindungselemente 193, 194
Vergolden 213
Verkleben 141
Versilbern 213
Vielstab 153
Viertelstäbe 152
Vierzack 117
Viskosität 207
Vollholz 365
Vorbeize 203
Vorrichtungen 117
Vorschub 62
VSM 87

Wachsbeizen 205
Wachsen 206, 212
Wald 26
Wässern 201
Werkstatt 100
Werkzeichnung 234 ff.
Wippdrehbank 16
Wölbung 151, 167
Wund 197, 181

Zapfenverbindungen 196
Zeichnen 234
Zeichnungssatz 237 ff.
Zierbäume 49
Ziernagel 197
Zinnreifen 217
Zirkel 133
Zopf 365
Zünfte 19
Zusammenbauzeichnung 237
Zuschnitt 137

*Der größte Teil der Fotos wurde von Fotografenmeister
Christoph Georgi, Schneeberg, angefertigt*

Steinert, Rolf:
Drechseln in Holz/Rolf Steinert. – 1. Auflage. – Leipzig:
Fachbuchverlag, 1990. – 376 S. und 621 Bilder sowie
19 Tabellen

ISBN 3-343-00553-3

© Fachbuchverlag Leipzig 1990
1. Auflage
Registriernummer: 114-210/64/90
Gesamtherstellung: Verlag und Druckerei Fortschritt Erfurt GmbH
Buchgestaltung: Lothar Gabler, Leipzig
LSV 3939
Bestellnummer: 547 579 8